中国能源统计年鉴

CHINA ENERGY STATISTICAL YEARBOOK

2000 - 2002

国家统计局工业交通统计司
国家发展和改革委员会能源局 编

Compiled by
Department of Industry and Transport Statistics,
National Bureau of Statistics, People's Republic of China
Energy Bureau
National Development and Reform Commission
People's Republic of China

中国统计出版社
China Statistics Press

(京)新登字 041 号

图书在版编目(CIP)数据

中国能源统计年鉴:2000～2002/国家统计局工业交通统计司,国家发展和改革委员会能源局编. -北京:中国统计出版社. 2004.2
ISBN 7-5037-3460-4

Ⅰ.中…
Ⅱ.①国… ②国…
Ⅲ.能源经济-经济-统计-中国-2000～2002-年鉴-汉、英
Ⅳ. F426.2-54

中国版本图书馆 CIP 数据核字(2004)第 002213 号

中国能源统计年鉴:2000～2002

作　　者/国家统计局工业交通统计司　国家发展和改革委员会能源局
责任编辑/吕　军
封面设计/艺编广告·张　冰
出版发行/中国统计出版社
通信地址/北京市西城区月坛南街 75 号　邮政编码/100826
办公地址/北京市丰台区西三环南路甲 6 号
电　　话/(010)63459084、63266600-22500(发行部)
印　　刷/北京京科印刷有限公司
经　　销/新华书店
开　　本/880×1230mm　1/16
字　　数/1030 千字
印　　张/34.5
印　　数/1-1500 册
版　　别/2004 年 3 月第 1 版
版　　次/2004 年 3 月北京第 1 次印刷
书　　号/ISBN 7-5037-3460-4/F·1773
定　　价/150.00 元

编 者 说 明

为满足宏观经济决策层、广大经济工作者和研究人员研究中国能源问题的需要，我们再次组织人力编辑了《中国能源统计年鉴 2000－2002》一书。

本书与以前出版的中国能源统计年鉴相接续，内容有所扩充，是各级领导、经济工作者、能源研究人员了解我国能源及其与社会经济发展相关情况必备的参考书。

全书分为 7 个部分：1. 综合；2. 能源建设；3. 能源生产；4. 全国能源平衡表；5. 能源消费；6. 地区能源平衡表；7. 香港、澳门特别行政区能源数据，另外附有部分台湾省能源数据、国外能源数据和主要统计指标解释及各种能源折标准煤参考系数。

本书大部分资料来源于国家统计局年度统计报表及中国统计年鉴。全国性统计数字均未包括香港、澳门特别行政区和台湾省。能源平衡表均未包括非商品能源数据。

本书编辑过程中得到了北京能源效率中心、各省市统计局的大力支持；本书的出版受到大卫与露西.派克德基金会合盟能源基金会的赞助；在此一并表示感谢。

PREFACE

To satisfy the needs of economists and researchers to study the energy issues of China, we have once again organized the resources to compile the *China Energy Statistical Yearbook 2000 – 2002*.

This book extends the scope of the previous energy statistical yearbooks, and is an essential reference for decision-makers at all levels, economists and energy researchers. By studying this book, they will be able to understand the energy situation in China as well as the relationship between energy and social economic development.

The book consists of seven chapters: 1. General Survey; 2. Construction of Energy Industry; 3. Energy Production; 4. Energy Balance Table of China; 5. Energy Consumption ; 6. Energy Balance Table by Region; 7. Energy data for the Hong Kong and Macao Special Administrative Region. Additional information provided in the appendices include major energy data for Taiwan province, energy data for other countries and explanatory notes of main statistical indicators and conversion factors from physical units to coal equivalent.

Annual statistical reports from the National Bureau of statistics and the China Statistical Yearbook are the main data sources of this document. However, the national data in this book does not include that of the Hong Kong and Macao Special Administrative Region, the Taiwan province. Also, the data in the energy balance tables does not cover non-commercial energy.

We would like to express our sincere thanks to those organizations that have provided supports to us, especially Beijing Energy Efficiency Center, each provincial statistical bureau for supporting the data compilation. The David and Lucile Packard Foundation in partnership with The Energy Foundation is also acknowledged for providing financial support to publish the book.

目　　录
CONTENTS

一、综合
Chapter 1　GENERAL SURVEY

二、能源建设
Chapter 2　Construction of Energy Industry

三、能源生产

Chapter 3　Energy Production

四、全国能源平衡表

Chapter 4　Energy Balance Table of China

五、能源消费

Chapter 5 Energy Consumption

六、地区能源平衡表

Chapter 6 Energy Balance Table by Region

七、香港、澳门特别行政区能源数据
Chapter 7 Energy Data for Hong Kong and Macao Special Administrative Region

附录 1 台湾省能源数据
Appendix Ⅰ Energy Data for Taiwan Province

附录 2 国外能源数据
Appendix Ⅱ Energy Data for Other Countries

一、综　合

Chapter 1 General Survey

1－1 能源生产、消费与国民经济增长速度

GROWTH RATE OF ENERGY PRODUCTION AND CONSUMPTION COMPARED WITH GROWTH RATE OF GDP

	1991	1995	1999	2000	2001	2002
国内生产总值增长速度（%） Growth Rate of GDP（%）	9.2	10.5	7.1	8.0	7.5	8.0
能源生产增长速度（%） Growth Rate of Energy Production	0.9	8.7	－12.2	－2.0	13.0	14.4
电力生产增长速度（%） Growth Rate of Electricity Production	9.1	8.6	6.3	9.4	8.6	11.5
能源消费增长速度（%） Growth Rate of Energy Consumption	5.1	6.9	－1.6	0.1	3.5	9.9
电力消费增长速度（%） Growth Rate of Electricity Consumption	9.2	8.2	6.1	9.5	8.6	11.6
能源生产弹性系数 Elasticity of Energy Production	0.10	0.83			1.73	1.80
电力生产弹性系数 Elasticity of Electricity Production	0.99	0.82	0.89	1.18	1.15	1.44
能源消费弹性系数 Elasticity of Energy Consumption	0.55	0.66		0.01	0.47	1.24
电力消费弹性系数 Elasticity of Electricity Consumption	1.00	0.78	0.86	1.19	1.15	1.45

注：国内生产总值增长速度按可比价格计算.

GDP growth rate is calculated at comparable prices.

1－2 国民经济和能源经济主要指标

MAIN INDICATORS OF NATIONAL ECONOMY AND ENERGY ECONOMY

指　标	Item	单位 unit	1991	1995	1999	2000	2001	2002
1.年底人口总数	1. Year-end Population	万人 10^4person	115823	121121	125909	126743	127627	128453
城镇	Urban	万人 10^4person	30543	35174	38892	45906	48064	50212
乡村	Rural	万人 10^4person	85280	85947	87017	80837	79563	78241
2.国内生产总值	2. Gross Domestic Products	亿元 10^8yuan	21618	58478	81911	89468	97315	104791
第一产业	Primary Industry	亿元 10^8yuan	5289	11993	14457	14628	15412	16117
第二产业	Secondary Industry	亿元 10^8yuan	9102	28538	40418	44935	48750	53541
工业	Industry	亿元 10^8yuan	8087	24718	34975	39047	42375	46536
建筑业	Construction	亿元 10^8yuan	1015	3820	5443	5888	6375	7005
第三产业	Tertiary Industry	亿元 10^8yuan	7227	17947	27036	29905	33153	35133
3.全社会固定资产投资总额	3. Investment in Fixed Assets	亿元 10^8yuan	5509	20019	29855	32918	37214	43500
能源工业(国有)	Energy Industry (State-owned)	亿元 10^8yuan	957	2025	2963	2840	2622	2626
煤炭采选业	Coal Mining and Processing	亿元 10^8yuan	177	282	213	199	199	233
石油和天然气开采业	Petroleum and Natural Gas Extraction	亿元 10^8yuan	273	500	706	365	375	158
电力、蒸汽、热水生产和供应业	Electricity, Steam Production and Supply	亿元 10^8yuan	410	1043	1833	2130	1861	2082
石油加工及炼焦业	Petroleum Processing and Coking	亿元 10^8yuan	96	162	146	95	127	93
煤气生产和供应业	Gas Production and Supply	亿元 10^8yuan		39	65	60	58	60
4.进出口总额	4. Total Value of Exports and Imports	亿元 10^8yuan	7226	23500	29896	39273	42184	51378
出口总额	Exports	亿元 10^8yuan	3827	12452	16160	20634	22024	26948
进口总额	Imports	亿元 10^8yuan	3399	11048	13737	18639	20159	24430
5.煤炭保有储量	5. Coal Ensured Reserves	亿吨 10^8tn	9668	10087	10071	10084	10202	
6.水利资源蕴藏量	6. Hydropower Resource	亿千瓦 10^8kw	6.76	6.76	6.76	6.76	6.76	6.76
可开发量	Developable Resources	亿千瓦 10^8kw	3.78	3.79	3.79	3.79	3.79	3.79
7.海洋能源理论蕴藏量	7. Theoretical Sea-energy Reserves	亿千瓦 10^8kw	6.30	6.30	6.30	6.30	6.30	6.30
8.一次能源生产总量（发电煤耗计算法）(＊)	8. Primary Energy Production (coal equivalent calculation)(＊)	万吨标准煤 10^4tce	104844	129034	109126	106988	120900	138369
一次能源生产总量（电热当量计算法）(＊＊)	Primary Energy Production (calorific value calculation)(＊＊)	万吨标准煤 10^4tce	101490	123519	103542	101130	113997	130623
9.能源消费总量（发电煤耗计算法）	9. Total Energy Consumption (＊) (coal equivalent calculation)(＊)	万吨标准煤 10^4tce	103783	131176	130119	130297	134914	148222
能源消费总量（电热当量计算法）	Total Energy Consumption (＊＊) (calorific value calculation)(＊＊)	万吨标准煤 10^4tce	100413	123471	124759	124646	128452	140654

注：(＊)发电煤耗计算法是指电力按当年平均火力发电煤耗换算成标准煤.(下表同)

(＊＊)电热当量计算法是指电力按自身的热功当量换算成标准煤. 采用的折标系数为1万千瓦时＝1.229吨标准煤.(下表同)

(＊) Electricity is converted to TCE by average quantity of fuel used for power generation. (the same as in the following tables).

(＊＊) Electricity is converted to TCE by 104kwh＝1.229TCE. (The same as in the following tables)

1－3　平均每万元国内生产总值能源消费量

ENERGY INTENSITY BY GDP

年　份 Year	能源消费总量 （吨标准煤/万元） Total Energy Consumption （tce/10^4yuan）	煤炭 （吨/万元） Coal （tn/10^4yuan）	焦炭 （吨/万元） Coke （tn/10^4yuan）	石油 （吨/万元） Petroleum （tn/10^4yuan）	原油 （吨/万元） Crude Oil （tn/10^4yuan）	燃料油 （吨/万元） Fuel Oil （tn/10^4yuan）	电力 （万千瓦小时/万元） Electricity 10^4kwh/10^4yuan）
1991	5.12	5.46	0.35	0.61	0.61	0.17	0.34
1992	4.72	4.94	0.34	0.58	0.57	0.15	0.33
1993	4.42	4.61	0.34	0.56	0.53	0.14	0.32
1994	4.18	4.38	0.31	0.51	0.48	0.12	0.32
1995	4.01	4.21	0.33	0.49	0.46	0.11	0.31
1996	3.88	4.04	0.30	0.49	0.44	0.10	0.30
1997	3.53	3.57	0.28	0.50	0.45	0.10	0.29
1998	3.15	3.08	0.26	0.47	0.41	0.09	0.28
1999	2.89	2.81	0.23	0.47	0.42	0.09	0.27
2000	2.68	2.56	0.21	0.46	0.44	0.08	0.28
2001	2.59	2.42	0.21	0.44	0.41	0.07	0.28
2002	2.63	2.42	0.22	0.44	0.40	0.07	0.29

1－4　能源加工转换效率

EFFICIENCY OF ENERGY TRANSFORMATION

单位：%　　　　　　　　　　　　　　　　　　　　　　　　　　　　　　（%）

年　份 Year	总效率 Total Efficiency	发电及电站供热 Power Generation and Heating by Power Station	炼焦 Coking	炼油 Petroleum Refinery
1991	65.90	37.60	89.90	98.10
1992	66.00	37.80	92.70	96.80
1993	67.32	39.90	98.05	98.49
1994	65.20	39.35	89.62	97.48
1995	71.05	37.31	91.99	97.67
1996	71.50	38.30	94.07	97.46
1997	69.23	35.89	92.08	97.37
1998	69.44	37.06	94.97	97.42
1999	70.45	38.99	95.8	97.51
2000	70.96	39.91	96.28	97.32
2001	70.41	39.40	97.17	97.83
2002	69.78	39.41	97.96	96.71

1-5 人均能源生产量和消费量

ENERGY PRODUCTION AND CONSUMPTION PER CAPITA

年份 Year	人均能源生产量 Per-Capita Energy Production				人均能源消费量 Per-Capita Energy Consumption			
	能源总量 Total Energy (千克标准煤) (kgce)	原煤 Raw Coal (千克) (kg)	原油 Crude Oil (千克) (kg)	电力 Electricity (千瓦小时) (kwh)	能源总量 Total Energy (千克标准煤) (kgtce)	煤炭 Coal (千克) (kg)	石油 Oil (千克) (kg)	电力 Electricity (千瓦小时) (kwh)
1965	263.2	324.4	15.8	94.5	264.3	320.0	19.0	94.5
1970	378.7	432.6	37.5	141.6	357.9	405.5	36.8	141.6
1975	532.0	526.0	84.1	213.7	495.7	498.8	73.1	213.7
1980	649.5	631.9	108.0	306.4	614.4	621.8	89.2	306.4
1985	818.9	834.8	119.6	393.2	734.1	781.2	87.8	394.2
1990	915.5	951.4	121.8	547.2	869.5	929.6	101.2	548.8
1991	905.2	944.0	122.5	588.8	901.8	959.6	107.6	591.3
1992	915.4	958.0	122.0	647.2	937.1	979.3	114.6	651.5
1993	937.1	975.9	123.2	712.3	984.3	1021.7	124.9	715.1
1994	990.6	1040.4	122.6	778.6	1029.8	1078.4	125.5	777.0
1995	1065.3	1129.6	124.5	835.8	1088.7	1142.7	133.3	831.9
1996	1089.2	1147.0	129.2	888.1	1141.2	1188.7	143.2	884.1
1997	1056.2	1116.1	130.7	922.3	1123.3	1132.0	160.1	917.3
1998	991.1	1006.3	129.6	938.8	1064.4	1042.5	159.5	933.7
1999	870.5	833.6	127.6	988.6	1038.0	1008.0	168.1	981.6
2000	847.3	790.4	129.1	1073.6	1031.9	986.3	177.7	1066.9
2001	950.6	912.7	128.9	1157.1	1060.8	992.3	179.6	1150.6
2002	1080.7	1077.8	130.4	1281.2	1157.6	1066.9	193.5	1275.5

注：本表按年平均人口数计算。

This table is calculed by anaual average population.

1-6 人均生活用能量

RESIDENTIAL ENERGY CONSUMPTION PER CAPITA

年份 Year	人均生活用能量 Annual Average Residential Energy Consumption Per Capita						
	(千克标准煤) (kgce)	煤炭 Coal (千克) (kg)	电力 Electricity (千瓦小时) (kwh)	煤油 Kerosene (千克) (kg)	液化石油气 LPG (千克) (kg)	天然气 Natural Gas (立方米) (cu.m)	煤气 Gas (立方米) (cu.m)
1980	97.7	118.0	10.7	1.0	0.4	0.2	1.4
1985	127.5	149.6	21.3	1.2	0.9	0.4	1.3
1990	139.2	147.1	42.4	0.9	1.4	1.6	2.5
1991	138.1	142.0	46.9	0.8	1.7	1.6	3.1
1992	133.4	126.1	54.6	0.7	2.0	1.8	4.4
1993	130.6	120.5	61.2	0.6	2.5	1.4	4.5
1994	129.3	109.5	72.7	0.6	3.2	1.7	6.3
1995	130.8	112.3	83.5	0.5	4.4	1.6	4.7
1996	145.5	118.3	93.1	0.5	5.8	1.6	3.9
1997	133.1	99.5	101.8	0.5	6.0	1.7	4.9
1998	115.9	71.5	106.6	0.5	6.2	1.9	6.0
1999	116.1	67.1	118.1	0.6	7.0	2.1	9.3
2000	118.3	62.6	132.4	0.5	7.8	2.6	10.0
2001	121.3	61.6	144.6	0.6	7.9	3.5	9.4
2002	133.0	59.4	156.3	0.4	9.1	4.0	9.8

1-7 重点工业企业主要技术经济指标

MAIN TECHNIQUE INDICATORS OF MAJOR INDUSTRIAL ENTERPRISES

指　标		Item	1985年	1990年	1995年	2000年	2001年	2002年
煤炭工业		**Coal Industry**						
综合电力单耗	千瓦·时/吨	Electricity Consumption Coal (kwh/tn)	37.29	43.98	52.63			
电力工业		**Electricity Industry**						
发电标准煤耗	克/千瓦·时	Coal Consumption for Power Generation (gce/kwh)	398	392	369	363.0	357.0	356.0
供电标准煤耗	克/千瓦·时	Coal Consumption for Power Supply (gce/kwh)	431	427	403	392.0	385.0	383.0
发电厂用电率	%	Rate of Electricity Used by Power Plant(%)	6.42	6.90	6.78	6.28	6.24	6.15
水电厂用电率	%	Rate of Electricity Used by Hydropower Plant (%)	0.28	0.30	0.37	0.49	0.46	0.49
火电厂用电率	%	Rate of Electricity Used by Thermalpower Plant (%)	7.78	8.22	7.95	7.31	7.25	7.1
线路损失率	%	Rate of Distribution Loss (%)	8.18	8.06	8.77	7.70	7.55	7.52
石油工业		**Petroleum Industry**						
油田原油生产自用率	%	Rate of Own Used Oil for Crude Oil Production in Oil Feild (%)	1.52	2.01	1.77	1.81	1.73	1.54
油田原油损耗率	%	Proportion of Crude Oil Loss in Oil Feild (%)	1.65	1.80	1.82	1.93	2.03	2.00
原油(气)生产用电单耗	千瓦·时/吨	Electricity Consumption for Crude Oil (Gas) Production (kwh/tn)	51.58	87.97	135.47	137.61	136.06	141.14
原油加工损失率	%	Rate of Loss for Crude Oil Processing (%)	0.80	1.37	1.54	1.15	1.12	1.08
加工一吨原油耗电	千瓦·时/吨	Electricity Consumption for Crude Oil Processing (kwh/tn)	41.86	49.33	59.64	59.71	62.85	62.82
加工一吨原油耗燃料油	千克/吨	Fuel Oil Consumption for Crude Oil Processing (kg/tn)	18.73	20.95	21.01	11.58	10.10	9.05
加工一吨原油综合能耗(标油)	千克/吨	Fully Energy Consumption for Crude Oil Processing (kgoe/tn)	143.04	148.94	82.99	82.91	82.32	82.56
钢铁工业		**Iron and Steel Industry**						
入炉焦比	千克/吨	Coke Ratio of Iron-smelting (kg/tn)	565	577	553	429.22	422.43	416.96
电炉钢冶炼耗电	千瓦·时/吨	Electricity Consumption for Steel Smelting in Electric Furance (kwh/tn)	626	689	617	504.03	488.54	422.69
有色金属工业		**Nonferrous Metals Industry**						
铜冶炼综合能耗(折标准煤)	千克/吨	Fully Energy Consumption for Copper-smelting (kgce/tn)	2031	1705	1184	1277.22	1079.45	1016.10
铅冶炼综合能耗(折标准煤)	千克/吨	Fully Energy Consumption for Lead-smelting (kgce/tn)	818	920	728	720.98	685.37	607.05
电锌综合能耗(折标准煤)	千克/吨	Fully Energy Consumption for Electrolytic-zinc (kgce/tn)			1776	2306.93	2050.20	187.71
氧化铝综合能耗(折标准煤)	千克/吨	Fully Energy Consumption for Alumina (kgce/tn)	1622	1916		1212.39	1179.96	1154.68
化学工业		**Chemical Industry**						
硫酸耗电	千瓦·时/吨	Electricity Consumption for Sulphuric Acid (kwh/tn)	88	98	118			

续表 continued

指标		Item	1985 年	1990 年	1995 年	2000 年	2001 年	2002 年
浓硝酸耗电（直接法）	千瓦·时/吨	Electricity Consumption for Nitricacid (direct reaction)(kwh/tn)	487	473	444			
隔膜液碱耗直流电(实耗)	千瓦·时/吨	Direct Current Consumption for Liquid Soda (actual process) (kwh/tn)	2359	2413	2442			
水银液碱耗直流电(实耗)	千瓦·时/吨	Direct Current Consumption for Mercury Liquid Soda(actual process)(kwh/tn)	3307	3337	3367			
纯碱耗电(联碱法)	千瓦·时/吨	Electricity Consumption for Sodium (nonammonia soda process) (kwh/tn)			356			
纯碱耗电(氨碱法)	千瓦·时/吨	Electricity Consumption for Sodium (ammonia soda process)(kwh/tn)	122	138	128			
合成氨耗天然气（大型）	立方米/吨	Natural Gas Consumption for Sythetic Ammonia(large-sized) (cu. m/tn)	1043	1053	682			
合成氨耗天然气（中型）	立方米/吨	Natural Gas Consumption for Sythetic Ammonia(medium-sized)(cu. m/tn)			943			
合成氨耗电（中型）	千瓦·时/吨	Electricity Consumption for Calcium Carbide in Electric Furnace(kwh/tn)			1465			
电石耗电炉电	千瓦·时/吨	Electricity Consumption for Sythetic Ammonia(medium-sized)(kwh/tn)	1385	1385	3597			
建筑材料工业		**Buiding Materials Industry**						
熟料烧成耗标准煤	千克/吨	Coal Consumption for Clinker (kgce/tn)	201.1	185.4	158.6			
水泥综合电力消耗	千瓦·时/吨	Fully Electricity Consumption for Cement (kwh/tn)	103.9	109.9	98.9			
水泥综合能耗	千克标煤/吨	Fully Energy Consumption for Cement (kgce/tn)	210.4	201.0	168.4			
平板玻璃综合能耗	千克/重量箱	Fully Energy Consumption for Plate Glass (kgce/wt. case)	37.05	34.79	27.74			
平板玻璃消耗电力	千瓦.时/重量箱	Electricity Consumption for Plate Glass (kgce/wt. case)	5.26	7.32	7.46			
化学纤维工业		**Chemical Fibre Induestry**						
粘胶短纤维用标煤	千克标煤/吨	Coal Consumption for Viscose Staple Fibre (kgce/tn)	2342	2280	2015	1628.1	1478.4	1518.3
粘胶短纤维用电量	千瓦·时/吨	Electricity Consumption for Viscose Staple Fibre (kwh/tn)				1508.4	1427.1	1463.3
粘胶长丝用标准煤量	千克标煤/吨	Coal Consumption for Viscose Filament Fibre (kgce/tn)	9228	9165	6425	5037.1	4999.2	4834.0
粘胶长丝用电量	千瓦·时/吨	Electricity Consumption for Viscose Filament Fibre (kwh/tn)				7573.1	7411.0	7782.6
锦纶用标准煤量	千克标煤/吨	Coal Consumption for Polyamide Fibre (kgce/tn)	2638	1468	1013	965.6	829.1	1162.0
涤纶短纤维用标煤	千克标煤/吨	Coal Consumption for Polyster Staple Fibre (kgce/tn)	757	723	554	293	398.7	267.5
涤纶长丝用标准煤量	千克标煤/吨	Coal Consumption for Polyster Filament Yarn (kgec/tn)	970	630	454	317	419.2	228.4
腈纶用标准煤量	千克标煤/吨	Coal Consumption for Acrylic Fibre(kgce/tn)	6338	4990	6137	2480	1906.0	1627.8
维纶用标准煤量	千克标煤/吨	Coal Consumption for Winylon Fibre (kgce/tn)	2385	2345	1705	2062	2001.0	2897.9
纺织工业		**Textile Industry**						
纱用电量(混合数)	千瓦·时/吨	Electricity Consumption for Yran (composite amount) (kwh/tn)	1983	2129	2229	2320	2329.4	2142.8
丝织品用标准煤量	千克/百米	Coal Consumption for Silk Fabrics (kgce/100m)			21.01	16.60	20.0	17.1

1－8 年末交通运输设备拥有量

NUMBER OF TRANSPORTATION EQUIPMENT(YEAR END)

指 标 Item	1991	1995	1999	2000	2001	2002
铁路机车合计(辆) Total Railway Locomotives(unit)	14295	15535	14841	15253	15756	2382
蒸汽机车 Steam Locomotives	6250	4607	1215	911	699	374
内燃机车 Diesel Locomotives	6236	8411	10282	10826	11081	11312
电力机车 Electric Locomotives	1809	2517	3344	3516	3976	3918
铁路客车(辆) Railway Passenger Coaches(unit)	27612	32404	34535	35989	37214	37942
铁路货车(辆) Railway Freight Cars(unit)	370054	432731	436236	439943	449921	446707
民用汽车合计(10^4 辆) Total Civil Motor Vehicles(104unit)	606.11	1040.00	1452.94	1608.91	1802.04	2053.17
载客汽车 Passenger Vehicles	185.24	417.9	740.23	853.73	993.96	1202.37
载货汽车 Trucks	398.62	585.43	676.95	716.32	765.24	812.22
其它机动车(10^4 辆) Others(104unit)	557.02	1494.62	3456.96	4168.06	4724.05	5215.58
公路部门营运车辆(10^4 辆) Motor Vehicles Owned by Highway Department(10^4unit)	31.67	27.49	501.77	702.82	764.39	826.34
私人汽车(104 辆) Private Vehicles(104unit)	96.04	249.96	533.88	625.33	770.78	968.98
民航飞机合计(架) Total Civil Aircraft(unit)	438	720	795	982	1031	1112
民用运输船舶合计(艘) Total Civil Transport Vessels(unit)	400594	364968	242043	229676	210786	202977
机动船 Motor Vessels	307127	299717	194590	185018	169329	165936
驳船 Barges	78410	57998	47453	44658	41457	37041
帆船 Sailing Boats	15057	7253				
私人运输船舶(艘) Private Transport Vessels(unit)	224224	196736	120621	142117	121721	115108

1－9 主要能源品种进、出口量

IMPORTS AND EXPORTS OF MAJOR ENERGY PRODUCTS

	1991	1995	1999	2000	2001	2002
进口量 Import						
煤(万吨) Coal(10^4tn)	136.80	163.51	167.28	212.00	249	1081
焦炭(万吨) Coke(10^4tn)		0.12				
原油(万吨) Crude Oil(10^4tn)	597.30	3400.63	3661.37	7027	6026.00	6941
汽油(万吨) Gasoline(10^4tn)	11.20	15.88	0.04	0.03	0.02	
柴油(万吨) Diesel Oil(10^4tn)	319.60	612.26	30.86	25.94	27.47	47.72
煤油(万吨) Kerosene(10^4tn)	2.60	76.13	211.19	255.47	201.89	214.53
燃料油(万吨) Fuel Oil(10^4tn)	126.40	659.14	1756.99	1480	1823.6	1659.66
液化石油气(万吨) LPG(10^4tn)		232.55	322.31	481.74	488.86	626.16
其它石油制品(万吨) Other Petroleum Products(10^4tn)	11.50	95.68	208.12	161.46	201.31	384.32
天然气(亿立方米) Natural Gas(108cu. m)						
电力(亿千瓦小时) Electricity(108kwh)	31.10	6.39	3.66	15.46	17.98	23
出口量 Export						
煤(万吨) Coal(10^4tn)	2000.10	2861.70	3743.86	5505	9012.00	8384.00
焦炭(万吨) Coke(10^4tn)	108.30	886.12	997.42	1520	1385.00	1357.00
原油(万吨) Crude Oil(10^4tn)	2259.80	1822.70	716.73	1031.00	755.00	766.00
汽油(万吨) Gasoline(10^4tn)	250.20	185.53	413.83	455.18	572.46	612.00
柴油(万吨) Diesel Oil(10^4tn)	121.00	130.63	60.47	55.48	25.62	124.00
煤油(万吨) Kerosene(10^4tn)	32.10	37.44	124.97	198.88	182.22	170.00
燃料油(万吨) Fuel Oil(10^4tn)	69.50	27.79	25.46	33.37	44.09	64.00
液化石油气(万吨) LPG(10^4tn)	1.10	7.08	7.50	1.60	2.09	5.60
其它石油制品(万吨) Other Petroleum Products(10^4tn)	148.80	131.05	220.98	280.48	325.48	246.00
天然气(亿立方米) Natural Gas(10^8cu. m)						
电力(亿千瓦小时) Electricity(10^8kwh)	2.60	60.25	91.46	98.78	101.92	97.00

1-10 主要耗能产品的进、出口量

IMPORTS AND EXPORTS OF ENERGY INTENSIVE PRODUCTS

	1991	1995	1999	2000	2001	2002
进口量 Import						
钢材(万吨) Steel Products(10^4tn)	356	1377	1486	1596	1722	2449
钢铁丝(吨) Iron and Steel Wire(tn)	21749	321531	192984	336300	353771	427554
铜及铜合金(吨) Copper and Copper Alloys(tn)	113966	187504	547736	812126	954167	1330146
铝及铝合金(吨) Aluminum and Aluminum Alloys(tn)	43711	387925	534004	914099	529419	581757
锌及锌合金(吨) Zinc and Zinc Alloys(tn)	11705	66703	107439	129974	141159	211722
烧碱(吨) Caustic Soda(tn)	3631	8768	24123	46458	27357	114834
纯碱(吨) Soda Ash(tn)	54220	1793	35705	134953	68665	293685
化学肥料 Chemical Fertilizers(10^4tn)	1818	1991	1335	1189	1092	1682
纸浆(万吨) Paper Pulp(10^4tn)	129	82	310	335	490	526
纺织用合成纤维(万吨) Synthetic Fiber Suitable for Spinning (10^4tn)	50	76	83	100	92	104
出口量 Export						
水泥(万吨) Cement(10^4tn)	1074	819	636	605	621	518
平板玻璃(万平方米) Plate Glass(104sq. m)	4194	5645	4418	5592	6123	11359
钢材 (万吨) Steel Products(10^4tn)	214	567	368	621	474	545
钢铁丝(吨) Iron and Steel Wire(tn)	231439	209275	176013	190122	224484	310992
铜材(吨) Copper Products	33655	87344	101974	144484	123790	171710
铝材(吨) Aluminum Products(tn)	27300	65436	94796	130052	135630	188744
锌及锌合金(吨) Zinc and Zinc Alloys(tn)	6284	191535	527142	593336	562021	495987
纸及纸板(万吨) Paper and Paperboard(10^4tn)	23	49	21	65	68	74

1-11 分地区工业废气排放量

EMISSION OF INDUSTRIAL WASTE GAS BY REGION

地区 Region		工业废气排放总量（亿标准立方米）Total Volume of Industrial Waste Gas Emissions (10^8cu. m)			燃料燃烧工业废气排放量 Waste Gas from Fuel (10^8cu. m)	
		2000	2001	2002	2000	2001	2002
全国总计	**National**	**138145**	**160863**	**175257**	**81970**	**93526**	**103776**
北京	Beijing	3227	3035	2966	1864	1797	1816
天津	Tianjin	1749	2859	3677	1341	1880	2722
河北	Hebei	9858	11457	12743	4847	6016	7079
山西	Shanxi	6635	8027	9402	4203	4771	5786
内蒙	Inner Mongolia	4768	4959	5998	3252	3448	4391
辽宁	Liaoning	9432	10042	10462	5925	5843	6077
吉林	Jilin	3082	3237	3516	2172	1835	2375
黑龙江	Heilongjiang	4326	4617	4628	3517	3796	3787
上海	Shanghai	5755	6964	7440	3282	2875	3288
江苏	Jiangsu	9078	13344	14286	6522	8545	8826
浙江	Zhejiang	6509	8530	8532	4262	5862	5921
安徽	Anhui	3945	4808	5119	2282	2980	3092
福建	Fujian	2828	3305	3565	1297	1611	1845
江西	Jiangxi	2220	2231	2612	1218	1319	1458
山东	Shandong	12179	14453	14306	7438	8667	8987
河南	Henan	7436	9239	10645	4408	6028	6536
湖北	Hubei	5674	5820	6440	2468	2695	2963
湖南	Hunan	3569	3960	4190	1718	1848	2048
广东	Guangdong	8326	9456	10579	5169	5524	6575
广西	Guangxi	4607	5461	5693	1787	2205	2425
海南	Hainan	434	502	528	226	286	291
重庆	Chongqing	1908	1856	1979	1130	1128	1185
四川	Sichuan	4779	5550	7287	2332	2761	4021
贵州	Guizhou	3882	3629	3515	2326	2114	1953
云南	Yunnan	2749	3346	3659	1402	1669	1650
西藏	Tibet	15	15	14	8	12	9
陕西	Shaanxi	2379	2858	3424	1503	1828	1944
甘肃	Gansu	2800	2793	2972	1523	1484	1598
青海	Qinghai	607	846	937	163	259	241
宁夏	Ningxia	1445	1312	1631	995	841	957
新疆	Xinjiang	1944	2353	2512	1389	1599	1930

资料来源：《中国统计年鉴》。

Source:《STATISTICAL YEARBOOK OF CHINA》.

1－12 分地区工业废水排放及处理情况

DISCHARGE AND TREATMENT OF INDUSTRIAL WASTE WATER BY REGION

单位：万吨　　　　　　　　　　　　　　　　　　　　　　　　(10^4tn)

地区	Region	工业废水排放总量 Total Volume of Industrial Waste Water Discharged			工业废水排放达标量 Volume of Industrial Waste Water up to the Discharge Standards		
		2000	2001	2002	2000	2001	2002
全国总计	**National**	**1942405**	**2026282**	**2071885**	**1493277**	**1768996**	**1830394**
北　京	Beijing	23164	21165	18044	21456	20588	17745
天　津	Tianjin	17604	21250	21959	17186	21149	21898
河　北	Hebei	89600	103041	106772	63649	88946	97988
山　西	Shanxi	32406	31093	30777	20056	25227	26626
内　蒙	Inner Mongolia	21844	20960	22737	14116	15002	15759
辽　宁	Liaoning	109044	99505	92001	87196	84381	80819
吉　林	Jilin	37386	35574	34783	24626	23310	26782
黑龙江	Heilongjiang	52644	49444	47983	44152	45750	44515
上　海	Shanghai	72446	68012	64857	67553	64876	61521
江　苏	Jiangsu	201923	271029	262715	185653	254564	251997
浙　江	Zhejiang	136433	158113	168048	115680	152527	161873
安　徽	Anhui	63106	63229	64577	53355	60220	61827
福　建	Fujian	57617	69724	78511	46574	106378	75094
江　西	Jiangxi	41956	41507	46119	28796	31504	35786
山　东	Shandong	110324	115233	106668	102743	108273	102801
河　南	Henan	109210	110152	114431	88297	94527	103124
湖　北	Hubei	106733	97714	98481	80591	78736	82930
湖　南	Hunan	112563	107175	111788	74396	79434	86768
广　东	Guangdong	114055	112812	145236	88271	94878	130225
广　西	Guangxi	81571	90512	97126	51287	72785	81774
海　南	Hainan	7064	7001	7170	6134	6540	6712
重　庆	Chongqing	84344	81214	79872	63612	66920	71372
四　川	Sichuan	116979	114920	117638	69596	83181	93045
贵　州	Guizhou	20598	20812	17117	9766	12114	9720
云　南	Yunnan	35117	32713	33696	16245	21297	22186
西　藏	Tibet	1006	1114	1063			
陕　西	Shanxi	30903	28634	30496	19749	22892	25491
甘　肃	Gansu	23795	20722	19677	16973	14989	14218
青　海	Qinghai	4661	4385	3583	3777	3507	2148
宁　夏	Ningxia	10942	10450	11534	3867	4359	6461
新　疆	Xinjiang	15365	16797	16426	7923	10145	11189

资料来源：《中国统计年鉴》。

Source:《STATISTICAL YEARBOOK OF CHINA》.

二、能源建设

Chapter 2 Construction on Energy Industry

2-1 国有经济能源工业分行业固定资产投资

INVESTMENT IN FIXED ASSETS OF STATE-OWNED UNITS IN ENERGY INDUSTRY

单位:亿元 (10^8 yuan)

	1991	1995	1999	2000	2001	2002
能源工业 Energy Industry	**956.75**	**2025.28**	**2963.21**	**2839.59**	**2621.60**	**2626.17**
煤炭采选业 Coal Mining and Processing	177.07	282.26	213.22	198.90	199.22	233.17
石油和天然气开采业 Petroleum and Natural Gas Extraction	273.43	499.68	706.32	355.55	375.19	157.57
电力、蒸汽、热水生产和供应业 Electricity, Steam, Hot Water Producing and Supply	410.19	1042.71	1833.16	2130.30	1861.44	2082.18
石油加工及炼焦业 Petroleum Processing and Coking	96.05	161.64	145.76	94.81	127.36	93.16
煤气生产和供应业 Coal Gas and Coal Products		38.99	64.75	60.03	58.39	60.09

2-2 国有经济能源工业分行业固定资产投资构成

PROPORTIONS OF INVESTMENT IN FIXED ASSETS OF STATE-OWNED UNITS IN ENERGY INDUSTRY

单位:% (%)

	1991	1995	1999	2000	2001	2002
能源工业 Energy Industry	**100.00**	**100.00**	**100.00**	**100.00**	**100.00**	**100.00**
煤炭采选业 Coal Mining and Processing	18.51	13.94	7.20	7.00	7.60	8.88
石油和天然气开采业 Petroleum and Natural Gas Extraction	28.58	24.67	23.84	12.52	14.31	6.00
电力、蒸汽、热水生产和供应业 Electricity, Steam, Hot Water Producing and Supply	42.87	51.48	61.86	75.02	71.00	79.29
石油加工及炼焦业 Petroleum Processing and Coking	10.04	7.98	4.92	3.34	4.86	3.55
煤气生产和供应业 Coal Gas and Coal Products		1.93	2.19	2.11	2.23	2.29

2-3 分地区国有经济能源工业固定资产投资

INVESTMENT IN FIXED ASSETS OF STATE-OWNED UNITS IN ENERGY INDUSTRY BY REGION

单位:亿元 (10^8 yuan)

地区 Region	1991	1995	1999	2000	2001	2002
全国总计 National	**956.75**	**2025.28**	**2963.21**	**2839.58**	**2621.60**	**2626.16**
北京 Beijing	12.08	48.33	98.90	54.14	39.67	49.23
天津 Tianjin	32.32	120.62	109.04	30.67	24.57	36.86
河北 Hebei	35.94	108.93	109.79	166.82	91.52	80.94
山西 Shanxi	59.53	70.05	90.52	106.57	104.55	100.04
内蒙 Inner Mongolia	28.43	73.62	29.04	33.36	31.42	47.55
辽宁 Liaoning	68.10	133.08	160.79	179.51	162.37	108.15
吉林 Jilin	25.71	44.26	58.01	66.45	68.11	42.68
黑龙江 Heilongjiang	78.58	163.08	204.34	72.04	78.70	68.23
上海 Shanghai	26.74	75.72	154.86	76.10	77.88	66.78
江苏 Jiangsu	33.64	49.28	149.73	202.11	140.65	194.00
浙江 Zhejiang	19.60	56.44	91.97	91.08	90.51	83.31
安徽 Anhui	23.75	76.87	51.76	54.25	53.74	72.98
福建 Fujian	20.36	38.19	40.03	70.64	61.41	51.07
江西 Jiangxi	8.93	18.65	38.34	50.71	44.88	35.68
山东 Shandong	77.35	180.99	268.77	330.44	291.03	174.07
河南 Henan	54.60	99.65	160.31	180.77	167.61	148.98
湖北 Hubei	18.04	138.42	193.36	221.63	227.98	241.71
湖南 Hunan	17.67	57.75	72.92	88.95	85.76	100.82
广东 Guangdong	68.89	84.91	115.25	90.46	119.04	159.48
广西 Guangxi	8.41	21.36	39.57	71.02	46.79	60.67
海南 Hainan	2.21	1.53	5.83	13.01	10.14	4.92
重庆 Chongqing			43.11	42.89	34.55	32.74
四川 Sichuan	52.42	110.55	109.33	94.62	80.25	89.10
贵州 Guizhou	10.47	26.83	37.79	67.38	94.99	114.03
云南 Yunnan	11.85	22.63	48.61	49.37	52.60	75.30
西藏 Tibet	2.11	9.01	6.33	9.73	6.58	14.65
陕西 Shaanxi	21.68	40.35	75.44	94.33	83.31	91.26
甘肃 Gansu	15.10	33.99	50.49	53.01	45.03	39.54
青海 Qinghai	10.45	22.24	35.88	10.59	15.22	18.41
宁夏 Ningxia	8.89	11.57	13.50	16.32	20.85	34.38
新疆 Xinjiang	48.70	106.91	169.58	49.90	59.69	54.87

2－4 分地区国有经济煤炭采选业固定资产投资

INVESTMENT IN FIXED ASSETS OF STATE-OWNED UNITS IN COAL MINING AND PROCESSING BY REGION

单位:亿元 (108yuan)

地区 Region	1991	1995	1999	2000	2001	2002
全国总计 National	**177.07**	**282.26**	**213.22**	**198.90**	**199.22**	**233.17**
北　京 Beijing	0.59	0.62	0.41	0.21	0.22	0.12
天　津 Tianjin		60.30				
河　北 Hebei	10.84	62.86	19.90	19.54	9.93	16.56
山　西 Shanxi	37.16	46.59	39.87	34.25	42.14	51.63
内　蒙 Inner Mongolia	21.18	35.26	5.43	2.49	3.94	6.55
辽　宁 Liaoning	10.20	6.09	6.45	7.95	6.13	7.62
吉　林 Jilin	2.90	2.86	1.09	0.84	1.27	1.99
黑龙江 Heilongjiang	14.18	14.12	6.26	7.46	10.48	8.32
上　海 Shanghai	0.02					
江　苏 Jiangsu	5.76	6.16	4.78	5.48	5.39	8.40
浙　江 Zhejiang	0.36	0.12	0.04			
安　徽 Anhui	12.80	34.64	15.66	13.16	21.54	21.51
福　建 Fujian	0.94	1.48	1.53	1.27	0.91	1.48
江　西 Jiangxi	1.70	1.72	1.34	0.89	2.57	2.83
山　东 Shandong	11.11	24.62	49.02	39.50	51.70	46.42
河　南 Henan	13.48	22.83	17.38	18.47	13.38	17.93
湖　北 Hubei	0.26	0.56	0.52	0.43	0.17	0.70
湖　南 Hunan	1.87	3.38	1.47	1.04	1.82	2.00
广　东 Guangdong	0.96	0.99	0.29	0.17	0.05	
广　西 Guangxi	0.57	0.93	0.47	0.52	0.46	0.63
海　南 Hainan	0.01	0.01				
重　庆 Chongqing			2.80	1.08	1.20	1.00
四　川 Sichuan	6.65	6.61	4.26	2.21	1.89	2.43
贵　州 Guizhou	2.53	6.65	5.26	4.46	3.85	4.20
云　南 Yunnan	2.12	3.59	2.37	1.90	2.02	2.53
西　藏 Tibet		0.09				
陕　西 Shaanxi	5.82	8.38	3.57	3.20	2.88	6.12
甘　肃 Gansu	2.48	4.07	5.77	4.97	5.34	3.86
青　海 Qinghai	0.30	0.24	0.05	0.01	0.19	0.11
宁　夏 Ningxia	3.17	5.21	2.61	2.79	0.56	3.51
新　疆 Xinjiang	2.93	3.34	1.26	2.15	1.57	2.43

2-5 分地区国有经济石油和天然气开采业固定资产投资

INVESTMENT IN FIXED ASSETS OF STATE-OWNED UNITS IN PETROLEUM AND NATURAL GAS EXTRACTION BY REGION

单位：亿元 （10^8yuan）

地区 Region	1991	1995	1999	2000	2001	2002
全国总计 National	**273.43**	**499.68**	**706.32**	**355.55**	**375.19**	**157.57**
北　京 Beijing	0.02					
天　津 Tianjin	19.81	30.77	57.12	4.11	6.79	8.18
河　北 Hebei	3.29	3.06	3.48	3.35	0.40	0.48
山　西 Shanxi						
内　蒙 Inner Mongolia			0.30	0.70	0.59	0.60
辽　宁 Liaoning	25.09	54.91	82.10	67.50	68.55	13.88
吉　林 Jilin	10.02	17.39	24.99	20.85	32.40	5.49
黑龙江 Heilongjiang	41.55	103.85	134.41	0.40	0.67	
上　海 Shanghai	0.11	0.07	4.16	2.17	1.24	0.28
江　苏 Jiangsu	2.62	6.28	8.85	10.74	9.07	8.38
浙　江 Zhejiang						
安　徽 Anhui			0.02			
福　建 Fujian						
江　西 Jiangxi						
山　东 Shandong	42.31	79.97	104.09	132.95	125.18	
河　南 Henan	23.39	26.10	30.73	43.95	56.96	55.30
湖　北 Hubei	2.73	3.77	8.82	13.20	16.05	12.79
湖　南 Hunan						
广　东 Guangdong	3.11	6.28	11.95	0.72	0.48	6.64
广　西 Guangxi		0.04	2.62			
海　南 Hainan				5.00	3.10	
重　庆 Chongqing			8.27	0.09	0.12	0.32
四　川 Sichuan	12.78	24.11	29.86	6.87	6.28	6.13
贵　州 Guizhou	0.01		0.55		0.52	0.69
云　南 Yunnan				0.03		
西　藏 Tibet						
陕　西 Shaanxi	1.48	2.76	17.91	23.98	29.07	31.72
甘　肃 Gansu	1.28	4.29	5.87	6.57	0.01	0.08
青　海 Qinghai	5.64	6.00	17.18	1.76	1.89	4.44
宁　夏 Ningxia						
新　疆 Xinjiang	39.75	85.85	121.53	10.61	15.81	2.17

2-6 分地区国有经济电力、蒸汽、热水生产和供应业固定资产投资

INVESTMENT IN FIXED ASSETS OF STATE-OWNED UNITS IN ELECTRICITY, STEAM, HOT WATER PRODUCTI0N AND SUPPLY BY REGION

单位:亿元 (10^8yuan)

地区 Region	1991	1995	1999	2000	2001	2002
全国总计 National	**410.19**	**1042.71**	**1833.16**	**2130.30**	**1861.44**	**2082.18**
北京 Beijing	7.93	36.72	77.77	35.85	25.70	33.77
天津 Tianjin	10.61	23.28	42.58	21.18	13.22	26.05
河北 Hebei	17.58	37.82	80.98	134.25	71.93	56.61
山西 Shanxi	20.60	21.33	44.16	66.63	55.25	43.36
内蒙 Inner Mongolia	6.93	32.63	21.50	29.17	24.71	38.22
辽宁 Liaoning	20.04	41.63	51.16	85.64	55.94	67.06
吉林 Jilin	10.88	19.95	27.77	43.46	33.39	34.69
黑龙江 Heilongjiang	13.04	25.76	32.51	58.69	56.56	45.66
上海 Shanghai	18.37	57.17	137.67	61.71	67.11	58.57
江苏 Jiangsu	18.64	29.18	122.68	172.25	114.51	166.52
浙江 Zhejiang	14.65	53.58	89.90	89.68	89.15	79.29
安徽 Anhui	9.42	26.96	32.62	39.05	26.91	49.66
福建 Fujian	11.48	32.89	37.21	67.33	59.22	48.62
江西 Jiangxi	6.67	14.28	35.05	47.42	40.60	30.23
山东 Shandong	16.42	60.82	98.56	148.94	101.84	113.01
河南 Henan	14.82	46.00	107.06	113.29	90.06	72.15
湖北 Hubei	13.25	126.00	176.72	204.23	208.59	225.65
湖南 Hunan	14.46	51.30	62.68	75.46	72.63	88.44
广东 Guangdong	56.99	64.11	90.74	81.64	100.36	146.38
广西 Guangxi	7.61	20.19	36.24	68.96	44.55	58.53
海南 Hainan	1.54	1.51	4.12	6.43	5.78	4.86
重庆 Chongqing			30.83	40.85	31.90	29.83
四川 Sichuan	32.27	77.03	72.38	82.51	68.10	77.19
贵州 Guizhou	6.60	19.98	31.79	62.37	90.33	108.71
云南 Yunnan	9.22	18.58	46.01	47.18	50.43	72.38
西藏 Tibet	2.11	8.92	6.33	9.73	6.58	14.65
陕西 Shaanxi	13.07	25.12	49.00	63.09	46.36	47.75
甘肃 Gansu	8.32	18.47	34.55	38.85	39.29	34.44
青海 Qinghai	4.51	16.00	18.53	8.82	12.90	13.67
宁夏 Ningxia	5.19	6.02	6.82	13.01	19.93	30.56
新疆 Xinjiang	5.43	12.11	42.10	34.39	34.99	44.21

2－7 分地区国有经济石油加工及炼焦业固定资产投资

INVESTMENT IN FIXED ASSETS OF STATE-OWNED UNITS IN PETROLEUM PROCESSING AND COKING BY REGION

单位:亿元 (10^8yuan)

地区 Region	1991	1995	1999	2000	2001	2002
全国总计 National	**96.05**	**161.64**	**145.76**	**94.81**	**127.36**	**93.16**
北京 Beijing	3.55	6.95	10.55	5.59	2.42	1.63
天津 Tianjin	1.90	5.17	1.40	1.48	2.10	0.07
河北 Hebei	4.24	4.66	4.16	7.14	5.41	3.81
山西 Shanxi	1.77	1.06	3.67	2.90	4.18	4.19
内蒙 Inner Mongolia	0.32	5.59	0.37	0.26	1.42	1.31
辽宁 Liaoning	12.76	28.90	19.06	16.59	29.61	18.63
吉林 Jilin	1.92	3.15	3.42	0.55	0.86	0.51
黑龙江 Heilongjiang	9.81	16.74	30.20	4.26	8.82	11.86
上海 Shanghai	8.23	10.05	3.14	5.33	5.83	5.30
江苏 Jiangsu	6.62	6.80	9.61	12.24	10.20	6.17
浙江 Zhejiang	4.60	1.36	1.13	0.24	0.34	1.90
安徽 Anhui	1.54	14.39	2.31	1.42	3.94	0.69
福建 Fujian	7.94	3.56	0.43			
江西 Jiangxi	0.56	1.87	1.33	1.76	1.34	2.38
山东 Shandong	7.51	13.21	13.68	5.68	8.61	11.17
河南 Henan	2.91	1.48	0.84	1.42	3.26	0.36
湖北 Hubei	1.80	6.80	6.80	3.33	2.79	1.80
湖南 Hunan	1.35	2.02	7.98	11.62	10.71	8.37
广东 Guangdong	7.83	11.70	10.89	6.48	16.35	4.97
广西 Guangxi	0.23	0.09	0.09	0.10	0.05	0.20
海南 Hainan	0.68		0.90			
重庆 Chongqing			0.06	0.15	0.17	0.13
四川 Sichuan	0.72	0.53		0.03	0.37	0.68
贵州 Guizhou	1.33		0.02	0.07	0.19	0.01
云南 Yunnan	0.51	0.05	0.03	0.06	0.04	
西藏 Tibet						
陕西 Shaanxi	1.31	3.31	2.15	1.70	1.80	3.42
甘肃 Gansu	3.02	6.64	3.66	2.26	0.09	0.64
青海 Qinghai			0.11		0.18	
宁夏 Ningxia	0.53	0.25	3.79	0.05		
新疆 Xinjiang	0.59	5.32	4.00	2.07	6.29	2.97

2－8 分地区国有经济煤气生产和供应业固定资产投资

INVESTMENT IN FIXED ASSETS OF STATE-OWNED UNITS IN GAS PRODUCTION AND SUPPLY BY REGION

单位：亿元 （10^8yuan）

地区 Region	1995	1999	2000	2001	2002
全国总计 National	**38.99**	**64.75**	**60.03**	**58.39**	**60.09**
北京 Beijing	4.04	10.17	12.50	11.32	13.71
天津 Tianjin	1.10	7.95	3.90	2.45	2.57
河北 Hebei	0.53	1.27	2.53	3.85	3.48
山西 Shanxi	1.07	2.83	2.80	2.98	0.87
内蒙 Inner Mongolia	0.14	1.44	0.74	0.75	0.87
辽宁 Liaoning	1.55	2.01	1.83	2.14	0.96
吉林 Jilin	0.91	0.74	0.76	0.19	
黑龙江 Heilongjiang	2.61	1.00	1.22	2.17	2.39
上海 Shanghai	8.43	9.90	6.88	3.69	2.63
江苏 Jiangsu	0.86	3.82	1.41	1.47	4.52
浙江 Zhejiang	1.38	0.90	1.16	1.02	2.12
安徽 Anhui	0.88	1.16	0.61	1.36	1.12
福建 Fujian	0.26	0.86	2.03	1.27	0.97
江西 Jiangxi	0.78	0.63	0.64	0.37	0.24
山东 Shandong	2.37	3.42	3.38	3.69	3.47
河南 Henan	3.24	4.29	3.64	3.95	3.24
湖北 Hubei	1.29	0.49	0.44	0.38	0.77
湖南 Hunan	1.05	0.79	0.83	0.61	2.01
广东 Guangdong	1.83	1.38	1.45	1.79	1.49
广西 Guangxi	0.11	0.14	1.44	1.74	1.31
海南 Hainan	0.01	0.81	1.58	1.26	0.06
重庆 Chongqing		1.16	0.72	1.16	1.47
四川 Sichuan	2.27	2.82	3.00	3.60	2.68
贵州 Guizhou	0.20	0.17	0.49	0.09	0.42
云南 Yunnan	0.41	0.20	0.19	0.11	0.38
西藏 Tibet					
陕西 Shaanxi	0.78	2.80	2.37	3.20	2.25
甘肃 Gansu	0.52	0.64	0.36	0.30	0.51
青海 Qinghai				0.06	0.19
宁夏 Ningxia	0.09	0.28	0.47	0.36	0.31
新疆 Xinjiang	0.29	0.68	0.68	1.02	3.09

2-9 能源工业分行业基本建设投资

CAPITAL CONSTRUCTION INVESTMENT IN ENERGY INDUSTRY

单位：亿元 (10^8 yuan)

	1991	1995	1999	2000	2001	2002
能源工业	**646.14**	**1650.1**	**2564.28**	**2892.61**	**2710.18**	**3017.1**
Energy Industry						
煤炭采选业	116.58	189.39	124.88	116.34	94.72	111.9
Coal Mining and Processing						
石油和天然气开采业	88.34	190.6	315.6	420.66	502.74	521.15
Petroleum and Natural Gas Extraction						
电力、蒸汽、热水生产和供应业	377.75	1124.15	1989.96	2267.08	1980.16	2225.84
Electricity Steam, Hot Water Producing and and Supply						
石油加工及炼焦业	63.47	109.23	75.82	32.79	71.74	89.86
Petroleum Processing and Coking						
煤气生产和供应业		36.73	58.02	55.74	60.82	68.33
Gas Production and Supply						

2-10 能源工业分行业基本建设投资构成

PROPORTIONS OF CAPITAL CONSTRUCTION INVESTMENT IN ENERGY INDUSTRY

单位：% (%)

	1991	1995	1999	2000	2001	2002
能源工业	**100**	**100**	**100**	**100**	**100**	**100**
Energy Industry						
煤炭采选业	18.04	11.48	4.87	4.02	3.49	3.71
Coal Mining and Processing						
石油和天然气开采业	13.67	11.55	12.31	14.54	18.55	17.27
Petroleum and Natural Gas Extraction						
电力、蒸汽、热水生产和供应业	58.46	68.13	77.60	78.37	73.06	73.77
Electricity Steam, Hot Water Producing and and Supply						
石油加工及炼焦业	9.82	6.62	2.96	1.13	2.65	2.98
Petroleum Processing and Coking						
煤气生产和供应业			2.26	1.93	2.24	2.26
Gas Production and Supply						

2－11 分地区能源工业基本建设投资

CAPITAL CONSTRUCTION INVESTMENT IN ENERGY INDUSTRY BY REGION

单位：万元 (10⁴yuan)

地区 Region	1991	1995	1999	2000	2001	2002
全国总计 National	**6461426**	**16501001**	**25642805**	**28926111**	**27101727**	**30171009**
北京 Beijing	94400	501146	933310	460662	345755	435375
天津 Tianjin	195637	410926	909983	944246	876200	891579
河北 Hebei	269892	536619	1064350	1504906	869819	813753
山西 Shanxi	444243	452036	1071348	1238165	1123875	1127162
内蒙 Inner Mongolia	245014	596071	271135	315545	555565	856546
辽宁 Liaoning	393495	800526	912405	1105088	956840	878395
吉林 Jilin	135358	275088	411555	526196	523470	564227
黑龙江 Heilongjiang	318600	747829	672620	821438	1221915	1168595
上海 Shanghai	200925	550887	1417018	839410	637420	516272
江苏 Jiangsu	242841	592214	1138172	1538548	970980	1471129
浙江 Zhejiang	172627	503271	1612320	1741253	1501451	1450062
安徽 Anhui	188573	562895	641519	449270	252215	328362
福建 Fujian	182257	510106	609549	821365	750678	763914
江西 Jiangxi	77626	204835	336353	523580	560809	330892
山东 Shandong	346899	1098600	1695200	2121480	2017727	2138147
河南 Henan	289768	955605	1081316	1426796	1229534	1115355
湖北 Hubei	132786	1246538	1791299	2063365	2188814	2458426
湖南 Hunan	159863	527831	592234	817254	718424	772222
广东 Guangdong	621626	1408194	1757026	1442557	1513680	2000550
广西 Guangxi	70774	234424	511519	731050	538720	792453
海南 Hainan	22070	238033	116009	142742	84720	69376
重庆 Chongqing			307835	372764	300714	334393
四川 Sichuan	340591	840198	1074690	1149463	942342	1194978
贵州 Guizhou	83123	190182	213559	342232	667917	886454
云南 Yunnan	101740	311244	506021	535330	550392	854108
西藏 Tibet	21124	75807	55114	75344	54863	98182
陕西 Shaanxi	157260	306175	535699	580124	570988	597905
甘肃 Gansu	108573	202712	462684	488208	449550	410575
青海 Qinghai	71152	172596	282786	229387	340661	411424
宁夏 Ningxia	70065	80402	115462	148981	198865	308908
新疆 Xinjiang	305608	725916	1320478	1707643	1753767	1916246

2-12 分地区煤炭采选业基本建设投资

CAPITAL CONSTRUCTION INVESTMENT IN COAL MINING AND PROCESSING BY REGION

单位:万元 (10^4yuan)

地区 Region	1991	1995	1999	2000	2001	2002
全国总计 National	**1165801**	**1893896**	**1248813**	**1163364**	**947192**	**1119115**
北　京 Beijing	2669					
天　津 Tianjin						
河　北 Hebei	58274	57451	90706	97966	34251	57640
山　西 Shanxi	238288	234971	223931	197398	225338	277304
内　蒙 Inner Mongolia	184758	314099	82244	4655	21216	34571
辽　宁 Liaoning	57518	27907	10073	15062	21894	52306
吉　林 Jilin	19208	18570	5005	2819	8342	13036
黑龙江 Heilongjiang	86821	88583	18703	29967	47677	13679
上　海 Shanghai	189					
江　苏 Jiangsu	37236	39351	18515	11324	15417	17039
浙　江 Zhejiang	1145	1039	1047			
安　徽 Anhui	91172	237579	54088	78417	99602	48840
福　建 Fujian	4257	6806	4781	3610	1631	1435
江　西 Jiangxi	11585	9096	3358	5890	17177	20218
山　东 Shandong	103080	210794	359836	286428	233247	304495
河　南 Henan	77912	145383	109318	115503	80898	66874
湖　北 Hubei	1527	2821	1616	2119	922	2527
湖　南 Hunan	9809	17128	4909	2776	2325	947
广　东 Guangdong	3036	1501	2380	1689	500	
广　西 Guangxi	3163	6542	2531	3695	2791	4740
海　南 Hainan	27		330			
重　庆 Chongqing			7103	1531	2429	573
四　川 Sichuan	20581	20387	28826	5515	5383	5590
贵　州 Guizhou	11268	41648	33700	14757	3493	4084
云　南 Yunnan	14537	19546	12509	8627	9152	14793
西　藏 Tibet		900				
陕　西 Shaanxi	35810	61977	8700	13656	11469	27941
甘　肃 Gansu	15545	30155	30538	25267	20572	8840
青　海 Qinghai	529	625	115	130	1240	1787
宁　夏 Ningxia	18880	30447		234		1796
新　疆 Xinjiang	14930	25345	6542	9834	3919	15228

2-13 分地区石油和天然气开采业基本建设投资

CAPITAL CONSTRUCTION INVESTMENT IN PETROLEUM AND NATURAL GAS EXTRACTION BY REGION

单位:万元 (10⁴yuan)

地区 Region	1991	1995	1999	2000	2001	2002
全国总计 National	**883391**	**1905965**	**3156019**	**4206613**	**5027382**	**52111513**
北京 Beijing	166					
天津 Tianjin	89296	169493	396415	598505	633846	573247
河北 Hebei	32869	30600	34772	33145	34952	41897
山西 Shanxi						
内蒙 Inner Mongolia				7003	5940	5510
辽宁 Liaoning	66400	127731	298993	306265	315018	302226
吉林 Jilin	7600	43390	137364	132545	201141	155267
黑龙江 Heilongjiang	30543	279419	147081	177390	653470	766692
上海 Shanghai	1006	654	41598	21389	11940	2836
江苏 Jiangsu	3001	25297	38311	59144	19093	24097
浙江 Zhejiang						
安徽 Anhui			160			75
福建 Fujian						
江西 Jiangxi						
山东 Shandong	54671	175736	302754	330794	492689	434857
河南 Henan	46194	75164	92363	133933	139341	161932
湖北 Hubei	9085	12290	40797	60611	19655	63589
湖南 Hunan						
广东 Guangdong	19639	60477	114928	40290	137562	199843
广西 Guangxi		420	26188			
海南 Hainan		36213		50000	30968	18885
重庆 Chongqing			65284	1980	1630	4232
四川 Sichuan	17163	58061	104934	30659	48819	30558
贵州 Guizhou	50		5069	1000	4612	3047
云南 Yunnan				300	2	
西藏 Tibet						
陕西 Shaanxi	1398	5345	66564	63058	174066	152783
甘肃 Gansu		1000	8358	45836	48655	84997
青海 Qinghai	25700	18000	99144	107475	88603	115294
宁夏 Ningxia						
新疆 Xinjiang	239230	562818	897547	1290526	1234690	1191767

2-14 分地区电力、蒸汽、热水生产和供应业基本建设投资

CAPITAL CONSTRUCTION INVESTMENT IN ELECTRICITY, STEAM, HOT WATER PRODUCTION AND SUPPLY BY REGION

单位:万元 (10^4yuan)

地区 Region	1991	1995	1999	2000	2001	2002
全国总计 National	**3777515**	**11241548**	**19899618**	**22670832**	**19801579**	**22258415**
北京 Beijing	70114	433909	767882	314715	234754	304829
天津 Tianjin	96947	195867	427000	306598	206706	298893
河北 Hebei	156286	438247	890649	1332435	736773	663147
山西 Shanxi	188910	197956	810209	1009881	802838	728699
内蒙 Inner Mongolia	59138	279667	174342	295497	519950	790788
辽宁 Liaoning	181296	374203	513473	730481	498865	504688
吉林 Jilin	103835	187063	254754	383038	312557	391617
黑龙江 Heilongjiang	124029	240813	440867	578016	438041	338386
上海 Shanghai	168917	395425	1331393	792002	612431	469269
江苏 Jiangsu	175181	469634	1016580	1410805	902350	1374716
浙江 Zhejiang	131627	442847	1418138	1658388	1384673	1266527
安徽 Anhui	87336	203240	570704	363350	124416	266585
福建 Fujian	99163	467062	591920	795130	636207	444024
江西 Jiangxi	63641	187260	326102	510052	533737	303990
山东 Shandong	154411	638250	966564	1461376	1243240	1349634
河南 Henan	139176	702686	831445	1138206	958364	831642
湖北 Hubei	111773	1198907	1705707	1992660	2146539	2357937
湖南 Hunan	136961	496196	562240	784447	705430	743096
广东 Guangdong	537526	1217521	1544440	1366632	1310209	1761966
广西 Guangxi	65354	225904	476889	719999	526997	774914
海南 Hainan	15303	138245	83790	68402	38862	43741
重庆 Chongqing			231893	359226	284559	318567
四川 Sichuan	299439	735149	911101	1081757	838686	1115113
贵州 Guizhou	58502	146487	172806	320704	658145	875337
云南 Yunnan	83187	287169	488641	525864	536397	826862
西藏 Tibet	21124	74907	55114	75344	54863	98182
陕西 Shaanxi	119134	231033	430577	474674	336561	385046
甘肃 Gansu	72827	166473	407261	409948	377076	305345
青海 Qinghai	44912	153971	182409	121782	249474	291723
宁夏 Ningxia	47480	47538	81548	136290	193395	303219
新疆 Xinjiang	48497	92926	381745	370674	372424	515603

2-15 分地区石油加工及炼焦业基本建设投资

CAPITAL CONSTRUCTION INVESTMENT IN PETROLEUM PROCESSING AND COKING BY REGION

单位:万元 (10[4]yuan)

地区 Region	1991	1995	1999	2000	2001	2002
全国总计 National	**634719**	**1092338**	**758186**	**327859**	**717402**	**898640**
北京 Beijing	21451	47830	89841	23437	3981	3181
天津 Tianjin	9394	37650	14896	1928		2085
河北 Hebei	22463	5360	25034	19737	5192	14300
山西 Shanxi	17045	11458	3603	4487	70544	104000
内蒙 Inner Mongolia	1118	1452	150	955	948	1210
辽宁 Liaoning	88281	255970	71510	32730	99340	6123
吉林 Jilin	4715	18508	5652			3507
黑龙江 Heilongjiang	77207	113314	55648	22886	60383	25961
上海 Shanghai	30813	77227	12231	17771	2900	2560
江苏 Jiangsu	27423	48706	19232	42343	19276	100
浙江 Zhejiang	39855	42992	183491	68942	103956	158972
安徽 Anhui	10065	113091	6387	3500	16206	1322
福建 Fujian	78837	35438	4250	3453	100386	306617
江西 Jiangxi	2400	3200	1500	1222	6100	2790
山东 Shandong	34737	53398	39876	9126	7307	14263
河南 Henan	26486	987	1798	918	977	1550
湖北 Hubei	10401	20149	32183	26	15799	20528
湖南 Hunan	13093	4760	15914	18931	614	5917
广东 Guangdong	61425	95203	77338	17136	56955	27073
广西 Guangxi	2257	479	565	130	463	5712
海南 Hainan	6740	55993	23277	3768	618	793
重庆 Chongqing			250	130	20	
四川 Sichuan	3408	4385	134		350	12879
贵州 Guizhou	13303		100	703	800	120
云南 Yunnan	4016	458	3411		4543	10141
西藏 Tibet						
陕西 Shaanxi	918	726	2000	1474	12145	5778
甘肃 Gansu	20201		10085	3607	200	6188
青海 Qinghai	11		1118			
宁夏 Ningxia	3705	1491	30331	2437		
新疆 Xinjiang	2951	42113	26381	26082	127399	154970

2-16 分地区煤气生产和供应业基本建设投资

CAPITAL CONSTRUCTION INVESTMENT IN GAS PRODUCTION AND SUPPLY BY REGION

单位:万元 (10^4yuan)

地区 Region	1995	1999	2000	2001	2002
全国总计 National	**367254**	**580169**	**557443**	**608172**	**683326**
北京 Beijing	19407	75587	122510	107020	127365
天津 Tianjin	7916	71672	37215	35648	17354
河北 Hebei	4961	23189	21623	58651	36769
山西 Shanxi	7651	33605	26399	25155	17159
内蒙 Inner Mongolia	853	14399	7435	7511	24467
辽宁 Liaoning	14715	18356	20550	21723	13052
吉林 Jilin	7557	8780	7794	1430	800
黑龙江 Heilongjiang	25700	10321	13179	22344	23877
上海 Shanghai	77581	31796	8248	10149	41607
江苏 Jiangsu	9226	45534	14932	14844	55177
浙江 Zhejiang	16393	9644	13923	12822	24563
安徽 Anhui	8985	10180	4003	11991	11540
福建 Fujian	800	8598	19172	12454	11838
江西 Jiangxi	5279	5393	6416	3795	3894
山东 Shandong	20422	26170	33756	41244	34898
河南 Henan	31385	46392	38236	49954	53357
湖北 Hubei	12371	10996	7949	5899	13845
湖南 Hunan	9747	9171	11100	10055	22262
广东 Guangdong	33492	17940	16810	8454	11668
广西 Guangxi	1079	5346	7226	8469	7087
海南 Hainan	7582	8612	20572	14272	5957
重庆 Chongqing		3303	9897	12076	11021
四川 Sichuan	22216	35695	31532	49104	30838
贵州 Guizhou	2047	1884	5068	867	3866
云南 Yunnan	4071	1460	539	298	2312
西藏 Tibet					
陕西 Shaanxi	7094	27858	27262	36747	26357
甘肃 Gansu	5084	6442	3550	3047	5205
青海 Qinghai				1344	2620
宁夏 Ningxia	926	3583	10020	5470	3893
新疆 Xinjiang	2714	8263	10527	15335	38678

2－17 能源工业分行业更新改造投资

INVESTMENT IN TECHNICAL UPDATES AND TRANSFORMATION BY ENERGY INDUSTRY

单位:亿元 (10^8 yuan)

	1991	1995	1999	2000	2001	2002
能源工业 Energy Industry	**136.59**	**452.39**	**755.65**	**913.69**	**980.64**	**1100.12**
煤炭采选业 Coal Mining and Processing	52.11	83.99	84.21	76.16	102.85	159.79
石油和天然气开采业 Petroleum and Natural Gas Extraction	19.47	93.72	138.02	256.45	266.57	255.11
电力、蒸汽、热水生产和供应业 Electricity Steam, Hot Water Producing and and Supply	32.43	181.82	414.74	438.19	436.63	534.68
石油加工及炼焦业 Petroleum Processing and Coking	32.59	82.50	102.29	129.91	161.55	136.27
煤气生产和供应业 Gas Production and Supply		10.36	16.39	12.99	13.04	14.26

2－18 能源工业分行业更新改造投资构成

PROPORTION OF INVESTMENT IN TECHNICAL UPDATES AND TRANSFORMATION BY ENERGY INDUSTRY

单位:% (%)

	1991	1995	1999	2000	2001	2002
能源工业 Energy Industry	**100**	**100**	**100**	**100**	**100**	**100**
煤炭采选业 Coal Mining and Processing	38.15	18.57	11.14	8.34	10.49	14.52
石油和天然气开采业 Petroleum and Natural Gas Extraction	14.25	20.72	18.27	28.07	27.18	23.19
电力、蒸汽、热水生产和供应业 Electricity Steam, Hot Water Producing and and Supply	23.74	40.19	54.89	47.96	44.53	48.60
石油加工及炼焦业 Petroleum Processing and Coking	23.86	18.24	13.54	14.22	16.47	12.39
煤气生产和供应业 Gas Production and Supply		2.29	2.17	1.42	1.33	1.30

2-19 分地区能源工业更新改造投资

INVESTMENT IN TECHNICAL UPDATES TRANSFORMATION IN ENERGY INDUSTRY BY REGION

单位:万元 (10⁴yuan)

地区 Region	1991	1995	1999	2000	2001	2002
全国总计 National	**1365929**	**4523897**	**7556492**	**9136860**	**9806419**	**11001150**
北京 Beijing	25546	78275	151150	114904	74323	82051
天津 Tianjin	37838	108009	138324	50949	70326	62031
河北 Hebei	86806	258313	564742	488564	504254	539011
山西 Shanxi	141961	248863	243537	260262	392455	586827
内蒙 Inner Mongolia	35549	138223	78494	78389	93144	170510
辽宁 Liaoning	115994	375106	627691	713853	844896	919415
吉林 Jilin	31022	42941	136002	196087	197745	215078
黑龙江 Heilongjiang	106380	290756	724407	1385811	836180	826081
上海 Shanghai	66429	262957	218172	308856	510095	383987
江苏 Jiangsu	68813	199958	463460	613767	627573	566085
浙江 Zhejiang	23028	155864	242107	369489	430932	483929
安徽 Anhui	43191	196407	282594	350681	313149	549270
福建 Fujian	18191	115203	172297	212060	64852	154398
江西 Jiangxi	10293	45703	66839	73018	95218	175770
山东 Shandong	73123	429361	714601	1010744	1514263	1750165
河南 Henan	76736	220965	490529	284744	483166	596831
湖北 Hubei	33823	195787	340223	288676	255583	241406
湖南 Hunan	15284	61408	193553	143015	251868	286470
广东 Guangdong	66058	198030	316031	336961	549641	567227
广西 Guangxi	11823	27172	107898	132907	46100	77987
海南 Hainan	78	632	17854	2815	23216	22964
重庆 Chongqing			121132	115819	117081	142312
四川 Sichuan	84191	243996	211695	209444	208432	181044
贵州 Guizhou	18210	75782	162909	355809	281977	264452
云南 Yunnan	15562	28080	43380	28421	22645	32304
西藏 Tibet	14	14203	7500	19320	9984	47774
陕西 Shaanxi	41250	88178	317826	443452	324973	372322
甘肃 Gansu	31442	101862	180531	157570	165115	196795
青海 Qinghai	4544	16571	35024	31786	40223	67311
宁夏 Ningxia	18794	35325	39982	39671	39590	36675
新疆 Xinjiang	39839	171320	98482	87528	237371	169455

2-20 分地区煤炭采选业更新改造投资

INVESTMENT IN TECHNICAL UPDATES AND TRANSFORMATION IN COAL MINING AND PROCESSING BY REGION

单位:万元 (10⁴yuan)

地区 Region	1991	1995	1999	2000	2001	2002
全国总计 National	**521089**	**839861**	**842120**	**761552**	**1028546**	**1597937**
北京 Beijing	2368	5501	3373	1276	1460	400
天津 Tianjin			3564	843	432	83
河北 Hebei	47418	110525	109932	99093	127235	152559
山西 Shanxi	124204	223743	158082	148156	219715	358045
内蒙 Inner Mongolia	23256	36337	27902	19214	20336	37231
辽宁 Liaoning	41527	30315	45237	42984	34425	48696
吉林 Jilin	5759	9308	5650	4955	3510	5173
黑龙江 Heilongjiang	49738	46710	28730	39138	29699	54884
上海 Shanghai						
江苏 Jiangsu	16845	22200	22263	36473	39002	67010
浙江 Zhejiang	2039	114				
安徽 Anhui	31065	92373	92032	50910	107677	171752
福建 Fujian	2013	3847	9475	8277	7647	12181
江西 Jiangxi	4010	7315	7237	1765	3473	8653
山东 Shandong	677	8229	105379	88763	194909	315268
河南 Henan	49070	75430	57085	63576	62518	123814
湖北 Hubei	959	2725	3156	2074	1175	7348
湖南 Hunan	7362	16603	9972	8576	15826	22781
广东 Guangdong	5339	6969	542	23		280
广西 Guangxi	1068	465	790	659	721	341
海南 Hainan	28	110				
重庆 Chongqing			19354	7861	8344	12807
四川 Sichuan	39409	40368	21207	17935	15222	25950
贵州 Guizhou	10664	21503	17087	27429	35951	40249
云南 Yunnan	5485	15812	11493	10430	10874	10564
西藏 Tibet						
陕西 Shaanxi	17401	22939	25566	20610	28526	42337
甘肃 Gansu	8288	9890	25622	23024	30754	24157
青海 Qinghai	1249	915	398		790	381
宁夏 Ningxia	12818	21643	24448	24931	19675	28104
新疆 Xinjiang	11030	7972	6544	12577	8650	26889

2-21 分地区石油和天然气开采业更新改造投资

INVESTMENT IN TECHNICAL UPDATES AND TRANSFORMATION IN PETROLEUM AND NATURAL GAS EXTRACTIÒN BY REGION

单位:万元 (10⁴yuan)

地区 Region	1991	1995	1999	2000	2001	2002
全国总计 National	**194651**	**937208**	**1380224**	**2564451**	**2665702**	**2551082**
北 京 Beijing						
天 津 Tianjin	19110	54040	60592	2931	3595	9953
河 北 Hebei				400		6416
山 西 Shanxi						
内 蒙 Inner Mongolia			3000			
辽 宁 Liaoning	16000	86418	330059	310298	309260	316763
吉 林 Jilin	5823	6611	12854	19934	45634	133746
黑龙江 Heilongjiang	29372	171100	411094	1216984	560357	468868
上 海 Shanghai	53			286	482	3747
江 苏 Jiangsu	2000	15018	15739	48243	71620	59686
浙 江 Zhejiang						
安 徽 Anhui						
福 建 Fujian						
江 西 Jiangxi						
山 东 Shandong	22270	245599	175498	235552	784118	735233
河 南 Henan	16100	48858	88126	151669	277451	266080
湖 北 Hubei	4535	10600	33834	58185	140571	64288
湖 南 Hunan						
广 东 Guangdong	11494	2367	4569	3807	4409	12280
广 西 Guangxi						
海 南 Hainan						
重 庆 Chongqing			1935	1039	544	2432
四 川 Sichuan	17702	51537	34212	85597	41044	48587
贵 州 Guizhou	18		387		622	3818
云 南 Yunnan						
西 藏 Tibet						
陕 西 Shaanxi	122	5039	83309	147189	72469	118062
甘 肃 Gansu	2800	7202	32343	19912	31084	17527
青 海 Qinghai	3100	9604	26858	27649	24570	13213
宁 夏 Ningxia						
新 疆 Xinjiang	20035	124568	18289	3288	117823	37170

2-22 分地区电力、蒸汽、热水生产和供应业更新改造投资

INVESTMENT IN TECHNICAL UPDATES AND TRANSFORMATION FOR ELECTRICITY, STEAM, HOT WATER PRODUCTION AND SUPPLY BY REGION

单位：万元 (10^4yuan)

地区 Region	1991	1995	1999	2000	2001	2002
全国总计 National	**324343**	**1818209**	**4147408**	**4381850**	**4366298**	**5346824**
北京 Beijing	9147	30125	102779	67920	37656	47190
天津 Tianjin	9115	36924	62600	32537	45017	28900
河北 Hebei	19500	103612	424510	324091	318726	337747
山西 Shanxi	17093	20587	35715	26228	48043	121609
内蒙 Inner Mongolia	10191	46920	42947	56689	57626	118995
辽宁 Liaoning	19131	97857	109210	159170	188662	282827
吉林 Jilin	4994	12475	88474	163308	133914	71259
黑龙江 Heilongjiang	6419	16957	34681	89868	206737	174882
上海 Shanghai	14804	187449	90909	95194	113281	152176
江苏 Jiangsu	11231	139467	343737	428511	417156	374357
浙江 Zhejiang	14830	115706	218946	339018	391010	442665
安徽 Anhui	6877	66337	170161	284720	178564	355557
福建 Fujian	15648	109398	162472	195462	50367	122730
江西 Jiangxi	3037	20284	46562	54439	84481	145595
山东 Shandong	9765	91853	316431	434689	407383	500158
河南 Henan	9042	81916	336243	53571	105609	200029
湖北 Hubei	20727	103515	259612	179027	84773	146883
湖南 Hunan	7601	28577	115840	28699	94275	180732
广东 Guangdong	32334	161916	276352	277447	419649	490038
广西 Guangxi	10714	26334	107023	121543	34223	69143
海南 Hainan	50	522	17854	2815	18503	22964
重庆 Chongqing			90156	104341	103496	115897
四川 Sichuan	23270	148977	151439	98374	140564	90591
贵州 Guizhou	7522	54279	145307	324478	244762	217421
云南 Yunnan	9019	12268	31342	16157	10882	19508
西藏 Tibet	14	14203	7500	19320	9984	47774
陕西 Shaanxi	11524	25419	186750	255937	213436	176980
甘肃 Gansu	10353	18160	96083	90494	102377	151401
青海 Qinghai	195	6052	7768	4137	13063	53717
宁夏 Ningxia	4373	12637	7959	8876	8141	8571
新疆 Xinjiang	5823	27483	60046	44790	83938	78528

2-23 分地区石油加工及炼焦业更新改造投资

INVESTMENT IN TECHNICAL UPDATES AND TRANSFORMATION IN PETROLEUM PROCESSING AND COKING BY REGION

单位:万元 (10[4]yuan)

地区 Region	1991	1995	1999	2000	2001	2002
全国总计 National	**325846**	**825044**	**1022910**	**1299131**	**1615463**	**1362727**
北京 Beijing	14031	21626	18867	43224	29026	21641
天津 Tianjin	9613	14010	3666	12898	21282	14766
河北 Hebei	19888	43423	26631	55054	54831	39687
山西 Shanxi	664	1481	41275	78510	113552	106217
内蒙 Inner Mongolia	2102	54467	4645	2486	15182	14284
辽宁 Liaoning	39336	159738	140425	200860	312549	268809
吉林 Jilin	14446	12975	28524	5500	8569	4900
黑龙江 Heilongjiang	20851	55572	249902	39821	39387	127447
上海 Shanghai	51572	23283	60105	152818	348215	201321
江苏 Jiangsu	38737	19465	79227	99232	98960	61690
浙江 Zhejiang	6159	39414	22267	29611	39922	37791
安徽 Anhui	5249	37397	16757	11042	25280	17233
福建 Fujian	530	200	350	7040	6448	19487
江西 Jiangxi	3246	15537	11802	16377	7264	21182
山东 Shandong	40411	80378	105719	246292	118653	178010
河南 Henan	2524	13837	7387	15058	32557	2388
湖北 Hubei	7602	78426	39621	49290	28133	19434
湖南 Hunan	321	15431	63899	105740	139789	79607
广东 Guangdong	16891	23308	31576	50805	113880	50623
广西 Guangxi	41	373		906		450
海南 Hainan					4713	
重庆 Chongqing			300	1340	1700	1260
四川 Sichuan	3810	1981	185	340	3700	9979
贵州 Guizhou	6		98		245	
云南 Yunnan	1058			630		
西藏 Tibet						
陕西 Shaanxi	12203	34092	22021	18854	10192	34143
甘肃 Gansu	10001	66450	26483	24140	900	3510
青海 Qinghai					1800	
宁夏 Ningxia	1603	1045	7575	5864	11774	
新疆 Xinjiang	2951	11135	13603	25399	26960	26868

2－24 分地区煤气生产和供应业更新改造投资

INVESTMENT IN TECHNICAL UPDATES AND TRANSFORMATION IN GAS PRODUCTION AND SUPPLY BY REGION

单位：万元 (10⁴yuan)

地区 Region	1995	1999	2000	2001	2002
全国总计 National	**103575**	**163830**	**129876**	**130410**	**142580**
北　京 Beijing	21023	26131	2484	6181	12820
天　津 Tianjin	3035	7902	1740		8329
河　北 Hebei	753	3669	9926	3462	2602
山　西 Shanxi	3052	8465	7368	11145	956
内　蒙 Inner Mongolia	499				
辽　宁 Liaoning	778	2760	541		2320
吉　林 Jilin	1572	500	2390	6118	
黑龙江 Heilongjiang	417				
上　海 Shanghai	52225	67158	60558	48117	26743
江　苏 Jiangsu	3808	2494	1308	835	3342
浙　江 Zhejiang	630	894	860		3473
安　徽 Anhui	300	3644	4009	1628	4728
福　建 Fujian	1758		1281	390	
江　西 Jiangxi	2567	1238	437		340
山　东 Shandong	3302	11574	5448	9200	21496
河　南 Henan	924	1688	870	5031	4520
湖　北 Hubei	521	4000	100	931	3453
湖　南 Hunan	797	3842		1978	3350
广　东 Guangdong	3470	2992	4879	11703	14006
广　西 Guangxi		85	9799	11156	8053
海　南 Hainan					
重　庆 Chongqing		9387	1238	2997	9916
四　川 Sichuan	1133	4652	7198	7902	5937
贵　州 Guizhou		30	3902	397	2964
云　南 Yunnan		545	1204	889	2232
西　藏 Tibet					
陕　西 Shaanxi	689	180	862	350	800
甘　肃 Gansu	160				200
青　海 Qinghai					
宁　夏 Ningxia					
新　疆 Xinjiang	162		1474		

2－25 国有经济能源工业分行业新增固定资产

NEWLY INCREASED FIXED ASSETS OF STATE-OWNED UNITS BY ENERGY INDUSTRY

单位:亿元 (10^8 yuan)

	1991	1995	1999	2000	2001	2002
能源工业 Energy Industry	**812.39**	**1378.08**	**2450.73**	**2238.32**	**1884.92**	**1729.46**
煤炭采选业 Coal Mining and Processing	126.55	174.58	166.95	204.19	122.56	153.9
石油和天然气开采业 Petroleum and Natural Gas Extraction	216.84	388.13	503.85	277.66	310.4	130.27
电力、蒸汽、热水生产和供应业 Electricity, Steam, Hot Water Production and Supply	321.84	659.27	1548.79	1642.73	1331.91	1336.30
石油加工及炼焦业 Petroleum and Natural Gas Processing	147.16	131.32	191.15	82.08	93.54	67.11
煤气生产和供应业 Gas Production and Supply		24.77	39.99	31.66	26.51	41.88

2－26 国有经济能源工业分行业新增固定资产构成

PROPORTION OF NEWLY INCREASED FIXED ASSETS OF STATE-OWNED UNITS BY ENERGY INDUSTRY

单位:%

	1991	1995	1999	2000	2001	2002
能源工业 Energy Industry	**100.00**	**100.00**	**100.00**	**100.00**	**100.00**	**100.00**
煤炭采选业 Coal Mining and Processing	15.58	12.67	6.81	9.12	6.50	8.90
石油和天然气开采业 Petroleum and Natural Gas Extraction	26.69	28.16	20.56	12.40	16.47	7.53
电力、蒸汽、热水生产和供应业 Electricity, Steam, Hot Water Production and Supply	39.62	47.84	63.20	73.39	70.66	77.27
石油加工及炼焦业 Petroleum and Natural Gas Processing	18.11	9.53	7.80	3.67	4.96	3.88
煤气生产和供应业 Gas Production and Supply		1.80	1.63	1.41	1.41	2.42

三、能源生产

Chapter 3 Energy Production

3-1 一次能源生产量和构成

PRIMARY ENERGY PRODUCTION AND COMPOSITION

	1991	1995	1999	2000	2001	2002
一次能源生产量(万吨标煤)(电热当量计算法) Primary Energy Production (10^4 tce) (calorific value calculation)	101490	123519	103542	101130	113997	130623
一次能源生产量(万吨标煤)(发电煤耗计算法) Primary Energy Production (10^4 tce) (coal equivalent calculation)	104844	129034	109126	106988	120900	138369
原煤(万吨) Raw Coal (10^4 tn)	108741	136073	104500	99800	116078	138000
原油(万吨) Crude Oil (10^4 tn)	14099	15004	16000	16300	16396	16700
天然气(亿立方米) Natural Gas (10^8 cu. m)	161	179	252	272	303	327
水电(亿千瓦时) Hydro Power (10^8 kwh)	1251	1906	2038	2224	2774	2880
核电(亿千瓦时) Nuclear Power (10^8 kwh)		128	149	167	175	251
构成(电热当量计算法)(%) As Percentage of Primary Energy Production(%) (calorific value calculation)						
原煤 Raw Coal	76.53	78.69	72.09	70.49	72.63	75.46
原油 Crude Oil	19.85	17.35	22.08	23.03	20.55	18.26
天然气 Natural Gas	2.11	1.93	3.24	3.58	3.54	3.33
水电 Hydro Power	1.51	1.90	2.42	2.70	2.99	2.71
核电 Nuclear Power		0.13	0.18	0.21	0.19	0.24
构成(发电煤耗计算法)(%) As percentage of primary energy production(%) (coal equivalent calculation)						
原煤 Raw Coal	74.10	75.30	68.40	66.63	68.55	71.24
原油 Crude Oil	19.20	16.60	20.95	21.77	19.40	17.24
天然气 Natural Gas	2.00	1.90	3.07	3.38	3.34	3.14
水电 Hydro Power	4.70	5.85	7.06	7.65	8.17	7.71
核电 Nuclear Power		0.39	0.52	0.57	0.54	0.67

3-2 分地区原煤生产量

COAL PRODUCTION BY REGION

单位:万吨 (10⁴tn)

地区 Region	1991	1995	1999	2000	2001	2002
全国总计 National	**108741**	**136073**	**104500**	**99800.00**	**116077.66**	**138000.00**
北京 Beijing	997	995	792	553.00	690.22	880.95
天津 Tianjin						
河北 Hebei	6143	8101	5511	5781.21	5865.70	6083.70
山西 Shanxi	29162	34731	24894	19602.70	27614.67	24361.30
内蒙 Inner Mongolia	4923	7055	7071	7247.29	8162.89	8880.30
辽宁 Liaoning	5235	5626	4779	4454.89	4468.15	5180.77
吉林 Jilin	2559	2644	1628	1636.71	1761.95	1685.25
黑龙江 Heilongjiang	8514	7938	6230	4974.36	5686.73	5882.58
上海 Shanghai						
江苏 Jiangsu	2471	2651	2292	2479.02	2505.14	2593.59
浙江 Zhejiang	139	125	83	72.96	121.02	73.50
安徽 Anhui	3084	4444	4522	4678.31	5524.98	6137.84
福建 Fujian	857	1134	459	375.03	1063.00	644.51
江西 Jiangxi	2123	2878	1731	1813.76	1515.09	1375.04
山东 Shandong	6054	8827	8995	8038.59	10824.96	13065.97
河南 Henan	8973	10334	8012	7577.90	9170.98	9921.21
湖北 Hubei	810	1533	445	389.32	1016.54	372.55
湖南 Hunan	3314	5565	1433	1490.81	3673.35	1845.42
广东 Guangdong	933	1069	203	161.71	462.72	168.71
广西 Guangxi	993	1391	816	706.67	613.52	463.51
海南 Hainan	2	1	2	2.00	1.95	1.26
重庆 Chongqing			1183	1149.90	1918.46	1211.73
四川 Sichuan	6904	9561	2087	2061.95	4371.75	2753.89
贵州 Guizhou	3723	5472	4025	3676.75	4898.66	5001.12
云南 Yunnan	2194	2803	2664	994.13	2394.12	1219.34
西藏 Tibet	1		2	2.13	2.53	1.56
陕西 Shaanxi	3290	4248	2432	1983.89	5282.20	5859.31
甘肃 Gansu	1543	2466	1892	1632.71	1819.05	2089.21
青海 Qinghai	287	278	214	145.44	192.00	249.77
宁夏 Ningxia	1403	1480	1531	1581.00	1635.72	1707.31
新疆 Xinjiang	2112	2721	2781	2745.82	2819.61	1582.28

3-3 分地区焦炭生产量

COKE PRODUCTION BY REGION

单位:万吨 (10⁴tn)

地区 Region	1991	1995	1999	2000	2001	2002
全国总计 National	**7351.59**	**13510.05**	**12073.74**	**12184.02**	**13130.77**	**14279.81**
北京 Beijing	338.14	400.87	395.93	402.07	396.36	357.44
天津 Tianjin	141.22	174.78	156.72	170.92	219.30	282.38
河北 Hebei	462.27	937.54	695.35	792.47	920.55	972.61
山西 Shanxi	1455.42	5297.62	4959.85	4967.22	4987.72	5852.00
内蒙 Inner Mongolia	275.33	394.50	412.58	393.65	445.72	506.74
辽宁 Liaoning	823.18	820.15	746.89	788.90	801.39	871.50
吉林 Jilin	117.04	135.79	153.85	153.88	149.07	153.79
黑龙江 Heilongjiang	154.16	189.55	139.85	128.64	148.56	192.64
上海 Shanghai	514.33	651.20	718.43	776.39	739.79	692.79
江苏 Jiangsu	132.26	191.25	238.08	237.15	243.31	358.44
浙江 Zhejiang	37.06	57.34	59.92	60.13	59.38	60.55
安徽 Anhui	260.57	293.45	304.18	330.16	349.29	351.03
福建 Fujian	31.36	38.89	44.61	44.89	45.04	45.77
江西 Jiangxi	145.31	166.53	182.11	186.71	184.76	223.63
山东 Shandong	271.89	464.75	339.66	361.99	361.51	369.73
河南 Henan	219.16	488.74	395.96	355.22	424.80	427.51
湖北 Hubei	323.16	398.44	401.74	410.52	408.43	415.56
湖南 Hunan	195.22	214.66	211.43	207.17	215.88	206.39
广东 Guangdong	53.35	54.47	54.16	53.96	53.85	54.72
广西 Guangxi	48.54	63.69	64.30	60.68	67.35	77.99
海南 Hainan						
重庆 Chongqing			135.30	136.41	149.50	136.18
四川 Sichuan	536.15	707.76	373.33	382.22	517.24	486.13
贵州 Guizhou	250.80	426.18	111.76	133.69	280.88	153.29
云南 Yunnan	249.07	370.27	387.76	221.25	444.02	532.33
西藏 Tibet						
陕西 Shaanxi	128.35	340.78	151.55	175.38	247.20	245.06
甘肃 Gansu	82.93	94.62	120.03	126.22	131.21	117.39
青海 Qinghai	1.12	1.47	2.97	1.50	3.09	2.00
宁夏 Ningxia	38.93	42.96	23.76	29.58	25.48	27.88
新疆 Xinjiang	65.27	91.78	91.70	95.06	110.09	106.34

3-4 分地区原油生产量

CRUDE OIL PRODUCTION BY REGION

单位:万吨 (10^4tn)

地区 Region	1991	1995	1999	2000	2001	2002
全国总计 National	**14099.20**	**15004.94**	**16000.00**	**16300.00**	**16395.87**	**16700.00**
北京 Beijing						
天津 Tianjin	474.90	620.82	687.05	763.99	970.29	1215.94
河北 Hebei	537.73	517.02	531.31	518.26	513.22	503.26
山西 Shanxi						
内蒙 Inner Mongolia	100.06				81.55	3.73
辽宁 Liaoning	1374.22	1552.68	1430.35	1401.12	1385.01	1351.15
吉林 Jilin	342.30	342.73	358.02	348.46	388.83	477.01
黑龙江 Heilongjiang	5562.33	5601.49	5450.54	5306.73	5161.13	5029.35
上海 Shanghai			54.71	52.73	58.93	47.32
江苏 Jiangsu	92.50	101.41	145.27	155.02	157.02	162.97
浙江 Zhejiang						
安徽 Anhui	3.00					
福建 Fujian						
江西 Jiangxi						
山东 Shandong	3355.19	3006.27	2665.23	2675.69	2668.01	2671.51
河南 Henan	848.32	601.96	565.40	562.18	566.57	568.06
湖北 Hubei	73.35	85.03	78.51	75.11	77.20	78.30
湖南 Hunan						
广东 Guangdong	153.63	650.97	1284.22	1393.17	1238.11	1264.46
广西 Guangxi	13.00	3.65	3.50	3.29	3.25	3.52
海南 Hainan		0.11			2.96	4.64
重庆 Chongqing						
四川 Sichuan	13.78	17.23	20.88	17.32	14.68	14.05
贵州 Guizhou						
云南 Yunnan		10.21	3.44			
西藏 Tibet						
陕西 Shaanxi	85.06	166.95	643.17	746.44	918.94	1063.77
甘肃 Gansu	161.81	267.83	42.75	55.25	53.66	63.24
青海 Qinghai	102.00	121.72	189.59	200.01	206.03	214.02
宁夏 Ningxia	23.02	39.04	128.29	139.01	4.29	
新疆 Xinjiang	783.00	1297.83	1739.31	1848.24	1926.19	2015.19

3－5 分地区燃料油生产量

FUEL OIL PRODUCTION BY REGION

单位:万吨 (10⁴tn)

地区 Region	1991	1995	1999	2000	2001	2002
全国总计 National	**3243.98**	**2960.75**	**1959.39**	**2053.67**	**1864.39**	**1845.50**
北 京 Beijing	242.89	220.31	80.87	78.95	70.80	68.32
天 津 Tianjin	143.56	142.38	36.64	40.60	41.33	32.60
河 北 Hebei	52.05	44.26	56.29	30.17	34.99	63.88
山 西 Shanxi						
内 蒙 Inner Mongolia		18.85	20.41		23.43	21.93
辽 宁 Liaoning	708.35	610.43	402.26	413.40	390.50	394.37
吉 林 Jilin	93.97	85.11	97.36	95.59	75.35	73.21
黑龙江 Heilongjiang	249.80	181.28	162.84	120.56	100.65	70.88
上 海 Shanghai	299.54	290.40	153.89	139.03	112.50	80.20
江 苏 Jiangsu	290.79	162.04	135.53	136.29	74.47	113.84
浙 江 Zhejiang	76.63	78.33	63.59	123.40	74.99	57.62
安 徽 Anhui	58.64	48.48	13.61	10.68	5.67	7.44
福 建 Fujian		10.44	6.07	10.01	3.75	11.56
江 西 Jiangxi	40.56	43.27	55.27	54.27	53.78	42.25
山 东 Shandong	307.92	334.33	302.74	274.66	323.72	338.73
河 南 Henan	13.65	19.56	23.38	30.42	24.94	23.58
湖 北 Hubei	130.88	95.49	39.77	40.24	28.96	26.59
湖 南 Hunan	60.42	55.29	28.94	33.95	29.60	18.04
广 东 Guangdong	251.80	214.73	92.83	186.13	171.12	181.65
广 西 Guangxi	1.01	3.60	3.93	4.37	4.24	7.22
海 南 Hainan			3.47	9.45	4.10	7.73
重 庆 Chongqing						
四 川 Sichuan	2.36	3.58	4.72	4.10	3.93	4.36
贵 州 Guizhou						
云 南 Yunnan		0.58	2.61			
西 藏 Tibet						
陕 西 Shaanxi	19.61	55.64	23.75	41.54	66.63	90.02
甘 肃 Gansu	90.86	101.21	80.38	91.65	70.94	66.33
青 海 Qinghai	7.82	19.72	1.74	6.39	4.27	2.50
宁 夏 Ningxia	5.05	10.24	9.75	10.54	6.25	2.03
新 疆 Xinjiang	95.82	111.22	56.74	67.26	63.48	38.62

3-6 分地区汽油生产量

GASOLINE PRODUCTION BY REGION

单位:万吨 $(10^4 tn)$

地区 Region	1991	1995	1999	2000	2001	2002
全国总计 National	**2403.72**	**3051.56**	**3741.27**	**4134.67**	**4154.66**	**4320.76**
北 京 Beijing	134.71	101.95	124.27	146.20	146.69	154.12
天 津 Tianjin	70.84	94.02	122.49	122.02	131.30	110.44
河 北 Hebei	92.69	135.11	158.99	159.04	134.88	135.22
山 西 Shanxi						
内 蒙 Inner Mongolia		23.43	30.32		28.99	30.44
辽 宁 Liaoning	432.82	398.22	595.45	683.88	747.33	766.86
吉 林 Jilin	131.78	147.88	155.83	159.45	160.44	160.43
黑龙江 Heilongjiang	159.74	261.72	307.11	347.46	378.34	391.27
上 海 Shanghai	112.98	111.00	217.23	263.69	240.38	268.01
江 苏 Jiangsu	102.73	108.07	142.86	171.53	172.03	184.94
浙 江 Zhejiang	112.30	124.15	144.94	178.98	174.52	198.94
安 徽 Anhui	58.47	74.11	69.82	79.38	63.29	66.86
福 建 Fujian		81.49	86.69	102.22	98.34	96.48
江 西 Jiangxi	56.91	64.56	74.55	82.51	71.38	73.99
山 东 Shandong	165.65	214.88	244.58	280.15	273.79	291.65
河 南 Henan	85.79	138.68	119.06	136.86	123.16	129.49
湖 北 Hubei	119.31	126.32	118.98	154.97	130.38	144.65
湖 南 Hunan	86.87	90.38	107.41	120.19	108.65	116.33
广 东 Guangdong	214.07	286.47	312.93	331.50	323.81	356.64
广 西 Guangxi	1.10	15.09	15.33	15.64	15.02	15.87
海 南 Hainan						
重 庆 Chongqing						
四 川 Sichuan	4.71	5.92	6.42	8.42	10.61	11.52
贵 州 Guizhou						
云 南 Yunnan			13.87			
西 藏 Tibet						
陕 西 Shaanxi	18.70	49.68	180.07	180.13	197.33	199.40
甘 肃 Gansu	90.90	166.84	137.56	150.92	166.42	168.50
青 海 Qinghai	3.24	29.48	20.77	20.78	21.77	20.89
宁 夏 Ningxia	6.75	23.57	26.82	26.91	35.36	29.06
新 疆 Xinjiang	140.66	178.53	206.90	211.86	200.45	197.87

3－7　分地区煤油生产量

KEROSENE PRODUCTION BY REGION

单位:万吨　　(10[4]tn)

地区 Region		1991	1995	1999	2000	2001	2002
全国总计	**National**	**406.24**	**445.80**	**719.46**	**872.29**	**789.35**	**826.11**
北　京	Beijing	2.91	0.26	0.03			
天　津	Tianjin	10.24	8.85	15.36	32.57	22.37	26.90
河　北	Hebei	4.85	4.83	12.95	12.69	9.15	8.71
山　西	Shanxi						
内　蒙	Inner Mongolia		0.02				
辽　宁	Liaoning	112.54	84.34	140.23	231.53	205.39	200.21
吉　林	Jilin	0.12	1.96	2.06	1.28	1.23	0.22
黑龙江	Heilongjiang	23.52	22.27	26.65	23.27	24.05	22.61
上　海	Shanghai	36.42	35.84	54.53	48.38	53.12	65.62
江　苏	Jiangsu	42.91	50.64	72.16	67.21	55.10	66.94
浙　江	Zhejiang	3.29	32.31	82.93	107.28	85.35	100.40
安　徽	Anhui						
福　建	Fujian		3.49	7.36	8.64	5.61	4.93
江　西	Jiangxi	4.80	2.14	3.96	4.44	2.21	4.08
山　东	Shandong	15.99	24.89	41.66	44.96	45.10	46.73
河　南	Henan	5.74	21.10	25.57	17.04	19.32	17.55
湖　北	Hubei	18.11	13.64	20.33	16.38	17.66	17.47
湖　南	Hunan	10.77	7.49	12.02	8.57	4.03	8.25
广　东	Guangdong	69.50	72.28	122.91	147.68	155.83	160.45
广　西	Guangxi		0.55	0.10	0.05	0.05	0.01
海　南	Hainan						
重　庆	Chongqing					0.02	0.04
四　川	Sichuan	1.03	2.76	4.38	4.23	5.50	2.76
贵　州	Guizhou						
云　南	Yunnan						
西　藏	Tibet						
陕　西	Shaanxi	0.34	1.65	1.41	8.46	8.29	10.24
甘　肃	Gansu	31.95	38.64	44.05	55.88	49.17	42.44
青　海	Qinghai						
宁　夏	Ningxia			0.06			
新　疆	Xinjiang	11.21	15.80	28.74	31.75	20.80	19.55

3－8 分地区柴油生产量

DIESEL OIL PRODUCTION BY REGION

单位:万吨 (10^4tn)

地区 Region	1991	1995	1999	2000	2001	2002
全国总计 National	**2853.29**	**3972.60**	**6302.68**	**7079.62**	**7485.66**	**7706.10**
北 京 Beijing	88.65	79.20	170.07	183.92	186.74	174.05
天 津 Tianjin	83.33	119.44	215.08	246.82	274.00	259.89
河 北 Hebei	83.83	165.81	240.49	271.19	228.46	230.85
山 西 Shanxi	0.06	0.16				
内 蒙 Inner Mongolia	0.14	20.46	38.54		45.14	42.62
辽 宁 Liaoning	622.45	677.68	1128.89	1202.07	1304.15	1350.79
吉 林 Jilin	82.72	99.83	172.78	178.81	199.92	226.89
黑龙江 Heilongjiang	285.37	379.68	502.25	532.61	609.19	593.85
上 海 Shanghai	112.35	129.13	315.38	401.30	448.19	452.46
江 苏 Jiangsu	168.63	207.31	349.30	408.69	383.83	369.26
浙 江 Zhejiang	115.15	201.52	282.53	387.40	437.89	488.88
安 徽 Anhui	84.14	98.87	129.93	151.85	129.15	134.89
福 建 Fujian		85.15	138.61	161.49	161.26	147.08
江 西 Jiangxi	59.58	83.17	111.11	127.09	111.01	112.82
山 东 Shandong	237.32	328.63	455.49	540.04	564.04	609.13
河 南 Henan	73.86	121.69	188.65	213.42	209.94	202.79
湖 北 Hubei	122.14	153.05	214.93	247.01	219.31	227.27
湖 南 Hunan	90.94	104.36	196.21	215.53	192.33	185.83
广 东 Guangdong	249.29	377.36	530.01	654.02	685.33	685.59
广 西 Guangxi	1.69	14.98	22.92	24.92	26.44	25.36
海 南 Hainan						
重 庆 Chongqing						0.01
四 川 Sichuan	3.14	5.78	5.76	11.14	14.02	16.41
贵 州 Guizhou						
云 南 Yunnan			20.84			
西 藏 Tibet						
陕 西 Shaanxi	22.26	52.93	212.28	223.19	277.59	308.00
甘 肃 Gansu	98.99	188.59	247.92	276.23	303.78	336.94
青 海 Qinghai	4.72	20.99	21.93	22.63	24.96	25.27
宁 夏 Ningxia	6.40	24.92	33.37	33.44	41.17	33.10
新 疆 Xinjiang	156.14	231.88	356.69	364.79	407.82	429.40

3-9 分地区天然气生产量

NATURAL GAS PRODUCTION BY REGION

单位:亿立方米 (10^8m^3)

地区 Region		1991	1995	1999	2000	2001	2002
全国总计	**National**	**160.73**	**179.47**	**251.98**	**272.00**	**303.29**	**326.61**
北　京	Beijing						
天　津	Tianjin	3.61	7.57	8.54	9.10	8.95	8.88
河　北	Hebei	2.90	3.49	4.17	5.14	5.21	5.90
山　西	Shanxi	0.59	0.47	1.09	1.14	1.58	2.06
内　蒙	Inner Mongolia				4.55	7.01	8.49
辽　宁	Liaoning	20.55	21.12	14.28	14.70	14.71	13.31
吉　林	Jilin	1.26	1.83	2.40	2.05	2.05	2.41
黑龙江	Heilongjiang	22.73	25.91	22.35	23.04	22.03	20.22
上　海	Shanghai				2.60	3.30	4.33
江　苏	Jiangsu	0.33	0.19	0.22	0.24	0.23	0.23
浙　江	Zhejiang				0.04	0.05	0.05
安　徽	Anhui						
福　建	Fujian						
江　西	Jiangxi						
山　东	Shandong	14.38	12.85	7.33	6.88	8.50	7.50
河　南	Henan	13.02	11.38	14.08	14.95	17.36	19.36
湖　北	Hubei	0.64	0.76	0.92	0.91	0.76	0.91
湖　南	Hunan						
广　东	Guangdong		1.03	37.51	34.60	32.87	31.55
广　西	Guangxi						
海　南	Hainan			5.06			
重　庆	Chongqing			2.94	1.94	1.45	1.94
四　川	Sichuan	67.30	76.64	82.15	88.60	94.50	100.06
贵　州	Guizhou	0.34		0.74	0.70	0.68	0.48
云　南	Yunnan		1.81	0.88	0.05	0.09	0.15
西　藏	Tibet						
陕　西	Shaanxi	0.27	0.22	12.57	21.10	34.40	40.04
甘　肃	Gansu	0.68	1.13	0.11	0.20	0.37	0.87
青　海	Qinghai	0.75	0.64	3.47	3.91	5.87	11.51
宁　夏	Ningxia	0.04	0.62	0.12	0.15	0.08	
新　疆	Xinjiang	5.54	11.81	31.06	35.38	41.24	46.08

3-10 分地区发电量

POWER GENERATION BY REGION

单位:亿千瓦小时 (10^8kwh)

地区 Region		1991	1995	1999	2000	2001	2002
全国总计	**National**	**6775.47**	**10070.30**	**12393.00**	**13556.00**	**14808.02**	**16540.00**
北京	Beijing	131.78	132.21	143.18	145.26	133.28	141.98
天津	Tianjin	90.27	133.65	181.29	211.49	217.43	268.83
河北	Hebei	410.66	607.17	769.64	844.42	901.63	1014.26
山西	Shanxi	341.38	505.97	569.83	620.31	710.33	842.01
内蒙	Inner Mongolia	189.04	278.54	380.61	439.22	465.49	514.85
辽宁	Liaoning	446.51	540.08	610.48	645.58	662.12	725.27
吉林	Jilin	199.80	284.60	299.57	313.50	329.57	295.65
黑龙江	Heilongjiang	316.34	388.01	411.53	426.73	438.37	459.28
上海	Shanghai	304.82	403.42	498.01	553.09	574.88	608.92
江苏	Jiangsu	441.20	700.41	787.06	909.70	987.47	1116.56
浙江	Zhejiang	242.32	401.48	528.53	624.83	734.94	778.20
安徽	Anhui	215.52	310.32	308.16	355.44	398.62	465.66
福建	Fujian	151.76	261.55	356.00	403.73	501.24	533.08
江西	Jiangxi	129.96	176.48	187.80	203.35	216.95	247.99
山东	Shandong	496.40	739.24	910.51	1005.26	1104.35	1220.84
河南	Henan	356.49	547.71	658.97	694.93	792.85	876.82
湖北	Hubei	349.49	452.74	508.00	559.12	598.00	606.57
湖南	Hunan	221.25	332.94	332.51	354.42	401.84	425.54
广东	Guangdong	394.93	821.06	1104.38	1292.69	1417.65	1525.53
广西	Guangxi	135.55	217.29	253.42	289.09	292.31	307.74
海南	Hainan	16.47	31.53	36.98	39.05	43.89	50.11
重庆	Chongqing			158.27	167.90	178.08	184.75
四川	Sichuan	379.58	575.97	443.86	500.24	633.38	695.74
贵州	Guizhou	116.03	231.55	334.46	404.70	490.51	547.12
云南	Yunnan	140.85	228.42	298.20	297.84	359.52	373.16
西藏	Tibet	3.45	4.83	6.33	6.61	6.97	7.96
陕西	Shaanxi	164.31	236.77	255.05	272.28	424.22	343.51
甘肃	Gansu	188.05	237.75	262.42	253.52	302.55	340.18
青海	Qinghai	59.81	60.42	114.36	133.79	141.67	139.49
宁夏	Ningxia	63.11	107.77	112.28	136.61	150.30	171.02
新疆	Xinjiang	78.34	120.43	167.07	182.12	197.61	195.37

3-11 分地区水力发电量

HYDRO POWER GENERATION BY REGION

单位:亿千瓦小时 (10⁸kwh)

地区 Region	1991	1995	1999	2000	2001	2002
全国总计 National	**1246.68**	**1905.77**	**1965.80**	**2224.14**	**2774.32**	**2879.74**
北京 Beijing	2.21	3.18	8.74	8.64	1.64	4.10
天津 Tianjin	0.20	0.21	0.19	0.14		
河北 Hebei	6.32	12.63	2.42	4.70	3.62	3.64
山西 Shanxi	5.81	7.11	11.39	13.04	16.73	18.83
内蒙 Inner Mongolia	1.24	1.43	1.65	5.59	6.19	6.69
辽宁 Liaoning	40.35	41.71	25.54	14.89	22.72	14.46
吉林 Jilin	64.30	83.16	44.89	47.84	58.13	44.57
黑龙江 Heilongjiang	5.82	6.69	9.23	13.19	12.76	15.09
上海 Shanghai						
江苏 Jiangsu	0.50	0.35	0.04	0.13	0.20	1.03
浙江 Zhejiang	58.83	78.25	81.24	65.23	86.40	95.29
安徽 Anhui	15.11	11.39	9.61	4.58	8.41	10.51
福建 Fujian	62.72	154.91	183.83	195.22	287.75	224.35
江西 Jiangxi	31.93	55.13	53.08	53.50	54.73	61.51
山东 Shandong	0.79	0.40	0.06	0.03	0.01	0.01
河南 Henan	15.28	15.64	15.83	15.52	36.13	15.52
湖北 Hubei	225.48	258.82	225.01	281.40	275.12	272.58
湖南 Hunan	107.63	157.97	165.38	191.15	212.01	227.93
广东 Guangdong	59.17	131.10	84.71	106.11	189.74	108.62
广西 Guangxi	63.72	138.30	153.95	168.87	176.09	184.12
海南 Hainan	7.02	11.32	8.20	11.54	15.15	13.74
重庆 Chongqing			32.29	38.22	40.70	37.48
四川 Sichuan	155.06	259.79	260.40	315.11	422.36	409.85
贵州 Guizhou	44.31	114.90	133.54	183.44	221.96	221.53
云南 Yunnan	93.12	162.05	184.91	196.53	216.48	209.24
西藏 Tibet	2.50	3.04	5.22	5.54	5.90	6.88
陕西 Shaanxi	16.52	25.43	19.68	34.80	149.14	25.92
甘肃 Gansu	93.69	96.18	117.47	102.54	117.97	105.74
青海 Qinghai	44.00	42.57	87.48	107.69	94.59	88.97
宁夏 Ningxia	8.38	9.30	9.82	8.18	7.59	7.78
新疆 Xinjiang	14.67	22.82	30.04	30.83	34.10	29.21

3-12 分地区火力发电量

THERMAL POWER GENERATION BY REGION

单位:亿千瓦小时 (10⁸kwh)

地区 Region	1991	1995	1999	2000	2001	2002
全国总计 National	**5524.62**	**8023.62**	**9868.31**	**10884.87**	**11767.53**	**13273.77**
北 京 Beijing	129.36	128.18	134.44	136.62	130.35	136.18
天 津 Tianjin	88.86	131.58	181.10	211.35	217.43	268.83
河 北 Hebei	404.34	593.72	767.01	839.53	897.88	1010.32
山 西 Shanxi	335.57	498.85	558.45	607.27	691.14	823.18
内 蒙 Inner Mongolia	187.59	277.11	378.18	432.09	456.93	507.30
辽 宁 Liaoning	406.08	496.63	584.94	628.00	638.68	709.29
吉 林 Jilin	135.50	201.45	254.64	265.48	270.83	250.37
黑龙江 Heilongjiang	310.52	381.30	402.31	413.54	425.41	444.19
上 海 Shanghai	303.83	401.93	498.01	553.09	572.86	608.92
江 苏 Jiangsu	440.70	698.42	787.03	909.57	986.49	1115.53
浙 江 Zhejiang	183.32	300.67	439.90	539.18	614.29	630.12
安 徽 Anhui	200.31	297.94	298.54	350.87	381.22	455.15
福 建 Fujian	89.03	106.60	172.17	208.45	211.70	308.50
江 西 Jiangxi	98.03	121.35	134.72	149.85	162.22	186.48
山 东 Shandong	495.61	738.83	910.45	1005.14	1068.95	1220.73
河 南 Henan	341.03	532.01	642.14	677.76	753.81	858.86
湖 北 Hubei	124.01	193.71	283.00	277.73	322.88	333.98
湖 南 Hunan	113.62	174.86	167.14	163.27	189.07	197.61
广 东 Guangdong	335.73	583.62	877.22	1038.61	1075.18	1209.57
广 西 Guangxi	71.83	78.99	99.47	120.21	116.21	123.61
海 南 Hainan	9.45	20.21	28.78	27.51	28.61	36.37
重 庆 Chongqing			125.99	129.68	136.87	147.27
四 川 Sichuan	224.52	316.18	183.46	185.13	208.77	285.65
贵 州 Guizhou	71.72	116.64	200.92	221.27	268.55	325.59
云 南 Yunnan	47.73	66.37	113.29	101.32	142.99	163.93
西 藏 Tibet	0.08	0.25	0.04	0.05	0.05	0.07
陕 西 Shaanxi	147.74	211.34	235.37	237.48	275.04	317.59
甘 肃 Gansu	94.36	141.56	144.92	150.98	184.13	234.26
青 海 Qinghai	15.81	17.85	26.88	26.10	44.98	50.52
宁 夏 Ningxia	54.73	98.48	102.46	128.43	142.71	163.24
新 疆 Xinjiang	63.61	97.27	135.33	149.29	151.30	164.43

3-13 分地区城市天然气供应情况

BASIC STATISTICS ON SUPPLY OF NATURAL GAS IN CITIES BY REGION

城市 Region	供气总量(万立方米) Total Gas Supply (10^4cu.m)			用气人口(万人) Population with Access		
	2000	2001	2002	2000	2001	2002
全　国 National Total	**821476**	**1055196**	**1259334**	**2580.98**	**3240.00**	**3686.00**
北　京 Beijing	95740	167368	204774	295.30	355.00	497.00
天　津 Tianjin	23474	38802	40222	304.12	348.00	370.00
河　北 Hebei	4647	5509	15966	31.08	35.00	69.00
山　西 Shanxi	5611	5644	5811	35.68	38.00	47.00
内蒙古 Inner Mongolia						
辽　宁 Liaoning	24923	30764	30701	409.88	428.00	442.00
吉　林 Jilin	13162	19526	19760	76.50	99.00	102.00
黑龙江 Heilongjiang	4185	15182	16494	55.71	60.00	71.00
上　海 Shanghai	25974	33025	43285	66.99	139.00	150.00
江　苏 Jiangsu						
浙　江 Zhejiang			4			
安　徽 Anhui	600			5.29		
福　建 Fujian						
江　西 Jiangxi		60000			113.00	
山　东 Shandong	84065	34709	60766	61.88	95.00	153.00
河　南 Henan	55018	27132	35340	185.89	236.00	249.00
湖　北 Hubei	1	120	810	0.20	2.00	5.00
湖　南 Hunan						
广　东 Guangdong	339	8362	10774	4.00	17.00	16.00
广　西 Guangxi				0.12		
海　南 Hainan			869			14.00
重　庆 Chongqing	68049	93072	110702	328.63	354.00	395.00
四　川 Sichuan	388394	420784	523792	556.00	636.00	717.00
贵　州 Guizhou	450	450	450	1.89	3.00	3.00
云　南 Yunnan	1533	33		2.00	2.00	
西　藏 Tibet						
陕　西 Shaanxi	17770	29648	45298	125.95	153.00	205.00
甘　肃 Gansu	78	4945	5105	1.60	60.00	69.00
青　海 Qinghai	2022	4427	26696	3.93	5.00	6.00
宁　夏 Ningxia	56	46389	47924	1.35	6.00	8.00
新　疆 Xinjiang	5385	9305	13793	26.99	56.00	99.00

3-14　分地区城市人工煤气供应情况

BASIC STATISTICS ON SUPPLY OF COAL GAS IN CITIES BY REGION

城市 Region	供气总量(万立方米) Total Gas Supply (10^4cu.m)			用气人口(万人) Population with Access		
	2000	2001	2002	2000	2001	2002
全　国 National Total	**1523615**	**1369144**	**1989196**	**3944.45**	**4349.00**	**4541.00**
北　京 Beijing	47310	33960	34236	82.94	62.00	63.00
天　津 Tianjin	9882	15388	21813	72.62	77.00	90.00
河　北 Hebei	45918	47262	69345	278.73	320.00	360.00
山　西 Shanxi	241869	56241	69562	295.07	321.00	352.00
内蒙古 Inner Mongolia	7485	6850	7692	77.93	83.00	92.00
辽　宁 Liaoning	81957	54995	61430	422.10	411.00	512.00
吉　林 Jilin	15508	13605	13316	149.88	147.00	151.00
黑龙江 Heilongjiang	30347	30159	31751	211.03	236.00	232.00
上　海 Shanghai	213147	219829	232753	449.95	605.00	602.00
江　苏 Jiangsu	362606	376025	788537	324.65	373.00	361.00
浙　江 Zhejiang	27796	11122	12114	47.77	87.00	82.00
安　徽 Anhui	22996	24509	24770	168.76	185.00	198.00
福　建 Fujian	12727	986	1064	21.21	8.00	8.00
江　西 Jiangxi	39463	34954	36291	125.38	129.00	135.00
山　东 Shandong	43041	41904	42868	335.43	394.00	381.00
河　南 Henan	81775	77074	91057	136.31	108.00	129.00
湖　北 Hubei	14588	20792	14763	180.08	189.00	140.00
湖　南 Hunan	60375	48559	201902	81.29	81.00	91.00
广　东 Guangdong	12097	40743	17124	150.07	175.00	196.00
广　西 Guangxi	2817	3521	3504	14.51	17.00	17.00
海　南 Hainan						
重　庆 Chongqing	100	200	1266	0.50	1.00	2.00
四　川 Sichuan	111677	126449	132599	30.08	31.00	32.00
贵　州 Guizhou	8727	9143	10871	73.35	81.00	99.00
云　南 Yunnan	15407	18235	16854	99.60	146.00	146.00
西　藏 Tibet						
陕　西 Shaanxi	4447	9822	4784	32.67	46.00	34.00
甘　肃 Gansu	6691	3358	3431	70.24	20.00	19.00
青　海 Qinghai	24			2.50		
宁　夏 Ningxia	2838	2808	2848	9.80	10.00	10.00
新　疆 Xinjiang		40650	40650		5.00	6.00

3-15 分地区城市液化石油气供应情况

BASIC STATISTICS ON SUPPLY OF LPG IN CITIES BY REGION

城市 Region	供气总量(吨) Total Gas Supply (ton)			用气人口(万人) Population with Access		
	2000	2001	2002	2000	2001	2002
全　国 National Total	**10537147**	**9758313**	**11363884**	**11106.62**	**14009.00**	**15431.00**
北　京 Beijing	176460	171389	285770	252.69	440.00	386.00
天　津 Tianjin	44203	152681	95966	89.40	152.00	126.00
河　北 Hebei	189612	282513	313073	475.66	642.00	668.00
山　西 Shanxi	34152	51452	256563	102.28	102.00	156.00
内蒙古 Inner Mongolia	59425	113765	111052	191.86	218.00	227.00
辽　宁 Liaoning	379194	387530	377990	568.82	646.00	698.00
吉　林 Jilin	169062	157582	173074	350.34	398.00	432.00
黑龙江 Heilongjiang	601427	197986	178637	546.44	579.00	593.00
上　海 Shanghai	490561	491476	470156	421.15	518.00	518.00
江　苏 Jiangsu	705010	785526	1252001	882.85	1200.00	1600.00
浙　江 Zhejiang	630895	792370	923325	555.11	1041.00	1110.00
安　徽 Anhui	458621	379137	464052	378.80	437.00	501.00
福　建 Fujian	737609	281353	305297	340.72	499.00	577.00
江　西 Jiangxi	164698	59691	130700	220.08	178.00	313.00
山　东 Shandong	276543	349744	432388	886.80	1136.00	1379.00
河　南 Henan	162199	153917	180355	429.88	448.00	513.00
湖　北 Hubei	296179	314077	318355	908.34	1127.00	1247.00
湖　南 Hunan	199873	247606	297511	460.65	508.00	537.00
广　东 Guangdong	3108612	2727702	3101153	1485.28	2008.00	2077.00
广　西 Guangxi	204904	184516	243352	373.57	413.00	439.00
海　南 Hainan	77856	71296	70886	116.53	112.00	107.00
重　庆 Chongqing	38769	66902	82698	35.05	46.00	57.00
四　川 Sichuan	66154	117141	124909	80.54	107.00	120.00
贵　州 Guizhou	28973	30868	47315	89.71	120.00	170.00
云　南 Yunnan	82954	139763	84184	137.50	144.00	155.00
西　藏 Tibet	16680	18800	18800	13.80	14.00	14.00
陕　西 Shaanxi	79038	98209	84672	205.97	226.00	186.00
甘　肃 Gansu	783739	722267	722284	101.73	85.00	92.00
青　海 Qinghai	11496	11865	15405	29.50	29.00	38.00
宁　夏 Ningxia	18231	18079	18056	69.87	79.00	85.00
新　疆 Xinjiang	244018	181111	183902	305.70	357.00	309.00

3－16 分地区城市集中供热情况

BASIC STATISTICS ON HEATING SUPPLY IN CITIES BY REGION

城市 Region	蒸汽供热总量 Total Supply of Steam			热水供热总量(万百万千焦) Total Supply of Hot Water (10^6 joule/year)		
	2000 (吨) (tn)	2001 (万百万千焦) (10^6joule/year)	2002 (万百万千焦) (10^6joule/year)	2000	2001	2002
全　国 National Total	**23828**	**37655**	**57438**	**83321**	**100192**	**122728**
北　京 Beijing	1722	5305	3340	8634	8310	8604
天　津 Tianjin	160	1270	979	4869	4170	4233
河　北 Hebei	6299	2626	5341	5224	6394	6648
山　西 Shanxi	796	869	767	5320	4902	5054
内蒙古 Inner Mongolia	107	125	567	4857	5590	6442
辽　宁 Liaoning	2201	2666	3437	11388	12888	19616
吉　林 Jilin	510	1619	1616	8814	18326	9419
黑龙江 Heilongjiang	1422	2772	2390	12653	16631	18875
						106
上　海 Shanghai						
江　苏 Jiangsu	676	5155	7257		1	11
浙　江 Zhejiang	494	1874	2718		21	74
安　徽 Anhui	493	1091	1096	10	10	10
福　建 Fujian				68		35
江　西 Jiangxi						
山　东 Shandong	2900	6769	9147	8934	6092	16312
河　南 Henan	904	1949	2331	974	1030	1088
湖　北 Hubei	236	577	583			6
湖　南 Hunan	568		5			
广　东 Guangdong						
广　西 Guangxi						
海　南 Hainan						
重　庆 Chongqing						
四　川 Sichuan		97	106			
贵　州 Guizhou						
云　南 Yunnan						
西　藏 Tibet						
陕　西 Shaanxi	1046	315	393	273	415	480
甘　肃 Gansu	2493	1712	13712	3203	5942	14187
青　海 Qinghai				34	32	70
宁　夏 Ningxia	247	247	247	2862	2997	3483
新　疆 Xinjiang	554	617	1406	5204	6441	8081

续表 continued

城市 Region	蒸汽供应能力（吨/小时） Capacity of Steam Supply (tn/hr)			热水供应能力(兆瓦) Capacity of Hot Water Supply(10^6w/hr)		
	2000	2001	2002	2000	2001	2002
全 国 National Total	**74148**	**72242**	**83346**	**97417**	**126249**	**148579**
北 京 Beijing	3408	3408	2915	4755	14439	18008
天 津 Tianjin	9106	2391	2293	5608	6904	7256
河 北 Hebei	6427	6448	6578	8388	10085	10149
山 西 Shanxi	3316	2852	3482	5347	6129	6008
内蒙古 Inner Mongolia	1200	1200	1274	5687	6842	8065
辽 宁 Liaoning	11569	11275	10911	19154	20564	29269
吉 林 Jilin	3425	3327	3324	10564	12259	12640
黑龙江 Heilongjiang	4513	6213	5590	13750	19363	18677
上 海 Shanghai						
江 苏 Jiangsu	2554	4711	10247	8	49	93
浙 江 Zhejiang	1516	2327	2897		192	225
安 徽 Anhui	1915	1965	2055	214	214	200
福 建 Fujian				43		11
江 西 Jiangxi						
山 东 Shandong	12498	12836	15854	9206	11696	18613
河 南 Henan	3261	2957	3634	1334	1292	1444
湖 北 Hubei	775	1030	1364			78
湖 南 Hunan	493		105			
广 东 Guangdong						
广 西 Guangxi						
海 南 Hainan						
重 庆 Chongqing						
四 川 Sichuan		140	140			
贵 州 Guizhou						
云 南 Yunnan						
西 藏 Tibet						
陕 西 Shaanxi	1923	1671	1834	551	1141	1214
甘 肃 Gansu	3949	4400	5628	3611	3590	4092
青 海 Qinghai				89	86	145
宁 夏 Ningxia	662	662	662	2963	3332	3449
新 疆 Xinjiang	1638	2429	2559	6145	8072	8943

四、全国能源平衡表

Chapter 4 Energy Balance Table of China

4－1 中国能源平衡表(标准量)－2000

(万吨标准煤)

		能源合计 Energy Total	
		(发电煤耗计算法)(coal equivalent calculation)	(电热当量计算法)(calorific value calculation)
一、可供本地区消费的能源量	**Total Primary Energy Supply**	**115149.81**	**109495.79**
1.一次能源生产量	Indigenous Production	106988.20	101130.09
水 电	Hydro Power	8181.59	2733.47
核 电	Nuclear Power	615.68	205.70
2.回 收 能	Recovery of Energy	1759.74	1759.74
3.进 口 量	Import	13874.40	13836.53
4.我轮、机在外国加油量	China Airplanes&ships Refueling in Abroad	456.77	456.77
5.出 口 量(－)	Export (－)	－8855.88	－8613.92
6.外轮、机在我国加油量(－)	Foreign Airplanes&ships Refueling in China	－170.09	－170.09
7.库存增(－)、减(＋)量	Stock Change	1096.67	1096.67
二、加工转换投入(－)产出(＋)量	**Input(－) & Output(＋) of Transformation**	**－2371.41**	**－30539.25**
1.火力发电	Thermal Power		－27347.84
2.供 热	Heating Supply		－820.00
3.洗 选 煤	Coal Washing	－916.64	－916.64
4.炼 焦	Coking	－487.29	－487.29
5.炼 油	Petroleum Refineries	－780.55	－780.55
6.制 气	Gas Works	－45.41	－45.41
＃焦炭再投入量(－)	Coke Input (－)	－138.78	－138.78
7.煤制品加工	Briquettes	－2.74	－2.74
三、损 失 量	**Loss**	**3893.38**	**1588.99**
四、终端消费量	**Total Final Consumption**	**124031.78**	**92517.52**
1.农、林、牧、渔、水利业	Farming, Forestry, Animal Husbandry, Fishery & Water Conservancy	5787.12	4138.36
2.工 业	Industry	83707.35	61700.86
＃用作原料、材料	Non-Energy Use	7280.37	7280.37
3.建 筑 业	Construction	1432.96	1053.09
4.交通运输、仓储及邮电通迅业	Transport, Storage, Postal & Telecommunications Services	9577.29	8884.88
5.批发和零售贸易业、餐饮业	Wholesale, Retail Trade and Catering Service	2893.16	1922.52
6.生活消费	Residential Consumption	14911.83	10685.95
城 镇	Urban	9073.26	6500.76
乡 村	Rural	5838.58	4185.19
7.其 他	Other	5722.04	4131.85
五、平衡差额	**Statistical Difference**	**－15146.76**	**－15149.97**
六、能源消费总量	**Total Energy Consumption**	**130296.57**	**124645.76**

ENERGY BALANCE OF CHINA －2000（STANDARD QUANTITY）

（10^4tce）

煤合计 Coal Total	原煤 Raw Coal	洗精煤 Cleaned Coal	其他洗煤 Other Washed Coal	型煤 Briquettes	焦炭 Coke	焦炉煤气 Coke Oven Gas	其他煤气 Other Gas	其他焦化产品 Other Coking Products	油品合计 Petroleum Products Total
70056.89	**70444.35**	**－364.07**	**－25.57**	**2.18**	**－1254.76**		**1175.57**	**31.17**	**32448.38**
71287.14	71287.14								23286.18
							1175.57		
161.19	126.96	30.97	3.26					52.53	13603.81
									456.77
－4061.29	－3469.80	－590.45	－0.55	－0.49	－1476.24			－21.36	－2933.63
									－170.09
2669.85	2500.05	195.41	－28.28	2.67	221.48				－1794.66
－58246.65	**－61364.90**	**826.91**	**1837.53**	**453.81**	**11022.20**	**1323.37**	**172.05**	**220.22**	**－3056.08**
－38793.19	－37867.35	－187.72	－738.12			－65.67	－201.36		－1690.98
－4734.45	－4572.28	－22.13	－140.04			－59.10	－100.45		－622.22
－916.64	－14758.09	11088.09	2753.36						
－13113.07	－3424.65	－9664.42	－24.00		10943.89	1431.85	43.93	205.41	
									－705.91
－686.56	－293.86	－386.91	－5.79		217.09	16.29	429.93	14.81	－36.97
					－138.78				
－2.74	－448.67		－7.88	453.81					
						13.03			**276.12**
27993.16	**25206.77**	**966.49**	**1362.74**	**457.16**	**9356.46**	**1336.87**	**1346.95**	**249.50**	**28830.71**
994.53	981.27		13.26		131.01				2183.87
20327.06	18550.44	958.75	813.21	4.66	9029.83	1085.77	1078.33	249.50	12674.95
516.92	501.10	10.28	5.54		567.67			51.43	5193.31
324.94	313.87	3.99	7.08		17.25				505.15
688.65	671.65	3.65	13.33	0.02	10.21	0.12	0.60		7804.46
491.94	482.69	0.09	5.37	3.79	32.45	11.35	7.59		811.28
4718.38	3843.61		428.16	446.61	124.67	220.87	257.24		2087.82
1830.64	1341.35		199.83	289.46	61.39	220.87	254.97		1685.47
2887.74	2502.26		228.33	157.15	63.28		2.27		402.35
447.66	363.24	0.01	82.33	2.08	11.04	18.76	3.19		2763.18
－16182.92	**－16127.32**	**－503.65**	**449.22**	**－1.17**	**410.98**	**－26.53**	**0.67**	**1.89**	**285.47**

续表(2000)

(万吨标准煤)

		原油 Crude Oil	汽油 Gasoline
一、可供本地区消费的能源量	**Total Primary Energy Supply**	**30547.73**	**-927.24**
1.一次能源生产量	Indigenous Production	23286.18	
水电	Hydro Power		
核电	Nuclear Power		
2.回收能	Recovery of Energy		
3.进口量	Import	10038.10	0.04
4.我轮、机在外国加油量	China Airplanes&ships Refueling in Abroad		
5.出口量(-)	Export (-)	-1472.32	-669.78
6.外轮、机在我国加油量(-)	Foreign Airplanes&ships Refueling in China		-18.39
7.库存增(-)、减(+)量	Stock Change	-1304.23	-239.11
二、加工转换投入(-)产出(+)量	**Input(-) & Output(+) of Transformation**	**-29149.58**	**6081.99**
1.火力发电	Thermal Power	-121.43	-1.47
2.供热	Heating Supply	-20.00	-0.29
3.洗选煤	Coal Washing		
4.炼焦	Coking		
5.炼油	Petroleum Refineries	-29008.15	6083.75
6.制气	Gas Works		
#焦炭再投入量(-)	Coke Input (-)		
7.煤制品加工	Briquettes		
三、损失量	**Loss**	**272.73**	
四、终端消费量	**Total Final Consumption**	**909.72**	**5155.37**
1.农、林、牧、渔、水利业	Farming, Forestry, Animal Husbandry, Fishery & Water Conservancy		271.49
2.工业	Industry	874.78	883.99
#用作原料、材料	Non-Energy Use	139.40	13.24
3.建筑业	Construction	4.71	170.02
4.交通运输、仓储及邮电通迅业	Transport, Storage, Postal & Telecommunications Services	27.97	2041.98
5.批发和零售贸易业、餐饮业	Wholesale, Retail Trade and Catering Service	0.26	308.76
6.生活消费	Residential Consumption		187.72
城镇	Urban		140.03
乡村	Rural		47.69
7.其他	Other	2.00	1291.41
五、平衡差额	**Statistical Difference**	**215.70**	**-0.62**
六、能源消费总量	**Total Energy Consumption**		

Continued(2000)

(10[4] tce)

煤油 Kerosene	柴油 Diesel Oil	燃料油 Fuel Oil	液化石油气 PLG	炼厂干气 Refinery Gas	其他石油制品 Other Petroleum Products	天然气 Natural Gas	热力 Heat	电力 Electricity	其他能源 Other Energy
12.65	**-398.00**	**2547.17**	**822.08**		**-156.01**	**3617.60**		**2836.77**	**584.17**
						3617.60		2939.17	
								2733.47	
								205.70	
									584.17
375.90	37.78	2114.50	825.85		211.64			19.00	
98.61	37.88	320.28							
-292.63	-80.84	-47.67	-2.74		-367.65			-121.40	
-84.55	-32.11	-35.04							
-84.68	-360.71	195.10	-1.03						
1283.49	**9983.99**	**1317.66**	**1568.10**	**890.23**	**4968.04**	**-391.82**	**4983.24**	**13721.16**	**-286.94**
	-331.72	-1163.19	-3.26	-39.28	-30.63	-202.29		13721.16	-115.51
		-416.05		-160.19	-25.69	-189.53	4983.24		-97.49
									0.70
1283.49	10315.71	2933.87	1571.36	1089.70	5024.36				-74.64
		-36.97							
			3.39			**88.58**	**60.04**	**1151.22**	
1279.55	**9539.05**	**3916.40**	**2336.23**	**882.36**	**4812.03**	**2778.51**	**4923.04**	**15405.11**	**297.21**
2.21	1909.00	0.57	0.60				1.88	827.07	
123.52	1994.48	2633.95	469.84	882.36	4812.03	2270.18	3974.95	10713.08	297.21
0.24	10.55	141.63	12.86	63.36	4812.03	653.83			297.21
5.89	285.39	23.87	15.27			10.91	4.63	190.21	
788.52	3706.58	1214.31	25.10			13.30	21.95	345.59	
17.66	372.93	16.56	95.11			45.75	38.33	483.83	
106.19	99.60		1694.31			429.86	792.28	2054.83	
9.56	63.86		1472.02			429.86	792.28	1225.28	
96.63	35.74		222.29					829.55	
235.56	1171.07	27.14	36.00			8.51	89.02	790.49	
16.59	46.94	-51.57	50.56	7.87		358.69	0.16	1.60	0.02
							85.87	33.41	

4-1 中国能源平衡表(实物量)-2000

		煤合计 Coal Total 万吨 10^4 tn	原煤 Raw Coal 万吨 10^4 tn
一、可供本地区消费的能源量	**Total Primary Energy Supply**	**98176.09**	**98620.12**
1.一次能源生产量	Indigenous Production	99800.00	99800.00
水 电	Hydro Power		
核 电	Nuclear Power		
2.回 收 能	Recovery of Energy		
3.进 口 量	Import	217.88	177.74
4.我轮、机在外国加油量	China Airplanes&Ships Refueling in Abroad		
5.出 口 量(-)	Export (-)	-5506.47	-4857.62
6.外轮、机在我国加油量(-)	Foreign Airplanes&Ships Refueling in China		
7.库存增(-)、减(+)量	Stock Change	3664.68	3500.00
二、加工转换投入(-)产出(+)量	**Input(-) & Output(+) of Transformation**	**-78450.61**	**-83608.52**
1.火力发电	Thermal Power	-54611.20	-53000.10
2.供 热	Heating Supply	-6692.07	-6401.17
3.洗 选 煤	Coal Washing	-1441.20	-18833.70
4.炼 焦	Coking	-15000.40	-4370.41
5.炼 油	Petroleum Refineries		
6.制 气	Gas Works	-809.99	-375.01
#焦炭再投入量(-)	Coke Input (-)		
7.煤制品加工	Briquettes	104.25	-628.13
三、损 失 量	**Loss**		
四、终端消费量	**Total Final Consumption**	**46086.79**	**41675.85**
1.农、林、牧、渔、水利业	Farming, Forestry, Animal Husbandry, Fishery & Water Conservancy	1647.68	1622.39
2.工 业	Industry	33279.74	30670.56
#用作原料、材料	Non-Energy Use	850.32	828.50
3.建 筑 业	Construction	536.82	518.94
4.交通运输、仓储及邮电通迅业	Transport, Storage, Postal & Telecommunications Services	1139.94	1110.48
5.批发和零售贸易业、餐饮业	Wholesale, Retail Trade and Catering Service	814.64	798.06
6.生活消费	Residential Consumption	7906.96	6354.86
城 镇	Urban	3075.56	2217.73
乡 村	Rural	4831.40	4137.13
7.其 他	Other	761.01	600.56
五、平衡差额	**Statistical Difference**	**-26361.31**	**-26664.25**

ENERGY BANLANCE OF CHINA -2000(PHYSICAL QUANTITY)

洗精煤 Cleaned Coal 万吨 10^4 tn	其他洗煤 Other Washed Coal 万吨 10^4 tn	型煤 Briquettes 万吨 10^4 tn	焦炭 Coke 万吨 10^4 tn	焦炉煤气 Coke Oven Gas 亿立方米 10^8 cu. m	其他煤气 Other Gas 亿立方米 10^8 cu. m	其他焦化产品 Other Coking Products 万吨 10^4 tn	油品合计 Petroleum Products Total 万吨 10^4 tn	原油 Crude Oil 万吨 10^4 tn
-398.93	**-48.70**	**3.60**	**-1291.70**		**408.78**	**27.01**	**22631.77**	**21382.99**
							16300.00	16300.00
					408.78			
33.94	6.20					45.52	9431.28	7026.53
							317.21	
-647.00	-1.05	-0.80	-1519.70			-18.51	-2055.61	-1030.60
							-116.53	
214.13	-53.85	4.40	228.00				-1244.58	-912.94
906.10	**3504.43**	**747.38**	**12041.15**	**221.45**	**59.87**	**190.83**	**-2352.92**	**-20404.30**
-205.70	-1405.40			-10.69	-70.02		-1178.15	-85.00
-24.25	-266.65			-9.62	-34.93		-426.97	-14.00
12150.00	5242.50							
-10589.99	-40.00		11960.54	239.04	15.28	178.00		
							-721.92	-20305.30
-423.96	-11.02		223.48	2.72	149.54	12.83	-25.88	
			-142.87					
	-15.00	747.38						
				2.18			**192.89**	**190.91**
1059.06	**2598.98**	**752.90**	**10297.14**	**223.71**	**468.42**	**216.20**	**19893.51**	**636.80**
	25.29		144.18				1496.90	
1050.58	1550.93	7.67	9937.68	181.69	375.00	216.20	9016.23	612.34
11.26	10.56		624.74			44.57	3932.00	97.58
4.37	13.51		18.98				344.33	3.30
4.00	25.42	0.04	11.24	0.02	0.21		5351.71	19.58
0.10	10.24	6.24	35.71	1.90	2.64		545.03	0.18
	816.58	735.52	137.20	36.96	89.46		1256.45	
	381.12	476.71	67.56	36.96	88.67		1004.17	
	435.46	258.81	69.64		0.79		252.28	
0.01	157.01	3.43	12.15	3.14	1.11		1882.86	1.40
-551.89	**856.75**	**-1.92**	**452.31**	**-4.44**	**0.23**	**1.64**	**192.45**	**150.98**

续表(2000)

		汽油 Gasoline 万吨 10^4tn	煤油 Kerosene 万吨 10^4tn
一、可供本地区消费的能源量	**Total Primary Energy Supply**	**-630.18**	**8.60**
1.一次能源生产量	Indigenous Production		
水　电	Hydro Power		
核　电	Nuclear Power		
2.回 收 能	Recovery of Energy		
3.进 口 量	Import	0.03	255.47
4.我轮、机在外国加油量	China Airplanes&Ships Refueling in Abroad		67.02
5.出 口 量(-)	Export (-)	-455.20	-198.88
6.外轮、机在我国加油量(-)	Foreign Airplanes&ships Refueling in China	-12.50	-57.46
7.库存增(-)、减(+)量	Stock Change	-162.51	-57.55
二、加工转换投入(-)产出(+)量	**Input(-) & Output(+) of Transformation**	**4133.47**	**872.29**
1.火力发电	Thermal Power	-1.00	
2.供　热	Heating Supply	-0.20	
3.洗 选 煤	Coal Washing		
4.炼　焦	Coking		
5.炼　油	Petroleum Refineries	4134.67	872.29
6.制　气	Gas Works		
#焦炭再投入量(-)	Coke Input (-)		
7.煤制品加工	Briquettes		
三、损 失 量	**Loss**		
四、终端消费量	**Total Final Consumption**	**3503.71**	**869.61**
1.农、林、牧、渔、水利业	Farming, Forestry, Animal Husbandry, Fishery & Water Conservancy	184.51	1.50
2.工　业	Industry	600.78	83.95
#用作原料、材料	Non-Energy Use	9.00	0.16
3.建 筑 业	Construction	115.55	4.00
4.交通运输、仓储及邮电通迅业	Transport, Storage, Postal & Telecommunications Services	1387.78	535.90
5.批发和零售贸易业、餐饮业	Wholesale, Retail Trade and Catering Service	209.84	12.00
6.生活消费	Residential Consumption	127.58	72.17
城　镇	Urban	95.17	6.50
乡　村	Rural	32.41	65.67
7.其　他	Other	877.67	160.09
五、平衡差额	**Statistical Difference**	**-0.42**	**11.28**

Continued(2000)

柴油 Diesel Oil 万吨 10⁴tn	燃料油 Fuel Oil 万吨 10⁴tn	液化石油气 PLG 万吨 10⁴tn	炼厂干气 Refinery Gas 万吨 10⁴tn	其他石油制品 Other Petroleum Products 万吨 10⁴tn	天然气 Natural Gas 亿立方米 10⁸ cu. m	热力 Heat 万百万千焦 10¹⁰ kj	电力 Electricity 亿千瓦小时 10⁸kwh	其他能源 Other Energy 万吨标煤 10⁴tce
-273.14	**1782.98**	**479.54**		**-119.02**	**272.00**		**2308.19**	**584.17**
					272.00		2391.51	
							2224.14	
							167.37	
								584.17
25.93	1480.12	481.74		161.46			15.46	
26.00	224.19							
-55.48	-33.37	-1.60		-280.48			-98.78	
-22.04	-24.53							
-247.55	136.57	-0.60						
6851.96	**922.34**	**914.72**	**566.52**	**3790.08**	**-29.46**	**146136.16**	**11164.49**	**-286.94**
-227.66	-814.22	-1.90	-25.00	-23.37	-15.21		11164.49	-115.51
	-291.23		-101.94	-19.60	-14.25	146136.16		-97.49
								0.70
7079.62	2053.67	916.62	693.46	3833.05				-74.64
	-25.88							
		1.98			**6.66**	**1760.58**	**936.71**	
6546.61	**2741.42**	**1362.79**	**561.51**	**3671.06**	**208.91**	**144370.70**	**12534.67**	**297.21**
1310.14	0.40	0.35				55.08	672.96	
1368.80	1843.72	274.07	561.51	3671.06	170.69	116567.55	8716.91	297.21
7.24	99.14	7.50	40.32	3671.06	49.16			297.21
195.86	16.71	8.91			0.82	135.64	154.77	
2543.81	850.00	14.64			1.00	643.71	281.20	
255.94	11.59	55.48			3.44	1124.12	393.68	
68.36		988.34			32.32	23234.03	1671.95	
43.83		858.67			32.32	23234.03	996.97	
24.53		129.67					674.98	
803.70	19.00	21.00			0.64	2610.57	643.20	
32.21	**-36.10**	**29.49**	**5.01**		**26.97**	**4.88**	**1.30**	**0.02**

4-2 中国能源平衡表(标准量)-2001

(万吨标准煤)

		能源合计 Energy Total	
		(发电煤耗计算法)(coal equivalent calculation)	(电热当量计算法)(calorific value calculation)
一、可供本地区消费的能源量	**Total Primary Energy Supply**	**125309.78**	**118615.29**
1.一次能源生产量	Indigenous Production	120900.00	113996.27
水　电	Hydro Power	10325.98	3409.64
核　电	Nuclear Power	650.30	214.73
2.回 收 能	Recovery of Energy	1858.54	1858.54
3.进 口 量	Import	12967.56	12922.73
4.我轮、机在外国加油量	China Airplanes&ships Refueling in Abroad	503.49	503.49
5.出 口 量(-)	Export (-)	-10941.18	-10687.11
6.外轮、机在我国加油量(-)	Foreign Airplanes&ships Refueling in China	-203.53	-203.53
7.库存增(-)、减(+)量	Stock Change	225	225
二、加工转换投入(-)产出(+)量	**Input(-) & Output(+) of Transformation**	**-2011.03**	**-32291.30**
1.火力发电	Thermal Power		-29336.21
2.供　热	Heating Supply		-944.61
3.洗 选 煤	Coal Washing	-792.33	-791.88
4.炼　焦	Coking	-386.71	-387.18
5.炼　油	Petroleum Refineries	-635.67	-635.67
6.制　气	Gas Works	-43.11	-43.11
#焦炭再投入量(-)	Coke Input (-)	-149.26	-149.26
7.煤制品加工	Briquettes	-3.82	-3.38
三、损 失 量	**Loss**	**3953.09**	**1693.30**
四、终端消费量	**Total Final Consumption**	**128950.63**	**94466.57**
1.农、林、牧、渔、水利业	Farming, Forestry, Animal Husbandry, Fishery & Water Conservancy	6232.83	4331.86
2.工　业	Industry	86710.88	62488.43
#用作原料、材料	Non-Energy Use	7594.09	7594.09
3.建 筑 业	Construction	1452.39	1090.17
4.交通运输、仓储及邮电通迅业	Transport, Storage, Postal & Telecommunications Services	9929.20	9128.13
5.批发和零售贸易业、餐饮业	Wholesale, Retail Trade and Catering Service	3164.51	2048.23
6.生活消费	Residential Consumption	15426.56	11076.91
城　镇	Urban	9468.25	6745.85
乡　村	Rural	5958.31	4331.06
7.其　他	Other	6034.25	4302.85
五、平衡差额	**Statistical Difference**	**-9604.97**	**-9835.88**
六、能源消费总量	**Total Energy Consumption**	**134914.75**	**128451.17**

ENERGY BALANCE OF CHINA－2001（STANDARD QUANTITY）

(10⁴tce)

煤合计 Coal Total	原煤 Raw Coal	洗精煤 Cleaned Coal	其他洗煤 Other Washed Coal	型煤 Briquettes	焦炭 Coke	焦炉煤气 Coke Oven Gas	其他煤气 Other Gas	其他焦化产品 Other Coking Products	油品合计 Petroleum Products Total
77506.12	**78323**	**－725.38**	**－91.07**	**－0.43**	**－1620.13**		**1242.35**	**40.51**	**33275.67**
82915.00	82915								23423.14
							1242.35		
192.84	159	25.25	8.59					54.81	12652.98
									503.49
－6482.59	－5619	－862.86	－0.55	－0.18	－1345.00			－14.30	－2719.57
									－203.53
881	868	112	－99		－275				－381
－61687.07	**－64901**	**944.90**	**1791.16**	**477.87**	**11878.90**	**1145.54**	**135.02**	**235.34**	**－2983.97**
－41438.58	－40598	－176.46	－664.12			－65.24	－241.62	－0.76	－1740.79
－5043.97	－4909	－24.12	－110.85			－43.19	－115.38	－1.03	－637.83
－791.88	－14848	11462.68	2593.44						
－13671.60	－3798	－9858.41	－15.19		11795.50	1235.54	32.77	220.41	
									－572.84
－737.66	－272	－458.79	－6.87		232.66	18.43	459.25	16.72	－32.51
					－149.26				
－3.38	－476		－5.25	477.87					
						13.48			**265.73**
26977.54	**24247**	**926.36**	**1325.89**	**478.29**	**9838.14**	**1151.52**	**1376.89**	**266.35**	**29499.15**
978.47	965		13.47		126.30				2288.25
19349.04	17671	919.16	754.63	4.25	9510.82	950.30	1123.61	266.35	12723.45
523.16	508	9.91	5.25		703.07			55.23	5229.41
329.42	319	3.59	6.83		21.69				546.04
643.11	627	3.51	12.57	0.03	10.60	0.10	0.72		8079.77
495.46	486	0.09	5.18	4.19	36.04	9.95	8.63		845.19
4720.75	3804		449.07	467.68	121.73	175.90	240.42		2148.43
1831.08	1319		210.10	301.98	61.91	175.90	238.09		1719.29
2889.67	2485		238.97	165.70	59.82		2.33		429.14
461.29	375	0.01	84.14	2.14	10.96	15.27	3.51		2868.02
－11158.49	**－10825**	**－706.84**	**374.20**	**－0.85**	**420.63**	**－19.46**	**0.48**	**9.50**	**526.82**

续表(2001)

(万吨标准煤)

		原油 Crude Oil	汽油 Gasoline
一、可供本地区消费的能源量	**Total Primary Energy Supply**	**30767.99**	**-806.04**
1.一次能源生产量	Indigenous Production	23423.14	
水　电	Hydro Power		
核　电	Nuclear Power		
2.回 收 能	Recovery of Energy		
3.进 口 量	Import	8608.74	0.03
4.我轮、机在外国加油量	China Airplanes&ships Refueling in Abroad		
5.出 口 量(-)	Export (-)	-1078.59	-842.32
6.外轮、机在我国加油量(-)	Foreign Airplanes&ships Refueling in China		-19.86
7.库存增(-)、减(+)量	Stock Change	-185.30	56.11
二、加工转换投入(-)产出(+)量	**Input(-) & Output(+) of Transformation**	**-29315.89**	**6112.11**
1.火力发电	Thermal Power	-116.57	-0.88
2.供　热	Heating Supply	-17.60	-0.18
3.洗 选 煤	Coal Washing		
4.炼　焦	Coking		
5.炼　油	Petroleum Refineries	-29181.72	6113.17
6.制　气	Gas Works		
#焦炭再投入量(-)	Coke Input (-)		
7.煤制品加工	Briquettes		
三、损 失 量	**Loss**	**263.26**	
四、终端消费量	**Total Final Consumption**	**916.45**	**5292.67**
1.农、林、牧、渔、水利业	Farming, Forestry, Animal Husbandry, Fishery & Water Conservancy		280.45
2.工　业	Industry	883.81	908.47
#用作原料、材料	Non-Energy Use	142.49	12.45
3.建 筑 业	Construction	4.72	171.71
4.交通运输、仓储及邮电通迅业	Transport, Storage, Postal & Telecommunications Services	26.03	2088.46
5.批发和零售贸易业、餐饮业	Wholesale, Retail Trade and Catering Service	0.21	314.94
6.生活消费	Residential Consumption		198.05
城　镇	Urban		147.02
乡　村	Rural		51.03
7.其　他	Other	1.68	1330.59
五、平衡差额	**Statistical Difference**	**272.39**	**13.40**
六、能源消费总量	**Total Energy Consumption**		

Continued(2001)

(10[4] tce)

煤油 Kerosene	柴油 Diesel Oil	燃料油 Fuel Oil	液化石油气 PLG	炼厂干气 Refinery Gas	其他石油制品 Other Petroleum Products	天然气 Natural Gas	热力 Heat	电力 Electricity	其他能源 Other Energy
154.32	**-311.19**	**2817.86**	**815.49**		**-162.76**	**4033.36**		**3521.22**	**616.19**
						4033.76		3624.37	
								3409.64	
								214.73	
									616.19
297.06	40.03	2605.19	838.05		263.88			22.10	
142.28	39.66	321.55							
-268.12	-37.33	-62.99	-3.58		-426.64	-0.40		-125.25	
-94.46	-30.95	-58.26							
77.56	-322.60	12.37	-18.98						
1161.45	**10557.00**	**1004.98**	**1630.78**	**864.27**	**5001.33**	**-391.15**	**5224.24**	**14462.29**	**-310.44**
	-350.27	-1197.94	-1.80	-36.14	-37.19	-172.90		14462.29	-138.61
		-428.04		-157.14	-34.87	-218.25	5224.24		-109.20
1161.45	10907.27	2663.47	1632.58	1057.55	5073.39				-62.83
		-32.51							
			2.47			**82.73**	**61.23**	**1270.13**	
1309.95	**10006.32**	**3841.91**	**2414.87**	**878.41**	**4838.57**	**3174.32**	**5162.84**	**16714.39**	**305.43**
2.24	2004.45	0.60	0.51				1.86	936.98	
126.54	2034.73	2554.90	498.02	878.41	4838.57	2486.31	4206.77	11566.35	305.43
0.26	13.46	136.75	16.29	69.14	4838.57	777.79			305.43
5.15	325.05	23.11	16.30			9.58	5.35	178.09	
825.00	3891.92	1221.45	26.91			15.96	23.43	380.15	
18.35	390.61	17.54	103.54			66.50	39.69	546.77	
110.36	115.36		1724.66			586.66	796.90	2260.41	
10.33	74.49		1487.45			586.66	796.90	1310.31	
100.03	40.87		237.21					950.10	
222.31	1244.20	24.31	44.93			9.31	88.86	845.63	
5.82	**239.49**	**-19.07**	**28.93**	**-14.14**		**385.16**	**0.17**	**-1.01**	**0.32**

4-2 中国能源平衡表(实物量)-2001

		煤合计 Coal Total 万吨 10^4 tn	原煤 Raw Coal 万吨 10^4 tn
一、可供本地区消费的能源量	**Total Primary Energy Supply**	**108480.02**	**109648.00**
1.一次能源生产量	Indigenous Production	116078.00	116078.00
水 电	Hydro Power		
核 电	Nuclear Power		
2.回 收 能	Recovery of Energy		
3.进 口 量	Import	266.02	222.00
4.我轮、机在外国加油量	China Airplanes&Ships Refueling in Abroad		
5.出 口 量(-)	Export (-)	-9012.87	-7867.00
6.外轮、机在我国加油量(-)	Foreign Airplanes&Ships Refueling in China		
7.库存增(-)、减(+)量	Stock Change	1148.87	1215.00
二、加工转换投入(-)产出(+)量	**Input(-) & Output(+) of Transformation**	**-82320.07**	**-87755.00**
1.火力发电	Thermal Power	-57687.86	-56230.00
2.供 热	Heating Supply	-6961.49	-6724.00
3.洗 选 煤	Coal Washing	-1450.54	-18949.00
4.炼 焦	Coking	-15436.37	-4807.00
5.炼 油	Petroleum Refineries		
6.制 气	Gas Works	-893.81	-378.00
#焦炭再投入量(-)	Coke Input (-)		
7.煤制品加工	Briquettes	110.00	-667.00
三、损 失 量	**Loss**		
四、终端消费量	**Total Final Consumption**	**43891.27**	**39551.00**
1.农、林、牧、渔、水利业	Farming, Forestry, Animal Husbandry, Fishery & Water Conservancy	1599.64	1574.00
2.工 业	Industry	31287.92	28824.00
#用作原料、材料	Non-Energy Use	850.00	829.00
3.建 筑 业	Construction	537.98	521.00
4.交通运输、仓储及邮电通迅业	Transport, Storage, Postal & Telecommunications Services	1050.88	1023.00
5.批发和零售贸易业、餐饮业	Wholesale, Retail Trade and Catering Service	809.87	793.00
6.生活消费	Residential Consumption	7830.25	6205.00
城 镇	Urban	3048.36	2151.00
乡 村	Rural	4781.89	4054.00
7.其 他	Other	774.73	611.00
五、平衡差额	**Statistical Difference**	**-17731.32**	**-17658.00**

ENERGY BANLANCE OF CHINA－2001(PHYSICAL QUANTITY)

洗精煤 Cleaned Coal 万吨 10^4 tn	其他洗煤 Other Washed Coal 万吨 10^4 tn	型煤 Briquettes 万吨 10^4 tn	焦炭 Coke 万吨 10^4 tn	焦炉煤气 Coke Oven Gas 亿立方米 10^8 cu. m	其他煤气 Other Gas 亿立方米 10^8 cu. m	其他焦化产品 Other Coking Products 万吨 10^4 tn	油品合计 Petroleum Products Total 万吨 10^4 tn	原油 Crude Oil 万吨 10^4 tn
－993.88	**－173.39**	**－0.71**	**－1667.83**		**432.00**	**35.11**	**23204.67**	**21382.99**
							16395.87	16300.00
					432.00			
27.67	16.35					47.50	8769.15	7026.53
							349.00	
－1144.53	－1.04	－0.30	－1384.60			－12.39	－1906.96	－1030.60
							－139.72	
122.98	－188.70	－0.41	－283.23				－262.67	－912.94
1237.50	**3410.43**	**787.00**	**12977.12**	**230.35**	**47.00**	**203.94**	**－2291.99**	**－20404.30**
－193.36	－1264.50			－10.62	－84.02	－0.66	－1213.55	－85.00
－26.43	－211.06			－7.03	－40.12	－0.89	－438.66	－14.00
12560.46	4938.00							
－10600.44	－28.93		12891.26	245.00	11.40	191.00		
							－617.02	－20305.30
－502.73	－13.08		239.51	3.00	159.74	14.49	－22.76	
			－153.65					
	－10.00	787.00						
				2.71			**189.34**	**190.91**
1028.06	**2524.52**	**787.69**	**10845.58**	**231.55**	**478.83**	**230.82**	**20356.97**	**636.80**
	25.64		139.23				1568.48	
1020.07	1436.85	7.00	10484.75	191.09	390.75	230.82	9059.88	612.34
11.00	10.00		775.07			47.86	3960.11	97.58
3.98	13.00		23.91				372.34	3.30
3.90	23.93	0.05	11.68	0.02	0.25		5540.34	19.58
0.10	9.87	6.90	39.73	2.00	3.00		567.41	0.18
	855.03	770.22	134.20	35.37	83.61		1294.81	
	400.03	497.33	68.25	35.37	82.80		1025.73	
	455.00	272.89	65.95		0.81		269.08	
0.01	160.20	3.52	12.08	3.07	1.22		1953.71	1.40
－784.44	**712.52**	**－1.40**	**463.71**	**－3.91**	**0.17**	**8.23**	**366.37**	**150.98**

续表(2001)

		汽油 Gasoline 万吨 10^4tn	煤油 Kerosene 万吨 10^4tn
一、可供本地区消费的能源量	**Total Primary Energy Supply**	**-547.80**	**104.88**
1.一次能源生产量	Indigenous Production		
水　电	Hydro Power		
核　电	Nuclear Power		
2.回 收 能	Recovery of Energy		
3.进 口 量	Import	0.02	201.89
4.我轮、机在外国加油量	China Airplanes&Ships Refueling in Abroad		96.70
5.出 口 量(-)	Export (-)	-572.46	-182.22
6.外轮、机在我国加油量(-)	Foreign Airplanes&ships Refueling in China	-13.50	-64.20
7.库存增(-)、减(+)量	Stock Change	38.14	52.71
二、加工转换投入(-)产出(+)量	**Input(-) & Output(+) of Transformation**	**4153.94**	**789.35**
1.火力发电	Thermal Power	-0.60	
2.供　热	Heating Supply	-0.12	
3.洗 选 煤	Coal Washing		
4.炼　焦	Coking		
5.炼　油	Petroleum Refineries	4154.66	789.35
6.制　气	Gas Works		
＃焦炭再投入量(-)	Coke Input (-)		
7.煤制品加工	Briquettes		
三、损 失 量	**Loss**		
四、终端消费量	**Total Final Consumption**	**3597.03**	**890.27**
1.农、林、牧、渔、水利业	Farming, Forestry, Animal Husbandry, Fishery & Water Conservancy	190.60	1.52
2.工　业	Industry	617.42	86.00
＃用作原料、材料	Non-Energy Use	8.46	0.18
3.建 筑 业	Construction	116.70	3.50
4.交通运输、仓储及邮电通迅业	Transport, Storage, Postal & Telecommunications Services	1419.37	560.69
5.批发和零售贸易业、餐饮业	Wholesale, Retail Trade and Catering Service	214.04	12.47
6.生活消费	Residential Consumption	134.60	75.00
城　镇	Urban	99.92	7.02
乡　村	Rural	34.68	67.98
7.其　他	Other	904.30	151.09
五、平衡差额	**Statistical Difference**	**9.11**	**3.96**

Continued(2001)

柴油 Diesel Oil 万吨 10^4tn	燃料油 Fuel Oil 万吨 10^4tn	液化石油气 PLG 万吨 10^4tn	炼厂干气 Refinery Gas 万吨 10^4tn	其他石油制品 Other Petroleum Products 万吨 10^4tn	天然气 Natural Gas 亿立方米 10^8 cu. m	热力 Heat 万百万千焦 10^{10} kj	电力 Electricity 亿千瓦小时 10^8kwh	其他能源 Other Energy 万吨标煤 10^4tce
-213.57	**1972.47**	**475.70**		**-124.17**	**303.26**		**2865.11**	**616.19**
					303.29		2949.04	
							2774.32	
							174.72	
								616.19
27.47	1823.60	488.86		201.31			17.98	
27.22	225.08							
-25.62	-44.09	-2.09		-325.48	-0.03		-101.91	
-21.24	-40.78							
-221.40	8.66	-11.07						
7245.21	**703.47**	**951.28**	**550.00**	**3815.48**	**-29.41**	**153203.45**	**11767.53**	**-310.44**
-240.39	-838.54	-1.05	-23.00	-28.37	-13.00		11767.53	-138.61
	-299.62		-100.00	-26.60	-16.41	153203.45		-109.20
								0.20
7485.60	1864.39	952.33	673.00	3870.45				-62.83
	-22.76							
		1.44			**6.22**	**1795.58**	**1033.47**	
6867.27	**2689.30**	**1408.67**	**559.00**	**3691.31**	**238.67**	**151402.97**	**13599.99**	**305.43**
1375.64	0.42	0.30				54.41	762.39	
1396.42	1788.40	290.51	559.00	3691.31	186.94	123365.60	9411.19	305.43
9.24	95.72	9.50	44.00	3691.31	58.48			305.43
223.08	16.18	9.51			0.72	156.94	144.91	
2671.00	855.00	15.70			1.20	687.06	309.32	
268.07	12.28	60.40			5.00	1163.83	444.89	
79.17		1006.04			44.11	23369.40	1839.23	
51.12		867.67			44.11	23369.40	1066.16	
28.05		138.37					773.07	
853.89	17.02	26.21			0.70	2605.73	688.06	
164.37	-13.36	16.87	-9.00		28.96	4.90	-0.82	0.32

4-3 中国能源平衡表(标准量)-2002

(万吨标准煤)

		能源合计 Energy Total	
		(发电煤耗计算法)(coal equivalent calculation)	(电热当量计算法)(calorific value calculation)
一、可供本地区消费的能源量	**Total Primary Energy Supply**	**144318.71**	**136756.00**
1.一次能源生产量	Indigenous Production	138368.81	130622.94
水　电	Hydro Power	10663.45	3539.20
核电	Nuclear Power	930.43	308.81
2.回 收 能	Recovery of Energy	1907.98	1907.98
3.进 口 量	Import	15197.52	15140.61
4.我轮、机在外国加油量	China Airplanes&ships Refueling in Abroad	571.75	571.75
5.出 口 量(-)	Export (-)	-10796.14	-10556.07
6.外轮、机在我国加油量(-)	Foreign Airplanes&ships Refueling in China	-220.87	-220.87
7.库存增(-)、减(+)量	Stock Change	-710.34	-710
二、加工转换投入(-)产出(+)量	**Input(-) & Output(+) of Transformation**	**-2611.91**	**-36326.25**
1.火力发电	Thermal Power	2.99	-32835.28
2.供　热	Heating Supply	-0.37	-879.43
3.洗 选 煤	Coal Washing	-952.50	-952.50
4.炼　焦	Coking	-322.39	-322.39
5.炼　油	Petroleum Refineries	-1015.43	-1015.43
6.制　气	Gas Works	-144.39	-144.39
#焦炭再投入量(-)	Coke Input (-)	-133.42	-133.42
7.煤制品加工	Briquettes	-43.41	-43.41
三、损 失 量	**Loss**	**4763.06**	**1861.15**
四、终端消费量	**Total Final Consumption**	**140846.56**	**102466.70**
1.农、林、牧、渔、水利业	Farming, Forestry, Animal Husbandry, Fishery & Water Conservancy	6514.29	4593.60
2.工　业	Industry	95143.39	68161.68
#用作原料、材料	Non-Energy Use	8687.29	8687.29
3.建 筑 业	Construction	1610.14	1203.09
4.交通运输、仓储及邮电通迅业	Transport, Storage, Postal & Telecommunications Services	10749.73	9909.21
5.批发和零售贸易业、餐饮业	Wholesale, Retail Trade and Catering Service	3464.02	2219.21
6.生活消费	Residential Consumption	17031.76	11937.90
城　镇	Urban	10375.14	7340.78
乡　村	Rural	6656.62	4597.12
7.其　他	Other	6333.27	4442.02
五、平衡差额	**Statistical Difference**	**-3902.82**	**-3898.10**
六、能源消费总量	**Total Energy Consumption**	**148221.53**	**140654.10**

ENERGY BALANCE OF CHINA－2002（STANDARD QUANTITY）

（10^4tce）

煤合计 Coal Total	原煤 Raw Coal	洗精煤 Cleaned Coal	其他洗煤 Other Washed Coal	型煤 Briquettes	焦炭 Coke	焦炉煤气 Coke Oven Gas	其他煤气 Other Gas	其他焦化产品 Other Coking Products	油品合计 Petroleum Products Total
92335.43	**93464**	**－1121.40**	**－6.68**	**－0.08**	**－1382.12**		**1263.63**	**43.16**	**35750.62**
98573.40	98573								23857.62
							1263.63		
806.23	775	23.34	8.22	0.01				57.33	14248.78
									571.75
－6255.24	－5039	－1213.33	－2.74	－0.50	－1318.21			－14.17	－2849.19
									－220.87
－789	－846	69	－12		－64				143
－69695.27	**－72479**	**177.53**	**2102.69**	**503.98**	**13712.27**	**1486.68**	**126.32**	**246.63**	**－3408.46**
－46665.73	－45887	－152.68	－626.42			－84.04	－257.01		－1827.83
－5418.46	－5317	－3.56	－97.65			－29.67	－99.36		－613.88
－952.50	－16355	12549.24	2852.78						
－15809.81	－4090	－11706.21	－13.14		13631.47	1583.50	43.13	229.32	
									－939.74
－805.36	－288	－509.26	－7.63		214.22	16.89	439.56	17.31	－27.01
					－133.42				
－43.41	－542		－5.25	503.98					
0									**272.28**
27685.81	**25053**	**802.76**	**1322.76**	**507.45**	**11857.45**	**1496.13**	**1389.54**	**288.50**	**31849.14**
1058.46	1046		12.02		136.95				2441.96
19744.83	18182	797.04	761.54	3.86	11502.05	1248.52	1120.22	288.50	13814.03
582.02	566	10.11	5.78		778.50			63.47	6154.50
361.11	353	2.53	5.41		22.71				602.31
688.44	677	3.11	8.15	0.30	11.11	0.12	0.60		8745.14
527.47	517	0.08	5.26	5.45	41.38	10.37	11.13		883.23
4823.81	3879		449.66	495.50	131.26	220.84	257.59		2456.71
1775.76	1256		207.87	312.12	67.27	220.84	254.51		1997.83
3048.05	2623		241.79	183.38	63.99		3.08		458.88
481.69	399		80.72	2.34	11.99	16.28			2905.76
－5045.65	**－4069**	**－1746.63**	**773.25**	**－3.55**	**472.70**	**－9.45**	**0.41**	**1.29**	**220.74**

续表(2002)

(万吨标准煤)

		原油 Crude Oil	汽油 Gasoline
一、可供本地区消费的能源量	**Total Primary Energy Supply**	**32527.78**	**-840.28**
1.一次能源生产量	Indigenous Production	23857.62	
水　电	Hydro Power		
核　电	Nuclear Power		
2.回 收 能	Recovery of Energy		0
3.进 口 量	Import	9915.40	
4.我轮、机在外国加油量	China Airplanes&ships Refueling in Abroad		0
5.出 口 量(-)	Export (-)	-1094.96	-900.79
6.外轮、机在我国加油量(-)	Foreign Airplanes&ships Refueling in China		-26.79
7.库存增(-)、减(+)量	Stock Change	-150.28	87.30
二、加工转换投入(-)产出(+)量	**Input(-) & Output(+) of Transformation**	**-30959.63**	**6356.48**
1.火力发电	Thermal Power	-111.90	-0.91
2.供　热	Heating Supply	-18.23	-0.18
3.洗 选 煤	Coal Washing		0
4.炼　焦	Coking		0
5.炼　油	Petroleum Refineries	-30829.50	6357.57
6.制　气	Gas Works		0
#焦炭再投入量(-)	Coke Input (-)		0
7.煤制品加工	Briquettes		0
三、损 失 量	**Loss**	**269.26**	
四、终端消费量	**Total Final Consumption**	**973.24**	**5516.22**
1.农、林、牧、渔、水利业	Farming, Forestry, Animal Husbandry, Fishery & Water Conservancy		276.52
2.工　业	Industry	940.02	928.31
#用作原料、材料	Non-Energy Use	160.19	13.24
3.建 筑 业	Construction	6.00	179.98
4.交通运输、仓储及邮电通迅业	Transport, Storage, Postal & Telecommunications Services	25.21	2212.25
5.批发和零售贸易业、餐饮业	Wholesale, Retail Trade and Catering Service	0.17	329.92
6.生活消费	Residential Consumption		241.01
城　镇	Urban		176.42
乡　村	Rural		64.59
7.其　他	Other	1.84	1348.23
五、平衡差额	**Statistical Difference**	**325.65**	**-0.02**
六、能源消费总量	**Total Energy Consumption**		

Continued(2002)

(10[4] tce)

煤油 Kerosene	柴油 Diesel Oil	燃料油 Fuel Oil	液化石油气 PLG	炼厂干气 Refinery Gas	其他石油制品 Other Petroleum Products	天然气 Natural Gas	热力 Heat	电力 Electricity	其他能源 Other Energy
130.47	**23.64**	**2653.34**	**1074.57**		**181.10**	**4343.91**		**3757.02**	**644.35**
						4343.91		3848.01	
								3539.20	
								308.81	
									644.35
315.66	69.53	2370.99	1073.43		503.77			28.27	
161.56	45.17	365.02							
-249.61	-180.23	-91.30	-9.63		-322.67			-119.26	
-104.91	-30.60	-58.57							
7.77	119.77	67.20	10.77						
1215.54	**10899.27**	**924.69**	**1774.73**	**883.80**	**5496.66**	**-373.34**	**5598.91**	**16313.46**	**-333.45**
	-329.29	-1303.83	-2.64	-31.90	-47.36	-146.97		16313.46	-167.16
		-380.95		-177.82	-36.70	-226.37	5598.91		-90.60
1215.54	11228.56	2636.48	1777.37	1093.52	5580.72				-75.69
		-27.01							
0.00			**3.02**			**84.19**	**68.40**	**1436.28**	
1352.52	**10842.51**	**3822.43**	**2768.76**	**895.70**	**5677.76**	**3423.94**	**5530.32**	**18635.07**	**310.80**
2.06	2162.79	0.59					2.24	953.99	
128.53	2193.43	2503.81	546.47	895.70	5677.76	2632.59	4442.63	13057.51	310.80
3.87	37.88	165.53	25.71	70.32	5677.76	798.00			310.80
	367.17	27.29	21.87			9.04	6.19	201.73	
907.49	4320.02	1245.88	34.29			20.75	27.65	415.40	
19.13	409.14	17.57	107.30			81.13	50.00	614.50	
89.31	122.28		2004.11			680.43	907.51	2459.75	
9.30	86.68		1725.43			680.43	907.51	1436.63	
80.01	35.60		278.68					1023.12	
206.00	1267.68	27.29	54.72				94.10	932.20	
-6.51	**80.40**	**-244.40**	**77.52**	**-11.90**		**462.44**	**0.19**	**-0.87**	**0.10**

4-3 中国能源平衡表(实物量)-2002

		煤合计 Coal Total 万吨 10^4 tn	原煤 Raw Coal 万吨 10^4 tn
一、可供本地区消费的能源量	**Total Primary Energy Supply**	**129604.75**	**130846.41**
1.一次能源生产量	Indigenous Production	138000.00	138000.00
水 电	Hydro Power		
核 电	Nuclear Power		
2.回 收 能	Recovery of Energy		
3.进 口 量	Import	1125.74	1084.50
4.我轮、机在外国加油量	China Airplanes&Ships Refueling in Abroad		
5.出 口 量(-)	Export (-)	-8389.56	-7053.99
6.外轮、机在我国加油量(-)	Foreign Airplanes&Ships Refueling in China		
7.库存增(-)、减(+)量	Stock Change	-1131.43	-1184.10
二、加工转换投入(-)产出(+)量	**Input(-) & Output(+) of Transformation**	**-93913.12**	**-98761.68**
1.火力发电	Thermal Power	-65600.03	-64240.00
2.供 热	Heating Supply	-7473.73	-7283.90
3.洗 选 煤	Coal Washing	-1717.46	-20900.35
4.炼 焦	Coking	-18209.72	-5177.80
5.炼 油	Petroleum Refineries		
6.制 气	Gas Works	-973.20	-400.65
#焦炭再投入量(-)	Coke Input (-)		
7.煤制品加工	Briquettes	61.02	-758.98
三、损 失 量	**Loss**		
四、终端消费量	**Total Final Consumption**	**42692.41**	**38305.78**
1.农、林、牧、渔、水利业	Farming, Forestry, Animal Husbandry, Fishery & Water Conservancy	1622.89	1600.00
2.工 业	Industry	30282.23	27800.88
#用作原料、材料	Non-Energy Use	889.61	865.61
3.建 筑 业	Construction	553.55	540.00
4.交通运输、仓储及邮电通迅业	Transport, Storage, Postal & Telecommunications Services	1054.96	1034.95
5.批发和零售贸易业、餐饮业	Wholesale, Retail Trade and Catering Service	809.08	790.00
6.生活消费	Residential Consumption	7602.64	5930.45
城 镇	Urban	2829.89	1920.07
乡 村	Rural	4772.75	4010.38
7.其 他	Other	767.06	609.50
五、平衡差额	**Statistical Difference**	**-7000.78**	**-6221.05**

ENERGY BANLANCE OF CHINA－2002(PHYSICAL QUANTITY)

洗精煤 Cleaned Coal 万吨 10^4 tn	其他洗煤 Other Washed Coal 万吨 10^4 tn	型煤 Briquettes 万吨 10^4 tn	焦炭 Coke 万吨 10^4 tn	焦炉煤气 Coke Oven Gas 亿立方米 10^8 cu. m	其他煤气 Other Gas 亿立方米 10^8 cu. m	其他焦化产品 Other Coking Products 万吨 10^4 tn	油品合计 Petroleum Products Total 万吨 10^4 tn	原油 Crude Oil 万吨 10^4 tn
－1228.79	**－12.73**	**－0.14**	**－1422.81**		**439.40**	**37.40**	**24925.09**	**22768.99**
							16700.00	16700.00
					439.40			
25.58	15.65	0.01				49.68	9873.03	6940.64
							396.31	
－1329.53	－5.22	－0.82	－1357.02			－12.28	－1987.68	－766.46
							－151.51	
75.16	－23.16	0.67	－65.79				94.94	－105.19
14.96	**4003.60**	**830.00**	**14115.99**	**243.83**	**43.97**	**213.72**	**－2606.76**	**－21671.31**
－167.30	－1192.73			－13.68	－89.37		－1275.57	－78.33
－3.90	－185.93			－4.83	－34.55		－420.70	－12.76
13751.09	5431.80							
－13006.90	－25.02		14032.81	259.59	15.00	198.72		
							－891.58	－21580.22
－558.03	－14.52		220.53	2.75	152.89	15.00	－18.91	
			－137.35					
	－10.00	830.00						
							190.24	**188.48**
1032.35	**2518.58**	**835.70**	**12206.56**	**245.38**	**483.23**	**250.00**	**21982.83**	**681.26**
	22.89		140.98				1674.05	
1025.00	1450.00	6.35	11840.70	204.77	389.57	250.00	9854.51	658.00
13.00	11.00		801.42			55.00	4656.90	112.13
3.25	10.30		23.38				410.37	4.20
4.00	15.51	0.50	11.44	0.02	0.21		5994.81	17.65
0.10	10.01	8.97	42.60	1.70	3.87		593.02	0.12
	856.17	816.02	135.12	36.22	89.58		1477.47	
	395.80	514.02	69.25	36.22	88.51		1192.20	
	460.37	302.00	65.87		1.07		285.27	
	153.70	3.86	12.34	2.67			1978.60	1.29
－2246.18	**1472.29**	**－5.84**	**486.62**	**－1.55**	**0.14**	**1.12**	**145.26**	**227.94**

续表(2002)

		汽油 Gasoline 万吨 10^4tn	煤油 Kerosene 万吨 10^4tn
一、可供本地区消费的能源量	**Total Primary Energy Supply**	**-571.08**	**88.67**
1.一次能源生产量	Indigenous Production		
水　电	Hydro Power		
核　电	Nuclear Power		
2.回 收 能	Recovery of Energy		
3.进 口 量	Import		214.53
4.我轮、机在外国加油量	China Airplanes&Ships Refueling in Abroad		109.80
5.出 口 量(-)	Export (-)	-612.20	-169.64
6.外轮、机在我国加油量(-)	Foreign Airplanes&ships Refueling in China	-18.21	-71.30
7.库存增(-)、减(+)量	Stock Change	59.33	5.28
二、加工转换投入(-)产出(+)量	**Input(-) & Output(+) of Transformation**	**4320.02**	**826.11**
1.火力发电	Thermal Power	-0.62	
2.供　热	Heating Supply	-0.12	
3.洗 选 煤	Coal Washing		
4.炼　焦	Coking		
5.炼　油	Petroleum Refineries	4320.76	826.11
6.制　气	Gas Works		
#焦炭再投入量(-)	Coke Input (-)		
7.煤制品加工	Briquettes		
三、损 失 量	**Loss**		
四、终端消费量	**Total Final Consumption**	**3748.96**	**919.20**
1.农、林、牧、渔、水利业	Farming, Forestry, Animal Husbandry, Fishery & Water Conservancy	187.93	1.40
2.工　业	Industry	630.90	87.35
#用作原料、材料	Non-Energy Use	9.00	2.63
3.建 筑 业	Construction	122.32	
4.交通运输、仓储及邮电通讯业	Transport, Storage, Postal & Telecommunications Services	1503.50	616.75
5.批发和零售贸易业、餐饮业	Wholesale, Retail Trade and Catering Service	224.22	13.00
6.生活消费	Residential Consumption	163.80	60.70
城　镇	Urban	119.90	6.32
乡　村	Rural	43.90	54.38
7.其　他	Other	916.29	140.00
五、平衡差额	**Statistical Difference**	**-0.02**	**-4.42**

Continued(2002)

柴油 Diesel Oil 万吨 10^4tn	燃料油 Fuel Oil 万吨 10^4tn	液化石油气 PLG 万吨 10^4tn	炼厂干气 Refinery Gas 万吨 10^4tn	其他石油制品 Other Petroleum Products 万吨 10^4tn	天然气 Natural Gas 亿立方米 10^8 cu. m	热力 Heat 万百万千焦 10^{10} kj	电力 Electricity 亿千瓦小时 10^8kwh	其他能源 Other Energy 万吨标煤 10^4tce
16.23	**1857.30**	**626.82**		**138.16**	**326.61**		**3056.97**	**644.35**
					326.61		3131.01	
							2879.74	
							251.27	
								644.35
47.72	1659.66	626.16		384.32			23.00	
31.00	255.51							
-123.69	-63.91	-5.62		-246.16			-97.04	
-21.00	-41.00							
82.20	47.04	6.28						
7480.11	**647.27**	**1035.25**	**562.43**	**4193.36**	**-28.07**	**164190.77**	**13273.77**	**-333.45**
-225.99	-912.66	-1.54	-20.30	-36.13	-11.05		13273.77	-167.16
	-266.66		-113.16	-28.00	-17.02	164190.77		-90.60
7706.10	1845.50	1036.79	695.89	4257.49				-75.69
	-18.91							
		1.76			**6.33**	**2005.84**	**1168.66**	
7441.16	**2675.64**	**1615.09**	**570.00**	**4331.52**	**257.44**	**162179.59**	**15162.79**	**310.80**
1484.31	0.41					65.83	776.23	
1505.34	1752.63	318.77	570.00	4331.52	197.94	130282.41	10624.50	310.80
26.00	115.87	15.00	44.75	4331.52	60.00			310.80
251.99	19.10	12.76			0.68	181.67	164.14	
2964.81	872.10	20.00			1.56	810.73	338.00	
280.79	12.30	62.59			6.10	1466.42	500.00	
83.92		1169.05			51.16	26613.07	2001.42	
59.49		1006.49			51.16	26613.07	1168.94	
24.43		162.56					832.48	
870.00	19.10	31.92				2759.46	758.50	
55.18	**-171.07**	**45.22**	**-7.57**		**34.77**	**5.34**	**-0.71**	**0.10**

4－4 综合能源平衡表

单位：万吨标准煤

项 目	Item	1980	1985
可供消费的能源总量	**Total Energy Available for Consumption**	**61557**	**77603**
一次能源生产量	Primary Energy Output	63735	85546
回收能	Recovery of Energy		
进口量	Imports	261	340
出口量(－)	Exports (－)	3058	5774
年初年末库存差额	Stock Changes in the Year	619	－2509
能源消费总量	**Total Energy Consumption**	**60275**	**76682**
在总量中：	Consumption by Sector		
1.农、林、牧、渔、水利业	Farming, Forestry, Animal Husbandry, Fishery and Water Conservancy	4692	4045
2.工 业	Industry	38986	51068
3.建筑业	Construction	957	1302
4.交通运输和邮电通讯业	Transportation, Post and Telecommunications Services	2902	3713
5.商业、饮食、物资供销和仓储业	Commerce, Catering Services, Materials Supply, Marketing and Storage	518	766
6.其他	Others	1205	2470
7.生活消费	Residential Consumption	11015	13318
在总量中：	Consumption by Usage		
(一) 终端消费	(I)Final Consumption	57508	73586
#工业	Industry	38293	48021
(二) 加工转换损失量	(II)Losses in Processing and Transformation	1358	1491
#炼焦	Coking	644	572
炼油	Petroleum Refining	113	110
(三) 损失量	(III)Other Losses	1409	1605
平衡差额	**Balance**	**1282**	**921**

注：1.村办工业包括在工业中(下同)。

2.电力、热力按等价热值折算，因此加工转换损失量中不包括发电、供热损失量。

3.进口量包括我国飞机、轮船在国外加油量；出口量包括外国飞机、轮船在我国加油量。

OVERALL ENERGY BALANCE

(10 000 tce)

1990	1995	1996	1997	1998	1999	2000	2001	2002
96138	**129535**	**134433**	**133724**	**128368.34**	**115829**	**115150**	**125310**	**144319**
103922	129034	132616	132410	124249.57	109126	106988	120900	138369
	2312	1891	467	1919.72	1694	1760	1859	1908
1310	5456	6837	9964	8474.15	9513	14331	13471	15769
5875	6776	7529	7663	7153.44	6477	9026	11145	11017
-3219	-491	618	-1453	878.34	1974	1097	225	-710
98703	**131176**	**138948**	**138173**	**132213.92**	**130119**	**130297**	**134915**	**148222**
4852	5505	5717	5905	5790.32	5832	5787	6233	6514
67578	96191	100322	100080	94409.15	90797	89634	92347	102181
1213	1335	1449	1179	1612.09	1381	1433	1453	1610
4541	5863	5994	7543	8245.02	9243	9917	10257	11086
1247	2018	2268	2394	2552.08	2812	2893	3165	3464
3473	4519	5484	4703	5212.56	5502	5722	6034	6333
15799	15745	17714	16368	14392.7	14552	14912	15427	17032
94289	124252	132731	130585	126038.66	124096	124032	128951	140847
63239	89473	94342	92749	88521.91	85095	83707	86711	95143
2264	3634	2903	3915	2629.15	2336	2371	2011	2612
905		919	1297	684.24	544	487	387	322
326		549	626	616.19	648	781	636	1015
2150	3289	3314	3672	3546.11	3688	3893	3953	4763
-2565	**-1641**	**-4515**	**-4449**	**-3845.58**	**-14290**	**-15147**	**-9605**	**-3903**

a) Data on industry include the data of village-run industry. (The sane as in the following tables).

b) Electric power and heat are converted on the basic of equal caloric value. Therefore, losses in processing and transformation exclude losses in power generation and heating.

c) Data on imports include the petroleum consumed by the Chinese airplanes and ships in refueling abroad. Data on exports include the petroleum consumed by the foreign airplanes and ships in refueling in China.

4－5 煤炭平衡表

单位：万吨

项 目	Item	1980	1985
可供量	**Total Energy Available for Consumption**	**62601.0**	**82776.6**
生产量	Output	62015.0	87228.4
进口量	Imports	199.0	230.7
出口量(－)	Exports (－)	632.0	777.0
年初年末库存差额	Stock Changes in the Year	1019.0	－3905.5
消费量	**Total Energy Consumption**	**61009.5**	**81603.0**
在消费量中：	Consumption by Sector		
1. 农、林、牧、渔、水利业	Farming, Forestry, Animal Husbandry, Fishery and Water Conservancy	1550.3	2208.6
2. 工　业	Industry	43848.4	58613.3
3. 建筑业	Construction	556.0	531.9
4. 交通运输和邮电通讯业	Transportation, Postal and Telecommunications Services	1934.4	2307.1
5. 商业、饮食、物资供销和仓储业	Commerce, Catering Services, Materials Supply, Marketing and Storage	455.2	738.2
6. 其他	Other	1091.2	1579.5
7. 生活消费	Residential Consumption	11574.0	15624.4
在消费量中：	Consumption by Usage		
(一) 终端消费	(I) Final Consumption	38804.2	52704.4
#工业	Industry	21643.1	29715.0
(二) 中间消费	(2) Intermediate Consumption		
(用于加工转换)	(Consumed in Transformation)	19461.6	25397.4
发　电	Power Generation	12648.4	16440.7
供　热	Heating		1462.3
炼　焦	Coking	6682.2	7303.8
制　气	Gas Production	131.0	190.6
(三) 洗选损耗	(3) Losses in Coal Washing and Dressing	2743.7	3501.2
平衡差额	**Balance**	**1591.5**	**1173.6**

注：生产量为原煤产量。

COAL BALANCE SHEET

(10 000 tons)

1990	1995	1996	1997	1998	1999	2000	2001	2002
102221.0	**133461.7**	**137211.9**	**133159.0**	**122810.6**	**103576.1**	**98176.1**	**108480.0**	**129604.8**
107988.3	136073.1	139669.9	137282.0	125000.0	104500.0	99800.0	116078.0	138000.0
200.3	163.5	321.7	201.0	158.6	167.3	217.9	266.0	1125.7
1729.0	2861.7	3648.4	3073.0	3229.7	3743.9	5506.5	9012.9	8389.6
-4238.5	86.8	868.7	-1251.0	881.7	2652.7	3664.7	1148.9	-1131.4
105523.0	**137676.5**	**144734.4**	**139248.0**	**129492.2**	**126365.3**	**124537.4**	**126211.3**	**136605.5**
2095.2	1856.7	1917.3	1927.0	1923.3	1735.6	1647.7	1599.6	1622.9
81090.9	117570.7	123885.9	121671.0	114952.4	112757.3	111730.0	113608.0	124195.4
437.6	439.8	446.4	383.0	611.6	522.5	536.8	538.0	553.5
2160.9	1315.1	1175.9	1431.0	1390.6	1294.3	1139.9	11050.9	1055.0
1058.3	977.4	1074.3	863.0	947.6	896.2	814.6	809.9	809.1
1980.4	1986.7	1835.3	735.0	782.7	751.1	761.0	774.7	767.1
16699.7	13530.1	14399.3	12238.0	8884.0	8408.4	7907.0	7830.3	7602.6
60205.9	66156.1	68453.5	61792.0	56347.1	51572.2	46086.8	43891.3	42692.4
35773.8	46050.3	67604.9	44214.0	41807.3	37964.2	33279.7	31287.9	30282.2
41257.8	69487.6	74212.1	77451.0	73145.1	74793.1	78450.6	82320.1	93913.1
27204.3	44440.2	48808.6	48979.0	49489.3	51163.5	54611.2	57687.9	65600.0
2995.5	5887.3	6365.7	6245.0	6319.9	6473.0	6692.1	6961.5	7473.7
10697.6	18396.4	18455.8	19297.0	15628.1	14941.7	15000.4	15436.4	18209.7
360.4	763.7	582.0	733.0	685.1	847.6	810.0	893.8	973.2
4059.3	2032.8	2068.8	2311.0	1159.3	1491.5	1441.2	1450.5	1717.5
-3302.0	**-4214.8**	**-7522.5**	**-6089.0**	**-6681.6**	**-22789.2**	**-26361.3**	**-17731.3**	**-7000.8**

a) Data on output refer to the output of raw coal.

4－6 焦炭平衡表

单位：万吨

项　　目	Item	1980	1985
可供量	**Total Energy Available for Consumption**	**4315.3**	**4689.7**
生产量	Output	4343.0	4802.1
进口量	Imports		2.1
出口量(－)	Exports (－)	27.1	36.9
年初年末库存差额	Stock Changes in the Year	－0.6	－77.6
消费量	**Total Energy Consumption**	**4303.0**	**4689.7**
在消费量中：	Consumption by Sector		
1. 农、林、牧、渔、水利业	Farming, Forestry, Animal Husbandry, Fishery and Water Conservancy	10.6	20.8
2. 工　业	Industry	4266.7	4627.7
3. 建筑业	Construction	11.9	7.8
4. 交通运输和邮电通讯业	Transportation, Postal and Telecommunications Services	8.2	5.7
5. 商业、饮食、物资供销和仓储业	Commerce, Catering Services, Materi－als Supply, Marketing and Storage	0.9	2.7
6. 其他	Other	4.7	2.0
7. 生活消费	Residential Consumption		23.0
在消费量中：	Consumption by Usage		
(一) 终端消费	(1)Final Consumption	4294.7	4677.9
#工业	Industry	4258.4	4615.9
(二) 中间消费	(2)Intermediate Consumption		
(用于加工转换)	(Consumed in Transformation)	8.3	11.8
制气	Gas Production	8.3	11.8
(三) 损失量	(3) Losses in Coal Washing and Dressing		
平衡差额	**Balance**	**12.3**	

COKE BALANCE SHEET

(10 000 tons)

1990	1995	1996	1997	1998	1999	2000	2001	2002
7085.8	**12207.1**	**12726.8**	**12631.2**	**11733.5**	**10970.6**	**10892.3**	**11462.9**	**12830.5**
7328.3	13424.5	13595.6	13653.1	12899.1	12073.7	12184.0	13130.8	14253.3
	0.1	0.1	0.1					
129.0	886.1	768.6	1058.1	1146.4	997.4	1519.7	1384.6	1357.0
-113.5	-331.4	-100.3	36.1	-19.2	-105.7	228.0	-283.2	-65.8
6914.7	**10725.3**	**10797.9**	**10927.0**	**11078.2**	**10460.5**	**10440.0**	**10999.2**	**12343.9**
60.1	128.6	119.8	144.7	151.4	145.8	144.2	139.2	141.0
6808.8	10412.0	10491.1	10584.3	10710.3	10100.9	10080.5	10638.4	11978.1
5.2	10.8	13.9	12.5	14.6	17.1	19.0	23.9	23.4
4.1	10.1	6.6	6.5	10.3	10.1	11.2	11.7	11.4
7.7	25.7	28.3	35.2	38.8	36.5	35.7	39.7	42.6
1.9	6.4	12.0	19.2	12.8	13.0	12.2	12.1	12.3
26.9	131.6	126.2	124.7	140.0	143.1	137.2	134.2	135.1
6846.3	10648.0	10750.4	10848.9	11008.6	10302.7	10297.1	10845.6	12206.6
6740.4	10334.7	10443.5	10506.2	10640.6	9937.1	9937.7	10484.8	11840.7
68.4	77.3	47.6	78.1	69.7	157.8	142.9	153.7	137.4
68.4	77.3	47.6	78.1	69.7	157.8	142.9	153.7	137.4
171.1	**1481.8**	**1928.9**	**1704.2**	**655.2**	**510.1**	**452.3**	**463.7**	**486.6**

4-7 石油平衡表

单位：万吨

项　目	Item	1980	1985
可供量	**Total Energy Available for Consumption**	**8794.5**	**9193.7**
生产量	Output	10594.6	12489.5
进口量	Imports	82.7	90.0
出口量(－)	Exports (－)	1806.2	3630.4
年初年末库存差额	Stock Changes in the Year	－76.6	244.6
消费量	**Total Energy Consumption**	**8757.4**	**9168.8**
在消费量中：	Consumption by Sector		
1. 农、林、牧、渔、水利业	Farming, Forestry, Animal Husbandry, Fishery and Water Conservancy	814..9	758.7
2. 工　业	Industry	6203.2	6171.4
3. 建筑业	Construction	175.2	292.2
4. 交通运输和邮电通讯业	Transportation, Postal and Telecommunications Services	911.5	1176.4
5. 商业、饮食、物资供销和仓储业	Commerce, Catering Services, Materi－als Supply, Marketing and Storage	29.0	38.1
6. 其他	Other	481.7	506.1
7. 生活消费	Residential Consumption	141.9	225.9
在消费量中：	Consumption by Usage		
(一) 终端消费	(I) Final Consumption	6311.0	7063.3
＃工　业	Industry	3780.3	4462.0
(二) 中间消费	(II) Intermediate Consumption		
(用于加工转换)	(Consumed in Transformation)	2102.1	1745.6
发　电	Power Generation	2065.4	1425.5
供　热	Heating		285.6
制　气	Gas Production	36.7	34.5
(三) 炼油损失量	(III) Losses in Petroleum Refining	81.5	112.9
(四) 损失量	Other Losses	262.8	247.0
平衡差额	**Balance**	**37.1**	**24.9**

注：1. 生产量为原油产量。

2. 进口量包括我国飞机、轮船在国外加油量；出口量包括外国飞机、轮船在我国加油量。

PETROLEUM BALANCE

(10 000 tons)

1990	1995	1996	1997	1998	1999	2000	2001	2002
11435.0	**16072.7**	**17656.1**	**19653.8**	**19686.1**	**20964.4**	**22631.8**	**23204.7**	**24925.1**
13830.6	15005.0	15733.4	16074.1	16100.0	16000.0	16300.0	16395.9	16700.0
755.6	3673.2	4536.9	6787.0	5738.7	6483.3	9748.5	9118.2	10269.3
3110.4	2454.5	2696.0	2815.2	2326.5	1643.5	2172.1	2046.7	2139.2
-40.8	-151.0	81.8	-392.2	174.0	124.6	-1244.6	-262.7	94.9
11485.6	**16064.9**	**17436.2**	**19691.7**	**19817.8**	**21072.9**	**22439.3**	**22838.3**	**24779.8**
1033.6	1203.2	1223.7	1256.3	1294.7	1422.1	1496.9	1568.5	1674.1
7321.6	9349.3	10020.2	11304.2	10870.8	10852.8	11404.8	11388.6	12489.6
327.3	242.8	257.8	285.3	293.9	323.0	344.3	372.3	410.4
1683.2	2863.6	2937.7	3733.0	4245.3	5004.3	5509.5	5692.9	6156.7
77.6	333.9	367.9	416.6	426.0	537.2	545.0	567.4	593.0
757.8	1390.3	1752.3	1758.0	1704.8	1800.3	1882.9	1953.7	1978.6
284.5	682.0	876.6	938.3	983.3	1133.1	1256.5	1294.8	1477.5
9304.7	13676.3	15302.3	17051.9	17514.3	18664.7	19893.5	20357.0	21982.8
5180.4	7095.5	8022.5	8814.1	8717.3	8596.4	9016.2	9059.9	9854.5
1630.4	2230.0	1701.4	2449.7	2106.1	2222.2	2352.9	2292.0	2606.8
1234.4	1358.5	1238.6	1662.1	1304.8	1228.6	1178.2	1213.6	1275.6
356.3	399.9	404.8	356.5	455.5	394.6	427.0	438.7	420.7
39.7	51.6	58.2	49.2	35.4	32.5	25.9	22.8	18.9
295.8	420.1	271.1	382.0	310.4	566.6	721.9	617.0	891.6
254.7	158.6	161.4	190.1	197.3	186.0	192.9	189.3	190.2
-50.6	**7.8**	**219.9**	**-37.9**	**-131.5**	**-108.5**	**192.5**	**366.4**	**145.3**

a) Data on output refer to the output of crude oil.

b) Data on imports include the petroleum consumed by the Chinese airplanes and ships in refueling abroad. Data on exports include the petroleum consumed by the foreign airplanes and ships in refueling in China.

4－8 原油平衡表

单位：万吨

项　目	Item	1980	1985
可供量	**Total Energy Available for Consumption**	**9222.9**	**9516.5**
生产量	Output	10594.6	12489.5
进口量	Imports	36.6	
出口量(－)	Exports (－)	1330.9	3003.0
年初年末库存差额	Stock Changes in the Year	－77.4	30.0
消费量	**Total Energy Consumption**	**9205.0**	**9509.5**
在消费量中：	Consumption by Sector		
1. 农、林、牧、渔、水利业	Farming, Forestry, Animal Husbandry, Fishery and Water Conservancy	8.0	0.8
2. 工　业	Industry	9112.0	9389.9
3. 建筑业	Construction	28.8	74.0
4. 交通运输和邮电通讯业	Transportation, Postal and Telecommunications Services	50.1	44.3
5. 商业、饮食、物资供销和仓储业	Commerce, Catering Services, Materials Supply, Marketing and Storage		0.1
6. 其他	Other	6.1	0.4
7. 生活消费	Residential Consumption		
在消费量中：	Consumption by Usage		
(一) 终端消费	(I) Final Consumption	499.6	350.4
＃工业	Industry	429.7	254.9
(二) 中间消费	(II) Intermediate Consumption		
(用于加工转换)	(Consumed in Transformation)	8443.0	8929.7
发　电	Power Generation	574.0	279.5
供　热	Heating		61.3
炼　油	Petroleum Refineries	7869.0	8588.9
(三) 油田原油损失量	(III) Losses in Oil Field for Crude Oil	262.4	229.4
平衡差额	**Balance**	**17.9**	**7.0**

CRUDE OIL BALANC

(10 000 tons)

1990	1995	1996	1997	1998	1999	2000	2001	2002
11770.6	**14794.9**	**15920.7**	**17499.6**	**17316.9**	**18947.2**	**21383.0**	**21537.2**	**22769.0**
13830.6	15004.4	15733.4	16074.1	16100.0	16000.0	16300.0	16395.9	16700.0
292.3	1709.0	2261.7	3547.0	2732.0	3661.4	7026.5	6026.0	6940.6
2399.0	1822.7	2040.3	1982.9	1560.0	716.7	1030.6	755.0	766.5
46.7	-95.8	-34.1	-138.6	44.9	2.6	-912.9	-129.7	-105.2
11762.2	**14886.4**	**15865.0**	**17367.2**	**17395.3**	**18949.5**	**21232.0**	**21342.7**	**22541.1**
0.2	10.1	11.0						
11653.8	14716.3	15690.9	17197.8	17222.5	18775.2	21052.1	21168.2	22357.5
55.2	2.7	2.6	3.0	2.2	3.2	3.3	3.4	4.2
52.1	156.8	159.0	164.7	168.9	169.5	175.0	169.8	177.9
0.3	0.5	0.4	0.3	0.2	0.2	0.2	0.2	0.1
0.6	1390.3	1.2	1.4	1.5	1.4	1.4	1.2	1.3
402.1	309.9	492.2	492.4	518.7	519.4	636.8	654.1	681.3
333.4	274.7	452.9	471.0	495.4	495.4	612.3	630.8	658.0
11106.9	14419.4	15212.9	16686.4	16680.7	18245.7	20404.3	20500.7	21671.3
124.6	61.6	68.2	64.3	74.4	80.2	85.0	81.6	78.3
21.1	4.4	10.8	14.9	24.5	12.9	14.0	12.3	12.8
10961.2	14353.4	15133.9	16607.3	16581.8	18152.6	20305.3	20406.8	21580.2
253.2	157.1	159.9	188.4	196.0	184.4	190.9	187.9	188.5
8.4	**-91.5**	**55.7**	**132.4**	**-78.4**	**-2.2**	**151.0**	**194.4**	**227.9**

4－9 燃料油平衡表

单位：万吨

项　目	Item	1980	1985
可供量	**Total Energy Available for Consumption**	**3096.1**	**2848.0**
生产量	Output	3142.0	2835.8
进口量	Imports	39.0	70.0
出口量(－)	Exports (－)	45.4	64.9
年初年末库存差额	Stock Changes in the Year	－39.5	7.1
消费量	**Total Energy Consumption**	**3073.7**	**2837.4**
在消费量中：	Consumption by Sector		
1. 农、林、牧、渔、水利业	Farming, Forestry, Animal Husbandry, Fishery and Water Conservancy	2.3	3.1
2. 工　业	Industry	2937.4	2662.2
3. 建筑业	Construction	15.0	18.9
4. 交通运输和邮电通讯业	Transportation, Postal and Telecommunications Services	109.0	144.1
5. 商业、饮食、物资供销和仓储业	Commerce, Catering Services, Materials Supply, Marketing and Storage	2.9	3.1
6. 其他	Other	7.1	6.0
7. 生活消费	Residential Consumption		
在消费量中：	Consumption by Usage		
(一) 终端消费	(I) Final Consumption	1617.9	1538.8
#工业	Industry	1481.6	1363.5
(二) 中间消费	(II) Intermediate Consumption		
(用于加工转换)	(Consumed in Transformation)	1455.8	1296.1
发　电	Power Generation	1419.1	1042.3
供　热	Heating		219.3
制　气	Gas Production	36.7	34.5
(三)损失量	(III) Other Losses		2.5
平衡差额	**Balance**	**22.4**	**10.6**

FUEL OIL BALANCE

(10 000 tons)

1990	1995	1996	1997	1998	1999	2000	2001	2002
3320.7	**3717.3**	**3632.3**	**3721.1**	**3828.7**	**3901.1**	**3836.7**	**3836.9**	**3702.8**
3267.9	2960.8	2504.5	2311.2	2100.4	1959.4	2053.7	1864.4	1845.5
167.3	859.1	1192.6	1506.8	1818.3	1963.3	1704.3	2048.7	1915.2
97.2	68.6	70.8	91.2	72.9	38.8	57.9	84.9	104.9
-17.3	-34.0	6.0	-5.7	-17.2	17.2	136.6	8.7	47.0
3367.8	**3693.7**	**3564.5**	**3821.3**	**3828.6**	**3934.1**	**3872.8**	**3850.2**	**3873.9**
2.9	8.4	2.5	2.9	0.3	0.4	0.4	0.4	0.4
3091.7	3406.2	3305.5	3223.0	3217.3	3047.7	2975.1	2949.3	2950.9
47.3	14.2	14.0	19.2	16.6	16.2	16.7	16.2	19.0
208.2	227.5	224.5	582.2	565.6	840.0	850.0	855.0	872.1
1.6	6.6	4.3	6.2	7.4	10.5	11.6	12.3	12.3
16.1	30.8	14.5	14.7	21.4	19.4	19.0	17.0	19.1
2042.6	2262.8	2320.6	2651.1	2456.4	2694.0	2741.4	2689.3	2675.6
1766.5	1975.3	1961.8	2025.8	1845.1	1807.6	1843.7	1788.4	1752.6
1325.2	1430.9	1243.9	1170.3	1372.2	1240.1	1131.3	1160.9	1198.2
977.3	1071.5	888.8	839.2	993.8	906.3	814.2	838.5	912.7
308.3	307.8	297.1	282.0	343.0	301.3	291.2	299.6	266.7
39.6	51.6	58.1	49.2	35.4	32.5	25.9	22.8	18.9
-47.1	**23.6**	**67.8**	**-100.2**	**0.1**	**-33.0**	**-36.1**	**-13.4**	**-171.1**

4－10 汽油平衡表

单位：万吨

项　目	Item	1980	1985
可供量	**Total Energy Available for Consumption**	**999.4**	**1399.6**
生产量	Output	1079.0	1471.9
进口量	Imports		0.3
出口量(－)	Exports (－)	117.8	129.9
年初年末库存差额	Stock Changes in the Year	38.2	57.3
消费量	**Total Energy Consumption**	**998.6**	**1396.3**
在消费量中：	Consumption by Sector		
1．农、林、牧、渔、水利业	Farming, Forestry, Animal Husbandry, Fishery and Water Conservancy	53.3	122.3
2．工　业	Industry	273.2	451.3
3．建筑业	Construction	54.1	73.0
4．交通运输和邮电通讯业	Transportation, Postal and Telecommunications Services	404.9	477.4
5．商业、饮食、物资供销和仓储业	Commerce, Catering Services, Materi－als Supply, Marketing and Storage	19.4	23.4
6．其他	Other	193.7	238.3
7．生活消费	Residential Consumption		10.6
平衡差额	**Balance**	**0.8**	**3.3**

4－11 煤油平衡表

单位：万吨

项　目	Item	1980	1985
可供量	**Total Energy Available for Consumption**	**359.0**	**383.2**
生产量	Output	398.5	405.3
进口量	Imports		15.2
出口量(－)	Exports (－)	46.8	46.0
年初年末库存差额	Stock Changes in the Year	2.3	8.7
消费量	**Total Energy Consumption**	**365.9**	**385.5**
在消费量中：	Consumption by Sector		
1．农、林、牧、渔、水利业	Farming, Forestry, Animal Husbandry, Fishery and Water Conservancy	2.3	3.3
2．工　业	Industry	15.7	20.1
3．建筑业	Construction	0.8	1.3
4．交通运输和邮电通讯业	Transportation, Postal and Telecommunications Services	31.4	56.2
5．商业、饮食、物资供销和仓储业	Commerce, Catering Services, Materi－als Supply, Marketing and Storage	0.2	0.1
6．其他	Other	216.7	182.9
7．生活消费	Residential Consumption	98.8	121.6
平衡差额	**Balance**	**－6.9**	**－2.3**

GASOLINE BALANCE

(10 000 tons)

1990	1995	1996	1997	1998	1999	2000	2001	2002
1884.1	**2902.0**	**2172.3**	**3284.0**	**3307.6**	**3379.8**	**3504.5**	**3606.9**	**3749.7**
2173.4	3051.6	3274.6	3517.8	3501.0	3741.3	4134.7	4154.7	4320.8
16.9	15.9	7.9	8.4	1.5	0.0	0.0	0.0	0.0
233.8	193.1	139.5	185.9	194.5	425.8	467.7	586.0	630.4
-72.4	27.6	29.3	-56.4	-0.5	64.3	-162.5	38.1	59.3
1899.5	**2909.6**	**3182.4**	**3312.0**	**3328.6**	**3380.7**	**3504.9**	**3597.8**	**3749.7**
145.9	179.7	180.2	176.4	172.6	178.1	184.5	190.6	187.9
589.3	812.4	895.7	723.1	677.5	646.5	602.0	618.1	631.6
89.5	103.6	106.2	107.7	112.6	113.8	115.6	116.7	122.3
620.1	982.3	991.3	1183.2	1216.6	1265.5	1387.8	1419.4	1503.5
46.0	197.2	195.8	211.7	216.5	206.3	209.8	214.0	224.2
390.7	570.7	726.8	815.8	825.7	849.4	877.7	904.3	916.3
18.0	63.7	86.4	94.2	107.1	121.1	127.6	134.6	163.8
-15.4	**-7.6**	**-10.1**	**-28.0**	**-21.1**	**-0.9**	**-0.4**	**9.1**	**0.0**

KEROSENE BALANCE

(10 000 tons)

1990	1995	1996	1997	1998	1999	2000	2001	2002
350.9	**486.4**	**542.1**	**681.7**	**699.9**	**848.6**	**880.9**	**894.2**	**914.8**
392.5	445.8	538.4	577.0	616.1	743.8	872.3	789.4	826.1
26.1	115.7	101.1	218.1	188.0	272.2	322.5	298.6	324.3
55.5	62.4	102.4	98.8	127.6	162.8	256.3	246.4	240.9
-12.2	-12.7	5.0	-14.6	23.3	-4.6	-57.6	52.7	5.3
350.9	**512.1**	**555.5**	**681.7**	**671.4**	**824.2**	**870.1**	**890.3**	**919.2**
3.1	3.6	1.7	1.4	1.6	1.4	1.5	1.5	1.4
20.6	44.9	43.1	46.7	62.2	78.4	83.9	86.0	87.4
1.3	3.5	5.0	4.2	3.5	3.9	4.0	3.5	0.0
93.4	250.0	298.9	420.1	390.5	505.6	536.4	560.7	616.7
0.6	8.5	8.3	9.0	9.0	11.5	12.0	12.5	13.0
127.3	137.3	133.9	137.7	141.6	152.7	160.1	151.1	140.0
104.6	64.3	64.7	62.7	63.1	70.8	72.2	75.0	60.7
	-25.7	**-13.4**		**28.5**	**24.3**	**11.3**	**4.0**	**-4.4**

4-12 柴油平衡表

单位：万吨

项　目	Item	1980	1985
可供量	**Total Energy Available for Consumption**	**1663.2**	**1944.1**
生产量	Output	1827.8	2023.2
进口量	Imports	2.1	4.5
出口量(-)	Exports (-)	166.5	225.6
年初年末库存差额	Stock Changes in the Year	-0.2	142.0
消费量	**Total Energy Consumption**	**1663.2**	**1939.4**
在消费量中：	Consumption by Sector		
1. 农、林、牧、渔、水利业	Farming, Forestry, Animal Husbandry, Fishery and Water Conservancy	749.0	629.2
2. 工　业	Industry	457.4	644.1
3. 建筑业	Construction	76.5	125.0
4. 交通运输和邮电通讯业	Transportation, Postal and Telecommunications Services	316.1	454.4
5. 商业、饮食、物资供销和仓储业	Commerce, Catering Services, Materials Supply, Marketing and Storage	6.5	10.9
6. 其他	Other	57.7	74.0
7. 生活消费	Residential Consumption		
在消费量中：	Consumption by Usage		
(一) 终端消费	(I) Final Consumption	1590.9	1827.4
#工业	Industry	385.1	532.1
(二) 中间消费	(II) Intermediate Consumption		
(用于加工转换)	(Consumed in Transformation)	72.3	108.6
发　电	Power Generation	72.3	103.6
供　热	Heating		5.0
(三) 损失量	Other Losses		3.4
平衡差额	**Balance**		**4.7**

DIESEL OIL BALANCE

(10 000 tons)

1990	1995	1996	1997	1998	1999	2000	2001	2002
2689.4	**4404.2**	**4818.7**	**5271.2**	**5229.8**	**6204.3**	**6806.5**	**7272.0**	**7722.3**
2609.0	3972.6	4419.0	4924.5	4897.7	6172.6	7079.6	7485.6	7706.1
233.8	645.3	512.1	790.2	331.7	56.0	51.9	54.7	78.7
169.8	169.5	192.4	261.5	118.8	70.9	77.5	46.9	144.7
16.4	-44.2	80.0	-182.0	119.2	46.5	-247.6	-221.4	82.2
2691.7	**4321.4**	**4691.7**	**5291.2**	**5282.8**	**6231.6**	**6774.3**	**7107.7**	**7667.2**
881.5	1001.4	1028.4	1075.7	1120.2	1241.8	1310.1	1375.6	1484.3
728.1	1189.9	1357.2	1730.4	1346.1	1506.8	1596.5	1637.6	1732.1
133.0	118.2	129.6	146.0	153.5	178.1	195.9	223.1	252.0
709.4	1246.6	1261.1	1379.5	1901.9	2221.7	2543.8	2671.0	2964.8
22.5	103.6	125.3	146.4	153.3	260.9	255.9	268.1	280.8
217.0	645.7	768.1	774.0	564.0	759.7	803.7	853.9	870.0
	16.1	22.1	39.2	43.9	62.7	68.4	79.2	83.9
2564.8	4070.0	4408.5	4549.2	5078.9	6016.2	6546.6	6867.3	7441.2
601.2	938.5	1074.1	988.4	1142.2	1291.4	1368.8	1396.4	1505.3
126.9	251.4	283.1	742.0	203.9	215.5	227.7	240.4	226.0
124.5	204.9	253.3	739.1	203.9	215.5	227.7	240.4	226.0
2.4	46.6	29.9	2.9					
-2.3	**82.7**	**127.0**	**-20.0**	**-52.9**	**-27.4**	**32.2**	**164.4**	**55.2**

4－13　液化石油气平衡表

单位：万吨

项　目	Item	1980	1985
可供量	**Total Energy Available for Consumption**	**122.5**	**157.3**
生产量	Output	122.5	159.7
进口量	Imports		
出口量(－)	Exports (－)		1.9
年初年末库存差额	Stock Changes in the Year		－0.5
消费量	**Total Energy Consumption**	**119.6**	**155.7**
在消费量中：	Consumption by Sector		
1. 农、林、牧、渔、水利业	Farming, Forestry, Animal Husbandry, Fishery and Water Conservancy		
2. 工　业	Industry	76.1	59.9
3. 建筑业	Construction		
4. 交通运输和邮电通讯业	Transportation, Postal and Telecommunications Services		
5. 商业、饮食、物资供销和仓储业	Commerce, Catering Services, Materi－als Supply, Marketing and Storage		0.5
6. 其他	Other	0.4	4.5
7. 生活消费	Residential Consumption	43.1	90.8
平衡差额	**Balance**	**2.9**	**1.6**

4－14　天然气平衡表

单位：万吨

项　目	Item	1980	1985
可供量	**Total Energy Available for Consumption**	**142.7**	**129.3**
生产量	Output	142.7	129.3
进口量	Imports		
出口量(－)	Exports (－)		
年初年末库存差额	Stock Changes in the Year		
消费量	**Total Energy Consumption**	**140.6**	**129.3**
在消费量中：	Consumption by Sector		
1. 农、林、牧、渔、水利业	Farming, Forestry, Animal Husbandry, Fishery and Water Conservancy		
2. 工　业	Industry	131.4	109.6
3. 建筑业	Construction	6.0	14.1
4. 交通运输和邮电通讯业	Transportation, Postal and Telecommunications Services	0.7	0.8
5. 商业、饮食、物资供销和仓储业	Commerce, Catering Services, Materi－als Supply, Marketing and Storage		
6. 其他	Other	0.5	0.5
7. 生活消费	Residential Consumption	2.0	4.3
平衡差额	**Balance**	**2.1**	

LPG BALANCE

(10 000 tons)

1990	1995	1996	1997	1998	1999	2000	2001	2002
258.5	**774.3**	**923.1**	**992.1**	**1178.0**	**1146.6**	**1396.16**	**1428.03**	**1663.61**
261.6	540.8	605.9	667.9	747.4	816.6	916.62	952.33	1036.79
	232.6	355.0	358.2	476.6	322.3	481.74	488.86	626.16
1.1	7.1	33.3	39.2	50.2	7.5	1.6	2.09	5.62
-2.0	8.0	-4.5	5.1	4.2	-1.5	-0.6	-11.07	6.28
254.2	**750.6**	**931.3**	**1009.7**	**1186.0**	**1208.5**	**1366.67**	**1411.0**	**1618.39**
	0.1						0.3	
82.0	192.5	183.0	203.4	220.5	254.0	276.14	291.67	320.49
1.0	0.5	0.4	5.2	5.7	7.9	8.91	9.51	12.76
	0.5	1.6	1.6	0.5	2.0	16.45	17.03	21.58
6.6	17.4	33.9	42.9	39.5	47.9	55.48	60.4	62.59
6.1	5.7	8.8	14.5	150.6	17.9	21	26.21	31.92
158.5	534.0	703.5	742.2	769.2	878.5	988.34	1006.04	1169.05
4.3	**23.7**	**-8.2**	**-17.7**	**-8.0**	**-61.6**	**29.49**	**16.87**	**45.22**

NATURAL GAS BALANCE

(10^8 cu. m)

1990	1995	1996	1997	1998	1999	2000	2001	2002
153.0	**179.5**	**201.1**	**226.7**	**232.8**	**252.0**	**272.0**	**303.3**	**326.6**
153.0	179.5	201.1	227.0	232.8	252.0	272.0	303.3	326.6
			0.3					
152.5	**177.4**	**184.9**	**195.4**	**202.6**	**214.9**	**245.0**	**274.3**	**291.8**
		0.2						
120.2	154.4	157.2	168.9	171.5	180.2	202.0	217.8	227.5
10.6	0.3	1.5		0.1	0.7	0.8	0.7	0.7
1.9	1.6	4.0	3.7	3.7	4.8	5.8	6.0	6.4
	0.6	1.0	1.0	2.5	2.9	3.4	5.0	6.1
1.2	1.2	1.3	0.6	0.6	0.6	0.6	0.7	
18.6	19.4	19.7	21.2	24.1	25.7	32.3	44.1	51.2
0.5	**2.1**	**16.2**	**31.3**	**30.2**	**37.0**	**27.0**	**29.0**	**34.8**

4－15 电力平衡表

单位：亿千瓦小时

项　目	Item	1980	1985
可供量	**Total Energy Available for Consumption**	**3006.3**	**4117.6**
生产量	Output	3006.3	4106.9
水　电	Hydropower	582.1	923.7
火　电	Thermal Power	2424.2	3183.2
核　电	Nuclear Power		
进口量	Imports		11.1
出口量(－)	Exports (－)		0.4
消费量	**Total Energy Consumption**	**3006.3**	**4117.6**
在消费量中：	Consumption by Sector		
1. 农、林、牧、渔、水利业	Farming, Forestry, Animal Husbandry, Fishery and Water Conservancy	270	317.4
2. 工　业	Industry	2471:9	3283.4
3. 建筑业	Construction	47.1	71.2
4. 交通运输和邮电通讯业	Transportation, Postal and Telecommunications Services	26.5	63.4
5. 商业、饮食、物资供销和仓储业	Commerce, Catering Services, Materials Supply, Marketing and Storage	16.8	38.0
6. 其他	Others	68.8	121.7
7. 生活消费	Residential Consumption	105.2	222.5
在消费量中：	Consumption by Usage		
(一) 终端消费	(I) Final Consumption	2763.4	3813.3
＃工业	Industry	2229.0	2979.1
(二) 输配电损失量	(II) Losses in Transmission	242.9	304.3

ELECTRICITY BALANCE

(100 million kwh)

1990	1995	1996	1997	1998	1999	2000	2001	2002
6230.4	**10023.4**	**10764.3**	**11273.6**	**11590.4**	**12305.2**	**13472.7**	**14632.6**	**16330.7**
6212.0	10077.3	10800.2	11344.7	11662.0	12393.0	13556.0	14716.6	16404.8
1267.2	1905.8	1879.7	1959.8	2080.0	2038.1	2224.1	2774.3	2879.7
4944.8	8043.2	8777.1	9240.7	9441.0	10205.4	11164.5	11767.5	13273.8
	128.3	143.4	144.2	141.0	149.5	167.4	174.7	251.3
19.3	6.4	1.2	0.9	0.2	3.7	15.5	18.0	23.0
0.9	60.3	37.1	72.0	71.7	91.5	98.8	101.9	97.0
6230.4	**10023.4**	**10764.3**	**11284.4**	**11598.4**	**12305.2**	**13471.4**	**14633.5**	**16331.5**
426.8	582.4	618.3	639.8	623.5	660.4	673.0	762.4	776.2
4873.3	7659.8	8044.7	8395.7	8406.0	8832.7	9653.6	10444.7	11793.2
65.0	159.6	181.8	117.4	188.8	142.3	154.8	144.9	164.1
105.9	182.3	197.9	255.9	255.6	254.8	281.2	309.3	338.0
76.2	199.5	223.1	265.1	293.4	342.8	393.7	444.9	500.0
202.4	234.2	365.4	357.4	506.7	591.4	643.2	688.1	758.5
480.8	1005.6	1133.1	1253.2	1324.5	1480.8	1672.0	1839.2	2001.4
5795.8	9278.9	9994.8	10486.0	10807.5	11443.3	12534.7	13600.0	15162.8
4438.7	6915.3	7275.2	7597.3	7615.0	7970.8	8716.9	9411.2	10624.5
434.6	744.5	769.5	798.4	790.9	861.9	936.7	1033.5	1168.7

五、能源消费

Chapter 5 Energy Consumption

5-1 能源消费总量和构成

PRIMARY ENERGY PRODUCTION AND COMPOSITION

	1991	1995	1999	2000	2001	2002
能源消费总量(万吨标煤)(电热当量计算法) Total Energy Consumption (10^4 tce) (calorific value calculation)	100413	123471	124759	124646	128452	140654
能源消费总量(万吨标煤)(发电煤耗计算法) Total Energy Consumption (10^4 tce) (coal equivalent calculation)	103783	131176	130119	130297	134914	148222
煤炭(万吨) Coal(10^4 tn)	110432	137677	126365	124537	126211	136605
石油(万吨) Petroleum (10^4 tn)	12384	16065	21073	22439	22838	24780
天然气(亿立方米) Natural Gas (10^8 cu. m)	159	177	215	245	274	292
水电(亿千瓦时) Hydro Power (10^8 kwh)	1251	1906	2038	2224	2774	2880
核电(亿千瓦时) Nuclear Power (10^8 kwh)		128	149	167	175	251
构成(电热当量计算法)(%) As Percentage of Primary Energy Production(%) (calorific value calculation)						
煤炭 Coal	78.70	76.97	70.96	69.23	68.84	69.24
石油 Petroleum	17.70	18.64	24.21	25.80	25.50	25.26
天然气 Natural Gas	2.10	1.91	2.29	2.61	2.84	2.76
水电 Hydro Power	1.50	2.35	2.36	2.19	2.65	2.52
核电 Nuclear Power		0.13	0.18	0.17	0.17	0.22
构成(发电煤耗计算法)(%) As percentage of primary energy production(%) (coal equivalent calculation)						
煤炭 Coal	76.10	74.60	68.00	66.07	65.28	65.59
石油 Petroleum	17.10	17.50	23.20	24.68	24.27	23.97
天然气 Natural Gas	2.00	1.80	2.20	2.50	2.70	2.62
水电 Hydro Power	4.80	5.71	6.08	6.28	7.27	7.20
核电 Nuclear Power		0.39	0.52	0.47	0.48	0.62

5-2 工业分行业终端能源消费量(实物量)-2000

		煤合计 Coal Total 万吨 10^4 tn	原煤 Raw Coal 万吨 10^4 tn
		L1	L2
工业合计	**Industry Total**	**33279.40**	**30670.54**
(一)采 掘 业	**Mining and Quarrying**	**2665.14**	**2313.71**
煤炭采选业	Coal Mining and Dressing	2045.50	1717.85
石油和天然气开采业	Petroleum and Naturl Gas Extraction	153.47	149.37
黑色金属矿采选业	Ferrous Metals Mining and Dressing	63.63	47.51
有色金属矿采选业	Nonferrous Metals Mining and Dressing	70.05	69.31
非金属矿采选业	Nonmetal Minerals Mining and Dressing	247.73	244.93
其他矿采选业	Other Minerals Mining and Dressing	6.13	6.13
木材及竹材采运业	Logging and Transport of Wood and Bamboo	78.63	78.61
(二)制 造 业	**Manufacturing**	**27759.45**	**25777.80**
食品加工业	Food Processing	915.01	817.97
食品制造业	Food Production	564.60	497.54
饮料制造业	Beverage Production	530.70	527.50
烟草加工业	Tobacco Processing	116.28	116.22
纺织业	Textile Industry	1156.90	1146.15
服装及其他纤维制品制造业	Garments and Other Fiber Products	104.53	104.08
皮革、毛皮、羽绒及其制品业	Leather, Furs, Down and Related Products	63.13	63.06
木材加工及竹、藤、棕、草制品业	Timber Processing, Bamboo, Cane, Palm & Straw Products	193.69	193.44
家具制造业	Furniture Manufacturing	38.26	38.24
造纸及纸制品业	Papermaking and Paper Products	1173.96	1116.85
印刷业,记录媒介的复制	Printing and Record Medium Reproduction	44.69	44.09
文教体育用品制造业	Cultural, Educational and Sports Articles	15.80	15.74
石油加工及炼焦业	Petroleum Processing and Coking	701.06	561.52
化学原料及化学品制造业	Raw Chemical Materials and Chemical Products	5047.85	4843.24
医药制造业	Medical and Pharmaceutical Products	431.02	414.45
化学纤维制造业	Chemical Fiber	288.91	286.53
橡胶制品业	Rubber Products	244.26	242.86
塑料制品业	Plastic Products	123.36	121.26
非金属矿物制品业	Nonmetal Mineral Products	9778.87	9297.59
黑色金属冶炼及压延加工业	Smelting and Pressing of Ferrous Metals	3694.48	3022.47
有色金属冶炼及压延加工业	Smelting and Pressing of Nonferrous Metals	733.14	618.56
金属制品业	Metal Products	210.40	202.69
普通机械制造业	Ordinary Machinery	312.54	268.48
专用设备制造业	Equipment for Special Purpose	274.31	233.78
交通运输设备制造业	Transportation Equipment	451.44	446.43
电气机械及器材制造业	Electric Equipment and Machinery	165.29	161.58
电子及通信设备制造业	Electronic and Telecommunications Equipment	61.27	60.17
仪器仪表、文化办公用机械制造业	Instruments, Meters Cultural and Office Machinery	28.97	28.88
其他制造业	Other Manufacturing Industry	294.73	286.43
(三)电力、煤气及水生产和供应业	**Electric Power, Gas and Water Production and Supply**	**2854.81**	**2579.03**
电力、蒸汽、热水的生产和供应业	Electric Power, Steam and Hot Water Production and Supply	2609.75	2356.15
煤气生产和供应业	Gas Production and Supply	217.53	196.35
自来水的生产和供应业	Tap Water Production and Supply	27.53	26.53

FINAL ENERGY CONSUMPTION BY INDUSTRIAL SECTOR－2000（PHYSICAL QUANTITY）

洗精煤 Cleaned Coal 万吨 10^4 tn	其他洗煤 Other Washed Coal 万吨 10^4 tn	焦炭 Coke 万吨 10^4 tn	焦炉煤气 Coke Oven Gas 亿立方米 10^8 cu. m	其他煤气 Other Gas 亿立方米 10^8 cu. m	其他焦化产品 Other Coking Products 万吨 10^4 tn	油品合计 Petroleum Products Total 万吨 10^4 tn	原油 Crude Oil 万吨 10^4 tn
L3	L4	L6	L7	L8	L9	L10	L11
1050.58	**1550.59**	**9937.67**	**181.68**	**375.00**	**216.19**	**9016.24**	**612.33**
128.13	**222.90**	**153.27**	**0.71**	**0.73**	**6.13**	**1060.44**	**410.86**
126.06	201.58	50.64	0.71	0.73	4.69	98.45	2.32
0.10	4.00	5.50				860.74	408.54
0.30	15.51	50.00				17.74	
0.06	0.60	21.11				19.36	
1.60	1.20	25.72			1.44	36.92	
		0.20				1.49	
0.01	0.01	0.10				25.74	
879.43	**1094.93**	**9784.40**	**174.98**	**373.17**	**208.22**	**7723.61**	**199.87**
4.00	93.03	15.41		0.01		77.05	0.42
63.03	4.00	14.00	0.24	0.06		39.73	0.48
2.00	1.20	3.00			0.10	28.88	0.52
0.06		1.20		0.01		37.29	
2.50	8.20	4.00	0.23	0.15		146.99	0.05
0.37	0.02	1.60		0.01		35.42	0.16
0.05	0.02	1.68				23.53	
0.20	0.05	1.40			0.24	12.56	
	0.02	1.00				6.83	
10.57	46.52	1.50				60.33	0.48
0.40	0.20	0.28	0.03	0.01		23.30	
0.06		1.60		0.01		16.25	0.10
108.53	31.01	42.00	10.90	2.79	19.55	3316.05	102.47
94.54	108.54	1047.61	9.08	2.46	48.16	1587.89	65.55
1.00	15.51	0.65	0.19		5.09	22.87	
0.08	2.30	26.24	0.01			405.37	7.32
0.70	0.70	2.50	0.02			32.21	0.05
0.60	1.50	6.00				67.88	0.40
97.53	383.58	298.13	3.13	6.72	15.31	725.65	9.25
356.67	310.12	7652.01	149.42	344.11	106.95	406.36	10.25
52.53	62.02	198.75	0.19	8.72	12.09	136.09	0.80
6.50	1.20	120.31	0.11	0.27	0.10	75.88	0.03
40.02	4.00	198.75	0.33	1.16	0.31	64.61	0.11
31.52	9.00	70.56	0.09	4.69	0.09	60.29	0.27
3.00	2.00	30.81	0.13	1.03	0.23	91.18	0.06
1.70	2.00	10.42	0.38	0.42		58.06	0.50
1.00	0.10	0.30	0.50	0.07		58.00	
0.07	0.02	4.00		0.03		13.71	
0.20	8.07	28.69		0.44		93.35	0.60
43.02	**232.76**		**5.99**	**1.10**	**1.84**	**232.19**	**1.60**
21.01	232.59				0.14	207.63	1.60
21.01	0.17		5.99	1.10	1.70	19.26	
1.00						5.30	

续表(2000)

		汽油 Gasoline 万吨 10^4tn	煤油 Kerosene 万吨 10^4tn
		L12	L13
工业合计	**Industry Total**	**600.78**	**83.94**
(一)采 掘 业	**Mining and Quarrying**	**106.59**	**7.44**
煤炭采选业	Coal Mining and Dressing	32.05	5.37
石油和天然气开采业	Petroleum and Naturl Gas Extraction	40.05	0.42
黑色金属矿采选业	Ferrous Metals Mining and Dressing	6.01	0.04
有色金属矿采选业	Nonferrous Metals Mining and Dressing	5.18	1.26
非金属矿采选业	Nonmetal Minerals Mining and Dressing	8.00	0.34
其他矿采选业	Other Minerals Mining and Dressing	0.28	
木材及竹材采运业	Logging and Transport of Wood and Bamboo	15.02	0.01
(二)制 造 业	**Manufacturing**	**466.39**	**76.04**
食品加工业	Food Processing	30.04	0.25
食品制造业	Food Production	12.02	0.08
饮料制造业	Beverage Production	10.02	0.08
烟草加工业	Tobacco Processing	30.04	0.08
纺织业	Textile Industry	34.97	3.78
服装及其他纤维制品制造业	Garments and Other Fiber Products	7.01	0.42
皮革、毛皮、羽绒及其制品业	Leather, Furs, Down and Related Products	5.01	0.17
木材加工及竹、藤、棕、草制品业	Timber Processing, Bamboo, Cane, Palm & Straw Products	3.25	0.08
家具制造业	Furniture Manufacturing	3.50	0.04
造纸及纸制品业	Papermaking and Paper Products	12.02	3.61
印刷业,记录媒介的复制	Printing and Record Medium Reproduction	6.01	5.71
文教体育用品制造业	Cultural, Educational and Sports Articles	2.25	1.26
石油加工及炼焦业	Petroleum Processing and Coking	14.50	18.06
化学原料及化学品制造业	Raw Chemical Materials and Chemical Products	45.05	8.73
医药制造业	Medical and Pharmaceutical Products	9.02	0.15
化学纤维制造业	Chemical Fiber	3.80	0.42
橡胶制品业	Rubber Products	8.55	0.07
塑料制品业	Plastic Products	12.12	0.42
非金属矿物制品业	Nonmetal Mineral Products	45.65	2.43
黑色金属冶炼及压延加工业	Smelting and Pressing of Ferrous Metals	30.04	5.37
有色金属冶炼及压延加工业	Smelting and Pressing of Nonferrous Metals	11.02	0.59
金属制品业	Metal Products	18.02	1.68
普通机械制造业	Ordinary Machinery	21.02	3.27
专用设备制造业	Equipment for Special Purpose	30.11	1.34
交通运输设备制造业	Transportation Equipment	20.03	6.30
电气机械及器材制造业	Electric Equipment and Machinery	16.02	0.25
电子及通信设备制造业	Electronic and Telecommunications Equipment	8.00	0.18
仪器仪表、文化办公用机械制造业	Instruments, Meters Cultural and Office Machinery	3.00	0.15
其他制造业	Other Manufacturing Industry	14.30	11.07
(三)电力、煤气及水生产和供应业	**Electric Power, Gas and Water Production and Supply**	**27.80**	**0.46**
电力、蒸汽、热水的生产和供应业	Electric Power, Steam and Hot Water Production and Supply	24.03	0.42
煤气生产和供应业	Gas Production and Supply	1.72	0.01
自来水的生产和供应业	Tap Water Production and Supply	2.05	0.03

Continued(2000)

柴油 Diesel Oil 万吨 10^4tn	燃料油 Fuel Oil 万吨 10^4tn	液化石油气 PLG 万吨 10^4tn	炼厂干气 Refinery Gas 万吨 10^4tn	其他石油制品 Other Petroleum Products 万吨 10^4tn	天然气 Nature Gas 亿立方米 10^8 cu. m	热力 Heat 万百万千焦 10^{10} kj	电力 Electricity 亿千瓦小时 10^8kwh
L14	L15	L16	L17	L18	L19	L20	L21
1368.81	**1843.72**	**274.08**	**561.52**	**3671.06**	**170.71**	**116567.57**	**8716.91**
264.98	**157.53**	**18.26**	**61.77**	**33.01**	**51.35**	**7084.08**	**955.25**
50.75	5.61	0.05		2.30	0.10	1065.68	401.01
150.57	150.50	18.18	61.77	30.71	51.21	4662.70	309.19
11.69						2.60	61.00
12.69	0.22	0.01				12.00	77.66
27.38	1.20				0.04	1165.68	81.55
1.21							9.80
10.69		0.02				175.42	15.04
1026.09	**1574.41**	**246.70**	**499.56**	**3634.55**	**117.43**	**103225.31**	**6470.88**
29.38	7.46	1.70	0.10	7.70	0.15	1831.65	155.00
16.50	9.04	1.46		0.15	0.07	1831.35	95.00
10.00	8.00	0.06		0.20	0.03	1065.68	56.70
4.00	3.00	0.02		0.15	0.08	220.28	31.58
35.06	60.75	4.48	0.20	7.70	1.11	6381.71	356.08
13.69	12.44	0.90		0.80		200.00	47.17
13.69	3.50	0.16		1.00		100.00	26.07
6.50	2.70	0.01		0.02		865.68	30.99
2.40	0.67	0.20		0.02		140.35	12.00
22.38	17.44	0.50	0.30	3.60	0.30	4662.70	228.22
7.18	2.30	0.30		1.80	0.08	144.49	30.00
11.37	1.04	0.19		0.04		30.00	20.00
68.44	295.00	105.92	381.83	2329.83	10.24	25644.86	236.09
112.17	331.87	63.04	43.71	917.77	90.32	22147.83	1109.08
6.69	5.50	0.21		1.30	0.60	3497.03	84.94
9.69	55.31	4.48	67.38	256.97	0.05	5828.38	187.25
7.69	12.44	0.01		3.40		805.68	94.92
39.06	10.44	2.34		3.10	0.10	159.27	116.14
287.45	313.43	41.11	5.62	20.71	2.50	1165.68	734.18
68.44	290.97	0.49		0.80	1.71	12822.43	1077.69
41.06	55.31	0.60		26.71	0.50	6328.38	670.58
37.06	11.44	6.55		1.10	0.60	238.10	188.70
28.06	7.05	0.60		4.50	0.20	865.68	154.55
12.69	11.44	1.74		2.70	1.31	1165.68	90.83
47.75	12.44	0.90		3.70	1.51	2331.35	195.55
23.38	12.44	4.38	0.09	1.00	0.80	665.68	87.17
35.06	11.44	2.74	0.18	0.40	3.41	269.71	121.01
9.69	0.15	0.07		0.65	0.02	150.00	24.39
19.56	9.40	1.54	0.15	36.73	1.74	1665.68	209.00
77.74	**111.78**	**9.12**	**0.19**	**3.50**	**1.93**	**6258.18**	**1290.78**
68.44	110.62	0.90	0.12	1.50	0.20	5828.38	1112.60
6.69	1.15	8.22	0.07	1.40	1.71	400.00	33.08
2.61	0.01			0.60	0.02	29.80	145.10

5－2 工业分行业终端能源消费量(标准量)－2000

(万吨标准煤)

		终端消费合计 Final Consumption Total	
		(发电煤耗计算法) (coal equivalent calculation)	(电热当量计算法) (calorific value calculation)
工业合计	**Industry Total**	**83707.41**	**61700.92**
(一)采 掘 业	**Mining and Quarrying**	**7813.26**	**5433.59**
煤炭采选业	Coal Mining and Dressing	2990.38	2002.11
石油和天然气开采业	Petroleum and Naturl Gas Extraction	3347.25	2563.72
黑色金属矿采选业	Ferrous Metals Mining and Dressing	333.78	184.34
有色金属矿采选业	Nonferrous Metals Mining and Dressing	375.97	185.68
非金属矿采选业	Nonmetal Minerals Mining and Dressing	575.97	369.68
其他矿采选业	Other Minerals Mining and Dressing	42.10	18.10
木材及竹材采运业	Logging and Transport of Wood and Bamboo	147.74	109.92
(二)制 造 业	**Manufacturing**	**68752.46**	**52322.57**
食品加工业	Food Processing	1403.78	1013.81
食品制造业	Food Production	856.26	613.27
饮料制造业	Beverage Production	617.65	472.79
烟草加工业	Tobacco Processing	252.10	173.51
纺织业	Textile Industry	2497.00	1588.96
服装及其他纤维制品制造业	Garments and Other Fiber Products	297.88	181.22
皮革、毛皮、羽绒及其制品业	Leather, Furs, Down and Related Products	173.79	109.37
木材加工及竹、藤、棕、草制品业	Timber Processing, Bamboo, Cane, Palm & Straw Products	285.65	204.87
家具制造业	Furniture Manufacturing	83.82	53.63
造纸及纸制品业	Papermaking and Paper Products	1826.84	1241.65
印刷业,记录媒介的复制	Printing and Record Medium Reproduction	178.71	104.41
文教体育用品制造业	Cultural, Educational and Sports Articles	109.61	60.45
石油加工及炼焦业	Petroleum Processing and Coking	7183.47	6461.27
化学原料及化学品制造业	Raw Chemical Materials and Chemical Products	12551.42	9710.41
医药制造业	Medical and Pharmaceutical Products	759.82	532.14
化学纤维制造业	Chemical Fiber	1681.87	1190.49
橡胶制品业	Rubber Products	577.83	340.79
塑料制品业	Plastic Products	613.96	328.57
非金属矿物制品业	Nonmetal Mineral Products	10083.73	8278.78
黑色金属冶炼及压延加工业	Smelting and Pressing of Ferrous Metals	16436.05	13724.26
有色金属冶炼及压延加工业	Smelting and Pressing of Nonferrous Metals	3603.27	1925.15
金属制品业	Metal Products	1063.65	600.09
普通机械制造业	Ordinary Machinery	1086.74	703.31
专用设备制造业	Equipment for Special Purpose	739.29	510.26
交通运输设备制造业	Transportation Equipment	1272.40	780.31
电气机械及器材制造业	Electric Equipment and Machinery	556.48	339.22
电子及通信设备制造业	Electronic and Telecommunications Equipment	627.25	329.32
仪器仪表、文化办公用机械制造业	Instruments, Meters Cultural and Office Machinery	137.14	76.55
其他制造业	Other Manufacturing Industry	1194.95	673.64
(三)电力、煤气及水生产和供应业	**Electric Power, Gas and Water Production and Supply**	**7141.68**	**3944.75**
电力、蒸汽、热水的生产和供应业	Electric Power, Steam and Hot Water Production and Supply	6208.61	3450.54
煤气生产和供应业	Gas Production and Supply	373.26	289.98
自来水的生产和供应业	Tap Water Production and Supply	559.85	204.25

FINAL ENERGY CONSUMPTION BY INDUSTRIAL SECTOR－2000

(STANDARD QUANTITY)

(10^4 tce)

煤合计 Coal Total	原煤 Raw Coal	洗精煤 Cleaned Coal	其他洗煤 Other Washed Coal	焦炭 Coke	焦炉煤气 Coke Oven Gas	其他煤气 Other Gas	其他焦化产品 Other Coking Products	油品合计 Petroleum Products Total
L1	L2	L3	L4	L6	L7	L8	L9	L10
20326.88	**18550.43**	**958.75**	**813.03**	**9029.82**	**1085.71**	**1078.33**	**249.49**	**12674.97**
1633.44	**1399.40**	**116.93**	**116.87**	**139.27**	**4.24**	**2.10**	**7.07**	**1537.53**
1259.76	1039.01	115.04	105.70	46.01	4.24	2.10	5.41	143.43
92.53	90.34	0.09	2.10	5.00				1246.08
37.33	28.74	0.27	8.13	45.43				25.93
42.33	41.92	0.05	0.31	19.18				28.29
150.23	148.14	1.46	0.63	23.37			1.66	53.88
3.71	3.71			0.18				2.17
47.57	47.55	0.01	0.01	0.09				37.72
16972.26	**15591.16**	**802.56**	**574.11**	**8890.56**	**1045.67**	**1073.06**	**240.29**	**10800.09**
547.17	494.73	3.65	48.78	14.00		0.03		111.80
360.57	300.93	57.52	2.10	12.72	1.43	0.17		58.15
321.51	319.05	1.83	0.63	2.73			0.12	41.96
70.34	70.29	0.05		1.09		0.03		54.67
699.83	693.22	2.28	4.30	3.63	1.37	0.43		213.04
63.34	62.95	0.34	0.01	1.45		0.03		51.47
38.20	38.14	0.05	0.01	1.53				34.15
117.21	117.00	0.18	0.03	1.27			0.28	18.28
23.14	23.13		0.01	0.91				10.04
709.55	675.50	9.65	24.39	1.36				87.26
27.14	26.67	0.37	0.10	0.25	0.18	0.03		33.86
9.57	9.52	0.05		1.45		0.03		23.74
454.92	339.62	99.04	16.26	38.16	65.14	8.02	22.56	4550.99
3073.45	2929.33	86.28	56.91	951.91	54.26	7.07	55.58	2190.10
259.75	250.67	0.91	8.13	0.59	1.14		5.87	33.16
174.58	173.30	0.07	1.21	23.84	0.06			560.21
147.90	146.89	0.64	0.37	2.27	0.12			46.21
74.68	73.34	0.55	0.79	5.45				98.91
5913.68	5623.45	89.01	201.12	270.89	18.70	19.32	17.67	1057.02
2319.35	1828.08	325.49	162.61	6952.97	892.92	989.50	123.42	584.03
454.60	374.12	47.94	32.52	180.59	1.14	25.07	13.95	193.11
129.16	122.59	5.93	0.63	109.32	0.66	0.78	0.12	112.03
201.02	162.38	36.52	2.10	180.59	1.97	3.34	0.36	93.79
174.89	141.40	28.76	4.72	64.11	0.54	13.49	0.10	88.01
273.81	270.01	2.74	1.05	28.00	0.78	2.96	0.27	132.57
100.34	97.73	1.55	1.05	9.47	2.27	1.21		85.45
37.35	36.39	0.91	0.05	0.27	2.99	0.20		84.96
17.54	17.47	0.06	0.01	3.63		0.09		19.93
177.67	173.24	0.18	4.23	26.07		1.27		131.15
1721.17	**1559.87**	**39.26**	**122.04**		**35.80**	**3.16**	**2.12**	**337.36**
1566.20	1425.07	19.17	121.96				0.16	299.72
138.02	118.76	19.17	0.09		35.80	3.16	1.96	29.97
16.96	16.05	0.91						7.66

续表(2000)

(万吨标准煤)

		原油 Crude Oil	汽油 Gasoline
		L11	L12
工业合计	**Industry Total**	**874.77**	**883.99**
(一)采 掘 业	**Mining and Quarrying**	**586.95**	**156.84**
煤炭采选业	Coal Mining and Dressing	3.31	47.16
石油和天然气开采业	Petroleum and Naturl Gas Extraction	583.64	58.93
黑色金属矿采选业	Ferrous Metals Mining and Dressing		8.84
有色金属矿采选业	Nonferrous Metals Mining and Dressing		7.62
非金属矿采选业	Nonmetal Minerals Mining and Dressing		11.77
其他矿采选业	Other Minerals Mining and Dressing		0.41
木材及竹材采运业	Logging and Transport of Wood and Bamboo		22.10
(二)制 造 业	**Manufacturing**	**285.53**	**686.25**
食品加工业	Food Processing	0.60	44.20
食品制造业	Food Production	0.69	17.69
饮料制造业	Beverage Production	0.74	14.74
烟草加工业	Tobacco Processing		44.20
纺织业	Textile Industry	0.07	51.45
服装及其他纤维制品制造业	Garments and Other Fiber Products	0.23	10.31
皮革、毛皮、羽绒及其制品业	Leather, Furs, Down and Related Products		7.37
木材加工及竹、藤、棕、草制品业	Timber Processing, Bamboo, Cane, Palm & Straw Products		4.78
家具制造业	Furniture Manufacturing		5.15
造纸及纸制品业	Papermaking and Paper Products	0.69	17.69
印刷业,记录媒介的复制	Printing and Record Medium Reproduction		8.84
文教体育用品制造业	Cultural, Educational and Sports Articles	0.14	3.31
石油加工及炼焦业	Petroleum Processing and Coking	146.39	21.34
化学原料及化学品制造业	Raw Chemical Materials and Chemical Products	93.64	66.29
医药制造业	Medical and Pharmaceutical Products		13.27
化学纤维制造业	Chemical Fiber	10.46	5.59
橡胶制品业	Rubber Products	0.07	12.58
塑料制品业	Plastic Products	0.57	17.83
非金属矿物制品业	Nonmetal Mineral Products	13.21	67.17
黑色金属冶炼及压延加工业	Smelting and Pressing of Ferrous Metals	14.64	44.20
有色金属冶炼及压延加工业	Smelting and Pressing of Nonferrous Metals	1.14	16.21
金属制品业	Metal Products	0.04	26.51
普通机械制造业	Ordinary Machinery	0.16	30.93
专用设备制造业	Equipment for Special Purpose	0.39	44.30
交通运输设备制造业	Transportation Equipment	0.09	29.47
电气机械及器材制造业	Electric Equipment and Machinery	0.71	23.57
电子及通信设备制造业	Electronic and Telecommunications Equipment		11.77
仪器仪表、文化办公用机械制造业	Instruments, Meters Cultural and Office Machinery		4.41
其他制造业	Other Manufacturing Industry	0.86	21.04
(三)电力、煤气及水生产和供应业	**Electric Power, Gas and Water Production and Supply**	**2.29**	**40.91**
电力、蒸汽、热水的生产和供应业	Electric Power, Steam and Hot Water Production and Supply	2.29	35.36
煤气生产和供应业	Gas Production and Supply		2.53
自来水的生产和供应业	Tap Water Production and Supply		3.02

Continued(2000)

(10^4 tce)

煤油 Kerosene	柴油 Diesel Oil	燃料油 Fuel Oil	液化石油气 PLG	炼厂干气 Refinery Gas	其他石油制品 Other Petroleum Products	天然气 Nature Gas	热力 Heat	电力 Electricity
L13	L14	L15	L16	L17	L18	L19	L20	L21
123.51	**1994.49**	**2633.95**	**469.86**	**882.37**	**4812.03**	**2270.44**	**3974.95**	**10713.08**
10.95	**386.10**	**225.05**	**31.30**	**97.07**	**43.27**	**682.95**	**241.57**	**1174.00**
7.90	73.95	8.01	0.09		3.01	1.33	36.34	492.84
0.62	219.40	215.00	31.17	97.07	40.25	681.09	159.00	379.99
0.06	17.03						0.09	74.97
1.85	18.49	0.31	0.02				0.41	95.44
0.50	39.90	1.71				0.53	39.75	100.22
	1.76							12.04
0.01	15.58		0.03				5.98	18.48
111.89	**1495.11**	**2249.21**	**422.92**	**785.01**	**4764.17**	**1561.82**	**3519.98**	**7952.71**
0.37	42.81	10.66	2.91	0.16	10.09	1.99	62.46	190.50
0.12	24.04	12.91	2.50		0.20	0.93	62.45	116.76
0.12	14.57	11.43	0.10		0.26	0.40	36.34	69.68
0.12	5.83	4.29	0.03		0.20	1.06	7.51	38.81
5.56	51.09	86.79	7.68	0.31	10.09	14.76	217.62	437.62
0.62	19.95	17.77	1.54		1.05		6.82	57.97
0.25	19.95	5.00	0.27		1.31		3.41	32.04
0.12	9.47	3.86	0.02		0.03		29.52	38.09
0.06	3.50	0.96	0.34		0.03		4.79	14.75
5.31	32.61	24.91	0.86	0.47	4.72	3.99	159.00	280.48
8.40	10.46	3.29	0.51		2.36	1.06	4.93	36.87
1.85	16.57	1.49	0.33		0.05		1.02	24.58
26.57	99.72	421.44	181.58	600.01	3053.94	136.19	874.49	290.15
12.85	163.44	474.11	108.07	68.69	1203.01	1201.26	755.24	1363.06
0.22	9.75	7.86	0.36		1.70	7.98	119.25	104.39
0.62	14.12	79.02	7.68	105.88	336.84	0.66	198.75	230.13
0.10	11.21	17.77	0.02		4.46		27.47	116.66
0.62	56.91	14.91	4.01		4.06	1.33	5.43	142.74
3.58	418.84	447.77	70.47	8.83	27.15	33.25	39.75	902.31
7.90	99.72	415.68	0.84		1.05	22.74	437.24	1324.48
0.87	59.83	79.02	1.03		35.01	6.65	215.80	824.14
2.47	54.00	16.34	11.23		1.44	7.98	8.12	231.91
4.81	40.89	10.07	1.03		5.90	2.66	29.52	189.94
1.97	18.49	16.34	2.98		3.54	17.42	39.75	111.63
9.27	69.58	17.77	1.54		4.85	20.08	79.50	240.33
0.37	34.07	17.77	7.51	0.14	1.31	10.64	22.70	107.13
0.26	51.09	16.34	4.70	0.28	0.52	45.35	9.20	148.72
0.22	14.12	0.21	0.12		0.85	0.27	5.11	29.98
16.29	28.50	13.43	2.64	0.24	48.15	23.14	56.80	256.87
0.68	**113.27**	**159.69**	**15.63**	**0.30**	**4.59**	**25.67**	**213.40**	**1586.37**
0.62	99.72	158.03	1.54	0.19	1.97	2.66	198.75	1367.39
0.01	9.75	1.64	14.09	0.11	1.84	22.74	13.64	40.66
0.04	3.80	0.01			0.79	0.27	1.02	178.33

5－3　工业分行业终端能源消费量(实物量)－2001

		煤合计 Coal Total 万吨 10^4 tn	原煤 Raw Coal 万吨 10^4 tn
		L1	L2
工业合计	**Industry Total**	**31287.92**	**28824.00**
(一)采 掘 业	**Mining and Quarrying**	**2639.28**	**2309.26**
煤炭采选业	Coal Mining and Dressing	2038.66	1729.45
石油和天然气开采业	Petroleum and Naturl Gas Extraction	136.48	133.48
黑色金属矿采选业	Ferrous Metals Mining and Dressing	62.41	47.41
有色金属矿采选业	Nonferrous Metals Mining and Dressing	71.60	71.07
非金属矿采选业	Nonmetal Minerals Mining and Dressing	250.81	248.53
其他矿采选业	Other Minerals Mining and Dressing	5.20	5.20
木材及竹材采运业	Logging and Transport of Wood and Bamboo	74.12	74.12
(二)制 造 业	**Manufacturing**	**26168.85**	**24264.97**
食品加工业	Food Processing	911.89	820.67
食品制造业	Food Production	571.61	507.39
饮料制造业	Beverage Production	517.87	514.52
烟草加工业	Tobacco Processing	127.91	127.84
纺织业	Textile Industry	1163.70	1152.96
服装及其他纤维制品制造业	Garments and Other Fiber Products	105.45	105.08
皮革、毛皮、羽绒及其制品业	Leather, Furs, Down and Related Products	65.07	65.00
木材加工及竹、藤、棕、草制品业	Timber Processing, Bamboo, Cane, Palm & Straw Products	203.02	202.78
家具制造业	Furniture Manufacturing	42.08	42.06
造纸及纸制品业	Papermaking and Paper Products	1174.51	1119.19
印刷业,记录媒介的复制	Printing and Record Medium Reproduction	47.46	47.01
文教体育用品制造业	Cultural, Educational and Sports Articles	17.36	17.31
石油加工及炼焦业	Petroleum Processing and Coking	702.73	571.48
化学原料及化学品制造业	Raw Chemical Materials and Chemical Products	4572.58	4373.60
医药制造业	Medical and Pharmaceutical Products	436.42	421.14
化学纤维制造业	Chemical Fiber	264.65	262.32
橡胶制品业	Rubber Products	259.46	258.24
塑料制品业	Plastic Products	122.36	120.26
非金属矿物制品业	Nonmetal Mineral Products	8943.82	8458.96
黑色金属冶炼及压延加工业	Smelting and Pressing of Ferrous Metals	3494.19	2882.40
有色金属冶炼及压延加工业	Smelting and Pressing of Nonferrous Metals	690.84	576.48
金属制品业	Metal Products	208.41	197.20
普通机械制造业	Ordinary Machinery	323.17	278.24
专用设备制造业	Equipment for Special Purpose	263.39	223.28
交通运输设备制造业	Transportation Equipment	454.85	449.69
电气机械及器材制造业	Electric Equipment and Machinery	142.41	138.80
电子及通信设备制造业	Electronic and Telecommunications Equipment	55.47	54.30
仪器仪表、文化办公用机械制造业	Instruments, Meters Cultural and Office Machinery	25.60	25.53
其他制造业	Other Manufacturing Industry	260.57	251.24
(三)电力、煤气及水生产和供应业	**Electric Power, Gas and Water Production and Supply**	**2479.79**	**2249.77**
电力、蒸汽、热水的生产和供应业	Electric Power, Steam and Hot Water Production and Supply	2224.53	2017.68
煤气生产和供应业	Gas Production and Supply	230.27	208.13
自来水的生产和供应业	Tap Water Production and Supply	24.99	23.96

FINAL ENERGY CONSUMPTION BY INDUSTRIAL SECTOR－2001

（PHYSICAL QUANTITY）

洗精煤 Cleaned Coal 万吨 10^4 tn	其他洗煤 Other Washed Coal 万吨 10^4 tn	焦炭 Coke 万吨 10^4 tn	焦炉煤气 Coke Oven Gas 亿立方米 10^8 cu. m	其他煤气 Other Gas 亿立方米 10^8 cu. m	其他焦化产品 Other Coking Products 万吨 10^4 tn	油品合计 Petroleum Products Total 万吨 10^4 tn	原油 Crude Oil 万吨 10^4 tn
L3	L4	L6	L7	L8	L9	L10	L11
1020.07	**1436.85**	**10484.75**	**191.09**	**390.75**	**230.82**	**9059.88**	**630.82**
124.32	**205.34**	**149.90**	**0.75**	**0.72**	**7.09**	**1076.10**	**424.98**
122.41	186.79	47.70	0.75	0.72	5.44	92.11	2.32
	3.00	5.33				881.49	422.65
0.35	14.37	51.00				17.34	
0.06	0.40	19.57				18.35	
1.50	0.78	26.00			1.65	40.77	
		0.19				1.54	
		0.11				24.50	
853.36	**1043.88**	**10334.85**	**184.92**	**388.83**	**221.59**	**7758.68**	**204.21**
5.00	86.21	16.00		0.01		80.34	0.40
61.20	3.00	15.50	0.22	0.07		40.08	0.45
2.50	0.85	2.90			0.09	30.12	0.50
0.07		1.21		0.01		36.51	
2.70	8.00	4.20	0.24	0.14		151.19	0.06
0.30	0.02	1.63		0.01		38.65	0.17
0.06	0.01	1.65				21.80	
0.21	0.03	1.38			0.31	13.93	
	0.02	1.09				7.18	
10.20	45.11	1.56				60.24	0.51
0.45		0.29	0.02	0.01		23.63	
0.05		1.66		0.01		16.39	0.11
102.01	29.24	41.30	11.50	3.20	22.86	3348.18	104.19
91.81	105.77	1051.01	9.55	2.50	48.41	1564.55	70.39
0.86	14.37	0.65	0.20		5.44	24.47	
	2.33	24.53				395.42	6.31
0.50	0.72	2.62	0.01			31.79	0.06
0.54	1.56	6.61				66.26	0.35
99.44	385.27	315.15	3.82	7.82	15.28	744.56	8.62
336.62	270.37	8137.13	157.62	357.96	116.60	391.66	9.85
51.00	63.34	211.90	0.18	9.00	11.84	140.78	0.77
10.20	1.00	131.09	0.12	0.26	0.11	84.88	0.03
40.80	4.10	205.73	0.34	1.03	0.30	64.36	0.12
30.60	9.50	70.34	0.10	4.70	0.10	55.38	0.26
3.05	2.10	38.89	0.12	1.10	0.25	92.33	0.07
1.80	1.80	12.05	0.39	0.40		60.43	0.45
1.10	0.07	0.35	0.49	0.08		65.72	
0.06	0.01	5.10		0.02		14.32	
0.23	9.08	31.33		0.50		93.53	0.54
42.39	**187.63**		**5.42**	**1.20**	**2.14**	**225.10**	**1.63**
19.36	187.49				0.16	199.27	1.63
22.00	0.14		5.42	1.20	1.98	20.37	
1.03						5.46	

续表(2001)

		汽油 Gasoline 万吨 10^4tn	煤油 Kerosene 万吨 10^4tn
		L12	L13
工业合计	**Industry Total**	**617.42**	**86.00**
(一)采 掘 业	**Mining and Quarrying**	**102.25**	**7.59**
煤炭采选业	Coal Mining and Dressing	30.93	5.50
石油和天然气开采业	Petroleum and Naturl Gas Extraction	38.23	0.43
黑色金属矿采选业	Ferrous Metals Mining and Dressing	5.17	0.03
有色金属矿采选业	Nonferrous Metals Mining and Dressing	4.90	1.29
非金属矿采选业	Nonmetal Minerals Mining and Dressing	8.20	0.34
其他矿采选业	Other Minerals Mining and Dressing	0.30	
木材及竹材采运业	Logging and Transport of Wood and Bamboo	14.52	
(二)制 造 业	**Manufacturing**	**487.37**	**77.92**
食品加工业	Food Processing	31.87	0.26
食品制造业	Food Production	12.80	0.09
饮料制造业	Beverage Production	9.35	0.09
烟草加工业	Tobacco Processing	30.00	0.09
纺织业	Textile Industry	37.05	3.87
服装及其他纤维制品制造业	Garments and Other Fiber Products	8.17	0.43
皮革、毛皮、羽绒及其制品业	Leather, Furs, Down and Related Products	4.94	0.17
木材加工及竹、藤、棕、草制品业	Timber Processing, Bamboo, Cane, Palm & Straw Products	4.00	0.09
家具制造业	Furniture Manufacturing	3.57	0.05
造纸及纸制品业	Papermaking and Paper Products	12.20	3.70
印刷业,记录媒介的复制	Printing and Record Medium Reproduction	6.17	5.85
文教体育用品制造业	Cultural, Educational and Sports Articles	2.73	1.29
石油加工及炼焦业	Petroleum Processing and Coking	15.35	18.47
化学原料及化学品制造业	Raw Chemical Materials and Chemical Products	50.01	8.94
医药制造业	Medical and Pharmaceutical Products	10.35	0.14
化学纤维制造业	Chemical Fiber	3.55	0.43
橡胶制品业	Rubber Products	8.04	0.08
塑料制品业	Plastic Products	11.35	0.43
非金属矿物制品业	Nonmetal Mineral Products	47.39	2.49
黑色金属冶炼及压延加工业	Smelting and Pressing of Ferrous Metals	30.87	5.50
有色金属冶炼及压延加工业	Smelting and Pressing of Nonferrous Metals	11.20	0.60
金属制品业	Metal Products	21.52	1.72
普通机械制造业	Ordinary Machinery	21.70	3.35
专用设备制造业	Equipment for Special Purpose	28.87	1.38
交通运输设备制造业	Transportation Equipment	18.70	6.45
电气机械及器材制造业	Electric Equipment and Machinery	17.52	0.26
电子及通信设备制造业	Electronic and Telecommunications Equipment	9.35	0.17
仪器仪表、文化办公用机械制造业	Instruments, Meters Cultural and Office Machinery	3.30	0.17
其他制造业	Other Manufacturing Industry	15.45	11.36
(三)电力、煤气及水生产和供应业	**Electric Power, Gas and Water Production and Supply**	**27.80**	**0.49**
电力、蒸汽、热水的生产和供应业	Electric Power, Steam and Hot Water Production and Supply	23.70	0.44
煤气生产和供应业	Gas Production and Supply	1.60	0.01
自来水的生产和供应业	Tap Water Production and Supply	2.50	0.04

Continued(2001)

柴油 Diesel Oil 万吨 10^4tn	燃料油 Fuel Oil 万吨 10^4tn	液化石油气 PLG 万吨 10^4tn	炼厂干气 Refinery Gas 万吨 10^4tn	其他石油制品 Other Petroleum Products 万吨 10^4tn	天然气 Nature Gas 亿立方米 10^8 cu. m	热力 Heat 万百万千焦 10^{10} kj	电力 Electricity 亿千瓦小时 10^8kwh
L14	L15	L16	L17	L18	L19	L20	L21
1396.42	**1788.40**	**290.51**	**559.00**	**3691.31**	**186.94**	**123365.60**	**9411.19**
275.63	**155.67**	**18.08**	**60.49**	**31.41**	**59.41**	**7599.14**	**1051.58**
50.79		0.06		2.50		1233.66	448.02
158.61	154.17	18.00	60.49	28.91	59.38	4934.62	340.83
12.14						2.70	64.95
11.96	0.20					11.00	85.78
30.93	1.30				0.03	1233.66	89.31
1.24							8.75
9.96		0.02				183.50	13.94
1046.97	**1524.33**	**262.86**	**498.32**	**3656.70**	**125.33**	**109148.18**	**7031.06**
30.05	7.50	1.91		8.35	0.16	1867.31	170.01
16.40	8.45	1.75		0.14	0.08	2067.31	94.11
10.96	9.00	0.07		0.15	0.02	1133.66	60.11
3.55	2.70	0.02		0.15	0.09	240.60	32.50
35.40	62.90	4.81	0.20	6.90	1.07	7201.94	385.87
14.50	13.88	1.00		0.50		220.00	54.11
12.50	3.10	0.15		0.94		110.00	30.00
6.80	3.00	0.02		0.02		907.00	37.00
2.70	0.60	0.25		0.01		150.00	14.00
20.93	19.00	0.60	0.30	3.00	0.26	4734.90	251.35
7.11	2.15	0.35		2.00	0.09	152.50	35.00
10.96	1.07	0.18		0.05		35.00	25.00
69.82	286.14	114.82	384.00	2355.39	11.68	26340.40	266.34
115.93	300.91	62.82	44.72	910.83	95.50	23739.00	1184.83
7.00	5.35	0.23		1.40	0.67	3800.79	99.22
9.20	50.65	3.81	63.08	258.39		5968.28	196.22
7.00	13.10	0.01		3.50		1033.00	106.66
37.89	10.80	2.24		3.20	0.09	170.00	127.14
293.25	320.00	45.01	5.59	22.21	2.80	1433.66	793.05
72.82	271.14	0.48		1.00	1.67	13370.22	1164.07
41.60	59.00	0.70		26.91	0.53	6771.66	716.93
40.89	11.80	7.72		1.20	0.75	270.00	223.55
25.89	8.00	0.50		4.80	0.17	933.66	168.22
10.96	9.00	1.91		3.00	1.60	1200.66	94.11
50.86	11.65	1.00		3.60	1.90	2567.31	228.22
22.50	12.82	5.81	0.08	0.99	0.70	660.66	98.11
39.00	13.50	2.91	0.19	0.60	3.98	298.00	130.11
10.10	0.12	0.08		0.55	0.03	187.00	26.00
20.40	7.00	1.70	0.16	36.92	1.49	1583.66	219.22
73.82	**108.40**	**9.57**	**0.19**	**3.20**	**2.20**	**6618.28**	**1328.55**
63.82	107.30	0.85	0.13	1.40	0.25	6168.28	1144.99
7.60	1.08	8.72	0.06	1.30	1.92	415.00	37.06
2.40	0.02			0.50	0.03	35.00	146.50

5-3 工业分行业终端能源消费量(标准量)-2001

(万吨标准煤)

		终端消费合计 Final Consumption Total	
		(发电煤耗计算法) (coal equivalent calculation)	(电热当量计算法) (calorific value calculation)
工业合计	**Industry Total**	**86711.09**	**62488.64**
(一)采 掘 业	**Mining and Quarrying**	**8356.89**	**5688.47**
煤炭采选业	Coal Mining and Dressing	3187.47	2062.95
石油和天然气开采业	Petroleum and Naturl Gas Extraction	3609.48	2729.38
黑色金属矿采选业	Ferrous Metals Mining and Dressing	351.16	189.23
有色金属矿采选业	Nonferrous Metals Mining and Dressing	408.19	194.28
非金属矿采选业	Nonmetal Minerals Mining and Dressing	621.62	391.37
其他矿采选业	Other Minerals Mining and Dressing	38.17	16.36
木材及竹材采运业	Logging and Transport of Wood and Bamboo	140.80	104.92
(二)制 造 业	**Manufacturing**	**71216.37**	**53015.19**
食品加工业	Food Processing	1478.68	1043.34
食品制造业	Food Production	876.56	629.20
饮料制造业	Beverage Production	634.33	477.48
烟草加工业	Tobacco Processing	264.94	182.44
纺织业	Textile Industry	2679.32	1672.96
服装及其他纤维制品制造业	Garments and Other Fiber Products	332.84	196.59
皮革、毛皮、羽绒及其制品业	Leather, Furs, Down and Related Products	189.18	113.71
木材加工及竹、藤、棕、草制品业	Timber Processing, Bamboo, Cane, Palm & Straw Products	320.88	223.05
家具制造业	Furniture Manufacturing	95.49	59.66
造纸及纸制品业	Papermaking and Paper Products	1937.27	1281.47
印刷业,记录媒介的复制	Printing and Record Medium Reproduction	201.66	113.46
文教体育用品制造业	Cultural, Educational and Sports Articles	130.67	68.12
石油加工及炼焦业	Petroleum Processing and Coking	7411.28	6584.93
化学原料及化学品制造业	Raw Chemical Materials and Chemical Products	12739.57	9639.46
医药制造业	Medical and Pharmaceutical Products	841.15	570.37
化学纤维制造业	Chemical Fiber	1701.75	1175.79
橡胶制品业	Rubber Products	645.87	373.59
塑料制品业	Plastic Products	658.83	340.81
非金属矿物制品业	Nonmetal Mineral Products	9962.00	7976.10
黑色金属冶炼及压延加工业	Smelting and Pressing of Ferrous Metals	17077.12	14092.69
有色金属冶炼及压延加工业	Smelting and Pressing of Nonferrous Metals	3823.61	1994.56
金属制品业	Metal Products	1229.40	670.43
普通机械制造业	Ordinary Machinery	1160.55	735.43
专用设备制造业	Equipment for Special Purpose	748.52	506.51
交通运输设备制造业	Transportation Equipment	1433.42	848.65
电气机械及器材制造业	Electric Equipment and Machinery	592.06	343.39
电子及通信设备制造业	Electronic and Telecommunications Equipment	683.00	356.79
仪器仪表、文化办公用机械制造业	Instruments, Meters Cultural and Office Machinery	145.95	79.99
其他制造业	Other Manufacturing Industry	1220.57	664.30
(三)电力、煤气及水生产和供应业	**Electric Power, Gas and Water Production and Supply**	**7137.78**	**3784.92**
电力、蒸汽、热水的生产和供应业	Electric Power, Steam and Hot Water Production and Supply	6171.04	3278.58
煤气生产和供应业	Gas Production and Supply	396.09	301.14
自来水的生产和供应业	Tap Water Production and Supply	570.64	205.20

FINAL ENERGY CONSUMPTION BY INDUSTRIAL SECTOR－2001 (STANDARD QUANTITY)

(10[4] tce)

煤合计 Coal Total	原煤 Raw Coal	洗精煤 Cleaned Coal	其他洗煤 Other Washed Coal	焦炭 Coke	焦炉煤气 Coke Oven Gas	其他煤气 Other Gas	其他焦化产品 Other Coking Products	油品合计 Petroleum Products Total
L1	L2	L3	L4	L6	L7	L8	L9	L10
19349.26	**17671.22**	**919.16**	**754.63**	**9510.82**	**950.30**	**1123.61**	**266.35**	**12723.44**
1635.82	**1415.74**	**112.02**	**107.84**	**135.98**	**3.73**	**2.07**	**8.18**	**1548.26**
1268.69	1060.28	110.30	98.10	43.27	3.73	2.07	6.28	134.25
83.41	81.83		1.58	4.83				1264.20
37.11	29.07	0.32	7.55	46.26				25.34
43.87	43.57	0.05	0.21	17.75				26.83
154.13	152.37	1.35	0.41	23.58			1.90	59.50
3.19	3.19			0.17				2.25
45.44	45.44			0.10				35.90
16197.41	**14876.20**	**768.94**	**548.24**	**9374.85**	**919.61**	**1118.08**	**255.70**	**10847.95**
552.93	503.13	4.51	45.28	14.51		0.03		116.55
367.81	311.07	55.15	1.58	14.06	1.09	0.20		58.74
318.14	315.44	2.25	0.45	2.63			0.10	43.74
78.44	78.38	0.06		1.10		0.03		53.53
713.50	706.85	2.43	4.20	3.81	1.19	0.40		219.33
64.73	64.42	0.27	0.01	1.48		0.03		56.22
39.91	39.85	0.05	0.01	1.50				31.65
124.53	124.32	0.19	0.02	1.25			0.36	20.28
25.80	25.79		0.01	0.99				10.55
719.04	686.15	9.19	23.69	1.42				87.17
29.23	28.82	0.41		0.26	0.10	0.03		34.34
10.66	10.61	0.05		1.51		0.03		23.95
457.64	350.36	91.92	15.36	37.46	57.19	9.20	26.38	4593.96
2820.47	2681.34	82.73	55.55	953.38	47.49	7.19	55.86	2156.03
266.54	258.19	0.77	7.55	0.59	0.99		6.28	35.51
162.04	160.82		1.22	22.25				544.81
159.15	158.32	0.45	0.38	2.38	0.05			45.55
75.04	73.73	0.49	0.82	6.00				96.49
5477.99	5185.96	89.60	202.34	285.88	19.00	22.49	17.63	1084.96
2215.35	1767.12	303.32	142.00	7381.27	783.85	1029.32	134.55	562.90
432.65	353.42	45.95	33.27	192.22	0.90	25.88	13.66	199.82
130.63	120.90	9.19	0.53	118.91	0.60	0.75	0.13	125.47
209.51	170.58	36.76	2.15	186.62	1.69	2.96	0.35	93.33
169.46	136.89	27.57	4.99	63.81	0.50	13.51	0.12	80.90
279.55	275.69	2.75	1.10	35.28	0.60	3.16	0.29	134.29
87.67	85.09	1.62	0.95	10.93	1.94	1.15		89.27
34.32	33.29	0.99	0.04	0.32	2.44	0.23		96.21
15.71	15.65	0.05	0.01	4.63		0.06		20.86
159.02	154.03	0.21	4.77	28.42		1.44		131.48
1516.01	**1379.27**	**38.20**	**98.54**		**26.95**	**3.45**	**2.47**	**327.22**
1352.90	1236.99	17.44	98.47				0.18	287.58
147.49	127.60	19.82	0.07		26.95	3.45	2.28	31.71
15.62	14.69	0.93						7.93

续表(2001)

(万吨标准煤)

		原油 Crude Oil L11	汽油 Gasoline L12
工业合计	**Industry Total**	**883.81**	**908.47**
(一)采 掘 业	**Mining and Quarrying**	**595.42**	**150.45**
煤炭采选业	Coal Mining and Dressing	3.26	45.51
石油和天然气开采业	Petroleum and Naturl Gas Extraction	592.15	56.25
黑色金属矿采选业	Ferrous Metals Mining and Dressing		7.61
有色金属矿采选业	Nonferrous Metals Mining and Dressing		7.21
非金属矿采选业	Nonmetal Minerals Mining and Dressing		12.07
其他矿采选业	Other Minerals Mining and Dressing		0.44
木材及竹材采运业	Logging and Transport of Wood and Bamboo		21.36
(二)制 造 业	**Manufacturing**	**286.11**	**717.12**
食品加工业	Food Processing	0.56	46.89
食品制造业	Food Production	0.63	18.83
饮料制造业	Beverage Production	0.70	13.76
烟草加工业	Tobacco Processing		44.14
纺织业	Textile Industry	0.08	54.52
服装及其他纤维制品制造业	Garments and Other Fiber Products	0.24	12.02
皮革、毛皮、羽绒及其制品业	Leather, Furs, Down and Related Products		7.27
木材加工及竹、藤、棕、草制品业	Timber Processing, Bamboo, Cane, Palm & Straw Products		5.89
家具制造业	Furniture Manufacturing		5.25
造纸及纸制品业	Papermaking and Paper Products	0.71	17.95
印刷业,记录媒介的复制	Printing and Record Medium Reproduction		9.08
文教体育用品制造业	Cultural, Educational and Sports Articles	0.15	4.02
石油加工及炼焦业	Petroleum Processing and Coking	145.97	22.59
化学原料及化学品制造业	Raw Chemical Materials and Chemical Products	98.62	73.58
医药制造业	Medical and Pharmaceutical Products		15.23
化学纤维制造业	Chemical Fiber	8.84	5.22
橡胶制品业	Rubber Products	0.08	11.83
塑料制品业	Plastic Products	0.49	16.70
非金属矿物制品业	Nonmetal Mineral Products	12.08	69.73
黑色金属冶炼及压延加工业	Smelting and Pressing of Ferrous Metals	13.80	45.42
有色金属冶炼及压延加工业	Smelting and Pressing of Nonferrous Metals	1.08	16.48
金属制品业	Metal Products	0.04	31.66
普通机械制造业	Ordinary Machinery	0.17	31.93
专用设备制造业	Equipment for Special Purpose	0.36	42.48
交通运输设备制造业	Transportation Equipment	0.10	27.52
电气机械及器材制造业	Electric Equipment and Machinery	0.63	25.78
电子及通信设备制造业	Electronic and Telecommunications Equipment		13.76
仪器仪表、文化办公用机械制造业	Instruments, Meters Cultural and Office Machinery		4.86
其他制造业	Other Manufacturing Industry	0.76	22.73
(三)电力、煤气及水生产和供应业	**Electric Power, Gas and Water Production and Supply**	**2.28**	**40.90**
电力、蒸汽、热水的生产和供应业	Electric Power, Steam and Hot Water Production and Supply	2.28	34.87
煤气生产和供应业	Gas Production and Supply		2.35
自来水的生产和供应业	Tap Water Production and Supply		3.68

Continued(2001)

(10^4 tce)

煤油 Kerosene	柴油 Diesel Oil	燃料油 Fuel Oil	液化石油气 PLG	炼厂干气 Refinery Gas	其他石油制品 Other Petroleum Products	天然气 Nature Gas	热力 Heat	电力 Electricity
L13	L14	L15	L16	L17	L18	L19	L20	L21
126.54	**2034.72**	**2554.90**	**498.02**	**878.41**	**4838.57**	**2486.31**	**4206.77**	**11566.35**
11.17	**401.62**	**222.39**	**30.99**	**95.05**	**41.17**	**790.15**	**259.13**	**1292.39**
8.09	74.01		0.10		3.28		42.07	550.62
0.63	231.11	220.25	30.86	95.05	37.90	789.76	168.27	418.88
0.04	17.69						0.09	79.82
1.90	17.43	0.29					0.38	105.42
0.50	45.07	1.86				0.40	42.07	109.76
	1.81							10.75
	14.51		0.03				6.26	17.13
114.65	**1525.54**	**2177.65**	**450.62**	**783.06**	**4793.20**	**1666.89**	**3721.95**	**8641.17**
0.38	43.79	10.71	3.27		10.95	2.13	63.68	208.94
0.13	23.90	12.07	3.00		0.18	1.06	70.50	115.66
0.13	15.97	12.86	0.12		0.20	0.27	38.66	73.88
0.13	5.17	3.86	0.03		0.20	1.20	8.20	39.94
5.69	51.58	89.86	8.25	0.31	9.04	14.23	245.59	474.23
0.63	21.13	19.83	1.71		0.66		7.50	66.50
0.25	18.21	4.43	0.26		1.23		3.75	36.87
0.13	9.91	4.29	0.03		0.03		30.93	45.47
0.07	3.93	0.86	0.43		0.01		5.11	17.21
5.44	30.50	27.14	1.03	0.47	3.93	3.46	161.46	308.91
8.61	10.36	3.07	0.60		2.62	1.20	5.20	43.02
1.90	15.97	1.53	0.31		0.07		1.19	30.73
27.18	101.73	408.78	196.84	603.42	3087.45	155.34	898.21	327.33
13.15	168.92	429.88	107.69	70.27	1193.92	1270.15	809.50	1456.16
0.21	10.20	7.64	0.39		1.84	8.91	129.61	121.94
0.63	13.41	72.36	6.53	99.12	338.70		203.52	241.15
0.12	10.20	18.71	0.02		4.59		35.23	131.09
0.63	55.21	15.43	3.84		4.19	1.20	5.80	156.26
3.66	427.29	457.15	77.16	8.78	29.11	37.24	48.89	974.66
8.09	106.11	387.35	0.82		1.31	22.21	455.92	1430.64
0.88	60.62	84.29	1.20		35.27	7.05	230.91	881.11
2.53	59.58	16.86	13.23		1.57	9.98	9.21	274.74
4.93	37.72	11.43	0.86		6.29	2.26	31.84	206.74
2.03	15.97	12.86	3.27		3.93	21.28	40.94	115.66
9.49	74.11	16.64	1.71		4.72	25.27	87.55	280.48
0.38	32.78	18.31	9.96	0.13	1.30	9.31	22.53	120.58
0.25	56.83	19.29	4.99	0.30	0.79	52.93	10.16	159.91
0.25	14.72	0.17	0.14		0.72	0.40	6.38	31.95
16.71	29.73	10.00	2.91	0.25	48.39	19.82	54.00	269.42
0.72	**107.56**	**154.86**	**16.41**	**0.30**	**4.19**	**29.26**	**225.68**	**1632.79**
0.65	92.99	153.29	1.46	0.20	1.84	3.33	210.34	1407.19
0.01	11.07	1.54	14.95	0.09	1.70	25.54	14.15	45.55
0.06	3.50	0.03			0.66	0.40	1.19	180.05

5-4 工业分行业终端能源消费量(实物量)-2002

		煤合计 Coal Total 万吨 10^4 tn	原煤 Raw Coal 万吨 10^4 tn
		L1	L2
工业合计	**Industry Total**	**30282.24**	**27800.88**
(一)采 掘 业	**Mining and Quarrying**	**2513.93**	**2196.68**
煤炭采选业	Coal Mining and Dressing	1966.84	1668.05
石油和天然气开采业	Petroleum and Naturl Gas Extraction	121.24	118.74
黑色金属矿采选业	Ferrous Metals Mining and Dressing	58.91	45.88
有色金属矿采选业	Nonferrous Metals Mining and Dressing	68.23	67.73
非金属矿采选业	Nonmetal Minerals Mining and Dressing	231.89	229.46
其他矿采选业	Other Minerals Mining and Dressing	2.00	2.00
木材及竹材采运业	Logging and Transport of Wood and Bamboo	64.82	64.82
(二)制 造 业	**Manufacturing**	**25410.47**	**23481.82**
食品加工业	Food Processing	877.75	785.54
食品制造业	Food Production	531.00	478.90
饮料制造业	Beverage Production	493.73	490.26
烟草加工业	Tobacco Processing	123.34	123.30
纺织业	Textile Industry	1122.00	1112.04
服装及其他纤维制品制造业	Garments and Other Fiber Products	101.76	101.35
皮革、毛皮、羽绒及其制品业	Leather, Furs, Down and Related Products	62.75	62.69
木材加工及竹、藤、棕、草制品业	Timber Processing, Bamboo, Cane, Palm & Straw Products	195.31	195.13
家具制造业	Furniture Manufacturing	38.35	38.34
造纸及纸制品业	Papermaking and Paper Products	1178.32	1120.17
印刷业,记录媒介的复制	Printing and Record Medium Reproduction	45.56	45.06
文教体育用品制造业	Cultural, Educational and Sports Articles	10.32	10.31
石油加工及炼焦业	Petroleum Processing and Coking	672.51	529.18
化学原料及化学品制造业	Raw Chemical Materials and Chemical Products	4544.49	4350.08
医药制造业	Medical and Pharmaceutical Products	422.47	406.19
化学纤维制造业	Chemical Fiber	255.60	253.01
橡胶制品业	Rubber Products	247.56	246.48
塑料制品业	Plastic Products	101.60	99.64
非金属矿物制品业	Nonmetal Mineral Products	8694.44	8185.00
黑色金属冶炼及压延加工业	Smelting and Pressing of Ferrous Metals	3389.64	2780.09
有色金属冶炼及压延加工业	Smelting and Pressing of Nonferrous Metals	677.05	556.02
金属制品业	Metal Products	201.86	190.20
普通机械制造业	Ordinary Machinery	311.33	268.36
专用设备制造业	Equipment for Special Purpose	231.46	192.08
交通运输设备制造业	Transportation Equipment	438.19	433.73
电气机械及器材制造业	Electric Equipment and Machinery	136.89	133.76
电子及通信设备制造业	Electronic and Telecommunications Equipment	53.28	52.37
仪器仪表、文化办公用机械制造业	Instruments, Meters Cultural and Office Machinery	24.67	24.62
其他制造业	Other Manufacturing Industry	227.24	217.92
(三)电力、煤气及水生产和供应业	**Electric Power, Gas and Water Production and Supply**	**2357.84**	**2122.38**
电力、蒸汽、热水的生产和供应业	Electric Power, Steam and Hot Water Production and Supply	2114.83	1900.06
煤气生产和供应业	Gas Production and Supply	221.43	200.74
自来水的生产和供应业	Tap Water Production and Supply	21.58	21.58

FINAL ENERGY CONSUMPTION BY INDUSTRIAL SECTOR－2002
（PHYSICAL QUANTITY）

洗精煤 Cleaned Coal 万吨 10^4 tn	其他洗煤 Other Washed Coal 万吨 10^4 tn	焦炭 Coke 万吨 10^4 tn	焦炉煤气 Coke Oven Gas 亿立方米 10^8 cu. m	其他煤气 Other Gas 亿立方米 10^8 cu. m	其他焦化产品 Other Coking Products 万吨 10^4 tn	油品合计 Petroleum Products Total 万吨 10^4 tn	原油 Crude Oil 万吨 10^4 tn
L3	L4	L6	L7	L8	L9	L10	L11
1025.00	**1450.01**	**11840.70**	**204.77**	**389.58**	**250.00**	**9854.51**	**658.00**
120.33	**196.59**	**165.99**	**0.64**	**0.70**	**6.50**	**1134.43**	**445.97**
118.16	180.63	47.73	0.64	0.70	5.00	94.76	1.18
	2.50	5.00				927.29	444.79
0.40	12.35	52.15				21.73	
0.03	0.42	28.12				20.01	
1.74	0.69	32.62			1.50	43.83	
		0.25				1.29	
		0.12				25.52	
866.32	**1056.31**	**11674.71**	**197.71**	**387.68**	**240.94**	**8488.40**	**210.74**
5.05	87.14	14.23				84.03	0.30
48.00	4.07	14.00	0.26	0.09		44.39	0.43
2.47	1.00	3.30				29.20	0.59
0.04		1.26		0.02		36.81	
2.38	7.55	4.54	0.31	0.18		151.08	0.05
0.33	0.02	2.17		0.01		40.66	0.12
0.06		1.53				21.55	
0.15	0.03	1.55			0.21	12.07	
	0.01	1.14				8.28	
10.25	47.90	1.73				72.50	0.50
0.50		0.26	0.03	0.02		23.60	
0.01		1.70				17.97	0.09
112.08	31.25	45.90	13.50	3.80	21.09	3661.06	110.35
97.53	95.38	1162.00	12.26	3.00	45.41	1854.91	64.90
1.23	15.01	0.72	0.17		5.00	24.15	
	2.59	25.56				441.27	7.40
0.54	0.54	2.37	0.01			32.11	0.06
0.67	1.29	5.13				63.49	0.50
110.04	399.20	371.71	3.36	7.64	22.11	780.39	9.61
338.43	267.11	9253.30	165.92	356.68	136.16	368.30	13.47
52.10	68.90	223.13	0.19	8.05	9.96	151.60	1.00
10.36	1.29	152.57	0.15	0.29	0.10	89.06	0.04
39.18	3.75	227.49	0.51	1.08	0.53	71.79	0.09
30.54	8.83	69.34	0.11	4.61	0.06	55.11	0.25
2.10	2.35	43.37	0.12	1.22	0.31	84.48	0.05
1.14	1.98	10.46	0.33	0.45		65.53	0.50
0.83	0.08	0.49	0.48	0.09		86.64	
0.04	0.01	5.68		0.02		15.54	
0.27	9.03	28.08		0.43		100.83	0.44
38.35	**197.11**		**6.42**	**1.20**	**2.56**	**231.68**	**1.29**
17.80	196.97				0.19	200.93	1.29
20.55	0.14		6.42	1.20	2.37	25.29	
						5.46	

续表(2002)

		汽油 Gasoline 万吨 10^4tn	煤油 Kerosene 万吨 10^4tn
		L12	L13
工业合计	**Industry Total**	**630.90**	**87.35**
(一)采 掘 业	**Mining and Quarrying**	**104.10**	**8.15**
煤炭采选业	Coal Mining and Dressing	30.10	5.99
石油和天然气开采业	Petroleum and Naturl Gas Extraction	39.10	0.40
黑色金属矿采选业	Ferrous Metals Mining and Dressing	6.18	0.03
有色金属矿采选业	Nonferrous Metals Mining and Dressing	4.87	1.31
非金属矿采选业	Nonmetal Minerals Mining and Dressing	8.57	0.42
其他矿采选业	Other Minerals Mining and Dressing	0.28	
木材及竹材采运业	Logging and Transport of Wood and Bamboo	15.00	
(二)制 造 业	**Manufacturing**	**499.18**	**78.66**
食品加工业	Food Processing	30.66	0.29
食品制造业	Food Production	13.18	0.07
饮料制造业	Beverage Production	8.46	0.08
烟草加工业	Tobacco Processing	30.54	0.10
纺织业	Textile Industry	35.44	4.34
服装及其他纤维制品制造业	Garments and Other Fiber Products	8.06	0.51
皮革、毛皮、羽绒及其制品业	Leather, Furs, Down and Related Products	4.81	0.15
木材加工及竹、藤、棕、草制品业	Timber Processing, Bamboo, Cane, Palm & Straw Products	3.00	0.10
家具制造业	Furniture Manufacturing	3.87	0.05
造纸及纸制品业	Papermaking and Paper Products	15.65	2.93
印刷业,记录媒介的复制	Printing and Record Medium Reproduction	6.51	5.96
文教体育用品制造业	Cultural, Educational and Sports Articles	2.86	1.20
石油加工及炼焦业	Petroleum Processing and Coking	15.87	17.00
化学原料及化学品制造业	Raw Chemical Materials and Chemical Products	55.03	10.25
医药制造业	Medical and Pharmaceutical Products	10.65	0.10
化学纤维制造业	Chemical Fiber	3.64	0.37
橡胶制品业	Rubber Products	8.29	0.05
塑料制品业	Plastic Products	11.68	0.49
非金属矿物制品业	Nonmetal Mineral Products	55.70	1.72
黑色金属冶炼及压延加工业	Smelting and Pressing of Ferrous Metals	31.22	6.46
有色金属冶炼及压延加工业	Smelting and Pressing of Nonferrous Metals	11.02	0.63
金属制品业	Metal Products	19.78	2.17
普通机械制造业	Ordinary Machinery	22.14	3.53
专用设备制造业	Equipment for Special Purpose	27.48	1.18
交通运输设备制造业	Transportation Equipment	19.79	6.64
电气机械及器材制造业	Electric Equipment and Machinery	18.19	0.32
电子及通信设备制造业	Electronic and Telecommunications Equipment	9.70	0.25
仪器仪表、文化办公用机械制造业	Instruments, Meters Cultural and Office Machinery	3.03	0.33
其他制造业	Other Manufacturing Industry	12.93	11.39
(三)电力、煤气及水生产和供应业	**Electric Power, Gas and Water Production and Supply**	**27.62**	**0.54**
电力、蒸汽、热水的生产和供应业	Electric Power, Steam and Hot Water Production and Supply	23.71	0.50
煤气生产和供应业	Gas Production and Supply	1.47	
自来水的生产和供应业	Tap Water Production and Supply	2.44	0.04

Continued(2002)

柴油 Diesel Oil 万吨 10^4tn	燃料油 Fuel Oil 万吨 10^4tn	液化石油气 PLG 万吨 10^4tn	炼厂干气 Refinery Gas 万吨 10^4tn	其他石油制品 Other Petroleum Products 万吨 10^4tn	天然气 Nature Gas 亿立方米 10^8 cu. m	热力 Heat 万百万千焦 10^{10} kj	电力 Electricity 亿千瓦小时 10^8kwh
L14	L15	L16	L17	L18	L19	L20	L21
1505.34	**1752.63**	**318.77**	**570.00**	**4331.52**	**197.94**	**130282.41**	**10624.50**
309.52	**145.24**	**19.78**	**63.54**	**38.13**	**60.86**	**6823.00**	**1127.86**
54.73		0.05		2.71		660.78	498.82
180.23	144.10	19.71	63.54	35.42	60.85	4712.86	349.51
15.52						3.26	75.55
13.72	0.11					11.62	88.00
33.81	1.03				0.01	1302.80	95.55
1.01							9.40
10.50		0.02				131.68	11.03
1117.82	**1498.45**	**288.10**	**506.24**	**4289.21**	**134.91**	**116325.29**	**8011.57**
32.77	7.48	1.80		10.73	0.15	1972.00	195.19
19.53	9.11	1.93		0.14	0.10	2289.68	113.69
11.81	8.02	0.11		0.13	0.02	1071.89	67.85
4.55	1.47	0.02		0.13	0.12	153.71	31.23
36.83	63.72	4.49	0.21	6.00	0.81	8426.34	454.11
15.35	14.67	1.15		0.80		221.56	58.97
12.55	2.85	0.19		1.00		90.81	35.70
6.09	2.84	0.01		0.03		957.85	37.59
3.29	0.74	0.30		0.03		204.61	11.21
28.67	19.82	1.00	0.33	3.60	0.27	6316.14	284.97
7.38	1.65	0.35		1.75	0.10	155.26	33.80
12.40	1.14	0.24		0.04		27.00	32.05
75.26	260.70	125.98	391.43	2664.47	11.54	24538.66	330.62
122.83	315.49	70.46	47.15	1168.80	102.02	28014.97	1355.56
6.81	4.63	0.26		1.70	0.98	3870.82	97.93
9.80	51.72	4.31	60.83	303.20		5897.36	206.46
7.14	12.40			4.17		763.76	108.87
36.56	9.17	1.60		3.49	0.10	159.53	143.53
297.20	334.18	49.38	6.00	26.60	3.50	1585.98	879.64
80.28	235.45	0.70		0.72	2.30	13249.71	1323.11
42.61	66.37	0.85		29.12	0.66	7960.39	823.81
43.63	12.76	7.50		3.18	0.82	300.21	282.10
31.83	8.41	0.60		5.19	0.22	852.86	201.52
11.18	9.69	1.84		3.49	2.22	1327.25	102.86
42.05	10.73	1.20		4.02	1.79	2801.61	258.53
25.14	12.19	7.63	0.09	1.47	1.02	747.21	129.98
59.01	14.29	2.39	0.20	0.80	4.83	319.68	150.15
11.46	0.14	0.07		0.51	0.03	152.32	32.04
23.81	6.62	1.74		43.90	1.31	1896.12	228.50
78.00	**108.94**	**10.89**	**0.22**	**4.18**	**2.17**	**7134.12**	**1485.07**
64.64	108.00	0.32	0.15	2.32	0.22	6714.12	1308.24
11.00	0.92	10.57	0.07	1.26	1.93	380.00	36.95
2.36	0.02			0.60	0.02	40.00	139.88

5－4 工业分行业终端能源消费量(标准量)－2002

(万吨标准煤)

		终端消费合计 Final Consumption Total	
		(发电煤耗计算法) (coal equivalent calculation)	(电热当量计算法) (calorific value calculation)
工业合计	**Industry Total**	**95143.44**	**68161.73**
(一)采 掘 业	**Mining and Quarrying**	**8720.66**	**5893.89**
煤炭采选业	Coal Mining and Dressing	3359.22	2121.64
石油和天然气开采业	Petroleum and Naturl Gas Extraction	3715.41	2825.51
黑色金属矿采选业	Ferrous Metals Mining and Dressing	399.76	212.84
有色金属矿采选业	Nonferrous Metals Mining and Dressing	427.46	209.70
非金属矿采选业	Nonmetal Minerals Mining and Dressing	654.54	411.18
其他矿采选业	Other Minerals Mining and Dressing	38.23	14.98
木材及竹材采运业	Logging and Transport of Wood and Bamboo	126.04	98.04
(二)制 造 业	**Manufacturing**	**78683.54**	**58240.74**
食品加工业	Food Processing	1604.63	1111.18
食品制造业	Food Production	945.94	652.41
饮料制造业	Beverage Production	662.64	489.04
烟草加工业	Tobacco Processing	259.27	181.19
纺织业	Textile Industry	2984.59	1816.05
服装及其他纤维制品制造业	Garments and Other Fiber Products	355.20	208.13
皮革、毛皮、羽绒及其制品业	Leather, Furs, Down and Related Products	209.65	120.83
木材加工及竹、藤、棕、草制品业	Timber Processing, Bamboo, Cane, Palm & Straw Products	324.27	226.14
家具制造业	Furniture Manufacturing	87.95	59.12
造纸及纸制品业	Papermaking and Paper Products	2180.54	1441.73
印刷业,记录媒介的复制	Printing and Record Medium Reproduction	197.40	112.95
文教体育用品制造业	Cultural, Educational and Sports Articles	154.52	75.09
石油加工及炼焦业	Petroleum Processing and Coking	7995.09	7045.79
化学原料及化学品制造业	Raw Chemical Materials and Chemical Products	14299.15	10795.62
医药制造业	Medical and Pharmaceutical Products	845.44	582.44
化学纤维制造业	Chemical Fiber	1795.13	1252.79
橡胶制品业	Rubber Products	643.59	370.17
塑料制品业	Plastic Products	702.84	346.90
非金属矿物制品业	Nonmetal Mineral Products	10588.21	8403.55
黑色金属冶炼及压延加工业	Smelting and Pressing of Ferrous Metals	19476.92	16132.71
有色金属冶炼及压延加工业	Smelting and Pressing of Nonferrous Metals	4289.34	2208.68
金属制品业	Metal Products	1481.75	782.25
普通机械制造业	Ordinary Machinery	1322.86	819.75
专用设备制造业	Equipment for Special Purpose	778.70	517.14
交通运输设备制造业	Transportation Equipment	1549.76	895.18
电气机械及器材制造业	Electric Equipment and Machinery	724.60	399.03
电子及通信设备制造业	Electronic and Telecommunications Equipment	798.24	425.08
仪器仪表、文化办公用机械制造业	Instruments, Meters Cultural and Office Machinery	169.42	89.33
其他制造业	Other Manufacturing Industry	1256.03	680.58
(三)电力、煤气及水生产和供应业	**Electric Power, Gas and Water Production and Supply**	**7739.18**	**4027.04**
电力、蒸汽、热水的生产和供应业	Electric Power, Steam and Hot Water Production and Supply	6782.32	3509.88
煤气生产和供应业	Gas Production and Supply	415.05	321.61
自来水的生产和供应业	Tap Water Production and Supply	541.84	195.58

FINAL ENERGY CONSUMPTION BY INDUSTRIAL SECTOR－2002

（STANDARD QUANTITY）

（10^4 tce）

煤合计 Coal Total	原煤 Raw Coal	洗精煤 Cleaned Coal	其他洗煤 Other Washed Coal	焦炭 Coke	焦炉煤气 Coke Oven Gas	其他煤气 Other Gas	其他焦化产品 Other Coking Products	油品合计 Petroleum Products Total
L1	L2	L3	L4	L6	L7	L8	L9	L10
19744.84	**18182.39**	**797.04**	**761.55**	**11502.06**	**1248.52**	**1120.25**	**288.50**	**13814.03**
1633.70	**1436.68**	**93.57**	**103.25**	**161.24**	**3.90**	**2.01**	**7.50**	**1644.50**
1277.69	1090.94	91.88	94.87	46.36	3.90	2.01	5.77	138.18
78.97	77.66		1.31	4.86				1342.09
36.98	30.01	0.31	6.49	50.66				31.74
44.57	44.30	0.02	0.22	27.32				29.25
151.78	150.07	1.35	0.36	31.69			1.73	63.96
1.31	1.31			0.24				1.88
42.39	42.39			0.12				37.40
16589.72	**15357.63**	**673.65**	**554.78**	**11340.81**	**1205.48**	**1114.79**	**278.04**	**11832.44**
563.47	513.76	3.93	45.77	13.82				121.56
352.69	313.21	37.32	2.14	13.60	1.59	0.26		65.06
323.09	320.64	1.92	0.53	3.21				42.44
80.67	80.64	0.03		1.22		0.06		54.02
733.14	727.30	1.85	3.97	4.41	1.89	0.52		219.19
66.60	66.29	0.26	0.01	2.11		0.03		59.13
41.05	41.00	0.05		1.49				31.30
127.76	127.62	0.12	0.02	1.51			0.24	17.55
25.09	25.08		0.01	1.11				12.16
765.75	732.62	7.97	25.16	1.68				105.09
29.86	29.47	0.39		0.25	0.18	0.06		34.35
6.75	6.74	0.01		1.65				26.27
449.66	346.10	87.15	16.41	44.59	82.31	10.93	24.34	5011.76
2971.89	2845.05	75.84	50.09	1128.77	74.75	8.63	52.40	2545.40
274.52	265.66	0.96	7.88	0.70	1.04		5.77	35.03
166.83	165.47		1.36	24.83				605.05
161.90	161.20	0.42	0.28	2.30	0.06			45.94
66.37	65.17	0.52	0.68	4.98				92.30
5648.52	5353.17	85.57	209.66	361.08	20.49	21.97	25.51	1137.63
2224.12	1818.24	263.16	140.29	8988.66	1011.65	1025.65	157.13	530.17
440.37	363.65	40.51	36.19	216.75	1.16	23.15	11.49	215.11
133.14	124.39	8.06	0.68	148.21	0.91	0.83	0.12	131.18
207.97	175.51	30.47	1.97	220.98	3.11	3.11	0.61	104.12
154.02	125.62	23.75	4.64	67.36	0.67	13.26	0.07	80.38
286.54	283.67	1.63	1.23	42.13	0.73	3.51	0.36	122.89
89.42	87.48	0.89	1.04	10.16	2.01	1.29		97.13
34.94	34.25	0.65	0.04	0.48	2.93	0.26		126.49
16.14	16.10	0.03	0.01	5.52		0.06		22.64
147.49	142.53	0.21	4.74	27.28		1.24		141.09
1521.42	**1388.08**	**29.82**	**103.52**		**39.14**	**3.45**	**2.95**	**337.05**
1359.97	1242.68	13.84	103.45				0.22	289.78
147.34	131.29	15.98	0.07		39.14	3.45	2.73	39.38
14.11	14.11							7.91

续表(2002)

(万吨标准煤)

		原油 Crude Oil L11	汽油 Gasoline L12
工业合计	**Industry Total**	**940.02**	**928.31**
(一)采 掘 业	**Mining and Quarrying**	**637.11**	**153.17**
煤炭采选业	Coal Mining and Dressing	1.69	44.29
石油和天然气开采业	Petroleum and Naturl Gas Extraction	635.43	57.53
黑色金属矿采选业	Ferrous Metals Mining and Dressing		9.09
有色金属矿采选业	Nonferrous Metals Mining and Dressing		7.17
非金属矿采选业	Nonmetal Minerals Mining and Dressing		12.61
其他矿采选业	Other Minerals Mining and Dressing		0.41
木材及竹材采运业	Logging and Transport of Wood and Bamboo		22.07
(二)制 造 业	**Manufacturing**	**301.06**	**734.49**
食品加工业	Food Processing	0.43	45.11
食品制造业	Food Production	0.61	19.39
饮料制造业	Beverage Production	0.84	12.45
烟草加工业	Tobacco Processing		44.94
纺织业	Textile Industry	0.07	52.15
服装及其他纤维制品制造业	Garments and Other Fiber Products	0.17	11.86
皮革、毛皮、羽绒及其制品业	Leather, Furs, Down and Related Products		7.08
木材加工及竹、藤、棕、草制品业	Timber Processing, Bamboo, Cane, Palm & Straw Products		4.41
家具制造业	Furniture Manufacturing		5.69
造纸及纸制品业	Papermaking and Paper Products	0.71	23.03
印刷业,记录媒介的复制	Printing and Record Medium Reproduction		9.58
文教体育用品制造业	Cultural, Educational and Sports Articles	0.13	4.21
石油加工及炼焦业	Petroleum Processing and Coking	157.65	23.35
化学原料及化学品制造业	Raw Chemical Materials and Chemical Products	92.72	80.97
医药制造业	Medical and Pharmaceutical Products		15.67
化学纤维制造业	Chemical Fiber	10.57	5.36
橡胶制品业	Rubber Products	0.09	12.20
塑料制品业	Plastic Products	0.71	17.19
非金属矿物制品业	Nonmetal Mineral Products	13.73	81.96
黑色金属冶炼及压延加工业	Smelting and Pressing of Ferrous Metals	19.24	45.94
有色金属冶炼及压延加工业	Smelting and Pressing of Nonferrous Metals	1.43	16.21
金属制品业	Metal Products	0.06	29.10
普通机械制造业	Ordinary Machinery	0.13	32.58
专用设备制造业	Equipment for Special Purpose	0.36	40.43
交通运输设备制造业	Transportation Equipment	0.07	29.12
电气机械及器材制造业	Electric Equipment and Machinery	0.71	26.76
电子及通信设备制造业	Electronic and Telecommunications Equipment		14.27
仪器仪表、文化办公用机械制造业	Instruments, Meters Cultural and Office Machinery		4.46
其他制造业	Other Manufacturing Industry	0.63	19.02
(三)电力、煤气及水生产和供应业	**Electric Power, Gas and Water Production and Supply**	**1.84**	**40.64**
电力、蒸汽、热水的生产和供应业	Electric Power, Steam and Hot Water Production and Supply	1.84	34.89
煤气生产和供应业	Gas Production and Supply		2.16
自来水的生产和供应业	Tap Water Production and Supply		3.59

Continued(2002)

(10^4 tce)

煤油 Kerosene	柴油 Diesel Oil	燃料油 Fuel Oil	液化石油气 PLG	炼厂干气 Refinery Gas	其他石油制品 Other Petroleum Products	天然气 Nature Gas	热力 Heat	电力 Electricity
L13	L14	L15	L16	L17	L18	L19	L20	L21
128.53	**2193.43**	**2503.81**	**546.47**	**895.70**	**5677.76**	**2632.59**	**4442.63**	**13057.51**
11.99	**451.00**	**207.49**	**33.91**	**99.85**	**49.98**	**809.44**	**232.66**	**1386.14**
8.81	79.75		0.09		3.55		22.53	613.05
0.59	262.61	205.86	33.79	99.85	46.43	809.30	160.71	429.55
0.04	22.61						0.11	92.85
1.93	19.99	0.16					0.40	108.15
0.62	49.26	1.47				0.13	44.43	117.43
	1.47							11.55
	15.30		0.03				4.49	13.56
115.74	**1628.77**	**2140.69**	**493.89**	**795.50**	**5622.30**	**1794.30**	**3966.69**	**9846.22**
0.43	47.75	10.69	3.09		14.06	1.99	67.25	239.89
0.10	28.46	13.01	3.31		0.18	1.33	78.08	139.73
0.12	17.21	11.46	0.19		0.17	0.27	36.55	83.39
0.15	6.63	2.10	0.03		0.17	1.60	5.24	38.38
6.39	53.66	91.03	7.70	0.33	7.86	10.77	287.34	558.10
0.75	22.37	20.96	1.97		1.05		7.56	72.47
0.22	18.29	4.07	0.33		1.31		3.10	43.88
0.15	8.87	4.06	0.02		0.04		32.66	46.20
0.07	4.79	1.06	0.51		0.04		6.98	13.78
4.31	41.78	28.31	1.71	0.52	4.72	3.59	215.38	350.23
8.77	10.75	2.36	0.60		2.29	1.33	5.29	41.54
1.77	18.07	1.63	0.41		0.05		0.92	39.39
25.01	109.66	372.44	215.97	615.09	3492.59	153.48	836.77	406.33
15.08	178.98	450.71	120.79	74.09	1532.06	1356.86	955.31	1665.98
0.15	9.92	6.61	0.45		2.23	13.03	131.99	120.36
0.54	14.28	73.89	7.39	95.59	397.43		201.10	253.74
0.07	10.40	17.71			5.47		26.04	133.80
0.72	53.27	13.10	2.74		4.57	1.33	5.44	176.40
2.53	433.05	477.41	84.65	9.43	34.87	46.55	54.08	1081.08
9.51	116.98	336.36	1.20		0.94	30.59	451.82	1626.10
0.93	62.09	94.82	1.46		38.17	8.78	271.45	1012.46
3.19	63.57	18.23	12.86		4.17	10.91	10.24	346.70
5.19	46.38	12.01	1.03		6.80	2.93	29.08	247.67
1.74	16.29	13.84	3.15		4.57	29.53	45.26	126.41
9.77	61.27	15.33	2.06		5.27	23.81	95.53	317.73
0.47	36.63	17.41	13.08	0.14	1.93	13.57	25.48	159.75
0.37	85.98	20.41	4.10	0.31	1.05	64.24	10.90	184.53
0.49	16.70	0.20	0.12		0.67	0.40	5.19	39.38
16.76	34.69	9.46	2.98		57.55	17.42	64.66	280.83
0.79	**113.65**	**155.63**	**18.67**	**0.35**	**5.48**	**28.86**	**243.27**	**1825.15**
0.74	94.19	154.29	0.55	0.24	3.04	2.93	228.95	1607.83
	16.03	1.31	18.12	0.11	1.65	25.67	12.96	45.41
0.06	3.44	0.03			0.79	0.27	1.36	171.91

5－5　分行业能源消费总量

CONSUMPTION OF TOTAL ENERGY AND ITS MAIN VARIETIES BY SECTOR

单位：万吨标准煤　　　　　　　　　　　　　　　　　　　　　　　　(10000 tons of SCE)

行　业	Sector	1995	1999	2000	2001	2002
消费总量	**Total Consumption**	**131175.4**	**130119.09**	**130296.88**	**134914.75**	**148221.13**
农、林、牧、渔业	**Farming, Forestry, Animal Husbandry, Fishery and Water Conservancy**	**5505.1**	**5831.75**	**5787.12**	**6232.83**	**6514.29**
工业	**Industry**	**96191.3**	**90797.48**	**89633.65**	**92346.68**	**102181.18**
采掘业	**Mining and Quarrying**	**9941.0**	**9287.5**	**9305.23**	**9619.1**	**10406.15**
煤炭采选业	Coal Mining and Dressing	5499.8	4324.25	4080.89	4053.14	4242.42
石油和天然气开采业	Petroleum and Natural Gas Extraction	2812.6	3535.11	3748.78	4006.02	4517.70
黑色金属矿采选业	Ferrous Metals Mining and Dressing	268.2	327.74	333.78	351.16	399.76
有色金属矿采选业	Nonferrous Metals Mining and Dressing	557.2	358.53	375.97	408.19	427.46
非金属矿采选业	Nonmetal Minerals Mining and Dressing	553.4	543.12	575.97	621.62	654.54
其他矿采选业	Other Minerals Mining and Dressing	30.3	30.73	42.1	38.17	38.23
木材及竹材采运业	Logging and Transport of Wood and Bamboo	219.5	168.03	147.74	140.80	126.04
制造业	**Manufacturing**	**78368.2**	**70720.09**	**69516.52**	**71958.22**	**79532.95**
食品加工业	Food Processing	1972.5	1611.22	1403.78	1478.68	1604.63
食品制造业	Food Production	1208	982.81	858.48	878.66	947.38
饮料制造业	Beverage Production	1000.3	695.5	617.65	634.33	662.64
烟草加工业	Tobacco Processing	223.8	297.24	252.1	264.94	259.27
纺织业	Textile Industry	3531.3	2502.79	2497	2679.32	2984.43
服装及其他纤维制品制造	Garments and Other Fiber Products	329.2	311.73	297.88	332.84	355.20
皮革毛皮羽绒及其制品业	Leather, Furs, Down and Related Products	289.9	187.96	173.8	189.18	209.77
木材加工及竹藤棕草制品业	Timber Processing, Bamboo, Cane, Palm Fiber & Straw Products	380	306.17	285.65	320.88	324.27
家具制造业	Furniture Manufacturing	105.8	91.57	83.82	95.49	87.95
造纸及纸制品业	Papermaking and Paper Products	2138.4	1741.12	1826.84	1937.27	2180.54
印刷业记录媒介的复制	Printing and Record Medium Reproduction	203.4	175.74	178.78	201.73	197.46
文教体育用品制造业	Cultural, Educational and Sports Articles	62	103.72	109.61	130.67	154.52
石油加工及炼焦业	Petroleum Processing and Coking	5567.3	7085.07	7410.88	7837.34	8478.69
化学原料及制品制造业	Raw Chemical Materials and Chemical Products	15821.6	12884.61	12700.66	12886.45	14507.73
医药制造业	Medical and Pharmaceutical Products	1201.3	796.81	759.82	841.15	845.44
化学纤维制造业	Chemical Fiber	1278	1538.2	1677.96	1705.02	1942.76
橡胶制品业	Rubber Products	644.1	586.36	577.83	645.87	643.59
塑料制品业	Plastic Products	541.9	564.62	613.96	658.83	702.84
非金属矿物制品业	Nonmetal Mineral Products	13058	10962.31	10100.55	9980.87	10624.64
黑色金属冶炼及压延加工业	Smelting and Pressing of Ferrous Metals	18532.8	16960.67	16791.6	17136.33	19327.49
有色金属冶炼及压延加工业	Smelting and Pressing of Nonferrous Metals	2841.7	3540.27	3605.15	3892.76	4372.95
金属制品业	Metal Products	993.9	1036.67	1063.65	1229.40	1481.75
普通机械制造业	Ordinary Machinery	1650.5	1156.09	1087.62	1161.52	1325.07
专用设备制造业	Equipment for Special Purposes	1089.3	788.32	744	754.33	782.46
交通运输设备制造业	Transportation Equipment	1376.3	1299.2	1278.31	1440.51	1555.65
电气机械及器材制造业	Electric Equipment and Machinery	629.2	573.4	558.03	593.64	725.47
电子及通信设备制造业	Electronic and Telecommunications Equipment	321.4	590.99	627.62	683.26	798.87
仪器仪表文化办公用机械	Instruments, Meters, Cultural and Office Machinery	142.6	140.08	137.14	145.95	169.42
其他制造业	Other Manufacturing Industry	1233.7	1208.85	1196.35	1221.00	1280.07
电力煤气及水生产供应业	**Electric Power, Gas and Water Production and Supply**	**7882.7**	**10789.88**	**10811.9**	**10769.36**	**12242.08**
电力蒸汽热水生产供应业	Production and Supply of Electric Power, Steam and Hot Water	7052.7	9536.65	9689.45	9727.44	11150.53
煤气的生产和供应业	Production and Supply of Gas	341.3	671.95	559.94	468.98	547.72
自来水的生产和供应业	Production and Supply of Tap Water	488.7	581.28	562.51	572.94	543.83
建筑业	**Construction**	**1334.5**	**1381.44**	**1432.96**	**1452.80**	**1610.13**
交通运输、仓储及邮电通信业	**Transportation, Storage, Postal & Telecommunications Services**	**5862.9**	**9242.62**	**9916.12**	**10257.08**	**11086.49**
批发和零售贸易餐饮业	**Wholesale, Retail Trade and Catering Services**	**2017.8**	**2811.77**	**2893.16**	**3164.51**	**3464.02**
其他行业	**Others**	**4519.0**	**5501.85**	**5722.04**	**6034.25**	**6333.27**
生活消费	**Residential Consumption**	**15744.8**	**14552.18**	**14911.83**	**15426.60**	**17031.75**

注：1.工业能源消费量中包括村办工业。

a)The energy consumption by the industrial sector includes the consumption by village－run industry.

5－6　分行业煤炭消费总量

CONSUMPTION OF COAL AND ITS MAIN VARIETIES BY SECTOR

单位:万吨　　　　　　　　　　　　　　　　　　　　　　　　　　　　　　　(10000 tons)

行　业	Sector	1995	1999	2000	2001	2002
消费总量	**Total Consumption**	**137676.50**	**126365.35**	**124537.40**	**126211.33**	**136605.53**
农、林、牧、渔业	**Farming, Forestry, Animal Husbandry, Fishery and Water Conservancy**	**1856.70**	**1735.61**	**1647.68**	**1599.64**	**1622.89**
工业	**Industry**	**117570.70**	**112757.32**	**111730.02**	**113607.98**	**124195.37**
采掘业	**Mining and Quarrying**	**9861.00**	**8641.15**	**8147.23**	**8430.46**	**8921.14**
煤炭采选业	Coal Mining and Dressing	8290.70	7084.91	6727.33	6872.70	7273.82
石油和天然气开采业	Petroleum and Natural Gas Extraction	637.20	783.78	754.59	797.62	898.34
黑色金属矿采选业	Ferrous Metals Mining and Dressing	94.90	73.00	65.14	64.09	60.71
有色金属矿采选业	Nonferrous Metals Mining and Dressing	174.70	98.13	83.41	88.52	82.57
非金属矿采选业	Nonmetal Minerals Mining and Dressing	434.40	447.45	402.84	482.67	505.23
其他矿采选业	Other Minerals Mining and Dressing	17.00	7.76	10.99	5.20	2.00
木材及竹材采运业	Logging and Transport of Wood and Bamboo	212.10	146.12	102.93	119.66	98.47
制造业	**Manufacturing**	**63109.40**	**50926.85**	**47523.46**	**46720.33**	**48996.36**
食品加工业	Food Processing	1753.90	1609.15	1349.83	1406.90	1337.05
食品制造业	Food Production	1214.50	733.16	606.73	609.10	572.51
饮料制造业	Beverage Production	983.30	699.48	576.40	613.97	571.03
烟草加工业	Tobacco Processing	190.70	175.90	117.57	129.27	124.74
纺织业	Textile Industry	2536.90	1446.14	1314.29	1334.15	1266.89
服装及其他纤维制品制造	Garments and Other Fiber Products	117.30	143.27	110.86	120.98	107.88
皮革毛皮羽绒及其制品业	Leather, Furs, Down and Related Products	239.00	85.76	63.64	66.25	62.85
木材加工及竹藤棕草制品业	Timber Processing, Bamboo, Cane, Palm Fiber & Straw Products	363.00	236.01	210.07	209.41	204.31
家具制造业	Furniture Manufacturing	62.70	51.82	38.70	42.55	38.82
造纸及纸制品业	Papermaking and Paper Products	2132.20	1628.48	1715.94	1691.22	1747.30
印刷业记录媒介的复制	Printing and Record Medium Reproduction	86.80	54.10	45.86	48.68	46.72
文教体育用品制造业	Cultural, Educational and Sports Articles	33.20	20.14	15.80	17.36	10.32
石油加工及炼焦业	Petroleum Processing and Coking	8025.10	7730.35	7709.57	8443.96	9843.29
化学原料及制品制造业	Raw Chemical Materials and Chemical Products	10803.50	8004.76	7639.70	7152.43	7530.93
医药制造业	Medical and Pharmaceutical Products	915.10	572.84	497.81	498.56	483.20
化学纤维制造业	Chemical Fiber	823.10	799.30	827.50	790.51	720.23
橡胶制品业	Rubber Products	566.40	342.48	246.53	262.11	251.72
塑料制品业	Plastic Products	311.50	177.05	134.25	136.44	104.16
非金属矿物制品业	Nonmetal Mineral Products	13424.20	11005.85	9939.58	9099.44	8868.88
黑色金属冶炼及压延加工业	Smelting and Pressing of Ferrous Metals	12920.70	11432.85	11132.51	10757.18	11845.42
有色金属冶炼及压延加工业	Smelting and Pressing of Nonferrous Metals	1348.60	1360.42	1190.86	1266.79	1307.05
金属制品业	Metal Products	462.10	300.48	214.50	223.35	217.27
普通机械制造业	Ordinary Machinery	821.10	477.69	335.63	347.95	330.34
专用设备制造业	Equipment for Special Purposes	652.50	397.28	309.61	301.83	266.83
交通运输设备制造业	Transportation Equipment	860.20	770.71	649.13	674.60	679.60
电气机械及器材制造业	Electric Equipment and Machinery	343.60	241.47	174.73	171.36	159.39
电子及通信设备制造业	Electronic and Telecommunications Equipment	141.50	82.38	65.81	60.21	57.73
仪器仪表文化办公用机械	Instruments, Meters, Cultural and Office Machinery	70.90	42.38	28.97	25.60	24.77
其他制造业	Other Manufacturing Industry	905.90	305.15	261.08	218.17	215.13
电力煤气及水生产供应业	**Electric Power, Gas and Water Production and Supply**	**44600.30**	**53189.32**	**56059.33**	**58457.19**	**66277.87**
电力蒸汽热水生产供应业	Production and Supply of Electric Power, Steam and Hot Water	43799.60	51966.90	54954.56	57472.23	65173.60
煤气的生产和供应业	Production and Supply of Gas	763.10	1170.82	1061.83	944.48	1068.69
自来水的生产和供应业	Production and Supply of Tap Water	37.60	51.60	42.94	40.48	35.58
建筑业	**Construction**	**439.80**	**522.46**	**536.82**	**537.98**	**553.54**
交通运输、仓储及邮电通信业	**Transportation, Storage, Postal & Telecommunications Services**	**1315.10**	**1294.26**	**1139.94**	**1050.88**	**1054.95**
批发和零售贸易餐饮业	**Wholesale, Retail Trade and Catering Services**	**977.40**	**896.20**	**814.64**	**809.87**	**809.08**
其他行业	**Others**	**1986.70**	**751.08**	**761.20**	**774.73**	**767.06**
生活消费	**Residential Consumption**	**13530.10**	**8408.42**	**7907.10**	**7830.25**	**7602.64**

5－7 分行业焦炭消费总量

CONSUMPTION OF COKE AND ITS MAIN VARIETIES BY SECTOR

单位：万吨 (10000 tons)

行业	Sector	1995	1999	2000	2001	2002
消费总量	**Total Consumption**	**10725.28**	**10456.94**	**10440.00**	**10999.25**	**12343.69**
农、林、牧、渔业	**Farming, Forestry, Animal Husbandry, Fishery and WaterConservancy**	**128.62**	**145.81**	**144.18**	**139.23**	**140.98**
工业	**Industry**	**10412.04**	**10091.31**	**10080.54**	**10638.42**	**11977.83**
采掘业	**Mining and Quarrying**	**151.42**	**131.11**	**153.27**	**149.90**	**165.77**
煤炭采选业	Coal Mining and Dressing	41.97	45.64	50.64	47.70	47.73
石油和天然气开采业	Petroleum and Natural Gas Extraction	1.21	5.24	5.50	5.33	5.00
黑色金属矿采选业	Ferrous Metals Mining and Dressing	56.76	38.10	50.00	51.00	52.15
有色金属矿采选业	Nonferrous Metals Mining and Dressing	24.53	19.11	21.11	19.57	28.12
非金属矿采选业	Nonmetal Minerals Mining and Dressing	26.14	22.72	25.72	26.00	32.62
其他矿采选业	Other Minerals Mining and Dressing	0.21	0.15	0.20	0.19	0.03
木材及竹材采运业	Logging and Transport of Wood and Bamboo	0.60	0.15	0.10	0.11	0.12
制造业	**Manufacturing**	**10243.83**	**9893.09**	**9890.49**	**10448.81**	**11780.00**
食品加工业	Food Processing	15.37	14.41	15.41	16.00	14.23
食品制造业	Food Production	10.43	15.95	14.00	15.50	14.00
饮料制造业	Beverage Production	4.98	3.24	3.00	2.90	3.30
烟草加工业	TobaccoProcessing	1.59	1.15	1.20	1.21	1.26
纺织业	Textile Industry	5.78	3.83	4.00	4.20	4.54
服装及其他纤维制品制造	Garments and Other Fiber Products	1.12	1.56	1.60	1.63	2.17
皮革毛皮羽绒及其制品业	Leather, Furs, Down and Related Products	0.80	1.58	1.68	1.65	1.53
木材加工及竹藤棕草制品业	Timber Processing, Bamboo, Cane, Pale Fiber & Straw Products	1.13	1.37	1.40	1.38	1.55
家具制造业	Furniture Manufacturing	1.29	1.05	1.00	1.09	1.14
造纸及纸制品业	Papermaking and Paper Products	3.84	1.48	1.50	1.56	1.73
印刷业记录媒介的复制	Printing and Record Medium Reproduction	0.53	0.27	0.28	0.29	0.26
文教体育用品制造业	Cultural, Educational and Sports Articles	1.52	1.57	1.60	1.68	1.70
石油加工及炼焦业	Petroleum Processing and Coking	31.56	60.99	62.96	63.33	67.69
化学原料及制品制造业	Raw Chemical Materials and Chemical Products	1298.71	1001.89	1054.89	1058.87	1169.03
医药制造业	Medical and Pharmaceutical Products	2.64	0.67	0.65	0.65	0.72
化学纤维制造业	Chemical Fiber	23.53	25.14	26.24	24.53	25.56
橡胶制品业	Rubber Products	1.56	2.48	2.50	2.62	2.37
塑料制品业	Plastic Products	1.52	6.26	6.00	6.61	5.13
非金属矿物制品业	Nonmetal Mineral Products	276.66	286.92	298.13	315.15	371.71
黑色金属冶炼及压延加工业	Smelting and Pressing of Ferrous Metals	7810.76	7763.80	7720.00	8210.54	9319.68
有色金属冶炼及压延加工业	Smelting and Pressing of Nonferrous Metals	195.09	212.12	208.61	222.54	233.22
金属制品业	Metal Products	123.24	130.31	120.31	131.09	152.57
普通机械制造业	Ordinary Machinery	237.13	205.41	198.75	205.73	227.49
专用设备制造业	Equipment for Special Purposes	101.25	68.56	70.56	70.34	69.34
交通运输设备制造业	Transportation Equipment	41.42	37.81	30.81	38.89	43.37
电气机械及器材制造业	Electric Equipment and Machinery	15.59	11.42	10.42	12.05	10.46
电子及通信设备制造业	Electronic and Telecommunications Equipment	1.05	0.33	0.30	0.35	0.49
仪器仪表文化办公用机械	Instruments, Meters, Cultural and Office Machinery	3.42	4.83	4.00	5.10	5.68
其他制造业	Other Manufacturing Industry	30.32	26.69	28.69	31.33	28.08
电力煤气及水生产供应业	**Electric Power, Gas and Water Production and Supply**	**16.79**	**67.11**	**36.78**	**39.71**	**32.06**
电力蒸汽热水生产供应业	Production and Supply of Electric Power, Steam and HotWater	3.80	9.15			
煤气的生产和供应业	Production and Supply of Gas	12.88	51.25	36.78	39.71	32.06
自来水的生产和供应业	Production and Supply of Tap Water	0.11	6.71			
建筑业	**Construction**	**10.76**	**17.10**	**18.98**	**23.91**	**23.38**
交通运输、仓储及邮电通信业	**Transportation, Storage, Postal & Telecommunications Services**	**10.10**	**10.14**	**11.24**	**11.68**	**11.44**
批发和零售贸易餐饮业	**Wholesale, Retail Trade and Catering Services**	**25.71**	**36.52**	**35.71**	**39.73**	**42.60**
其他行业	**Others**	**6.44**	**12.98**	**12.15**	**12.08**	**12.34**
生活消费	**Residential Consumption**	**131.61**	**143.08**	**137.20**	**134.20**	**135.12**

5－8 分行业原油消费总量

CONSUMPTION OF CRUDE OIL AND ITS MAIN VARIETIES BY SECTOR

单位:万吨 (10000 tons)

行　业	Sector	1995	1999	2000	2001	2002
消费总量	**Total Consumption**	**14886.39**	**18949.38**	**21231.97**	**21342.74**	**22541.05**
农、林、牧、渔业	**Farming, Forestry, Animal Husbandry, Fishery and WaterConservancy**	**10.11**				
工业	**Industry**	**14716.30**	**18775.16**	**21052.07**	**21168.31**	**22357.50**
采掘业	**Mining and Quarrying**	**1686.21**	**2822.98**	**3196.35**	**3205.98**	**3378.87**
煤炭采选业	Coal Mining and Dressing		1.88	2.32	2.33	1.18
石油和天然气开采业	Petroleum and Natural Gas Extraction	1686.16	2821.10	3194.03	3203.65	3377.69
黑色金属矿采选业	Ferrous Metals Mining and Dressing					
有色金属矿采选业	Nonferrous Metals Mining and Dressing	0.05				
非金属矿采选业	Nonmetal Minerals Mining and Dressing					
其他矿采选业	Other Minerals Mining and Dressing					
木材及竹材采运业	Logging and Transport of Wood and Bamboo					
制造业	**Manufacturing**	**12963.62**	**15877.31**	**17779.14**	**17886.06**	**18909.36**
食品加工业	Food Processing	0.53	0.38	0.42	0.40	0.30
食品制造业	Food Production	0.72	0.44	0.48	0.45	0.43
饮料制造业	Beverage Production	0.72	0.48	0.52	0.50	0.59
烟草加工业	TobaccoProcessing					
纺织业	Textile Industry	1.29	0.04	0.05	0.06	0.05
服装及其他纤维制品制造	Garments and Other Fiber Products	0.04	0.12	0.16	0.17	0.12
皮革毛皮羽绒及其制品业	Leather, Furs, Down and Related Products	0.04				
木材加工及竹藤棕草制品业	Timber Processing, Bamboo, Cane, Pale Fiber & Straw Products					
家具制造业	Furniture Manufacturing					
造纸及纸制品业	Papermaking and Paper Products	0.26	0.53	0.48	0.51	0.50
印刷业记录媒介的复制	Printing and Record Medium Reproduction	0.10				
文教体育用品制造业	Cultural, Educational and Sports Articles		0.09	0.10	0.11	0.09
石油加工及炼焦业	Petroleum Processing and Coking	11338.36	13670.78	15305.82	15383.52	16317.92
化学原料及制品制造业	Raw Chemical Materials and Chemical Products	1078.84	1613.17	1809.79	1823.31	1876.95
医药制造业	Medical and Pharmaceutical Products	0.12				
化学纤维制造业	Chemical Fiber	478.22	531.85	594.71	611.31	646.40
橡胶制品业	Rubber Products	1.22	0.04	0.05	0.06	0.06
塑料制品业	Plastic Products	0.02	0.33	0.40	0.35	0.50
非金属矿物制品业	Nonmetal Mineral Products	56.32	47.84	53.54	53.22	49.61
黑色金属冶炼及压延加工业	Smelting and Pressing of Ferrous Metals	3.17	9.10	10.25	9.85	13.47
有色金属冶炼及压延加工业	Smelting and Pressing of Nonferrous Metals	0.35	0.67	0.80	0.77	1.00
金属制品业	Metal Products	0.17	0.03	0.03	0.03	0.04
普通机械制造业	Ordinary Machinery	0.28	0.10	0.11	0.12	0.09
专用设备制造业	Equipment for Special Purposes	0.20	0.25	0.27	0.26	0.25
交通运输设备制造业	Transportation Equipment	0.57	0.05	0.06	0.07	0.05
电气机械及器材制造业	Electric Equipment and Machinery	0.85	0.45	0.50	0.45	0.50
电子及通信设备制造业	Electronic and Telecommunications Equipment					
仪器仪表文化办公用机械	Instruments, Meters, Cultural and Office Machinery					
其他制造业	Other Manufacturing Industry	1.23	0.57	0.60	0.54	0.44
电力煤气及水生产供应业	**Electric Power, Gas and Water Production and Supply**	**66.47**	**74.87**	**76.58**	**76.27**	**69.27**
电力蒸汽热水生产供应业	Production and Supply of Electric Power, Steam and HotWater	66.47	74.87	76.58	76.27	69.27
煤气的生产和供应业	Production and Supply of Gas					
自来水的生产和供应业	Production and Supply of Tap Water					
建筑业	**Construction**	**2.71**	**3.19**	**3.30**	**3.27**	**4.20**
交通运输、仓储及邮电通信业	**Transportation, Storage, Postal & Telecommunications Services**	**156.77**	**169.49**	**175.02**	**169.81**	**177.94**
批发和零售贸易餐饮业	**Wholesale, Retail Trade and Catering Services**	**0.50**	**0.17**	**0.18**	**0.15**	**0.12**
其他行业	**Others**		**1.37**	**1.40**	**1.20**	**1.29**
生活消费	**Residential Consumption**					

5-9 分行业汽油消费总量

CONSUMPTION OF GASOLINE AND ITS MAIN VARIETIES BY SECTOR

单位:万吨 (10000 tons)

行业	Sector	1995	1999	2000	2001	2002
消费总量	**Total Consumption**	**2909.59**	**3380.73**	**3504.93**	**3597.75**	**3749.70**
农、林、牧、渔业	**Farming, Forestry, Animal Husbandry, Fishery and WaterConservancy**	**179.66**	**178.14**	**184.51**	**190.60**	**187.93**
工业	**Industry**	**812.43**	**646.50**	**601.98**	**618.14**	**632.14**
采掘业	**Mining and Quarrying**	**135.90**	**117.63**	**106.59**	**102.26**	**104.10**
煤炭采选业	Coal Mining and Dressing	37.87	36.88	32.05	30.93	30.10
石油和天然气开采业	Petroleum and Natural Gas Extraction	58.99	43.14	40.05	38.24	39.10
黑色金属矿采选业	Ferrous Metals Mining and Dressing	4.74	6.90	6.01	5.17	6.18
有色金属矿采选业	Nonferrous Metals Mining and Dressing	8.18	5.08	5.18	4.90	4.87
非金属矿采选业	Nonmetal Minerals Mining and Dressing	8.74	8.46	8.00	8.20	8.57
其他矿采选业	Other Minerals Mining and Dressing	0.41	0.27	0.28	0.30	0.28
木材及竹材采运业	Logging and Transport of Wood and Bamboo	16.97	16.90	15.02	14.52	15.00
制造业	**Manufacturing**	**637.21**	**498.94**	**466.65**	**487.47**	**499.79**
食品加工业	Food Processing	37.56	33.59	30.04	31.87	30.66
食品制造业	Food Production	16.33	13.06	12.02	12.80	13.18
饮料制造业	Beverage Production	14.91	11.82	10.02	9.35	8.46
烟草加工业	TobaccoProcessing	3.17	34.34	30.04	30.00	30.54
纺织业	Textile Industry	42.72	40.76	35.02	37.05	35.44
服装及其他纤维制品制造	Garments and Other Fiber Products	11.39	8.75	7.01	8.17	8.06
皮革毛皮羽绒及其制品业	Leather, Furs, Down and Related Products	5.38	4.63	5.01	4.94	4.81
木材加工及竹藤棕草制品业	Timber Processing, Bamboo, Cane, Pale Fiber & Straw Products	4.68	2.95	3.25	4.00	3.00
家具制造业	Furniture Manufacturing	3.71	3.29	3.50	3.57	3.87
造纸及纸制品业	Papermaking and Paper Products	14.59	11.08	12.02	12.20	15.65
印刷业记录媒介的复制	Printing and Record Medium Reproduction	6.17	6.43	6.01	6.17	6.51
文教体育用品制造业	Cultural, Educational and Sports Articles	2.66	2.55	2.25	2.73	2.86
石油加工及炼焦业	Petroleum Processing and Coking	29.23	14.29	14.70	15.46	15.98
化学原料及制品制造业	Raw Chemical Materials and Chemical Products	62.64	44.89	45.05	50.01	55.03
医药制造业	Medical and Pharmaceutical Products	8.98	10.34	9.02	10.35	10.65
化学纤维制造业	Chemical Fiber	4.56	3.73	3.80	3.55	3.64
橡胶制品业	Rubber Products	14.41	9.14	8.55	8.04	8.29
塑料制品业	Plastic Products	17.47	12.78	12.12	11.35	11.68
非金属矿物制品业	Nonmetal Mineral Products	82.14	48.65	45.66	47.38	55.70
黑色金属冶炼及压延加工业	Smelting and Pressing of Ferrous Metals	42.55	29.21	30.04	30.87	31.22
有色金属冶炼及压延加工业	Smelting and Pressing of Nonferrous Metals	12.71	11.51	11.02	11.20	11.02
金属制品业	Metal Products	18.19	17.68	18.02	21.52	19.78
普通机械制造业	Ordinary Machinery	58.65	22.61	21.02	21.70	22.14
专用设备制造业	Equipment for Special Purposes	26.69	32.11	30.11	28.87	27.48
交通运输设备制造业	Transportation Equipment	37.48	23.48	20.03	18.70	19.79
电气机械及器材制造业	Electric Equipment and Machinery	24.07	17.55	16.02	17.52	18.19
电子及通信设备制造业	Electronic and Telecommunications Equipment	9.15	9.90	8.00	9.35	9.70
仪器仪表文化办公用机械	Instruments, Meters, Cultural and Office Machinery	4.69	3.14	3.00	3.30	3.03
其他制造业	Other Manufacturing Industry	20.33	14.68	14.30	15.45	13.43
电力煤气及水生产供应业	**Electric Power, Gas and Water Production and Supply**	**39.32**	**29.93**	**28.74**	**28.41**	**28.25**
电力蒸汽热水生产供应业	Production and Supply of Electric Power, Steam and HotWater	33.85	25.06	24.97	24.31	24.34
煤气的生产和供应业	Production and Supply of Gas	3.21	1.82	1.72	1.60	1.47
自来水的生产和供应业	Production and Supply of Tap Water	2.26	3.05	2.05	2.50	2.44
建筑业	**Construction**	**103.62**	**113.77**	**115.56**	**116.70**	**122.32**
交通运输、仓储及邮电通信业	**Transportation, Storage, Postal & Telecommunications Services**	**982.30**	**1265.52**	**1387.79**	**1419.37**	**1503.00**
批发和零售贸易餐饮业	**Wholesale, Retail Trade and Catering Services**	**197.23**	**206.32**	**209.84**	**214.04**	**224.22**
其他行业	**Others**	**570.65**	**849.35**	**877.67**	**904.30**	**916.29**
生活消费	**Residential Consumption**	**63.70**	**121.13**	**127.58**	**134.60**	**163.80**

5-10 分行业煤油消费总量

CONSUMPTION OF KEROSENE AND ITS MAIN VARIETIES BY SECTOR

单位:万吨 (10000 tons)

行业	Sector	1995	1999	2000	2001	2002
消费总量	**Total Consumption**	**512.11**	**824.21**	**870.10**	**890.27**	**919.19**
农、林、牧、渔业	**Farming, Forestry, Animal Husbandry, Fishery and WaterConservancy**	**3.57**	**1.43**	**1.50**	**1.52**	**1.40**
工业	**Industry**	**44.94**	**78.35**	**83.94**	**86.00**	**87.35**
采掘业	**Mining and Quarrying**	**2.92**	**6.97**	**7.44**	**7.59**	**8.15**
煤炭采选业	Coal Mining and Dressing	1.59	5.01	5.37	5.50	5.99
石油和天然气开采业	Petroleum and Natural Gas Extraction	0.59	0.41	0.42	0.43	0.40
黑色金属矿采选业	Ferrous Metals Mining and Dressing	0.08	0.04	0.04	0.03	0.03
有色金属矿采选业	Nonferrous Metals Mining and Dressing	0.40	1.19	1.26	1.29	1.31
非金属矿采选业	Nonmetal Minerals Mining and Dressing	0.20	0.31	0.34	0.34	0.42
其他矿采选业	Other Minerals Mining and Dressing	0.02				
木材及竹材采运业	Logging and Transport of Wood and Bamboo	0.04	0.01	0.01		
制造业	**Manufacturing**	**40.41**	**70.98**	**76.04**	**77.92**	**78.66**
食品加工业	Food Processing	0.26	0.26	0.25	0.26	0.29
食品制造业	Food Production	0.33	0.08	0.08	0.09	0.07
饮料制造业	Beverage Production	0.23	0.09	0.08	0.09	0.08
烟草加工业	TobaccoProcessing	2.07	0.09	0.08	0.09	0.10
纺织业	Textile Industry	2.91	3.52	3.78	3.87	4.34
服装及其他纤维制品制造	Garments and Other Fiber Products	0.11	0.38	0.42	0.43	0.51
皮革毛皮羽绒及其制品业	Leather, Furs, Down and Related Products	0.42	0.17	0.17	0.17	0.15
木材加工及竹藤棕草制品业	Timber Processing, Bamboo, Cane, Pale Fiber & Straw Products	1.17	0.10	0.08	0.09	0.10
家具制造业	Furniture Manufacturing	0.01	0.04	0.04	0.05	0.05
造纸及纸制品业	Papermaking and Paper Products	1.78	3.39	3.61	3.70	2.93
印刷业记录媒介的复制	Printing and Record Medium Reproduction	3.41	5.34	5.71	5.85	5.96
文教体育用品制造业	Cultural, Educational and Sports Articles	0.10	1.21	1.26	1.29	1.20
石油加工及炼焦业	Petroleum Processing and Coking	1.02	16.79	18.06	18.47	17.00
化学原料及制品制造业	Raw Chemical Materials and Chemical Products	8.10	8.12	8.73	8.94	10.25
医药制造业	Medical and Pharmaceutical Products	0.15	0.13	0.15	0.14	0.10
化学纤维制造业	Chemical Fiber	0.18	0.41	0.42	0.43	0.37
橡胶制品业	Rubber Products	0.16	0.06	0.07	0.08	0.05
塑料制品业	Plastic Products	0.39	0.43	0.42	0.43	0.49
非金属矿物制品业	Nonmetal Mineral Products	2.59	2.24	2.43	2.49	1.72
黑色金属冶炼及压延加工业	Smelting and Pressing of Ferrous Metals	0.41	5.03	5.37	5.50	6.46
有色金属冶炼及压延加工业	Smelting and Pressing of Nonferrous Metals	0.57	0.57	0.59	0.60	0.63
金属制品业	Metal Products	3.37	1.54	1.68	1.72	2.17
普通机械制造业	Ordinary Machinery	3.05	3.04	3.27	3.35	3.53
专用设备制造业	Equipment for Special Purposes	0.91	1.24	1.34	1.38	1.18
交通运输设备制造业	Transportation Equipment	4.87	5.84	6.30	6.45	6.64
电气机械及器材制造业	Electric Equipment and Machinery	0.50	0.25	0.25	0.26	0.32
电子及通信设备制造业	Electronic and Telecommunications Equipment	0.23	0.17	0.18	0.17	0.25
仪器仪表文化办公用机械	Instruments, Meters, Cultural and Office Machinery	0.12	0.13	0.15	0.17	0.33
其他制造业	Other Manufacturing Industry	0.99	10.32	11.07	11.36	11.39
电力煤气及水生产供应业	**Electric Power, Gas and Water Production and Supply**	**1.61**	**0.40**	**0.46**	**0.49**	**0.54**
电力蒸汽热水生产供应业	Production and Supply of Electric Power, Steam and HotWater	1.30	0.36	0.42	0.44	0.50
煤气的生产和供应业	Production and Supply of Gas	0.11	0.01	0.01	0.01	
自来水的生产和供应业	Production and Supply of Tap Water	0.20	0.03	0.03	0.04	0.04
建筑业	**Construction**	**3.51**	**3.87**	**4.00**	**3.50**	
交通运输、仓储及邮电通信业	**Transportation, Storage, Postal & Telecommunications Services**	**250.01**	**505.62**	**536.40**	**560.69**	**616.74**
批发和零售贸易餐饮业	**Wholesale, Retail Trade and Catering Services**	**8.51**	**11.45**	**12.00**	**12.47**	**13.00**
其他行业	**Others**	**137.32**	**152.68**	**160.09**	**151.09**	**140.00**
生活消费	**Residential Consumption**	**64.25**	**70.81**	**72.17**	**75.00**	**60.70**

5－11 分行业柴油消费总量

CONSUMPTION OF DIESEL OIL AND ITS MAIN VARIETIES BY SECTOR

单位：万吨　　　　(10000 tons)

行　业	Sector	1995	1999	1997	2001	2002
消费总量	**Total Consumption**	**4321.44**	**6231.63**	**6774.29**	**7108.41**	**7667.89**
农、林、牧、渔业	**Farming, Forestry, Animal Husbandry, Fishery and WaterConservancy**	**1001.39**	**1241.84**	**1310.14**	**1375.64**	**1484.31**
工业	**Industry**	**1189.87**	**1506.84**	**1596.48**	**1637.55**	**1732.08**
采掘业	**Mining and Quarrying**	**229.63**	**247.23**	**270.13**	**279.49**	**317.02**
煤炭采选业	Coal Mining and Dressing	31.68	45.41	50.75	50.86	54.80
石油和天然气开采业	Petroleum and Natural Gas Extraction	147.95	143.80	155.62	161.79	187.36
黑色金属矿采选业	Ferrous Metals Mining and Dressing	5.41	10.76	11.69	12.14	15.52
有色金属矿采选业	Nonferrous Metals Mining and Dressing	12.62	11.34	12.78	12.00	13.72
非金属矿采选业	Nonmetal Minerals Mining and Dressing	20.96	25.43	27.39	31.50	34.11
其他矿采选业	Other Minerals Mining and Dressing	2.70	1.16	1.21	1.24	1.01
木材及竹材采运业	Logging and Transport of Wood and Bamboo	8.31	9.33	10.69	9.96	10.50
制造业	**Manufacturing**	**722.25**	**1004.00**	**1064.02**	**1085.60**	**1150.46**
食品加工业	Food Processing	33.65	31.33	37.56	30.61	33.07
食品制造业	Food Production	18.15	16.33	16.67	16.72	19.84
饮料制造业	Beverage Production	8.04	9.66	10.02	11.00	11.84
烟草加工业	TobaccoProcessing	1.16	3.91	4.00	3.55	4.55
纺织业	Textile Industry	36.39	42.93	43.75	44.64	43.94
服装及其他纤维制品制造	Garments and Other Fiber Products	8.64	13.46	13.69	14.50	15.35
皮革毛皮羽绒及其制品业	Leather, Furs, Down and Related Products	5.76	19.76	14.55	17.11	14.05
木材加工及竹藤棕草制品业	Timber Processing, Bamboo, Cane, Pale Fiber & Straw Products	6.10	5.97	6.50	6.80	6.09
家具制造业	Furniture Manufacturing	1.42	2.69	2.40	2.70	3.29
造纸及纸制品业	Papermaking and Paper Products	27.59	19.98	22.54	22.20	29.73
印刷业记录媒介的复制	Printing and Record Medium Reproduction	2.66	6.69	7.18	7.68	7.89
文教体育用品制造业	Cultural, Educational and Sports Articles	2.73	13.32	11.37	14.25	15.68
石油加工及炼焦业	Petroleum Processing and Coking	48.89	61.52	69.18	71.13	76.51
化学原料及制品制造业	Raw Chemical Materials and Chemical Products	94.41	101.73	115.21	118.11	125.34
医药制造业	Medical and Pharmaceutical Products	3.86	6.19	6.69	7.00	6.81
化学纤维制造业	Chemical Fiber	5.45	9.10	9.70	10.08	10.55
橡胶制品业	Rubber Products	4.04	6.63	7.69	7.10	7.34
塑料制品业	Plastic Products	21.02	38.38	39.44	43.41	40.55
非金属矿物制品业	Nonmetal Mineral Products	149.29	271.60	298.33	296.18	301.64
黑色金属冶炼及压延加工业	Smelting and Pressing of Ferrous Metals	73.20	62.93	68.95	73.53	81.10
有色金属冶炼及压延加工业	Smelting and Pressing of Nonferrous Metals	21.66	38.29	41.09	41.83	42.81
金属制品业	Metal Products	23.40	33.66	37.15	40.89	43.63
普通机械制造业	Ordinary Machinery	31.18	32.80	31.23	26.01	31.83
专用设备制造业	Equipment for Special Purposes	14.53	15.17	12.69	10.96	11.18
交通运输设备制造业	Transportation Equipment	31.60	47.42	47.81	51.09	42.20
电气机械及器材制造业	Electric Equipment and Machinery	17.14	26.34	24.12	24.20	27.44
电子及通信设备制造业	Electronic and Telecommunications Equipment	10.73	37.48	35.26	41.82	60.94
仪器仪表文化办公用机械	Instruments, Meters, Cultural and Office Machinery	3.94	10.38	9.69	10.10	11.46
其他制造业	Other Manufacturing Industry	15.62	18.35	19.56	20.40	23.81
电力煤气及水生产供应业	**Electric Power, Gas and Water Production and Supply**	**237.99**	**255.61**	**262.33**	**272.46**	**264.60**
电力蒸汽热水生产供应业	Production and Supply of Electric Power, Steam and HotWater	234.44	247.16	253.03	262.46	251.24
煤气的生产和供应业	Production and Supply of Gas	2.12	5.94	6.69	7.60	11.00
自来水的生产和供应业	Production and Supply of Tap Water	1.43	2.51	2.61	2.40	2.36
建筑业	**Construction**	**118.19**	**178.06**	**195.86**	**223.08**	**251.99**
交通运输、仓储及邮电通信业	**Transportation, Storage, Postal & Telecommunications Services**	**1246.56**	**2221.65**	**2543.81**	**2671.01**	**2964.80**
批发和零售贸易餐饮业	**Wholesale, Retail Trade and Catering Services**	**103.59**	**260.91**	**255.94**	**268.07**	**280.79**
其他行业	**Others**	**645.70**	**759.67**	**803.70**	**853.89**	**870.00**
生活消费	**Residential Consumption**	**16.14**	**62.66**	**68.36**	**79.17**	**83.92**

5-12 分行业燃料油消费总量

CONSUMPTION OF FUEL OIL AND ITS MAIN VARIETIES BY SECTOR

单位:万吨 (10000 tons)

行业	Sector	1995	1999	2000	2001	2002
消费总量	**Total Consumption**	**3693.67**	**3934.11**	**3872.78**	**3850.22**	**3873.87**
农、林、牧、渔业	**Farming, Forestry, Animal Husbandry, Fishery and WaterConservancy**	**8.37**	**0.35**	**0.40**	**0.42**	**0.41**
工业	**Industry**	**3406.16**	**3047.68**	**2975.08**	**2949.32**	**2950.86**
采掘业	**Mining and Quarrying**	**246.45**	**213.68**	**209.96**	**212.02**	**197.44**
煤炭采选业	Coal Mining and Dressing	1.16	5.51	5.77		
石油和天然气开采业	Petroleum and Natural Gas Extraction	226.71	206.77	202.77	210.52	196.30
黑色金属矿采选业	Ferrous Metals Mining and Dressing	2.33				
有色金属矿采选业	Nonferrous Metals Mining and Dressing	9.46	0.21	0.22	0.20	0.11
非金属矿采选业	Nonmetal Minerals Mining and Dressing	6.79	1.19	1.20	1.30	1.03
其他矿采选业	Other Minerals Mining and Dressing					
木材及竹材采运业	Logging and Transport of Wood and Bamboo					
制造业	**Manufacturing**	**2186.73**	**1926.89**	**1928.46**	**1895.59**	**1851.46**
食品加工业	Food Processing	20.68	8.36	13.32	8.49	8.38
食品制造业	Food Production	5.40	8.58	9.04	8.45	9.11
饮料制造业	Beverage Production	7.13	7.63	8.08	9.08	8.08
烟草加工业	TobaccoProcessing	1.34	2.78	3.00	2.70	1.47
纺织业	Textile Industry	34.95	79.47	66.61	64.64	65.16
服装及其他纤维制品制造	Garments and Other Fiber Products	2.07	11.93	12.44	13.87	14.67
皮革毛皮羽绒及其制品业	Leather, Furs, Down and Related Products	1.49	4.18	3.50	3.65	3.35
木材加工及竹藤棕草制品业	Timber Processing, Bamboo, Cane, Pale Fiber & Straw Products	1.59	2.72	2.82	3.12	3.04
家具制造业	Furniture Manufacturing	0.83	0.67	0.67	0.60	0.74
造纸及纸制品业	Papermaking and Paper Products	16.62	18.90	19.72	21.67	21.85
印刷业记录媒介的复制	Printing and Record Medium Reproduction	0.23	2.86	2.30	2.39	1.65
文教体育用品制造业	Cultural, Educational and Sports Articles	0.06	1.03	1.04	1.07	1.14
石油加工及炼焦业	Petroleum Processing and Coking	611.91	509.57	510.63	508.74	479.59
化学原料及制品制造业	Raw Chemical Materials and Chemical Products	388.63	380.62	372.50	358.35	370.39
医药制造业	Medical and Pharmaceutical Products	38.86	5.81	5.53	5.38	4.63
化学纤维制造业	Chemical Fiber	90.23	89.91	89.86	88.30	87.72
橡胶制品业	Rubber Products	11.23	11.15	12.44	13.10	12.40
塑料制品业	Plastic Products	3.19	9.86	10.77	11.14	9.17
非金属矿物制品业	Nonmetal Mineral Products	324.83	312.28	314.36	323.82	339.18
黑色金属冶炼及压延加工业	Smelting and Pressing of Ferrous Metals	464.93	326.05	332.01	307.78	263.11
有色金属冶炼及压延加工业	Smelting and Pressing of Nonferrous Metals	62.13	54.72	55.43	61.77	69.30
金属制品业	Metal Products	13.24	10.04	12.93	11.80	12.76
普通机械制造业	Ordinary Machinery	9.99	8.05	7.05	8.00	8.41
专用设备制造业	Equipment for Special Purposes	22.57	12.02	11.56	9.12	9.79
交通运输设备制造业	Transportation Equipment	15.93	14.00	14.22	13.54	11.93
电气机械及器材制造业	Electric Equipment and Machinery	10.20	12.38	12.67	13.06	12.19
电子及通信设备制造业	Electronic and Telecommunications Equipment	7.96	12.13	12.57	14.79	15.49
仪器仪表文化办公用机械	Instruments, Meters, Cultural and Office Machinery	1.24	0.14	0.15	0.12	0.14
其他制造业	Other Manufacturing Industry	17.27	9.05	11.24	7.05	6.62
电力煤气及水生产供应业	**Electric Power, Gas and Water Production and Supply**	**972.98**	**907.11**	**836.66**	**841.71**	**901.96**
电力蒸汽热水生产供应业	Production and Supply of Electric Power, Steam and HotWater	927.73	877.11	812.31	820.09	883.38
煤气的生产和供应业	Production and Supply of Gas	45.25	29.99	24.34	21.60	18.56
自来水的生产和供应业	Production and Supply of Tap Water		0.01	0.01	0.02	0.02
建筑业	**Construction**	**14.24**	**16.18**	**16.71**	**16.18**	**19.10**
交通运输、仓储及邮电通信业	**Transportation, Storage, Postal & Telecommunications Services**	**227.45**	**840.00**	**850.00**	**855.00**	**872.10**
批发和零售贸易餐饮业	**Wholesale, Retail Trade and Catering Services**	**6.62**	**10.54**	**11.59**	**12.28**	**12.30**
其他行业	**Others**	**30.83**	**19.36**	**19.00**	**17.02**	**19.10**
生活消费	**Residential Consumption**					

5-13 分行业天然气消费总量

CONSUMPTION OF NATURAL GAS AND ITS MAIN VARIETIES BY SECTOR

单位:亿立方米 (100 million cu.m)

行业	Sector	1995	1999	2000	2001	2002
消费总量	**Total Consumption**	**177.41**	**214.94**	**245.05**	**274.30**	**291.84**
农、林、牧、渔业	**Farming, Forestry, Animal Husbandry, Fishery and WaterConservancy**	**0.02**				
工业	**Industry**	**154.39**	**180.17**	**202.02**	**217.81**	**227.53**
采掘业	**Mining and Quarrying**	**51.87**	**62.29**	**73.02**	**79.48**	**79.98**
煤炭采选业	Coal Mining and Dressing		0.11	0.10		
石油和天然气开采业	Petroleum and Natural Gas Extraction	50.58	62.14	72.88	79.45	79.97
黑色金属矿采选业	Ferrous Metals Mining and Dressing					
有色金属矿采选业	Nonferrous Metals Mining and Dressing	0.59				
非金属矿采选业	Nonmetal Minerals Mining and Dressing	0.70	0.04	0.04	0.03	0.01
其他矿采选业	Other Minerals Mining and Dressing					
木材及竹材采运业	Logging and Transport of Wood and Bamboo					
制造业	**Manufacturing**	**100.80**	**110.28**	**120.83**	**129.09**	**138.67**
食品加工业	Food Processing	1.00	0.14	0.15	0.16	0.15
食品制造业	Food Production	0.03	0.06	0.07	0.08	0.10
饮料制造业	Beverage Production	0.02	0.02	0.03	0.02	0.02
烟草加工业	TobaccoProcessing		0.07	0.08	0.09	0.12
纺织业	Textile Industry	3.97	0.93	1.11	1.07	0.81
服装及其他纤维制品制造	Garments and Other Fiber Products					
皮革毛皮羽绒及其制品业	Leather, Furs, Down and Related Products					
木材加工及竹藤棕草制品业	Timber Processing, Bamboo, Cane, Pale Fiber & Straw Products					
家具制造业	Furniture Manufacturing					
造纸及纸制品业	Papermaking and Paper Products	0.06	0.26	0.30	0.26	0.27
印刷业记录媒介的复制	Printing and Record Medium Reproduction		0.07	0.08	0.09	0.10
文教体育用品制造业	Cultural, Educational and Sports Articles					
石油加工及炼焦业	Petroleum Processing and Coking	15.14	11.56	13.42	15.29	15.30
化学原料及制品制造业	Raw Chemical Materials and Chemical Products	63.36	83.91	90.32	95.50	102.02
医药制造业	Medical and Pharmaceutical Products	0.30	0.57	0.60	0.67	0.98
化学纤维制造业	Chemical Fiber	4.32	0.04	0.07		
橡胶制品业	Rubber Products					
塑料制品业	Plastic Products		0.09	0.10	0.09	0.10
非金属矿物制品业	Nonmetal Mineral Products	2.27	2.21	2.50	2.80	3.50
黑色金属冶炼及压延加工业	Smelting and Pressing of Ferrous Metals	3.69	1.14	1.71	1.67	2.30
有色金属冶炼及压延加工业	Smelting and Pressing of Nonferrous Metals	0.50	0.45	0.50	0.53	0.66
金属制品业	Metal Products	0.45	0.57	0.60	0.75	0.82
普通机械制造业	Ordinary Machinery	0.14	0.19	0.20	0.17	0.22
专用设备制造业	Equipment for Special Purposes	2.25	1.22	1.31	1.60	2.22
交通运输设备制造业	Transportation Equipment	0.66	1.35	1.71	2.05	1.79
电气机械及器材制造业	Electric Equipment and Machinery	0.74	0.78	0.80	0.70	1.02
电子及通信设备制造业	Electronic and Telecommunications Equipment	1.01	2.91	3.41	3.98	4.83
仪器仪表文化办公用机械	Instruments, Meters, Cultural and Office Machinery	0.01	0.02	0.02	0.03	0.03
其他制造业	Other Manufacturing Industry	0.88	1.72	1.74	1.49	1.31
电力煤气及水生产供应业	**Electric Power, Gas and Water Production and Supply**	**1.72**	**7.60**	**8.17**	**9.24**	**8.88**
电力蒸汽热水生产供应业	Production and Supply of Electric Power, Steam and HotWater	1.14	6.12	6.44	7.29	6.93
煤气的生产和供应业	Production and Supply of Gas	0.58	1.46	1.71	1.92	1.93
自来水的生产和供应业	Production and Supply of Tap Water		0.02	0.02	0.03	0.02
建筑业	**Construction**	**0.28**	**0.68**	**0.82**	**0.72**	**0.68**
交通运输、仓储及邮电通信业	**Transportation, Storage, Postal & Telecommunications Services**	**1.57**	**4.80**	**5.81**	**5.96**	**6.37**
批发和零售贸易餐饮业	**Wholesale, Retail Trade and Catering Services**	**0.55**	**2.94**	**3.44**	**5.00**	**6.10**
其他行业	**Others**	**1.19**	**0.63**	**0.64**	**0.70**	
生活消费	**Residential Consumption**	**19.41**	**25.72**	**32.32**	**44.11**	**51.16**

5-14 分行业电力消费总量

CONSUMPTION OF ELECTRICITY AND ITS MAIN VARIETIES BY SECTOR

单位:亿千瓦小时 (100 million kwh)

行业	Sector	1995	1999	2000	2001	2002
消费总量	**Total Consumption**	**10023.40**	**12305.23**	**13471.38**	**14633.46**	**16331.45**
农、林、牧、渔业	**Farming, Forestry, Animal Husbandry, Fishery and WaterConservancy**	**582.42**	**660.35**	**672.96**	**762.39**	**776.23**
工业	**Industry**	**7659.81**	**8832.74**	**9653.62**	**10444.66**	**11793.16**
采掘业	**Mining and Quarrying**	**837.66**	**912.67**	**955.25**	**1051.58**	**1127.86**
煤炭采选业	Coal Mining and Dressing	392.38	395.24	401.01	448.02	498.82
石油和天然气开采业	Petroleum and Natural Gas Extraction	258.85	299.86	309.19	340.83	349.51
黑色金属矿采选业	Ferrous Metals Mining and Dressing	34.28	58.86	61.00	64.95	75.55
有色金属矿采选业	Nonferrous Metals Mining and Dressing	83.00	68.94	77.66	85.78	88.00
非金属矿采选业	Nonmetal Minerals Mining and Dressing	52.76	69.48	81.55	89.31	95.55
其他矿采选业	Other Minerals Mining and Dressing	3.38	6.20	9.80	8.75	9.40
木材及竹材采运业	Logging and Transport of Wood and Bamboo	13.01	14.11	15.04	13.94	11.03
制造业	**Manufacturing**	**5156.10**	**5875.12**	**6470.88**	**7031.06**	**8011.57**
食品加工业	Food Processing	181.00	150.90	155.00	170.01	195.19
食品制造业	Food Production	72.15	96.31	95.00	94.11	113.69
饮料制造业	Beverage Production	52.62	55.42	56.70	60.11	67.81
烟草加工业	TobaccoProcessing	17.16	29.72	31.58	32.50	31.23
纺织业	Textile Industry	335.22	305.94	356.08	385.87	454.11
服装及其他纤维制品制造	Garments and Other Fiber Products	41.22	43.68	47.17	54.11	58.97
皮革毛皮羽绒及其制品业	Leather, Furs, Down and Related Products	42.88	24.07	26.07	30.00	35.70
木材加工及竹藤棕草制品业	Timber Processing, Bamboo, Cane, Pale Fiber & Straw Products	25.88	27.90	30.99	37.00	37.59
家具制造业	Furniture Manufacturing	13.16	10.86	12.00	14.00	11.21
造纸及纸制品业	Papermaking and Paper Products	169.06	192.88	228.22	251.35	284.97
印刷业记录媒介的复制	Printing and Record Medium Reproduction	31.19	26.89	30.00	35.00	33.80
文教体育用品制造业	Cultural, Educational and Sports Articles	7.09	17.28	20.00	25.00	32.05
石油加工及炼焦业	Petroleum Processing and Coking	156.06	207.46	236.09	266.34	330.62
化学原料及制品制造业	Raw Chemical Materials and Chemical Products	1028.05	1058.15	1109.08	1184.83	1355.56
医药制造业	Medical and Pharmaceutical Products	107.46	76.88	84.94	99.22	97.93
化学纤维制造业	Chemical Fiber	92.78	158.75	187.25	196.22	206.46
橡胶制品业	Rubber Products	53.80	76.76	94.92	106.66	108.87
塑料制品业	Plastic Products	71.36	93.90	116.14	127.14	143.53
非金属矿物制品业	Nonmetal Mineral Products	599.61	660.71	734.18	793.05	879.64
黑色金属冶炼及压延加工业	Smelting and Pressing of Ferrous Metals	905.36	1004.72	1077.69	1164.07	1323.10
有色金属冶炼及压延加工业	Smelting and Pressing of Nonferrous Metals	425.61	608.07	670.58	716.93	823.81
金属制品业	Metal Products	113.51	160.61	188.70	223.55	282.10
普通机械制造业	Ordinary Machinery	136.30	137.27	154.55	168.22	201.52
专用设备制造业	Equipment for Special Purposes	97.67	80.67	90.83	94.11	102.86
交通运输设备制造业	Transportation Equipment	154.63	170.74	195.55	228.22	258.58
电气机械及器材制造业	Electric Equipment and Machinery	64.96	78.10	87.17	98.11	129.98
电子及通信设备制造业	Electronic and Telecommunications Equipment	38.64	105.66	121.01	130.11	150.15
仪器仪表文化办公用机械	Instruments, Meters, Cultural and Office Machinery	17.12	21.30	24.39	26.00	32.04
其他制造业	Other Manufacturing Industry	104.55	193.44	209.00	219.22	228.50
电力煤气及水生产供应业	**Electric Power, Gas and Water Production and Supply**	**1666.05**	**2044.95**	**2227.49**	**2362.02**	**2653.73**
电力蒸汽热水生产供应业	Production and Supply of Electric Power, Steam and HotWater	1539.76	1874.58	2049.31	2178.46	2476.90
煤气的生产和供应业	Production and Supply of Gas	10.83	28.03	33.08	37.06	36.95
自来水的生产和供应业	Production and Supply of Tap Water	115.46	142.34	145.10	146.50	139.88
建筑业	**Construction**	**159.62**	**142.34**	**154.77**	**144.91**	**164.14**
交通运输、仓储及邮电通信业	**Transportation, Storage, Postal & Telecommunications Services**	**182.30**	**254.78**	**281.20**	**309.32**	**338.00**
批发和零售贸易餐饮业	**Wholesale, Retail Trade and Catering Services**	**199.47**	**342.82**	**393.68**	**444.89**	**500.00**
其他行业	**Others**	**234.20**	**591.42**	**643.20**	**688.06**	**758.50**
生活消费	**Residential Consumption**	**1005.58**	**1480.78**	**1671.95**	**1839.23**	**2001.42**

5－15 分地区能源消费总量

TOTAL ENERGY CONSUMPTION BY REGION

单位：万吨标准煤 (10⁴tce)

地　区	Region	1990	1995	1999	2000	2001	2002
北　京	Beijing	2709	3518	3986	4212	4313	4503
天　津	Tianjin	2071	2569	2553	2794	2918	3022
河　北	Hebei	6124	8990	9379	9893	10391	11588
山　西	Shanxi	4710	8413	6501	6735	7968	9339
内蒙古	Inner Mongolia	2424	2632	3803	3540	4073	4560
辽　宁	Liaoning	7856	9671	9384	10766	10656	10599
吉　林	Jilin	3523	4109	3693	3655	3863	4353
黑龙江	Heilongjiang	5285	5935	6058	6166	6037	6004
上　海	Shanghai	3175	4466	5208	5492	5818	6119
江　苏	Jiangsu	5509	8047	8164	8612	8881	9609
浙　江	Zhejiang	2580	4580	5457	5967	6530	7386
安　徽	Anhui	2761	4194	4683	4879	5118	5316
福　建	Fujian	1451	2280	2772	2943	3163	3490
江　西	Jiangxi	1732	2392	2134	2220	2329	2599
山　东	Shandong	6830	8780	9068	8203	9955	11048
河　南	Henan	5206	6473	7380	7876	8244	8603
湖　北	Hubei	3997	5655	5988	6269	6052	6713
湖　南	Hunan	3821	5426	4087	4071	4622	5045
广　东	Guangdong	4065	7345	8735	9448	10179	11355
广　西	Guangxi	1309	2384	2473	2669	2669	2982
海　南	Hainan	121	303	431	480	520	–
重　庆	Chongqing			3689	4023	3016	3204
四　川	Sichuan	6353	9525	6370		6810	7510
贵　州	Guizhou	2133	3183	4018	4325	4438	4470
云　南	Yunnan	1954	2641	3288	3207	3490	3939
陕　西	Shaanxi	2239	3134	2668	2731	3257	3713
甘　肃	Gansu	2172	2738	2917	3012	2905	3018
青　海	Qinghai	507	688	939	879	930	1019
宁　夏	Ningxia	707	759	848	–	–	–
新　疆	Xinjiang	2063	2830	3215	3316	3496	3622

注：1.1996年以前重庆包括在四川省内。

2. 由于折算系的不同，故各地区相加数与全国数不等，以下同。

1. Prior to 1996, the consumption for Chongqing was included in Sichuan.

2. Asthe conversion factors, the sum of the data by region is not equal to the total . The same as in the following tables.

5-16 分地区煤炭消费量

COAL CONSUMPTION BY REGION

单位:万吨 $(10^4 tn)$

地区	Region	1990	1995	1999	2000	2001	2002
北京	Beijing	2413	2692	2651	2720	2675	2531
天津	Tianjin	1788	2428	2289	2473	2635	2929
河北	Hebei	7875	10983	11642	12115	12641	13739
山西	Shanxi	7659	15015	13756	14262	14856	18055
内蒙古	Inner Mongolia	3953	4420	5525	5908	6265	6864
辽宁	Liaoning	8252	9363	8462	9582	9084	9355
吉林	Jilin	4015	4816	4243	4213	4484	4664
黑龙江	Heilongjiang	6517	6188	5687	5815	5537	5543
上海	Shanghai	2742	3944	4225	4496	4610	4685
江苏	Jiangsu	6223	8936	8714	8770	8963	9663
浙江	Zhejiang	2486	4231	4774	5051	5527	6018
安徽	Anhui	3428	4965	5513	5909	6366	6679
福建	Fujian	1307	1677	1987	2160	2205	2711
江西	Jiangxi	2266	3039	2435	2469	2584	2557
山东	Shandong	7256	9759	9955	8698	11098	12938
河南	Henan	6099	7960	8299	8725	9325	10333
湖北	Hubei	3343	5404	5993	6051	6096	6483
湖南	Hunan	3956	5591	3618	3335	4100	4287
广东	Guangdong	2991	4941	5284	5890	6088	6649
广西	Guangxi	1562	2330	2117	2228	2228	2133
海南	Hainan	68	168	179	192		
重庆	Chongqing			3051	2942	2736	3053
四川	Sichuan	6646	8909	4862	4862	4650	5462
贵州	Guizhou	2709	3946	5028	5146	4946	5199
云南	Yunnan	2194	2765	2960	2828	3101	3352
陕西	Shaanxi	2728	3779	2998	2766	3133	3451
甘肃	Gansu	1858	2547	2395	2480	2551	2798
青海	Qinghai	471	462	637	522	642	620
宁夏	Ningxia	885	1079	1042	1042		
新疆	Xinjiang	1835	2448	2580	2702	2734	2898

5-17 分地区焦炭消费量

COKE CONSUMPTION BY REGION

单位:万吨 (10⁴tn)

地区	Region	1990	1995	1999	2000	2001	2002
北京	Beijing	231.43	500.71	441.30	449.08	429.62	378.00
天津	Tianjin	137.06	149.45	142.15	143.68	128.77	149.49
河北	Hebei	559.47	1135.79	1166.91	1227.85	1359.97	1808.02
山西	Shanxi	835.68	1287.03	1231.53	1283.72	2170.47	2761.58
内蒙古	Inner Mongolia	234.93	339.33	275.71	286.47	312.81	393.58
辽宁	Liaoning	889.23	987.59	878.65	878.12	898.14	1046.88
吉林	Jilin	144.01	176.22	171.81	170.55	162.09	191.62
黑龙江	Heilongjiang	102.34	107.24	90.11	72.83	90.44	79.77
上海	Shanghai	452.82	716.47	699.95	719.99	709.82	626.58
江苏	Jiangsu	228.42	362.02	369.13	383.69	374.61	398.92
浙江	Zhejiang	85.46	127.76	98.06	117.46	108.64	125.56
安徽	Anhui	260.36	440.72	529.30	533.27	542.67	556.20
福建	Fujian	53.84	78.54	107.90	100.16	95.67	95.12
江西	Jiangxi	157.25	187.87	198.15	205.94	215.02	261.39
山东	Shandong	317.53	356.92	334.36	424.83	460.98	415.42
河南	Henan	231.86	393.19	400.47	426.75	486.66	505.47
湖北	Hubei	381.79	491.15	557.64	556.83	521.52	536.16
湖南	Hunan	248.75	293.03	314.46	299.74	320.16	351.13
广东	Guangdong	104.80	131.88	165.50	146.57	175.12	179.11
广西	Guangxi	111.38	184.16	161.82	158.61	158.61	177.15
海南	Hainan	3.21	1.61	2.51	3.47	0.04	
重庆	Chongqing			149.78	180.74	191.05	189.72
四川	Sichuan	506.54	754.07	447.25	447.25	487.81	541.20
贵州	Guizhou	133.01	201.71	237.43	238.86	225.34	234.40
云南	Yunnan	253.19	370.85	387.89	360.00	380.36	590.14
陕西	Shaanxi	98.43	304.04	191.39	134.27	128.04	175.94
甘肃	Gansu	88.75	133.65	168.18	179.28	176.67	177.40
青海	Qinghai	2.57	22.73	12.81	15.59	17.44	17.88
宁夏	Ningxia	20.88	20.92	28.91	28.91		
新疆	Xinjiang	58.90	73.81	74.00	74.06	73.02	83.06

5－18 分地区原油消费量

CRUDE OIL CONSUMPTION BY REGION

单位:万吨 (10⁴tn)

地　区	Region	1990	1995	1999	2000	2001	2002
北　京	Beijing	680.98	654.66	724.05	754.71	700.50	748.00
天　津	Tianjin	404.92	488.38	604.07	709.76	749.35	675.58
河　北	Hebei	312.97	498.50	694.50	747.37	670.55	697.59
山　西	Shanxi						
内蒙古	Inner Mongolia	0.61	87.30	126.31	126.26	133.07	126.05
辽　宁	Liaoning	2387.08	2516.42	3364.49	3938.74	4046.30	4218.81
吉　林	Jilin	470.15	493.30	708.37	702.63	709.33	731.42
黑龙江	Heilongjiang	997.15	1204.34	1517.62	1601.27	1615.50	1586.16
上　海	Shanghai	828.27	976.04	1150.06	1309.70	1355.03	1424.91
江　苏	Jiangsu	823.47	1010.80	1183.92	1376.65	1317.61	1407.68
浙　江	Zhejiang	243.68	575.02	785.80	1112.48	1123.85	1241.04
安　徽	Anhui	257.34	277.04	292.83	345.06	288.27	307.99
福　建	Fujian		225.02	291.33	358.43	347.54	334.15
江　西	Jiangxi	155.1	230.56	283.56	331.18	299.57	297.27
山　东	Shandong	1170.34	1347.92	1477.60	1771.22	1777.97	1628.23
河　南	Henan	222.79	401.96	560.52	610.58	598.20	601.64
湖　北	Hubei	508.55	511.36	578.65	669.77	570.06	595.43
湖　南	Hunan	322.11	348.87	481.58	541.05	440.43	470.92
广　东	Guangdong	912.94	1226.95	1573.96	1956.41	1943.03	1961.91
广　西	Guangxi	5.88	42.44	57.45	61.41	61.41	70.24
海　南	Hainan		0.01	6.39	14.69	13.49	
重　庆	Chongqing					0.19	0.25
四　川	Sichuan	16.68	30.60	38.89	38.89	55.80	57.78
贵　州	Guizhou						
云　南	Yunnan		32.16	50.19			
陕　西	Shaanxi	60.99	153.94	446.03	521.61	618.26	704.25
甘　肃	Gansu	473.83	673.37	794.09	880.88	887.10	935.32
青　海	Qinghai	31.64	83.96	59.12	62.17	65.40	62.43
宁　夏	Ningxia	11.62	67.86	92.62	92.62		
新　疆	Xinjiang	483.73	727.61	1005.45	1071.29	1076.34	1128.01

5-19 分地区燃料油消费量

FUEL OIL CONSUMPTION BY REGION

单位:万吨 (10[4]tn)

地 区	Region	1990	1995	1999	2000	2001	2002
北 京	Beijing	228.49	196.20	114.40	89.62	78.39	71.00
天 津	Tianjin	227.88	155.73	102.17	79.51	87.46	88.98
河 北	Hebei	46.18	54.66	52.01	49.39	55.37	61.08
山 西	Shanxi	12.61	13.15	12.67	12.42	12.62	9.07
内蒙古	Inner Mongolia	25.54	15.91	19.94	30.99	33.48	39.06
辽 宁	Liaoning	642.38	499.65	294.11	296.73	293.20	237.58
吉 林	Jilin	101.07	75.76	64.67	50.96	41.53	32.03
黑龙江	Heilongjiang	235.48	187.51	181.74	135.38	88.74	76.77
上 海	Shanghai	434.28	364.71	350.45	494.20	492.61	519.71
江 苏	Jiangsu	189.98	161.95	191.85	202.44	170.64	181.52
浙 江	Zhejiang	102.20	106.47	138.08	182.52	193.19	192.42
安 徽	Anhui	42.37	47.02	52.37	46.91	47.26	47.52
福 建	Fujian	15.53	31.80	50.95	53.23	49.87	74.77
江 西	Jiangxi	23.38	26.70	39.93	34.20	27.28	46.15
山 东	Shandong	248.43	309.90	281.31	344.25	271.37	270.54
河 南	Henan	38.95	52.89	51.26	57.55	65.87	70.24
湖 北	Hubei	132.31	125.26	162.43	106.69	58.45	57.00
湖 南	Hunan	53.08	56.39	42.74	46.38	45.62	43.55
广 东	Guangdong	365.54	647.19	877.40	941.95	1039.50	1154.19
广 西	Guangxi	8.08	13.57	7.32	7.67	7.67	13.13
海 南	Hainan	0.51	4.19	11.08	9.39	9.99	
重 庆	Chongqing			1.58	2.68	4.10	3.24
四 川	Sichuan	6.92	11.41	13.32	13.32	11.74	12.42
贵 州	Guizhou	4.77	5.34	8.49	7.51	7.46	7.67
云 南	Yunnan	1.80	2.80	6.45	11.17	8.68	8.53
陕 西	Shaanxi	22.40	28.19	60.45	80.05	91.39	120.19
甘 肃	Gansu	62.59	76.48	69.22	58.00	50.12	30.39
青 海	Qinghai	10.72	14.96	3.12	6.93	4.86	4.20
宁 夏	Ningxia	23.70	27.67	33.13	33.13		
新 疆	Xinjiang	89.95	117.03	56.65	56.59	52.04	34.21

5-20 分地区汽油消费量

GASOLINE OIL CONSUMPTION BY REGION

单位:万吨 (10⁴tn)

地 区	Region	1990	1995	1999	2000	2001	2002
北 京	Beijing	56.56	75.41	92.70	106.60	138.69	152.00
天 津	Tianjin	37.12	74.85	70.74	112.43	116.27	94.76
河 北	Hebei	96.55	132.24	131.86	136.44	141.85	147.41
山 西	Shanxi	70.95	97.51	89.28	88.84	88.77	89.23
内蒙古	Inner Mongolia	33.50	49.62	55.85	64.81	72.10	79.35
辽 宁	Liaoning	103.06	119.75	75.11	149.47	235.79	236.10
吉 林	Jilin	55.58	82.71	89.96	90.67	93.61	96.99
黑龙江	Heilongjiang	93.33	184.44	206.73	244.04	269.84	258.57
上 海	Shanghai	49.96	78.84	116.06	132.25	137.33	160.09
江 苏	Jiangsu	90.94	164.07	189.73	187.30	247.71	293.39
浙 江	Zhejiang	58.33	123.96	178.33	196.19	212.87	231.44
安 徽	Anhui	44.10	58.38	66.45	68.54	70.35	73.90
福 建	Fujian	39.50	69.47	92.35	105.11	106.35	132.76
江 西	Jiangxi	42.31	42.06	54.01	58.46	60.37	82.19
山 东	Shandong	123.82	192.85	169.81	188.52	188.92	176.83
河 南	Henan	86.93	142.55	118.94	120.86	124.03	119.50
湖 北	Hubei	110.45	152.36	159.03	169.17	185.55	232.78
湖 南	Hunan	55.24	104.37	104.30	115.40	113.70	134.63
广 东	Guangdong	141.59	281.73	288.47	301.16	324.82	344.58
广 西	Guangxi	33.19	41.32	64.59	65.87	65.87	84.37
海 南	Hainan	11.98	20.88	29.34	30.93	31.37	
重 庆	Chongqing			62.92	65.66	64.14	65.41
四 川	Sichuan	78.24	124.38	143.65	143.65	157.96	171.47
贵 州	Guizhou	46.07	52.00	39.19	46.46	47.83	50.48
云 南	Yunnan	53.71	64.92	81.23	90.79	111.47	97.60
陕 西	Shaanxi	46.49	82.39	94.06	103.51	78.16	95.00
甘 肃	Gansu	36.98	55.57	81.70	98.41	103.96	97.37
青 海	Qinghai	12.49	17.98	17.61	16.31	17.61	16.10
宁 夏	Ningxia	9.88	10.71	10.50	10.50		
新 疆	Xinjiang	69.32	101.89	86.22	101.93	86..35	86.70

5-21 分地区煤油消费量

KEROSENE OIL CONSUMPTION BY REGION

单位:万吨 (10⁴tn)

地　区	Region	1990	1995	1999	2000	2001	2002
北　京	Beijing	43.17	65.84	110.38	117.60	129.25	145.00
天　津	Tianjin	1.96	3.79	6.12	18.82	11.42	15.63
河　北	Hebei	3.69	3.50	3.36	3.23	3.00	2.83
山　西	Shanxi	2.33	2.65	6.34	6.36	6.34	6.66
内蒙古	Inner Mongolia	1.48	0.40	0.30	1.55	1.56	1.58
辽　宁	Liaoning	6.13	11.56	21.01	18.55	18.17	20.27
吉　林	Jilin	1.28	2.55	3.20	3.28	3.62	3.89
黑龙江	Heilongjiang	2.46	5.17	10.64	8.74	7.91	10.61
上　海	Shanghai	20.53	37.56	58.83	55.71	59.57	103.62
江　苏	Jiangsu	12.65	8.61	19.92	38.94	6.08	6.52
浙　江	Zhejiang	6.59	7.29	10.86	11.25	9.92	9.37
安　徽	Anhui	8.55	5.36	7.80	2.56	2.70	2.70
福　建	Fujian	3.23	4.63	7.43	7.60	7.96	5.30
江　西	Jiangxi	5.31	3.19	2.38	2.81	0.77	0.82
山　东	Shandong	11.38	23.51	48.68	48.25	49.53	41.97
河　南	Henan	7.77	16.42	15.85	14.34	13.16	13.28
湖　北	Hubei	12.15	14.93	20.38	18.29	14.51	17.47
湖　南	Hunan	7.54	9.77	7.86	8.08	4.93	8.74
广　东	Guangdong	31.62	56.04	66.94	89.51	95.98	103.15
广　西	Guangxi	6.14	5.60	3.75	3.79	3.79	11.17
海　南	Hainan	1.27	11.01	22.10	28.13	30.49	
重　庆	Chongqing			8.43	8.34	8.33	8.53
四　川	Sichuan	20.55	24.17	36.04	36.04	43.62	56.13
贵　州	Guizhou	4.90	7.49	8.88	9.37	2.36	2.29
云　南	Yunnan	5.84	9.15	19.43	19.24	20.55	18.95
陕　西	Shaanxi	8.11	17.26	26.67	19.49	18.48	28.03
甘　肃	Gansu	3.10	3.17	3.34	3.73	5.28	5.30
青　海	Qinghai	1.00	0.07	0.08	0.06		
宁　夏	Ningxia	0.33	0.42	0.04	0.04		
新　疆	Xinjiang	4.62	16.10	18.44	21.31	23.73	16.61

5-22 分地区柴油消费量

DIESEL OIL CONSUMPTION BY REGION

单位：万吨 (10⁴tn)

地区	Region	1990	1995	1999	2000	2001	2002
北京	Beijing	47.99	51.29	70.69	81.17	103.52	109.00
天津	Tianjin	73.78	65.59	175.15	197.60	183.42	183.81
河北	Hebei	136.67	189.91	181.14	181.28	168.08	169.52
山西	Shanxi	50.31	63.22	79.90	80.67	110.77	127.33
内蒙古	Inner Mongolia	34.55	44.05	46.46	68.73	87.77	96.87
辽宁	Liaoning	138.48	143.49	143.09	197.22	279.75	273.24
吉林	Jilin	51.39	67.14	88.47	73.74	76.59	85.49
黑龙江	Heilongjiang	147.00	225.79	349.24	409.71	391.02	403.39
上海	Shanghai	99.59	122.67	252.24	171.94	231.80	236.78
江苏	Jiangsu	179.46	223.50	291.31	345.02	355.95	379.28
浙江	Zhejiang	130.78	283.72	401.39	434.22	471.67	502.15
安徽	Anhui	78.27	108.06	137.66	142.12	147.77	155.89
福建	Fujian	62.27	156.91	198.76	213.50	214.79	250.13
江西	Jiangxi	45.43	57.83	95.47	104.78	130.84	163.87
山东	Shandong	226.65	309.78	288.22	343.87	332.65	248.72
河南	Henan	137.34	134.81	154.23	155.02	157.87	156.27
湖北	Hubei	165.66	209.11	215.80	261.30	263.88	308.28
湖南	Hunan	88.57	104.92	119.55	140.18	124.10	182.36
广东	Guangdong	276.71	597.66	763.15	766.23	816.33	848.12
广西	Guangxi	55.45	72.43	100.69	147.44	147.44	214.48
海南	Hainan	9.92	38.99	44.53	46.20	48.24	
重庆	Chongqing			61.15	61.44	64.31	68.91
四川	Sichuan	72.52	101.97	161.61	161.61	194.86	196.43
贵州	Guizhou	27.46	29.82	52.62	57.81	82.85	89.23
云南	Yunnan	34.61	46.89	53.96	55.46	114.45	179.35
陕西	Shaanxi	46.29	72.52	90.41	94.76	120.77	147.38
甘肃	Gansu	38.56	73.04	63.70	91.82	100.80	71.17
青海	Qinghai	9.40	12.83	17.93	19.29	18.59	18.64
宁夏	Ningxia	9.03	9.75	11.22	11.22		
新疆	Xinjiang	88.75	119.35	131.78	155.28	166.63	169.55

5－23　分地区天然气消费量

NATURAL GASCONSUMPTION BY REGION

单位:亿立方米　　　　(10[8] cu. m)

地　区	Region	1990	1995	1999	2000	2001	2002
北　京	Beijing	0.83	1.16	7.58	10.90	16.74	21.00
天　津	Tianjin	2.45	3.93	3.09	5.40	7.89	6.48
河　北	Hebei	6.07	6.89	6.79	7.72	6.97	7.74
山　西	Shanxi	0.60	0.47	1.09	1.14	1.58	1.92
内蒙古	Inner Mongolia				0.01	0.14	0.22
辽　宁	Liaoning	20.42	21.12	18.75	20.15	18.93	18.81
吉　林	Jilin	0.98	1.83	3.04	2.98	3.02	3.02
黑龙江	Heilongjiang	22.47	25.91	22.35	23.04	22.03	20.22
上　海	Shanghai			1.09	2.54	3.30	4.33
江　苏	Jiangsu	0.38	0.19	0.22	0.24	0.23	1.01
浙　江	Zhejiang						
安　徽	Anhui						
福　建	Fujian						
江　西	Jiangxi						
山　东	Shandong	14.44	12.85	3.52	4.53	4.93	4.63
河　南	Henan	10.73	9.37	10.54	11.23	13.11	14.63
湖　北	Hubei	0.58	0.76	0.92	0.91	0.76	0.91
湖　南	Hunan						
广　东	Guangdong		1.02	1.71	1.43		
广　西	Guangxi						
海　南	Hainan			5.10	5.28	6.56	
重　庆	Chongqing			29.92	33.26	26.56	27.33
四　川	Sichuan	57.51	68.92	58.67	58.67	63.07	69.96
贵　州	Guizhou	4.74	5.08	6.22	5.72	6.00	5.48
云　南	Yunnan	4.53	4.71	5.10	5.17	5.29	5.14
陕　西	Shaanxi	0.07	0.38	3.47	6.67	10.84	14.01
甘　肃	Gansu	0.26	0.62	0.14	0.85	1.19	2.76
青　海	Qinghai	0.39	0.64	3.47	3.91	5.85	11.27
宁　夏	Ningxia	0.07	0.15	0.12	0.12		
新　疆	Xinjiang	5.02	11.48	22.29	23.44	34.64	34.57

5－24　分地区电力消费量

ELECTRICITYCONSUMPTION BY REGION

单位:亿千瓦小时　　　(10^8 kwh)

地　区	Region	1990	1995	1999	2000	2001	2002
北　京	Beijing	174.13	261.74	344.13	384.48	398.30	436.00
天　津	Tianjin	124.15	178.99	211.19	236.55	250.47	281.00
河　北	Hebei	354.16	602.68	745.72	809.33	869.55	965.08
山　西	Shanxi	255.47	399.16	459.34	506.09	557.08	628.83
内蒙古	Inner Mongolia	121.82	186.83	236.77	256.07	279.68	320.44
辽　宁	Liaoning	462.19	622.81	756.11	796.53	809.42	859.20
吉　林	Jilin	190.77	267.60	295.46	300.57	323.36	344.54
黑龙江	Heilongjiang	296.38	409.38	422.58	397.24	468.13	463.02
上　海	Shanghai	264.74	403.27	501.20	559.42	592.99	645.71
江　苏	Jiangsu	411.81	684.80	848.74	971.82	1078.44	1244.60
浙　江	Zhejiang	230.29	439.59	611.67	742.89	855.29	1015.84
安　徽	Anhui	185.67	288.97	312.96	338.92	359.62	389.94
福　建	Fujian	136.66	261.28	355.26	403.02	439.98	497.86
江　西	Jiangxi	127.65	181.21	193.91	209.39	222.29	246.56
山　东	Shandong	448.69	741.07	805.47	1000.49	1560.20	1230.02
河　南	Henan	338.17	571.48	672.09	717.62	808.41	927.56
湖　北	Hubei	281.33	414.99	487.65	503.02	526.03	567.43
湖　南	Hunan	226.73	374.76	376.74	406.20	439.68	476.00
广　东	Guangdong	359.00	787.66	1086.24	1334.58	1458.43	1687.83
广　西	Guangxi	125.58	220.77	289.06	322.02	322.02	356.95
海　南	Hainan	13.96	32.00	38.65	42.23	44.86	49.00
重　庆	Chongqing			303.04	307.61	280.34	283.51
四　川	Sichuan	350.23	582.85	462.26	462.26	586.48	670.76
贵　州	Guizhou	103.21	203.70	274.22	334.76	449.05	491.67
云　南	Yunnan	124.55	223.71	296.70	317.25	347.07	393.46
陕　西	Shaanxi	170.29	239.68	273.63	314.39	344.69	373.86
甘　肃	Gansu	177.84	241.06	291.58	295.34	306.09	342.33
青　海	Qinghai	42.21	69.02	107.24	115.96	111.81	132.67
宁　夏	Ningxia	55.02	92.38	115.32	115.32	151.81	178.76
新　疆	Xinjiang	69.99	119.67	169.30	182.98	197.62	212.24

5-25 分地区农村非商品能源生活消费情况(沼气)

NON COMMERCIAL ENERGY CONSUMPTION FOR RURAL RESIDENTIAL BY REGION (BIOGAS)

地区	Region	实物(万立方米)Physical Unit (10^4cu. m)			标准煤(万吨)Coal Equivalent Unit (10^4tce)		
		2000	2001	2002	2000	2001	2002
全国总计	**National**	**227417.2**	**314574.1**	**374941.0**	**162.29**	**220.00**	**267.69**
北　京	Beijing	1187.8	653.8	957.3	0.83	0.47	0.68
天　津	Tianjin	74.1	1262.9	70.4	0.05	0.90	0.05
河　北	Hebei	6160.8	7102.6	8051.7	4.41	5.07	5.75
山　西	Shanxi	774.2	377.2	599.0	0.55	0.27	0.43
内　蒙	Inner Mongolia	41.8	0.0	16.7	0.03		0.01
辽　宁	Liaoning	6033.2	6468.4	6806.4	4.30	0.01	4.86
吉　林	Jilin	303.2	439.4	732.5	0.22	0.31	0.52
黑龙江	Heilongjiang	0.0	0.0	14.6			0.01
上　海	Shanghai	0.0	0.0	436.3			0.31
江　苏	Jiangsu	8122.0	9567.2	8503.4	5.81	6.83	6.07
浙　江	Zhejiang	2288.5	2237.1	1945.4	1.63	1.60	1.39
安　徽	Anhui	2040.8	3964.9	3727.7	1.45	2.83	2.66
福　建	Fujian	4345.6	6298.8	9796.8	3.11	4.50	6.99
江　西	Jiangxi	19591.8	25057.2	27534.2	13.99	17.89	19.66
山　东	Shandong	9687.0	16417.4	10908.8	6.90	11.72	7.79
河　南	Henan	2425.9	3793.4	6616.1	1.73	2.71	4.72
湖　北	Hubei	19592.4	21584.8	23026.0	13.97	15.41	16.44
湖　南	Hunan	30351.8	38613.4	46156.9	21.66	27.57	32.96
广　东	Guangdong	6971.0	11065.6	12199.9	4.98	7.90	8.71
广　西	Guangxi	42337.8	47980.5	60479.9	30.22	34.26	43.18
海　南	Hainan	1181.7	2913.1	5235.5	0.84	2.08	3.74
重　庆	Chongqing	8979.4	12163.2	14026.8	6.40	8.68	10.02
四　川	Sichuan	30648.6	55813.6	69965.3	21.88	39.85	49.96
贵　州	Guizhou	2525.1	5347.9	11981.6	1.80	3.82	8.55
云　南	Yunnan	17512.2	31294.4	38701.0	12.50	22.34	27.63
西　藏	Tibet					1.97	
陕　西	Shaanxi	3253.7	2756.9	4076.6	2.32	0.93	2.91
甘　肃	Gansu	925.7	1296.9	1489.5	0.67	0.02	1.06
青　海	Qinghai		22.0	26.8		0.06	0.02
宁　夏	Ningxia	61.2	81.5	857.3	0.04		0.61
新　疆	Xinjiang	0.0	0.0	0.8			

资料来源:农业部

Source: Ministry of Agriculture, P. R. China.

5-26 分地区农村非商品能源生活消费情况(秸秆)

NON COMMERCIAL ENERGYCONSUMPTION FOR RURAL RESIDENTIAL BY REGION (STALKS)

地 区	Region	实物(万吨)Physical Unit (10^4cu.m)			标准煤(万吨)Coal Equivalent Unit (10^4tce)		
		2000	2001	2002	2000	2001	2002
全国总计	**National**	**28812.1**	**30491.2**	**32978.5**	**12360.35**	**13080.77**	**14147.77**
北 京	Beijing	182.8	188.8	181.2	78.41	81.02	77.74
天 津	Tianjin	223.5	221.8	208.3	95.88	95.14	89.37
河 北	Hebei	1731.6	1706.6	1700.8	742.85	732.12	729.66
山 西	Shanxi	307.5	930.5	930.5	131.92	399.18	399.18
内 蒙	Inner Mongolia	794.1	555.3	871.1	340.66	238.21	373.70
辽 宁	Liaoning	1303.8	1255.3	1272.0	559.32	538.54	545.69
吉 林	Jilin	1379.7	1176.7	1223.3	591.89	504.82	524.80
黑 龙 江	Heilongjiang	1725.1	2032.4	2122.9	740.07	871.88	910.73
上 海	Shanghai	0.0	0.0	0.0			
江 苏	Jiangsu	3151.9	3291.4	2611.4	1352.16	1412.01	1120.29
浙 江	Zhejiang	455.2	504.9	499.0	195.28	216.60	214.06
安 徽	Anhui	2393.1	2144.2	2772.9	1026.62	919.87	1189.56
福 建	Fujian	39.1	241.8	201.9	16.75	103.73	86.63
江 西	Jiangxi	456.2	454.3	525.0	195.70	194.90	225.20
山 东	Shandong	3353.2	3321.4	3124.4	1438.52	1424.89	1340.38
河 南	Henan	1830.3	1737.7	2016.4	785.17	745.46	865.03
湖 北	Hubei	1754.4	1844.8	1450.5	752.64	791.43	622.26
湖 南	Hunan	713.9	1272.5	778.9	306.26	545.90	334.16
广 东	Guangdong	723.7	1406.5	1495.0	310.46	603.39	641.34
广 西	Guangxi	922.0	829.0	828.8	395.57	355.64	355.56
海 南	Hainan	828.7	829.8	567.0	355.51	355.97	243.24
重 庆	Chongqing	632.7	630.9	1079.3	271.43	270.60	463.01
四 川	Sichuan	1435.0	1665.7	3753.5	615.60	714.61	1610.27
贵 州	Guizhou	334.5	374.4	422.7	143.48	160.62	181.32
云 南	Yunnan	298.3	311.1	455.2	127.98	133.46	195.26
西 藏	Tibet						
陕 西	Shaanxi	614.2	601.4	744.1	263.50	258.02	319.21
甘 肃	Gansu	632.7	679.9	689.8	271.43	291.68	295.93
青 海	Qinghai	127.5	127.5	127.5	54.71	54.71	54.71
宁 夏	Ningxia	80.8	80.8	240.6	34.67	34.67	103.23
新 疆	Xinjiang	386.7	73.9	84.5	165.91	31.70	36.25

资料来源:农业部

Source: Ministry of Agriculture, P.R. China.

5-27 分地区农村非商品能源生活消费情况(薪柴)

NON COMMERCIAL ENERGY CONSUMPTION FOR RURAL RESIDENTIAL BY REGION (FIREWOOD)

地区	Region	实物(万吨)Physical Unit (10^4tn)			标准煤(万吨)Coal Equivalent Unit (10^4tce)		
		2000	2001	2002	2000	2001	2002
全国总计	**National**	**14100.90**	**17088.10**	**19967.20**	**8051.68**	**9757.28**	**11401.27**
北京	Beijing	40.53	44.06	41.87	23.15	25.15	23.91
天津	Tianjin	0.63	0.61	0.62	0.36	0.35	0.35
河北	Hebei	709.52	1063.56	1059.12	405.14	607.31	604.76
山西	Shanxi	75.24	217.00	217.00	42.96	123.91	123.91
内蒙	Inner Mongolia	129.93	119.55	157.09	74.19	68.28	89.70
辽宁	Liaoning	534.83	543.64	541.00	305.38	310.41	308.91
吉林	Jilin	324.82	275.45	282.73	185.47	157.28	161.44
黑龙江	Heilongjiang	371.84	330.59	294.91	212.33	188.77	168.39
上海	Shanghai						
江苏	Jiangsu	219.21	232.94	218.07	125.17	133.00	124.52
浙江	Zhejiang	585.11	558.51	620.28	334.10	318.91	354.18
安徽	Anhui	796.82	750.66	735.38	455.01	428.64	419.90
福建	Fujian	32.46	2051.17	2051.30	18.53	1171.22	1171.29
江西	Jiangxi	825.24	628.31	784.51	471.21	358.76	447.96
山东	Shandong	459.76	457.19	466.24	262.52	261.04	266.22
河南	Henan	440.20	451.79	410.08	251.36	257.97	234.16
湖北	Hubei	1122.77	1154.53	1134.06	641.10	659.24	647.55
湖南	Hunan	1372.36	1416.47	1324.31	783.62	808.80	756.18
广东	Guangdong	813.10	706.67	743.57	464.28	403.49	424.58
广西	Guangxi	1154.26	961.00	958.94	659.08	548.73	547.55
海南	Hainan	243.80	187.40	138.00	139.21	106.98	78.80
重庆	Chongqing	438.75	662.25	738.92	250.57	378.16	421.92
四川	Sichuan	847.61	1783.45	3056.54	483.99	1018.35	1745.28
贵州	Guizhou	795.54	859.74	1698.65	454.25	490.91	969.93
云南	Yunnan	923.22	855.88	1153.74	527.16	488.70	658.79
西藏	Tibet						
陕西	Shaanxi	506.33	497.06	756.12	289.10	283.83	431.74
甘肃	Gansu	186.53	196.33	224.70	106.50	112.09	128.30
青海	Qinghai	33.39	33.39	33.39	19.07	19.07	19.07
宁夏	Ningxia						
新疆	Xinjiang	117.10	48.90	126.06	66.87	27.93	71.98

资料来源:农业部

Source: Ministry of Agriculture, P.R.China.

六、地区能源平衡表

Chapter 6 Energy Balance Table by Region

6-1 北京能源平衡表(实物量)-2000

		煤合计 Coal Total 万吨 10^4tn	原煤 Raw Coal 万吨 10^4tn
一、可供本地区消费的能源量	**Total Primary Energy Supply**	**2647.09**	**2068.44**
1.一次能源生产量	Indigenous Production	690.00	690.00
2.回收能	Recovery of Energy		
3.外省(区、市)调入量	Moving In from Other Provinces	2355.72	1778.88
4.进口量	Import		
5.我轮、机在外国加油量	Chinese Airplanes & Ships in Refueling Abroad		
6.本省(区、市)调出量(-)	Sending Out to Other Provinces(-)	-336.36	-336.36
7.出口量(-)	Export(-)	-97.16	-97.16
8.外轮、机在我国加油量(-)	Foreign Airplanes & Ships in Refueling in China		
9.库存增(-)、减(+)量	Stock Change	34.89	33.08
二、加工转换投入(-)产出(+)量	**Input(-) & Output(+) of Transformation**	**-1465.01**	**-922.96**
1.火力发电	Thermal Power	-709.37	-707.09
2.供热	Heating Supply	-206.50	-205.62
3.洗选煤	Coal Washing		
4.炼焦	Coking	-543.83	
5.炼油	Petroleum Refineries		
6.制气	Gas Works	-5.47	-5.47
#焦炭再投入量(-)	Coke Input(-)		
7.煤制品加工	Briquettes	0.16	-4.78
三、损失量	**Loss**		
四、终端消费量	**Total Final Consumption**	**1254.32**	**1237.79**
1.农、林、牧、渔业	Farming, Forestry, Animal Husbandry, Fishery & Water Conservancy	44.64	44.64
2.工业	Industry	695.18	683.08
#用作原料、材料	Non-Energy Use	17.42	11.71
3.建筑业	Construction	9.05	9.05
4.交通运输、仓储及邮电通迅业	Transportation, Storage, Postal & Telecommunications Services	22.45	22.45
5.批发和零售贸易业、餐饮业	Wholesale, Retail Trade and Catering Service		
6.生活消费	Residential Consumption	293.00	288.57
城镇	Urban	128.00	123.57
乡村	Rural	165.00	165.00
7.其他	Other	190.00	190.00
五、平衡差额	**Statistical Difference**	**-72.24**	**-92.31**

ENERGY BALANCE OF BEIJING -2000（PHYSICAL QUANTITY）

洗精煤 Cleaned Coal 万吨 10^4tn	其他洗煤 Other Washed Coal 万吨 10^4tn	型煤 Briquettes 万吨 10^4tn	焦炭 Coke 万吨 10^4tn	焦炉煤气 Coke Oven Gas 亿立方米 10^8cu. m	其他煤气 Other Gas 亿立方米 10^8cu. m	油品合计 Petroleum Products Total 万吨 10^4tn	原油 Crude Oil 万吨 10^4tn	汽油 Gasoline 万吨 10^4tn
569.80	**8.85**		**46.45**			**729.31**	**755.20**	**-24.30**
567.89	8.95		108.00			1030.85	758.36	70.00
						69.17		
						41.62		
			-13.13			-350.82		-77.56
			-100.00			-0.53		
						-33.45		
1.91	-0.10		51.58			-27.53	-3.16	-16.74
-543.83	**-3.16**	**4.94**	**398.43**	**16.99**	**0.12**	**-98.81**	**-694.68**	**146.20**
	-2.28			-0.23		-18.80	-0.26	
	-0.88			-1.16		-55.87		
-543.83			402.07	17.75	-1.54			
						-19.11	-694.42	146.20
			-3.64	0.63	1.66	-5.03		
		4.94						
				1.26		**6.40**	**3.95**	**0.72**
5.80	**5.79**	**4.94**	**445.44**	**15.01**	**0.02**	**607.39**	**56.08**	**105.88**
						12.97		3.18
5.80	5.79	0.51	445.44	11.30	0.02	307.46	56.08	11.41
	5.71		13.71			234.58	56.00	0.05
						12.17		5.62
						152.35		8.80
						9.80		4.50
		4.43		1.70		53.00		30.00
		4.43		1.70		53.00		30.00
				2.01		59.64		42.37
20.17	**-0.10**		**-0.56**	**0.72**	**0.10**	**16.71**	**0.49**	**15.30**

续表(北京-2000)

		煤油 Kerosene 万吨 10^4tn	柴油 Diesel Oil 万吨 10^4tn
一、可供本地区消费的能源量	**Total Primary Energy Supply**	**116.22**	**-100.50**
1.一次能源生产量	Indigenous Production		
2.回收能	Recovery of Energy		
3.外省(区、市)调入量	Moving In from Other Provinces	88.97	56.66
4.进口量	Import	69.17	
5.我轮、机在外国加油量	Chinese Airplanes & Ships in Refueling Abroad	41.62	
6.本省(区、市)调出量(-)	Sending Out to Other Provinces(-)	-46.38	-152.82
7.出口量(-)	Export(-)		
8.外轮、机在我国加油量(-)	Foreign Airplanes & Ships in Refueling in China	-33.45	
9.库存增(-);减(+)量	Stock Change	-3.71	-4.34
二、加工转换投入(-)产出(+)量	**Input(-) & Output(+) of Transformation**		**183.35**
1.火力发电	Thermal Power		-0.50
2.供热	Heating Supply		-0.07
3.洗选煤	Coal Washing		
4.炼焦	Coking		
5.炼油	Petroleum Refineries		183.92
6.制气	Gas Works		
#焦炭再投入量(-)	Coke Input(-)		
7.煤制品加工	Briquettes		
三、损失量	**Loss**		**0.57**
四、终端消费量	**Total Final Consumption**	**117.60**	**80.03**
1.农、林、牧、渔业	Farming, Forestry, Animal Husbandry, Fishery & Water Conservancy		9.79
2.工业	Industry	0.26	15.13
#用作原料、材料	Non-Energy Use		
3.建筑业	Construction	0.07	6.42
4.交通运输、仓储及邮电通迅业	Transportation, Storage, Postal & Telecommunications Services	117.27	25.68
5.批发和零售贸易业、餐饮业	Wholesale, Retail Trade and Catering Service		5.30
6.生活消费	Residential Consumption		5.03
城镇	Urban		5.03
乡村	Rural		
7.其他	Other		12.68
五、平衡差额	**Statistical Difference**	**-1.38**	**2.25**

Continued(Beijing - 2000)

燃料油 Fuel Oil 万吨 10^4tn	液化石油气 PLG 万吨 10^4tn	炼厂干气 Refinery Gas 万吨 10^4tn	天然气 Natural Gas 亿立方米 10^8cu. m	其他石油制品 Other Petroleum Products 万吨 10^4tn	其他焦化产品 Other Coking Products 万吨 10^4tn	热力 Heat 万百万千焦 10^{10}kj	电力 Electricity 亿千瓦小时 10^8kwh	其他能源 Other Energy 万吨标煤 10^4tce
11.04	**-8.49**		**10.97**	**-19.86**	**-1.41**		**204.94**	**175.57**
							9.06	
								175.57
18.23			10.97	38.63	1.18		196.80	
-6.00	-8.00			-60.06			-0.92	
				-0.53				
-1.19	-0.49			2.10	-2.59			
17.03	**39.96**	**10.89**	**-3.70**	**198.44**	**21.37**	**8758.82**	**180.73**	**-42.41**
-18.04							180.73	-19.00
-38.45		-5.86	-3.70	-11.49		8758.82		-23.41
					21.18			
78.55	39.96	16.75		209.93				
-5.03					0.19			
	1.16		**1.38**			**335.00**	**34.14**	
28.10	**27.83**	**10.89**	**5.82**	**180.98**	**19.77**	**8423.82**	**350.34**	**133.16**
							16.14	
26.79	5.92	10.89	0.52	180.98	19.77	5109.27	161.76	133.16
0.88				177.65	19.76			
0.01	0.05		0.68				10.57	
0.60			0.43				11.41	
			1.21				34.14	
	17.97		2.15			1346.41	47.65	
	17.97		2.15			1346.41	38.54	
							9.11	
0.70	3.89		0.83			1968.14	68.67	
-0.03	**2.48**		**0.07**	**-2.40**	**0.19**		**1.19**	

6-1 北京能源平衡表(实物量)-2001

		煤合计 Coal Total 万吨 10^4tn	原煤 Raw Coal 万吨 10^4tn
一、可供本地区消费的能源量	**Total Primary Energy Supply**	**2570.97**	**2002.74**
1.一次能源生产量	Indigenous Production	831.94	831.94
2.回收能	Recovery of Energy		
3.外省(区、市)调入量	Moving In from Other Provinces	2220.03	1649.65
4.进 口 量	Import		
5.我轮、机在外国加油量	Chinese Airplanes & Ships in Refueling Abroad		
6.本省(区、市)调出量(-)	Sending Out to Other Provinces(-)	-404.36	-404.36
7.出 口 量(-)	Export(-)	-152.87	-152.87
8.外轮、机在我国加油量(-)	Foreign Airplanes & Ships in Refueling in China		
9.库存增(-)、减(+)量	Stock Change	76.23	78.38
二、加工转换投入(-)产出(+)量	**Input(-) & Output(+) of Transformation**	**-1429.22**	**-890.36**
1.火力发电	Thermal Power	-651.18	-645.59
2.供　　热	Heating Supply	-238.75	-237.39
3.洗 选 煤	Coal Washing		
4.炼　　焦	Coking	-535.95	
5.炼　　油	Petroleum Refineries		
6.制　　气	Gas Works	-2.72	-2.72
#焦炭再投入量(-)	Coke Input(-)		
7.煤制品加工	Briquettes	-0.62	-4.66
三、损 失 量	**Loss**		
四、终端消费量	**Total Final Consumption**	**1245.73**	**1234.64**
1.农、林、牧、渔业	Farming, Forestry, Animal Husbandry, Fishery & Water Conservancy	48.03	48.03
2.工　　业	Industry	741.68	733.99
#用作原料、材料	Non-Energy Use	17.47	17.47
3.建 筑 业	Construction	5.87	5.87
4.交通运输、仓储及邮电通迅业	Transportation, Storage, Postal & Telecommunications Services	22.15	22.15
5.批发和零售贸易业、餐饮业	Wholesale, Retail Trade and Catering Service		
6.生活消费	Residential Consumption	288.00	284.60
城镇	Urban	118.00	114.60
乡村	Rural	170.00	170.00
7.其他	Other	140.00	140.00
五、平衡差额	**Statistical Difference**	**-108.02**	**-122.26**

ENERGY BALANCE OF BEIJING -2001 (PHYSICAL QUANTITY)

洗精煤 Cleaned Coal 万吨 10^4tn	其他洗煤 Other Washed Coal 万吨 10^4tn	型煤 Briquettes 万吨 10^4tn	焦炭 Coke 万吨 10^4tn	焦炉煤气 Coke Oven Gas 亿立方米 10^8cu. m	其他煤气 Other Gas 亿立方米 10^8cu. m	油品合计 Petroleum Products Total 万吨 10^4tn	原油 Crude Oil 万吨 10^4tn	汽油 Gasoline 万吨 10^4tn
561.13	**7.10**		**32.99**		**124.58**	**764.90**	**700.65**	**13.80**
					124.58			
563.38	7.00		165.00			1035.27	719.88	80.00
						66.13	0.28	
						38.07		
			-31.99			-335.59		-74.84
			-98.00					
						-32.90		
-2.25	0.10		-2.02			-6.08	-19.51	8.64
-535.95	**-6.95**	**4.04**	**395.57**	**17.05**	**-31.89**	**-90.17**	**-647.75**	**146.69**
	-5.59			-0.17	-16.07	-17.47		
	-1.36			-1.14	-15.86	-51.29		
-535.95			396.15	17.96	-0.55			
						-19.14	-647.75	146.69
			-0.58	0.40	0.59	-2.27		
		4.04						
				1.73		**5.40**	**3.56**	**0.68**
6.87	**0.18**	**4.04**	**429.04**	**13.76**	**92.66**	**626.60**	**49.19**	**138.01**
						14.91		3.53
6.87	0.18	0.64	429.04	11.12	92.66	261.61	49.19	12.02
			9.33			193.06	49.19	0.18
						19.82		11.13
						192.47		22.03
				1.09		11.27		4.80
		3.40		0.95		62.02		38.50
		3.40		0.95		62.02		38.50
				0.60		64.50		46.00
18.31	**-0.03**	**-4.04**	**-0.48**	**1.56**	**0.03**	**40.73**	**0.15**	**21.80**

续表(北京－2001)

		煤油 Kerosene 万吨 10^4tn	柴油 Diesel Oil 万吨 10^4tn
一、可供本地区消费的能源量	**Total Primary Energy Supply**	**128.59**	**－58.92**
1.一次能源生产量	Indigenous Production		
2.回收能	Recovery of Energy		
3.外省(区、市)调入量	Moving In from Other Provinces	102.49	70.00
4.进 口 量	Import	65.85	
5.我轮、机在外国加油量	Chinese Airplanes & Ships in Refueling Abroad	38.07	
6.本省(区、市)调出量(－)	Sending Out to Other Provinces(－)	－50.73	－132.90
7.出 口 量(－)	Export(－)		
8.外轮、机在我国加油量(－)	Foreign Airplanes & Ships in Refueling in China	－32.90	
9.库存增(－)、减(＋)量	Stock Change	5.81	3.98
二、加工转换投入(－)产出(＋)量	**Input(－) & Output(＋) of Transformation**		**186.37**
1.火力发电	Thermal Power		－0.32
2.供　　热	Heating Supply		－0.05
3.洗 选 煤	Coal Washing		
4.炼　　焦	Coking		
5.炼　　油	Petroleum Refineries		186.74
6.制　　气	Gas Works		
＃焦炭再投入量(－)	Coke Input(－)		
7.煤制品加工	Briquettes		
三、损 失 量	**Loss**		**0.08**
四、终端消费量	**Total Final Consumption**	**129.25**	**103.07**
1.农、林、牧、渔业	Farming, Forestry, Animal Husbandry, Fishery & Water Conservancy		11.38
2.工　　业	Industry	0.29	16.53
＃用作原料、材料	Non－Energy Use		0.10
3.建 筑 业	Construction	0.35	8.11
4.交通运输、仓储及邮电通迅业	Transportation, Storage, Postal & Telecommunications Services	128.61	41.75
5.批发和零售贸易业、餐饮业	Wholesale, Retail Trade and Catering Service		5.83
6.生活消费	Residential Consumption		5.53
城镇	Urban		5.53
乡村	Rural		
7.其他	Other		13.94
五、平衡差额	**Statistical Difference**	**－0.66**	**24.30**

Continued(Beijing－2001)

燃料油 Fuel Oil 万吨 10^4tn	液化石油气 PLG 万吨 10^4tn	炼厂干气 Refinery Gas 万吨 10^4tn	天然气 Natural Gas 亿立方米 10^8cu. m	其他石油制品 Other Petroleum Products 万吨 10^4tn	其他焦化产品 Other Coking Products 万吨 10^4tn	热力 Heat 万百万千焦 10^{10}kj	电力 Electricity 亿千瓦小时 10^8kwh	其他能源 Other Energy 万吨标煤 10^4tce
9.44	**－6.97**		**16.74**	**－21.69**	**1.71**		**224.55**	**39.76**
							0.95	
								28.61
12.28			16.74	50.62	1.98		224.68	11.30
－4.60	－7.00			－65.52			－1.08	
1.76	0.03			－6.79	－0.27			－0.15
8.97	**39.71**	**12.26**	**－3.09**	**163.58**	**20.96**	**8608.17**	**174.45**	**－11.09**
－17.15							174.45	
－38.97		－5.61	－3.09	－6.66		8608.17		－11.09
					20.90			
67.36	39.71	17.87		170.24				
－2.27					0.06			
0.11	**0.97**		**1.71**			**333.00**	**35.11**	
19.89	**30.21**	**12.26**	**11.94**	**144.72**	**22.75**	**8335.16**	**363.19**	**28.87**
							15.24	
19.75	6.85	12.26	1.41	144.72	22.75	5160.49	154.22	28.87
0.75				142.84	13.58			
0.14	0.09		0.32				12.71	
	0.08						12.20	
	0.64		2.45				40.43	
	17.99		2.57			1269.87	53.94	
	17.99		2.57			1269.87	43.91	
							10.03	
	4.56		5.19			1904.80	74.45	
－1.59	**－0.44**			**－2.83**	**－0.08**	**－59.99**	**0.70**	**－0.20**

6-1 北京能源平衡表(实物量)-2002

		煤合计 Coal Total 万吨 10^4tn	原煤 Raw Coal 万吨 10^4tn
一、可供本地区消费的能源量	**Total Primary Energy Supply**	**2520.31**	**2011.11**
1.一次能源生产量	Indigenous Production	880.95	880.95
2.回收能	Recovery of Energy		
3.外省(区、市)调入量	Moving In from Other Provinces	2133.86	1628.00
4.进 口 量	Import		
5.我轮、机在外国加油量	Chinese Airplanes & Ships in Refueling Abroad		
6.本省(区、市)调出量(-)	Sending Out to Other Provinces(-)	-324.12	-324.12
7.出 口 量(-)	Export(-)	-174.42	-174.42
8.外轮、机在我国加油量(-)	Foreign Airplanes & Ships in Refueling in China		
9.库存增(-)、减(+)量	Stock Change	3.00	
二、加工转换投入(-)产出(+)量	**Input(-) & Output(+) of Transformation**	**-1445.11**	**-959.75**
1.火力发电	Thermal Power	-695.27	-691.84
2.供　　热	Heating Supply	-268.91	-267.91
3.洗 选 煤	Coal Washing		
4.炼　　焦	Coking	-480.93	
5.炼　　油	Petroleum Refineries		
6.制　　气	Gas Works		
#焦炭再投入量(-)	Coke Input(-)		
7.煤制品加工	Briquettes		
三、损 失 量	**Loss**		
四、终端消费量	**Total Final Consumption**	**1085.82**	**1081.65**
1.农、林、牧、渔业	Farming, Forestry, Animal Husbandry, Fishery & Water Conservancy	44.82	44.82
2.工　　业	Industry	622.18	618.01
#用作原料、材料	Non-Energy Use	6.93	6.93
3.建 筑 业	Construction	8.82	8.82
4.交通运输、仓储及邮电通迅业	Transportation, Storage, Postal & Telecommunications Services	21.00	21.00
5.批发和零售贸易业、餐饮业	Wholesale, Retail Trade and Catering Service		
6.生活消费	Residential Consumption	219.00	219.00
城镇	Urban	70.00	70.00
乡村	Rural	149.00	149.00
7.其他	Other	170.00	170.00
五、平衡差额	**Statistical Difference**	**-10.71**	**-30.38**

ENERGY BALANCE OF BEIJING －2002（PHYSICAL QUANTITY）

洗精煤 Cleaned Coal 万吨 10^4tn	其他洗煤 Other Washed Coal 万吨 10^4tn	型煤 Briquettes 万吨 10^4tn	焦炭 Coke 万吨 10^4tn	焦炉煤气 Coke Oven Gas 亿立方米 10^8cu. m	其他煤气 Other Gas 亿立方米 10^8cu. m	油品合计 Petroleum Products Total 万吨 10^4tn	原油 Crude Oil 万吨 10^4tn	汽油 Gasoline 万吨 10^4tn
504.60	**4.60**		**20.03**		**119.03**	**706.47**	**748.26**	**－86.56**
								0
					119.03			0
500.43	5.43		95.81			930.52	739.61	0
						70.97		0
						55.4		0
			－21.92			－336.04		－83.88
			－108.08					0
						－33.14		0
4.00	－1.00		55.00			74.49	9.00	－2.00
－480.93	**－4.43**		**357.44**	**14.60**	**－31.44**	**－91.63**	**－695.21**	**154.12**
	－3.43			－0.17	－15.82	－14.2		0
	－1.00			－1.01	－15.62	－55.7		0
								0
－480.93			357.44	15.43				0
						－19.71	－695.21	154.12
				0.35		－2.02		0
								0
								0
				1.29		**4.28**	**2.71**	**0.49**
3.79	**0.38**		**377.87**	**12.90**	**87.59**	**759.69**	**50.34**	**151.24**
						13.66		3.84
3.79	0.38		377.87	11.38	87.59	358.36	50.34	12.89
			0.34			291.05	50.34	0.13
						21.64		8.82
						210.81		22.48
				0.46		11.1		4.84
				0.70		80.39		52
				0.70		80.39		52
								0
				0.36		63.73		46.37
19.88	**－0.21**		**－0.40**	**0.42**		**－174.13**		**－84.17**

续表(北京-2002)

		煤油 Kerosene 万吨 10^4tn	柴油 Diesel Oil 万吨 10^4tn
一、可供本地区消费的能源量	**Total Primary Energy Supply**	**144.96**	**-125.29**
1.一次能源生产量	Indigenous Production		
2.回收能	Recovery of Energy		
3.外省(区、市)调入量	Moving In from Other Provinces	105.83	
4.进 口 量	Import	69.96	
5.我轮、机在外国加油量	Chinese Airplanes & Ships in Refueling Abroad	55.40	
6.本省(区、市)调出量(-)	Sending Out to Other Provinces(-)	-48.94	-130.90
7.出 口 量(-)	Export(-)		
8.外轮、机在我国加油量(-)	Foreign Airplanes & Ships in Refueling in China	-33.14	
9.库存增(-)、减(+)量	Stock Change	-4.00	6.00
二、加工转换投入(-)产出(+)量	**Input(-) & Output(+) of Transformation**		**173.74**
1.火力发电	Thermal Power		-0.26
2.供 热	Heating Supply		-0.05
3.洗 选 煤	Coal Washing		
4.炼 焦	Coking		
5.炼 油	Petroleum Refineries		174.05
6.制 气	Gas Works		
#焦炭再投入量(-)	Coke Input(-)		
7.煤制品加工	Briquettes		
三、损 失 量	**Loss**		**0.25**
四、终端消费量	**Total Final Consumption**	**145.17**	**108.42**
1.农、林、牧、渔业	Farming, Forestry, Animal Husbandry, Fishery & Water Conservancy		9.82
2.工 业	Industry	0.37	17.22
#用作原料、材料	Non-Energy Use		0.11
3.建 筑 业	Construction	0.54	11.82
4.交通运输、仓储及邮电通迅业	Transportation, Storage, Postal & Telecommunications Services	144.26	44.07
5.批发和零售贸易业、餐饮业	Wholesale, Retail Trade and Catering Service		5.87
6.生活消费	Residential Consumption		5.57
城镇	Urban		5.57
乡村	Rural		
7.其他	Other		14.05
五、平衡差额	**Statistical Difference**	**-0.21**	**-60.22**

Continued(Beijing－2002)

燃料油 Fuel Oil 万吨 10^4tn	液化石油气 PLG 万吨 10^4tn	炼厂干气 Refinery Gas 万吨 10^4tn	天然气 Natural Gas 亿立方米 10^8cu. m	其他石油制品 Other Petroleum Products 万吨 10^4tn	其他焦化产品 Other Coking Products 万吨 10^4tn	热力 Heat 万百万千焦 10^{10}kj	电力 Electricity 亿千瓦小时 10^8kwh	其他能源 Other Energy 万吨标煤 10^4tce
6.68	**－5.28**		**20.48**	**23.70**	**－6.28**		**257.42**	**50.52**
							0.88	
								35.04
10.74			20.48	74.34	2.38		257.66	16.64
1.01								
－15.81	－6.08			－50.43	－6.55		－1.12	
11.00	1.00			－1.00	－2.00			－2.00
11.78	**41.67**	**13.73**	**－2.30**	**208.54**	**18.22**	**9063.97**	**180.33**	**－14.42**
－13.94							180.33	
－36.69		－5.22	－2.30	－13.74		9063.97		－14.42
					18.22			
64.43	41.67	18.95		222.28				
－2.02								
0.04	**0.79**		**1.97**			**344.00**	**36.94**	
18.54	**31.14**	**13.73**	**16.51**	**241.11**	**12.04**	**8709.97**	**399.34**	**36.10**
							15.98	
18.37	4.33	13.73	1.00	241.11	12.04	5235.48	164.81	36.10
0.05				240.42	9.67			
0.17	0.29		0.30				14.84	
							12.54	
	0.39		3.16				45.60	
	22.82		3.39			1555.49	62.60	
	22.82		3.39			1555.49	51.74	
							10.86	
	3.31		8.66			1919.00	82.97	
－0.12	**4.46**		**－0.30**	**－8.87**	**－0.10**	**10.00**	**1.47**	

6－2 天津能源平衡表(实物量)－2000

		煤合计 Coal Total 万吨 10^4tn	原煤 Raw Coal 万吨 10^4tn
一、可供本地区消费的能源量	**Total Primary Energy Supply**	**2467.53**	**2218.15**
1.一次能源生产量	Indigenous Production		
2.回收能	Recovery of Energy		
3.外省(区、市)调入量	Moving In from Other Provinces	2719.49	2469.44
4.进 口 量	Import		
5.我轮、机在外国加油量	Chinese Airplanes & Ships in Refueling Abroad		
6.本省(区、市)调出量(－)	Sending Out to Other Provinces(－)	－159.00	－159.00
7.出 口 量(－)	Export(－)	－189.03	－189.03
8.外轮、机在我国加油量(－)	Foreign Airplanes & Ships in Refueling in China		
9.库存增(－)、减(＋)量	Stock Change	96.07	96.74
二、加工转换投入(－)产出(＋)量	**Input(－) & Output(＋) of Transformation**	**－1347.09**	**－1108.95**
1.火力发电	Thermal Power	－927.80	－927.80
2.供　　热	Heating Supply	－181.15	－181.15
3.洗 选 煤	Coal Washing		
4.炼　　焦	Coking	－140.01	
5.炼　　油	Petroleum Refineries		
6.制　　气	Gas Works	－98.13	
＃焦炭再投入量(－)	Coke Input(－)		
7.煤制品加工	Briquettes		
三、损 失 量	**Loss**	**6.63**	**6.63**
四、终端消费量	**Total Final Consumption**	**1118.99**	**1105.52**
1.农、林、牧、渔业	Farming, Forestry, Animal Husbandry, Fishery & Water Conservancy	15.53	15.53
2.工　　业	Industry	801.43	787.96
＃用作原料、材料	Non－Energy Use		
3.建 筑 业	Construction	19.28	19.28
4.交通运输、仓储及邮电通讯业	Transportation, Storage, Postal & Telecommunications Services	21.06	21.06
5.批发和零售贸易业、餐饮业	Wholesale, Retail Trade and Catering Service		18.78
6.生活消费	Residential Consumption	99.65	99.65
城镇	Urban	59.79	59.79
乡村	Rural	39.86	39.86
7.其他	Other	143.26	143.26
五、平衡差额	**Statistical Difference**	**－5.18**	**－2.95**

ENERGY BALANCE OF TIANJIN －2000（PHYSICAL QUANTITY）

洗精煤 Cleaned Coal 万吨 10^4tn	其他洗煤 Other Washed Coal 万吨 10^4tn	型煤 Briquettes 万吨 10^4tn	焦炭 Coke 万吨 10^4tn	焦炉煤气 Coke Oven Gas 亿立方米 10^8cu. m	其他煤气 Other Gas 亿立方米 10^8cu. m	油品合计 Petroleum Products Total 万吨 10^4tn	原油 Crude Oil 万吨 10^4tn	汽油 Gasoline 万吨 10^4tn
249.38			**－46.45**	**－0.27**		**619.99**	**698.11**	**－1.92**
						763.99	763.99	
250.05			41.47			1222.35	84.62	411.23
						313.00	240.81	
			－64.10	－0.27		－1270.95	－14.41	－392.40
			－22.38			－392.58	－370.01	－13.35
						－0.73		
－0.67			－1.44			－15.09	－6.89	－7.40
－238.14			**188.05**	**6.93**		**－134.53**	**－678.70**	**113.24**
						－1.45		
			－0.74			－0.28		
－140.01			121.35	3.84				
						－132.80	－678.70	113.24
－98.13			69.12	3.09				
			－1.68					
				0.18		**9.71**	**9.69**	
13.47			**141.26**	**6.49**		**496.79**	**21.37**	**112.43**
			1.49			14.57		7.73
13.47			139.77	5.17		172.09	21.37	14.69
						10.91		4.93
						142.94		30.21
						93.65		34.78
				1.25		20.43		6.66
				1.25		13.20		6.66
						7.23		
				0.07		42.20		13.43
－2.23			**0.34**	**－0.01**		**－21.04**	**－11.65**	**－1.11**

续表(天津-2000)

		煤油 Kerosene 万吨 10^4tn	柴油 Diesel Oil 万吨 10^4tn
一、可供本地区消费的能源量	**Total Primary Energy Supply**	**-13.35**	**-51.95**
1.一次能源生产量	Indigenous Production		
2.回收能	Recovery of Energy		
3.外省(区、市)调入量	Moving In from Other Provinces	28.78	656.14
4.进 口 量	Import	0.62	52.32
5.我轮、机在外国加油量	Chinese Airplanes & Ships in Refueling Abroad		
6.本省(区、市)调出量(-)	Sending Out to Other Provinces(-)	-42.27	-750.88
7.出 口 量(-)	Export(-)		-7.37
8.外轮、机在我国加油量(-)	Foreign Airplanes & Ships in Refueling in China	-0.73	
9.库存增(-)、减(+)量	Stock Change	0.25	-2.16
二、加工转换投入(-)产出(+)量	**Input(-) & Output(+) of Transformation**	**32.57**	**240.45**
1.火力发电	Thermal Power		-0.64
2.供　　热	Heating Supply		-0.06
3.洗 选 煤	Coal Washing		
4.炼　　焦	Coking		
5.炼　　油	Petroleum Refineries	32.57	241.15
6.制　　气	Gas Works		
#焦炭再投入量(-)	Coke Input(-)		
7.煤制品加工	Briquettes		
三、损 失 量	**Loss**	**0.02**	
四、终端消费量	**Total Final Consumption**	**18.80**	**196.90**
1.农、林、牧、渔业	Farming, Forestry, Animal Husbandry, Fishery & Water Conservancy	0.23	6.51
2.工　　业	Industry	0.57	22.23
#用作原料、材料	Non-Energy Use		
3.建 筑 业	Construction	0.32	1.56
4.交通运输、仓储及邮电通迅业	Transportation, Storage, Postal & Telecommunications Services	6.50	90.22
5.批发和零售贸易业、餐饮业	Wholesale, Retail Trade and Catering Service	9.21	48.88
6.生活消费	Residential Consumption	0.01	1.08
城镇	Urban	0.01	1.08
乡村	Rural		
7.其他	Other	1.96	26.42
五、平衡差额	**Statistical Difference**	**0.40**	**-8.40**

Continued(Tianjin－2000)

燃料油 Fuel Oil 万吨 10^4tn	液化石油气 PLG 万吨 10^4tn	炼厂干气 Refinery Gas 万吨 10^4tn	天然气 Natural Gas 亿立方米 10^8cu.m	其他石油制品 Other Petroleum Products 万吨 10^4tn	其他焦化产品 Other Coking Products 万吨 10^4tn	热力 Heat 万百万千焦 10^{10}kj	电力 Electricity 亿千瓦小时 10^8kwh	其他能源 Other Energy 万吨标煤 10^4tce
39.12	**－2.97**		**6.40**	**－47.05**	**－8.81**		**17.42**	
			9.10					
26.88	1.71			12.99			17.65	
18.32	0.93							
－7.67	－5.37		－2.70	－57.95	－8.57		－0.23	
				－1.85				
1.59	－0.24			－0.24	－0.24			
39.39	**25.85**	**11.12**		**81.55**	**11.06**	**6757.70**	**219.13**	
－0.81						788.35	219.13	
－0.22						5969.35		
					7.12			
40.42	25.85	11.12		81.55				
					3.94			
			0.58			**100.34**	**15.57**	
78.48	**23.70**	**11.12**	**4.82**	**33.99**	**2.25**	**6694.74**	**220.98**	
				0.10			8.35	
62.52	11.74	10.21	1.38	28.76	2.25	3324.97	156.26	
				4.10			1.47	
15.96				0.05		45.41	4.26	
			0.35	0.78		45.36	12.63	
	11.76	0.91	3.03	0.01		3182.29	24.70	
	4.75	0.69	3.03	0.01		3182.29	18.92	
	7.01	0.22					5.78	
	0.20		0.06	0.19		96.71	13.31	
0.03	**－0.82**		**1.00**	**0.51**		**－37.38**		

6-2 天津能源平衡表(实物量)-2001

		煤合计 Coal Total 万吨 10^4tn	原煤 Raw Coal 万吨 10^4tn
一、可供本地区消费的能源量	**Total Primary Energy Supply**	**2638.10**	**2323.44**
1.一次能源生产量	Indigenous Production		
2.回收能	Recovery of Energy		
3.外省(区、市)调入量	Moving In from Other Provinces	2779.58	2449.31
4.进 口 量	Import		
5.我轮、机在外国加油量	Chinese Airplanes & Ships in Refueling Abroad		
6.本省(区、市)调出量(-)	Sending Out to Other Provinces(-)	-85.15	-85.15
7.出 口 量(-)	Export(-)		
8.外轮、机在我国加油量(-)	Foreign Airplanes & Ships in Refueling in China		
9.库存增(-)、减(+)量	Stock Change	-56.33	-40.72
二、加工转换投入(-)产出(+)量	**Input(-) & Output(+) of Transformation**	**-1544.59**	**-1242.69**
1.火力发电	Thermal Power	-864.99	-864.99
2.供　　热	Heating Supply	-369.88	-369.88
3.洗 选 煤	Coal Washing		
4.炼　　焦	Coking	-259.35	-7.82
5.炼　　油	Petroleum Refineries		
6.制　　气	Gas Works	-50.37	
#焦炭再投入量(-)	Coke Input(-)		
7.煤制品加工	Briquettes		
三、损 失 量	**Loss**	**6.42**	**6.42**
四、终端消费量	**Total Final Consumption**	**1083.86**	**1072.76**
1.农、林、牧、渔业	Farming, Forestry, Animal Husbandry, Fishery & Water Conservancy	10.72	10.72
2.工　　业	Industry	817.83	806.73
#用作原料、材料	Non-Energy Use		28.02
3.建 筑 业	Construction	18.80	18.80
4.交通运输、仓储及邮电通迅业	Transportation, Storage, Postal & Telecommunications Services	24.53	24.53
5.批发和零售贸易业、餐饮业	Wholesale, Retail Trade and Catering Service		41.34
6.生活消费	Residential Consumption	88.20	88.20
城镇	Urban	46.14	46.14
乡村	Rural	42.06	42.06
7.其他	Other	82.44	82.44
五、平衡差额	**Statistical Difference**	**3.23**	**1.57**

ENERGY BALANCE OF TIANJIN －2001（PHYSICAL QUANTITY）

洗精煤 Cleaned Coal 万吨 10^4tn	其他洗煤 Other Washed Coal 万吨 10^4tn	型煤 Briquettes 万吨 10^4tn	焦炭 Coke 万吨 10^4tn	焦炉煤气 Coke Oven Gas 亿立方米 10^8cu. m	其他煤气 Other Gas 亿立方米 10^8cu. m	油品合计 Petroleum Products Total 万吨 10^4tn	原油 Crude Oil 万吨 10^4tn	汽油 Gasoline 万吨 10^4tn
314.66			**－94.40**	**－0.75**		**628.03**	**741.16**	**－11.42**
						970.29	970.29	
330.27			1.61			1087.79		386.67
						216.74	216.59	
						30.20		
			－74.73	－0.75		－1631.98	－449.37	－364.40
			－27.47			－23.37		－23.37
						－7.77		
－15.61			6.19			－13.87	3.65	－10.32
－301.90			**220.23**	**5.57**		**－100.19**	**－705.13**	**131.30**
				－1.39		－1.37		
			－0.50			－1.86		
－251.53			222.23			1.98		
						－158.19	－705.13	131.30
－50.37			－1.50	6.96		59.25		
0.00			**0.10**	**0.26**		**7.75**	**7.62**	
11.10			**126.67**	**4.57**		**524.23**	**36.60**	**116.27**
						26.10		11.12
11.10			126.67	3.31		203.29	36.60	14.19
			2.62			23.95	0.67	0.21
						10.44		4.25
						143.89		38.26
						104.09		34.95
				1.26		20.82		7.90
				1.26		14.92		7.90
						5.90		
1.66			**－0.94**	**－0.01**		**－4.14**	**－8.19**	**3.61**

续表(天津-2001)

		煤油 Kerosene 万吨 10^4tn	柴油 Diesel Oil 万吨 10^4tn
一、可供本地区消费的能源量	**Total Primary Energy Supply**	**-11.81**	**-83.56**
1.一次能源生产量	Indigenous Production		
2.回收能	Recovery of Energy		
3.外省(区、市)调入量	Moving In from Other Provinces	30.56	634.58
4.进 口 量	Import	0.15	
5.我轮、机在外国加油量	Chinese Airplanes & Ships in Refueling Abroad	1.20	6.69
6.本省(区、市)调出量(-)	Sending Out to Other Provinces(-)	-41.95	-714.37
7.出 口 量(-)	Export(-)		
8.外轮、机在我国加油量(-)	Foreign Airplanes & Ships in Refueling in China	-0.61	-7.16
9.库存增(-)、减(+)量	Stock Change	-1.16	-3.30
二、加工转换投入(-)产出(+)量	**Input(-) & Output(+) of Transformation**	**22.37**	**266.96**
1.火力发电	Thermal Power		-0.66
2.供　热	Heating Supply		-0.19
3.洗 选 煤	Coal Washing		
4.炼　焦	Coking		
5.炼　油	Petroleum Refineries	22.37	267.81
6.制　气	Gas Works		
#焦炭再投入量(-)	Coke Input(-)		
7.煤制品加工	Briquettes		
三、损 失 量	**Loss**	**0.02**	
四、终端消费量	**Total Final Consumption**	**11.40**	**182.57**
1.农、林、牧、渔业	Farming, Forestry, Animal Husbandry, Fishery & Water Conservancy	0.19	14.38
2.工　业	Industry	0.55	23.92
#用作原料、材料	Non-Energy Use	0.33	
3.建 筑 业	Construction	0.04	6.05
4.交通运输、仓储及邮电通迅业	Transportation, Storage, Postal & Telecommunications Services	6.48	76.17
5.批发和零售贸易业、餐饮业	Wholesale, Retail Trade and Catering Service	2.56	53.03
6.生活消费	Residential Consumption		1.60
城镇	Urban		1.60
乡村	Rural		
7.其他	Other	1.58	7.42
五、平衡差额	**Statistical Difference**	**-0.86**	**0.83**

Continued(Tianjin－2001)

燃料油 Fuel Oil 万吨 10^4tn	液化石油气 PLG 万吨 10^4tn	炼厂干气 Refinery Gas 万吨 10^4tn	天然气 Natural Gas 亿立方米 10^8cu. m	其他石油制品 Other Petroleum Products 万吨 10^4tn	其他焦化产品 Other Coking Products 万吨 10^4tn	热力 Heat 万百万千焦 10^{10}kj	电力 Electricity 亿千瓦小时 10^8kwh	其他能源 Other Energy 万吨标煤 10^4tce
46.95	**－3.83**		**6.28**	**－49.46**	**－0.52**		**25.95**	
			8.95					
26.94			2.28	9.04			26.19	
22.31								
－0.68	－4.06		－4.95	－57.15	－0.98		－0.24	
－1.62	0.23			－1.35	0.46			
38.95	**39.87**	**19.38**	**－0.89**	**86.11**	**10.98**	**7474.24**	**224.53**	
－0.71			－0.77				224.53	
－1.67			－0.12			7474.24		
				1.98	10.98			
41.33				84.13				
	39.87	19.38						
		0.03	**0.19**	**0.08**		**22.86**	**13.92**	
85.08	**35.64**	**19.35**	**6.81**	**37.32**	**10.30**	**7405.51**	**236.55**	
				0.41			8.12	
62.46	11.95	18.57	1.54	35.05	7.42	3841.45	167.97	
7.46	2.94			12.34		0.25	1.47	
				0.10			1.48	
22.62				0.36		61.85	4.55	
	12.70		0.69	0.85	2.88	114.20	11.03	
	10.77	0.52	4.58	0.03		3302.62	26.14	
	4.87	0.52	3.22	0.03		3302.62	19.49	
	5.90		1.36				6.65	
	0.22	0.26		0.52		85.39	17.26	
0.82	**0.40**		**－1.61**	**－0.75**	**0.16**	**45.87**	**0.01**	

6-2 天津能源平衡表(实物量)-2002

		煤合计 Coal Total 万吨 10^4tn	原煤 Raw Coal 万吨 10^4tn
一、可供本地区消费的能源量	**Total Primary Energy Supply**	**2929.20**	**2511.77**
1.一次能源生产量	Indigenous Production		
2.回收能	Recovery of Energy		
3.外省(区、市)调入量	Moving In from Other Provinces	2929.57	2515.43
4.进 口 量	Import		
5.我轮、机在外国加油量	Chinese Airplanes & Ships in Refueling Abroad		
6.本省(区、市)调出量(-)	Sending Out to Other Provinces(-)		
7.出 口 量(-)	Export(-)		
8.外轮、机在我国加油量(-)	Foreign Airplanes & Ships in Refueling in China		
9.库存增(-)、减(+)量	Stock Change	-0.37	-3.66
二、加工转换投入(-)产出(+)量	**Input(-) & Output(+) of Transformation**	**-1908.28**	**-1548.03**
1.火力发电	Thermal Power	-1052.74	-1052.74
2.供 热	Heating Supply	-495.29	-495.29
3.洗 选 煤	Coal Washing		
4.炼 焦	Coking	-259.50	
5.炼 油	Petroleum Refineries		
6.制 气	Gas Works	-100.75	
#焦炭再投入量(-)	Coke Input(-)		
7.煤制品加工	Briquettes		
三、损 失 量	**Loss**	**3.94**	**3.94**
四、终端消费量	**Total Final Consumption**	**1016.47**	**958.82**
1.农、林、牧、渔业	Farming, Forestry, Animal Husbandry, Fishery & Water Conservancy	14.12	14.12
2.工 业	Industry	808.90	751.25
#用作原料、材料	Non-Energy Use		
3.建 筑 业	Construction	17.05	17.05
4.交通运输、仓储及邮电通迅业	Transportation, Storage, Postal & Telecommunications Services	21.03	21.03
5.批发和零售贸易业、餐饮业	Wholesale, Retail Trade and Catering Service	37.46	37.46
6.生活消费	Residential Consumption	79.87	79.87
城镇	Urban	39.83	39.83
乡村	Rural	40.04	40.04
7.其他	Other	38.04	38.04
五、平衡差额	**Statistical Difference**	**0.51**	**0.98**

ENERGY BALANCE OF TIANJIN －2002（PHYSICAL QUANTITY）

洗精煤 Cleaned Coal 万吨 10^4tn	其他洗煤 Other Washed Coal 万吨 10^4tn	型煤 Briquettes 万吨 10^4tn	焦炭 Coke 万吨 10^4tn	焦炉煤气 Coke Oven Gas 亿立方米 10^8cu. m	其他煤气 Other Gas 亿立方米 10^8cu. m	油品合计 Petroleum Products Total 万吨 10^4tn	原油 Crude Oil 万吨 10^4tn	汽油 Gasoline 万吨 10^4tn
417.43			**－158.09**	**－0.30**		**656.21**	**678.40**	**－21.45**
						1215.94	1215.94	
414.14			1.68			1136.07	51.32	380.49
						183.83	172.63	
						38.06		
			－133.02	－0.30		－1783.94	－635.83	－388.60
			－22.54			－130.01	－99.77	－30.24
						－10.61		
3.29			－4.21			6.87	－25.89	16.90
－360.25			**306.00**	**6.36**		**－30.29**	**－645.07**	**110.44**
				－1.71		－2.39		
						－0.37		
－259.50			307.31					
						－86.70	－645.07	110.44
－100.75			－1.31	8.07		59.17		
0.00						**7.19**	**6.64**	
57.65			**148.18**	**6.07**		**621.17**	**23.87**	**94.76**
						25.46		5.77
57.65			148.18	4.88		309.05	23.87	13.88
						4.00		1.40
						158.03		39.36
				0.12		84.17		16.56
				0.97		19.12		7.53
				0.97		13.41		7.53
						5.71		
				0.10		21.34		10.26
－0.47			**－0.27**	**－0.01**		**3.65**	**2.82**	**0.32**

续表(天津－2002)

		煤油 Kerosene 万吨 10^4tn	柴油 Diesel Oil 万吨 10^4tn
一、可供本地区消费的能源量	**Total Primary Energy Supply**	**－11.58**	**－70.43**
1.一次能源生产量	Indigenous Production		
2.回收能	Recovery of Energy		
3.外省(区、市)调入量	Moving In from Other Provinces	30.25	599.65
4.进 口 量	Import	0.24	
5.我轮、机在外国加油量	Chinese Airplanes & Ships in Refueling Abroad	1.10	1.42
6.本省(区、市)调出量(－)	Sending Out to Other Provinces(－)	－43.21	－679.65
7.出 口 量(－)	Export(－)		
8.外轮、机在我国加油量(－)	Foreign Airplanes & Ships in Refueling in China	－1.04	－2.50
9.库存增(－)、减(＋)量	Stock Change	1.08	10.65
二、加工转换投入(－)产出(＋)量	**Input(－) & Output(＋) of Transformation**	**26.90**	**252.11**
1.火力发电	Thermal Power		－2.35
2.供　　热	Heating Supply		－0.19
3.洗 选 煤	Coal Washing		
4.炼　　焦	Coking		
5.炼　　油	Petroleum Refineries	26.90	254.65
6.制　　气	Gas Works		
＃焦炭再投入量(－)	Coke Input(－)		
7.煤制品加工	Briquettes		
三、损 失 量	**Loss**		
四、终端消费量	**Total Final Consumption**	**15.63**	**181.27**
1.农、林、牧、渔业	Farming, Forestry, Animal Husbandry, Fishery & Water Conservancy	0.04	19.02
2.工　　业	Industry	0.76	29.10
＃用作原料、材料	Non－Energy Use		
3.建 筑 业	Construction		2.58
4.交通运输、仓储及邮电通迅业	Transportation, Storage, Postal & Telecommunications Services	10.61	68.22
5.批发和零售贸易业、餐饮业	Wholesale, Retail Trade and Catering Service	2.12	53.14
6.生活消费	Residential Consumption		1.88
城镇	Urban		1.88
乡村	Rural		
7.其他	Other	2.10	7.33
五、平衡差额	**Statistical Difference**	**－0.31**	**0.41**

Continued(Tianjin－2002)

燃料油 Fuel Oil 万吨 10^4tn	液化石油气 PLG 万吨 10^4tn	炼厂干气 Refinery Gas 万吨 10^4tn	天然气 Natural Gas 亿立方米 10^8cu.m	其他石油制品 Other Petroleum Products 万吨 10^4tn	其他焦化产品 Other Coking Products 万吨 10^4tn	热力 Heat 万百万千焦 10^{10}kj	电力 Electricity 亿千瓦小时 10^8kwh	其他能源 Other Energy 万吨标煤 10^4tce
56.25	**－16.19**		**6.30**	**41.21**	**－9.03**		**4.90**	
			8.88					
35.16	4.24		2.61	34.96			5.18	
	0.79			10.17				
35.54								
－10.09	－21.29		－5.19	－5.27	－8.56		－0.28	
－7.07								
2.71	0.07			1.35	－0.47			
32.38	**50.36**	**8.81**	**－1.15**	**133.78**	**14.96**	**8199.17**	**276.10**	
－0.04			－0.55				276.10	
－0.18			－0.60			8199.17		
					14.96			
32.60				133.78				
	50.36	8.81						
		0.03	**0.38**	**0.52**		**53.67**	**15.61**	
88.76	**34.39**	**8.78**	**4.95**	**173.71**	**6.30**	**8111.42**	**265.39**	
				0.63			10.54	
49.02	11.32	8.67	1.22	172.43	6.30	4039.00	189.72	
				0.02			1.53	
39.74				0.10		62.19	4.88	
	12.05		0.87	0.30		116.38	12.82	
	9.59	0.11	2.86	0.01		3803.57	29.34	
	3.88	0.11	2.86	0.01		3803.57	21.86	
	5.71						7.48	
	1.43			0.22		90.28	16.56	
－0.13	**－0.22**		**－0.18**	**0.76**	**－0.37**	**34.08**		

6－3　河北能源平衡表(实物量)－2000

		煤合计 Coal Total 万吨 10^4tn	原煤 Raw Coal 万吨 10^4tn
一、可供本地区消费的能源量	**Total Primary Energy Supply**	**11889.99**	**12113.68**
1.一次能源生产量	Indigenous Production	6746.56	6746.56
2.回收能	Recovery of Energy		
3.外省(区、市)调入量	Moving In from Other Provinces	6244.94	5837.14
4.进 口 量	Import		
5.我轮、机在外国加油量	Chinese Airplanes & Ships in Refueling Abroad		
6.本省(区、市)调出量(－)	Sending Out to Other Provinces(－)	－1086.66	－476.91
7.出 口 量(－)	Export(－)	－25.06	
8.外轮、机在我国加油量(－)	Foreign Airplanes & Ships in Refueling in China		
9.库存增(－)、减(＋)量	Stock Change	10.21	6.89
二、加工转换投入(－)产出(＋)量	**Input(－) & Output(＋) of Transformation**	**－6654.01**	**－7607.64**
1.火力发电	Thermal Power	－4153.38	－4094.41
2.供　　热	Heating Supply	－471.31	－461.32
3.洗 选 煤	Coal Washing	－486.25	－2338.70
4.炼　　焦	Coking	－1550.98	－630.11
5.炼　　油	Petroleum Refineries		
6.制　　气	Gas Works	－2.53	－2.53
#焦炭再投入量(－)	Coke Input(－)		
7.煤制品加工	Briquettes	10.44	－80.57
三、损 失 量	**Loss**	**82.58**	**76.85**
四、终端消费量	**Total Final Consumption**	**5378.40**	**4654.19**
1.农、林、牧、渔业	Farming, Forestry, Animal Husbandry, Fishery & Water Conservancy	29.76	29.76
2.工　　业	Industry	3502.63	3460.97
#用作原料、材料	Non－Energy Use		
3.建 筑 业	Construction	18.17	18.17
4.交通运输、仓储及邮电通迅业	Transportation, Storage, Postal & Telecommunications Services	48.15	48.11
5.批发和零售贸易业、餐饮业	Wholesale, Retail Trade and Catering Service	44.43	43.85
6.生活消费	Residential Consumption	1522.92	842.68
城镇	Urban	542.15	292.79
乡村	Rural	980.77	549.89
7.其他	Other	212.34	210.65
五、平衡差额	**Statistical Difference**	**－225.00**	**－225.00**

ENERGY BALANCE OF HEBEI －2000（PHYSICAL QUANTITY）

洗精煤 Cleaned Coal 万吨 10^4tn	其他洗煤 Other Washed Coal 万吨 10^4tn	型煤 Briquettes 万吨 10^4tn	焦炭 Coke 万吨 10^4tn	焦炉煤气 Coke Oven Gas 亿立方米 10^8cu. m	其他煤气 Other Gas 亿立方米 10^8cu. m	油品合计 Petroleum Products Total 万吨 10^4tn	原油 Crude Oil 万吨 10^4tn	汽油 Gasoline 万吨 10^4tn
-213.60	**-10.09**		**114.96**		**91.62**	**643.37**	**747.37**	**-22.60**
						518.26	518.26	
					91.62			
397.46	10.34		291.04			320.20	154.12	59.10
						157.43	157.43	
						0.84		
-584.88	-24.87		-133.16			-315.84	-80.64	-76.01
-25.06			-34.91					
						-0.63		
-1.12	4.44		-8.01			-36.89	-1.80	-5.69
230.22	**632.40**	**91.01**	**1112.89**	**24.69**	**0.33**	**-45.60**	**-690.56**	**159.04**
	-58.97					-9.15		
	-9.99					-5.00	-0.09	
1151.09	701.36							
-920.87			1112.89	24.69				
						-31.45	-690.47	159.04
					0.33			
		91.01						
0.21	**5.52**		**12.28**	**0.33**		**16.46**	**15.42**	**0.50**
16.41	**616.79**	**91.01**	**1215.57**	**24.36**	**91.95**	**581.31**	**41.39**	**135.94**
						52.24		0.72
16.41	25.25		1215.26	18.06	29.94	254.80	41.39	47.05
			0.02			101.36		3.48
		0.04		0.02		104.67		59.68
		0.58	0.06	0.03		12.18		7.06
	591.54	88.70		6.24	62.01	34.76		
	204.79	44.57		6.24	62.01	30.34		
	386.75	44.13				4.42		
		1.69	0.23	0.01		21.30		17.95

续表(河北-2000)

		煤油 Kerosene 万吨 10^4tn	柴油 Diesel Oil 万吨 10^4tn
一、可供本地区消费的能源量	**Total Primary Energy Supply**	**-10.38**	**-89.91**
1.一次能源生产量	Indigenous Production		
2.回收能	Recovery of Energy		
3.外省(区、市)调入量	Moving In from Other Provinces	1.73	83.55
4.进口量	Import		
5.我轮、机在外国加油量	Chinese Airplanes & Ships in Refueling Abroad		0.84
6.本省(区、市)调出量(-)	Sending Out to Other Provinces(-)	-10.80	-141.65
7.出口量(-)	Export(-)		
8.外轮、机在我国加油量(-)	Foreign Airplanes & Ships in Refueling in China		-0.63
9.库存增(-)、减(+)量	Stock Change	-1.31	-32.02
二、加工转换投入(-)产出(+)量	**Input(-) & Output(+) of Transformation**	**13.61**	**266.37**
1.火力发电	Thermal Power		-4.46
2.供热	Heating Supply		-0.36
3.洗选煤	Coal Washing		
4.炼焦	Coking		
5.炼油	Petroleum Refineries	13.61	271.19
6.制气	Gas Works		
#焦炭再投入量(-)	Coke Input(-)		
7.煤制品加工	Briquettes		
三、损失量	**Loss**	**0.04**	**0.18**
四、终端消费量	**Total Final Consumption**	**3.19**	**176.28**
1.农、林、牧、渔业	Farming, Forestry, Animal Husbandry, Fishery & Water Conservancy	0.05	51.37
2.工业	Industry	1.09	66.81
#用作原料、材料	Non-Energy Use		
3.建筑业	Construction	0.03	10.16
4.交通运输、仓储及邮电通迅业	Transportation, Storage, Postal & Telecommunications Services	0.01	39.79
5.批发和零售贸易业、餐饮业	Wholesale, Retail Trade and Catering Service	0.02	4.51
6.生活消费	Residential Consumption	1.77	0.71
城镇	Urban	0.04	0.71
乡村	Rural	1.73	
7.其他	Other	0.22	2.93
五、平衡差额	**Statistical Difference**		

Continued(Hebei－2000)

燃料油 Fuel Oil 万吨 10^4tn	液化石油气 PLG 万吨 10^4tn	炼厂干气 Refinery Gas 万吨 10^4tn	天然气 Natural Gas 亿立方米 10^8cu. m	其他石油制品 Other Petroleum Products 万吨 10^4tn	其他焦化产品 Other Coking Products 万吨 10^4tn	热力 Heat 万百万千焦 10^{10}kj	电力 Electricity 亿千瓦小时 10^8kwh	其他能源 Other Energy 万吨标煤 10^4tce
19.22	**-0.01**		**7.72**	**-0.32**			**-30.20**	
			5.14				4.89	
21.70			5.42				21.27	
-6.74			-2.84				-56.36	
4.26	-0.01			-0.32				
24.83	**34.86**	**22.57**		**123.68**	**30.89**	**7743.36**	**839.53**	
-4.34		-0.35				-452.82	839.53	
-1.00		-3.55				8196.18		
					30.89			
30.17	34.86	26.47		123.68				
0.08	**0.05**	**0.07**	**0.50**	**0.12**			**48.18**	
43.97	**34.80**	**22.50**	**7.22**	**123.24**	**30.89**	**7743.36**	**761.15**	
0.10							61.39	
38.18	1.85	22.50	7.22	35.93	30.89	4318.21	518.48	
0.35	0.03			87.31		4.45	6.02	
5.00	0.19					12.08	20.92	
0.23	0.36					131.23	14.80	
	32.28					3053.56	88.53	
	29.59					3053.56	50.16	
	2.69						38.37	
0.11	0.09					223.83	51.01	

6-3 河北能源平衡表(实物量)-2001

		煤合计 Coal Total 万吨 10^4tn	原煤 Raw Coal 万吨 10^4tn
一、可供本地区消费的能源量	**Total Primary Energy Supply**	**12640.79**	**12688.84**
1.一次能源生产量	Indigenous Production	6785.76	6785.76
2.回收能	Recovery of Energy		
3.外省(区、市)调入量	Moving In from Other Provinces	7146.61	6694.93
4.进口量	Import		
5.我轮、机在外国加油量	Chinese Airplanes & Ships in Refueling Abroad		
6.本省(区、市)调出量(-)	Sending Out to Other Provinces(-)	-1290.40	-804.09
7.出口量(-)	Export(-)	-14.38	
8.外轮、机在我国加油量(-)	Foreign Airplanes & Ships in Refueling in China		
9.库存增(-)、减(+)量	Stock Change	13.20	12.24
二、加工转换投入(-)产出(+)量	**Input(-) & Output(+) of Transformation**	**-6997.53**	**-7835.73**
1.火力发电	Thermal Power	-4439.18	-4382.42
2.供热	Heating Supply	-511.44	-497.91
3.洗选煤	Coal Washing	-479.64	-2350.96
4.炼焦	Coking	-1576.32	-517.81
5.炼油	Petroleum Refineries		
6.制气	Gas Works	-2.89	-2.89
#焦炭再投入量(-)	Coke Input(-)		
7.煤制品加工	Briquettes	11.94	-83.74
三、损失量	**Loss**	**83.22**	**77.46**
四、终端消费量	**Total Final Consumption**	**5560.04**	**4775.65**
1.农、林、牧、渔业	Farming, Forestry, Animal Husbandry, Fishery & Water Conservancy	27.31	27.31
2.工业	Industry	3648.71	3592.16
#用作原料、材料	Non-Energy Use		
3.建筑业	Construction	18.88	18.88
4.交通运输、仓储及邮电通迅业	Transportation, Storage, Postal & Telecommunications Services	49.81	49.68
5.批发和零售贸易业、餐饮业	Wholesale, Retail Trade and Catering Service	43.51	42.26
6.生活消费	Residential Consumption	1543.75	819.15
城镇	Urban	547.39	284.69
乡村	Rural	996.36	534.46
7.其他	Other	228.07	226.21
五、平衡差额	**Statistical Difference**		

ENERGY BALANCE OF HEBEI －2001（PHYSICAL QUANTITY）

洗精煤 Cleaned Coal 万吨 10^4tn	其他洗煤 Other Washed Coal 万吨 10^4tn	型煤 Briquettes 万吨 10^4tn	焦炭 Coke 万吨 10^4tn	焦炉煤气 Coke Oven Gas 亿立方米 10^8cu.m	其他煤气 Other Gas 亿立方米 10^8cu.m	油品合计 Petroleum Products Total 万吨 10^4tn	原油 Crude Oil 万吨 10^4tn	汽油 Gasoline 万吨 10^4tn
－31.48	**－16.57**		**239.74**		**119.41**	**630.23**	**670.55**	**6.57**
						513.22	513.22	
					119.41			
445.29	6.39		324.22			276.45	112.23	62.27
						128.82	128.82	
						3.38		
－466.68	－19.63		－90.24			－295.56	－84.54	－61.34
－14.38			－1.66					
						－3.17		
4.29	－3.33		7.42			7.09	0.82	5.64
52.47	**690.05**	**95.68**	**1120.23**	**24.44**	**0.39**	**－35.43**	**－628.52**	**135.28**
	－56.76			－5.09		－7.30		
	－13.53					－4.69	－0.13	
1110.98	760.34							
－1058.51			1120.23	29.53				
						－23.44	－628.39	135.28
					0.39			
		95.68						
0.21	**5.55**		**12.28**	**0.33**		**15.02**	**14.04**	**0.50**
20.78	**667.93**	**95.68**	**1347.69**	**24.11**	**119.80**	**579.78**	**27.99**	**141.35**
						49.09		1.12
20.78	35.77		1346.85	18.23	110.52	243.64	27.99	49.94
			0.02			123.83		4.92
		0.13	0.17	0.02		98.02		60.14
		1.25	0.16	0.04		12.19		6.68
	632.16	92.44		5.80	9.28	30.64		
	215.85	46.85		5.80	9.28	26.37		
	416.31	45.59				4.27		
		1.86	0.49	0.02		22.37		18.55

续表(河北－2001)

		煤油 Kerosene 万吨 10^4tn	柴油 Diesel Oil 万吨 10^4tn
一、可供本地区消费的能源量	**Total Primary Energy Supply**	**－7.32**	**－60.38**
1.一次能源生产量	Indigenous Production		
2.回收能	Recovery of Energy		
3.外省(区、市)调入量	Moving In from Other Provinces	1.15	80.49
4.进 口 量	Import		
5.我轮、机在外国加油量	Chinese Airplanes & Ships in Refueling Abroad		0.49
6.本省(区、市)调出量(－)	Sending Out to Other Provinces(－)	－9.39	－140.29
7.出 口 量(－)	Export(－)		
8.外轮、机在我国加油量(－)	Foreign Airplanes & Ships in Refueling in China		－0.59
9.库存增(－)、减(＋)量	Stock Change	0.92	－0.48
二、加工转换投入(－)产出(＋)量	**Input(－) & Output(＋) of Transformation**	**10.32**	**224.16**
1.火力发电	Thermal Power		－3.64
2.供　　热	Heating Supply		－0.66
3.洗 选 煤	Coal Washing		
4.炼　　焦	Coking		
5.炼　　油	Petroleum Refineries	10.32	228.46
6.制　　气	Gas Works		
＃焦炭再投入量(－)	Coke Input(－)		
7.煤制品加工	Briquettes		
三、损 失 量	**Loss**	**0.03**	**0.17**
四、终端消费量	**Total Final Consumption**	**2.97**	**163.61**
1.农、林、牧、渔业	Farming, Forestry, Animal Husbandry, Fishery & Water Conservancy	0.06	47.63
2.工　　业	Industry	1.08	61.78
＃用作原料、材料	Non－Energy Use		
3.建 筑 业	Construction	0.01	12.92
4.交通运输、仓储及邮电通迅业	Transportation, Storage, Postal & Telecommunications Services	0.03	32.57
5.批发和零售贸易业、餐饮业	Wholesale, Retail Trade and Catering Service	0.02	4.75
6.生活消费	Residential Consumption	1.58	0.67
城镇	Urban	0.04	0.67
乡村	Rural	1.54	
7.其他	Other	0.19	3.29
五、平衡差额	**Statistical Difference**		

Continued(Hebei－2001)

燃料油 Fuel Oil 万吨 10^4tn	液化石油气 PLG 万吨 10^4tn	炼厂干气 Refinery Gas 万吨 10^4tn	天然气 Natural Gas 亿立方米 10^8cu.m	其他石油制品 Other Petroleum Products 万吨 10^4tn	其他焦化产品 Other Coking Products 万吨 10^4tn	热力 Heat 万百万千焦 10^{10}kj	电力 Electricity 亿千瓦小时 10^8kwh	其他能源 Other Energy 万吨标煤 10^4tce
20.38	**0.04**		**6.97**	**0.39**			**－56.06**	
			5.21				3.62	
20.31			4.89				19.81	
2.89								
			－3.13				－79.49	
－2.58								
－0.24	0.04			0.39				
30.64	**31.39**	**20.97**		**140.33**	**31.88**	**8687.62**	**925.61**	
－3.38		－0.28				－491.14	925.61	
－0.97		－2.93				9178.76		
					31.88			
34.99	31.39	24.18		140.33				
0.08	**0.05**		**0.40**	**0.15**			**50.16**	
50.94	**31.38**	**20.97**	**6.57**	**140.57**	**31.88**	**8687.62**	**819.39**	
0.28							69.63	
44.75	2.29	20.97	6.57	34.84	31.88	4481.23	557.56	
0.20	0.05			105.73		8.55	6.26	
5.09	0.19					18.83	22.20	
0.39	0.35					140.62	17.30	
	28.39					3758.60	95.64	
	25.66					3758.60	42.70	
	2.73						52.94	
0.23	0.11					279.79	50.80	

6-3 河北能源平衡表(实物量)-2002

		煤合计 Coal Total 万吨 10^4tn	原煤 Raw Coal 万吨 10^4tn
一、可供本地区消费的能源量	**Total Primary Energy Supply**	**13739.46**	**13776.09**
1.一次能源生产量	Indigenous Production	7070.25	7070.25
2.回收能	Recovery of Energy		
3.外省(区、市)调入量	Moving In from Other Provinces	8091.64	7567.52
4.进 口 量	Import	12.72	12.72
5.我轮、机在外国加油量	Chinese Airplanes & Ships in Refueling Abroad		
6.本省(区、市)调出量(-)	Sending Out to Other Provinces(-)	-1416.67	-864.94
7.出 口 量(-)	Export(-)	-12.34	
8.外轮、机在我国加油量(-)	Foreign Airplanes & Ships in Refueling in China		
9.库存增(-)、减(+)量	Stock Change	-6.14	-9.46
二、加工转换投入(-)产出(+)量	**Input(-) & Output(+) of Transformation**	**-7843.31**	**-8676.59**
1.火力发电	Thermal Power	-5053.21	-4988.01
2.供　　热	Heating Supply	-583.47	-569.59
3.洗 选 煤	Coal Washing	-510.78	-2540.45
4.炼　　焦	Coking	-1704.33	-493.23
5.炼　　油	Petroleum Refineries		
6.制　　气	Gas Works	-3.28	-3.28
#焦炭再投入量(-)	Coke Input(-)		
7.煤制品加工	Briquettes	11.76	-82.03
三、损 失 量	**Loss**	**84.04**	**78.27**
四、终端消费量	**Total Final Consumption**	**5812.11**	**5021.23**
1.农、林、牧、渔业	Farming, Forestry, Animal Husbandry, Fishery & Water Conservancy	23.27	23.27
2.工　　业	Industry	3938.62	3861.29
#用作原料、材料	Non-Energy Use		
3.建 筑 业	Construction	18.44	18.31
4.交通运输、仓储及邮电通迅业	Transportation, Storage, Postal & Telecommunications Services	48.66	48.50
5.批发和零售贸易业、餐饮业	Wholesale, Retail Trade and Catering Service	43.22	41.67
6.生活消费	Residential Consumption	1506.42	796.76
城镇	Urban	523.98	276.91
乡村	Rural	982.44	519.85
7.其他	Other	233.48	231.43
五、平衡差额	**Statistical Difference**		

ENERGY BALANCE OF HEBEI －2002（PHYSICAL QUANTITY）

洗精煤 Cleaned Coal 万吨 10^4tn	其他洗煤 Other Washed Coal 万吨 10^4tn	型煤 Briquettes 万吨 10^4tn	焦炭 Coke 万吨 10^4tn	焦炉煤气 Coke Oven Gas 亿立方米 10^8cu. m	其他煤气 Other Gas 亿立方米 10^8cu. m	油品合计 Petroleum Products Total 万吨 10^4tn	原油 Crude Oil 万吨 10^4tn	汽油 Gasoline 万吨 10^4tn
－28.94	**－7.69**		**572.36**		**131.52**	**640.27**	**697.59**	**12.19**
						503.26	503.26	
					131.52			
516.14	7.98		665.12			280.32	125.69	76.45
						157.78	157.78	
－533.86	－17.87		－96.78			－295.40	－85.10	－62.23
－12.34			－1.82					
1.12	2.20		5.84			－5.69	－4.04	－2.03
57.44	**682.05**	**93.79**	**1235.66**	**27.30**	**－6.90**	**－35.77**	**－655.73**	**135.22**
	－65.20				－7.34	－5.61		
	－13.88					－2.91		
1268.54	761.13							
－1211.10			1235.66	27.30				
						－27.25	－655.73	135.22
					0.44			
		93.79						
0.22	**5.55**		**13.50**	**0.32**		**15.62**	**14.04**	**0.50**
28.28	**668.81**	**93.79**	**1794.52**	**26.98**	**124.62**	**588.88**	**27.82**	**146.91**
			0.02			47.28		1.21
28.28	40.83	8.22	1793.56	20.84	115.09	267.61	27.82	52.91
		0.13	0.02			103.09		4.80
		0.16	0.17	0.02		95.70		60.85
		1.55	0.15	0.06		14.56		6.23
	627.98	81.68		6.03	9.53	35.07		
	207.23	39.84		6.03	9.53	28.13		
	420.75	41.84				6.94		
		2.05	0.60	0.03		25.57		20.91

续表(河北－2002)

		煤油 Kerosene 万吨 10^4tn	柴油 Diesel Oil 万吨 10^4tn
一、可供本地区消费的能源量	**Total Primary Energy Supply**	**－6.17**	**－61.33**
1.一次能源生产量	Indigenous Production		
2.回收能	Recovery of Energy		
3.外省(区、市)调入量	Moving In from Other Provinces	1.78	72.68
4.进 口 量	Import		
5.我轮、机在外国加油量	Chinese Airplanes & Ships in Refueling Abroad		
6.本省(区、市)调出量(－)	Sending Out to Other Provinces(－)	－8.01	－134.29
7.出 口 量(－)	Export(－)		
8.外轮、机在我国加油量(－)	Foreign Airplanes & Ships in Refueling in China		
9.库存增(－)、减(＋)量	Stock Change	0.06	0.28
二、加工转换投入(－)产出(＋)量	**Input(－) & Output(＋) of Transformation**	**9.00**	**225.88**
1.火力发电	Thermal Power		－4.12
2.供 热	Heating Supply		－0.85
3.洗 选 煤	Coal Washing		
4.炼 焦	Coking		
5.炼 油	Petroleum Refineries	9.00	230.85
6.制 气	Gas Works		
#焦炭再投入量(－)	Coke Input(－)		
7.煤制品加工	Briquettes		
三、损 失 量	**Loss**	**0.03**	**0.17**
四、终端消费量	**Total Final Consumption**	**2.80**	**164.38**
1.农、林、牧、渔业	Farming, Forestry, Animal Husbandry, Fishery & Water Conservancy	0.07	45.71
2.工 业	Industry	0.90	69.51
#用作原料、材料	Non－Energy Use		
3.建 筑 业	Construction	0.02	10.86
4.交通运输、仓储及邮电通讯业	Transportation, Storage, Postal & Telecommunications Services	0.03	29.52
5.批发和零售贸易业、餐饮业	Wholesale, Retail Trade and Catering Service	0.03	4.59
6.生活消费	Residential Consumption	1.50	0.65
城镇	Urban	0.03	0.65
乡村	Rural	1.47	
7.其他	Other	0.25	3.54
五、平衡差额	**Statistical Difference**		

Continued(Hebei－2002)

燃料油 Fuel Oil 万吨 10^4tn	液化石油气 PLG 万吨 10^4tn	炼厂干气 Refinery Gas 万吨 10^4tn	天然气 Natural Gas 亿立方米 10^8cu. m	其他石油制品 Other Petroleum Products 万吨 10^4tn	其他焦化产品 Other Coking Products 万吨 10^4tn	热力 Heat 万百万千焦 10^{10}kj	电力 Electricity 亿千瓦小时 10^8kwh	其他能源 Other Energy 万吨标煤 10^4tce
－2.80	**0.05**		**7.74**	**0.74**			**－45.24**	
			5.90				3.64	
3.72			5.25				20.83	
－5.77			－3.41				－69.71	
－0.75	0.05			0.74				
61.77	**39.07**	**23.37**		**125.65**	**36.57**	**9538.48**	**1010.32**	
－1.22		－0.27				－784.38	1010.32	
－0.89		－1.17				10322.86		
					36.57			
63.88	39.07	24.81		125.65				
0.09	**0.06**	**0.58**	**0.40**	**0.15**			**59.40**	
58.88	**39.06**	**22.79**	**7.34**	**126.24**	**36.57**	**9538.48**	**905.68**	
0.29							87.72	
51.63	2.81	22.79	7.34	39.24	36.57	5200.82	614.71	
0.33	0.08			87.00		16.37	6.96	
5.25	0.05					27.03	23.93	
0.65	3.06					169.17	19.26	
	32.92					3814.47	107.07	
	27.45					3814.47	48.43	
	5.47						58.64	
0.73	0.14					310.62	46.03	

6-4 山西能源平衡表(实物量)-2000

		煤合计 Coal Total 万吨 10^4tn	原煤 Raw Coal 万吨 10^4tn
一、可供本地区消费的能源量	**Total Primary Energy Supply**	**2662.48**	**4783.45**
1.一次能源生产量	Indigenous Production	25151.82	25151.82
2.回收能	Recovery of Energy		
3.外省(区、市)调入量	Moving In from Other Provinces		
4.进 口 量	Import		
5.我轮、机在外国加油量	Chinese Airplanes & Ships in Refueling Abroad		
6.本省(区、市)调出量(-)	Sending Out to Other Provinces(-)	-19805.80	-17604.83
7.出 口 量(-)	Export(-)	-2736.20	-2736.20
8.外轮、机在我国加油量(-)	Foreign Airplanes & Ships in Refueling in China		
9.库存增(-)、减(+)量	Stock Change	52.66	-27.34
二、加工转换投入(-)产出(+)量	**Input(-) & Output(+) of Transformation**	**-11160.71**	**-13398.45**
1.火力发电	Thermal Power	-3127.31	-3009.63
2.供 热	Heating Supply	-118.25	-118.25
3.洗 选 煤	Coal Washing	-1550.49	-6958.75
4.炼 焦	Coking	-6297.57	-3250.02
5.炼 油	Petroleum Refineries		
6.制 气	Gas Works	-66.85	-58.03
#焦炭再投入量(-)	Coke Input(-)		
7.煤制品加工	Briquettes	-0.24	-3.77
三、损 失 量	**Loss**	**8.40**	
四、终端消费量	**Total Final Consumption**	**3093.37**	**2985.00**
1.农、林、牧、渔业	Farming, Forestry, Animal Husbandry, Fishery & Water Conservancy	125.60	125.60
2.工 业	Industry	2157.23	2075.03
#用作原料、材料	Non-Energy Use	180.00	180.00
3.建 筑 业	Construction	82.17	82.17
4.交通运输、仓储及邮电通讯业	Transportation, Storage, Postal & Telecommunications Services	61.60	61.60
5.批发和零售贸易业、餐饮业	Wholesale, Retail Trade and Catering Service	30.87	30.60
6.生活消费	Residential Consumption	525.90	500.00
城镇	Urban	65.20	58.00
乡村	Rural	460.70	442.00
7.其他	Other	110.00	110.00
五、平衡差额	**Statistical Difference**	**-11600.00**	**-11600.00**

ENERGY BALANCE OF SHANXI －2000（PHYSICAL QUANTITY）

洗精煤 Cleaned Coal 万吨 10^4tn	其他洗煤 Other Washed Coal 万吨 10^4tn	型煤 Briquettes 万吨 10^4tn	焦炭 Coke 万吨 10^4tn	焦炉煤气 Coke Oven Gas 亿立方米 10^8cu. m	其他煤气 Other Gas 亿立方米 10^8cu. m	油品合计 Petroleum Products Total 万吨 10^4tn	原油 Crude Oil 万吨 10^4tn	汽油 Gasoline 万吨 10^4tn
－1772.47	**－348.50**		**－2283.50**			**190.83**		**88.84**
						209.94		98.90
－1876.65	－324.32		－1749.64			－1.12		－0.32
			－644.00					
104.18	－24.18		110.14			－17.99		－9.74
1772.47	**463.80**	**1.47**	**4962.98**	**17.99**	**19.18**			
	－117.68							
			－4.13					
4818.21	590.05							
－3045.74	－1.81		4967.22	17.99				
	－6.76	－2.06	－0.11		19.18			
		3.53						
	8.40		**2.58**			**0.12**		**0.04**
	106.90	**1.47**	**1276.90**	**17.99**	**19.18**	**190.71**		**88.80**
			100.00			31.14		9.10
	82.20		1010.30	12.20	13.36	65.76		29.54
			192.00					
			6.20			8.86		3.68
			2.00			70.42		36.80
		0.27	25.80	0.46		2.31		1.63
	24.70	1.20	130.00	5.33	5.82	3.20		0.58
	6.00	1.20	66.80	5.33	5.12	2.60		0.33
	18.70		63.20		0.70	0.60		0.25
			2.60			9.02		7.47
			1400.00					

续表(山西－2000)

		煤油 Kerosene 万吨 10^4tn	柴油 Diesel Oil 万吨 10^4tn
一、可供本地区消费的能源量	**Total Primary Energy Supply**	**6.36**	**80.67**
1.一次能源生产量	Indigenous Production		
2.回收能	Recovery of Energy		
3.外省(区、市)调入量	Moving In from Other Provinces	7.00	89.19
4.进 口 量	Import		
5.我轮、机在外国加油量	Chinese Airplanes & Ships in Refueling Abroad		
6.本省(区、市)调出量(－)	Sending Out to Other Provinces(－)	－0.40	－0.40
7.出 口 量(－)	Export(－)		
8.外轮、机在我国加油量(－)	Foreign Airplanes & Ships in Refueling in China		
9.库存增(－)、减(＋)量	Stock Change	－0.24	－8.12
二、加工转换投入(－)产出(＋)量	Input(－) & Output(＋) of Transformation		
1.火力发电	Thermal Power		
2.供　　热	Heating Supply		
3.洗 选 煤	Coal Washing		
4.炼　　焦	Coking		
5.炼　、油	Petroleum Refineries		
6.制　　气	Gas Works		
#焦炭再投入量(－)	Coke Input(－)		
7.煤制品加工	Briquettes		
三、损 失 量	Loss	**0.01**	**0.07**
四、终端消费量	Total Final Consumption	**6.35**	**80.60**
1.农、林、牧、渔业	Farming, Forestry, Animal Husbandry, Fishery & Water Conservancy	0.04	22.00
2.工　　业	Industry	0.90	22.74
#用作原料、材料	Non－Energy Use		
3.建 筑 业	Construction	0.01	5.17
4.交通运输、仓储及邮电通迅业	Transportation, Storage, Postal & Telecommunications Services	5.02	28.60
5.批发和零售贸易业、餐饮业	Wholesale, Retail Trade and Catering Service	0.01	0.55
6.生活消费	Residential Consumption	0.36	
城镇	Urban	0.29	
乡村	Rural	0.07	
7.其他	Other	0.01	1.54
五、平衡差额	Statistical Difference		

Continued(Shanxi - 2000)

燃料油 Fuel Oil 万吨 10^4tn	液化石油气 PLG 万吨 10^4tn	炼厂干气 Refinery Gas 万吨 10^4tn	天然气 Natural Gas 亿立方米 10^8cu. m	其他石油制品 Other Petroleum Products 万吨 10^4tn	其他焦化产品 Other Coking Products 万吨 10^4tn	热力 Heat 万百万千焦 10^{10}kj	电力 Electricity 亿千瓦小时 10^8kwh	其他能源 Other Energy 万吨标煤 10^4tce
12.42	**2.54**		**1.14**				**-102.64**	
			1.14				15.98	
12.31	2.54						0.52	
							-119.14	
0.11								
					26.24	**2367.70**	**608.73**	
							608.73	
						2367.70		
					26.24			
							29.10	
12.42	**2.54**		**1.14**		**26.24**	**2367.70**	**476.99**	
							26.13	
12.42	0.16				26.24	1630.00	386.33	
							3.53	
							14.76	
	0.12						7.01	
	2.26		1.14			737.70	26.92	
	1.98		1.14			737.70	17.04	
	0.28						9.88	
							12.31	

6－4　山西能源平衡表(实物量)－2001

		煤合计 Coal Total 万吨 10^4tn	原煤 Raw Coal 万吨 10^4tn
一、可供本地区消费的能源量	**Total Primary Energy Supply**	**2656.30**	**5035.30**
1.一次能源生产量	Indigenous Production	27660.00	27660.00
2.回收能	Recovery of Energy		
3.外省(区、市)调入量	Moving In from Other Provinces		
4.进 口 量	Import		
5.我轮、机在外国加油量	Chinese Airplanes & Ships in Refueling Abroad		
6.本省(区、市)调出量(－)	Sending Out to Other Provinces(－)	－21347.00	－18908.08
7.出 口 量(－)	Export(－)	－3965.00	－3965.00
8.外轮、机在我国加油量(－)	Foreign Airplanes & Ships in Refueling in China		
9.库存增(－)、减(＋)量	Stock Change	308.30	248.38
二、加工转换投入(－)产出(＋)量	**Input(－) & Output(＋) of Transformation**	**－11698.28**	**－14171.50**
1.火力发电	Thermal Power	－3588.70	－3400.30
2.供　　热	Heating Supply	－116.57	－116.57
3.洗 选 煤	Coal Washing	－1584.92	－7064.42
4.炼　　焦	Coking	－6343.40	－3530.55
5.炼　　油	Petroleum Refineries		
6.制　　气	Gas Works	－64.42	－56.41
＃焦炭再投入量(－)	Coke Input(－)		
7.煤制品加工	Briquettes	－0.27	－3.25
三、损 失 量	**Loss**		
四、终端消费量	**Total Final Consumption**	**3158.02**	**3063.80**
1.农、林、牧、渔业	Farming, Forestry, Animal Husbandry, Fishery & Water Conservancy	128.80	128.80
2.工　　业	Industry	2177.72	2110.10
＃用作原料、材料	Non－Energy Use	200.00	200.00
3.建 筑 业	Construction	87.10	87.10
4.交通运输、仓储及邮电通迅业	Transportation, Storage, Postal & Telecommunications Services	67.80	67.80
5.批发和零售贸易业、餐饮业	Wholesale, Retail Trade and Catering Service	33.35	33.05
6.生活消费	Residential Consumption	545.90	519.60
城镇	Urban	66.90	59.60
乡村	Rural	479.00	460.00
7.其他	Other	117.35	117.35
五、平衡差额	**Statistical Difference**	**12200.00**	**12200.00**

ENERGY BALANCE OF SHANXI －2001（PHYSICAL QUANTITY）

洗精煤 Cleaned Coal 万吨 10^4tn	其他洗煤 Other Washed Coal 万吨 10^4tn	型煤 Briquettes 万吨 10^4tn	焦炭 Coke 万吨 10^4tn	焦炉煤气 Coke Oven Gas 亿立方米 10^8cu. m	其他煤气 Other Gas 亿立方米 10^8cu. m	油品合计 Petroleum Products Total 万吨 10^4tn	原油 Crude Oil 万吨 10^4tn	汽油 Gasoline 万吨 10^4tn
－1970.93	**－408.07**		**－2117.25**			**221.07**		**88.77**
						226.79		89.75
－2040.57	－398.35		－1544.16			－1.14		－0.33
			－608.00					
69.64	－9.72		34.91			－4.58		－0.65
1970.93	**500.69**	**1.60**	**4984.49**	**18.25**	**18.75**			
	－188.40							
			－3.23					
4773.07	706.43							
－2802.14	－10.71		4987.72	18.25				
	－6.63	－1.38			18.75			
		2.98						
			1.56			**0.11**		**0.03**
	92.62	**1.60**	**2165.68**	**18.25**	**18.75**	**220.96**		**88.74**
			106.00			32.11		9.08
	67.62		1890.82	12.43	12.92	68.58		29.50
			184.00					
			6.50			8.96		3.68
			2.10			96.67		36.81
		0.30	27.60	0.47		2.38		1.64
	25.00	1.30	129.86	5.35	5.83	3.20		0.58
	6.00	1.30	67.00	5.35	5.12	2.61		0.34
	19.00		62.86		0.71	0.59		0.24
			2.80			9.06		7.45
			700.00					

续表(山西-2001)

		煤油 Kerosene 万吨 10^4tn	柴油 Diesel Oil 万吨 10^4tn
一、可供本地区消费的能源量	**Total Primary Energy Supply**	**6.34**	**110.77**
1.一次能源生产量	Indigenous Production		
2.回收能	Recovery of Energy		
3.外省(区、市)调入量	Moving In from Other Provinces	6.54	114.78
4.进口量	Import		
5.我轮、机在外国加油量	Chinese Airplanes & Ships in Refueling Abroad		
6.本省(区、市)调出量(-)	Sending Out to Other Provinces(-)	-0.40	-0.41
7.出口量(-)	Export(-)		
8.外轮、机在我国加油量(-)	Foreign Airplanes & Ships in Refueling in China		
9.库存增(-)、减(+)量	Stock Change	0.20	-3.60
二、加工转换投入(-)产出(+)量	**Input(-) & Output(+) of Transformation**		
1.火力发电	Thermal Power		
2.供热	Heating Supply		
3.洗选煤	Coal Washing		
4.炼焦	Coking		
5.炼油	Petroleum Refineries		
6.制气	Gas Works		
#焦炭再投入量(-)	Coke Input(-)		
7.煤制品加工	Briquettes		
三、损失量	**Loss**	**0.01**	**0.07**
四、终端消费量	**Total Final Consumption**	**6.33**	**110.70**
1.农、林、牧、渔业	Farming, Forestry, Animal Husbandry, Fishery & Water Conservancy	0.03	23.00
2.工业	Industry	0.89	25.40
#用作原料、材料	Non-Energy Use		
3.建筑业	Construction	0.01	5.27
4.交通运输、仓储及邮电通迅业	Transportation, Storage, Postal & Telecommunications Services	5.03	54.83
5.批发和零售贸易业、餐饮业	Wholesale, Retail Trade and Catering Service	0.01	0.60
6.生活消费	Residential Consumption	0.35	
城镇	Urban	0.28	
乡村	Rural	0.07	
7.其他	Other	0.01	1.60
五、平衡差额	**Statistical Difference**		

Continued(Shanxi－2001)

燃料油 Fuel Oil 万吨 10^4tn	液化石油气 PLG 万吨 10^4tn	炼厂干气 Refinery Gas 万吨 10^4tn	天然气 Natural Gas 亿立方米 10^8cu. m	其他石油制品 Other Petroleum Products 万吨 10^4tn	其他焦化产品 Other Coking Products 万吨 10^4tn	热力 Heat 万百万千焦 10^{10}kj	电力 Electricity 亿千瓦小时 10^8kwh	其他能源 Other Energy 万吨标煤 10^4tce
12.62	**2.57**		**1.58**				**－136.54**	
			1.58				16.73	
13.15	2.57						0.55	
							－153.82	
－0.53								
					29.39	**2248.54**	**693.60**	
							693.60	
						2248.54		
					29.39			
							39.28	
12.62	**2.57**		**1.58**		**29.39**	**2248.54**	**517.80**	
							28.91	
12.62	0.17				29.39	1600.00	415.36	
							3.63	
							17.75	
	0.13						8.70	
	2.27		1.58			648.54	29.86	
	1.99		1.58			648.54	18.54	
	0.28						11.32	
							13.59	
							－0.02	

6-4 山西能源平衡表(实物量)-2002

		煤合计 Coal Total 万吨 10^4tn	原煤 Raw Coal 万吨 10^4tn
一、可供本地区消费的能源量	**Total Primary Energy Supply**	**9054.66**	**11291.80**
1.一次能源生产量	Indigenous Production	36762.00	36762.00
2.回收能	Recovery of Energy		
3.外省(区、市)调入量	Moving In from Other Provinces		
4.进口量	Import		
5.我轮、机在外国加油量	Chinese Airplanes & Ships in Refueling Abroad		
6.本省(区、市)调出量(-)	Sending Out to Other Provinces(-)	-23452.00	-20894.29
7.出口量(-)	Export(-)	-4298.00	-4298.00
8.外轮、机在我国加油量(-)	Foreign Airplanes & Ships in Refueling in China		
9.库存增(-)、减(+)量	Stock Change	42.66	-277.91
二、加工转换投入(-)产出(+)量	**Input(-) & Output(+) of Transformation**	**-14493.21**	**-17036.54**
1.火力发电	Thermal Power	-4172.95	-4037.39
2.供热	Heating Supply	-245.72	-245.72
3.洗选煤	Coal Washing	-1467.89	-8616.57
4.炼焦	Coking	-8503.58	-4063.48
5.炼油	Petroleum Refineries		
6.制气	Gas Works	-103.00	-73.20
#焦炭再投入量(-)	Coke Input(-)		
7.煤制品加工	Briquettes	-0.07	-0.18
三、损失量	**Loss**		
四、终端消费量	**Total Final Consumption**	**3561.45**	**3255.26**
1.农、林、牧、渔业	Farming, Forestry, Animal Husbandry, Fishery & Water Conservancy	144.26	144.26
2.工业	Industry	2516.83	2240.90
#用作原料、材料	Non-Energy Use	230.00	230.00
3.建筑业	Construction	95.00	95.00
4.交通运输、仓储及邮电通迅业	Transportation, Storage, Postal & Telecommunications Services	74.10	74.10
5.批发和零售贸易业、餐饮业	Wholesale, Retail Trade and Catering Service	38.20	38.20
6.生活消费	Residential Consumption	567.76	537.50
城镇	Urban	69.46	61.20
乡村	Rural	498.30	476.30
7.其他	Other	125.30	125.30
五、平衡差额	**Statistical Difference**	**-9000.00**	**-9000.00**

ENERGY BALANCE OF SHANXI －2002（PHYSICAL QUANTITY）

洗精煤 Cleaned Coal 万吨 10^4tn	其他洗煤 Other Washed Coal 万吨 10^4tn	型煤 Briquettes 万吨 10^4tn	焦炭 Coke 万吨 10^4tn	焦炉煤气 Coke Oven Gas 亿立方米 10^8cu. m	其他煤气 Other Gas 亿立方米 10^8cu. m	油品合计 Petroleum Products Total 万吨 10^4tn	原油 Crude Oil 万吨 10^4tn	汽油 Gasoline 万吨 10^4tn
－1801.04	**－436.10**		**－3090.16**			**235.51**		**89.23**
						225.56		83.14
－1965.65	－592.06		－2644.44			－1.18		－0.35
			－616.00					
164.61	155.96		170.28			11.13		6.44
1801.04	**742.03**	**0.26**	**5848.84**	**21.70**	**19.14**			
	－135.56			－0.75				
6241.14	907.54							
－4440.10			5851.74	22.45				
	－29.80		－2.90		19.14			
	－0.15	0.26						
						0.02		**0.02**
	305.93	**0.26**	**2758.68**	**21.70**	**19.14**	**235.49**		**89.21**
			106.80			32.33		9.10
	275.93		2479.08	15.22	13.07	72.13		29.20
			190.00					
			6.60			9.08		3.70
			2.20			106.86		37.50
			30.20	0.50		2.55		1.66
	30.00	0.26	130.80	5.98	6.07	3.41		0.59
	8.00	0.26	68.00	5.98	5.35	2.71		0.34
	22.00		62.80		0.72	0.70		0.25
			3.00			9.13		7.46

续表(山西－2002)

		煤油 Kerosene 万吨 10^4tn	柴油 Diesel Oil 万吨 10^4tn
一、可供本地区消费的能源量	**Total Primary Energy Supply**	**6.66**	**127.33**
1.一次能源生产量	Indigenous Production		
2.回收能	Recovery of Energy		
3.外省(区、市)调入量	Moving In from Other Provinces	6.90	123.27
4.进 口 量	Import		
5.我轮、机在外国加油量	Chinese Airplanes & Ships in Refueling Abroad		
6.本省(区、市)调出量(－)	Sending Out to Other Provinces(－)	－0.41	－0.42
7.出 口 量(－)	Export(－)		
8.外轮、机在我国加油量(－)	Foreign Airplanes & Ships in Refueling in China		
9.库存增(－)、减(＋)量	Stock Change	0.17	4.48
二、加工转换投入(－)产出(＋)量	**Input(－) & Output(＋) of Transformation**		
1.火力发电	Thermal Power		
2.供 热	Heating Supply		
3.洗 选 煤	Coal Washing		
4.炼 焦	Coking		
5.炼 油	Petroleum Refineries		
6.制 气	Gas Works		
＃焦炭再投入量(－)	Coke Input(－)		
7.煤制品加工	Briquettes		
三、损 失 量	**Loss**		
四、终端消费量	**Total Final Consumption**	**6.66**	**127.33**
1.农、林、牧、渔业	Farming, Forestry, Animal Husbandry, Fishery & Water Conservancy	0.03	23.20
2.工 业	Industry	1.15	32.10
＃用作原料、材料	Non－Energy Use		
3.建 筑 业	Construction	0.01	5.37
4.交通运输、仓储及邮电通迅业	Transportation, Storage, Postal & Telecommunications Services	5.05	64.31
5.批发和零售贸易业、餐饮业	Wholesale, Retail Trade and Catering Service	0.04	0.70
6.生活消费	Residential Consumption	0.36	
城镇	Urban	0.29	
乡村	Rural	0.07	
7.其他	Other	0.02	1.65
五、平衡差额	**Statistical Difference**		

Continued(Shanxi－2002)

燃料油 Fuel Oil 万吨 10^4tn	液化石油气 PLG 万吨 10^4tn	炼厂干气 Refinery Gas 万吨 10^4tn	天然气 Natural Gas 亿立方米 10^8cu. m	其他石油制品 Other Petroleum Products 万吨 10^4tn	其他焦化产品 Other Coking Products 万吨 10^4tn	热力 Heat 万百万千焦 10^{10}kj	电力 Electricity 亿千瓦小时 10^8kwh	其他能源 Other Energy 万吨标煤 10^4tce
9.07	**3.22**		**1.92**				**－193.19**	
			1.92				19.20	
9.03	3.22						0.03	
							－212.42	
0.04								
					30.08	**4589.53**	**822.02**	
							822.02	
						4589.53		
					30.08			
							38.10	
9.07	**3.22**		**1.92**		**30.08**	**4589.53**	**590.73**	
							29.92	
9.07	0.61				30.08	3357.70	476.13	
							4.08	
							20.70	
	0.15						10.34	
	2.46		1.92			1231.83	33.45	
	2.08		1.92			1231.83	19.69	
	0.38						13.76	
							16.11	

6-5 内蒙能源平衡表(实物量)-2000

		煤合计 Coal Total 万吨 10^4tn	原煤 Raw Coal 万吨 10^4tn
一、可供本地区消费的能源量	**Total Primary Energy Supply**	**5972.57**	**5817.19**
1.一次能源生产量	Indigenous Production	7247.29	7247.29
2.回收能	Recovery of Energy		
3.外省(区、市)调入量	Moving In from Other Provinces	1500.00	1350.00
4.进 口 量	Import		
5.我轮、机在外国加油量	Chinese Airplanes & Ships in Refueling Abroad		
6.本省(区、市)调出量(-)	Sending Out to Other Provinces(-)	-2700.01	-2700.00
7.出 口 量(-)	Export(-)	-197.59	-197.59
8.外轮、机在我国加油量(-)	Foreign Airplanes & Ships in Refueling in China		
9.库存增(-)、减(+)量	Stock Change	122.88	117.49
二、加工转换投入(-)产出(+)量	**Input(-) & Output(+) of Transformation**	**-3653.80**	**-3864.26**
1.火力发电	Thermal Power	-2566.34	-2566.34
2.供　　热	Heating Supply	-370.07	-366.26
3.洗 选 煤	Coal Washing	-153.73	-804.27
4.炼　　焦	Coking	-563.14	-126.06
5.炼　　油	Petroleum Refineries		
6.制　　气	Gas Works		
#焦炭再投入量(-)	Coke Input(-)		
7.煤制品加工	Briquettes	-0.52	-1.33
三、损 失 量	**Loss**	**30.00**	**30.00**
四、终端消费量	**Total Final Consumption**	**2224.19**	**1845.26**
1.农、林、牧、渔业	Farming, Forestry, Animal Husbandry, Fishery & Water Conservancy	99.31	75.25
2.工　　业	Industry	1686.20	1420.45
#用作原料、材料	Non-Energy Use		40.00
3.建 筑 业	Construction	35.65	30.55
4.交通运输、仓储及邮电通迅业	Transportation, Storage, Postal & Telecommunications Services	106.32	99.99
5.批发和零售贸易业、餐饮业	Wholesale, Retail Trade and Catering Service	49.61	37.58
6.生活消费	Residential Consumption	148.31	143.44
城镇	Urban	77.32	73.00
乡村	Rural	70.99	70.44
7.其他	Other	98.79	38.00
五、平衡差额	**Statistical Difference**	**64.58**	**77.67**

ENERGY BALANCE OF INNER MONGOLIA －2000（PHYSICAL QUANTITY）

洗精煤 Cleaned Coal 万吨 10^4tn	其他洗煤 Other Washed Coal 万吨 10^4tn	型煤 Briquettes 万吨 10^4tn	焦炭 Coke 万吨 10^4tn	焦炉煤气 Coke Oven Gas 亿立方米 10^8cu. m	其他煤气 Other Gas 亿立方米 10^8cu. m	油品合计 Petroleum Products Total 万吨 10^4tn	原油 Crude Oil 万吨 10^4tn	汽油 Gasoline 万吨 10^4tn
80.42	**－0.02**	**74.98**	**－107.18**		**67.24**	**201.51**	**126.26**	**35.41**
						90.50	90.50	
					67.24			
80.00		70.00				148.31	48.89	44.95
－0.01			－110.00			－14.35		－9.54
			－0.84					
0.43	－0.02	4.98	3.66			－22.95	－13.13	
－41.56	**251.21**	**0.81**	**393.65**	**8.45**	**－10.96**	**－37.68**	**－116.03**	**29.40**
				－0.07	－6.14	－1.74	－0.08	
	－3.81			－0.19	－4.82	－16.77		
384.02	266.52							
－425.58	－11.50		393.65	8.71				
						－19.17	－115.95	29.40
		0.81						
17.18	**285.96**	**75.79**	**286.47**	**8.45**	**56.28**	**163.83**	**10.23**	**64.81**
	24.06		3.90			23.02		11.21
11.19	183.75	70.81	279.21	0.11	56.28	59.50	10.23	16.58
3.88	1.22					13.19		4.85
2.11	4.22		0.31			30.78		15.47
	10.24	1.79	3.05	2.10		16.72		7.44
	1.68	3.19		6.24		13.05		4.25
	1.68	2.64		6.24		8.14		2.31
		0.55				4.91		1.94
	60.79					7.57		5.01
21.68	**－34.77**							

续表(内蒙－2000)

		煤油 Kerosene 万吨 10^4tn	柴油 Diesel Oil 万吨 10^4tn
一、可供本地区消费的能源量	**Total Primary Energy Supply**	**1.55**	**30.40**
1.一次能源生产量	Indigenous Production		
2.回收能	Recovery of Energy		
3.外省(区、市)调入量	Moving In from Other Provinces	1.55	40.88
4.进 口 量	Import		
5.我轮、机在外国加油量	Chinese Airplanes & Ships in Refueling Abroad		
6.本省(区、市)调出量(－)	Sending Out to Other Provinces(－)		－1.90
7.出 口 量(－)	Export(－)		
8.外轮、机在我国加油量(－)	Foreign Airplanes & Ships in Refueling in China		
9.库存增(－)、减(＋)量	Stock Change		－8.58
二、加工转换投入(－)产出(＋)量	**Input(－) & Output(＋) of Transformation**		**36.85**
1.火力发电	Thermal Power		－1.42
2.供　热	Heating Supply		－0.06
3.洗 选 煤	Coal Washing		
4.炼　焦	Coking		
5.炼　油	Petroleum Refineries		38.33
6.制　气	Gas Works		
＃焦炭再投入量(－)	Coke Input(－)		
7.煤制品加工	Briquettes		
三、损 失 量	**Loss**		
四、终端消费量	**Total Final Consumption**	**1.55**	**67.25**
1.农、林、牧、渔业	Farming, Forestry, Animal Husbandry, Fishery & Water Conservancy		11.81
2.工　业	Industry	0.26	19.92
＃用作原料、材料	Non－Energy Use		
3.建 筑 业	Construction		6.58
4.交通运输、仓储及邮电通迅业	Transportation, Storage, Postal & Telecommunications Services	1.29	14.02
5.批发和零售贸易业、餐饮业	Wholesale, Retail Trade and Catering Service		7.41
6.生活消费	Residential Consumption		4.95
城镇	Urban		1.98
乡村	Rural		2.97
7.其他	Other		2.56
五、平衡差额	**Statistical Difference**		

Continued(Inner Mongolia - 2000)

燃料油 Fuel Oil 万吨 10^4tn	液化石油气 PLG 万吨 10^4tn	炼厂干气 Refinery Gas 万吨 10^4tn	天然气 Natural Gas 亿立方米 10^8cu. m	其他石油制品 Other Petroleum Products 万吨 10^4tn	其他焦化产品 Other Coking Products 万吨 10^4tn	热力 Heat 万百万千焦 10^{10}kj	电力 Electricity 亿千瓦小时 10^8kwh	其他能源 Other Energy 万吨标煤 10^4tce
7.12	**2.67**		**0.01**	**-1.90**	**-10.37**		**-176.02**	**0.95**
			4.50				7.13	
5.81	4.67			1.56			20.41	0.68
-0.90	-2.00		-4.49	-0.01	-10.37		-203.56	
2.21				-3.45				0.27
6.99	**1.42**	**1.74**		**1.95**	**13.24**	**4836.00**	**432.09**	**-0.95**
-0.24							432.09	-0.95
-16.64	-0.03			-0.04		4836.00		
					13.24			
23.87	1.45	1.74		1.99				
14.11	**4.09**	**1.74**	**0.01**	**0.05**	**2.87**	**4836.00**	**256.07**	
						52.36	16.99	
10.48	0.24	1.74		0.05	2.87	2715.99	195.65	
1.76						55.22	7.86	
						480.00	8.97	
1.87						331.38	5.65	
	3.85		0.01			1201.05	13.59	
	3.85		0.01			1201.05	5.05	
							8.54	
							7.36	

6-5 内蒙能源平衡表(实物量)-2001

		煤合计 Coal Total 万吨 10^4tn	原煤 Raw Coal 万吨 10^4tn
一、可供本地区消费的能源量	**Total Primary Energy Supply**	**6338.32**	**6166.84**
1.一次能源生产量	Indigenous Production	8162.89	8162.89
2.回收能	Recovery of Energy		
3.外省(区、市)调入量	Moving In from Other Provinces	2012.52	1798.40
4.进 口 量	Import		
5.我轮、机在外国加油量	Chinese Airplanes & Ships in Refueling Abroad		
6.本省(区、市)调出量(-)	Sending Out to Other Provinces(-)	-3176.02	-3176.00
7.出 口 量(-)	Export(-)	-440.00	-440.00
8.外轮、机在我国加油量(-)	Foreign Airplanes & Ships in Refueling in China		
9.库存增(-)、减(+)量	Stock Change	-221.07	-178.45
二、加工转换投入(-)产出(+)量	**Input(-) & Output(+) of Transformation**	**-3935.43**	**-4192.02**
1.火力发电	Thermal Power	-2923.64	-2923.64
2.供 热	Heating Supply	-410.76	-405.60
3.洗 选 煤	Coal Washing	-149.22	-854.87
4.炼 焦	Coking	-450.68	-5.02
5.炼 油	Petroleum Refineries		
6.制 气	Gas Works		
#焦炭再投入量(-)	Coke Input(-)		
7.煤制品加工	Briquettes	-1.13	-2.89
三、损 失 量	**Loss**	**30.00**	**30.00**
四、终端消费量	**Total Final Consumption**	**2300.01**	**1905.33**
1.农、林、牧、渔业	Farming, Forestry, Animal Husbandry, Fishery & Water Conservancy	97.23	72.25
2.工 业	Industry	1779.46	1501.45
#用作原料、材料	Non-Energy Use		45.00
3.建 筑 业	Construction	37.85	32.31
4.交通运输、仓储及邮电通迅业	Transportation, Storage, Postal & Telecommunications Services	103.47	97.23
5.批发和零售贸易业、餐饮业	Wholesale, Retail Trade and Catering Service	48.42	35.65
6.生活消费	Residential Consumption	135.08	130.44
城镇	Urban	64.99	61.00
乡村	Rural	70.09	69.44
7.其他	Other	98.50	36.00
五、平衡差额	**Statistical Difference**	**72.88**	**39.49**

ENERGY BALANCE OF INNER MONGOLIA －2001（PHYSICAL QUANTITY）

洗精煤 Cleaned Coal 万吨 10^4tn	其他洗煤 Other Washed Coal 万吨 10^4tn	型煤 Briquettes 万吨 10^4tn	焦炭 Coke 万吨 10^4tn	焦炉煤气 Coke Oven Gas 亿立方米 10^8cu. m	其他煤气 Other Gas 亿立方米 10^8cu. m	油品合计 Petroleum Products Total 万吨 10^4tn	原油 Crude Oil 万吨 10^4tn	汽油 Gasoline 万吨 10^4tn
87.46	**0.20**	**83.82**	**－132.91**		**78.53**	**226.74**	**133.07**	**43.11**
						85.05	85.05	
					78.53			
121.00		93.12				149.24	34.77	42.42
－0.02			－132.80			－15.58		
			－2.32					
－33.52	0.20	－9.30	2.21			8.03	13.25	0.69
－44.53	**299.36**	**1.76**	**445.72**	**8.96**	**－12.23**	**－41.38**	**－123.88**	**28.99**
				－0.06	－6.78	－2.66	－0.15	
	－5.16			－0.09	－5.45	－22.35	－0.02	
393.56	312.09							
－438.09	－7.57		445.72	9.11				
						－16.37	－123.71	28.99
		1.76						
18.22	**290.88**	**85.58**	**312.81**	**8.96**	**66.30**	**185.36**	**9.19**	**72.10**
	24.98		3.90			42.88		11.53
11.92	186.46	79.63	305.60	0.22	66.30	54.55	9.19	17.08
			40.83			0.26		0.11
3.98	1.56					14.32		5.37
2.32	3.92		0.30			38.28		19.87
	9.87	2.90	3.01	2.31		15.36		7.65
	1.59	3.05		6.43		13.72		5.40
	1.59	2.40		6.43		8.26		2.55
		0.65				5.46		2.85
	62.50					6.25		5.20
24.71	**8.68**							

续表(内蒙－2001)

		煤油 Kerosene 万吨 10^4tn	柴油 Diesel Oil 万吨 10^4tn
一、可供本地区消费的能源量	**Total Primary Energy Supply**	**1.56**	**42.63**
1.一次能源生产量	Indigenous Production		
2.回收能	Recovery of Energy		
3.外省(区、市)调入量	Moving In from Other Provinces	1.55	57.90
4.进 口 量	Import		
5.我轮、机在外国加油量	Chinese Airplanes & Ships in Refueling Abroad		
6.本省(区、市)调出量(－)	Sending Out to Other Provinces(－)		－12.06
7.出 口 量(－)	Export(－)		
8.外轮、机在我国加油量(－)	Foreign Airplanes & Ships in Refueling in China		
9.库存增(－)、减(＋)量	Stock Change	0.01	－3.21
二、加工转换投入(－)产出(＋)量	**Input(－) & Output(＋) of Transformation**		**42.81**
1.火力发电	Thermal Power		－2.29
2.供　　热	Heating Supply		－0.04
3.洗 选 煤	Coal Washing		
4.炼　　焦	Coking		
5.炼　　油	Petroleum Refineries		45.14
6.制　　气	Gas Works		
#焦炭再投入量(－)	Coke Input(－)		
7.煤制品加工	Briquettes		
三、损 失 量	**Loss**		
四、终端消费量	**Total Final Consumption**	**1.56**	**85.44**
1.农、林、牧、渔业	**Farming, Forestry, Animal Husbandry, Fishery & Water Conservancy**		**31.35**
2.工　　业	Industry	0.23	18.01
#用作原料、材料	Non－Energy Use		0.15
3.建 筑 业	Construction		7.23
4.交通运输、仓储及邮电通迅业	Transportation, Storage, Postal & Telecommunications Services	1.33	17.08
5.批发和零售贸易业、餐饮业	Wholesale, Retail Trade and Catering Service		6.31
6.生活消费	Residential Consumption		4.41
城镇	Urban		1.80
乡村	Rural		2.61
7.其他	Other		1.05
五、平衡差额	**Statistical Difference**		

Continued(Inner Mongolia-2001)

燃料油 Fuel Oil 万吨 10^4tn	液化石油气 PLG 万吨 10^4tn	炼厂干气 Refinery Gas 万吨 10^4tn	天然气 Natural Gas 亿立方米 10^8cu. m	其他石油制品 Other Petroleum Products 万吨 10^4tn	其他焦化产品 Other Coking Products 万吨 10^4tn	热力 Heat 万百万千焦 10^{10}kj	电力 Electricity 亿千瓦小时 10^8kwh	其他能源 Other Energy 万吨标煤 10^4tce
10.05	**-1.33**		**0.14**	**-2.35**	**-11.69**		**-177.30**	**1.20**
			7.01				8.52	
12.60							10.26	0.86
	-1.36		-6.87	-2.16	-11.69		-196.08	
-2.55	0.03			-0.19				0.34
1.02	**5.33**	**1.91**		**2.44**	**14.45**	**5503.40**	**456.98**	**-1.20**
-0.22							456.98	-1.20
-22.19	-0.04			-0.06		5503.40		
					14.45			
23.43	5.37	1.91		2.50				
11.07	**4.00**	**1.91**	**0.14**	**0.09**	**2.76**	**5503.40**	**279.68**	
						54.41	17.07	
7.97	0.09	1.91	0.09	0.07	2.76	2975.18	218.76	
1.70				0.02		60.51	1.93	
						550.00	4.16	
1.40						431.20	4.20	
	3.91		0.05			1432.10	24.28	
	3.91		0.05			1432.10	16.48	
							7.80	
							9.28	

6-5 内蒙能源平衡表(实物量)-2002

		煤合计 Coal Total 万吨 10^4tn	原煤 Raw Coal 万吨 10^4tn
一、可供本地区消费的能源量	**Total Primary Energy Supply**	**6984.18**	**6858.12**
1.一次能源生产量	Indigenous Production	11470.69	11470.69
2.回收能	Recovery of Energy		
3.外省(区、市)调入量	Moving In from Other Provinces	990.00	800.00
4.进 口 量	Import		
5.我轮、机在外国加油量	Chinese Airplanes & Ships in Refueling Abroad		
6.本省(区、市)调出量(-)	Sending Out to Other Provinces(-)	-5670.00	-5600.00
7.出 口 量(-)	Export(-)	-31.13	-31.13
8.外轮、机在我国加油量(-)	Foreign Airplanes & Ships in Refueling in China		
9.库存增(-)、减(+)量	Stock Change	224.62	218.56
二、加工转换投入(-)产出(+)量	**Input(-) & Output(+) of Transformation**	**-4479.23**	**-4755.97**
1.火力发电	Thermal Power	-3218.00	-3218.00
2.供　　热	Heating Supply	-505.16	-498.63
3.洗 选 煤	Coal Washing	-103.83	-1030.90
4.炼　　焦	Coking	-651.52	-5.82
5.炼　　油	Petroleum Refineries		
6.制　　气	Gas Works		
#焦炭再投入量(-)	Coke Input(-)		
7.煤制品加工	Briquettes	-0.72	-2.62
三、损 失 量	**Loss**	**20.00**	**20.00**
四、终端消费量	**Total Final Consumption**	**2364.98**	**2015.39**
1.农、林、牧、渔业	Farming, Forestry, Animal Husbandry, Fishery & Water Conservancy	96.41	74.22
2.工　　业	Industry	1858.58	1619.65
#用作原料、材料	Non-Energy Use		52.00
3.建 筑 业	Construction	34.80	30.10
4.交通运输、仓储及邮电通迅业	Transportation, Storage, Postal & Telecommunications Services	106.32	99.87
5.批发和零售贸易业、餐饮业	Wholesale, Retail Trade and Catering Service	43.11	30.00
6.生活消费	Residential Consumption	134.66	130.50
城镇	Urban	63.21	59.50
乡村	Rural	71.45	71.00
7.其他	Other	91.10	31.05
五、平衡差额	**Statistical Difference**	**119.97**	**66.76**

ENERGY BALANCE OF INNER MONGOLIA －2002（PHYSICAL QUANTITY）

洗精煤 Cleaned Coal 万吨 10^4tn	其他洗煤 Other Washed Coal 万吨 10^4tn	型煤 Briquettes 万吨 10^4tn	焦炭 Coke 万吨 10^4tn	焦炉煤气 Coke Oven Gas 亿立方米 10^8cu. m	其他煤气 Other Gas 亿立方米 10^8cu. m	油品合计 Petroleum Products Total 万吨 10^4tn	原油 Crude Oil 万吨 10^4tn	汽油 Gasoline 万吨 10^4tn
117.07	**－65.30**	**74.29**	**－113.16**		**89.47**	**238.59**	**126.05**	**48.91**
						82.79	82.79	
					89.47			
130.00		60.00				234.36	109.60	49.50
						1.47		0.57
－10.00	－60.00		－116.00			－82.11	－68.76	
			－0.03					
						－0.02		
－2.93	－5.30	14.29	2.87			2.10	2.42	－1.16
－83.29	**358.13**	**1.90**	**506.74**	**8.99**	**－18.42**	**－33.68**	**－117.74**	**30.44**
				－0.16	－10.35	－2.02		
	－6.53			－0.17	－8.72	－24.87		
552.52	374.55							
－635.81	－9.89		506.74	9.32	0.65			
						－6.79	－117.74	30.44
		1.90						
17.67	**255.73**	**76.19**	**393.58**	**8.99**	**71.05**	**204.91**	**8.31**	**79.35**
	22.19		3.80			44.55		12.46
12.09	156.50	70.34	385.93	0.23	71.05	56.54	8.31	17.98
			66.63			0.45		0.23
3.25	1.45					20.01		6.59
2.33	4.12		0.29			43.98		21.01
	10.01	3.10	3.56	2.45		17.07		8.50
	1.41	2.75		6.31		15.62		6.77
	1.41	2.30		6.31		9.07		2.98
		0.45				6.55		3.79
	60.05					7.14		6.04
16.11	**37.10**							

续表(内蒙-2002)

		煤油 Kerosene 万吨 10^4tn	柴油 Diesel Oil 万吨 10^4tn
一、可供本地区消费的能源量	**Total Primary Energy Supply**	**1.58**	**54.25**
1.一次能源生产量	Indigenous Production		
2.回收能	Recovery of Energy		
3.外省(区、市)调入量	Moving In from Other Provinces	1.14	57.80
4.进 口 量	Import	0.48	0.39
5.我轮、机在外国加油量	Chinese Airplanes & Ships in Refueling Abroad		
6.本省(区、市)调出量(-)	Sending Out to Other Provinces(-)		
7.出 口 量(-)	Export(-)		
8.外轮、机在我国加油量(-)	Foreign Airplanes & Ships in Refueling in China	-0.02	
9.库存增(-)、减(+)量	Stock Change	-0.02	-3.94
二、加工转换投入(-)产出(+)量	**Input(-) & Output(+) of Transformation**		**40.95**
1.火力发电	Thermal Power		-1.60
2.供 热	Heating Supply		-0.07
3.洗 选 煤	Coal Washing		
4.炼 焦	Coking		
5.炼 油	Petroleum Refineries		42.62
6.制 气	Gas Works		
#焦炭再投入量(-)	Coke Input(-)		
7.煤制品加工	Briquettes		
三、损 失 量	**Loss**		
四、终端消费量	**Total Final Consumption**	**1.58**	**95.20**
1.农、林、牧、渔业	Farming, Forestry, Animal Husbandry, Fishery & Water Conservancy		32.09
2.工 业	Industry	0.23	17.02
#用作原料、材料	Non-Energy Use		0.18
3.建 筑 业	Construction		11.44
4.交通运输、仓储及邮电通迅业	Transportation, Storage, Postal & Telecommunications Services	1.35	21.62
5.批发和零售贸易业、餐饮业	Wholesale, Retail Trade and Catering Service		7.07
6.生活消费	Residential Consumption		4.86
城镇	Urban		2.10
乡村	Rural		2.76
7.其他	Other		1.10
五、平衡差额	**Statistical Difference**		

Continued(Inner Mongolia－2002)

燃料油 Fuel Oil 万吨 10^4tn	液化石油气 PLG 万吨 10^4tn	炼厂干气 Refinery Gas 万吨 10^4tn	天然气 Natural Gas 亿立方米 10^8cu. m	其他石油制品 Other Petroleum Products 万吨 10^4tn	其他焦化产品 Other Coking Products 万吨 10^4tn	热力 Heat 万百万千焦 10^{10}kj	电力 Electricity 亿千瓦小时 10^8kwh	其他能源 Other Energy 万吨标煤 10^4tce
17.13	**－0.64**		**0.22**	**－8.69**	**－13.89**		**－186.86**	**6.76**
			8.49				11.18	
16.00	0.32						5.12	8.20
	0.03							
	－0.99		－8.27	－12.36	－13.89		－203.16	
1.13				3.67				－1.44
－3.25	**4.76**	**2.38**	**－0.03**	**8.78**	**15.56**	**6669.15**	**507.30**	**－1.10**
－0.42			－0.02				507.30	－1.10
－24.76			－0.01	－0.04		6669.15		
					15.56			
21.93	4.76	2.38		8.82				
13.88	**4.12**	**2.38**	**0.19**	**0.09**	**1.67**	**6669.15**	**320.44**	**5.66**
						65.83	19.23	
10.43	0.13	2.38	0.04	0.06	1.67	3605.32	252.99	5.66
				0.04				
1.95				0.03		73.33	1.86	
						666.49	4.26	
1.50						522.53	4.91	
	3.99		0.15			1735.65	26.33	
	3.99		0.15			1735.65	17.29	
							9.04	
							10.86	

6-6 辽宁能源平衡表(实物量)-2000

		煤合计 Coal Total 万吨 10^4tn	原煤 Raw Coal 万吨 10^4tn
一、可供本地区消费的能源量	**Total Primary Energy Supply**	**9582.18**	**8755.66**
1.一次能源生产量	Indigenous Production	4454.89	4454.89
2.回收能	Recovery of Energy		
3.外省(区、市)调入量	Moving In from Other Provinces	5120.41	4162.59
4.进口量	Import	1.80	1.80
5.我轮、机在外国加油量	Chinese Airplanes & Ships in Refueling Abroad		
6.本省(区、市)调出量(-)	Sending Out to Other Provinces(-)	-133.39	-11.48
7.出口量(-)	Export(-)	-36.09	-33.19
8.外轮、机在我国加油量(-)	Foreign Airplanes & Ships in Refueling in China		
9.库存增(-)、减(+)量	Stock Change	174.56	181.05
二、加工转换投入(-)产出(+)量	**Input(-) & Output(+) of Transformation**	**-6054.22**	**-5666.78**
1.火力发电	Thermal Power	-3472.07	-2822.76
2.供热	Heating Supply	-1060.53	-1008.89
3.洗选煤	Coal Washing	-428.38	-1832.31
4.炼焦	Coking	-1070.28	
5.炼油	Petroleum Refineries		
6.制气	Gas Works	-22.96	-2.82
#焦炭再投入量(-)	Coke Input(-)		
7.煤制品加工	Briquettes		
三、损失量	**Loss**		
四、终端消费量	**Total Final Consumption**	**3527.96**	**3088.88**
1.农、林、牧、渔业	Farming, Forestry, Animal Husbandry, Fishery & Water Conservancy	34.81	34.81
2.工业	Industry	2549.89	2374.78
#用作原料、材料	Non-Energy Use		
3.建筑业	Construction	65.22	63.21
4.交通运输、仓储及邮电通迅业	Transportation, Storage, Postal & Telecommunications Services	132.11	101.10
5.批发和零售贸易业、餐饮业	Wholesale, Retail Trade and Catering Service	29.67	29.67
6.生活消费	Residential Consumption	535.68	400.00
城镇	Urban	413.77	298.10
乡村	Rural	121.91	101.90
7.其他	Other	180.58	85.31
五、平衡差额	**Statistical Difference**		

ENERGY BALANCE OF LIAONING －2000（PHYSICAL QUANTITY）

洗精煤 Cleaned Coal 万吨 10^4tn	其他洗煤 Other Washed Coal 万吨 10^4tn	型煤 Briquettes 万吨 10^4tn	焦炭 Coke 万吨 10^4tn	焦炉煤气 Coke Oven Gas 亿立方米 10^8cu. m	其他煤气 Other Gas 亿立方米 10^8cu. m	油品合计 Petroleum Products Total 万吨 10^4tn	原油 Crude Oil 万吨 10^4tn	汽油 Gasoline 万吨 10^4tn
940.08	**－113.56**		**142.51**		**156.11**	**1345.44**	**3938.74**	**－529.87**
						1401.12	1401.12	
957.82			143.91		156.11	2314.44	2241.43	0.31
						755.99	726.22	5.90
						7.08		
－17.90	－104.01		－7.09			－2401.15	－11.33	－353.33
－2.90						－639.96	－344.13	－180.50
						－9.81		
3.06	－9.55		5.69			－82.27	－74.57	－2.25
－853.10	**465.66**		**730.55**	**26.17**	**－30.17**	**－285.77**	**－3771.13**	**679.34**
－1.43	－647.88			－1.00	－4.17	－39.50		
－0.56	－51.08			－7.90	－28.56	－102.29		
238.24	1165.69							
－1070.28			735.61	35.07				
						－140.92	－3771.13	679.34
－19.07	－1.07		－5.06		2.56	－3.06		
						31.57	**29.01**	**0.51**
86.98	**352.10**		**873.06**	**26.17**	**125.94**	**1028.10**	**138.60**	**148.96**
						66.22		23.01
66.98	108.13		871.09	25.82	125.94	607.91	113.80	17.48
	2.01		0.41			10.42	0.01	3.21
20.00	11.01					231.73	0.12	80.59
						9.08	0.06	0.06
	135.68					46.36		
	115.67					43.10		
	20.01					3.26		
	95.27		1.56	0.35			24.61	24.61

续表(辽宁－2000)

		煤油 Kerosene 万吨 10^4tn	柴油 Diesel Oil 万吨 10^4tn
一、可供本地区消费的能源量	**Total Primary Energy Supply**	**－213.17**	**－994.63**
1.一次能源生产量	Indigenous Production		
2.回收能	Recovery of Energy		
3.外省(区、市)调入量	Moving In from Other Provinces	0.69	0.78
4.进 口 量	Import	2.36	1.60
5.我轮、机在外国加油量	Chinese Airplanes & Ships in Refueling Abroad		1.07
6.本省(区、市)调出量(－)	Sending Out to Other Provinces(－)	－196.01	－912.20
7.出 口 量(－)	Export(－)	－15.17	－61.50
8.外轮、机在我国加油量(－)	Foreign Airplanes & Ships in Refueling in China		－3.92
9.库存增(－)、减(＋)量	Stock Change	－5.04	－20.46
二、加工转换投入(－)产出(＋)量	**Input(－) & Output(＋) of Transformation**	**231.72**	**1190.96**
1.火力发电	Thermal Power		－0.72
2.供　　热	Heating Supply		－0.17
3.洗 选 煤	Coal Washing		
4.炼　　焦	Coking		
5.炼　　油	Petroleum Refineries	231.72	1191.85
6.制　　气	Gas Works		
＃焦炭再投入量(－)	Coke Input(－)		
7.煤制品加工	Briquettes		
三、损 失 量	**Loss**	**0.29**	**1.76**
四、终端消费量	**Total Final Consumption**	**18.26**	**194.57**
1.农、林、牧、渔业	Farming, Forestry, Animal Husbandry, Fishery & Water Conservancy		43.21
2.工　　业	Industry	1.72	37.42
＃用作原料、材料	Non－Energy Use		
3.建 筑 业	Construction		5.01
4.交通运输、仓储及邮电通迅业	Transportation, Storage, Postal & Telecommunications Services	16.54	104.85
5.批发和零售贸易业、餐饮业	Wholesale, Retail Trade and Catering Service		4.01
6.生活消费	Residential Consumption		
城镇	Urban		
乡村	Rural		
7.其他	Other		0.07
五、平衡差额	**Statistical Difference**		

Continued(Liaoning－2000)

燃料油 Fuel Oil 万吨 10^4tn	液化石油气 PLG 万吨 10^4tn	炼厂干气 Refinery Gas 万吨 10^4tn	天然气 Natural Gas 亿立方米 10^8cu.m	其他石油制品 Other Petroleum Products 万吨 10^4tn	其他焦化产品 Other Coking Products 万吨 10^4tn	热力 Heat 万百万千焦 10^{10}kj	电力 Electricity 亿千瓦小时 10^8kwh	其他能源 Other Energy 万吨标煤 10^4tce
－70.16	**－52.11**		**20.15**	**－733.36**	**－1.41**		**210.26**	**77.09**
			14.70				14.88	
								60.02
17.58	5.15			48.50	－1.41		195.38	19.73
	19.91		5.45					
6.01								
－102.95	－60.24			－765.09				－5.09
	－17.00			－21.66	－0.21			
－5.89								
15.09	0.07			4.89	0.21			2.43
265.14	**156.43**	**110.67**		**851.10**	**4.32**	**20602.69**	**610.27**	**8.72**
－30.14	－0.38	－3.63		－4.63	－1.09		610.27	－5.14
－71.54	－0.61	－25.46		－4.51	－1.14	20602.69		
					6.55			
366.89	160.41	139.76		860.24				16.82
－0.07	－2.99							－2.96
						45.67	**47.81**	
194.98	**104.32**	**110.67**	**20.15**	**117.74**	**2.91**	**20557.02**	**748.72**	**85.81**
						2.72	18.24	
161.04	48.04	110.67	20.15	117.74	2.91	16315.47	568.44	85.77
0.30	1.89					5.89	4.94	
29.63						3.46	10.60	
	5.67					35.01	19.68	
	46.36					4067.16	90.79	
	43.10					4067.16	36.73	
	3.26						54.06	
4.01	2.36					127.31	36.03	0.04
							24.00	

6-6 辽宁能源平衡表(实物量)-2001

		煤合计 Coal Total 万吨 10^4tn	原煤 Raw Coal 万吨 10^4tn
一、可供本地区消费的能源量	**Total Primary Energy Supply**	**9083.61**	**8454.24**
1.一次能源生产量	Indigenous Production	4468.15	4468.15
2.回收能	Recovery of Energy		
3.外省(区、市)调入量	Moving In from Other Provinces	4779.77	3873.40
4.进 口 量	Import	7.14	7.14
5.我轮、机在外国加油量	Chinese Airplanes & Ships in Refueling Abroad		
6.本省(区、市)调出量(-)	Sending Out to Other Provinces(-)	-318.24	-13.18
7.出 口 量(-)	Export(-)	-3.54	-3.54
8.外轮、机在我国加油量(-)	Foreign Airplanes & Ships in Refueling in China		
9.库存增(-)、减(+)量	Stock Change	150.33	122.27
二、加工转换投入(-)产出(+)量	**Input(-) & Output(+) of Transformation**	**-5887.68**	**-5785.69**
1.火力发电	Thermal Power	-3229.13	-2807.01
2.供 热	Heating Supply	-1069.91	-1051.27
3.洗 选 煤	Coal Washing	-445.27	-1923.88
4.炼 焦	Coking	-1117.16	
5.炼 油	Petroleum Refineries		
6.制 气	Gas Works	-26.21	-3.53
#焦炭再投入量(-)	Coke Input(-)		
7.煤制品加工	Briquettes		
三、损 失 量	**Loss**		
四、终端消费量	**Total Final Consumption**	**3195.93**	**2668.55**
1.农、林、牧、渔业	Farming, Forestry, Animal Husbandry, Fishery & Water Conservancy	33.12	33.12
2.工 业	Industry	2230.05	2000.24
#用作原料、材料	Non-Energy Use		832.32
3.建 筑 业	Construction	66.53	63.82
4.交通运输、仓储及邮电通迅业	Transportation, Storage, Postal & Telecommunications Services	104.90	79.91
5.批发和零售贸易业、餐饮业	Wholesale, Retail Trade and Catering Service	28.13	28.13
6.生活消费	Residential Consumption	544.77	380.21
城镇	Urban	410.66	276.31
乡村	Rural	134.11	103.90
7.其他	Other	188.43	83.12
五、平衡差额	**Statistical Difference**		

ENERGY BALANCE OF LIAONING －2001（PHYSICAL QUANTITY）

洗精煤 Cleaned Coal 万吨 10^4tn	其他洗煤 Other Washed Coal 万吨 10^4tn	型煤 Briquettes 万吨 10^4tn	焦炭 Coke 万吨 10^4tn	焦炉煤气 Coke Oven Gas 亿立方米 10^8cu. m	其他煤气 Other Gas 亿立方米 10^8cu. m	油品合计 Petroleum Products Total 万吨 10^4tn	原油 Crude Oil 万吨 10^4tn	汽油 Gasoline 万吨 10^4tn
908.36	**－278.99**		**209.84**		**153.80**	**1699.27**	**4046.30**	**－501.12**
						1385.01	1385.01	
					153.80			
906.37			233.94			2276.05	2230.90	0.59
						754.77	739.88	5.07
						7.11		
－29.67	－275.39		－9.28			－1985.72	－34.49	－301.84
			－9.95			－806.61	－347.98	－205.23
						－8.57		
31.66	－3.60		－4.87			77.23	72.98	0.29
－858.08	**756.09**		**688.30**	**28.31**	**－12.43**	**－548.44**	**－3846.76**	**736.91**
－1.58	－420.54			－1.31	－6.05	－31.73		
－2.93	－15.71			－7.08	－12.95	－95.68		
282.88	1195.73							
－1117.16			688.30	35.38				
						－416.52	－3846.76	736.91
－19.29	－3.39			1.32	6.57	－4.51		
						31.38	**28.91**	**0.49**
50.28	**477.10**		**898.14**	**28.31**	**141.37**	**1119.45**	**170.63**	**235.30**
						68.23		24.00
45.08	184.73		896.33	26.04	139.54	552.14	160.22	15.45
17.96	148.94		8.05			69.05	20.96	0.08
	2.71					11.60		4.01
5.20	19.79		0.03			387.91		166.08
						10.12		0.10
	164.56					43.25		
	134.35					4.01		
	30.21							
	105.31		1.78	2.27	1.83		10.41	25.66

续表(辽宁－2001)

		煤油 Kerosene 万吨 10^4tn	柴油 Diesel Oil 万吨 10^4tn
一、可供本地区消费的能源量	**Total Primary Energy Supply**	**－186.13**	**－885.83**
1.一次能源生产量	Indigenous Production		
2.回收能	Recovery of Energy		
3.外省(区、市)调入量	Moving In from Other Provinces	1.27	1.14
4.进口量	Import	1.78	1.67
5.我轮、机在外国加油量	Chinese Airplanes & Ships in Refueling Abroad		0.95
6.本省(区、市)调出量(－)	Sending Out to Other Provinces(－)	－167.96	－738.48
7.出口量(－)	Export(－)	－25.37	－142.19
8.外轮、机在我国加油量(－)	Foreign Airplanes & Ships in Refueling in China		－3.56
9.库存增(－)、减(＋)量	Stock Change	4.15	－5.36
二、加工转换投入(－)产出(＋)量	**Input(－) & Output(＋) of Transformation**	**204.30**	**1164.72**
1.火力发电	Thermal Power		－0.71
2.供热	Heating Supply		－0.15
3.洗选煤	Coal Washing		
4.炼焦	Coking		
5.炼油	Petroleum Refineries	204.30	1165.58
6.制气	Gas Works		
＃焦炭再投入量(－)	Coke Input(－)		
7.煤制品加工	Briquettes		
三、损失量	**Loss**	**0.29**	**1.69**
四、终端消费量	**Total Final Consumption**	**17.88**	**277.20**
1.农、林、牧、渔业	Farming, Forestry, Animal Husbandry, Fishery & Water Conservancy		44.23
2.工业	Industry	2.58	30.78
＃用作原料、材料	Non－Energy Use		0.28
3.建筑业	Construction		5.49
4.交通运输、仓储及邮电通迅业	Transportation, Storage, Postal & Telecommunications Services	15.30	192.72
5.批发和零售贸易业、餐饮业	Wholesale, Retail Trade and Catering Service		3.90
6.生活消费	Residential Consumption		
城镇	Urban		
乡村	Rural		
7.其他	Other		0.08
五、平衡差额	**Statistical Difference**		

Continued(Liaoning－2001)

燃料油 Fuel Oil 万吨 10^4tn	液化石油气 PLG 万吨 10^4tn	炼厂干气 Refinery Gas 万吨 10^4tn	天然气 Natural Gas 亿立方米 10^8cu.m	其他石油制品 Other Petroleum Products 万吨 10^4tn	其他焦化产品 Other Coking Products 万吨 10^4tn	热力 Heat 万百万千焦 10^{10}kj	电力 Electricity 亿千瓦小时 10^8kwh	其他能源 Other Energy 万吨标煤 10^4tce
－46.07	**－71.44**		**18.93**	**－656.44**	**－36.82**		**171.67**	**145.99**
			14.71				22.72	
								67.12
32.07	5.85		4.22	4.23			165.23	88.58
	4.28			2.09			0.35	
6.16								
－87.13	－81.60			－574.22	－36.40		－16.63	－6.31
				－85.84	－0.52			
－5.01								
7.84	0.03			－2.70	0.10			－3.40
256.40	**166.17**	**85.38**		**684.44**	**38.86**	**19183.28**	**637.75**	**3.47**
－23.85	－0.32	－4.35		－2.50	－0.86		637.75	－3.01
－59.02	－0.62	－28.71		－7.18	－0.89	19183.28		
					40.61			
339.27	170.15	119.91		694.12				6.48
	－3.04	－1.47						
						44.31	**45.63**	
210.33	**94.73**	**85.38**	**18.93**	**28.00**	**2.04**	**19138.97**	**763.79**	**149.46**
							20.83	
192.49	37.24	85.38	18.93	28.00	2.04	14793.46	572.90	149.41
22.04		22.05		3.64	0.18			4.23
	2.10					5.89	5.12	
13.81						3.96	10.76	
	6.12					37.21	22.75	
	47.26					4161.74	96.32	
	43.25					4161.74	57.29	
	4.01						39.03	
4.03	2.01					136.71	35.11	0.05

6－6 辽宁能源平衡表(实物量)－2002

		煤合计 Coal Total 万吨 10^4tn	原煤 Raw Coal 万吨 10^4tn
一、可供本地区消费的能源量	**Total Primary Energy Supply**	**9355.26**	**8785.99**
1.一次能源生产量	Indigenous Production	5180.77	5180.77
2.回收能	Recovery of Energy		
3.外省(区、市)调入量	Moving In from Other Provinces	4782.85	3762.03
4.进 口 量	Import	30.21	30.21
5.我轮、机在外国加油量	Chinese Airplanes & Ships in Refueling Abroad		
6.本省(区、市)调出量(－)	Sending Out to Other Provinces(－)	－795.69	－257.19
7.出 口 量(－)	Export(－)	－6.49	－6.49
8.外轮、机在我国加油量(－)	Foreign Airplanes & Ships in Refueling in China		
9.库存增(－)、减(＋)量	Stock Change	163.61	76.66
二、加工转换投入(－)产出(＋)量	**Input(－) & Output(＋) of Transformation**	**－6492.04**	**－6524.97**
1.火力发电	Thermal Power	－3607.52	－3258.52
2.供　　热	Heating Supply	－1167.62	－1159.75
3.洗 选 煤	Coal Washing	－493.22	－2102.89
4.炼　　焦	Coking	－1200.59	
5.炼　　油	Petroleum Refineries		
6.制　　气	Gas Works	－23.09	－3.81
＃焦炭再投入量(－)	Coke Input(－)		
7.煤制品加工	Briquettes		
三、损 失 量	**Loss**		
四、终端消费量	**Total Final Consumption**	**2863.22**	**2261.02**
1.农、林、牧、渔业	Farming, Forestry, Animal Husbandry, Fishery & Water Conservancy	32.22	32.22
2.工　　业	Industry	1910.28	1599.84
＃用作原料、材料	Non－Energy Use		13.44
3.建 筑 业	Construction	66.96	65.34
4.交通运输、仓储及邮电通迅业	Transportation, Storage, Postal & Telecommunications Services	104.81	80.14
5.批发和零售贸易业、餐饮业	Wholesale, Retail Trade and Catering Service	29.00	29.00
6.生活消费	Residential Consumption	535.13	370.37
城镇	Urban	405.82	270.16
乡村	Rural	129.31	100.21
7.其他	Other	184.82	84.11
五、平衡差额	**Statistical Difference**		

ENERGY BALANCE OF LIAONING －2002（PHYSICAL QUANTITY）

洗精煤 Cleaned Coal 万吨 10^4tn	其他洗煤 Other Washed Coal 万吨 10^4tn	型煤 Briquettes 万吨 10^4tn	焦炭 Coke 万吨 10^4tn	焦炉煤气 Coke Oven Gas 亿立方米 10^8cu. m	其他煤气 Other Gas 亿立方米 10^8cu. m	油品合计 Petroleum Products Total 万吨 10^4tn	原油 Crude Oil 万吨 10^4tn	汽油 Gasoline 万吨 10^4tn
980.97	**－411.70**		**196.72**		**249.12**	**1414.76**	**4218.81**	**－539.48**
						1351.15	1351.15	
					249.12			
1020.82			203.81			2463.30	2391.74	0.18
						830.32	828.23	
						7.31		
－38.76	－499.74		－1.83			－2477.53	－32.65	－278.22
			－10.09			－752.60	－313.80	－262.36
						－8.57		
－1.09	88.04		4.83			1.38	－5.86	0.92
－901.30	**934.23**		**845.46**	**26.90**	**－21.86**	**－258.39**	**－3974.89**	**775.57**
－1.45	－347.55			－1.89	－6.62	－41.73	－8.63	
	－7.87			－2.78	－19.71	－102.03	－9.28	－0.01
317.28	1292.39							
－1200.59			850.16	31.57				
						－109.80	－3956.98	775.58
－16.54	－2.74		－4.70		4.47	－4.83		
						28.72	**27.99**	**0.43**
79.67	**522.53**		**1042.18**	**26.90**	**227.26**	**1127.65**	**215.93**	**235.66**
						70.32		25.16
66.20	244.24		1040.49	24.57	226.01	571.77	204.73	14.99
34.81	0.06		6.81	0.35		173.14	152.48	0.11
	1.62					11.97		4.08
13.47	11.20		0.04			373.08		164.01
						10.41		0.11
	164.76					45.19		
	135.66					40.26		
	29.10					4.93		
	100.71		1.65	2.33	1.25	44.91	11.20	27.31

续表(辽宁－2002)

		煤油 Kerosene 万吨 10^4tn	柴油 Diesel Oil 万吨 10^4tn
一、可供本地区消费的能源量	**Total Primary Energy Supply**	**－259.06**	**－1063.72**
1.一次能源生产量	Indigenous Production		
2.回收能	Recovery of Energy		
3.外省(区、市)调入量	Moving In from Other Provinces	0.28	0.33
4.进 口 量	Import		
5.我轮、机在外国加油量	Chinese Airplanes & Ships in Refueling Abroad		1.05
6.本省(区、市)调出量(－)	Sending Out to Other Provinces(－)	－231.08	－935.50
7.出 口 量(－)	Export(－)	－30.17	－132.79
8.外轮、机在我国加油量(－)	Foreign Airplanes & Ships in Refueling in China		－3.67
9.库存增(－)、减(＋)量	Stock Change	1.91	6.86
二、加工转换投入(－)产出(＋)量	**Input(－) & Output(＋) of Transformation**	**279.33**	**1336.26**
1.火力发电	Thermal Power		－0.60
2.供　热	Heating Supply		－0.10
3.洗 选 煤	Coal Washing		
4.炼　焦	Coking		
5.炼　油	Petroleum Refineries	279.33	1336.96
6.制　气	Gas Works		
#焦炭再投入量(－)	Coke Input(－)		
7.煤制品加工	Briquettes		
三、损 失 量	**Loss**	**0.30**	
四、终端消费量	**Total Final Consumption**	**19.97**	**272.54**
1.农、林、牧、渔业	Farming, Forestry, Animal Husbandry, Fishery & Water Conservancy		45.16
2.工　业	Industry	2.79	39.88
#用作原料、材料	Non－Energy Use	0.36	0.07
3.建 筑 业	Construction		5.68
4.交通运输、仓储及邮电通迅业	Transportation, Storage, Postal & Telecommunications Services	17.18	177.74
5.批发和零售贸易业、餐饮业	Wholesale, Retail Trade and Catering Service		3.99
6.生活消费	Residential Consumption		
城镇	Urban		
乡村	Rural		
7.其他	Other		0.09
五、平衡差额	**Statistical Difference**		

Continued(Liaoning－2002)

燃料油 Fuel Oil 万吨 10^4tn	液化石油气 PLG 万吨 10^4tn	炼厂干气 Refinery Gas 万吨 10^4tn	天然气 Natural Gas 亿立方米 10^8cu. m	其他石油制品 Other Petroleum Products 万吨 10^4tn	其他焦化产品 Other Coking Products 万吨 10^4tn	热力 Heat 万百万千焦 10^{10}kj	电力 Electricity 亿千瓦小时 10^8kwh	其他能源 Other Energy 万吨标煤 10^4tce
－132.62	**－86.98**		**18.81**	**－722.19**	**－39.52**		**117.12**	**107.55**
			13.31				14.16	
								58.93
18.11	0.61		5.50	52.05			132.02	47.69
				2.09			0.49	
6.26								
－148.04	－87.54			－764.50	－39.31		－29.55	－1.44
				－13.48				
－4.90								
－4.05	－0.05			1.65	－0.21			2.37
278.95	**186.40**	**84.21**		**775.78**	**44.51**	**19363.57**	**742.08**	**0.09**
－25.47	－0.04	－6.99					742.08	－12.14
－65.78	－0.04	－26.82				19363.57		－2.01
					44.51			
370.20	189.31	120.02		775.78				14.24
	－2.83	－2.00						
						45.21	**49.55**	
146.33	**99.42**	**84.21**	**18.81**	**53.59**	**4.99**	**19318.36**	**809.65**	**107.64**
							16.98	
128.19	43.39	84.21	18.81	53.59	4.99	13939.20	607.26	107.58
15.63			3.68	4.49	3.15			
	2.21					6.51	4.93	
14.15						8.09	15.27	
	6.31					40.12	24.95	
	45.19					5184.27	99.18	
	40.26					5184.27	59.99	
	4.93						39.19	
3.99	2.32					140.17	41.08	0.06

6-7 吉林能源平衡表(实物量)-2000

		煤合计 Coal Total 万吨 10^4tn	原煤 Raw Coal 万吨 10^4tn
一、可供本地区消费的能源量	**Total Primary Energy Supply**	**4212.70**	**3960.38**
1.一次能源生产量	Indigenous Production	1800.38	1800.38
2.回收能	Recovery of Energy		
3.外省(区、市)调入量	Moving In from Other Provinces	2422.14	2170.00
4.进 口 量	Import		
5.我轮、机在外国加油量	Chinese Airplanes & Ships in Refueling Abroad		
6.本省(区、市)调出量(-)	Sending Out to Other Provinces(-)	-40.00	-40.00
7.出 口 量(-)	Export(-)		
8.外轮、机在我国加油量(-)	Foreign Airplanes & Ships in Refueling in China		
9.库存增(-)、减(+)量	Stock Change	30.18	30.00
二、加工转换投入(-)产出(+)量	**Input(-) & Output(+) of Transformation**	**-2326.76**	**-2082.99**
1.火力发电	Thermal Power	-1513.36	-1497.10
2.供　热	Heating Supply	-523.68	-493.49
3.洗 选 煤	Coal Washing	-34.95	-79.78
4.炼　焦	Coking	-182.25	
5.炼　油	Petroleum Refineries		
6.制　气	Gas Works	-72.52	-12.62
#焦炭再投入量(-)	Coke Input(-)		
7.煤制品加工	Briquettes		
三、损 失 量	**Loss**	**0.80**	**0.80**
四、终端消费量	**Total Final Consumption**	**1885.14**	**1876.59**
1.农、林、牧、渔业	Farming, Forestry, Animal Husbandry, Fishery & Water Conservancy	37.00	37.00
2.工　业	Industry	1264.30	1255.90
#用作原料、材料	Non-Energy Use	50.00	50.00
3.建 筑 业	Construction	33.11	33.01
4.交通运输、仓储及邮电通迅业	Transportation, Storage, Postal & Telecommunications Services	93.00	92.95
5.批发和零售贸易业、餐饮业	Wholesale, Retail Trade and Catering Service	117.00	117.00
6.生活消费	Residential Consumption	190.23	190.23
城镇	Urban	140.23	140.23
乡村	Rural	50.00	50.00
7.其他	Other	150.50	150.50
五、平衡差额	**Statistical Difference**		

ENERGY BALANCE OF JILIN －2000 (PHYSICAL QUANTITY)

洗精煤 Cleaned Coal 万吨 10^4tn	其他洗煤 Other Washed Coal 万吨 10^4tn	型煤 Briquettes 万吨 10^4tn	焦炭 Coke 万吨 10^4tn	焦炉煤气 Coke Oven Gas 亿立方米 10^8cu. m	其他煤气 Other Gas 亿立方米 10^8cu. m	油品合计 Petroleum Products Total 万吨 10^4tn	原油 Crude Oil 万吨 10^4tn	汽油 Gasoline 万吨 10^4tn
211.27	**40.91**	**0.14**	**6.57**			**471.25**	**702.63**	**－61.90**
						348.46	348.46	
						3.60		
208.00	44.00	0.14	3.80			355.94	349.00	
						－241.88		－62.00
3.27	－3.09		2.77			5.13	5.17	0.10
－208.41	**－35.36**		**163.98**	**6.66**	**0.42**	**－71.16**	**－648.04**	**151.94**
	－16.26					－4.50		－0.61
	－30.19					－38.79	－0.26	
33.74	11.09							
－182.25			115.69	6.66				
						－27.55	－647.78	152.57
－59.90			48.29		0.42	－0.32		－0.02
2.86	**5.55**	**0.14**	**170.55**	**6.66**	**0.42**	**399.06**	**54.59**	**90.04**
						41.00		4.50
2.71	5.55	0.14	170.55	5.83	0.15	225.44	52.39	9.70
						120.00		
0.10						8.29		4.79
0.05						49.15	2.20	25.15
						7.98		5.76
				0.83	0.27	25.70		2.14
				0.83	0.27	23.84		1.64
						1.86		0.50
						41.50		38.00
						1.03		

续表(吉林－2000)

		煤油 Kerosene 万吨 10^4tn	柴油 Diesel Oil 万吨 10^4tn
一、可供本地区消费的能源量	**Total Primary Energy Supply**	**2.00**	**－97.60**
1.一次能源生产量	Indigenous Production		
2.回收能	Recovery of Energy		
3.外省(区、市)调入量	Moving In from Other Provinces	1.94	3.30
4.进 口 量	Import		
5.我轮、机在外国加油量	Chinese Airplanes & Ships in Refueling Abroad		
6.本省(区、市)调出量(－)	Sending Out to Other Provinces(－)		－102.50
7.出 口 量(－)	Export(－)		
8.外轮、机在我国加油量(－)	Foreign Airplanes & Ships in Refueling in China		
9.库存增(－)、减(＋)量	Stock Change	0.06	1.60
二、加工转换投入(－)产出(＋)量	**Input(－) & Output(＋) of Transformation**	**1.28**	**171.13**
1.火力发电	Thermal Power		－0.20
2.供 热	Heating Supply		－0.01
3.洗 选 煤	Coal Washing		
4.炼 焦	Coking		
5.炼 油	Petroleum Refineries	1.28	171.34
6.制 气	Gas Works		
＃焦炭再投入量(－)	Coke Input(－)		
7.煤制品加工	Briquettes		
三、损 失 量	**Loss**		
四、终端消费量	**Total Final Consumption**	**3.28**	**73.53**
1.农、林、牧、渔业	Farming, Forestry, Animal Husbandry, Fishery & Water Conservancy		36.50
2.工 业	Industry	0.21	9.08
＃用作原料、材料	Non－Energy Use		
3.建 筑 业	Construction		3.50
4.交通运输、仓储及邮电通迅业	Transportation, Storage, Postal & Telecommunications Services	3.07	18.73
5.批发和零售贸易业、餐饮业	Wholesale, Retail Trade and Catering Service		2.22
6.生活消费	Residential Consumption		
城镇	Urban		
乡村	Rural		
7.其他	Other		3.50
五、平衡差额	**Statistical Difference**		

Continued(Jilin－2000)

燃料油 Fuel Oil 万吨 10^4tn	液化石油气 PLG 万吨 10^4tn	炼厂干气 Refinery Gas 万吨 10^4tn	天然气 Natural Gas 亿立方米 10^8cu. m	其他石油制品 Other Petroleum Products 万吨 10^4tn	其他焦化产品 Other Coking Products 万吨 10^4tn	热力 Heat 万百万千焦 10^{10}kj	电力 Electricity 亿千瓦小时 10^8kwh	其他能源 Other Energy 万吨标煤 10^4tce
－45.04	**1.75**	**3.60**	**2.98**	**－34.19**	**－3.97**		**48.17**	**0.35**
			2.98				47.84	
		3.60						
	1.70						56.97	0.35
							0.01	
－45.00				－32.38			－56.65	
－0.04	0.05			－1.81	－3.97			
70.29	**21.99**	**2.14**	**－0.54**	**158.11**	**3.99**	**8837.66**	**252.40**	
－3.69			－0.03				252.40	
－22.02		－16.50	－0.07			8837.66		
					3.99			
96.00	21.99	18.94		158.11				
		－0.30	－0.44					
						307.19	**26.34**	
25.25	**23.74**	**4.71**	**2.44**	**123.92**	**0.02**	**8530.47**	**274.23**	**0.35**
							6.06	
25.25	0.18	4.71	2.44	123.92	0.02	6364.21	187.71	0.35
				120.00				
						7.94	3.37	
						60.82	5.29	
						21.50	6.52	
	23.56					1890.50	47.18	
	22.20					1890.50	29.28	
	1.36						17.90	
						185.50	18.10	
		1.03						

6-7 吉林能源平衡表(实物量)-2001

		煤合计 Coal Total 万吨 10^4tn	原煤 Raw Coal 万吨 10^4tn
一、可供本地区消费的能源量	**Total Primary Energy Supply**	**4484.20**	**4260.00**
1.一次能源生产量	Indigenous Production	1759.00	1759.00
2.回收能	Recovery of Energy		
3.外省(区、市)调入量	Moving In from Other Provinces	2739.00	2520.00
4.进口量	Import		
5.我轮、机在外国加油量	Chinese Airplanes & Ships in Refueling Abroad		
6.本省(区、市)调出量(-)	Sending Out to Other Provinces(-)	-30.00	-30.00
7.出口量(-)	Export(-)		
8.外轮、机在我国加油量(-)	Foreign Airplanes & Ships in Refueling in China		
9.库存增(-)、减(+)量	Stock Change	16.20	11.00
二、加工转换投入(-)产出(+)量	**Input(-) & Output(+) of Transformation**	**-2620.53**	**-2405.72**
1.火力发电	Thermal Power	-1787.38	-1773.20
2.供热	Heating Supply	-591.26	-558.18
3.洗选煤	Coal Washing	-30.77	-74.34
4.炼焦	Coking	-158.58	
5.炼油	Petroleum Refineries		
6.制气	Gas Works	-52.54	
#焦炭再投入量(-)	Coke Input(-)		
7.煤制品加工	Briquettes		
三、损失量	**Loss**		
四、终端消费量	**Total Final Consumption**	**1863.61**	**1853.98**
1.农、林、牧、渔业	Farming, Forestry, Animal Husbandry, Fishery & Water Conservancy	39.55	39.55
2.工业	Industry	1226.50	1216.87
#用作原料、材料	Non-Energy Use	33.00	28.00
3.建筑业	Construction	37.17	37.17
4.交通运输、仓储及邮电通讯业	Transportation, Storage, Postal & Telecommunications Services	79.60	79.60
5.批发和零售贸易业、餐饮业	Wholesale, Retail Trade and Catering Service	128.00	128.00
6.生活消费	Residential Consumption	194.76	194.76
城镇	Urban	143.56	143.56
乡村	Rural	51.20	51.20
7.其他	Other	158.03	158.03
五、平衡差额	**Statistical Difference**	**0.34**	**0.30**

ENERGY BALANCE OF JILIN －2001（PHYSICAL QUANTITY）

洗精煤 Cleaned Coal 万吨 10^4tn	其他洗煤 Other Washed Coal 万吨 10^4tn	型煤 Briquettes 万吨 10^4tn	焦炭 Coke 万吨 10^4tn	焦炉煤气 Coke Oven Gas 亿立方米 10^8cu. m	其他煤气 Other Gas 亿立方米 10^8cu. m	油品合计 Petroleum Products Total 万吨 10^4tn	原油 Crude Oil 万吨 10^4tn	汽油 Gasoline 万吨 10^4tn
191.20	**33.00**		**15.10**			**472.12**	**709.33**	**－59.10**
						388.83	388.83	
						1.80		
188.00	31.00		15.50			333.60	323.00	
						－247.00		－59.00
3.20	2.00		－0.40			－5.11	－2.50	－0.10
－185.84	**－28.97**		**146.96**	**7.02**		**－72.44**	**－650.95**	**152.71**
	－14.18					－3.59		
	－33.08					－44.10	－0.17	
25.28	18.29							
－158.58			112.97	4.61				
						－24.75	－650.78	152.71
－52.54			33.99	2.41				
				0.10		**0.32**	**0.32**	
5.33	**4.02**	**0.28**	**162.09**	**6.92**		**399.31**	**58.06**	**93.61**
						43.83		4.81
5.33	4.02	0.28	162.09	5.62		216.65	55.97	8.90
5.00			27.00			118.42		
						9.34		5.40
						50.78	2.09	26.02
						8.73		6.30
				1.30		26.40		2.28
				1.30		24.41		1.68
						1.99		0.60
						43.58		39.90
0.03	**0.01**		**－0.03**			**0.05**		

续表(吉林-2001)

		煤油 Kerosene 万吨 10^4tn	柴油 Diesel Oil 万吨 10^4tn
一、可供本地区消费的能源量	**Total Primary Energy Supply**	**2.39**	**-115.80**
1.一次能源生产量	Indigenous Production		
2.回收能	Recovery of Energy		
3.外省(区、市)调入量	Moving In from Other Provinces	2.40	3.00
4.进口量	Import		
5.我轮、机在外国加油量	Chinese Airplanes & Ships in Refueling Abroad		
6.本省(区、市)调出量(-)	Sending Out to Other Provinces(-)		-118.00
7.出口量(-)	Export(-)		
8.外轮、机在我国加油量(-)	Foreign Airplanes & Ships in Refueling in China		
9.库存增(-)、减(+)量	Stock Change	-0.01	-0.80
二、加工转换投入(-)产出(+)量	**Input(-) & Output(+) of Transformation**	**1.23**	**190.98**
1.火力发电	Thermal Power		-1.18
2.供热	Heating Supply		-0.23
3.洗选煤	Coal Washing		
4.炼焦	Coking		
5.炼油	Petroleum Refineries	1.23	192.39
6.制气	Gas Works		
#焦炭再投入量(-)	Coke Input(-)		
7.煤制品加工	Briquettes		
三、损失量	**Loss**		
四、终端消费量	**Total Final Consumption**	**3.62**	**75.18**
1.农、林、牧、渔业	Farming, Forestry, Animal Husbandry, Fishery & Water Conservancy		39.02
2.工业	Industry	0.18	6.88
#用作原料、材料	Non-Energy Use		
3.建筑业	Construction		3.94
4.交通运输、仓储及邮电通迅业	Transportation, Storage, Postal & Telecommunications Services	3.44	19.23
5.批发和零售贸易业、餐饮业	Wholesale, Retail Trade and Catering Service		2.43
6.生活消费	Residential Consumption		
城镇	Urban		
乡村	Rural		
7.其他	Other		3.68
五、平衡差额	**Statistical Difference**		

Continued(Jilin－2001)

燃料油 Fuel Oil 万吨 10^4tn	液化石油气 PLG 万吨 10^4tn	炼厂干气 Refinery Gas 万吨 10^4tn	天然气 Natural Gas 亿立方米 10^8cu. m	其他石油制品 Other Petroleum Products 万吨 10^4tn	其他焦化产品 Other Coking Products 万吨 10^4tn	热力 Heat 万百万千焦 10^{10}kj	电力 Electricity 亿千瓦小时 10^8kwh	其他能源 Other Energy 万吨标煤 10^4tce
－33.64	**5.25**	**1.80**	**3.02**	**－38.11**	**－3.82**		**50.16**	**0.12**
			3.02				57.62	
		1.80						
	5.20				－3.80		66.34	0.12
－32.00				－38.00			－73.80	
－1.64	0.05			－0.11	－0.02			
51.06	**21.65**	**4.35**	**－0.59**	**156.53**	**3.87**	**9536.78**	**273.20**	
－2.41			－0.15				273.20	
－21.70		－13.90	－0.24	－8.10		9536.78		
					3.87			
75.17	21.65	18.25		164.63				
			－0.20					
						268.75	**23.74**	
17.42	**26.87**	**6.13**	**2.43**	**118.42**	**0.05**	**9268.03**	**299.62**	**0.12**
							8.51	
17.42	2.75	6.13	2.43	118.42	0.05	7057.98	204.82	0.12
				118.42				
						8.94	4.17	
						62.11	5.71	
						23.52	7.83	
	24.12					1935.90	49.57	
	22.73					1935.90	31.08	
	1.39						18.49	
						179.58	19.01	
	0.03	**0.02**						

6-7 吉林能源平衡表(实物量)-2002

		煤合计 Coal Total 万吨 10^4tn	原煤 Raw Coal 万吨 10^4tn
一、可供本地区消费的能源量	**Total Primary Energy Supply**	**4663.92**	**4437.75**
1.一次能源生产量	Indigenous Production	1816.75	1816.75
2.回收能	Recovery of Energy		
3.外省(区、市)调入量	Moving In from Other Provinces	2867.55	2634.50
4.进 口 量	Import		
5.我轮、机在外国加油量	Chinese Airplanes & Ships in Refueling Abroad		
6.本省(区、市)调出量(-)	Sending Out to Other Provinces(-)	-20.00	-20.00
7.出 口 量(-)	Export(-)		
8.外轮、机在我国加油量(-)	Foreign Airplanes & Ships in Refueling in China		
9.库存增(-)、减(+)量	Stock Change	-0.38	6.50
二、加工转换投入(-)产出(+)量	**Input(-) & Output(+) of Transformation**	**-2789.39**	**-2584.87**
1.火力发电	Thermal Power	-1942.62	-1928.97
2.供 热	Heating Supply	-584.61	-550.59
3.洗 选 煤	Coal Washing	-42.09	-105.31
4.炼 焦	Coking	-171.66	
5.炼 油	Petroleum Refineries		
6.制 气	Gas Works	-48.41	
#焦炭再投入量(-)	Coke Input(-)		
7.煤制品加工	Briquettes		
三、损 失 量	**Loss**		
四、终端消费量	**Total Final Consumption**	**1874.40**	**1852.78**
1.农、林、牧、渔业	Farming, Forestry, Animal Husbandry, Fishery & Water Conservancy	44.97	44.97
2.工 业	Industry	1199.60	1177.98
#用作原料、材料	Non-Energy Use	101.81	92.09
3.建 筑 业	Construction	42.78	42.78
4.交通运输、仓储及邮电通迅业	Transportation, Storage, Postal & Telecommunications Services	79.84	79.84
5.批发和零售贸易业、餐饮业	Wholesale, Retail Trade and Catering Service	138.72	138.72
6.生活消费	Residential Consumption	202.56	202.56
城镇	Urban	149.31	149.31
乡村	Rural	53.25	53.25
7.其他	Other	165.93	165.93
五、平衡差额	**Statistical Difference**	**0.13**	**0.10**

ENERGY BALANCE OF JILIN －2002（PHYSICAL QUANTITY）

洗精煤 Cleaned Coal 万吨 10^4tn	其他洗煤 Other Washed Coal 万吨 10^4tn	型煤 Briquettes 万吨 10^4tn	焦炭 Coke 万吨 10^4tn	焦炉煤气 Coke Oven Gas 亿立方米 10^8cu. m	其他煤气 Other Gas 亿立方米 10^8cu. m	油品合计 Petroleum Products Total 万吨 10^4tn	原油 Crude Oil 万吨 10^4tn	汽油 Gasoline 万吨 10^4tn
166.60	**59.05**	**0.52**	**50.02**			**510.50**	**731.35**	**-54.10**
						421.78	421.78	
						2.98		
172.50	60.00	0.55	48.00			315.48	310.00	
						-224.00		-53.00
-5.90	-0.95	-0.03	2.02			-5.74	-0.43	-1.10
-156.85	**-47.67**		**141.60**	**6.21**		**-82.76**	**-669.73**	**151.09**
	-13.65					-2.75		
	-34.02					-59.55	-0.24	
63.22								
-171.66			115.94	4.71				
						-20.46	-669.49	151.09
-48.41			25.66	1.50				
				0.10		**0.32**	**0.32**	
9.72	**11.38**	**0.52**	**191.62**	**6.11**		**427.47**	**61.37**	**96.99**
						49.83		5.47
9.72	11.38	0.52	191.62	5.00		231.03	59.32	7.92
9.72			34.48			130.05		
						10.74		6.20
						52.72	2.05	26.09
						9.52		6.87
				1.11		27.63		2.54
				1.11		25.55		1.91
						2.08		0.63
						46.00		41.90
0.03						**-0.05**	**-0.07**	

续表(吉林－2002)

		煤油 Kerosene 万吨 10^4tn	柴油 Diesel Oil 万吨 10^4tn
一、可供本地区消费的能源量	**Total Primary Energy Supply**	**3.67**	**－133.00**
1.一次能源生产量	Indigenous Production		
2.回收能	Recovery of Energy		
3.外省(区、市)调入量	Moving In from Other Provinces	3.68	
4.进 口 量	Import		
5.我轮、机在外国加油量	Chinese Airplanes & Ships in Refueling Abroad		
6.本省(区、市)调出量(－)	Sending Out to Other Provinces(－)		－130.00
7.出 口 量(－)	Export(－)		
8.外轮、机在我国加油量(－)	Foreign Airplanes & Ships in Refueling in China		
9.库存增(－)、减(＋)量	Stock Change	－0.01	－3.00
二、加工转换投入(－)产出(＋)量	**Input(－) & Output(＋) of Transformation**	**0.22**	**217.32**
1.火力发电	Thermal Power		－1.00
2.供　　热	Heating Supply		－0.20
3.洗 选 煤	Coal Washing		
4.炼　　焦	Coking		
5.炼　　油	Petroleum Refineries	0.22	218.52
6.制　　气	Gas Works		
＃焦炭再投入量(－)	Coke Input(－)		
7.煤制品加工	Briquettes		
三、损 失 量	**Loss**		
四、终端消费量	**Total Final Consumption**	**3.89**	**84.29**
1.农、林、牧、渔业	Farming, Forestry, Animal Husbandry, Fishery & Water Conservancy		44.36
2.工　　业	Industry	0.19	7.76
＃用作原料、材料	Non－Energy Use		
3.建 筑 业	Construction		4.54
4.交通运输、仓储及邮电通迅业	Transportation, Storage, Postal & Telecommunications Services	3.70	20.88
5.批发和零售贸易业、餐饮业	Wholesale, Retail Trade and Catering Service		2.65
6.生活消费	Residential Consumption		
城镇	Urban		
乡村	Rural		
7.其他	Other		4.10
五、平衡差额	**Statistical Difference**		**0.03**

Continued(Jilin－2002)

燃料油 Fuel Oil 万吨 10^4tn	液化石油气 PLG 万吨 10^4tn	炼厂干气 Refinery Gas 万吨 10^4tn	天然气 Natural Gas 亿立方米 10^8cu.m	其他石油制品 Other Petroleum Products 万吨 10^4tn	其他焦化产品 Other Coking Products 万吨 10^4tn	热力 Heat 万百万千焦 10^{10}kj	电力 Electricity 亿千瓦小时 10^8kwh	其他能源 Other Energy 万吨标煤 10^4tce
－41.40	**1.82**	**2.98**	**3.02**	**－0.82**	**－4.07**		**42.81**	**0.29**
			2.40				50.27	
		2.98						
	1.80		0.62				64.34	0.29
－41.00					－4.10		－71.80	
－0.40	0.02			－0.82	0.03			
57.34	**26.19**	**3.94**	**－0.17**	**130.87**	**4.10**	**10990.88**	**301.73**	
－1.75			－0.02				301.73	
－14.33		－14.11	－0.03	－30.67		10990.88		
					4.10			
73.42	26.19	18.05		161.54				
			－0.12					
						268.75	**23.74**	
15.95	**28.01**	**6.92**	**2.85**	**130.05**	**0.03**	**10722.13**	**320.80**	**0.29**
							9.68	
15.95	2.92	6.92	2.85	130.05	0.03	7770.38	205.64	0.29
				130.05				
						20.29	6.37	
						90.29	7.20	
						45.64	11.53	
	25.09					2506.97	54.52	
	23.64					2506.97	35.20	
	1.45						19.32	
						288.56	25.86	
－0.01								

6-8 黑龙江能源平衡表(实物量)-2000

		煤合计 Coal Total 万吨 10^4tn	原煤 Raw Coal 万吨 10^4tn
一、可供本地区消费的能源量	**Total Primary Energy Supply**	**5458.42**	**6426.87**
1.一次能源生产量	Indigenous Production	5438.49	5438.49
2.回收能	Recovery of Energy		
3.外省(区、市)调入量	Moving In from Other Provinces	1274.00	1274.00
4.进 口 量	Import		
5.我轮、机在外国加油量	Chinese Airplanes & Ships in Refueling Abroad		
6.本省(区、市)调出量(-)	Sending Out to Other Provinces(-)	-1810.24	-846.63
7.出 口 量(-)	Export(-)	-3.95	
8.外轮、机在我国加油量(-)	Foreign Airplanes & Ships in Refueling in China		
9.库存增(-)、减(+)量	Stock Change	560.12	561.01
二、加工转换投入(-)产出(+)量	**Input(-) & Output(+) of Transformation**	**-4125.37**	**-5791.30**
1.火力发电	Thermal Power	-2551.57	-2516.53
2.供　热	Heating Supply	-691.71	-691.04
3.洗 选 煤	Coal Washing	-567.35	-2425.51
4.炼　焦	Coking	-196.49	-94.59
5.炼　油	Petroleum Refineries		
6.制　气	Gas Works	-118.25	-63.33
#焦炭再投入量(-)	Coke Input(-)		
7.煤制品加工	Briquettes		-0.30
三、损 失 量	**Loss**		
四、终端消费量	**Total Final Consumption**	**1689.78**	**992.30**
1.农、林、牧、渔业	Farming, Forestry, Animal Husbandry, Fishery & Water Conservancy	8.91	8.91
2.工　业	Industry	1560.87	863.39
#用作原料、材料	Non-Energy Use		
3.建 筑 业	Construction	11.10	11.10
4.交通运输、仓储及邮电通迅业	Transportation, Storage, Postal & Telecommunications Services	9.88	9.88
5.批发和零售贸易业、餐饮业	Wholesale, Retail Trade and Catering Service		
6.生活消费	Residential Consumption	99.02	99.02
城镇	Urban	88.82	88.82
乡村	Rural	10.20	10.20
7.其他	Other		
五、平衡差额	**Statistical Difference**	**-356.73**	**-356.73**

ENERGY BALANCE OF HEILONGJIANG －2000（PHYSICAL QUANTITY）

洗精煤 Cleaned Coal 万吨 10^4tn	其他洗煤 Other Washed Coal 万吨 10^4tn	型煤 Briquettes 万吨 10^4tn	焦炭 Coke 万吨 10^4tn	焦炉煤气 Coke Oven Gas 亿立方米 10^8cu. m	其他煤气 Other Gas 亿立方米 10^8cu. m	油品合计 Petroleum Products Total 万吨 10^4tn	原油 Crude Oil 万吨 10^4tn	汽油 Gasoline 万吨 10^4tn
－492.46	**－475.93**	**－0.06**	**－56.87**			**1315.87**	**1601.27**	**－101.81**
						5306.73	5306.73	
			45.81			20.00	20.00	
－486.59	－477.02		－108.00			－3565.52	－3260.96	－98.03
－3.95						－464.44	－464.44	
－1.92	1.09	－0.06	5.32			19.10	－0.06	－3.78
790.89	**874.74**	**0.30**	**105.51**	**3.74**	**18.38**	**－146.27**	**－1412.57**	**345.85**
	－35.04					－15.08		
－0.67						－70.65		
948.38	909.78							
－101.90			129.70					
						－60.54	－1412.57	345.85
－54.92			－24.19	3.74	18.38			
		0.30						
						63.60	**63.60**	
298.43	**398.81**	**0.24**	**48.64**	**3.74**	**18.38**	**1106.00**	**125.10**	**244.04**
						176.63		
298.43	398.81	0.24	48.64	3.74	18.38	492.79	125.10	65.60
						6.98		
						177.65		72.33
						112.69		45.75
						75.05		11.15
								11.15
						64.21		
						63.90		49.21

续表(黑龙江－2000)

		煤油 Kerosene 万吨 10^4tn	柴油 Diesel Oil 万吨 10^4tn
一、可供本地区消费的能源量	**Total Primary Energy Supply**	**－14.61**	**－118.74**
1.一次能源生产量	Indigenous Production		
2.回收能	Recovery of Energy		
3.外省(区、市)调入量	Moving In from Other Provinces		
4.进 口 量	Import		
5.我轮、机在外国加油量	Chinese Airplanes & Ships in Refueling Abroad		
6.本省(区、市)调出量(－)	Sending Out to Other Provinces(－)	－14.33	－122.90
7.出 口 量(－)	Export(－)		
8.外轮、机在我国加油量(－)	Foreign Airplanes & Ships in Refueling in China		
9.库存增(－)、减(＋)量	Stock Change	－0.28	4.16
二、加工转换投入(－)产出(＋)量	**Input(－) & Output(＋) of Transformation**	**23.35**	**528.39**
1.火力发电	Thermal Power		－0.06
2.供 热	Heating Supply		
3.洗 选 煤	Coal Washing		
4.炼 焦	Coking		
5.炼 油	Petroleum Refineries	23.35	528.45
6.制 气	Gas Works		
#焦炭再投入量(－)	Coke Input(－)		
7.煤制品加工	Briquettes		
三、损 失 量	**Loss**		
四、终端消费量	**Total Final Consumption**	**8.74**	**409.65**
1.农、林、牧、渔业	Farming, Forestry, Animal Husbandry, Fishery & Water Conservancy		176.63
2.工 业	Industry	1.81	51.63
#用作原料、材料	Non－Energy Use		
3.建 筑 业	Construction		6.98
4.交通运输、仓储及邮电通迅业	Transportation, Storage, Postal & Telecommunications Services	6.93	98.39
5.批发和零售贸易业、餐饮业	Wholesale, Retail Trade and Catering Service		46.01
6.生活消费	Residential Consumption		30.01
城镇	Urban		30.01
乡村	Rural		
7.其他	Other		
五、平衡差额	**Statistical Difference**		

Continued(Heilongjiang－2000)

燃料油 Fuel Oil 万吨 10^4tn	液化石油气 PLG 万吨 10^4tn	炼厂干气 Refinery Gas 万吨 10^4tn	天然气 Natural Gas 亿立方米 10^8cu.m	其他石油制品 Other Petroleum Products 万吨 10^4tn	其他焦化产品 Other Coking Products 万吨 10^4tn	热力 Heat 万百万千焦 10^{10}kj	电力 Electricity 亿千瓦小时 10^8kwh	其他能源 Other Energy 万吨标煤 10^4tce
17.61	**－24.76**		**23.04**	**－43.09**			**－16.30**	**－8.93**
			23.04				13.19	
							1.11	
	－24.90			－44.40			－30.60	
								－7.60
17.61	0.14			1.31				－1.33
60.54	**83.70**	**20.28**	**－3.59**	**204.19**	**4.00**	**14647.06**	**413.54**	**10.39**
－14.47		－0.55	－1.23				413.54	
－42.76		－27.89	－2.36			14647.06		－26.16
					4.00			
117.77	83.70	48.72		204.19				36.55
			1.53				**17.68**	
78.15	**58.94**	**20.28**	**17.92**	**161.10**	**4.00**	**14647.06**	**379.56**	**1.46**
							9.95	
42.22	25.05	20.28	17.62	161.10	4.00	9960.33	297.09	1.46
							2.08	
							5.29	
20.93							2.30	
	33.89		0.30			4686.73	52.15	
	33.89		0.30			4686.73	45.15	
							7.00	
15.00							10.70	

6-8 黑龙江能源平衡表(实物量)-2001

		煤合计 Coal Total 万吨 10^4tn	原煤 Raw Coal 万吨 10^4tn
一、可供本地区消费的能源量	**Total Primary Energy Supply**	**5155.98**	**5903.16**
1.一次能源生产量	Indigenous Production	5120.65	5120.65
2.回收能	Recovery of Energy		
3.外省(区、市)调入量	Moving In from Other Provinces	1250.36	1250.36
4.进 口 量	Import		
5.我轮、机在外国加油量	Chinese Airplanes & Ships in Refueling Abroad		
6.本省(区、市)调出量(-)	Sending Out to Other Provinces(-)	-1300.59	-559.65
7.出 口 量(-)	Export(-)	-100.10	-78.23
8.外轮、机在我国加油量(-)	Foreign Airplanes & Ships in Refueling in China		
9.库存增(-)、减(+)量	Stock Change	185.66	170.03
二、加工转换投入(-)产出(+)量	**Input(-) & Output(+) of Transformation**	**-4067.62**	**-5298.89**
1.火力发电	Thermal Power	-2549.34	-2498.02
2.供　　热	Heating Supply	-701.53	-700.79
3.洗 选 煤	Coal Washing	-502.22	-1992.13
4.炼　　焦	Coking	-200.15	-45.92
5.炼　　油	Petroleum Refineries		
6.制　　气	Gas Works	-114.37	-61.93
#焦炭再投入量(-)	Coke Input(-)		
7.煤制品加工	Briquettes		-0.10
三、损 失 量	**Loss**		
四、终端消费量	**Total Final Consumption**	**1469.71**	**985.62**
1.农、林、牧、渔业	Farming, Forestry, Animal Husbandry, Fishery & Water Conservancy	7.82	7.82
2.工　　业	Industry	1359.87	875.78
#用作原料、材料	Non-Energy Use		
3.建 筑 业	Construction	1.69	1.69
4.交通运输、仓储及邮电通迅业	Transportation, Storage, Postal & Telecommunications Services	8.74	8.74
5.批发和零售贸易业、餐饮业	Wholesale, Retail Trade and Catering Service		
6.生活消费	Residential Consumption	91.59	91.59
城镇	Urban	80.29	80.29
乡村	Rural	11.30	11.30
7.其他	Other		
五、平衡差额	**Statistical Difference**	**-381.35**	**-381.35**

ENERGY BALANCE OF HEILONGJIANG －2001（PHYSICAL QUANTITY）

洗精煤 Cleaned Coal 万吨 10^4tn	其他洗煤 Other Washed Coal 万吨 10^4tn	型煤 Briquettes 万吨 10^4tn	焦炭 Coke 万吨 10^4tn	焦炉煤气 Coke Oven Gas 亿立方米 10^8cu.m	其他煤气 Other Gas 亿立方米 10^8cu.m	油品合计 Petroleum Products Total 万吨 10^4tn	原油 Crude Oil 万吨 10^4tn	汽油 Gasoline 万吨 10^4tn
－398.26	**－348.98**	**0.06**	**－52.34**			**1246.26**	**1615.50**	**－108.04**
						5161.11	5161.11	
			70.07					
						99.48	99.48	
－391.74	－349.20		－120.92			－3631.10	－3276.68	－107.48
－21.87			－0.22			－368.30	－368.30	
15.35	0.22	0.06	－1.27			－14.93	－0.11	－0.56
620.74	**610.44**	**0.09**	**119.41**	**2.94**	**19.90**	**－96.56**	**－1460.51**	**377.88**
	－51.32					－10.27		
－0.74						－59.40		
828.15	661.76							
－154.23			142.78					
						－26.89	－1460.51	377.88
－52.44			－23.37	2.94	19.90			
		0.09						
						61.80	**61.80**	
222.48	**261.46**	**0.15**	**67.07**	**2.94**	**19.90**	**1087.90**	**93.19**	**269.84**
						187.20		3.20
222.48	261.46	0.15	66.19	2.94	19.90	423.59	93.19	62.46
			0.75			1.37		0.55
			0.13			181.25		78.21
						116.41		50.63
						115.12		21.83
						115.12		21.83
								0
						62.96		52.96
								0

续表(黑龙江－2001)

		煤油 Kerosene 万吨 10^4tn	柴油 Diesel Oil 万吨 10^4tn
一、可供本地区消费的能源量	**Total Primary Energy Supply**	**－16.14**	**－182.62**
1.一次能源生产量	Indigenous Production		
2.回收能	Recovery of Energy		
3.外省(区、市)调入量	Moving In from Other Provinces		
4.进 口 量	Import		
5.我轮、机在外国加油量	Chinese Airplanes & Ships in Refueling Abroad		
6.本省(区、市)调出量(－)	Sending Out to Other Provinces(－)	－16.27	－183.61
7.出 口 量(－)	Export(－)		
8.外轮、机在我国加油量(－)	Foreign Airplanes & Ships in Refueling in China		
9.库存增(－)、减(＋)量	Stock Change	0.13	0.99
二、加工转换投入(－)产出(＋)量	**Input(－) & Output(＋) of Transformation**	**24.05**	**573.55**
1.火力发电	Thermal Power		－0.06
2.供 热	Heating Supply		－0.03
3.洗 选 煤	Coal Washing		
4.炼 焦	Coking		
5.炼 油	Petroleum Refineries	24.05	573.64
6.制 气	Gas Works		
#焦炭再投入量(－)	Coke Input(－)		
7.煤制品加工	Briquettes		
三、损 失 量	**Loss**		
四、终端消费量	**Total Final Consumption**	**7.91**	**390.93**
1.农、林、牧、渔业	Farming, Forestry, Animal Husbandry, Fishery & Water Conservancy		184.00
2.工 业	Industry	0.81	26.11
#用作原料、材料	Non－Energy Use		
3.建 筑 业	Construction		0.82
4.交通运输、仓储及邮电通迅业	Transportation, Storage, Postal & Telecommunications Services	7.10	95.94
5.批发和零售贸易业、餐饮业	Wholesale, Retail Trade and Catering Service		48.96
6.生活消费	Residential Consumption		35.10
城镇	Urban		35.10
乡村	Rural		
7.其他	Other		
五、平衡差额	**Statistical Difference**		

Continued(Heilongjiang - 2001)

燃料油 Fuel Oil 万吨 10^4tn	液化石油气 PLG 万吨 10^4tn	炼厂干气 Refinery Gas 万吨 10^4tn	天然气 Natural Gas 亿立方米 10^8cu. m	其他石油制品 Other Petroleum Products 万吨 10^4tn	其他焦化产品 Other Coking Products 万吨 10^4tn	热力 Heat 万百万千焦 10^{10}kj	电力 Electricity 亿千瓦小时 10^8kwh	其他能源 Other Energy 万吨标煤 10^4tce
-11.91	**-18.83**		**22.03**	**-31.70**			**24.55**	**0.21**
			22.03				12.66	
							48.95	
							1.43	
	-18.20			-28.86			-38.49	
-11.91	-0.63			-2.84				0.21
58.76	**101.78**	**23.96**	**-5.30**	**203.97**	**5.16**	**11848.14**	**443.58**	**1.57**
-9.37		-0.84	-2.62				443.58	
-32.52		-26.85	-2.68			11848.14		-59.76
					5.16			
100.65	101.78	51.65		203.97				61.33
			1.37				**10.75**	
46.85	**82.95**	**23.96**	**15.36**	**172.27**	**5.16**	**11848.14**	**457.38**	**1.78**
							10.83	
20.03	24.76	23.96	14.70	172.27	5.16	8560.90	339.37	1.78
							3.36	
							7.49	
16.82							9.27	
	58.19		0.66			3287.24	67.17	
	58.19		0.66			3287.24	21.37	
							45.80	
10.00							19.89	

6-8 黑龙江能源平衡表(实物量)-2002

		煤合计 Coal Total 万吨 10^4tn	原煤 Raw Coal 万吨 10^4tn
一、可供本地区消费的能源量	**Total Primary Energy Supply**	**5285.65**	**6383.12**
1.一次能源生产量	Indigenous Production	5882.58	5882.58
2.回收能	Recovery of Energy		
3.外省(区、市)调入量	Moving In from Other Provinces	1089.44	1089.44
4.进 口 量	Import		
5.我轮、机在外国加油量	Chinese Airplanes & Ships in Refueling Abroad		
6.本省(区、市)调出量(-)	Sending Out to Other Provinces(-)	-1618.48	-544.72
7.出 口 量(-)	Export(-)	-112.56	-86.58
8.外轮、机在我国加油量(-)	Foreign Airplanes & Ships in Refueling in China		
9.库存增(-)、减(+)量	Stock Change	44.67	42.40
二、加工转换投入(-)产出(+)量	**Input(-) & Output(+) of Transformation**	**-4080.30**	**-5624.66**
1.火力发电	Thermal Power	-2571.98	-2422.27
2.供 热	Heating Supply	-653.14	-646.92
3.洗 选 煤	Coal Washing	-482.90	-2390.56
4.炼 焦	Coking	-245.29	-73.94
5.炼 油	Petroleum Refineries		
6.制 气	Gas Works	-126.99	-82.97
#焦炭再投入量(-)	Coke Input(-)		
7.煤制品加工	Briquettes		-8.00
三、损 失 量	**Loss**		
四、终端消费量	**Total Final Consumption**	**1462.68**	**1015.79**
1.农、林、牧、渔业	Farming, Forestry, Animal Husbandry, Fishery & Water Conservancy	8.67	8.67
2.工 业	Industry	1341.38	894.49
#用作原料、材料	Non-Energy Use		128.36
3.建 筑 业	Construction	2.03	2.03
4.交通运输、仓储及邮电通迅业	Transportation, Storage, Postal & Telecommunications Services	8.84	8.84
5.批发和零售贸易业、餐饮业	Wholesale, Retail Trade and Catering Service		
6.生活消费	Residential Consumption	101.76	101.76
城镇	Urban	86.46	86.46
乡村	Rural	15.30	15.30
7.其他	Other		
五、平衡差额	**Statistical Difference**	**-257.33**	**-257.33**

ENERGY BALANCE OF HEILONGJIANG －2002（PHYSICAL QUANTITY）

洗精煤 Cleaned Coal 万吨 10^4tn	其他洗煤 Other Washed Coal 万吨 10^4tn	型煤 Briquettes 万吨 10^4tn	焦炭 Coke 万吨 10^4tn	焦炉煤气 Coke Oven Gas 亿立方米 10^8cu. m	其他煤气 Other Gas 亿立方米 10^8cu. m	油品合计 Petroleum Products Total 万吨 10^4tn	原油 Crude Oil 万吨 10^4tn	汽油 Gasoline 万吨 10^4tn
－607.24	**－490.23**		**－69.43**			**1275.59**	**1586.16**	**－109.16**
						5029.35	5029.35	
			95.31					
						4.14	4.14	
－583.53	－490.23		－159.85			－3415.90	－3094.60	－103.80
－25.98						－352.70	－352.70	
2.27			－4.89			10.70	－0.03	－5.36
830.68	**705.68**	**8.00**	**124.76**	**3.99**	**17.47**	**－68.47**	**－1362.82**	**367.73**
－9.31	－140.40					－8.80		
－0.86	－5.36					－46.92		
1056.22	851.44							
－171.35			149.20					
						－12.75	－1362.82	367.73
－44.02			－24.44	3.99	17.47			
		8.00						
						60.16	**60.16**	
223.44	**215.45**	**8.00**	**55.33**	**3.99**	**17.47**	**1146.96**	**163.18**	**258.57**
						163.34		2.13
223.44	215.45	8.00	54.37	3.99	17.47	506.28	163.18	47.94
			26.14	1.02	1.32	140.31	134.01	
			0.80			1.18		0.65
			0.16			171.69		72.21
						126.63		63.69
						114.36		21.32
						114.36		21.32
								0
						63.48		50.63
								0

续表(黑龙江－2002)

		煤油 Kerosene 万吨 10^4tn	柴油 Diesel Oil 万吨 10^4tn
一、可供本地区消费的能源量	**Total Primary Energy Supply**	**－12.00**	**－173.00**
1.一次能源生产量	Indigenous Production		
2.回收能	Recovery of Energy		
3.外省(区、市)调入量	Moving In from Other Provinces		
4.进 口 量	Import		
5.我轮、机在外国加油量	Chinese Airplanes & Ships in Refueling Abroad		
6.本省(区、市)调出量(－)	Sending Out to Other Provinces(－)	－12.00	－173.00
7.出 口 量(－)	Export(－)		
8.外轮、机在我国加油量(－)	Foreign Airplanes & Ships in Refueling in China		
9.库存增(－)、减(＋)量	Stock Change		
二、加工转换投入(－)产出(＋)量	**Input(－) & Output(＋) of Transformation**	**22.61**	**576.28**
1.火力发电	Thermal Power		－0.11
2.供 热	Heating Supply		
3.洗 选 煤	Coal Washing		
4.炼 焦	Coking		
5.炼 油	Petroleum Refineries	22.61	576.39
6.制 气	Gas Works		
#焦炭再投入量(－)	Coke Input(－)		
7.煤制品加工	Briquettes		
三、损 失 量	**Loss**		
四、终端消费量	**Total Final Consumption**	**10.61**	**403.28**
1.农、林、牧、渔业	Farming, Forestry, Animal Husbandry, Fishery & Water Conservancy		161.21
2.工 业	Industry	0.80	66.17
#用作原料、材料	Non－Energy Use		
3.建 筑 业	Construction		0.53
4.交通运输、仓储及邮电通迅业	Transportation, Storage, Postal & Telecommunications Services	9.81	89.67
5.批发和零售贸易业、餐饮业	Wholesale, Retail Trade and Catering Service		45.60
6.生活消费	Residential Consumption		40.10
城镇	Urban		40.10
乡村	Rural		
7.其他	Other		
五、平衡差额	**Statistical Difference**		

Continued(Heilongjiang－2002)

燃料油 Fuel Oil 万吨 10^4tn	液化石油气 PLG 万吨 10^4tn	炼厂干气 Refinery Gas 万吨 10^4tn	天然气 Natural Gas 亿立方米 10^8cu. m	其他石油制品 Other Petroleum Products 万吨 10^4tn	其他焦化产品 Other Coking Products 万吨 10^4tn	热力 Heat 万百万千焦 10^{10}kj	电力 Electricity 亿千瓦小时 10^8kwh	其他能源 Other Energy 万吨标煤 10^4tce
5.89	**－18.37**		**20.22**	**－3.93**	**0.03**		**18.83**	**0.29**
			20.22				15.09	
							49.25	
							1.32	
	－18.80			－13.70			－46.83	
5.89	0.43			9.77	0.03			0.29
43.68	**98.78**	**20.50**	**－5.16**	**164.77**	**5.30**	**11375.71**	**444.19**	**61.45**
－8.31		－0.38	－2.56				444.19	
－18.89		－28.03	－2.60			11375.71		
					5.30			
70.88	98.78	48.91		164.77				61.45
			0.69				**10.16**	
49.57	**80.41**	**20.50**	**14.37**	**160.84**	**5.33**	**11375.71**	**452.86**	**61.74**
							10.99	
19.38	27.47	20.50	13.42	160.84	5.33	8060.50	326.77	61.74
2.42	3.79		0.86	0.09				
							3.13	
							7.90	
17.34							10.45	
	52.94		0.95			3315.21	73.26	
	52.94		0.95			3315.21	22.86	
							50.40	
12.85							20.36	

6-9 上海能源平衡表(实物量)-2000

		煤合计 Coal Total 万吨 10^4tn	原煤 Raw Coal 万吨 10^4tn
一、可供本地区消费的能源量	**Total Primary Energy Supply**	**4502.05**	**3279.96**
1.一次能源生产量	Indigenous Production		
2.回收能	Recovery of Energy		
3.外省(区、市)调入量	Moving In from Other Provinces	4683.75	3420.72
4.进口量	Import		
5.我轮、机在外国加油量	Chinese Airplanes & Ships in Refueling Abroad		
6.本省(区、市)调出量(-)	Sending Out to Other Provinces(-)	-177.13	-177.13
7.出口量(-)	Export(-)		
8.外轮、机在我国加油量(-)	Foreign Airplanes & Ships in Refueling in China		
9.库存增(-)、减(+)量	Stock Change	-4.57	36.37
二、加工转换投入(-)产出(+)量	**Input(-) & Output(+) of Transformation**	**-3391.05**	**-2326.64**
1.火力发电	Thermal Power	-2088.97	-2088.97
2.供热	Heating Supply	-203.11	-203.11
3.洗选煤	Coal Washing		
4.炼焦	Coking	-1066.12	
5.炼油	Petroleum Refineries		
6.制气	Gas Works	-32.60	-32.60
#焦炭再投入量(-)	Coke Input(-)		
7.煤制品加工	Briquettes	-0.25	-1.96
三、损失量	**Loss**	**58.50**	**41.00**
四、终端消费量	**Total Final Consumption**	**1046.53**	**906.72**
1.农、林、牧、渔业	Farming, Forestry, Animal Husbandry, Fishery & Water Conservancy	11.65	11.65
2.工业	Industry	872.66	733.65
#用作原料、材料	Non-Energy Use		
3.建筑业	Construction	8.00	8.00
4.交通运输、仓储及邮电通迅业	Transportation, Storage, Postal & Telecommunications Services	9.93	9.93
5.批发和零售贸易业、餐饮业	Wholesale, Retail Trade and Catering Service	2.00	2.00
6.生活消费	Residential Consumption	140.29	139.49
城镇	Urban	66.80	66.00
乡村	Rural	73.49	73.49
7.其他	Other	2.00	2.00
五、平衡差额	**Statistical Difference**	**5.97**	**5.60**

ENERGY BALANCE OF SHANGHAI －2000（PHYSICAL QUANTITY）

洗精煤 Cleaned Coal 万吨 10^4tn	其他洗煤 Other Washed Coal 万吨 10^4tn	型煤 Briquettes 万吨 10^4tn	焦炭 Coke 万吨 10^4tn	焦炉煤气 Coke Oven Gas 亿立方米 10^8cu. m	其他煤气 Other Gas 亿立方米 10^8cu. m	油品合计 Petroleum Products Total 万吨 10^4tn	原油 Crude Oil 万吨 10^4tn	汽油 Gasoline 万吨 10^4tn
1219.57	**2.52**		**－54.24**	**－0.80**	**60.88**	**1257.26**	**1310.39**	**－131.38**
						28.98	25.25	
					60.88			
1260.51	2.52		18.18			3140.29	573.53	650.29
						1026.38	748.22	
						27.31		
			－3.22	－0.80		－2803.27	－25.25	－725.23
			－78.68			－72.69		－52.29
						－44.79		
－40.94			9.48			－44.95	－11.36	－4.15
－1066.12		**1.71**	**732.46**	**19.69**	**－40.13**	**－126.93**	**－1301.36**	**263.70**
				－1.91	－60.88	－69.62		
						－17.57		
－1066.12			776.39	26.94				
						－18.81	－1301.36	263.70
			－43.93	－5.34	20.75	－20.93		
		1.71						
17.50					**2.88**	**8.97**	**7.93**	
135.57	**2.52**	**1.72**	**676.06**	**20.12**	**17.93**	**1121.82**	**0.41**	**132.25**
						45.67		22.31
135.57	2.52	0.92	676.06	19.53	2.34	482.20	0.41	19.25
						43.15		16.32
						379.83		13.54
						27.30		3.43
		0.80		0.53	15.48	54.30		17.71
		0.80		0.53	15.39	29.91		9.21
					0.09	24.39		8.50
				0.06	0.11	89.37		39.69
0.38		**－0.01**	**2.16**	**－1.23**	**－0.06**	**－0.46**	**0.69**	**0.07**

续表(上海－2000)

		煤油 Kerosene 万吨 10^4tn	柴油 Diesel Oil 万吨 10^4tn
一、可供本地区消费的能源量	**Total Primary Energy Supply**	**7.90**	**－225.49**
1.一次能源生产量	Indigenous Production		
2.回收能	Recovery of Energy		
3.外省(区、市)调入量	Moving In from Other Provinces	76.37	1536.49
4.进 口 量	Import	61.02	13.80
5.我轮、机在外国加油量	Chinese Airplanes & Ships in Refueling Abroad	25.40	1.74
6.本省(区、市)调出量(－)	Sending Out to Other Provinces(－)	－126.06	－1736.78
7.出 口 量(－)	Export(－)		－7.43
8.外轮、机在我国加油量(－)	Foreign Airplanes & Ships in Refueling in China	－18.40	－12.89
9.库存增(－)、减(＋)量	Stock Change	－10.43	－20.42
二、加工转换投入(－)产出(＋)量	**Input(－) & Output(＋) of Transformation**	**48.39**	**398.93**
1.火力发电	Thermal Power		－1.84
2.供 热	Heating Supply		－0.42
3.洗 选 煤	Coal Washing		
4.炼 焦	Coking		
5.炼 油	Petroleum Refineries	48.39	401.30
6.制 气	Gas Works		－0.11
#焦炭再投入量(－)	Coke Input(－)		
7.煤制品加工	Briquettes		
三、损 失 量	**Loss**	**0.50**	
四、终端消费量	**Total Final Consumption**	**55.21**	**169.57**
1.农、林、牧、渔业	Farming, Forestry, Animal Husbandry, Fishery & Water Conservancy		22.31
2.工 业	Industry	0.92	30.45
#用作原料、材料	Non－Energy Use		
3.建 筑 业	Construction		26.23
4.交通运输、仓储及邮电通迅业	Transportation, Storage, Postal & Telecommunications Services	54.03	56.88
5.批发和零售贸易业、餐饮业	Wholesale, Retail Trade and Catering Service	0.06	13.05
6.生活消费	Residential Consumption	0.07	9.16
城镇	Urban	0.07	3.31
乡村	Rural		5.85
7.其他	Other	0.13	11.49
五、平衡差额	**Statistical Difference**	**0.58**	**3.87**

Continued(Shanghai－2000)

燃料油 Fuel Oil 万吨 10^4tn	液化石油气 PLG 万吨 10^4tn	炼厂干气 Refinery Gas 万吨 10^4tn	天然气 Natural Gas 亿立方米 10^8cu.m	其他石油制品 Other Petroleum Products 万吨 10^4tn	其他焦化产品 Other Coking Products 万吨 10^4tn	热力 Heat 万百万千焦 10^{10}kj	电力 Electricity 亿千瓦小时 10^8kwh	其他能源 Other Energy 万吨标煤 10^4tce
353.75	**11.62**	**－2.47**	**2.54**	**－67.06**	**－0.34**	**630.00**	**1.59**	**27.34**
	2.81		2.60	0.92				27.48
						630.00		
288.56	15.00			0.05			64.05	
181.69	21.65							
0.17								
－100.81	－27.54	－2.48		－59.12			－62.46	
				－12.97				
－13.50								
－2.36	－0.30	0.01	－0.06	4.06	－0.34			－0.14
48.32	**66.57**	**73.81**		**274.71**	**54.90**	**4354.18**	**557.75**	**－23.20**
－63.42		－2.20		－2.16		－12.93	557.75	
－12.61		－2.70		－1.84		4511.51		
					45.05			
139.03	66.57	78.71		284.85				－23.20
－14.68				－6.14	9.85	－144.40		
	0.54		**0.37**			**275.41**	**30.19**	
403.49	**77.11**	**76.48**	**2.17**	**207.30**	**55.23**	**4706.87**	**529.23**	**2.52**
	0.25			0.80			8.92	
139.67	34.11	76.48	0.42	180.91	55.23	4380.24	362.94	2.52
	0.60					25.80	5.57	
248.96	0.15		0.01	6.27		8.63	12.66	
2.86	4.80		0.72	3.10		16.34	24.46	
	21.14		0.72	6.22		119.58	53.20	
	12.94		0.72	4.38		119.58	45.48	
	8.20			1.84			7.72	
12.00	16.06		0.30	10.00		156.28	61.48	
－1.42	**0.54**	**－5.14**		**0.35**	**－0.67**	**1.90**	**－0.08**	**1.62**

6-9 上海能源平衡表(实物量)-2001

		煤合计 Coal Total 万吨 10^4tn	原煤 Raw Coal 万吨 10^4tn
一、可供本地区消费的能源量	**Total Primary Energy Supply**	**4601.40**	**3474.98**
1.一次能源生产量	Indigenous Production		
2.回收能	Recovery of Energy		
3.外省(区、市)调入量	Moving In from Other Provinces	5793.03	4663.03
4.进 口 量	Import	1.18	1.18
5.我轮、机在外国加油量	Chinese Airplanes & Ships in Refueling Abroad		
6.本省(区、市)调出量(-)	Sending Out to Other Provinces(-)	-1215.05	-1215.05
7.出 口 量(-)	Export(-)	-0.33	-0.33
8.外轮、机在我国加油量(-)	Foreign Airplanes & Ships in Refueling in China		
9.库存增(-)、减(+)量	Stock Change	22.57	26.15
二、加工转换投入(-)产出(+)量	**Input(-) & Output(+) of Transformation**	**-3484.23**	**-2467.18**
1.火力发电	Thermal Power	-2221.94	-2221.94
2.供 热	Heating Supply	-212.36	-212.36
3.洗 选 煤	Coal Washing		
4.炼 焦	Coking	-1017.91	
5.炼 油	Petroleum Refineries		
6.制 气	Gas Works	-32.05	-32.05
#焦炭再投入量(-)	Coke Input(-)		
7.煤制品加工	Briquettes	0.03	-0.83
三、损 失 量	**Loss**	**71.58**	**55.89**
四、终端消费量	**Total Final Consumption**	**1054.49**	**964.04**
1.农、林、牧、渔业	Farming, Forestry, Animal Husbandry, Fishery & Water Conservancy	19.13	19.13
2.工 业	Industry	880.96	790.51
#用作原料、材料	Non-Energy Use		
3.建 筑 业	Construction	13.14	13.14
4.交通运输、仓储及邮电通讯业	Transportation, Storage, Postal & Telecommunications Services	16.31	16.31
5.批发和零售贸易业、餐饮业	Wholesale, Retail Trade and Catering Service	3.29	3.29
6.生活消费	Residential Consumption	118.38	118.38
城镇	Urban	70.70	70.70
乡村	Rural	47.68	47.68
7.其他	Other	3.28	3.28
五、平衡差额	**Statistical Difference**	**-8.90**	**-12.13**

ENERGY BALANCE OF SHANGHAI －2001（PHYSICAL QUANTITY）

洗精煤 Cleaned Coal 万吨 10^4tn	其他洗煤 Other Washed Coal 万吨 10^4tn	型煤 Briquettes 万吨 10^4tn	焦炭 Coke 万吨 10^4tn	焦炉煤气 Coke Oven Gas 亿立方米 10^8cu. m	其他煤气 Other Gas 亿立方米 10^8cu. m	油品合计 Petroleum Products Total 万吨 10^4tn	原油 Crude Oil 万吨 10^4tn	汽油 Gasoline 万吨 10^4tn
1126.43		**－0.01**	**－42.56**	**－0.96**	**73.53**	**1348.00**	**1356.29**	**－102.97**
						62.63	58.93	
					73.53			
1130.00			91.81			3439.05	595.15	737.21
						946.47	736.20	
						279.65		
			－64.22	－0.96		－3163.86	－25.87	－781.16
			－74.17			－90.38		－63.78
						－48.79		
－3.57		－0.01	4.02			－76.77	－8.12	4.76
－1017.91		**0.86**	**700.28**	**19.39**	**－52.01**	**－102.74**	**－1346.89**	**240.38**
				－1.46	－66.29	－47.02		
						－15.42		
－1017.91			755.31	26.10	－7.24			
						－22.27	－1346.89	240.38
			－55.03	－5.25	21.52	－18.03		
		0.86						
15.69					**2.78**	**11.83**	**7.84**	
89.60		**0.85**	**654.79**	**18.42**	**18.92**	**1225.37**	**0.30**	**137.33**
						54.41		23.77
89.60		0.85	654.79	18.14	2.49	492.97	0.30	21.11
						55.08		17.90
					0.25	436.12		14.85
						40.85		3.76
				0.22	11.79	58.65		19.41
				0.22	11.69	32.49		10.09
					0.10	26.16		9.32
				0.06	4.39	87.29		36.53
3.23			**－1.33**	**0.01**	**－0.18**	**8.06**	**1.26**	**0.08**

续表(上海-2001)

		煤油 Kerosene 万吨 10^4tn	柴油 Diesel Oil 万吨 10^4tn
一、可供本地区消费的能源量	**Total Primary Energy Supply**	**6.64**	**-214.41**
1.一次能源生产量	Indigenous Production		
2.回收能	Recovery of Energy		
3.外省(区、市)调入量	Moving In from Other Provinces	156.86	1800.90
4.进口量	Import	57.56	6.02
5.我轮、机在外国加油量	Chinese Airplanes & Ships in Refueling Abroad	27.92	10.60
6.本省(区、市)调出量(-)	Sending Out to Other Provinces(-)	-207.63	-1964.87
7.出口量(-)	Export(-)	-5.00	
8.外轮、机在我国加油量(-)	Foreign Airplanes & Ships in Refueling in China	-29.11	-4.22
9.库存增(-)、减(+)量	Stock Change	6.04	-62.84
二、加工转换投入(-)产出(+)量	**Input(-) & Output(+) of Transformation**	**53.12**	**441.78**
1.火力发电	Thermal Power		-1.49
2.供热	Heating Supply		-0.40
3.洗选煤	Coal Washing		
4.炼焦	Coking		
5.炼油	Petroleum Refineries	53.12	448.19
6.制气	Gas Works		-4.52
#焦炭再投入量(-)	Coke Input(-)		
7.煤制品加工	Briquettes		
三、损失量	**Loss**		
四、终端消费量	**Total Final Consumption**	**59.57**	**225.39**
1.农、林、牧、渔业	Farming, Forestry, Animal Husbandry, Fishery & Water Conservancy		29.76
2.工业	Industry	1.13	40.17
#用作原料、材料	Non-Energy Use		
3.建筑业	Construction	0.16	34.60
4.交通运输、仓储及邮电通迅业	Transportation, Storage, Postal & Telecommunications Services	57.74	75.90
5.批发和零售贸易业、餐饮业	Wholesale, Retail Trade and Catering Service	0.13	17.41
6.生活消费	Residential Consumption	0.01	12.22
城镇	Urban	0.01	4.42
乡村	Rural		7.80
7.其他	Other	0.40	15.33
五、平衡差额	**Statistical Difference**	**0.19**	**1.98**

Continued (Shanghai－2001)

燃料油 Fuel Oil 万吨 10^4tn	液化石油气 PLG 万吨 10^4tn	炼厂干气 Refinery Gas 万吨 10^4tn	天然气 Natural Gas 亿立方米 10^8cu. m	其他石油制品 Other Petroleum Products 万吨 10^4tn	其他焦化产品 Other Coking Products 万吨 10^4tn	热力 Heat 万百万千焦 10^{10}kj	电力 Electricity 亿千瓦小时 10^8kwh	其他能源 Other Energy 万吨标煤 10^4tce
380.95	**25.07**	**－0.22**	**3.30**	**－103.35**	**2.85**		**16.51**	**7.40**
	3.70		3.30					
134.22	13.00			1.71	3.45		73.59	7.40
114.44	27.12			5.13				
241.13								
－80.83	－20.80	－0.13		－82.57			－57.08	
				－21.60				
－15.46								
－12.55	2.05	－0.09		－6.02	－0.60			
45.91	**62.96**	**79.84**	**－0.80**	**320.16**	**53.53**	**4321.89**	**576.35**	**－4.98**
－42.08		－2.67		－0.78		－12.41	576.35	
－11.00		－3.29		－0.73		4455.71		
					53.53			
112.50	62.96	85.80		321.67				－4.98
－13.51			－0.80			－121.41		
2.60	**0.27**		**0.47**	**1.12**		**387.07**	**31.69**	
423.42	**87.47**	**79.24**	**2.03**	**212.65**	**59.68**	**3931.47**	**561.30**	**2.42**
				0.88			6.11	
136.93	37.26	79.24	0.82	176.83	59.68	3735.78	381.64	2.42
				2.42		3.78	6.69	
279.12	0.21		0.06	8.30		5.86	8.95	
7.37	6.82		0.34	5.36		16.34	33.36	
	20.35		0.81	6.66		134.71	56.99	
	12.39		0.81	5.58		134.71	49.80	
	7.96			1.08			7.19	
	22.83			12.20		35.00	67.56	
0.84	**0.29**	**0.38**		**3.04**	**－3.30**	**3.35**	**－0.13**	

6-9 上海能源平衡表(实物量)-2002

		煤合计 Coal Total 万吨 10^4tn	原煤 Raw Coal 万吨 10^4tn
一、可供本地区消费的能源量	**Total Primary Energy Supply**	**4681.59**	**3548.85**
1.一次能源生产量	Indigenous Production		
2.回收能	Recovery of Energy		
3.外省(区、市)调入量	Moving In from Other Provinces	6246.04	5106.94
4.进 口 量	Import		
5.我轮、机在外国加油量	Chinese Airplanes & Ships in Refueling Abroad		
6.本省(区、市)调出量(-)	Sending Out to Other Provinces(-)	-1526.48	-1526.48
7.出 口 量(-)	Export(-)		
8.外轮、机在我国加油量(-)	Foreign Airplanes & Ships in Refueling in China		
9.库存增(-)、减(+)量	Stock Change	-37.97	-31.61
二、加工转换投入(-)产出(+)量	**Input(-) & Output(+) of Transformation**	**-3606.37**	**-2659.53**
1.火力发电	Thermal Power	-2386.00	-2386.00
2.供　　热	Heating Supply	-244.23	-244.23
3.洗 选 煤	Coal Washing		
4.炼　　焦	Coking	-946.22	
5.炼　　油	Petroleum Refineries		
6.制　　气	Gas Works	-30.02	-28.54
#焦炭再投入量(-)	Coke Input(-)		
7.煤制品加工	Briquettes	0.10	-0.76
三、损 失 量	**Loss**	**70.39**	**55.20**
四、终端消费量	**Total Final Consumption**	**1007.46**	**836.84**
1.农、林、牧、渔业	Farming, Forestry, Animal Husbandry, Fishery & Water Conservancy	18.68	18.68
2.工　　业	Industry	847.22	676.60
#用作原料、材料	Non-Energy Use		
3.建 筑 业	Construction	12.83	12.83
4.交通运输、仓储及邮电通迅业	Transportation, Storage, Postal & Telecommunications Services	15.92	15.92
5.批发和零售贸易业、餐饮业	Wholesale, Retail Trade and Catering Service	7.01	7.01
6.生活消费	Residential Consumption	102.19	102.19
城镇	Urban	61.31	61.31
乡村	Rural	40.88	40.88
7.其他	Other	3.61	3.61
五、平衡差额	**Statistical Difference**	**-2.63**	**-2.72**

ENERGY BALANCE OF SHANGHAI －2002 (PHYSICAL QUANTITY)

洗精煤 Cleaned Coal 万吨 10^4tn	其他洗煤 Other Washed Coal 万吨 10^4tn	型煤 Briquettes 万吨 10^4tn	焦炭 Coke 万吨 10^4tn	焦炉煤气 Coke Oven Gas 亿立方米 10^8cu. m	其他煤气 Other Gas 亿立方米 10^8cu. m	油品合计 Petroleum Products Total 万吨 10^4tn	原油 Crude Oil 万吨 10^4tn	汽油 Gasoline 万吨 10^4tn
1130.66	**2.09**	**-0.01**	**-82.45**		**66.82**	**1549.70**	**1424.91**	**-107.85**
						52.22	47.32	
					66.82			
1137.00	2.10		25.00			3540.41	508.86	755.50
						1068.14	895.58	
						301.25		
			-40.32			-3373.48	-21.75	-809.40
			-69.11			-110.44		-74.20
						-56.23		
-6.34	-0.01	-0.01	1.98			127.83	-5.10	20.25
-947.70		**0.86**	**653.97**	**15.49**	**-44.01**	**-154.30**	**-1415.23**	**268.01**
				-2.23	-66.82	-65.25		
						-17.23		
-946.22			708.63	23.48	1.49			
						-53.10	-1415.23	268.01
-1.48			-54.66	-5.76	21.32	-18.72		
		0.86						
15.19					**2.94**	**12.85**	**9.68**	**0.29**
167.77	**2.03**	**0.82**	**571.92**	**15.62**	**20.34**	**1383.04**		**159.80**
						54.32		24.72
167.77	2.03	0.82	571.92	15.28	2.92	519.23		16.11
						91.07		29.06
					0.21	513.01		17.79
					1.60	43.74		6.40
				0.26	12.43	72.20		28.65
				0.26	12.08	38.40		15.14
					0.35	33.80		13.51
				0.08	3.18	89.47		37.07
	0.06	**0.03**	**-0.39**	**-0.13**	**-0.47**	**-0.49**		**0.07**

续表(上海－2002)

		煤油 Kerosene 万吨 10^4tn	柴油 Diesel Oil 万吨 10^4tn
一、可供本地区消费的能源量	**Total Primary Energy Supply**	**38.04**	**－215.40**
1.一次能源生产量	Indigenous Production		
2.回收能	Recovery of Energy		
3.外省(区、市)调入量	Moving In from Other Provinces	216.57	1829.22
4.进 口 量	Import	72.06	5.00
5.我轮、机在外国加油量	Chinese Airplanes & Ships in Refueling Abroad	28.35	8.63
6.本省(区、市)调出量(－)	Sending Out to Other Provinces(－)	－240.56	－2112.64
7.出 口 量(－)	Export(－)	－7.82	－13.72
8.外轮、机在我国加油量(－)	Foreign Airplanes & Ships in Refueling in China	－32.75	－4.15
9.库存增(－)、减(＋)量	Stock Change	2.19	72.26
二、加工转换投入(－)产出(＋)量	**Input(－) & Output(＋) of Transformation**	**65.62**	**445.36**
1.火力发电	Thermal Power		－1.21
2.供 热	Heating Supply		－0.44
3.洗 选 煤	Coal Washing		
4.炼 焦	Coking		
5.炼 油	Petroleum Refineries	65.62	452.46
6.制 气	Gas Works		－5.45
＃焦炭再投入量(－)	Coke Input(－)		
7.煤制品加工	Briquettes		
三、损 失 量	**Loss**	**0.05**	**0.48**
四、终端消费量	**Total Final Consumption**	**103.57**	**229.20**
1.农、林、牧、渔业	Farming, Forestry, Animal Husbandry, Fishery & Water Conservancy		28.60
2.工 业	Industry	0.88	31.28
＃用作原料、材料	Non－Energy Use		
3.建 筑 业	Construction	0.08	46.52
4.交通运输、仓储及邮电通迅业	Transportation, Storage, Postal & Telecommunications Services	102.03	63.74
5.批发和零售贸易业、餐饮业	Wholesale, Retail Trade and Catering Service	0.25	20.46
6.生活消费	Residential Consumption	0.02	17.18
城镇	Urban	0.01	6.86
乡村	Rural	0.01	10.32
7.其他	Other	0.31	21.42
五、平衡差额	**Statistical Difference**	**0.04**	**0.28**

Continued(Shanghai－2002)

燃料油 Fuel Oil 万吨 10^4tn	液化石油气 PLG 万吨 10^4tn	炼厂干气 Refinery Gas 万吨 10^4tn	天然气 Natural Gas 亿立方米 10^8cu. m	其他石油制品 Other Petroleum Products 万吨 10^4tn	其他焦化产品 Other Coking Products 万吨 10^4tn	热力 Heat 万百万千焦 10^{10}kj	电力 Electricity 亿千瓦小时 10^8kwh	其他能源 Other Energy 万吨标煤 10^4tce
404.90	**23.97**	**－1.90**	**4.33**	**－16.97**	**11.93**	**79.86**	**29.72**	**5.42**
	4.90		4.33					
						79.86		3.00
187.70	17.11			25.45	11.00		100.51	2.42
80.08	15.34			0.08				
264.27								
－123.80	－12.94	－1.92		－50.47			－70.79	
				－14.70				
－19.33								
15.98	－0.44	0.02		22.67	0.93			
36.08	**59.27**	**94.33**	**－1.06**	**292.26**	**64.16**	**4714.26**	**615.98**	**－3.00**
－53.20		－0.84		－10.00		－12.24	615.98	－3.00
－11.25		－1.00		－4.54		4854.47		
					59.71			
113.78	59.29	96.17		306.80				
－13.25	－0.02		－1.06		4.45	－127.97		
1.86	**0.49**		**0.54**			**336.00**	**33.85**	
440.15	**83.51**	**91.53**	**2.73**	**275.28**	**75.42**	**4456.14**	**611.86**	**2.42**
				1.00			5.00	
112.19	39.41	91.53	0.94	227.83	75.42	4244.11	413.61	2.42
3.62	1.73			10.06		7.68	7.27	
320.15	0.15		0.07	9.15		6.05	9.59	
4.19	6.70		0.01	5.74		15.60	36.93	
	18.85		1.08	7.50		142.70	61.85	
	10.19		1.07	6.20		142.70	51.69	
	8.66		0.01	1.30			10.16	
	16.67		0.63	14.00		40.00	77.61	
－1.03	**－0.76**	**0.90**		**0.01**	**0.51**	**1.98**	**－0.01**	

6－10 江苏能源平衡表(实物量)－2000

		煤合计 Coal Total 万吨 10^4tn	原煤 Raw Coal 万吨 10^4tn
一、可供本地区消费的能源量	**Total Primary Energy Supply**	**8769.80**	**8790.28**
1.一次能源生产量	Indigenous Production	2479.02	2479.02
2.回收能	Recovery of Energy		
3.外省(区、市)调入量	Moving In from Other Provinces	6763.38	6526.71
4.进 口 量	Import		
5.我轮、机在外国加油量	Chinese Airplanes & Ships in Refueling Abroad		
6.本省(区、市)调出量(－)	Sending Out to Other Provinces(－)	－564.78	－308.38
7.出 口 量(－)	Export(－)		－3.00
8.外轮、机在我国加油量(－)	Foreign Airplanes & Ships in Refueling in China		
9.库存增(－)、减(＋)量	Stock Change	95.18	95.93
二、加工转换投入(－)产出(＋)量	**Input(－) & Output(＋) of Transformation**	**－5820.89**	**－5897.66**
1.火力发电	Thermal Power	－4835.87	－4835.81
2.供　　热	Heating Supply	－559.15	－558.02
3.洗 选 煤	Coal Washing	－85.50	－466.60
4.炼　　焦	Coking	－316.04	－4.89
5.炼　　油	Petroleum Refineries		
6.制　　气	Gas Works	－29.17	－0.54
＃焦炭再投入量(－)	Coke Input(－)		
7.煤制品加工	Briquettes	4.84	－31.80
三、损 失 量	**Loss**		
四、终端消费量	**Total Final Consumption**	**2948.91**	**2892.62**
1.农、林、牧、渔业	Farming, Forestry, Animal Husbandry, Fishery & Water Conservancy	60.14	60.14
2.工　　业	Industry	2631.74	2611.18
＃用作原料、材料	Non－Energy Use		
3.建 筑 业	Construction	3.19	3.19
4.交通运输、仓储及邮电通迅业	Transportation, Storage, Postal & Telecommunications Services	21.01	21.01
5.批发和零售贸易业、餐饮业	Wholesale, Retail Trade and Catering Service	19.50	19.50
6.生活消费	Residential Consumption	188.33	152.60
城镇	Urban	97.86	82.50
乡村	Rural	90.47	70.10
7.其他	Other	25.00	25.00
五、平衡差额	**Statistical Difference**		

ENERGY BALANCE OF JIANGSU －2000（PHYSICAL QUANTITY）

洗精煤 Cleaned Coal 万吨 10^4tn	其他洗煤 Other Washed Coal 万吨 10^4tn	型煤 Briquettes 万吨 10^4tn	焦炭 Coke 万吨 10^4tn	焦炉煤气 Coke Oven Gas 亿立方米 10^8cu. m	其他煤气 Other Gas 亿立方米 10^8cu. m	油品合计 Petroleum Products Total 万吨 10^4tn	原油 Crude Oil 万吨 10^4tn	汽油 Gasoline 万吨 10^4tn
117.20	**-137.68**		**135.66**	**0.79**	**46.90**	**1423.37**	**1376.65**	**15.77**
						155.02	155.02	
					46.90			
236.67			145.56	0.79		1216.75	771.08	118.09
						495.90	481.00	
						4.43		
-120.87	-135.53					-384.19	-12.16	-71.01
			-4.00			-28.66		-26.16
						-1.48		
1.40	-2.15		-5.90			-34.40	-18.29	-5.15
-107.54	**147.67**	**36.64**	**245.45**	**7.55**	**2.30**	**-80.82**	**-1352.96**	**171.53**
	-0.06					-28.16		
	-1.13			-0.37		-11.37		
232.24	148.86							
-311.15			232.45	8.30	0.80	-18.40		
						-22.55	-1352.96	171.53
-28.63			15.58	-0.38	1.50	-0.18		
			-2.58			-0.16		
		36.64						
						12.33	**9.41**	**0.71**
9.66	**9.99**	**36.64**	**381.11**	**8.34**	**49.20**	**1330.23**	**14.28**	**186.59**
						97.91		10.83
9.66	9.99	0.91	381.11	4.96	48.52	873.74	14.28	55.13
						6.83		1.45
						211.53		80.69
						49.64		16.29
		35.73		3.38	0.68	48.62		
		15.36		3.38	0.68	48.25		
		20.37				0.37		
						41.96		22.20

续表(江苏－2000)

		煤油 Kerosene 万吨 10^4tn	柴油 Diesel Oil 万吨 10^4tn
一、可供本地区消费的能源量	**Total Primary Energy Supply**	**－28.33**	**－63.67**
1.一次能源生产量	Indigenous Production		
2.回收能	Recovery of Energy		
3.外省(区、市)调入量	Moving In from Other Provinces	2.65	181.08
4.进口量	Import		
5.我轮、机在外国加油量	Chinese Airplanes & Ships in Refueling Abroad		0.85
6.本省(区、市)调出量(－)	Sending Out to Other Provinces(－)	－28.41	－235.41
7.出口量(－)	Export(－)	－2.50	
8.外轮、机在我国加油量(－)	Foreign Airplanes & Ships in Refueling in China		－0.67
9.库存增(－)、减(＋)量	Stock Change	－0.07	－9.52
二、加工转换投入(－)产出(＋)量	**Input(－) & Output(＋) of Transformation**	**67.27**	**403.51**
1.火力发电	Thermal Power		－5.06
2.供热	Heating Supply		－0.12
3.洗选煤	Coal Washing		
4.炼焦	Coking		
5.炼油	Petroleum Refineries	67.27	408.69
6.制气	Gas Works		
#焦炭再投入量(－)	Coke Input(－)		
7.煤制品加工	Briquettes		
三、损失量	**Loss**	**0.02**	**1.75**
四、终端消费量	**Total Final Consumption**	**38.92**	**338.09**
1.农、林、牧、渔业	Farming, Forestry, Animal Husbandry, Fishery & Water Conservancy	0.01	87.07
2.工业	Industry	30.03	91.41
#用作原料、材料	Non－Energy Use		
3.建筑业	Construction		5.38
4.交通运输、仓储及邮电通迅业	Transportation, Storage, Postal & Telecommunications Services	5.03	106.90
5.批发和零售贸易业、餐饮业	Wholesale, Retail Trade and Catering Service	2.51	28.62
6.生活消费	Residential Consumption	0.55	
城镇	Urban	0.18	
乡村	Rural	0.37	
7.其他	Other	0.79	18.71
五、平衡差额	**Statistical Difference**		

Continued(Jiangsu－2000)

燃料油 Fuel Oil 万吨 10^4tn	液化石油气 PLG 万吨 10^4tn	炼厂干气 Refinery Gas 万吨 10^4tn	天然气 Natural Gas 亿立方米 10^8cu. m	其他石油制品 Other Petroleum Products 万吨 10^4tn	其他焦化产品 Other Coking Products 万吨 10^4tn	热力 Heat 万百万千焦 10^{10}kj	电力 Electricity 亿千瓦小时 10^8kwh	其他能源 Other Energy 万吨标煤 10^4tce
66.15	**0.25**		**0.24**	**56.55**	**－0.04**		**0.67**	**1.36**
			0.24				0.48	
								1.36
65.44	0.29			78.12			54.37	
14.90								
3.58								
－15.41				－21.79			－54.18	
－0.81								
－1.55	－0.04			0.22	－0.04			
109.03	**71.32**	**43.98**		**405.50**	**12.87**	**10598.61**	**971.15**	
－20.70				－2.40		－60.70	971.15	
－6.38		－4.51		－0.36		10659.31		
				－18.40	12.87			
136.29	71.48	48.49		426.66				
－0.18								
	－0.16							
0.43			**0.01**			**529.93**	**64.10**	
174.75	**71.57**	**43.98**	**0.23**	**462.05**	**12.83**	**10068.68**	**907.72**	**1.36**
							59.61	
155.76	21.10	43.98	0.23	462.05	12.83	10068.68	645.68	1.36
							8.08	
18.91							9.61	
	2.22						23.01	
	48.07						125.62	
	48.07						74.42	
							51.20	
0.08	0.18						36.11	

6-10 江苏能源平衡表(实物量)-2001

		煤合计 Coal Total 万吨 10^4tn	原煤 Raw Coal 万吨 10^4tn
一、可供本地区消费的能源量	**Total Primary Energy Supply**	**8963.23**	**9009.75**
1.一次能源生产量	Indigenous Production	2451.14	2451.14
2.回收能	Recovery of Energy		
3.外省(区、市)调入量	Moving In from Other Provinces	7096.76	6909.40
4.进 口 量	Import		
5.我轮、机在外国加油量	Chinese Airplanes & Ships in Refueling Abroad		
6.本省(区、市)调出量(-)	Sending Out to Other Provinces(-)	-558.32	-316.31
7.出 口 量(-)	Export(-)		-14.89
8.外轮、机在我国加油量(-)	Foreign Airplanes & Ships in Refueling in China		
9.库存增(-)、减(+)量	Stock Change	-11.46	-19.59
二、加工转换投入(-)产出(+)量	**Input(-) & Output(+) of Transformation**	**-6279.79**	**-6405.29**
1.火力发电	Thermal Power	-5132.35	-5132.35
2.供　　热	Heating Supply	-700.80	-700.12
3.洗 选 煤	Coal Washing	-103.71	-564.13
4.炼　　焦	Coking	-312.60	-4.62
5.炼　　油	Petroleum Refineries		
6.制　　气	Gas Works	-30.89	-0.44
#焦炭再投入量(-)	Coke Input(-)		
7.煤制品加工	Briquettes	0.56	-3.63
三、损 失 量	**Loss**		
四、终端消费量	**Total Final Consumption**	**2683.44**	**2604.46**
1.农、林、牧、渔业	Farming, Forestry, Animal Husbandry, Fishery & Water Conservancy	50.72	50.72
2.工　　业	Industry	2431.56	2355.79
#用作原料、材料	Non-Energy Use		165.56
3.建 筑 业	Construction	3.19	3.19
4.交通运输、仓储及邮电通迅业	Transportation, Storage, Postal & Telecommunications Services	22.00	22.00
5.批发和零售贸易业、餐饮业	Wholesale, Retail Trade and Catering Service	21.50	21.50
6.生活消费	Residential Consumption	139.47	136.26
城镇	Urban	67.64	66.26
乡村	Rural	71.83	70.00
7.其他	Other	15.00	15.00
五、平衡差额	**Statistical Difference**		

ENERGY BALANCE OF JIANGSU －2001（PHYSICAL QUANTITY）

洗精煤 Cleaned Coal 万吨 10^4tn	其他洗煤 Other Washed Coal 万吨 10^4tn	型煤 Briquettes 万吨 10^4tn	焦炭 Coke 万吨 10^4tn	焦炉煤气 Coke Oven Gas 亿立方米 10^8cu. m	其他煤气 Other Gas 亿立方米 10^8cu. m	油品合计 Petroleum Products Total 万吨 10^4tn	原油 Crude Oil 万吨 10^4tn	汽油 Gasoline 万吨 10^4tn
67.99	**－114.51**		**140.06**	**1.20**	**50.86**	**1399.64**	**1317.61**	**75.68**
						157.02	157.02	
					50.86			
187.36			170.08	1.20		1452.72	832.43	160.83
						319.63	319.63	
						3.34		
－124.61	－117.40					－522.26	－9.26	－69.60
			－28.00			－40.08		－23.71
5.24	2.89		－2.02			29.27	17.79	8.16
－45.83	**167.14**	**4.19**	**227.58**	**7.33**	**2.31**	**－55.34**	**－1254.67**	**172.03**
						－8.54		
	－0.68			－0.19		－2.75		
292.60	167.82							
－307.98			216.97	6.84		－26.08		
						－15.18	－1254.67	172.03
－30.45			17.58	0.68	2.31	－2.79		
			－6.97					
		4.19						
						10.32	**9.35**	**0.28**
22.16	**52.63**	**4.19**	**367.64**	**8.53**	**53.17**	**1333.98**	**53.59**	**247.43**
						96.90		11.80
22.16	52.63	0.98	367.64	4.06	52.80	779.88	53.59	41.44
			32.81			192.63		1.41
						9.83		2.00
						283.84		154.31
						23.33		10.41
		3.21		4.47	0.37	52.20		
		1.38		4.47	0.37	52.02		
		1.83				0.18		
						88.00		27.47

续表(江苏-2001)

		煤油 Kerosene 万吨 10^4tn	柴油 Diesel Oil 万吨 10^4tn
一、可供本地区消费的能源量	**Total Primary Energy Supply**	**-49.02**	**-27.88**
1.一次能源生产量	Indigenous Production		
2.回收能	Recovery of Energy		
3.外省(区、市)调入量	Moving In from Other Provinces	1.18	263.31
4.进口量	Import		
5.我轮、机在外国加油量	Chinese Airplanes & Ships in Refueling Abroad		0.62
6.本省(区、市)调出量(-)	Sending Out to Other Provinces(-)	-50.41	-291.10
7.出口量(-)	Export(-)	-2.50	
8.外轮、机在我国加油量(-)	Foreign Airplanes & Ships in Refueling in China		
9.库存增(-)、减(+)量	Stock Change	2.71	-0.71
二、加工转换投入(-)产出(+)量	**Input(-) & Output(+) of Transformation**	**55.10**	**378.41**
1.火力发电	Thermal Power		-5.09
2.供热	Heating Supply		-0.33
3.洗选煤	Coal Washing		
4.炼焦	Coking		
5.炼油	Petroleum Refineries	55.10	383.83
6.制气	Gas Works		
#焦炭再投入量(-)	Coke Input(-)		
7.煤制品加工	Briquettes		
三、损失量	**Loss**	**0.03**	**0.64**
四、终端消费量	**Total Final Consumption**	**6.05**	**349.89**
1.农、林、牧、渔业	Farming, Forestry, Animal Husbandry, Fishery & Water Conservancy	0.07	85.02
2.工业	Industry	3.25	76.61
#用作原料、材料	Non-Energy Use		
3.建筑业	Construction		7.83
4.交通运输、仓储及邮电通迅业	Transportation, Storage, Postal & Telecommunications Services	0.02	110.90
5.批发和零售贸易业、餐饮业	Wholesale, Retail Trade and Catering Service	2.15	10.17
6.生活消费	Residential Consumption	0.28	
城镇	Urban	0.10	
乡村	Rural	0.18	
7.其他	Other	0.28	59.36
五、平衡差额	**Statistical Difference**		

Continued(Jiangsu－2001)

燃料油 Fuel Oil 万吨 10^4tn	液化石油气 PLG 万吨 10^4tn	炼厂干气 Refinery Gas 万吨 10^4tn	天然气 Natural Gas 亿立方米 10^8cu. m	其他石油制品 Other Petroleum Products 万吨 10^4tn	其他焦化产品 Other Coking Products 万吨 10^4tn	热力 Heat 万百万千焦 10^{10}kj	电力 Electricity 亿千瓦小时 10^8kwh	其他能源 Other Energy 万吨标煤 10^4tce
96.17	**8.62**		**0.23**	**－21.54**	**0.03**		**38.69**	**9.50**
			0.23				0.36	
								9.50
112.79	8.67			73.51			97.61	
2.72								
－22.32				－79.57			－59.28	
				－13.87				
2.98	－0.05			－1.61	0.03			
72.72	**70.08**	**44.95**		**406.04**	**13.67**	**12479.52**	**1039.75**	**－0.43**
－1.63				－1.82		－59.06	1039.75	－0.32
－0.12		－1.00		－1.30		12538.58		－0.11
				－26.08	13.67			
74.47	70.21	45.95		437.90				
	－0.13			－2.66				
0.02			**0.01**			**623.98**	**70.91**	
168.87	**78.70**	**44.95**	**0.22**	**384.50**	**13.70**	**11855.54**	**1007.53**	**9.07**
	0.01						57.49	
149.51	26.03	44.95	0.22	384.50	13.70	11855.54	733.22	9.07
				191.22				
							9.60	
18.60	0.01						11.14	
	0.60						26.25	
	51.92						132.14	
	51.92						58.30	
							73.84	
0.76	0.13						37.69	

6-10 江苏能源平衡表(实物量)-2002

		煤合计 Coal Total 万吨 10^4tn	原煤 Raw Coal 万吨 10^4tn
一、可供本地区消费的能源量	**Total Primary Energy Supply**	**9663.45**	**9531.45**
1.一次能源生产量	Indigenous Production	2593.59	2593.59
2.回收能	Recovery of Energy		
3.外省(区、市)调入量	Moving In from Other Provinces	7677.22	7415.46
4.进 口 量	Import		
5.我轮、机在外国加油量	Chinese Airplanes & Ships in Refueling Abroad		
6.本省(区、市)调出量(-)	Sending Out to Other Provinces(-)	-458.02	-330.65
7.出 口 量(-)	Export(-)	-38.40	-38.40
8.外轮、机在我国加油量(-)	Foreign Airplanes & Ships in Refueling in China		
9.库存增(-)、减(+)量	Stock Change	-110.94	-108.55
二、加工转换投入(-)产出(+)量	**Input(-) & Output(+) of Transformation**	**-6949.49**	**-6902.43**
1.火力发电	Thermal Power	-5674.69	-5674.69
2.供　　热	Heating Supply	-736.05	-736.05
3.洗 选 煤	Coal Washing	-70.19	-480.50
4.炼　　焦	Coking	-456.03	-0.29
5.炼　　油	Petroleum Refineries		
6.制　　气	Gas Works	-13.33	-6.34
#焦炭再投入量(-)	Coke Input(-)		
7.煤制品加工	Briquettes	0.80	-4.56
三、损 失 量	**Loss**		
四、终端消费量	**Total Final Consumption**	**2713.96**	**2629.02**
1.农、林、牧、渔业	Farming, Forestry, Animal Husbandry, Fishery & Water Conservancy	75.48	75.48
2.工　　业	Industry	2450.64	2365.74
#用作原料、材料	Non-Energy Use	150.55	150.55
3.建 筑 业	Construction	3.00	3.00
4.交通运输、仓储及邮电通迅业	Transportation, Storage, Postal & Telecommunications Services	22.00	22.00
5.批发和零售贸易业、餐饮业	Wholesale, Retail Trade and Catering Service	21.50	21.50
6.生活消费	Residential Consumption	131.34	131.30
城镇	Urban	61.34	61.30
乡村	Rural	70.00	70.00
7.其他	Other	10.00	10.00
五、平衡差额	**Statistical Difference**		

ENERGY BALANCE OF JIANGSU －2002（PHYSICAL QUANTITY）

洗精煤 Cleaned Coal 万吨 10^4tn	其他洗煤 Other Washed Coal 万吨 10^4tn	型煤 Briquettes 万吨 10^4tn	焦炭 Coke 万吨 10^4tn	焦炉煤气 Coke Oven Gas 亿立方米 10^8cu. m	其他煤气 Other Gas 亿立方米 10^8cu. m	油品合计 Petroleum Products Total 万吨 10^4tn	原油 Crude Oil 万吨 10^4tn	汽油 Gasoline 万吨 10^4tn
257.83	**－125.83**		**40.48**	**2.46**	**57.16**	**1467.97**	**1407.68**	**108.25**
						157.02	157.02	
					57.16			
261.76			73.94	2.46		1392.44	774.88	200.93
						498.88	498.88	
						2.82		
－2.36	－125.01					－539.36	－8.60	－86.04
			－28.00			－25.41		－7.84
						－0.95		
－1.57	－0.82		－5.46			－17.47	－14.50	1.20
－232.61	**180.19**	**5.36**	**355.49**	**9.57**	**2.41**	**－55.80**	**－1373.47**	**185.07**
				－0.02		－18.18		－0.07
				－1.18		－7.18		
230.12	180.19							
－455.74			358.44	9.95		－28.68		
						1.82	－1373.47	185.14
－6.99			－2.95	0.82	2.41	－3.58		
		5.36						
						10.04	**9.48**	**0.56**
25.22	**54.36**	**5.36**	**395.97**	**12.03**	**59.57**	**1402.13**	**24.73**	**292.76**
						98.70		12.78
25.22	54.36	5.32	395.97	5.83	59.57	776.84	24.73	47.94
						215.87		9.65
						10.86		2.12
						334.11		194.03
						27.90		11.51
		0.04		6.20		73.03		
		0.04		6.20		72.93		
						0.10		
						80.69		24.38

续表(江苏－2002)

		煤油 Kerosene 万吨 10^4tn	柴油 Diesel Oil 万吨 10^4tn
一、可供本地区消费的能源量	**Total Primary Energy Supply**	**－60.59**	**7.20**
1.一次能源生产量	Indigenous Production		
2.回收能	Recovery of Energy		
3.外省(区、市)调入量	Moving In from Other Provinces		228.39
4.进 口 量	Import		
5.我轮、机在外国加油量	Chinese Airplanes & Ships in Refueling Abroad		0.54
6.本省(区、市)调出量(－)	Sending Out to Other Provinces(－)	－57.29	－220.27
7.出 口 量(－)	Export(－)	－2.50	
8.外轮、机在我国加油量(－)	Foreign Airplanes & Ships in Refueling in China		－0.64
9.库存增(－)、减(＋)量	Stock Change	－0.80	－0.82
二、加工转换投入(－)产出(＋)量	**Input(－) & Output(＋) of Transformation**	**67.11**	**358.01**
1.火力发电	Thermal Power		－13.45
2.供　　热	Heating Supply		－0.62
3.洗 选 煤	Coal Washing		
4.炼　　焦	Coking		
5.炼　　油	Petroleum Refineries	67.11	372.08
6.制　　气	Gas Works		
#焦炭再投入量(－)	Coke Input(－)		
7.煤制品加工	Briquettes		
三、损 失 量	**Loss**		
四、终端消费量	**Total Final Consumption**	**6.52**	**365.21**
1.农、林、牧、渔业	Farming, Forestry, Animal Husbandry, Fishery & Water Conservancy	0.07	85.85
2.工　　业	Industry	4.03	81.80
#用作原料、材料	Non－Energy Use		
3.建 筑 业	Construction	0.01	8.73
4.交通运输、仓储及邮电通迅业	Transportation, Storage, Postal & Telecommunications Services	0.03	120.04
5.批发和零售贸易业、餐饮业	Wholesale, Retail Trade and Catering Service	2.01	13.28
6.生活消费	Residential Consumption	0.18	
城镇	Urban	0.08	
乡村	Rural	0.10	
7.其他	Other	0.19	55.51
五、平衡差额	**Statistical Difference**		

Continued(Jiangsu－2002)

燃料油 Fuel Oil 万吨 10^4tn	液化石油气 PLG 万吨 10^4tn	炼厂干气 Refinery Gas 万吨 10^4tn	天然气 Natural Gas 亿立方米 10^8cu.m	其他石油制品 Other Petroleum Products 万吨 10^4tn	其他焦化产品 Other Coking Products 万吨 10^4tn	热力 Heat 万百万千焦 10^{10}kj	电力 Electricity 亿千瓦小时 10^8kwh	其他能源 Other Energy 万吨标煤 10^4tce
68.37	**24.16**		**1.01**	**－87.10**	**0.06**		**77.61**	**11.30**
			0.23				1.03	
								11.30
82.94	24.19		0.78	81.11			167.39	
2.28								
－15.93				－151.23			－90.81	
				－15.07				
－0.31								
－0.61	－0.03			－1.91	0.06			
107.16	**83.70**	**43.59**		**473.03**	**12.68**	**13222.26**	**1166.99**	
－1.19				－3.47		－204.66	1166.99	
－4.80				－1.76		13426.92		
				－28.68	12.68			
113.15	83.73	43.59		510.49				
	－0.03			－3.55				
			0.01			**665.91**	**104.90**	
175.53	**107.86**	**43.59**	**1.00**	**385.93**	**12.74**	**12556.35**	**1139.70**	**11.30**
							47.78	
155.06	33.76	43.59	0.96	385.93	12.74	12556.35	862.63	11.30
				206.22				
							11.58	
20.00	0.01						12.48	
	1.10						31.00	
	72.85		0.04				129.92	
	72.85		0.04				61.46	
							68.46	
0.47	0.14						44.31	

6－11 浙江能源平衡表(实物量)－2000

		煤合计 Coal Total 万吨 10^4tn	原煤 Raw Coal 万吨 10^4tn
一、可供本地区消费的能源量	**Total Primary Energy Supply**	**5027.68**	**4945.46**
1.一次能源生产量	Indigenous Production	72.96	72.96
2.回收能	Recovery of Energy		
3.外省(区、市)调入量	Moving In from Other Provinces	5037.82	4957.04
4.进 口 量	Import		
5.我轮、机在外国加油量	Chinese Airplanes & Ships in Refueling Abroad		
6.本省(区、市)调出量(－)	Sending Out to Other Provinces(－)	－98.60	－98.60
7.出 口 量(－)	Export(－)		
8.外轮、机在我国加油量(－)	Foreign Airplanes & Ships in Refueling in China		
9.库存增(－)、减(＋)量	Stock Change	15.50	14.06
二、加工转换投入(－)产出(＋)量	**Input(－) & Output(＋) of Transformation**	**－2985.56**	**－2936.61**
1.火力发电	Thermal Power	－2475.75	－2475.75
2.供 热	Heating Supply	－434.83	－434.83
3.洗 选 煤	Coal Washing		
4.炼 焦	Coking	－72.09	
5.炼 油	Petroleum Refineries		
6.制 气	Gas Works	－6.08	－6.08
＃焦炭再投入量(－)	Coke Input(－)		
7.煤制品加工	Briquettes	3.19	－19.95
三、损 失 量	**Loss**		**12.05**
四、终端消费量	**Total Final Consumption**	**2030.07**	**1996.80**
1.农、林、牧、渔业	Farming, Forestry, Animal Husbandry, Fishery & Water Conservancy	20.18	20.18
2.工 业	Industry	1847.32	1837.19
＃用作原料、材料	Non－Energy Use		
3.建 筑 业	Construction	1.98	1.98
4.交通运输、仓储及邮电通迅业	Transportation, Storage, Postal & Telecommunications Services	21.69	21.69
5.批发和零售贸易业、餐饮业	Wholesale, Retail Trade and Catering Service	35.00	32.75
6.生活消费	Residential Consumption	101.41	80.52
城镇	Urban	16.21	11.67
乡村	Rural	85.20	68.85
7.其他	Other	2.49	2.49
五、平衡差额	**Statistical Difference**		

ENERGY BALANCE OF ZHEJIANG －2000（PHYSICAL QUANTITY）

洗精煤 Cleaned Coal 万吨 10^4tn	其他洗煤 Other Washed Coal 万吨 10^4tn	型煤 Briquettes 万吨 10^4tn	焦炭 Coke 万吨 10^4tn	焦炉煤气 Coke Oven Gas 亿立方米 10^8cu. m	其他煤气 Other Gas 亿立方米 10^8cu. m	油品合计 Petroleum Products Total 万吨 10^4tn	原油 Crude Oil 万吨 10^4tn	汽油 Gasoline 万吨 10^4tn
82.22			**25.51**			**1119.59**	**1112.46**	**17.04**
80.78			29.39			668.61	158.00	143.00
						979.44	979.44	
			－0.73			－398.14		－67.29
			－2.24			－100.38		－56.00
1.44			－0.91			－29.94	－24.98	－2.67
－72.09		**23.14**	**88.65**	**2.42**	**0.56**	**－197.31**	**－1110.53**	**179.16**
						－142.31		
						－30.12		
－72.09			51.68	2.42				
			31.73			－24.02	－1110.53	179.16
			8.54		0.56	－0.86		
			－3.30					
		23.14						
						2.73	**1.95**	
10.13		**23.14**	**114.16**	**2.42**	**0.56**	**919.56**		**196.19**
						149.83		5.82
10.13			114.16	2.25		307.32		28.56
						15.16		7.04
						242.10		101.58
		2.25				27.31		8.84
		20.89		0.17	0.56	98.39		
		4.54		0.17	0.56	66.29		
		16.35				32.10		
						79.45		44.35
						－0.01	**－0.02**	**0.01**

续表(浙江-2000)

		煤油 Kerosene 万吨 10^4tn	柴油 Diesel Oil 万吨 10^4tn
一、可供本地区消费的能源量	**Total Primary Energy Supply**	**-95.68**	**47.15**
1.一次能源生产量	Indigenous Production		
2.回收能	Recovery of Energy		
3.外省(区、市)调入量	Moving In from Other Provinces	15.50	214.23
4.进 口 量	Import		
5.我轮、机在外国加油量	Chinese Airplanes & Ships in Refueling Abroad		
6.本省(区、市)调出量(-)	Sending Out to Other Provinces(-)	-88.32	-149.06
7.出 口 量(-)	Export(-)	-22.86	-17.14
8.外轮、机在我国加油量(-)	Foreign Airplanes & Ships in Refueling in China		
9.库存增(-)、减(+)量	Stock Change		-0.88
二、加工转换投入(-)产出(+)量	**Input(-) & Output(+) of Transformation**	**106.93**	**348.72**
1.火力发电	Thermal Power		-38.35
2.供　　热	Heating Supply		
3.洗 选 煤	Coal Washing		
4.炼　　焦	Coking		
5.炼　　油	Petroleum Refineries	106.93	387.07
6.制　　气	Gas Works		
#焦炭再投入量(-)	Coke Input(-)		
7.煤制品加工	Briquettes		
三、损 失 量	**Loss**		
四、终端消费量	**Total Final Consumption**	**11.25**	**395.87**
1.农、林、牧、渔业	Farming, Forestry, Animal Husbandry, Fishery & Water Conservancy		144.01
2.工　　业	Industry	3.39	69.77
#用作原料、材料	Non-Energy Use		
3.建 筑 业	Construction		8.12
4.交通运输、仓储及邮电通迅业	Transportation, Storage, Postal & Telecommunications Services	3.95	134.07
5.批发和零售贸易业、餐饮业	Wholesale, Retail Trade and Catering Service	1.05	8.86
6.生活消费	Residential Consumption	2.86	
城镇	Urban	1.18	
乡村	Rural	1.68	
7.其他	Other		31.04
五、平衡差额	**Statistical Difference**		

Continued(Zhejiang－2000)

燃料油 Fuel Oil 万吨 10^4tn	液化石油气 PLG 万吨 10^4tn	炼厂干气 Refinery Gas 万吨 10^4tn	天然气 Natural Gas 亿立方米 10^8cu. m	其他石油制品 Other Petroleum Products 万吨 10^4tn	其他焦化产品 Other Coking Products 万吨 10^4tn	热力 Heat 万百万千焦 10^{10}kj	电力 Electricity 亿千瓦小时 10^8kwh	其他能源 Other Energy 万吨标煤 10^4tce
59.33	**74.37**			**－95.08**			**156.38**	**36.72**
							110.11	
								36.72
59.39	76.03			2.46			54.11	
	－1.64			－91.83			－7.84	
				－4.38				
－0.06	－0.02			－1.33				
12.44	**43.57**	**31.06**		**191.34**	**3.67**	**9393.28**	**586.48**	**－24.02**
－91.00				－12.96			586.48	－4.86
－19.75				－10.37		9393.28		－19.16
					3.67			
123.19	44.43	31.06		214.67				
	－0.86							
0.78						**458.63**	**70.72**	
70.99	**117.94**	**31.06**		**96.26**	**3.67**	**8934.65**	**672.17**	**12.70**
							18.27	
68.49	9.79	31.06		96.26	3.67	8239.59	488.58	12.70
							8.07	
2.50							7.58	
	8.56					695.06	24.27	
	95.53						97.02	
	65.11						43.54	
	30.42						53.48	
	4.06						28.38	
							－0.03	

6-11 浙江能源平衡表(实物量)-2001

		煤合计 Coal Total 万吨 10^4tn	原煤 Raw Coal 万吨 10^4tn
一、可供本地区消费的能源量	**Total Primary Energy Supply**	**5527.38**	**5448.10**
1.一次能源生产量	Indigenous Production	71.97	71.97
2.回收能	Recovery of Energy		
3.外省(区、市)调入量	Moving In from Other Provinces	5544.85	5464.33
4.进 口 量	Import		
5.我轮、机在外国加油量	Chinese Airplanes & Ships in Refueling Abroad		
6.本省(区、市)调出量(-)	Sending Out to Other Provinces(-)	-50.00	-50.00
7.出 口 量(-)	Export(-)		
8.外轮、机在我国加油量(-)	Foreign Airplanes & Ships in Refueling in China		
9.库存增(-)、减(+)量	Stock Change	-39.44	-38.20
二、加工转换投入(-)产出(+)量	**Input(-) & Output(+) of Transformation**	**-3464.04**	**-3408.91**
1.火力发电	Thermal Power	-2878.80	-2878.80
2.供　热	Heating Supply	-506.32	-506.32
3.洗 选 煤	Coal Washing		
4.炼　焦	Coking	-76.11	
5.炼　油	Petroleum Refineries		
6.制　气	Gas Works	-6.23	-6.23
#焦炭再投入量(-)	Coke Input(-)		
7.煤制品加工	Briquettes	3.42	-17.56
三、损 失 量	**Loss**		**13.15**
四、终端消费量	**Total Final Consumption**	**2050.19**	**2026.04**
1.农、林、牧、渔业	Farming, Forestry, Animal Husbandry, Fishery & Water Conservancy	19.64	19.64
2.工　业	Industry	1882.52	1879.35
#用作原料、材料	Non-Energy Use		
3.建 筑 业	Construction	1.56	1.56
4.交通运输、仓储及邮电通迅业	Transportation, Storage, Postal & Telecommunications Services	19.68	19.68
5.批发和零售贸易业、餐饮业	Wholesale, Retail Trade and Catering Service	34.80	32.45
6.生活消费	Residential Consumption	89.64	71.01
城镇	Urban	13.79	9.54
乡村	Rural	75.85	61.47
7.其他	Other	2.35	2.35
五、平衡差额	**Statistical Difference**		

ENERGY BALANCE OF ZHEJIANG －2001（PHYSICAL QUANTITY）

洗精煤 Cleaned Coal 万吨 10^4tn	其他洗煤 Other Washed Coal 万吨 10^4tn	型煤 Briquettes 万吨 10^4tn	焦炭 Coke 万吨 10^4tn	焦炉煤气 Coke Oven Gas 亿立方米 10^8cu. m	其他煤气 Other Gas 亿立方米 10^8cu. m	油品合计 Petroleum Products Total 万吨 10^4tn	原油 Crude Oil 万吨 10^4tn	汽油 Gasoline 万吨 10^4tn
79.28			**3.88**			**1218.88**	**1123.85**	**38.35**
80.52			9.15			790.61	218.35	138.64
						947.93	927.43	
			－2.87			－425.27		－54.03
			－0.55			－89.06		－55.85
－1.24			－1.85			－5.33	－21.93	9.59
－76.11		**20.98**	**100.79**	**2.38**	**0.67**	**－211.91**	**－1121.85**	**174.52**
						－127.54		
						－18.08		
－76.11			59.35	2.38				
			39.73			－65.04	－1121.85	174.52
			5.68		0.67	－1.25		
			－3.97					
		20.98						
						3.58	**2.00**	
3.17		**20.98**	**104.67**	**2.38**	**0.67**	**1003.39**		**212.87**
						155.21		6.15
3.17			104.67	2.27	0.14	322.84		24.25
						16.70		7.20
						288.51		120.14
		2.35				30.68		9.11
		18.63		0.11	0.53	104.23		
		4.25		0.11	0.53	71.15		
		14.38				33.08		
						85.22		46.02

续表(浙江－2001)

		煤油 Kerosene 万吨 10^4tn	柴油 Diesel Oil 万吨 10^4tn
一、可供本地区消费的能源量	**Total Primary Energy Supply**	**－75.43**	**33.78**
1.一次能源生产量	Indigenous Production		
2.回收能	Recovery of Energy		
3.外省(区、市)调入量	Moving In from Other Provinces	4.52	219.97
4.进 口 量	Import		20.50
5.我轮、机在外国加油量	Chinese Airplanes & Ships in Refueling Abroad		
6.本省(区、市)调出量(－)	Sending Out to Other Provinces(－)	－62.64	－205.89
7.出 口 量(－)	Export(－)	－16.33	－10.93
8.外轮、机在我国加油量(－)	Foreign Airplanes & Ships in Refueling in China		
9.库存增(－)、减(＋)量	Stock Change	－0.98	10.13
二、加工转换投入(－)产出(＋)量	**Input(－) & Output(＋) of Transformation**	**85.35**	**407.46**
1.火力发电	Thermal Power		－30.43
2.供　　热	Heating Supply		
3.洗 选 煤	Coal Washing		
4.炼　　焦	Coking		
5.炼　　油	Petroleum Refineries	85.35	437.89
6.制　　气	Gas Works		
＃焦炭再投入量(－)	Coke Input(－)		
7.煤制品加工	Briquettes		
三、损 失 量	**Loss**		**1.58**
四、终端消费量	**Total Final Consumption**	**9.92**	**439.66**
1.农、林、牧、渔业	Farming, Forestry, Animal Husbandry, Fishery & Water Conservancy		149.06
2.工　　业	Industry	3.13	79.78
＃用作原料、材料	Non－Energy Use		
3.建 筑 业	Construction		9.50
4.交通运输、仓储及邮电通迅业	Transportation, Storage, Postal & Telecommunications Services	3.77	155.48
5.批发和零售贸易业、餐饮业	Wholesale, Retail Trade and Catering Service	1.00	11.15
6.生活消费	Residential Consumption	2.02	
城镇	Urban	1.02	
乡村	Rural	1.00	
7.其他	Other		34.69
五、平衡差额	**Statistical Difference**		

Continued(Zhejiang－2001)

燃料油 Fuel Oil 万吨 10^4tn	液化石油气 PLG 万吨 10^4tn	炼厂干气 Refinery Gas 万吨 10^4tn	天然气 Natural Gas 亿立方米 10^8cu. m	其他石油制品 Other Petroleum Products 万吨 10^4tn	其他焦化产品 Other Coking Products 万吨 10^4tn	热力 Heat 万百万千焦 10^{10}kj	电力 Electricity 亿千瓦小时 10^8kwh	其他能源 Other Energy 万吨标煤 10^4tce
118.20	**78.25**			**－98.12**			**195.38**	**12.59**
							130.44	
123.47	85.66						80.19	12.95
－5.20	－7.33			－90.18			－15.25	
				－5.95				
－0.07	－0.08			－1.99				－0.36
－40.20	**48.92**	**34.57**		**199.32**	**4.46**	**9741.00**	**659.91**	
－97.11							659.91	
－18.08						9741.00		
					4.46			
74.99	50.17	34.57		199.32				
	－1.25							
						488.25		
78.00	**127.17**	**34.57**		**101.20**	**4.46**	**9253.04**	**855.29**	**12.59**
							18.27	
68.88	11.03	34.57		101.20	4.46	8508.00	649.19	12.59
							10.04	
9.12							8.64	
	9.42					745.04	27.62	
	102.21						109.53	
	70.13						49.71	
	32.08						59.82	
	4.51						32.00	
						－0.29		

6－11 浙江能源平衡表(实物量)－2002

		煤合计 Coal Total 万吨 10^4tn	原煤 Raw Coal 万吨 10^4tn
一、可供本地区消费的能源量	**Total Primary Energy Supply**	**6018.34**	**5937.68**
1.一次能源生产量	Indigenous Production	73.50	73.50
2.回收能	Recovery of Energy		
3.外省(区、市)调入量	Moving In from Other Provinces	6001.65	5924.21
4.进 口 量	Import		
5.我轮、机在外国加油量	Chinese Airplanes & Ships in Refueling Abroad		
6.本省(区、市)调出量(－)	Sending Out to Other Provinces(－)		
7.出 口 量(－)	Export(－)		
8.外轮、机在我国加油量(－)	Foreign Airplanes & Ships in Refueling in China		
9.库存增(－)、减(＋)量	Stock Change	－56.81	－60.03
二、加工转换投入(－)产出(＋)量	**Input(－) & Output(＋) of Transformation**	**－3662.27**	**－3593.30**
1.火力发电	Thermal Power	－2923.66	－2923.66
2.供 热	Heating Supply	－653.35	－653.35
3.洗 选 煤	Coal Washing		
4.炼 焦	Coking	－79.08	
5.炼 油	Petroleum Refineries		
6.制 气	Gas Works	－7.26	－7.26
＃焦炭再投入量(－)	Coke Input(－)		
7.煤制品加工	Briquettes	1.08	－9.03
三、损 失 量	**Loss**		**15.40**
四、终端消费量	**Total Final Consumption**	**2340.67**	**2328.98**
1.农、林、牧、渔业	Farming, Forestry, Animal Husbandry, Fishery & Water Conservancy	18.73	18.73
2.工 业	Industry	2202.38	2200.80
＃用作原料、材料	Non－Energy Use		
3.建 筑 业	Construction	1.25	1.25
4.交通运输、仓储及邮电通迅业	Transportation, Storage, Postal & Telecommunications Services	18.54	18.54
5.批发和零售贸易业、餐饮业	Wholesale, Retail Trade and Catering Service	33.85	31.55
6.生活消费	Residential Consumption	63.82	56.01
城镇	Urban	10.90	7.40
乡村	Rural	52.92	48.61
7.其他	Other	2.10	2.10
五、平衡差额	**Statistical Difference**		

ENERGY BALANCE OF ZHEJIANG －2002 (PHYSICAL QUANTITY)

洗精煤 Cleaned Coal 万吨 10^4tn	其他洗煤 Other Washed Coal 万吨 10^4tn	型煤 Briquettes 万吨 10^4tn	焦炭 Coke 万吨 10^4tn	焦炉煤气 Coke Oven Gas 亿立方米 10^8cu. m	其他煤气 Other Gas 亿立方米 10^8cu. m	油品合计 Petroleum Products Total 万吨 10^4tn	原油 Crude Oil 万吨 10^4tn	汽油 Gasoline 万吨 10^4tn
80.66			**65.01**			**1288.12**	**1240.39**	**31.54**
77.44			73.01			1002.82	316.79	170.79
						892.27	892.27	
						1.50		
						－485.85		－45.47
						－132.94		－75.57
						－18.21		－18.21
3.22			－8.00			28.53	31.33	
－79.08		**10.11**	**56.38**	**2.47**	**0.89**	**－213.51**	**－1239.10**	**199.20**
						－121.38		
						－18.87		
－79.08			55.14	2.47				
						－71.69	－1239.10	199.20
			5.41		0.89	－1.57		
			－4.17					
		10.11						
						1.94	**1.94**	
1.58		**10.11**	**121.39**	**2.47**	**0.89**	**1074.04**		**231.44**
						183.90		8.11
1.58			121.39	2.47	0.18	324.02		25.58
						9.50		
						315.96		132.27
		2.30			0.17	34.47		10.20
		7.81			0.54	111.19		
		3.50			0.54	75.11		
		4.31				36.08		
						95.00		55.28
						－1.37	**－0.65**	**－0.70**

续表(浙江－2002)

		煤油 Kerosene 万吨 10^4tn	柴油 Diesel Oil 万吨 10^4tn
一、可供本地区消费的能源量	**Total Primary Energy Supply**	**－91.03**	**13.24**
1.一次能源生产量	Indigenous Production		
2.回收能	Recovery of Energy		
3.外省(区、市)调入量	Moving In from Other Provinces	5.87	273.50
4.进 口 量	Import		
5.我轮、机在外国加油量	Chinese Airplanes & Ships in Refueling Abroad		
6.本省(区、市)调出量(－)	Sending Out to Other Provinces(－)	－74.01	－224.15
7.出 口 量(－)	Export(－)	－22.19	－32.90
8.外轮、机在我国加油量(－)	Foreign Airplanes & Ships in Refueling in China		
9.库存增(－)、减(＋)量	Stock Change	－0.70	－3.21
二、加工转换投入(－)产出(＋)量	**Input(－) & Output(＋) of Transformation**	**100.40**	**458.89**
1.火力发电	Thermal Power		－30.00
2.供 热	Heating Supply		
3.洗 选 煤	Coal Washing		
4.炼 焦	Coking		
5.炼 油	Petroleum Refineries	100.40	488.89
6.制 气	Gas Works		
＃焦炭再投入量(－)	Coke Input(－)		
7.煤制品加工	Briquettes		
三、损 失 量	**Loss**		
四、终端消费量	**Total Final Consumption**	**9.37**	**472.15**
1.农、林、牧、渔业	Farming, Forestry, Animal Husbandry, Fishery & Water Conservancy		175.79
2.工 业	Industry	3.74	70.46
＃用作原料、材料	Non－Energy Use		
3.建 筑 业	Construction		9.50
4.交通运输、仓储及邮电通迅业	Transportation, Storage, Postal & Telecommunications Services	2.65	168.45
5.批发和零售贸易业、餐饮业	Wholesale, Retail Trade and Catering Service	1.00	12.83
6.生活消费	Residential Consumption	1.98	
城镇	Urban	0.98	
乡村	Rural	1.00	
7.其他	Other		35.12
五、平衡差额	**Statistical Difference**		**－0.02**

Continued(Zhejiang - 2002)

燃料油 Fuel Oil 万吨 10^4tn	液化石油气 PLG 万吨 10^4tn	炼厂干气 Refinery Gas 万吨 10^4tn	天然气 Natural Gas 亿立方米 10^8cu. m	其他石油制品 Other Petroleum Products 万吨 10^4tn	其他焦化产品 Other Coking Products 万吨 10^4tn	热力 Heat 万百万千焦 10^{10}kj	电力 Electricity 亿千瓦小时 10^8kwh	其他能源 Other Energy 万吨标煤 10^4tce
134.80	**80.53**			**-121.35**			**322.97**	**31.50**
							194.95	
								31.50
134.61	101.26						147.96	
1.50								
-1.36	-20.75			-120.11			-19.94	
	-0.21			-2.07				
0.05	0.23			0.83				
-52.63	**58.96**	**36.52**		**224.25**	**4.65**	**13273.54**	**692.87**	**-13.00**
-91.38							692.87	-10.40
-18.87						13273.54		-2.60
					4.65			
57.62	60.53	36.52		224.25				
	-1.57							
						576.40	**67.26**	
82.17	**139.49**	**36.52**		**102.90**	**4.65**	**12697.14**	**948.58**	**18.50**
							18.19	
69.58	15.24	36.52		102.90	4.65	11654.14	709.11	18.50
							13.09	
12.59							10.17	
	10.44					1043.00	32.88	
	109.21						124.78	
	74.13						67.86	
	35.08						56.92	
	4.60						40.36	

6－12 安徽能源平衡表(实物量)－2000

		煤合计 Coal Total 万吨 10^4tn	原煤 Raw Coal 万吨 10^4tn
一、可供本地区消费的能源量	**Total Primary Energy Supply**	**5893.48**	**5812.85**
1.一次能源生产量	Indigenous Production	4789.80	4789.80
2.回收能	Recovery of Energy		
3.外省(区、市)调入量	Moving In from Other Provinces	2585.00	2500.00
4.进 口 量	Import		
5.我轮、机在外国加油量	Chinese Airplanes & Ships in Refueling Abroad		
6.本省(区、市)调出量(－)	Sending Out to Other Provinces(－)	－1795.00	－1795.00
7.出 口 量(－)	Export(－)		
8.外轮、机在我国加油量(－)	Foreign Airplanes & Ships in Refueling in China		
9.库存增(－)、减(＋)量	Stock Change	313.68	318.05
二、加工转换投入(－)产出(＋)量	**Input(－) & Output(＋) of Transformation**	**－2396.94**	**－2922.84**
1.火力发电	Thermal Power	－1662.99	－1662.99
2.供 热	Heating Supply	－84.52	－84.52
3.洗 选 煤	Coal Washing	－166.05	－797.59
4.炼 焦	Coking	－510.06	
5.炼 油	Petroleum Refineries		
6.制 气	Gas Works	－36.32	－7.74
#焦炭再投入量(－)	Coke Input(－)		
7.煤制品加工	Briquettes	63.00	－370.00
三、损 失 量	**Loss**		
四、终端消费量	**Total Final Consumption**	**3512.45**	**2903.72**
1.农、林、牧、渔业	Farming, Forestry, Animal Husbandry, Fishery & Water Conservancy	53.50	53.50
2.工 业	Industry	2920.84	2745.11
#用作原料、材料	Non－Energy Use		
3.建 筑 业	Construction	37.55	37.55
4.交通运输、仓储及邮电通迅业	Transportation, Storage, Postal & Telecommunications Services	11.65	11.65
5.批发和零售贸易业、餐饮业	Wholesale, Retail Trade and Catering Service	37.11	37.11
6.生活消费	Residential Consumption	433.00	
城镇	Urban	318.00	
乡村	Rural	115.00	
7.其他	Other	18.80	18.80
五、平衡差额	**Statistical Difference**	**－13.96**	**－11.76**

ENERGY BALANCE OF ANHUI －2000（PHYSICAL QUANTITY）

洗精煤 Cleaned Coal 万吨 10^4tn	其他洗煤 Other Washed Coal 万吨 10^4tn	型煤 Briquettes 万吨 10^4tn	焦炭 Coke 万吨 10^4tn	焦炉煤气 Coke Oven Gas 亿立方米 10^8cu. m	其他煤气 Other Gas 亿立方米 10^8cu. m	油品合计 Petroleum Products Total 万吨 10^4tn	原油 Crude Oil 万吨 10^4tn	汽油 Gasoline 万吨 10^4tn
80.98		**－0.35**	**200.65**			**363.51**	**345.04**	**－10.90**
85.00			201.00			382.20	200.59	50.30
						150.44	150.44	
			－20.82			－141.83		－48.10
－4.02		－0.35	20.47			－27.30	－5.99	－13.10
－74.60	**167.50**	**433.00**	**330.16**	**12.94**	**0.68**	**－45.97**	**－344.78**	**79.38**
						－1.57		
464.04	167.50							
－510.06			320.58	12.53	0.18			
						－44.40	－344.78	79.38
－28.58			11.76	0.41	0.50			
			－2.18					
		433.00						
8.23	**167.50**	**433.00**	**531.09**	**12.93**	**0.68**	**315.22**	**0.28**	**68.54**
						38.70		4.20
8.23	167.50		531.09	9.18		132.29	0.28	15.80
						10.24		5.51
						106.98		35.73
						8.31		7.30
		433.00		3.75	0.68	16.30		
		318.00		3.75	0.68	16.30		
		115.00						
						2.40		
－1.85		**－0.35**	**－0.28**	**0.01**		**2.32**	**－0.02**	**－0.06**

续表(安徽-2000)

		煤油 Kerosene 万吨 10^4tn	柴油 Diesel Oil 万吨 10^4tn
一、可供本地区消费的能源量	**Total Primary Energy Supply**	**2.56**	**-9.42**
1.一次能源生产量	Indigenous Production		
2.回收能	Recovery of Energy		
3.外省(区、市)调入量	Moving In from Other Provinces	2.06	94.80
4.进 口 量	Import		
5.我轮、机在外国加油量	Chinese Airplanes & Ships in Refueling Abroad		
6.本省(区、市)调出量(-)	Sending Out to Other Provinces(-)		-93.73
7.出 口 量(-)	Export(-)		
8.外轮、机在我国加油量(-)	Foreign Airplanes & Ships in Refueling in China		
9.库存增(-)、减(+)量	Stock Change	0.50	-10.49
二、加工转换投入(-)产出(+)量	**Input(-) & Output(+) of Transformation**		**150.28**
1.火力发电	Thermal Power		-1.57
2.供 热	Heating Supply		
3.洗 选 煤	Coal Washing		
4.炼 焦	Coking		
5.炼 油	Petroleum Refineries		151.85
6.制 气	Gas Works		
#焦炭再投入量(-)	Coke Input(-)		
7.煤制品加工	Briquettes		
三、损 失 量	**Loss**		
四、终端消费量	**Total Final Consumption**	**2.56**	**140.55**
1.农、林、牧、渔业	Farming, Forestry, Animal Husbandry, Fishery & Water Conservancy		34.50
2.工 业	Industry	0.25	28.97
#用作原料、材料	Non-Energy Use		
3.建 筑 业	Construction		4.73
4.交通运输、仓储及邮电通迅业	Transportation, Storage, Postal & Telecommunications Services	2.31	68.94
5.批发和零售贸易业、餐饮业	Wholesale, Retail Trade and Catering Service		1.01
6.生活消费	Residential Consumption		
城镇	Urban		
乡村	Rural		
7.其他	Other		2.40
五、平衡差额	**Statistical Difference**		**0.31**

Continued(Anhui - 2000)

燃料油 Fuel Oil 万吨 10^4tn	液化石油气 PLG 万吨 10^4tn	炼厂干气 Refinery Gas 万吨 10^4tn	天然气 Natural Gas 亿立方米 10^8cu.m	其他石油制品 Other Petroleum Products 万吨 10^4tn	其他焦化产品 Other Coking Products 万吨 10^4tn	热力 Heat 万百万千焦 10^{10}kj	电力 Electricity 亿千瓦小时 10^8kwh	其他能源 Other Energy 万吨标煤 10^4tce
36.23							**-21.05**	
							4.58	
34.45							7.30	
							-32.93	
1.78								
10.68	**19.95**	**15.10**		**23.42**	**4.33**	**2101.45**	**360.05**	**0.70**
						810.50	360.05	
						1290.95		
					4.33			0.70
10.68	19.95	15.10		23.42				
46.91	**19.92**	**14.32**		**22.14**	**4.33**	**2101.45**	**338.92**	**0.70**
							21.31	
46.91	3.62	14.32		22.14	4.33	2101.45	238.26	0.70
							3.75	
							4.22	
							5.74	
	16.30						53.03	
	16.30						30.01	
							23.02	
							12.61	
	0.03	**0.78**		**1.28**			**0.08**	

6－12 安徽能源平衡表(实物量)－2001

		煤合计 Coal Total 万吨 10^4tn	原煤 Raw Coal 万吨 10^4tn
一、可供本地区消费的能源量	**Total Primary Energy Supply**	**6346.70**	**6345.18**
1.一次能源生产量	Indigenous Production	5347.49	5347.49
2.回收能	Recovery of Energy		
3.外省(区、市)调入量	Moving In from Other Provinces	2785.61	2785.61
4.进 口 量	Import		
5.我轮、机在外国加油量	Chinese Airplanes & Ships in Refueling Abroad		
6.本省(区、市)调出量(－)	Sending Out to Other Provinces(－)	－1768.25	－1768.25
7.出 口 量(－)	Export(－)	－110.57	－110.57
8.外轮、机在我国加油量(－)	Foreign Airplanes & Ships in Refueling in China		
9.库存增(－)、减(＋)量	Stock Change	92.42	90.90
二、加工转换投入(－)产出(＋)量	**Input(－) & Output(＋) of Transformation**	**－2549.66**	**－3279.71**
1.火力发电	Thermal Power	－1847.51	－1847.51
2.供　　热	Heating Supply	－175.41	－175.41
3.洗 选 煤	Coal Washing	－38.56	－838.37
4.炼　　焦	Coking	－520.76	
5.炼　　油	Petroleum Refineries		
6.制　　气	Gas Works	－38.42	－15.42
#焦炭再投入量(－)	Coke Input(－)		
7.煤制品加工	Briquettes	71.00	－403.00
三、损 失 量	**Loss**		
四、终端消费量	**Total Final Consumption**	**3816.81**	**3012.41**
1.农、林、牧、渔业	Farming, Forestry, Animal Husbandry, Fishery & Water Conservancy	57.51	57.51
2.工　　业	Industry	3172.01	2841.84
#用作原料、材料	Non－Energy Use		158.00
3.建 筑 业	Construction	38.86	38.86
4.交通运输、仓储及邮电通迅业	Transportation, Storage, Postal & Telecommunications Services	12.00	12.00
5.批发和零售贸易业、餐饮业	Wholesale, Retail Trade and Catering Service	43.20	43.20
6.生活消费	Residential Consumption	474.23	
城镇	Urban	329.13	
乡村	Rural	145.10	
7.其他	Other	19.00	19.00
五、平衡差额	**Statistical Difference**	**－19.77**	**53.06**

ENERGY BALANCE OF ANHUI －2001（PHYSICAL QUANTITY）

洗精煤 Cleaned Coal 万吨 10⁴tn	其他洗煤 Other Washed Coal 万吨 10⁴tn	型煤 Briquettes 万吨 10⁴tn	焦炭 Coke 万吨 10⁴tn	焦炉煤气 Coke Oven Gas 亿立方米 10⁸cu. m	其他煤气 Other Gas 亿立方米 10⁸cu. m	油品合计 Petroleum Products Total 万吨 10⁴tn	原油 Crude Oil 万吨 10⁴tn	汽油 Gasoline 万吨 10⁴tn
1.52			**198.55**			**358.06**	**288.69**	**7.06**
			180.00			438.88	250.86	35.50
						38.79	38.79	
						－121.58		－35.90
1.52			18.55			－36.26	－0.96	7.46
－59.55	**315.60**	**474.00**	**340.43**	**13.88**	**1.11**	**－42.69**	**－288.01**	**63.29**
			－0.88			－1.08		
484.21	315.60							
－520.76			327.31	13.23	0.35			
						－41.61	－288.01	63.29
－23.00			16.18	0.65	0.76			
			－2.18					
		474.00						
11.41	**318.76**	**474.23**	**539.61**	**14.78**	**1.10**	**317.77**	**0.26**	**70.35**
						41.26		4.52
11.41	318.76		539.61	10.28	0.50	127.71	0.26	15.81
						0.62	0.26	0.18
						10.60		5.70
						110.29		36.82
						8.68		7.50
		474.23		4.50	0.60	16.40		
		329.13		4.50	0.60	16.40		
		145.10						
						2.47		
－69.44	**－3.16**	**－0.23**	**－0.63**	**－0.90**	**0.01**	**－2.40**	**0.42**	

续表(安徽-2001)

		煤油 Kerosene 万吨 10^4tn	柴油 Diesel Oil 万吨 10^4tn
一、可供本地区消费的能源量	**Total Primary Energy Supply**	**2.52**	**17.98**
1.一次能源生产量	Indigenous Production		
2.回收能	Recovery of Energy		
3.外省(区、市)调入量	Moving In from Other Provinces	2.52	108.00
4.进 口 量	Import		
5.我轮、机在外国加油量	Chinese Airplanes & Ships in Refueling Abroad		
6.本省(区、市)调出量(-)	Sending Out to Other Provinces(-)		-85.68
7.出 口 量(-)	Export(-)		
8.外轮、机在我国加油量(-)	Foreign Airplanes & Ships in Refueling in China		
9.库存增(-)、减(+)量	Stock Change		-4.34
二、加工转换投入(-)产出(+)量	**Input(-) & Output(+) of Transformation**		**128.07**
1.火力发电	Thermal Power		-1.08
2.供 热	Heating Supply		
3.洗 选 煤	Coal Washing		
4.炼 焦	Coking		
5.炼 油	Petroleum Refineries		129.15
6.制 气	Gas Works		
#焦炭再投入量(-)	Coke Input(-)		
7.煤制品加工	Briquettes		
三、损 失 量	**Loss**		
四、终端消费量	**Total Final Consumption**	**2.70**	**146.69**
1.农、林、牧、渔业	Farming, Forestry, Animal Husbandry, Fishery & Water Conservancy		37.10
2.工 业	Industry	0.20	30.07
#用作原料、材料	Non-Energy Use		0.18
3.建 筑 业	Construction		4.90
4.交通运输、仓储及邮电通迅业	Transportation, Storage, Postal & Telecommunications Services	2.50	70.97
5.批发和零售贸易业、餐饮业	Wholesale, Retail Trade and Catering Service		1.18
6.生活消费	Residential Consumption		
城镇	Urban		
乡村	Rural		
7.其他	Other		2.47
五、平衡差额	**Statistical Difference**	**-0.18**	**-0.64**

Continued(Anhui－2001)

燃料油 Fuel Oil 万吨 10^4tn	液化石油气 PLG 万吨 10^4tn	炼厂干气 Refinery Gas 万吨 10^4tn	天然气 Natural Gas 亿立方米 10^8cu. m	其他石油制品 Other Petroleum Products 万吨 10^4tn	其他焦化产品 Other Coking Products 万吨 10^4tn	热力 Heat 万百万千焦 10^{10}kj	电力 Electricity 亿千瓦小时 10^8kwh	其他能源 Other Energy 万吨标煤 10^4tce
41.81							**－48.03**	
							6.27	
42.00							3.86	
							－58.16	
－0.19								
5.67	**18.40**	**10.77**		**19.12**	**3.35**	**2590.74**	**407.65**	**0.16**
							407.65	
						2590.74		
					2.59			0.16
5.67	18.40	10.77		19.12				
					0.76			
47.26	**18.39**	**10.58**		**21.54**	**3.50**	**2590.74**	**359.62**	**0.16**
							21.51	
47.26	1.99	10.58		21.54	3.50	2590.74	252.46	0.16
							3.88	
							4.42	
							6.68	
	16.40						57.04	
	16.40						31.45	
							25.59	
							13.63	
0.22	**0.01**	**0.19**		**－2.42**	**－0.15**			

6-12 安徽能源平衡表(实物量)-2002

		煤合计 Coal Total 万吨 10^4tn	原煤 Raw Coal 万吨 10^4tn
一、可供本地区消费的能源量	**Total Primary Energy Supply**	**6538.46**	**6534.88**
1.一次能源生产量	Indigenous Production	6137.84	6137.84
2.回收能	Recovery of Energy		
3.外省(区、市)调入量	Moving In from Other Provinces	2800.00	2800.00
4.进 口 量	Import		
5.我轮、机在外国加油量	Chinese Airplanes & Ships in Refueling Abroad		
6.本省(区、市)调出量(-)	Sending Out to Other Provinces(-)	-2417.00	-2417.00
7.出 口 量(-)	Export(-)		
8.外轮、机在我国加油量(-)	Foreign Airplanes & Ships in Refueling in China		
9.库存增(-)、减(+)量	Stock Change	17.62	14.04
二、加工转换投入(-)产出(+)量	**Input(-) & Output(+) of Transformation**	**-2736.03**	**-3543.90**
1.火力发电	Thermal Power	-2025.05	-2025.05
2.供　　热	Heating Supply	-195.75	-195.75
3.洗 选 煤	Coal Washing	-33.47	-852.32
4.炼　　焦	Coking	-521.71	
5.炼　　油	Petroleum Refineries		
6.制　　气	Gas Works	-30.67	
#焦炭再投入量(-)	Coke Input(-)		
7.煤制品加工	Briquettes	70.62	-470.78
三、损 失 量	**Loss**		
四、终端消费量	**Total Final Consumption**	**3943.40**	**3068.08**
1.农、林、牧、渔业	Farming, Forestry, Animal Husbandry, Fishery & Water Conservancy	56.36	56.36
2.工　　业	Industry	3230.97	2897.05
#用作原料、材料	Non-Energy Use	161.00	161.00
3.建 筑 业	Construction	39.25	39.25
4.交通运输、仓储及邮电通迅业	Transportation, Storage, Postal & Telecommunications Services	12.17	12.17
5.批发和零售贸易业、餐饮业	Wholesale, Retail Trade and Catering Service	44.06	44.06
6.生活消费	Residential Consumption	541.40	
城镇	Urban	345.90	
乡村	Rural	195.50	
7.其他	Other	19.19	19.19
五、平衡差额	**Statistical Difference**	**-140.97**	**-77.10**

ENERGY BALANCE OF ANHUI －2002（PHYSICAL QUANTITY）

洗精煤 Cleaned Coal 万吨 10^4tn	其他洗煤 Other Washed Coal 万吨 10^4tn	型煤 Briquettes 万吨 10^4tn	焦炭 Coke 万吨 10^4tn	焦炉煤气 Coke Oven Gas 亿立方米 10^8cu. m	其他煤气 Other Gas 亿立方米 10^8cu. m	油品合计 Petroleum Products Total 万吨 10^4tn	原油 Crude Oil 万吨 10^4tn	汽油 Gasoline 万吨 10^4tn
3.77	**－0.19**		**204.58**			**377.41**	**307.97**	**6.19**
						41.00		41.00
			215.00			359.30	203.90	
						84.57	84.57	
						－147.70		－41.70
3.77	－0.19		－10.42			40.24	19.50	6.89
－59.05	**325.52**	**541.40**	**351.03**	**15.39**	**0.26**	**－45.67**	**－307.81**	**66.86**
						－1.09		
493.33	325.52							
－521.71			331.34	14.58	0.26			
						－44.58	－307.81	66.86
－30.67			22.10	0.81				
			－2.41					
		541.40						
8.40	**325.52**	**541.40**	**553.79**	**15.39**	**0.20**	**333.65**	**0.18**	**73.90**
						40.79		4.43
8.40	325.52		553.79	10.81	0.20	130.31	0.18	16.07
						7.46		0.19
						10.72		5.76
						124.48		39.98
						8.70		7.66
		541.40		4.58		16.20		
		345.90		4.58		16.00		
		195.50				0.20		
						2.45		
－63.68	**－0.19**		**1.82**		**0.06**	**－1.91**	**－0.02**	**－0.85**

续表(安徽－2002)

		煤油 Kerosene 万吨 10^4tn	柴油 Diesel Oil 万吨 10^4tn
一、可供本地区消费的能源量	**Total Primary Energy Supply**	**2.52**	**20.64**
1.一次能源生产量	Indigenous Production		
2.回收能	Recovery of Energy		
3.外省(区、市)调入量	Moving In from Other Provinces	2.80	117.00
4.进 口 量	Import		
5.我轮、机在外国加油量	Chinese Airplanes & Ships in Refueling Abroad		
6.本省(区、市)调出量(－)	Sending Out to Other Provinces(－)		－106.00
7.出 口 量(－)	Export(－)		
8.外轮、机在我国加油量(－)	Foreign Airplanes & Ships in Refueling in China		
9.库存增(－)、减(＋)量	Stock Change	－0.28	9.64
二、加工转换投入(－)产出(＋)量	**Input(－) & Output(＋) of Transformation**		**134.89**
1.火力发电	Thermal Power		
2.供 热	Heating Supply		
3.洗 选 煤	Coal Washing		
4.炼 焦	Coking		
5.炼 油	Petroleum Refineries		134.89
6.制 气	Gas Works		
＃焦炭再投入量(－)	Coke Input(－)		
7.煤制品加工	Briquettes		
三、损 失 量	**Loss**		
四、终端消费量	**Total Final Consumption**	**2.70**	**155.89**
1.农、林、牧、渔业	Farming, Forestry, Animal Husbandry, Fishery & Water Conservancy		36.36
2.工 业	Industry	0.20	29.08
＃用作原料、材料	Non－Energy Use		0.18
3.建 筑 业	Construction		4.96
4.交通运输、仓储及邮电通讯业	Transportation, Storage, Postal & Telecommunications Services	2.50	82.00
5.批发和零售贸易业、餐饮业	Wholesale, Retail Trade and Catering Service		1.04
6.生活消费	Residential Consumption		
城镇	Urban		
乡村	Rural		
7.其他	Other		2.45
五、平衡差额	**Statistical Difference**	**－0.18**	**－0.36**

Continued(Anhui－2002)

燃料油 Fuel Oil 万吨 10^4tn	液化石油气 PLG 万吨 10^4tn	炼厂干气 Refinery Gas 万吨 10^4tn	天然气 Natural Gas 亿立方米 10^8cu. m	其他石油制品 Other Petroleum Products 万吨 10^4tn	其他焦化产品 Other Coking Products 万吨 10^4tn	热力 Heat 万百万千焦 10^{10}kj	电力 Electricity 亿千瓦小时 10^8kwh	其他能源 Other Energy 万吨标煤 10^4tce
40.09							**-70.14**	
							10.51	
35.60							0.59	
							-81.24	
4.49								
6.35	**18.88**	**10.96**		**24.20**	**5.97**	**2850.70**	**455.15**	
-1.09							455.15	
						2850.70		
					5.97			
7.44	18.88	10.96		24.20				
46.43	**19.62**	**10.72**		**24.21**	**5.89**	**2850.70**	**389.94**	
							18.90	
46.43	3.42	10.72		24.21	5.89	2850.70	279.48	
	1.37			5.72				
							4.75	
							4.48	
							8.26	
	16.20						58.86	
	16.00						32.31	
	0.20						26.55	
							15.21	
0.01	**-0.74**	**0.24**		**-0.01**	**0.08**		**-4.93**	

6-13 福建能源平衡表(实物量)-2000

		煤合计 Coal Total 万吨 10^4tn	原煤 Raw Coal 万吨 10^4tn
一、可供本地区消费的能源量	**Total Primary Energy Supply**	**2168.64**	**2104.88**
1.一次能源生产量	Indigenous Production	1397.26	1397.26
2.回收能	Recovery of Energy		
3.外省(区、市)调入量	Moving In from Other Provinces	929.10	864.52
4.进 口 量	Import		
5.我轮、机在外国加油量	Chinese Airplanes & Ships in Refueling Abroad		
6.本省(区、市)调出量(-)	Sending Out to Other Provinces(-)	-206.90	-206.90
7.出 口 量(-)	Export(-)		
8.外轮、机在我国加油量(-)	Foreign Airplanes & Ships in Refueling in China		
9.库存增(-)、减(+)量	Stock Change	49.18	50.00
二、加工转换投入(-)产出(+)量	**Input(-) & Output(+) of Transformation**	**-1024.12**	**-968.18**
1.火力发电	Thermal Power	-891.59	-891.59
2.供 热	Heating Supply	-74.20	-74.20
3.洗 选 煤	Coal Washing		
4.炼 焦	Coking	-58.33	-2.39
5.炼 油	Petroleum Refineries		
6.制 气	Gas Works		
#焦炭再投入量(-)	Coke Input(-)		
7.煤制品加工	Briquettes		
三、损 失 量	**Loss**		
四、终端消费量	**Total Final Consumption**	**1135.49**	**1129.31**
1.农、林、牧、渔业	Farming, Forestry, Animal Husbandry, Fishery & Water Conservancy	1.25	1.25
2.工 业	Industry	962.23	956.05
#用作原料、材料	Non-Energy Use		
3.建 筑 业	Construction	5.81	5.81
4.交通运输、仓储及邮电通迅业	Transportation, Storage, Postal & Telecommunications Services	4.18	4.18
5.批发和零售贸易业、餐饮业	Wholesale, Retail Trade and Catering Service	7.02	7.02
6.生活消费	Residential Consumption	155.00	155.00
城镇	Urban	98.81	98.81
乡村	Rural	56.19	56.19
7.其他	Other		
五、平衡差额	**Statistical Difference**	**9.03**	**7.39**

ENERGY BALANCE OF FUJIAN －2000（PHYSICAL QUANTITY）

洗精煤 Cleaned Coal 万吨 10^4tn	其他洗煤 Other Washed Coal 万吨 10^4tn	型煤 Briquettes 万吨 10^4tn	焦炭 Coke 万吨 10^4tn	焦炉煤气 Coke Oven Gas 亿立方米 10^8cu. m	其他煤气 Other Gas 亿立方米 10^8cu. m	油品合计 Petroleum Products Total 万吨 10^4tn	原油 Crude Oil 万吨 10^4tn	汽油 Gasoline 万吨 10^4tn
63.76			**57.94**			**484.41**	**360.81**	**4.73**
64.58			57.20			555.48	365.74	41.34
						－62.41		－36.78
－0.82			0.74			－8.66	－4.93	0.17
－55.94			**42.38**	**1.92**	**0.17**	**－50.60**	**－358.43**	**102.20**
						－24.31		
						－0.12		
－55.94			42.38	1.92				
						－24.47	－358.43	102.20
					0.17	－1.70		
6.18			**100.16**	**1.92**		**425.99**		**105.11**
						31.12		1.96
6.18			100.16	1.92		111.07		3.25
						4.00		1.10
						131.10		29.90
						13.29		8.99
						37.82		
						29.70		
						8.12		
						97.59		59.91
1.64			**0.16**		**0.17**	**7.82**	**2.38**	**1.82**

续表(福建－2000)

		煤油 Kerosene 万吨 10^4tn	柴油 Diesel Oil 万吨 10^4tn
一、可供本地区消费的能源量	**Total Primary Energy Supply**	**0.60**	**52.37**
1.一次能源生产量	Indigenous Production		
2.回收能	Recovery of Energy		
3.外省(区、市)调入量	Moving In from Other Provinces	0.65	77.52
4.进 口 量	Import		
5.我轮、机在外国加油量	Chinese Airplanes & Ships in Refueling Abroad		
6.本省(区、市)调出量(－)	Sending Out to Other Provinces(－)		－25.63
7.出 口 量(－)	Export(－)		
8.外轮、机在我国加油量(－)	Foreign Airplanes & Ships in Refueling in China		
9.库存增(－)、减(＋)量	Stock Change	－0.05	0.48
二、加工转换投入(－)产出(＋)量	**Input(－) & Output(＋) of Transformation**	**8.64**	**158.19**
1.火力发电	Thermal Power		－3.30
2.供 热	Heating Supply		
3.洗 选 煤	Coal Washing		
4.炼 焦	Coking		
5.炼 油	Petroleum Refineries	8.64	161.49
6.制 气	Gas Works		
＃焦炭再投入量(－)	Coke Input(－)		
7.煤制品加工	Briquettes		
三、损 失 量	**Loss**		
四、终端消费量	**Total Final Consumption**	**7.60**	**210.20**
1.农、林、牧、渔业	Farming, Forestry, Animal Husbandry, Fishery & Water Conservancy		29.16
2.工 业	Industry	0.74	34.96
＃用作原料、材料	Non－Energy Use		
3.建 筑 业	Construction		2.90
4.交通运输、仓储及邮电通迅业	Transportation, Storage, Postal & Telecommunications Services		101.20
5.批发和零售贸易业、餐饮业	Wholesale, Retail Trade and Catering Service		4.30
6.生活消费	Residential Consumption	6.86	
城镇	Urban	1.40	
乡村	Rural	5.46	
7.其他	Other		37.68
五、平衡差额	**Statistical Difference**	**1.64**	**0.36**

Continued(Fujian－2000)

燃料油 Fuel Oil 万吨 10^4tn	液化石油气 PLG 万吨 10^4tn	炼厂干气 Refinery Gas 万吨 10^4tn	天然气 Natural Gas 亿立方米 10^8cu. m	其他石油制品 Other Petroleum Products 万吨 10^4tn	其他焦化产品 Other Coking Products 万吨 10^4tn	热力 Heat 万百万千焦 10^{10}kj	电力 Electricity 亿千瓦小时 10^8kwh	其他能源 Other Energy 万吨标煤 10^4tce
44.70	**15.98**			**5.22**	**－0.99**		**194.56**	
							196.76	
44.15	15.83			10.25				
							－2.20	
0.55	0.15			－5.03	－0.99			
－11.22	**21.28**	**7.54**		**21.20**	**6.35**	**1280.28**	**208.45**	
－21.01							208.45	
－0.12						1280.28		
					6.35			
9.91	22.98	7.54		21.20				
	－1.70							
							30.35	
32.10	**36.87**	**7.71**		**26.40**	**5.37**	**1280.28**	**372.67**	
							15.91	
32.10	5.91	7.71		26.40	5.37	1280.28	243.42	
							6.06	
							8.78	
							11.83	
	30.96						65.21	
	28.30						37.73	
	2.66						27.48	
							21.46	
1.38	**0.39**	**－0.17**		**0.02**	**－0.01**		**－0.01**	

6-13 福建能源平衡表(实物量)-2001

		煤合计 Coal Total 万吨 10^4tn	原煤 Raw Coal 万吨 10^4tn
一、可供本地区消费的能源量	**Total Primary Energy Supply**	**2210.00**	**2147.50**
1.一次能源生产量	Indigenous Production	1293.00	1293.00
2.回收能	Recovery of Energy		
3.外省(区、市)调入量	Moving In from Other Provinces	1048.00	986.50
4.进 口 量	Import		
5.我轮、机在外国加油量	Chinese Airplanes & Ships in Refueling Abroad		
6.本省(区、市)调出量(-)	Sending Out to Other Provinces(-)	-183.00	-183.00
7.出 口 量(-)	Export(-)		
8.外轮、机在我国加油量(-)	Foreign Airplanes & Ships in Refueling in China		
9.库存增(-)、减(+)量	Stock Change	52.00	51.00
二、加工转换投入(-)产出(+)量	**Input(-) & Output(+) of Transformation**	**-1145.34**	**-1087.61**
1.火力发电	Thermal Power	-991.04	-991.04
2.供 热	Heating Supply	-93.10	-93.10
3.洗 选 煤	Coal Washing		
4.炼 焦	Coking	-61.20	-3.47
5.炼 油	Petroleum Refineries		
6.制 气	Gas Works		
#焦炭再投入量(-)	Coke Input(-)		
7.煤制品加工	Briquettes		
三、损 失 量	**Loss**		
四、终端消费量	**Total Final Consumption**	**1059.36**	**1053.19**
1.农、林、牧、渔业	Farming, Forestry, Animal Husbandry, Fishery & Water Conservancy	1.68	1.68
2.工 业	Industry	883.49	877.32
#用作原料、材料	Non-Energy Use		81.13
3.建 筑 业	Construction	7.19	7.19
4.交通运输、仓储及邮电通迅业	Transportation, Storage, Postal & Telecommunications Services	5.23	5.23
5.批发和零售贸易业、餐饮业	Wholesale, Retail Trade and Catering Service	7.87	7.87
6.生活消费	Residential Consumption	153.90	153.90
城镇	Urban	97.60	97.60
乡村	Rural	56.30	56.30
7.其他	Other		
五、平衡差额	**Statistical Difference**	**5.30**	**6.70**

ENERGY BALANCE OF FUJIAN －2001（PHYSICAL QUANTITY）

洗精煤 Cleaned Coal 万吨 10^4tn	其他洗煤 Other Washed Coal 万吨 10^4tn	型煤 Briquettes 万吨 10^4tn	焦炭 Coke 万吨 10^4tn	焦炉煤气 Coke Oven Gas 亿立方米 10^8cu. m	其他煤气 Other Gas 亿立方米 10^8cu. m	油品合计 Petroleum Products Total 万吨 10^4tn	原油 Crude Oil 万吨 10^4tn	汽油 Gasoline 万吨 10^4tn
62.50			**50.10**			**483.25**	**348.79**	**6.39**
						49.61		49.61
61.50			46.20			456.33	346.27	－45.88
						－26.80		
1.00			3.90			4.11	2.52	2.66
－57.73			**45.37**	**1.97**	**0.18**	**－37.55**	**－347.54**	**98.34**
						－17.91		
						0.14		
－57.73			45.37	1.97				
						－17.91	－347.54	98.34
					0.18	－1.87		
6.17			**95.67**	**1.97**	**0.18**	**446.93**		**106.35**
						32.09		2.03
6.17			95.67	1.97		126.53		3.72
0.53			0.78			12.02		0.32
						4.60		1.45
						133.63		30.15
						14.01		9.89
					0.18	40.08		
					0.18	31.42		
						8.66		
						95.99		59.11
－1.40			**－0.20**			**－1.23**	**1.25**	**－1.62**

续表(福建－2001)

		煤油 Kerosene 万吨 10^4tn	柴油 Diesel Oil 万吨 10^4tn
一、可供本地区消费的能源量	**Total Primary Energy Supply**	**0.94**	**52.54**
1.一次能源生产量	Indigenous Production		
2.回收能	Recovery of Energy		
3.外省(区、市)调入量	Moving In from Other Provinces	0.76	86.36
4.进 口 量	Import		
5.我轮、机在外国加油量	Chinese Airplanes & Ships in Refueling Abroad		
6.本省(区、市)调出量(－)	Sending Out to Other Provinces(－)		－26.80
7.出 口 量(－)	Export(－)		
8.外轮、机在我国加油量(－)	Foreign Airplanes & Ships in Refueling in China		
9.库存增(－)、减(＋)量	Stock Change	0.18	－7.02
二、加工转换投入(－)产出(＋)量	**Input(－) & Output(＋) of Transformation**	**6.32**	**159.34**
1.火力发电	Thermal Power		－1.89
2.供　　热	Heating Supply		
3.洗 选 煤	Coal Washing		
4.炼　　焦	Coking		
5.炼　　油	Petroleum Refineries	6.32	161.23
6.制　　气	Gas Works		
＃焦炭再投入量(－)	Coke Input(－)		
7.煤制品加工	Briquettes		
三、损 失 量	**Loss**		
四、终端消费量	**Total Final Consumption**	**7.96**	**212.90**
1.农、林、牧、渔业	Farming, Forestry, Animal Husbandry, Fishery & Water Conservancy		30.06
2.工　　业	Industry	0.83	35.21
＃用作原料、材料	Non－Energy Use	0.10	1.34
3.建 筑 业	Construction		3.15
4.交通运输、仓储及邮电通迅业	Transportation, Storage, Postal & Telecommunications Services		103.48
5.批发和零售贸易业、餐饮业	Wholesale, Retail Trade and Catering Service		4.12
6.生活消费	Residential Consumption	7.13	
城镇	Urban	1.62	
乡村	Rural	5.51	
7.其他	Other		36.88
五、平衡差额	**Statistical Difference**	**－0.70**	**－1.02**

Continued(Fujian－2001)

燃料油 Fuel Oil 万吨 10^4tn	液化石油气 PLG 万吨 10^4tn	炼厂干气 Refinery Gas 万吨 10^4tn	天然气 Natural Gas 亿立方米 10^8cu. m	其他石油制品 Other Petroleum Products 万吨 10^4tn	其他焦化产品 Other Coking Products 万吨 10^4tn	热力 Heat 万百万千焦 10^{10}kj	电力 Electricity 亿千瓦小时 10^8kwh	其他能源 Other Energy 万吨标煤 10^4tce
46.92	**19.50**			**8.17**	**－0.88**		**228.13**	
							234.36	
46.20	19.50			3.12			0.36	
							－6.59	
0.72				5.05	－0.88			
－12.73	**19.93**	**14.84**		**23.95**	**4.02**	**1590.16**	**211.70**	
－16.02							211.70	
0.14						1590.16		
					4.02			
3.15	21.80	14.84		23.95				
	－1.87							
							33.67	
33.85	**39.30**	**14.70**		**31.87**	**3.14**	**1590.16**	**406.31**	
							14.62	
33.85	6.35	14.70		31.87	3.14	1590.16	263.62	
2.92				7.34				
							6.51	
							10.37	
							14.57	
	32.95						71.83	
	29.80						41.87	
	3.15						29.96	
							24.79	
0.34	**0.13**	**0.14**		**0.25**			**－0.15**	

6－13　福建能源平衡表(实物量)－2002

		煤合计 Coal Total 万吨 10^4tn	原煤 Raw Coal 万吨 10^4tn
一、可供本地区消费的能源量	**Total Primary Energy Supply**	**2714.00**	**2649.00**
1.一次能源生产量	Indigenous Production	1650.00	1650.00
2.回收能	Recovery of Energy		
3.外省(区、市)调入量	Moving In from Other Provinces	1435.10	1369.00
4.进 口 量	Import		
5.我轮、机在外国加油量	Chinese Airplanes & Ships in Refueling Abroad		
6.本省(区、市)调出量(－)	Sending Out to Other Provinces(－)	－231.00	－231.00
7.出 口 量(－)	Export(－)		
8.外轮、机在我国加油量(－)	Foreign Airplanes & Ships in Refueling in China		
9.库存增(－)、减(＋)量	Stock Change	－140.10	－139.00
二、加工转换投入(－)产出(＋)量	**Input(－) & Output(＋) of Transformation**	**－1505.32**	**－1445.30**
1.火力发电	Thermal Power	－1336.49	－1336.49
2.供　　热	Heating Supply	－105.21	－105.21
3.洗 选 煤	Coal Washing		
4.炼　　焦	Coking	－63.62	－3.60
5.炼　　油	Petroleum Refineries		
6.制　　气	Gas Works		
＃焦炭再投入量(－)	Coke Input(－)		
7.煤制品加工	Briquettes		
三、损 失 量	**Loss**		
四、终端消费量	**Total Final Consumption**	**1205.99**	**1200.99**
1.农、林、牧、渔业	Farming, Forestry, Animal Husbandry, Fishery & Water Conservancy	1.91	1.91
2.工　　业	Industry	1034.75	1029.75
＃用作原料、材料	Non－Energy Use	98.95	98.95
3.建 筑 业	Construction	8.20	8.20
4.交通运输、仓储及邮电通迅业	Transportation, Storage, Postal & Telecommunications Services	5.96	5.96
5.批发和零售贸易业、餐饮业	Wholesale, Retail Trade and Catering Service	8.97	8.97
6.生活消费	Residential Consumption	146.20	146.20
城镇	Urban	95.30	95.30
乡村	Rural	50.90	50.90
7.其他	Other		
五、平衡差额	**Statistical Difference**	**2.69**	**2.71**

ENERGY BALANCE OF FUJIAN －2002（PHYSICAL QUANTITY）

洗精煤 Cleaned Coal 万吨 10^4tn	其他洗煤 Other Washed Coal 万吨 10^4tn	型煤 Briquettes 万吨 10^4tn	焦炭 Coke 万吨 10^4tn	焦炉煤气 Coke Oven Gas 亿立方米 10^8cu. m	其他煤气 Other Gas 亿立方米 10^8cu. m	油品合计 Petroleum Products Total 万吨 10^4tn	原油 Crude Oil 万吨 10^4tn	汽油 Gasoline 万吨 10^4tn
65.00			**52.02**			**590.43**	**335.24**	**36.03**
66.10			58.02			620.52	340.50	63.55
						－25.80		－25.80
－1.10			－6.00			－4.29	－5.26	－1.72
－60.02			**43.10**			**－38.91**	**－334.15**	**96.48**
						－12.60		
－60.02			43.10					
						－26.31	－334.15	96.48
5.00			**95.12**			**551.18**		**132.76**
						42.00		3.50
5.00			95.12			173.18		8.91
						9.25		4.70
						3.55		1.85
						165.51		42.30
						25.33		13.80
						54.51		4.10
						43.09		3.10
						11.42		1.00
						87.10		58.30
－0.02						**0.34**	**1.09**	**－0.25**

续表(福建－2002)

		煤油 Kerosene 万吨 10^4tn	柴油 Diesel Oil 万吨 10^4tn
一、可供本地区消费的能源量	**Total Primary Energy Supply**	**0.42**	**98.92**
1.一次能源生产量	Indigenous Production		
2.回收能	Recovery of Energy		
3.外省(区、市)调入量	Moving In from Other Provinces		98.50
4.进 口 量	Import		
5.我轮、机在外国加油量	Chinese Airplanes & Ships in Refueling Abroad		
6.本省(区、市)调出量(－)	Sending Out to Other Provinces(－)		
7.出 口 量(－)	Export(－)		
8.外轮、机在我国加油量(－)	Foreign Airplanes & Ships in Refueling in China		
9.库存增(－)、减(＋)量	Stock Change	0.42	0.42
二、加工转换投入(－)产出(＋)量	**Input(－) & Output(＋) of Transformation**	**4.92**	**151.37**
1.火力发电	Thermal Power		
2.供 热	Heating Supply		
3.洗 选 煤	Coal Washing		
4.炼 焦	Coking		
5.炼 油	Petroleum Refineries	4.92	151.37
6.制 气	Gas Works		
#焦炭再投入量(－)	Coke Input(－)		
7.煤制品加工	Briquettes		
三、损 失 量	**Loss**		
四、终端消费量	**Total Final Consumption**	**5.30**	**250.13**
1.农、林、牧、渔业	Farming, Forestry, Animal Husbandry, Fishery & Water Conservancy		38.50
2.工 业	Industry	1.50	52.60
#用作原料、材料	Non－Energy Use		4.55
3.建 筑 业	Construction		1.70
4.交通运输、仓储及邮电通迅业	Transportation, Storage, Postal & Telecommunications Services		123.21
5.批发和零售贸易业、餐饮业	Wholesale, Retail Trade and Catering Service		5.32
6.生活消费	Residential Consumption	3.80	
城镇	Urban	1.30	
乡村	Rural	2.50	
7.其他	Other		28.80
五、平衡差额	**Statistical Difference**	**0.04**	**0.16**

Continued(Fujian－2002)

燃料油 Fuel Oil 万吨 10^4tn	液化石油气 PLG 万吨 10^4tn	炼厂干气 Refinery Gas 万吨 10^4tn	天然气 Natural Gas 亿立方米 10^8cu. m	其他石油制品 Other Petroleum Products 万吨 10^4tn	其他焦化产品 Other Coking Products 万吨 10^4tn	热力 Heat 万百万千焦 10^{10}kj	电力 Electricity 亿千瓦小时 10^8kwh	其他能源 Other Energy 万吨标煤 10^4tce
68.37	**48.77**			**2.68**	**0.92**		**189.31**	
							224.35	
69.20	48.77						0.06	
							－35.10	
－0.83				2.68	0.92			
－6.60	**20.90**	**0.72**		**27.45**	**5.96**	**1844.96**	**308.49**	
－12.60							308.49	
						1793.30		
					5.96			
6.00	20.90	0.72		27.45		51.66		
62.17	**69.67**			**31.15**	**6.88**	**1844.96**	**497.86**	
							12.64	
62.17	16.85			31.15	6.88	1844.96	340.76	
							18.09	
							6.94	
							10.86	
	6.21						15.62	
	46.61						84.44	
	38.69						48.94	
	7.92						35.50	
							26.60	
－0.40		**0.72**		**－1.02**			**－0.06**	

6－14 江西能源平衡表(实物量)－2000

		煤合计 Coal Total 万吨 10^4tn	原煤 Raw Coal 万吨 10^4tn
一、可供本地区消费的能源量	**Total Primary Energy Supply**	**2245.84**	**2039.12**
1.一次能源生产量	Indigenous Production	1813.76	1813.76
2.回收能	Recovery of Energy		
3.外省(区、市)调入量	Moving In from Other Provinces	649.08	429.84
4.进 口 量	Import		
5.我轮、机在外国加油量	Chinese Airplanes & Ships in Refueling Abroad		
6.本省(区、市)调出量(－)	Sending Out to Other Provinces(－)	－111.96	－111.96
7.出 口 量(－)	Export(－)		
8.外轮、机在我国加油量(－)	Foreign Airplanes & Ships in Refueling in China		
9.库存增(－)、减(＋)量	Stock Change	－105.04	－92.52
二、加工转换投入(－)产出(＋)量	**Input(－) & Output(＋) of Transformation**	**－1391.97**	**－1291.44**
1.火力发电	Thermal Power	－906.21	－903.37
2.供　　热	Heating Supply	－46.28	－42.22
3.洗 选 煤	Coal Washing	－130.08	－308.02
4.炼　　焦	Coking	－247.94	
5.炼　　油	Petroleum Refineries		
6.制　　气	Gas Works	－67.09	－0.60
＃焦炭再投入量(－)	Coke Input(－)		
7.煤制品加工	Briquettes	5.63	－37.23
三、损 失 量	**Loss**		
四、终端消费量	**Total Final Consumption**	**1076.66**	**970.47**
1.农、林、牧、渔业	Farming, Forestry, Animal Husbandry, Fishery & Water Conservancy	12.10	12.10
2.工　　业	Industry	871.81	808.35
＃用作原料、材料	Non－Energy Use		
3.建 筑 业	Construction		
4.交通运输、仓储及邮电通迅业	Transportation, Storage, Postal & Telecommunications Services	11.42	11.42
5.批发和零售贸易业、餐饮业	Wholesale, Retail Trade and Catering Service	5.20	5.20
6.生活消费	Residential Consumption	176.13	133.40
城镇	Urban	95.64	70.16
乡村	Rural	80.49	63.24
7.其他	Other		
五、平衡差额	**Statistical Difference**	**－222.79**	**－222.79**

ENERGY BALANCE OF JIANGXI －2000（PHYSICAL QUANTITY）

洗精煤 Cleaned Coal 万吨 10^4tn	其他洗煤 Other Washed Coal 万吨 10^4tn	型煤 Briquettes 万吨 10^4tn	焦炭 Coke 万吨 10^4tn	焦炉煤气 Coke Oven Gas 亿立方米 10^8cu. m	其他煤气 Other Gas 亿立方米 10^8cu. m	油品合计 Petroleum Products Total 万吨 10^4tn	原油 Crude Oil 万吨 10^4tn	汽油 Gasoline 万吨 10^4tn
206.92	**-0.20**		**28.44**			**261.13**	**327.40**	**-26.52**
219.24			30.78			213.39	166.59	10.95
						160.81	160.81	
						-103.36		-32.75
-12.32	-0.20		-2.34			-9.71		-4.72
-192.65	**49.26**	**42.86**	**177.50**	**7.03**	**14.86**	**-47.82**	**-327.62**	**81.75**
	-2.84					-11.56		
-4.06						-17.00		
125.84	52.10							
-247.94			132.12	5.35	14.70			
						-19.26	-327.62	81.75
-66.49			45.38	1.68	0.16			
		42.86						
						3.56	**3.56**	
14.27	**49.06**	**42.86**	**205.94**	**7.03**	**14.86**	**216.88**		**58.46**
						25.05		1.14
14.27	49.06	0.13	205.81	1.72	1.02	54.58		4.67
						1.48		1.48
			0.13			105.17		42.67
						2.12		1.42
		42.73		5.31	13.84	24.40		4.00
		25.48		5.31	13.84	22.30		3.02
		17.25				2.10		0.98
						4.08		3.08
						-7.13	**-3.78**	**-3.23**

续表(江西-2000)

		煤油 Kerosene 万吨 10^4tn	柴油 Diesel Oil 万吨 10^4tn
一、可供本地区消费的能源量	**Total Primary Energy Supply**	**0.40**	**-17.21**
1.一次能源生产量	Indigenous Production		
2.回收能	Recovery of Energy		
3.外省(区、市)调入量	Moving In from Other Provinces	0.80	35.05
4.进 口 量	Import		
5.我轮、机在外国加油量	Chinese Airplanes & Ships in Refueling Abroad		
6.本省(区、市)调出量(-)	Sending Out to Other Provinces(-)	-0.16	-48.15
7.出 口 量(-)	Export(-)		
8.外轮、机在我国加油量(-)	Foreign Airplanes & Ships in Refueling in China		
9.库存增(-)、减(+)量	Stock Change	-0.24	-4.11
二、加工转换投入(-)产出(+)量	**Input(-) & Output(+) of Transformation**	**2.41**	**124.64**
1.火力发电	Thermal Power		-1.14
2.供 热	Heating Supply		-0.04
3.洗 选 煤	Coal Washing		
4.炼 焦	Coking		
5.炼 油	Petroleum Refineries	2.41	125.82
6.制 气	Gas Works		
#焦炭再投入量(-)	Coke Input(-)		
7.煤制品加工	Briquettes		
三、损 失 量	**Loss**		
四、终端消费量	**Total Final Consumption**	**2.81**	**103.60**
1.农、林、牧、渔业	Farming, Forestry, Animal Husbandry, Fishery & Water Conservancy	0.11	23.80
2.工 业	Industry	0.45	17.85
#用作原料、材料	Non-Energy Use		
3.建 筑 业	Construction		
4.交通运输、仓储及邮电通迅业	Transportation, Storage, Postal & Telecommunications Services	2.25	60.25
5.批发和零售贸易业、餐饮业	Wholesale, Retail Trade and Catering Service		0.70
6.生活消费	Residential Consumption		
城镇	Urban		
乡村	Rural		
7.其他	Other		1.00
五、平衡差额	**Statistical Difference**		**3.83**

Continued(Jiangxi－2000)

燃料油 Fuel Oil 万吨 10^4tn	液化石油气 PLG 万吨 10^4tn	炼厂干气 Refinery Gas 万吨 10^4tn	天然气 Natural Gas 亿立方米 10^8cu. m	其他石油制品 Other Petroleum Products 万吨 10^4tn	其他焦化产品 Other Coking Products 万吨 10^4tn	热力 Heat 万百万千焦 10^{10}kj	电力 Electricity 亿千瓦小时 10^8kwh	其他能源 Other Energy 万吨标煤 10^4tce
－20.07	**0.17**			**－3.04**			**60.58**	
							53.50	
							7.12	
－22.30							－0.04	
2.23	0.17			－3.04				
36.32	**16.92**			**17.76**	**9.78**	**1391.86**	**148.81**	
－5.71		－4.71					148.81	
－12.24		－4.72				1391.86		
					7.48			
54.27	16.92	9.43		17.76				
					2.30			
							12.18	
16.25	**21.04**			**14.72**	**9.78**	**1391.88**	**197.21**	**26.06**
							21.92	
16.25	0.64			14.72	9.78	965.84	137.34	26.06
							0.80	
							3.42	
							2.98	
	20.40					426.04	23.23	
	19.28					426.04	15.68	
	1.12						7.55	
							7.52	
	－3.95					**－0.02**		**－26.06**

6－14 江西能源平衡表(实物量)－2001

		煤合计 Coal Total 万吨 10⁴tn	原煤 Raw Coal 万吨 10⁴tn
一、可供本地区消费的能源量	**Total Primary Energy Supply**	**2313.53**	**2126.27**
1.一次能源生产量	Indigenous Production	1517.45	1517.45
2.回收能	Recovery of Energy		
3.外省(区、市)调入量	Moving In from Other Provinces	658.77	518.53
4.进 口 量	Import		
5.我轮、机在外国加油量	Chinese Airplanes & Ships in Refueling Abroad		
6.本省(区、市)调出量(－)	Sending Out to Other Provinces(－)	－87.11	－87.11
7.出 口 量(－)	Export(－)		
8.外轮、机在我国加油量(－)	Foreign Airplanes & Ships in Refueling in China		
9.库存增(－)、减(＋)量	Stock Change	224.42	177.40
二、加工转换投入(－)产出(＋)量	**Input(－) & Output(＋) of Transformation**	**－1387.68**	**－1370.31**
1.火力发电	Thermal Power	－991.69	－989.07
2.供 热	Heating Supply	－47.14	－45.99
3.洗 选 煤	Coal Washing	－74.69	－255.70
4.炼 焦	Coking	－223.29	
5.炼 油	Petroleum Refineries		
6.制 气	Gas Works	－68.50	－0.75
#焦炭再投入量(－)	Coke Input(－)		
7.煤制品加工	Briquettes	17.63	－78.80
三、损 失 量	**Loss**		
四、终端消费量	**Total Final Consumption**	**1196.81**	**983.92**
1.农、林、牧、渔业	Farming, Forestry, Animal Husbandry, Fishery & Water Conservancy	13.00	13.00
2.工 业	Industry	918.86	802.27
#用作原料、材料	Non－Energy Use		
3.建 筑 业	Construction		
4.交通运输、仓储及邮电通迅业	Transportation, Storage, Postal & Telecommunications Services	16.42	16.42
5.批发和零售贸易业、餐饮业	Wholesale, Retail Trade and Catering Service	12.20	12.20
6.生活消费	Residential Consumption	231.33	135.03
城镇	Urban	94.07	52.03
乡村	Rural	137.26	83.00
7.其他	Other	5.00	5.00
五、平衡差额	**Statistical Difference**	**－270.96**	**－227.96**

ENERGY BALANCE OF JIANGXI －2001 (PHYSICAL QUANTITY)

洗精煤 Cleaned Coal 万吨 10^4tn	其他洗煤 Other Washed Coal 万吨 10^4tn	型煤 Briquettes 万吨 10^4tn	焦炭 Coke 万吨 10^4tn	焦炉煤气 Coke Oven Gas 亿立方米 10^8cu. m	其他煤气 Other Gas 亿立方米 10^8cu. m	油品合计 Petroleum Products Total 万吨 10^4tn	原油 Crude Oil 万吨 10^4tn	汽油 Gasoline 万吨 10^4tn
187.08	**0.18**		**33.96**			**296.43**	**299.57**	**－10.39**
140.24			25.10			402.79	250.60	34.05
						40.10	40.10	
						－155.41		－47.78
46.84	0.18		8.86			8.95	8.87	3.34
－209.39	**95.59**	**96.43**	**181.06**	**7.14**	**17.79**	**－12.13**	**－296.99**	**70.68**
	－2.62					－6.56		
－1.15						－4.63		
82.80	98.21							
－223.29			133.52	5.46	17.25			
						－0.86	－296.99	70.76
－67.75			47.54	1.68	0.54	－0.08		－0.08
		96.43						
						2.58	**2.58**	
20.69	**95.77**	**96.43**	**215.02**	**7.14**	**19.54**	**258.61**		**60.29**
						17.63		1.04
20.69	95.77	0.13	214.88	6.07	17.05	65.89		3.67
						1.38		1.38
			0.14			139.61		45.50
						1.90		1.20
		96.30		1.07	2.49	28.02		4.32
		42.04		1.07	2.49	25.19		3.32
		54.26				2.83		1.00
						4.18		3.18
－43.00					**－1.75**	**23.11**		

续表(江西－2001)

		煤油 Kerosene 万吨 10^4tn	柴油 Diesel Oil 万吨 10^4tn
一、可供本地区消费的能源量	**Total Primary Energy Supply**	**－1.44**	**20.70**
1.一次能源生产量	Indigenous Production		
2.回收能	Recovery of Energy		
3.外省(区、市)调入量	Moving In from Other Provinces	1.02	102.81
4.进 口 量	Import		
5.我轮、机在外国加油量	Chinese Airplanes & Ships in Refueling Abroad		
6.本省(区、市)调出量(－)	Sending Out to Other Provinces(－)	－2.53	－81.13
7.出 口 量(－)	Export(－)		
8.外轮、机在我国加油量(－)	Foreign Airplanes & Ships in Refueling in China		
9.库存增(－)、减(＋)量	Stock Change	0.07	－0.98
二、加工转换投入(－)产出(＋)量	**Input(－) & Output(＋) of Transformation**	**2.21**	**109.25**
1.火力发电	Thermal Power		－0.89
2.供 热	Heating Supply		
3.洗 选 煤	Coal Washing		
4.炼 焦	Coking		
5.炼 油	Petroleum Refineries	2.21	110.14
6.制 气	Gas Works		
#焦炭再投入量(－)	Coke Input(－)		
7.煤制品加工	Briquettes		
三、损 失 量	**Loss**		
四、终端消费量	**Total Final Consumption**	**0.77**	**129.95**
1.农、林、牧、渔业	Farming, Forestry, Animal Husbandry, Fishery & Water Conservancy	0.10	16.49
2.工 业	Industry	0.37	17.65
#用作原料、材料	Non－Energy Use		
3.建 筑 业	Construction		
4.交通运输、仓储及邮电通迅业	Transportation, Storage, Postal & Telecommunications Services		94.11
5.批发和零售贸易业、餐饮业	Wholesale, Retail Trade and Catering Service		0.70
6.生活消费	Residential Consumption	0.30	
城镇	Urban		
乡村	Rural	0.30	
7.其他	Other		1.00
五、平衡差额	**Statistical Difference**		

Continued(Jiangxi－2001)

燃料油 Fuel Oil 万吨 10^4tn	液化石油气 PLG 万吨 10^4tn	炼厂干气 Refinery Gas 万吨 10^4tn	天然气 Natural Gas 亿立方米 10^8cu. m	其他石油制品 Other Petroleum Products 万吨 10^4tn	其他焦化产品 Other Coking Products 万吨 10^4tn	热力 Heat 万百万千焦 10^{10}kj	电力 Electricity 亿千瓦小时 10^8kwh	其他能源 Other Energy 万吨标煤 10^4tce
－21.50	**5.65**			**3.84**			**60.38**	
							54.25	
5.86	8.45						6.22	
－22.97	－1.00						－0.09	
－4.39	－1.80			3.84				
43.78	**18.91**	**4.60**		**35.43**	**9.94**	**918.10**	**161.91**	
－2.96		－2.71					161.91	
－2.04		－2.59				918.10		
					7.64			
48.78	18.91	9.90		35.43				
					2.30			
							16.20	
22.28	**24.56**	**4.43**		**16.33**	**9.65**	**918.10**	**206.09**	**19.08**
							24.30	
22.28	1.16	4.43		16.33	9.65	676.09	140.87	19.08
							0.96	
							3.51	
							3.45	
	23.40					242.01	25.55	
	21.87					242.01	17.44	
	1.53						8.11	
							7.45	
		0.17		**22.94**	**0.29**			**－19.08**

6-14 江西能源平衡表(实物量)-2002

		煤合计 Coal Total 万吨 10^4tn	原煤 Raw Coal 万吨 10^4tn
一、可供本地区消费的能源量	**Total Primary Energy Supply**	**2610.05**	**2285.23**
1.一次能源生产量	Indigenous Production	1375.04	1375.04
2.回收能	Recovery of Energy		
3.外省(区、市)调入量	Moving In from Other Provinces	1315.82	984.36
4.进口量	Import		
5.我轮、机在外国加油量	Chinese Airplanes & Ships in Refueling Abroad		
6.本省(区、市)调出量(-)	Sending Out to Other Provinces(-)	-108.19	-108.19
7.出口量(-)	Export(-)		
8.外轮、机在我国加油量(-)	Foreign Airplanes & Ships in Refueling in China		
9.库存增(-)、减(+)量	Stock Change	27.38	34.02
二、加工转换投入(-)产出(+)量	**Input(-) & Output(+) of Transformation**	**-1486.27**	**-1444.07**
1.火力发电	Thermal Power	-1069.01	-1062.63
2.供热	Heating Supply	-45.87	-45.87
3.洗选煤	Coal Washing	-56.97	-190.85
4.炼焦	Coking	-263.89	-28.73
5.炼油	Petroleum Refineries		
6.制气	Gas Works	-79.73	-0.82
#焦炭再投入量(-)	Coke Input(-)		
7.煤制品加工	Briquettes	29.20	-115.17
三、损失量	**Loss**		
四、终端消费量	**Total Final Consumption**	**1070.33**	**787.71**
1.农、林、牧、渔业	Farming, Forestry, Animal Husbandry, Fishery & Water Conservancy	12.00	12.00
2.工业	Industry	750.38	611.71
#用作原料、材料	Non-Energy Use	80.86	18.61
3.建筑业	Construction		
4.交通运输、仓储及邮电通迅业	Transportation, Storage, Postal & Telecommunications Services	12.44	10.00
5.批发和零售贸易业、餐饮业	Wholesale, Retail Trade and Catering Service	7.00	4.00
6.生活消费	Residential Consumption	288.51	150.00
城镇	Urban	143.25	70.00
乡村	Rural	145.26	80.00
7.其他	Other		
五、平衡差额	**Statistical Difference**	**53.45**	**53.45**

ENERGY BALANCE OF JIANGXI －2002（PHYSICAL QUANTITY）

洗精煤 Cleaned Coal 万吨 10^4tn	其他洗煤 Other Washed Coal 万吨 10^4tn	型煤 Briquettes 万吨 10^4tn	焦炭 Coke 万吨 10^4tn	焦炉煤气 Coke Oven Gas 亿立方米 10^8cu. m	其他煤气 Other Gas 亿立方米 10^8cu. m	油品合计 Petroleum Products Total 万吨 10^4tn	原油 Crude Oil 万吨 10^4tn	汽油 Gasoline 万吨 10^4tn
326.24	**-1.42**		**36.00**			**392.95**	**296.47**	**8.88**
331.46			39.87			370.36	203.52	37.63
						98.88	98.88	
						-79.56		-30.14
-5.22	-1.42		-3.87			3.27	-5.93	1.39
-232.85	**46.28**	**144.37**	**225.39**	**8.83**	**24.93**	**-22.04**	**-296.87**	**73.19**
-2.72	-3.66					-1.82		
						-6.59		
82.33	51.55							
-235.16			171.04	7.03	24.77	-0.21		-0.03
						-13.33	-296.87	73.31
-77.30	-1.61		54.35	1.80	0.16	-0.09		-0.09
		144.37						
						0.40	**0.40**	
93.39	**44.86**	**144.37**	**261.39**	**8.83**	**27.50**	**364.78**		**82.07**
						18.12		1.02
93.39	44.86	0.42	261.24	8.78	23.26	76.55		1.96
62.25								
						1.40		1.40
		2.44	0.15			203.44		68.19
		3.00				2.00		1.40
		138.51		0.05	4.24	58.79		4.62
		73.25		0.05	4.24	45.94		3.52
		65.26				12.85		1.10
						4.48		3.48
					-2.57	**5.73**	**-0.80**	

续表(江西-2002)

		煤油 Kerosene 万吨 10^4tn	柴油 Diesel Oil 万吨 10^4tn
一、可供本地区消费的能源量	**Total Primary Energy Supply**	**-0.56**	**51.99**
1.一次能源生产量	Indigenous Production		
2.回收能	Recovery of Energy		
3.外省(区、市)调入量	Moving In from Other Provinces	0.34	68.04
4.进 口 量	Import		
5.我轮、机在外国加油量	Chinese Airplanes & Ships in Refueling Abroad		
6.本省(区、市)调出量(-)	Sending Out to Other Provinces(-)	-1.15	-18.39
7.出 口 量(-)	Export(-)		
8.外轮、机在我国加油量(-)	Foreign Airplanes & Ships in Refueling in China		
9.库存增(-)、减(+)量	Stock Change	0.25	2.34
二、加工转换投入(-)产出(+)量	**Input(-) & Output(+) of Transformation**	**4.09**	**110.68**
1.火力发电	Thermal Power		-1.00
2.供 热	Heating Supply		-0.02
3.洗 选 煤	Coal Washing		
4.炼 焦	Coking		-0.18
5.炼 油	Petroleum Refineries	4.09	111.88
6.制 气	Gas Works		
#焦炭再投入量(-)	Coke Input(-)		
7.煤制品加工	Briquettes		
三、损 失 量	**Loss**		
四、终端消费量	**Total Final Consumption**	**0.82**	**162.67**
1.农、林、牧、渔业	Farming, Forestry, Animal Husbandry, Fishery & Water Conservancy	0.10	17.00
2.工 业	Industry	0.42	8.82
#用作原料、材料	Non-Energy Use		
3.建 筑 业	Construction		
4.交通运输、仓储及邮电通讯业	Transportation, Storage, Postal & Telecommunications Services		135.25
5.批发和零售贸易业、餐饮业	Wholesale, Retail Trade and Catering Service		0.60
6.生活消费	Residential Consumption	0.30	
城镇	Urban		
乡村	Rural	0.30	
7.其他	Other		1.00
五、平衡差额	**Statistical Difference**	**2.71**	

Continued(Jiangxi－2002)

燃料油 Fuel Oil 万吨 10^4tn	液化石油气 PLG 万吨 10^4tn	炼厂干气 Refinery Gas 万吨 10^4tn	天然气 Natural Gas 亿立方米 10^8cu. m	其他石油制品 Other Petroleum Products 万吨 10^4tn	其他焦化产品 Other Coking Products 万吨 10^4tn	热力 Heat 万百万千焦 10^{10}kj	电力 Electricity 亿千瓦小时 10^8kwh	其他能源 Other Energy 万吨标煤 10^4tce
3.90	**36.79**			**－4.52**			**60.08**	
							61.51	
9.01	51.82						3.71	
－8.34	－16.84			－4.70			－5.14	
3.23	1.81			0.18				
39.55	**17.73**	**4.83**		**24.76**	**7.06**	**1231.15**	**186.48**	
－0.33		－0.49					186.48	
－2.37		－4.20				1231.15		
					5.91			
42.25	17.73	9.52		24.76				
					1.15			
							18.87	
43.45	**54.52**	**4.63**		**16.62**	**7.06**	**1444.10**	**227.69**	**23.08**
							25.01	
43.45	0.65	4.63		16.62	7.06	1425.84	157.48	23.08
							1.38	
							3.78	
							3.57	
	53.87					18.26	28.00	
	42.42					18.26	19.59	
	11.45						8.41	
							8.47	
		0.20		**3.62**		**－212.95**		**－23.08**

6－15 山东能源平衡表(实物量)－2000

		煤合计 Coal Total 万吨 10^4tn	原煤 Raw Coal 万吨 10^4tn
一、可供本地区消费的能源量	**Total Primary Energy Supply**	**8704.94**	**10349.88**
1.一次能源生产量	Indigenous Production	8038.59	8038.59
2.回收能	Recovery of Energy		
3.外省(区、市)调入量	Moving In from Other Provinces	2831.70	2628.55
4.进 口 量	Import		
5.我轮、机在外国加油量	Chinese Airplanes & Ships in Refueling Abroad		
6.本省(区、市)调出量(－)	Sending Out to Other Provinces(－)	－1027.00	－462.81
7.出 口 量(－)	Export(－)	－1315.00	
8.外轮、机在我国加油量(－)	Foreign Airplanes & Ships in Refueling in China		
9.库存增(－)、减(＋)量	Stock Change	176.65	145.55
二、加工转换投入(－)产出(＋)量	**Input(－) & Output(＋) of Transformation**	**－4946.02**	**－7241.60**
1.火力发电	Thermal Power	－3098.74	－2868.92
2.供　热	Heating Supply	－625.10	－500.93
3.洗 选 煤	Coal Washing	－619.74	－3623.46
4.炼　焦	Coking	－490.38	－199.05
5.炼　油	Petroleum Refineries		
6.制　气	Gas Works	－112.00	－48.56
#焦炭再投入量(－)	Coke Input(－)		
7.煤制品加工	Briquettes	－0.06	－0.68
三、损 失 量	**Loss**	**96.38**	**96.38**
四、终端消费量	**Total Final Consumption**	**3655.95**	**3010.26**
1.农、林、牧、渔业	Farming, Forestry, Animal Husbandry, Fishery & Water Conservancy	321.36	321.36
2.工　业	Industry	2588.88	1943.81
#用作原料、材料	Non－Energy Use	80.49	
3.建 筑 业	Construction	218.36	218.36
4.交通运输、仓储及邮电通迅业	Transportation, Storage, Postal & Telecommunications Services	102.81	102.81
5.批发和零售贸易业、餐饮业	Wholesale, Retail Trade and Catering Service	82.36	82.36
6.生活消费	Residential Consumption	281.25	281.25
城镇	Urban	218.36	218.36
乡村	Rural	62.89	62.89
7.其他	Other	60.93	60.31
五、平衡差额	**Statistical Difference**	**6.59**	**1.64**

ENERGY BALANCE OF SHANDONG －2000（PHYSICAL QUANTITY）

洗精煤 Cleaned Coal 万吨 10^4tn	其他洗煤 Other Washed Coal 万吨 10^4tn	型煤 Briquettes 万吨 10^4tn	焦炭 Coke 万吨 10^4tn	焦炉煤气 Coke Oven Gas 亿立方米 10^8cu. m	其他煤气 Other Gas 亿立方米 10^8cu. m	油品合计 Petroleum Products Total 万吨 10^4tn	原油 Crude Oil 万吨 10^4tn	汽油 Gasoline 万吨 10^4tn
－1524.15	**－120.79**		**64.96**			**1469.13**	**1768.43**	**－91.89**
						2680.71	2675.69	
82.83	120.32		82.32			84.74	61.38	
						162.86	162.86	
						21.43		
－297.51	－266.68		－32.81			－1222.44	－908.81	－70.25
－1315.00						－192.65	－192.65	
						－7.23		
5.53	25.57		15.45			－58.29	－30.04	－21.64
2063.47	**231.49**	**0.62**	**361.99**	**9.02**	**0.52**	**－172.02**	**－1695.19**	**280.15**
－200.36	－29.46			－0.09		－101.54	－19.63	－2.36
－18.96	－105.21					－58.96		－1.02
2637.56	366.16							
－291.33			330.31	7.11				
						－9.51	－1675.56	283.53
－63.44			33.35	2.00	0.52	－2.01		
			－1.67					
		0.62						
						13.30	**7.02**	
536.76	**108.31**	**0.62**	**423.16**	**9.02**	**0.52**	**1276.91**	**69.01**	**185.14**
						96.70		7.02
536.76	108.31		410.26	9.02	0.52	874.00	62.38	62.38
68.36	12.13		206.31			259.76	2.81	9.16
			12.32			29.01	5.56	5.81
			0.32			66.82	1.02	20.26
			0.26			37.33	0.05	16.82
						49.68		
						19.32		
						30.36		
		0.62				123.37		72.85
2.56	**2.39**		**3.79**			**6.90**	**－2.79**	**3.12**

续表(山东－2000)

		煤油 Kerosene 万吨 10^4tn	柴油 Diesel Oil 万吨 10^4tn
一、可供本地区消费的能源量	**Total Primary Energy Supply**	**1.76**	**－196.10**
1.一次能源生产量	Indigenous Production		
2.回收能	Recovery of Energy		
3.外省(区、市)调入量	Moving In from Other Provinces		12.36
4.进口量	Import		
5.我轮、机在外国加油量	Chinese Airplanes & Ships in Refueling Abroad		3.28
6.本省(区、市)调出量(－)	Sending Out to Other Provinces(－)	－0.02	－207.23
7.出口量(－)	Export(－)		
8.外轮、机在我国加油量(－)	Foreign Airplanes & Ships in Refueling in China		
9.库存增(－)、减(＋)量	Stock Change	1.78	－4.51
二、加工转换投入(－)产出(＋)量	**Input(－) & Output(＋) of Transformation**	**44.96**	**540.09**
1.火力发电	Thermal Power		－3.02
2.供热	Heating Supply		－0.11
3.洗选煤	Coal Washing		
4.炼焦	Coking		
5.炼油	Petroleum Refineries	44.96	543.22
6.制气	Gas Works		
#焦炭再投入量(－)	Coke Input(－)		
7.煤制品加工	Briquettes		
三、损失量	**Loss**		
四、终端消费量	**Total Final Consumption**	**48.25**	**340.74**
1.农、林、牧、渔业	Farming, Forestry, Animal Husbandry, Fishery & Water Conservancy		89.68
2.工业	Industry	21.32	143.56
#用作原料、材料	Non－Energy Use		6.51
3.建筑业	Construction	0.76	9.87
4.交通运输、仓储及邮电通讯业	Transportation, Storage, Postal & Telecommunications Services		30.23
5.批发和零售贸易业、餐饮业	Wholesale, Retail Trade and Catering Service	2.32	16.88
6.生活消费	Residential Consumption	23.85	
城镇	Urban		
乡村	Rural	23.85	
7.其他	Other		50.52
五、平衡差额	**Statistical Difference**	**－1.53**	**3.25**

Continued(Shandong－2000)

燃料油 Fuel Oil 万吨 10^4tn	液化石油气 PLG 万吨 10^4tn	炼厂干气 Refinery Gas 万吨 10^4tn	天然气 Natural Gas 亿立方米 10^8cu. m	其他石油制品 Other Petroleum Products 万吨 10^4tn	其他焦化产品 Other Coking Products 万吨 10^4tn	热力 Heat 万百万千焦 10^{10}kj	电力 Electricity 亿千瓦小时 10^8kwh	其他能源 Other Energy 万吨标煤 10^4tce
－7.81	**4.99**		**4.53**	**－10.25**	**3.45**		**0.50**	**50.32**
	5.02		6.88				0.62	
								50.32
10.32				0.68	6.81			
18.15								
－26.81			－2.35	－9.32	－3.36		－0.12	
－7.23								
－2.24	－0.03			－1.61				
274.66	**54.33**	**42.61**	**－0.21**	**286.37**	**20.38**	**16545.15**	**1000.77**	**－20.23**
－76.53			－0.21			3263.84	982.18	－20.23
－5.72				－52.11		13281.31	18.59	
					19.83			
356.91	56.34	42.61		338.48				
	－2.01				0.55			
6.28								
255.72	**59.32**	**42.61**	**4.32**	**276.12**	**23.83**	**16545.15**	**1000.49**	**30.09**
							53.92	
238.32	27.31	42.61	1.22	276.12	23.83	16361.22	745.38	30.09
3.21	5.22	21.33	1.06	211.52	23.83			
0.83	6.18					88.99	7.53	
15.31							11.82	
1.26							20.85	
	25.83		3.10				122.55	
	19.32		3.10				58.21	
	6.51						64.34	
						94.94	38.44	
4.85							**0.78**	

6-15 山东能源平衡表(实物量)-2001

		煤合计 Coal Total 万吨 10^4tn	原煤 Raw Coal 万吨 10^4tn
一、可供本地区消费的能源量	**Total Primary Energy Supply**	**11092.99**	**12535.26**
1.一次能源生产量	Indigenous Production	10687.83	10687.83
2.回收能	Recovery of Energy		
3.外省(区、市)调入量	Moving In from Other Provinces	3135.99	2516.82
4.进 口 量	Import		
5.我轮、机在外国加油量	Chinese Airplanes & Ships in Refueling Abroad		
6.本省(区、市)调出量(-)	Sending Out to Other Provinces(-)	-1695.24	-816.58
7.出 口 量(-)	Export(-)	-1197.85	
8.外轮、机在我国加油量(-)	Foreign Airplanes & Ships in Refueling in China		
9.库存增(-)、减(+)量	Stock Change	162.26	147.19
二、加工转换投入(-)产出(+)量	**Input(-) & Output(+) of Transformation**	**-6513.63**	**-8555.33**
1.火力发电	Thermal Power	-4189.42	-3975.06
2.供　热	Heating Supply	-1004.11	-881.05
3.洗 选 煤	Coal Washing	-604.08	-3479.37
4.炼　焦	Coking	-606.96	-181.36
5.炼　油	Petroleum Refineries		
6.制　气	Gas Works	-109.00	-37.87
#焦炭再投入量(-)	Coke Input(-)		
7.煤制品加工	Briquettes	-0.06	-0.62
三、损 失 量	**Loss**	**115.81**	**115.81**
四、终端消费量	**Total Final Consumption**	**4468.12**	**3866.44**
1.农、林、牧、渔业	Farming, Forestry, Animal Husbandry, Fishery & Water Conservancy	428.66	428.66
2.工　业	Industry	2957.94	2356.82
#用作原料、材料	Non-Energy Use	106.33	
3.建 筑 业	Construction	387.85	387.85
4.交通运输、仓储及邮电通讯业	Transportation, Storage, Postal & Telecommunications Services	115.96	115.96
5.批发和零售贸易业、餐饮业	Wholesale, Retail Trade and Catering Service	120.85	120.85
6.生活消费	Residential Consumption	379.44	379.44
城镇	Urban	308.55	308.55
乡村	Rural	70.89	70.89
7.其他	Other	77.42	76.86
五、平衡差额	**Statistical Difference**	**-4.57**	**-2.32**

ENERGY BALANCE OF SHANDONG －2001（PHYSICAL QUANTITY）

洗精煤 Cleaned Coal 万吨 10^4tn	其他洗煤 Other Washed Coal 万吨 10^4tn	型煤 Briquettes 万吨 10^4tn	焦炭 Coke 万吨 10^4tn	焦炉煤气 Coke Oven Gas 亿立方米 10^8cu. m	其他煤气 Other Gas 亿立方米 10^8cu. m	油品合计 Petroleum Products Total 万吨 10^4tn	原油 Crude Oil 万吨 10^4tn	汽油 Gasoline 万吨 10^4tn
-1431.55	**-10.72**		**65.13**			**1493.60**	**1780.92**	**-81.06**
						2674.03	2668.01	
291.50	327.67		65.16			70.32	58.26	
						275.14	230.95	
						27.67		
-527.62	-351.04		-18.65			-1320.54	-1002.66	-65.23
-1197.85						-184.84	-168.32	
						-9.81		
2.42	12.65		18.62			-38.37	-5.32	-15.83
1936.25	**104.89**	**0.56**	**398.53**	**14.65**	**0.62**	**-240.02**	**-1687.74**	**267.20**
-77.70	-136.66			-0.07		-48.25	-11.66	-1.73
-9.12	-113.94					-66.42		-0.68
2519.80	355.49							
-425.60			368.41	11.86				
						-122.29	-1676.08	269.61
-71.13			32.68	2.86	0.62	-3.06		
			-2.56					
		0.56						
						26.42	**18.26**	
508.26	**92.86**	**0.56**	**458.42**	**14.65**	**0.62**	**1234.80**	**71.97**	**186.51**
						84.94		8.08
508.26	92.86		446.85	14.65	0.62	822.29	61.58	61.61
89.51	16.82		215.23			253.42	3.62	8.25
			10.81			37.89	9.28	8.62
			0.61			77.69	1.08	31.56
			0.15			40.98	0.03	15.81
						50.00		
						20.38		
						29.62		
		0.56				121.01		60.83
-3.56	**1.31**		**5.24**			**-7.64**	**2.95**	**-0.37**

续表(山东－2001)

		煤油 Kerosene 万吨 10^4tn	柴油 Diesel Oil 万吨 10^4tn
一、可供本地区消费的能源量	**Total Primary Energy Supply**	**1.53**	**－170.22**
1.一次能源生产量	Indigenous Production		
2.回收能	Recovery of Energy		
3.外省(区、市)调入量	Moving In from Other Provinces		10.83
4.进 口 量	Import		44.19
5.我轮、机在外国加油量	Chinese Airplanes & Ships in Refueling Abroad		4.16
6.本省(区、市)调出量(－)	Sending Out to Other Provinces(－)		－211.56
7.出 口 量(－)	Export(－)		
8.外轮、机在我国加油量(－)	Foreign Airplanes & Ships in Refueling in China		
9.库存增(－)、减(＋)量	Stock Change	1.53	－17.84
二、加工转换投入(－)产出(＋)量	**Input(－) & Output(＋) of Transformation**	**44.46**	**496.27**
1.火力发电	Thermal Power		－3.88
2.供 热	Heating Supply		－0.23
3.洗 选 煤	Coal Washing		
4.炼 焦	Coking		
5.炼 油	Petroleum Refineries	44.46	500.38
6.制 气	Gas Works		
＃焦炭再投入量(－)	Coke Input(－)		
7.煤制品加工	Briquettes		
三、损 失 量	**Loss**		
四、终端消费量	**Total Final Consumption**	**49.53**	**328.54**
1.农、林、牧、渔业	Farming, Forestry, Animal Husbandry, Fishery & Water Conservancy		76.86
2.工 业	Industry	20.86	132.86
＃用作原料、材料	Non－Energy Use		7.52
3.建 筑 业	Construction	2.65	10.36
4.交通运输、仓储及邮电通迅业	Transportation, Storage, Postal & Telecommunications Services		28.16
5.批发和零售贸易业、餐饮业	Wholesale, Retail Trade and Catering Service	2.50	20.12
6.生活消费	Residential Consumption	23.52	
城镇	Urban		
乡村	Rural	23.52	
7.其他	Other		60.18
五、平衡差额	**Statistical Difference**	**－3.54**	**－2.49**

Continued(Shandong－2001)

燃料油 Fuel Oil 万吨 10^4tn	液化石油气 PLG 万吨 10^4tn	炼厂干气 Refinery Gas 万吨 10^4tn	天然气 Natural Gas 亿立方米 10^8cu. m	其他石油制品 Other Petroleum Products 万吨 10^4tn	其他焦化产品 Other Coking Products 万吨 10^4tn	热力 Heat 万百万千焦 10^{10}kj	电力 Electricity 亿千瓦小时 10^8kwh	其他能源 Other Energy 万吨标煤 10^4tce
－34.05	**6.11**		**4.93**	**－9.63**	**3.43**		**0.55**	**36.93**
	6.02		8.51				0.88	
								36.93
				1.23	6.28			
23.51								
－30.23			－3.58	－10.86	－2.85		－0.33	
－16.52								
－9.81								
－1.00	0.09							
264.96	**46.05**	**42.20**	**－0.11**	**286.58**	**16.27**	**22942.67**	**1564.47**	**－10.08**
－30.98			－0.11			4616.81	1532.26	－10.08
－5.29				－60.22		18325.86	32.21	
					15.45			
301.23	49.11	42.20		346.80				
	－3.06				0.82			
8.16								
226.94	**52.16**	**42.20**	**4.82**	**276.95**	**19.70**	**22942.67**	**1560.20**	**26.85**
							59.48	
205.67	20.56	42.20	1.16	276.95	19.70	22532.81	1080.77	26.85
3.82	3.81	20.58	0.82	205.82	19.70			
1.86	5.12					323.87	7.90	
16.89							62.82	
2.52							53.41	
	26.48		3.66				230.38	
	20.38		3.66				113.10	
	6.10						117.28	
						85.99	65.44	
－4.19							**4.82**	

6－15 山东能源平衡表(实物量)－2002

		煤合计 Coal Total 万吨 10^4tn	原煤 Raw Coal 万吨 10^4tn
一、可供本地区消费的能源量	**Total Primary Energy Supply**	**12932.20**	**15030.07**
1.一次能源生产量	Indigenous Production	13065.97	13065.97
2.回收能	Recovery of Energy		
3.外省(区、市)调入量	Moving In from Other Provinces	3846.41	3046.41
4.进 口 量	Import		
5.我轮、机在外国加油量	Chinese Airplanes & Ships in Refueling Abroad		
6.本省(区、市)调出量(－)	Sending Out to Other Provinces(－)	－2666.68	－1568.96
7.出 口 量(－)	Export(－)	－1758.58	
8.外轮、机在我国加油量(－)	Foreign Airplanes & Ships in Refueling in China		
9.库存增(－)、减(＋)量	Stock Change	445.08	486.65
二、加工转换投入(－)产出(＋)量	**Input(－) & Output(＋) of Transformation**	**－7782.93**	**－10504.19**
1.火力发电	Thermal Power	－5349.89	－5162.86
2.供 热	Heating Supply	－1062.79	－990.01
3.洗 选 煤	Coal Washing	－796.66	－4276.82
4.炼 焦	Coking	－493.19	－26.79
5.炼 油	Petroleum Refineries		
6.制 气	Gas Works	－80.36	－46.99
#焦炭再投入量(－)	Coke Input(－)		
7.煤制品加工	Briquettes	－0.04	－0.72
三、损 失 量	**Loss**	**160.86**	**160.86**
四、终端消费量	**Total Final Consumption**	**4993.90**	**4370.11**
1.农、林、牧、渔业	Farming, Forestry, Animal Husbandry, Fishery & Water Conservancy	526.31	526.31
2.工 业	Industry	3308.29	2685.18
#用作原料、材料	Non－Energy Use	128.26	
3.建 筑 业	Construction	421.58	421.58
4.交通运输、仓储及邮电通迅业	Transportation, Storage, Postal & Telecommunications Services	120.38	120.38
5.批发和零售贸易业、餐饮业	Wholesale, Retail Trade and Catering Service	153.11	153.11
6.生活消费	Residential Consumption	380.97	380.97
城镇	Urban	312.66	312.66
乡村	Rural	68.31	68.31
7.其他	Other	83.26	82.58
五、平衡差额	**Statistical Difference**	**－5.49**	**－5.09**

ENERGY BALANCE OF SHANDONG －2002（PHYSICAL QUANTITY）

洗精煤 Cleaned Coal 万吨 10^4tn	其他洗煤 Other Washed Coal 万吨 10^4tn	型煤 Briquettes 万吨 10^4tn	焦炭 Coke 万吨 10^4tn	焦炉煤气 Coke Oven Gas 亿立方米 10^8cu. m	其他煤气 Other Gas 亿立方米 10^8cu. m	油品合计 Petroleum Products Total 万吨 10^4tn	原油 Crude Oil 万吨 10^4tn	汽油 Gasoline 万吨 10^4tn
－1909.55	**－188.32**		**39.32**			**1389.68**	**1623.13**	**－43.33**
						2681.14	2671.51	
492.82	307.18		70.21			73.30	62.18	
						347.58	285.32	
						37.85		
－618.58	－479.14		－22.56			－1577.96	－1236.58	－70.36
－1758.58						－193.85	－175.16	
						－10.26		
－25.21	－16.36		－8.33			31.88	15.86	27.03
2423.17	**297.41**	**0.68**	**376.82**	**12.10**	**1.46**	**－147.95**	**－1528.92**	**223.17**
－80.71	－106.32			－0.04		－45.98	－14.98	－0.65
	－72.78					－61.25		
3003.65	476.51							
－466.40			350.25	10.11				
						－38.54	－1513.94	223.82
－33.37			29.83	2.03	1.46	－2.18		
			－3.26					
		0.68						
						29.37	**20.15**	
516.88	**106.23**	**0.68**	**412.16**	**12.10**	**1.46**	**1210.88**	**79.16**	**176.18**
						57.89		7.66
516.88	106.23		402.16	12.10	1.46	824.42	65.27	52.18
102.35	25.91		200.12			340.90	5.11	7.17
			9.26			51.02	12.81	9.29
			0.48			90.26	0.96	41.23
			0.26			43.21	0.12	16.27
						58.02		
						32.18		
						25.84		
		0.68				86.06		49.55
－3.26	**2.86**		**3.98**			**1.48**	**－5.10**	**3.66**

续表(山东－2002)

		煤油 Kerosene 万吨 10^4tn	柴油 Diesel Oil 万吨 10^4tn
一、可供本地区消费的能源量	**Total Primary Energy Supply**	**－0.11**	**－147.59**
1.一次能源生产量	Indigenous Production		
2.回收能	Recovery of Energy		
3.外省(区、市)调入量	Moving In from Other Provinces		9.26
4.进 口 量	Import		62.26
5.我轮、机在外国加油量	Chinese Airplanes & Ships in Refueling Abroad		9.23
6.本省(区、市)调出量(－)	Sending Out to Other Provinces(－)		－225.68
7.出 口 量(－)	Export(－)		
8.外轮、机在我国加油量(－)	Foreign Airplanes & Ships in Refueling in China		
9.库存增(－)、减(＋)量	Stock Change	－0.11	－2.66
二、加工转换投入(－)产出(＋)量	**Input(－) & Output(＋) of Transformation**	**43.26**	**391.61**
1.火力发电	Thermal Power		－10.02
2.供　　热	Heating Supply		－0.09
3.洗 选 煤	Coal Washing		
4.炼　　焦	Coking		
5.炼　　油	Petroleum Refineries	43.26	401.72
6.制　　气	Gas Works		
＃焦炭再投入量(－)	Coke Input(－)		
7.煤制品加工	Briquettes		
三、损 失 量	**Loss**		
四、终端消费量	**Total Final Consumption**	**41.97**	**238.61**
1.农、林、牧、渔业	Farming, Forestry, Animal Husbandry, Fishery & Water Conservancy		50.23
2.工　　业	Industry	18.32	86.27
＃用作原料、材料	Non－Energy Use		8.96
3.建 筑 业	Construction	1.86	15.83
4.交通运输、仓储及邮电通迅业	Transportation, Storage, Postal & Telecommunications Services		29.78
5.批发和零售贸易业、餐饮业	Wholesale, Retail Trade and Catering Service	3.17	19.99
6.生活消费	Residential Consumption	18.62	
城镇	Urban		
乡村	Rural	18.62	
7.其他	Other		36.51
五、平衡差额	**Statistical Difference**	**1.18**	**5.41**

Continued(Shandong－2002)

燃料油 Fuel Oil 万吨 10^4tn	液化石油气 PLG 万吨 10^4tn	炼厂干气 Refinery Gas 万吨 10^4tn	天然气 Natural Gas 亿立方米 10^8cu. m	其他石油制品 Other Petroleum Products 万吨 10^4tn	其他焦化产品 Other Coking Products 万吨 10^4tn	热力 Heat 万百万千焦 10^{10}kj	电力 Electricity 亿千瓦小时 10^8kwh	其他能源 Other Energy 万吨标煤 10^4tce
－44.03	**9.41**		**4.63**	**－7.80**	**5.04**		**0.37**	**38.96**
	9.63		7.50				0.93	
								38.96
				1.86	8.26			
28.62								
－35.68			－2.87	－9.66	－3.22		－0.56	
－18.69								
－10.26								
－8.02	－0.22							
285.76	**60.42**	**15.84**		**360.91**	**19.01**	**23529.58**	**1227.45**	**－15.92**
－20.33						3709.25	1192.85	－15.92
－4.81				－56.35		19820.33	34.60	
					18.12			
310.90	62.60	15.84		417.26				
	－2.18				0.89			
9.22								
236.18	**69.83**	**15.84**	**4.63**	**353.11**	**24.05**	**23529.58**	**1230.02**	**23.04**
							51.12	
211.68	21.75	15.84	1.28	353.11	24.05	23072.25	937.92	23.04
6.87	3.25	6.88	0.99	302.66	24.05			
2.55	8.68					366.78	9.47	
18.29							13.24	
3.66							26.46	
	39.40		3.35				143.06	
	32.18		3.35				65.44	
	7.22						77.62	
						90.55	48.75	
－3.67							**－2.20**	

6-16 河南能源平衡表(实物量)-2000

		煤合计 Coal Total 万吨 10^4tn	原煤 Raw Coal 万吨 10^4tn
一、可供本地区消费的能源量	**Total Primary Energy Supply**	**5279.44**	**6010.29**
1.一次能源生产量	Indigenous Production	7577.90	7577.90
2.回收能	Recovery of Energy		
3.外省(区、市)调入量	Moving In from Other Provinces	1614.75	1614.75
4.进 口 量	Import		
5.我轮、机在外国加油量	Chinese Airplanes & Ships in Refueling Abroad		
6.本省(区、市)调出量(-)	Sending Out to Other Provinces(-)	-3867.00	-3200.00
7.出 口 量(-)	Export(-)	-110.00	-110.00
8.外轮、机在我国加油量(-)	Foreign Airplanes & Ships in Refueling in China		
9.库存增(-)、减(+)量	Stock Change	63.79	127.64
二、加工转换投入(-)产出(+)量	**Input(-) & Output(+) of Transformation**	**-4947.97**	**-5740.25**
1.火力发电	Thermal Power	-3669.76	-3630.45
2.供 热	Heating Supply	-399.85	-399.85
3.洗 选 煤	Coal Washing	-255.20	-1436.23
4.炼 焦	Coking	-558.54	-212.45
5.炼 油	Petroleum Refineries		
6.制 气	Gas Works	-63.90	-59.90
#焦炭再投入量(-)	Coke Input(-)		
7.煤制品加工	Briquettes	-0.72	-1.37
三、损 失 量	**Loss**	**19.85**	**19.50**
四、终端消费量	**Total Final Consumption**	**3757.03**	**3690.95**
1.农、林、牧、渔业	Farming, Forestry, Animal Husbandry, Fishery & Water Conservancy	48.00	48.00
2.工 业	Industry	2738.73	2682.65
#用作原料、材料	Non-Energy Use		
3.建 筑 业	Construction	7.30	7.30
4.交通运输、仓储及邮电通迅业	Transportation, Storage, Postal & Telecommunications Services	50.00	50.00
5.批发和零售贸易业、餐饮业	Wholesale, Retail Trade and Catering Service	2.00	2.00
6.生活消费	Residential Consumption	910.00	900.00
城镇	Urban	300.00	300.00
乡村	Rural	610.00	600.00
7.其他	Other	1.00	1.00
五、平衡差额	**Statistical Difference**	**-3445.41**	**-3440.41**

ENERGY BALANCE OF HENAN －2000（PHYSICAL QUANTITY）

洗精煤 Cleaned Coal 万吨 10^4tn	其他洗煤 Other Washed Coal 万吨 10^4tn	型煤 Briquettes 万吨 10^4tn	焦炭 Coke 万吨 10^4tn	焦炉煤气 Coke Oven Gas 亿立方米 10^8cu. m	其他煤气 Other Gas 亿立方米 10^8cu. m	油品合计 Petroleum Products Total 万吨 10^4tn	原油 Crude Oil 万吨 10^4tn	汽油 Gasoline 万吨 10^4tn
-500.92	**-229.93**		**21.66**			**530.51**	**610.97**	**-15.41**
						562.18	562.18	
			148.00			208.33	94.33	51.00
						121.93	121.93	
-478.00	-189.00		-126.67			-314.18	-145.31	-50.71
-22.92	-40.93		0.33			-47.75	-22.16	-15.70
506.30	**285.33**	**0.65**	**338.55**	**6.69**	**59.90**	**-37.79**	**-571.95**	**136.88**
	-39.31		-7.65			-2.64	-0.43	
						-7.27		
853.20	327.83							
-346.09			401.04	6.69				
						-27.88	-571.52	136.88
-0.81	-3.19		-54.84		59.90			
		0.65						
0.35				**0.27**	**2.25**	**13.57**	**11.55**	**0.99**
9.47	**55.00**	**1.61**	**364.26**	**6.39**	**58.39**	**479.88**	**27.08**	**119.87**
						70.64		10.56
9.47	45.00	1.61	364.26	5.83	58.11	195.58	25.08	16.31
						25.14	25.00	
						28.07	2.00	2.00
						121.58		61.00
						19.55		12.00
	10.00			0.56	0.28	25.11		
				0.56	0.28	15.60		
	10.00					9.51		
						19.35		18.00
-4.44	**0.40**	**-0.96**	**-4.05**	**0.03**	**-0.74**	**-0.73**	**0.39**	**0.61**

续表(河南-2000)

		煤油 Kerosene 万吨 10^4tn	柴油 Diesel Oil 万吨 10^4tn
一、可供本地区消费的能源量	**Total Primary Energy Supply**	**-2.94**	**-57.65**
1.一次能源生产量	Indigenous Production		
2.回收能	Recovery of Energy		
3.外省(区、市)调入量	Moving In from Other Provinces	8.00	20.00
4.进 口 量	Import		
5.我轮、机在外国加油量	Chinese Airplanes & Ships in Refueling Abroad		
6.本省(区、市)调出量(-)	Sending Out to Other Provinces(-)	-9.96	-67.53
7.出 口 量(-)	Export(-)		
8.外轮、机在我国加油量(-)	Foreign Airplanes & Ships in Refueling in China		
9.库存增(-)、减(+)量	Stock Change	-0.98	-10.12
二、加工转换投入(-)产出(+)量	**Input(-) & Output(+) of Transformation**	**17.05**	**211.24**
1.火力发电	Thermal Power		-2.14
2.供 热	Heating Supply		-0.04
3.洗 选 煤	Coal Washing		
4.炼 焦	Coking		
5.炼 油	Petroleum Refineries	17.05	213.42
6.制 气	Gas Works		
#焦炭再投入量(-)	Coke Input(-)		
7.煤制品加工	Briquettes		
三、损 失 量	**Loss**	**0.06**	**0.67**
四、终端消费量	**Total Final Consumption**	**14.28**	**152.17**
1.农、林、牧、渔业	Farming, Forestry, Animal Husbandry, Fishery & Water Conservancy	0.08	60.00
2.工 业	Industry	2.12	27.17
#用作原料、材料	Non-Energy Use	0.01	
3.建 筑 业	Construction	0.01	4.00
4.交通运输、仓储及邮电通迅业	Transportation, Storage, Postal & Telecommunications Services	7.56	53.00
5.批发和零售贸易业、餐饮业	Wholesale, Retail Trade and Catering Service		7.00
6.生活消费	Residential Consumption	4.51	
城镇	Urban		
乡村	Rural	4.51	
7.其他	Other		1.00
五、平衡差额	**Statistical Difference**	**-0.23**	**0.75**

Continued(Henan－2000)

燃料油 Fuel Oil 万吨 10^4tn	液化石油气 PLG 万吨 10^4tn	炼厂干气 Refinery Gas 万吨 10^4tn	天然气 Natural Gas 亿立方米 10^8cu. m	其他石油制品 Other Petroleum Products 万吨 10^4tn	其他焦化产品 Other Coking Products 万吨 10^4tn	热力 Heat 万百万千焦 10^{10}kj	电力 Electricity 亿千瓦小时 10^8kwh	其他能源 Other Energy 万吨标煤 10^4tce
27.46	**－11.53**		**11.77**	**－20.39**	**0.92**		**37.66**	**5.44**
			14.95				22.74	
35.00							18.27	5.44
－9.46	－11.21		－3.18	－20.00			－3.35	
1.92	－0.32			－0.39	0.92			
28.71	**39.36**	**11.73**		**89.19**	**11.51**	**6995.51**	**679.99**	**－2.79**
－0.07							679.99	－1.85
－1.64	－0.03	－5.56				6995.51		－0.94
					11.51			
30.42	39.39	17.29		89.19				
0.09	**0.21**		**0.45**			**358.68**	**52.08**	
55.75	**27.36**	**12.57**	**10.78**	**70.80**	**11.46**	**5904.14**	**665.54**	**5.44**
							64.50	
55.75	5.78	12.57	8.89	50.80	11.46	5112.14	471.71	5.44
0.08	0.05							
	0.06			20.00		35.00	4.03	
	0.02					2.00	18.60	
	0.55						10.73	
	20.60		1.89			660.00	75.55	
	15.60		1.89			660.00	47.53	
	5.00						28.02	
	0.35					95.00	20.42	
0.33	**0.26**	**－0.84**	**0.54**	**－2.00**	**0.97**	**732.69**	**0.03**	**－2.79**

6-16 河南能源平衡表(实物量)-2001

		煤合计 Coal Total 万吨 10^4tn	原煤 Raw Coal 万吨 10^4tn
一、可供本地区消费的能源量	**Total Primary Energy Supply**	**6403.25**	**7282.96**
1.一次能源生产量	Indigenous Production	8448.38	8448.38
2.回收能	Recovery of Energy		
3.外省(区、市)调入量	Moving In from Other Provinces	1919.11	1919.11
4.进口量	Import		
5.我轮、机在外国加油量	Chinese Airplanes & Ships in Refueling Abroad		
6.本省(区、市)调出量(-)	Sending Out to Other Provinces(-)	-4286.16	-3364.00
7.出口量(-)	Export(-)	-170.00	-170.00
8.外轮、机在我国加油量(-)	Foreign Airplanes & Ships in Refueling in China		
9.库存增(-)、减(+)量	Stock Change	491.92	449.47
二、加工转换投入(-)产出(+)量	**Input(-) & Output(+) of Transformation**	**-5459.03**	**-6465.29**
1.火力发电	Thermal Power	-4105.73	-4092.86
2.供热	Heating Supply	-437.10	-437.10
3.洗选煤	Coal Washing	-276.22	-1648.22
4.炼焦	Coking	-595.67	-246.04
5.炼油	Petroleum Refineries		
6.制气	Gas Works	-44.31	-40.27
#焦炭再投入量(-)	Coke Input(-)		
7.煤制品加工	Briquettes		-0.80
三、损失量	**Loss**	**0.07**	
四、终端消费量	**Total Final Consumption**	**3865.99**	**3765.47**
1.农、林、牧、渔业	Farming, Forestry, Animal Husbandry, Fishery & Water Conservancy	48.00	48.00
2.工业	Industry	2847.53	2792.47
#用作原料、材料	Non-Energy Use	590.06	590.06
3.建筑业	Construction	7.00	7.00
4.交通运输、仓储及邮电通迅业	Transportation, Storage, Postal & Telecommunications Services	45.00	45.00
5.批发和零售贸易业、餐饮业	Wholesale, Retail Trade and Catering Service	2.00	2.00
6.生活消费	Residential Consumption	915.46	870.00
城镇	Urban	290.00	290.00
乡村	Rural	625.46	580.00
7.其他	Other	1.00	1.00
五、平衡差额	**Statistical Difference**	**-2921.84**	**-2947.80**

ENERGY BALANCE OF HENAN －2001（PHYSICAL QUANTITY）

洗精煤 Cleaned Coal 万吨 10^4tn	其他洗煤 Other Washed Coal 万吨 10^4tn	型煤 Briquettes 万吨 10^4tn	焦炭 Coke 万吨 10^4tn	焦炉煤气 Coke Oven Gas 亿立方米 10^8cu. m	其他煤气 Other Gas 亿立方米 10^8cu. m	油品合计 Petroleum Products Total 万吨 10^4tn	原油 Crude Oil 万吨 10^4tn	汽油 Gasoline 万吨 10^4tn
－595.33	**－284.38**		**60.22**		**11.28**	**547.46**	**603.22**	**0.76**
						566.57	566.57	
					11.28			
			150.00			236.88	94.88	50.00
						89.91	89.91	
－603.18	－318.98		－99.02			－346.89	－150.45	－57.77
7.85	34.60		9.24			0.99	2.31	8.53
607.07	**398.39**	**0.80**	**281.40**	**6.79**	**58.71**	**－36.77**	**－558.70**	**123.16**
	－12.87		－4.85		－2.97	－2.23	－0.46	
						－7.59		
957.70	414.30							
－349.63			424.80	6.79				
						－26.95	－558.24	123.16
－1.00	－3.04		－138.55		61.68			
		0.80						
0.07			**0.01**	**0.28**	**2.28**	**13.10**	**11.57**	**0.43**
10.34	**87.93**	**2.25**	**343.25**	**6.50**	**67.71**	**512.55**	**27.93**	**123.60**
						70.08		10.00
10.34	42.47	2.25	343.25	5.94	67.52	222.74	25.93	16.80
						26.09	25.93	
						27.86	2.00	1.80
						127.02		65.00
						18.58		10.00
	45.46			0.56	0.19	24.97		
				0.56	0.19	15.97		
	45.46					9.00		
						21.30		20.00
1.33	**26.08**	**－1.45**	**－1.64**	**0.01**		**－14.96**	**5.02**	**－0.11**

续表(河南-2001)

		煤油 Kerosene 万吨 10^4tn	柴油 Diesel Oil 万吨 10^4tn
一、可供本地区消费的能源量	**Total Primary Energy Supply**	**-5.78**	**-51.99**
1.一次能源生产量	Indigenous Production		
2.回收能	Recovery of Energy		
3.外省(区、市)调入量	Moving In from Other Provinces	7.00	35.00
4.进口量	Import		
5.我轮、机在外国加油量	Chinese Airplanes & Ships in Refueling Abroad		
6.本省(区、市)调出量(-)	Sending Out to Other Provinces(-)	-12.23	-84.80
7.出口量(-)	Export(-)		
8.外轮、机在我国加油量(-)	Foreign Airplanes & Ships in Refueling in China		
9.库存增(-)、减(+)量	Stock Change	-0.55	-2.19
二、加工转换投入(-)产出(+)量	**Input(-) & Output(+) of Transformation**	**19.32**	**208.36**
1.火力发电	Thermal Power		-1.58
2.供热	Heating Supply		
3.洗选煤	Coal Washing		
4.炼焦	Coking		
5.炼油	Petroleum Refineries	19.32	209.94
6.制气	Gas Works		
#焦炭再投入量(-)	Coke Input(-)		
7.煤制品加工	Briquettes		
三、损失量	**Loss**	**0.10**	**0.82**
四、终端消费量	**Total Final Consumption**	**13.06**	**155.47**
1.农、林、牧、渔业	Farming, Forestry, Animal Husbandry, Fishery & Water Conservancy	0.08	60.00
2.工业	Industry	1.97	27.47
#用作原料、材料	Non-Energy Use	0.03	
3.建筑业	Construction	0.01	4.00
4.交通运输、仓储及邮电通迅业	Transportation, Storage, Postal & Telecommunications Services	7.00	55.00
5.批发和零售贸易业、餐饮业	Wholesale, Retail Trade and Catering Service		8.00
6.生活消费	Residential Consumption	4.00	
城镇	Urban		
乡村	Rural	4.00	
7.其他	Other		1.00
五、平衡差额	**Statistical Difference**	**0.38**	**0.08**

Continued(Henan－2001)

燃料油 Fuel Oil 万吨 10^4tn	液化石油气 PLG 万吨 10^4tn	炼厂干气 Refinery Gas 万吨 10^4tn	天然气 Natural Gas 亿立方米 10^8cu. m	其他石油制品 Other Petroleum Products 万吨 10^4tn	其他焦化产品 Other Coking Products 万吨 10^4tn	热力 Heat 万百万千焦 10^{10}kj	电力 Electricity 亿千瓦小时 10^8kwh	其他能源 Other Energy 万吨标煤 10^4tce
40.13	**－15.08**		**13.52**	**－23.80**	**－0.54**		**47.60**	**8.45**
			17.36				35.13	
								8.45
50.00							17.19	
－6.68	－14.96		－3.84	－20.00			－4.72	
－3.19	－0.12			－3.80	－0.54			
24.17	**42.89**	**11.54**		**92.49**	**10.57**	**6904.24**	**757.61**	**－2.28**
－0.19							757.61	－2.28
－0.58		－7.01				6904.24		
					10.57			
24.94	42.89	18.55		92.49				
0.08	**0.10**		**0.59**			**414.19**	**49.18**	
65.02	**27.98**	**12.09**	**12.52**	**87.40**	**9.28**	**6258.93**	**759.23**	**6.17**
							70.05	
65.02	6.06	12.09	10.00	67.40	9.28	5223.13	538.97	6.17
0.05	0.08							
	0.05			20.00		35.00	4.85	
	0.02					3.00	21.68	
	0.58						12.80	
	20.97		2.52			900.80	86.32	
	15.97		2.52			900.80	53.04	
	5.00						33.28	
	0.30					97.00	24.56	
－0.80	**－0.27**	**－0.55**	**0.41**	**－18.71**	**0.75**	**231.12**	**－3.20**	

6－16　河南能源平衡表(实物量)－2002

		煤合计 Coal Total 万吨 10^4tn	原煤 Raw Coal 万吨 10^4tn
一、可供本地区消费的能源量	**Total Primary Energy Supply**	**7241.47**	**8279.63**
1.一次能源生产量	Indigenous Production	9921.21	9921.21
2.回收能	Recovery of Energy		
3.外省(区、市)调入量	Moving In from Other Provinces	2206.77	2206.77
4.进 口 量	Import		
5.我轮、机在外国加油量	Chinese Airplanes & Ships in Refueling Abroad		
6.本省(区、市)调出量(－)	Sending Out to Other Provinces(－)	－4711.71	－3666.62
7.出 口 量(－)	Export(－)	－101.00	－101.00
8.外轮、机在我国加油量(－)	Foreign Airplanes & Ships in Refueling in China		
9.库存增(－)、减(＋)量	Stock Change	－73.80	－80.73
二、加工转换投入(－)产出(＋)量	**Input(－) & Output(＋) of Transformation**	**－6490.20**	**－7620.47**
1.火力发电	Thermal Power	－4705.51	－4679.02
2.供　热	Heating Supply	－505.70	－505.70
3.洗 选 煤	Coal Washing	－616.94	－2203.53
4.炼　焦	Coking	－604.66	－178.68
5.炼　油	Petroleum Refineries		
6.制　气	Gas Works	－57.36	－52.72
＃焦炭再投入量(－)	Coke Input(－)		
7.煤制品加工	Briquettes	－0.03	－0.82
三、损 失 量	**Loss**	**20.35**	**20.00**
四、终端消费量	**Total Final Consumption**	**3822.59**	**3722.80**
1.农、林、牧、渔业	Farming, Forestry, Animal Husbandry, Fishery & Water Conservancy	54.61	54.61
2.工　业	Industry	2882.50	2827.89
＃用作原料、材料	Non－Energy Use	1199.41	1199.41
3.建 筑 业	Construction	7.30	7.30
4.交通运输、仓储及邮电通迅业	Transportation, Storage, Postal & Telecommunications Services	30.00	30.00
5.批发和零售贸易业、餐饮业	Wholesale, Retail Trade and Catering Service	2.00	2.00
6.生活消费	Residential Consumption	845.18	800.00
城镇	Urban	250.00	250.00
乡村	Rural	595.18	550.00
7.其他	Other	1.00	1.00
五、平衡差额	**Statistical Difference**	**－3091.67**	**－3083.64**

ENERGY BALANCE OF HENAN －2002 (PHYSICAL QUANTITY)

洗精煤 Cleaned Coal 万吨 10^4tn	其他洗煤 Other Washed Coal 万吨 10^4tn	型煤 Briquettes 万吨 10^4tn	焦炭 Coke 万吨 10^4tn	焦炉煤气 Coke Oven Gas 亿立方米 10^8cu. m	其他煤气 Other Gas 亿立方米 10^8cu. m	油品合计 Petroleum Products Total 万吨 10^4tn	原油 Crude Oil 万吨 10^4tn	汽油 Gasoline 万吨 10^4tn
－726.95	**－311.21**		**67.82**			**548.40**	**599.78**	**－9.81**
						568.06	568.06	
			160.00			245.50	104.50	51.00
						95.42	95.42	
－736.95	－308.14		－100.42			－381.76	－183.81	－63.12
10.00	－3.07		8.24			21.18	15.61	2.31
737.44	**392.04**	**0.79**	**318.35**	**7.27**	**65.82**	**－25.72**	**－563.09**	**129.48**
	－26.49		－1.15		－2.16	－2.19	－0.67	
						－6.87		
1163.97	422.62							
－425.98			427.51	7.27				
						－16.66	－562.42	129.48
－0.55	－4.09		－108.01		67.98			
		0.79						
0.35				**0.27**	**1.89**	**14.20**	**11.55**	**1.19**
10.02	**88.16**	**1.61**	**396.31**	**6.64**	**63.89**	**511.52**	**27.00**	**118.31**
						70.20		9.56
10.02	42.98	1.61	396.31	6.04	63.47	229.24	25.00	16.34
						25.14	25.00	
						25.28	2.00	0.39
						120.46		61.55
						20.82		10.96
	45.18			0.60	0.42	24.23		
				0.60	0.42	15.95		
	45.18					8.28		
						21.29		19.51
0.12	**－7.33**	**－0.82**	**－10.14**	**0.36**	**0.04**	**－3.04**	**－1.86**	**0.17**

续表(河南-2002)

		煤油 Kerosene 万吨 10^4tn	柴油 Diesel Oil 万吨 10^4tn
一、可供本地区消费的能源量	**Total Primary Energy Supply**	**-6.48**	**-45.58**
1.一次能源生产量	Indigenous Production		
2.回收能	Recovery of Energy		
3.外省(区、市)调入量	Moving In from Other Provinces	10.00	30.00
4.进口量	Import		
5.我轮、机在外国加油量	Chinese Airplanes & Ships in Refueling Abroad		
6.本省(区、市)调出量(-)	Sending Out to Other Provinces(-)	-13.84	-80.14
7.出口量(-)	Export(-)		
8.外轮、机在我国加油量(-)	Foreign Airplanes & Ships in Refueling in China		
9.库存增(-)、减(+)量	Stock Change	-2.64	4.56
二、加工转换投入(-)产出(+)量	**Input(-) & Output(+) of Transformation**	**17.55**	**201.43**
1.火力发电	Thermal Power		-1.34
2.供热	Heating Supply		-0.02
3.洗选煤	Coal Washing		
4.炼焦	Coking		
5.炼油	Petroleum Refineries	17.55	202.79
6.制气	Gas Works		
#焦炭再投入量(-)	Coke Input(-)		
7.煤制品加工	Briquettes		
三、损失量	**Loss**	**0.06**	**1.20**
四、终端消费量	**Total Final Consumption**	**13.22**	**153.71**
1.农、林、牧、渔业	Farming, Forestry, Animal Husbandry, Fishery & Water Conservancy	0.06	60.58
2.工业	Industry	1.89	27.94
#用作原料、材料	Non-Energy Use	0.01	
3.建筑业	Construction	0.01	2.82
4.交通运输、仓储及邮电通迅业	Transportation, Storage, Postal & Telecommunications Services	7.02	51.87
5.批发和零售贸易业、餐饮业	Wholesale, Retail Trade and Catering Service	0.01	9.30
6.生活消费	Residential Consumption	4.00	
城镇	Urban		
乡村	Rural	4.00	
7.其他	Other	0.23	1.20
五、平衡差额	**Statistical Difference**	**-2.21**	**0.94**

Continued(Henan－2002)

燃料油 Fuel Oil 万吨 10^4tn	液化石油气 PLG 万吨 10^4tn	炼厂干气 Refinery Gas 万吨 10^4tn	天然气 Natural Gas 亿立方米 10^8cu. m	其他石油制品 Other Petroleum Products 万吨 10^4tn	其他焦化产品 Other Coking Products 万吨 10^4tn	热力 Heat 万百万千焦 10^{10}kj	电力 Electricity 亿千瓦小时 10^8kwh	其他能源 Other Energy 万吨标煤 10^4tce
47.02	**－17.19**		**15.42**	**－19.34**	**0.01**		**68.70**	**13.49**
			19.36				48.38	
50.00							23.15	13.49
－3.96	－16.89		－3.94	－20.00			－2.83	
0.98	－0.30			0.66	0.01			
23.09	**44.30**	**10.46**		**111.06**	**11.98**	**8642.00**	**858.86**	**－3.38**
－0.16	－0.02						858.86	－3.38
－0.33		－6.52				8642.00		
					11.98			
23.58	44.32	16.98		111.06				
0.03	**0.17**		**0.65**		**8.00**	**702.77**	**75.91**	
69.72	**26.96**	**11.68**	**13.98**	**90.92**	**11.30**	**7623.47**	**851.65**	**10.11**
							70.80	
69.72	5.75	11.68	11.20	70.92	11.30	6506.62	609.63	10.11
0.08	0.05							
	0.06			20.00		35.00	5.55	
	0.02					3.00	24.75	
	0.55						14.29	
	20.23		2.78			980.85	95.37	
	15.95		2.78			980.85	56.94	
	4.28						38.43	
	0.35					98.00	31.26	
0.36	**－0.02**	**－1.22**	**0.79**	**0.80**	**－7.31**	**315.76**		

6-17 湖北能源平衡表(实物量)-2000

		煤合计 Coal Total 万吨 10^4tn	原煤 Raw Coal 万吨 10^4tn
一、可供本地区消费的能源量	**Total Primary Energy Supply**	**6050.62**	**5471.22**
1.一次能源生产量	Indigenous Production	798.30	798.30
2.回收能	Recovery of Energy		
3.外省(区、市)调入量	Moving In from Other Provinces	5182.36	4609.79
4.进口量	Import		
5.我轮、机在外国加油量	Chinese Airplanes & Ships in Refueling Abroad		
6.本省(区、市)调出量(-)	Sending Out to Other Provinces(-)		
7.出口量(-)	Export(-)		
8.外轮、机在我国加油量(-)	Foreign Airplanes & Ships in Refueling in China		
9.库存增(-)、减(+)量	Stock Change	69.96	63.13
二、加工转换投入(-)产出(+)量	**Input(-) & Output(+) of Transformation**	**-2308.76**	**-1746.81**
1.火力发电	Thermal Power	-1451.13	-1451.13
2.供热	Heating Supply	-259.76	-259.76
3.洗选煤	Coal Washing		
4.炼焦	Coking	-557.96	
5.炼油	Petroleum Refineries		
6.制气	Gas Works	-39.91	-35.92
#焦炭再投入量(-)	Coke Input(-)		
7.煤制品加工	Briquettes		
三、损失量	**Loss**		
四、终端消费量	**Total Final Consumption**	**3741.86**	**3724.41**
1.农、林、牧、渔业	Farming, Forestry, Animal Husbandry, Fishery & Water Conservancy	72.00	72.00
2.工业	Industry	2883.72	2866.27
#用作原料、材料	Non-Energy Use		
3.建筑业	Construction	43.00	43.00
4.交通运输、仓储及邮电通迅业	Transportation, Storage, Postal & Telecommunications Services	105.00	105.00
5.批发和零售贸易业、餐饮业	Wholesale, Retail Trade and Catering Service	36.00	36.00
6.生活消费	Residential Consumption	590.14	590.14
城镇	Urban	232.00	232.00
乡村	Rural	358.14	358.14
7.其他	Other	12.00	12.00
五、平衡差额	**Statistical Difference**		

ENERGY BALANCE OF HUBEI －2000（PHYSICAL QUANTITY）

洗精煤 Cleaned Coal 万吨 10^4tn	其他洗煤 Other Washed Coal 万吨 10^4tn	型煤 Briquettes 万吨 10^4tn	焦炭 Coke 万吨 10^4tn	焦炉煤气 Coke Oven Gas 亿立方米 10^8cu. m	其他煤气 Other Gas 亿立方米 10^8cu. m	油品合计 Petroleum Products Total 万吨 10^4tn	原油 Crude Oil 万吨 10^4tn	汽油 Gasoline 万吨 10^4tn
579.40			**174.48**			**766.46**	**669.77**	**14.20**
						75.11	75.11	
572.57			164.27			692.77	616.01	11.50
6.83			10.21			－1.42	－21.35	2.70
－561.95			**382.35**	**15.08**		**－56.34**	**－663.94**	**154.97**
				－0.92		－2.98	－0.51	
						－0.39		
－557.96			382.35	16.00				
						－52.71	－663.43	154.97
－3.99						－0.26		
						5.60	**5.60**	
17.45			**556.83**	**15.08**		**704.52**	**0.23**	**169.17**
						63.80		3.80
17.45			556.83	15.08		362.37	0.23	22.84
						30.60		7.10
						191.38		135.43
						9.20		
						47.17		
						35.14		
						12.03		

续表(湖北－2000)

		煤油 Kerosene 万吨 10^4tn	柴油 Diesel Oil 万吨 10^4tn
一、可供本地区消费的能源量	**Total Primary Energy Supply**	**0.86**	**15.34**
1.一次能源生产量	Indigenous Production		
2.回收能	Recovery of Energy		
3.外省(区、市)调入量	Moving In from Other Provinces		
4.进 口 量	Import		
5.我轮、机在外国加油量	Chinese Airplanes & Ships in Refueling Abroad		
6.本省(区、市)调出量(－)	Sending Out to Other Provinces(－)		
7.出 口 量(－)	Export(－)		
8.外轮、机在我国加油量(－)	Foreign Airplanes & Ships in Refueling in China		
9.库存增(－)、减(＋)量	Stock Change	0.86	15.34
二、加工转换投入(－)产出(＋)量	**Input(－) & Output(＋) of Transformation**	**17.43**	**244.37**
1.火力发电	Thermal Power		－1.54
2.供　　热	Heating Supply		－0.05
3.洗 选 煤	Coal Washing		
4.炼　　焦	Coking		
5.炼　　油	Petroleum Refineries	17.43	245.96
6.制　　气	Gas Works		
＃焦炭再投入量(－)	Coke Input(－)		
7.煤制品加工	Briquettes		
三、损 失 量	**Loss**		
四、终端消费量	**Total Final Consumption**	**18.29**	**259.71**
1.农、林、牧、渔业	Farming, Forestry, Animal Husbandry, Fishery & Water Conservancy		60.00
2.工　　业	Industry	11.34	117.21
＃用作原料、材料	Non－Energy Use		
3.建 筑 业	Construction		23.50
4.交通运输、仓储及邮电通迅业	Transportation, Storage, Postal & Telecommunications Services	5.45	45.00
5.批发和零售贸易业、餐饮业	Wholesale, Retail Trade and Catering Service	1.20	5.50
6.生活消费	Residential Consumption	0.30	8.50
城镇	Urban		
乡村	Rural	0.30	8.50
7.其他	Other		
五、平衡差额	**Statistical Difference**		

Continued(Hubei－2000)

燃料油 Fuel Oil 万吨 10^4tn	液化石油气 PLG 万吨 10^4tn	炼厂干气 Refinery Gas 万吨 10^4tn	天然气 Natural Gas 亿立方米 10^8cu. m	其他石油制品 Other Petroleum Products 万吨 10^4tn	其他焦化产品 Other Coking Products 万吨 10^4tn	热力 Heat 万百万千焦 10^{10}kj	电力 Electricity 亿千瓦小时 10^8kwh	其他能源 Other Energy 万吨标煤 10^4tce
66.44	**－0.30**		**0.91**	**0.15**	**－0.15**		**236.21**	
			0.91				299.05	
65.26							10.28	
							－73.12	
1.18	－0.30			0.15	－0.15			
38.98	**44.71**	**21.64**		**85.50**	**32.47**	**4465.06**	**266.81**	
－0.93							266.81	
－0.34						4465.06		
					32.47			
40.25	44.97	21.64		85.50				
	－0.26							
105.42	**44.41**	**21.64**	**0.91**	**85.65**	**32.32**	**4465.06**	**503.02**	
							26.22	
99.92	3.54	21.64	0.91	85.65	32.32	4465.06	361.44	
							6.90	
5.50							10.25	
	2.50						12.06	
	38.37						64.06	
	35.14						44.98	
	3.23						19.08	
							22.09	

6－17 湖北能源平衡表(实物量)－2001

		煤合计 Coal Total 万吨 10^4tn	原煤 Raw Coal 万吨 10^4tn
一、可供本地区消费的能源量	**Total Primary Energy Supply**	**6095.94**	**5529.56**
1.一次能源生产量	Indigenous Production	750.00	750.00
2.回收能	Recovery of Energy		
3.外省(区、市)调入量	Moving In from Other Provinces	5357.76	4791.14
4.进 口 量	Import		
5.我轮、机在外国加油量	Chinese Airplanes & Ships in Refueling Abroad		
6.本省(区、市)调出量(－)	Sending Out to Other Provinces(－)		
7.出 口 量(－)	Export(－)		
8.外轮、机在我国加油量(－)	Foreign Airplanes & Ships in Refueling in China		
9.库存增(－)、减(＋)量	Stock Change	－11.82	－11.58
二、加工转换投入(－)产出(＋)量	**Input(－) & Output(＋) of Transformation**	**－2379.68**	**－1832.06**
1.火力发电	Thermal Power	－1536.34	－1536.34
2.供　　热	Heating Supply	－256.05	－256.05
3.洗 选 煤	Coal Washing		
4.炼　　焦	Coking	－542.59	
5.炼　　油	Petroleum Refineries		
6.制　　气	Gas Works	－44.70	－39.67
＃焦炭再投入量(－)	Coke Input(－)		
7.煤制品加工	Briquettes		
三、损 失 量	**Loss**		
四、终端消费量	**Total Final Consumption**	**3716.26**	**3697.50**
1.农、林、牧、渔业	Farming, Forestry, Animal Husbandry, Fishery & Water Conservancy	78.50	78.50
2.工　　业	Industry	2945.76	2927.00
＃用作原料、材料	Non－Energy Use		176.84
3.建 筑 业	Construction	45.00	45.00
4.交通运输、仓储及邮电通迅业	Transportation, Storage, Postal & Telecommunications Services	98.00	98.00
5.批发和零售贸易业、餐饮业	Wholesale, Retail Trade and Catering Service	45.00	45.00
6.生活消费	Residential Consumption	492.00	492.00
城镇	Urban	126.50	126.50
乡村	Rural	365.50	365.50
7.其他	Other	12.00	12.00
五、平衡差额	**Statistical Difference**		

ENERGY BALANCE OF HUBEI －2001（PHYSICAL QUANTITY）

洗精煤 Cleaned Coal 万吨 10⁴tn	其他洗煤 Other Washed Coal 万吨 10⁴tn	型煤 Briquettes 万吨 10⁴tn	焦炭 Coke 万吨 10⁴tn	焦炉煤气 Coke Oven Gas 亿立方米 10⁸cu. m	其他煤气 Other Gas 亿立方米 10⁸cu. m	油品合计 Petroleum Products Total 万吨 10⁴tn	原油 Crude Oil 万吨 10⁴tn	汽油 Gasoline 万吨 10⁴tn
566.38			**149.17**			**697.61**	**570.06**	**55.17**
						77.20	77.20	
566.62			148.50			603.04	475.87	55.00
－0.24			0.67			17.37	16.99	0.17
－547.62			**364.83**	**15.87**		**－91.57**	**－564.12**	**130.38**
				－0.38		－2.80	－0.29	
						－0.42		
－542.59			372.35	16.25				
						－88.04	－563.83	130.38
－5.03			－7.52			－0.31		
						4.66	**4.66**	
18.76			**514.00**	**15.87**		**601.38**	**1.28**	**185.55**
						94.80		2.80
18.76			514.00	15.87		191.24	1.28	26.42
			26.81			1.60		0.42
						22.50		
						240.16		156.33
						13.90		
						38.78		
						26.83		
						11.95		

续表(湖北－2001)

		煤油 Kerosene 万吨 10^4tn	柴油 Diesel Oil 万吨 10^4tn
一、可供本地区消费的能源量	**Total Primary Energy Supply**	**0.02**	**44.58**
1.一次能源生产量	Indigenous Production		
2.回收能	Recovery of Energy		
3.外省(区、市)调入量	Moving In from Other Provinces		44.70
4.进 口 量	Import		
5.我轮、机在外国加油量	Chinese Airplanes & Ships in Refueling Abroad		
6.本省(区、市)调出量(－)	Sending Out to Other Provinces(－)		
7.出 口 量(－)	Export(－)		
8.外轮、机在我国加油量(－)	Foreign Airplanes & Ships in Refueling in China		
9.库存增(－)、减(＋)量	Stock Change	0.02	－0.12
二、加工转换投入(－)产出(＋)量	**Input(－) & Output(＋) of Transformation**	**14.49**	**218.02**
1.火力发电	Thermal Power		－1.24
2.供　　热	Heating Supply		－0.04
3.洗 选 煤	Coal Washing		
4.炼　　焦	Coking		
5.炼　　油	Petroleum Refineries	14.49	219.30
6.制　　气	Gas Works		
＃焦炭再投入量(－)	Coke Input(－)		
7.煤制品加工	Briquettes		
三、损 失 量	**Loss**		
四、终端消费量	**Total Final Consumption**	**14.51**	**262.60**
1.农、林、牧、渔业	Farming, Forestry, Animal Husbandry, Fishery & Water Conservancy		92.00
2.工　　业	Industry	8.66	89.70
＃用作原料、材料	Non－Energy Use	0.11	1.07
3.建 筑 业	Construction		22.50
4.交通运输、仓储及邮电通迅业	Transportation, Storage, Postal & Telecommunications Services	5.60	46.90
5.批发和零售贸易业、餐饮业	Wholesale, Retail Trade and Catering Service		4.30
6.生活消费	Residential Consumption	0.25	7.20
城镇	Urban		
乡村	Rural	0.25	7.20
7.其他	Other		
五、平衡差额	**Statistical Difference**		

Continued(Hubei－2001)

燃料油 Fuel Oil 万吨 10^4tn	液化石油气 PLG 万吨 10^4tn	炼厂干气 Refinery Gas 亿立方米 10^8cu. m	天然气 Natural Gas 万吨 10^4tn	其他石油制品 Other Petroleum Products 万吨 10^4tn	其他焦化产品 Other Coking Products 千焦 10^{10}kj	热力 Heat 万百万小时 10^8kwh	电力 Electricity 亿千瓦 万吨标煤 10^4tce	其他能源 Other Energy
27.80	**－0.02**		**0.76**				**217.69**	
			0.76				282.74	
27.47							8.19	
							－73.24	
0.33	－0.02							
29.00	**40.07**	**20.24**		**20.35**	**15.05**	**4498.61**	**308.34**	
－1.27							308.34	
－0.38						4498.61		
					15.05			
30.65	40.38	20.24		20.35				
	－0.31							
56.80	**40.05**	**20.24**	**0.76**	**20.35**	**15.05**	**4498.61**	**526.03**	
							29.56	
20.67	3.92	20.24	0.76	20.35	15.05	4498.61	367.63	
							7.39	
31.33							10.62	
4.80	4.80						13.78	
	31.33						72.25	
	26.83						20.63	
	4.50						51.62	
							24.80	

6-17 湖北能源平衡表(实物量)-2002

		煤合计 Coal Total 万吨 10^4tn	原煤 Raw Coal 万吨 10^4tn
一、可供本地区消费的能源量	**Total Primary Energy Supply**	**6482.59**	**5914.98**
1.一次能源生产量	Indigenous Production	685.00	685.00
2.回收能	Recovery of Energy		
3.外省(区、市)调入量	Moving In from Other Provinces	5882.68	5310.91
4.进 口 量	Import		
5.我轮、机在外国加油量	Chinese Airplanes & Ships in Refueling Abroad		
6.本省(区、市)调出量(-)	Sending Out to Other Provinces(-)		
7.出 口 量(-)	Export(-)		
8.外轮、机在我国加油量(-)	Foreign Airplanes & Ships in Refueling in China		
9.库存增(-)、减(+)量	Stock Change	-85.09	-80.93
二、加工转换投入(-)产出(+)量	**Input(-) & Output(+) of Transformation**	**-2577.17**	**-2031.84**
1.火力发电	Thermal Power	-1710.00	-1710.00
2.供 热	Heating Supply	-281.24	-281.24
3.洗 选 煤	Coal Washing		
4.炼 焦	Coking	-540.50	
5.炼 油	Petroleum Refineries		
6.制 气	Gas Works	-45.43	-40.60
#焦炭再投入量(-)	Coke Input(-)		
7.煤制品加工	Briquettes		
三、损 失 量	**Loss**		
四、终端消费量	**Total Final Consumption**	**3905.42**	**3883.14**
1.农、林、牧、渔业	Farming, Forestry, Animal Husbandry, Fishery & Water Conservancy	66.22	66.22
2.工 业	Industry	3050.46	3028.18
#用作原料、材料	Non-Energy Use		
3.建 筑 业	Construction	45.00	45.00
4.交通运输、仓储及邮电通迅业	Transportation, Storage, Postal & Telecommunications Services	145.50	145.50
5.批发和零售贸易业、餐饮业	Wholesale, Retail Trade and Catering Service	51.60	51.60
6.生活消费	Residential Consumption	9.14	9.14
城镇	Urban	537.50	537.50
乡村	Rural	157.28	157.28
7.其他	Other	380.22	380.22
五、平衡差额	**Statistical Difference**		

ENERGY BALANCE OF HUBEI －2002（PHYSICAL QUANTITY）

洗精煤 Cleaned Coal 万吨 10^4tn	其他洗煤 Other Washed Coal 万吨 10^4tn	型煤 Briquettes 万吨 10^4tn	焦炭 Coke 万吨 10^4tn	焦炉煤气 Coke Oven Gas 亿立方米 10^8cu. m	其他煤气 Other Gas 亿立方米 10^8cu. m	油品合计 Petroleum Products Total 万吨 10^4tn	原油 Crude Oil 万吨 10^4tn	汽油 Gasoline 万吨 10^4tn
567.61			**145.34**			**795.57**	**595.43**	**88.13**
						78.30	78.30	
571.77			144.42			736.40	527.13	97.25
－4.16			0.92			－19.13	－10.00	－9.12
－545.33			**383.12**	**13.16**		**－40.57**	**－588.68**	**144.65**
				－1.11		－2.59	－1.17	
						－0.59		
－540.50			390.82	14.27				
						－37.09	－587.51	144.65
－4.83			－7.70			－0.30		
						5.02	**5.02**	
22.28			**528.46**	**13.16**		**749.98**	**1.73**	**232.78**
						112.68		2.68
22.28			528.46	13.16		267.73	1.73	32.80
			15.60					
						23.00		
						298.65		197.30
						16.50		
						31.42		
						25.58		
						5.84		

续表(湖北－2002)

		煤油 Kerosene 万吨 10^4tn	柴油 Diesel Oil 万吨 10^4tn
一、可供本地区消费的能源量	**Total Primary Energy Supply**		**81.01**
1.一次能源生产量	Indigenous Production		
2.回收能	Recovery of Energy		
3.外省(区、市)调入量	Moving In from Other Provinces		80.54
4.进口量	Import		
5.我轮、机在外国加油量	Chinese Airplanes & Ships in Refueling Abroad		
6.本省(区、市)调出量(－)	Sending Out to Other Provinces(－)		
7.出口量(－)	Export(－)		
8.外轮、机在我国加油量(－)	Foreign Airplanes & Ships in Refueling in China		
9.库存增(－)、减(＋)量	Stock Change		0.47
二、加工转换投入(－)产出(＋)量	**Input(－) & Output(＋) of Transformation**	**17.47**	**226.09**
1.火力发电	Thermal Power		－1.08
2.供热	Heating Supply		－0.10
3.洗选煤	Coal Washing		
4.炼焦	Coking		
5.炼油	Petroleum Refineries	17.47	227.27
6.制气	Gas Works		
＃焦炭再投入量(－)	Coke Input(－)		
7.煤制品加工	Briquettes		
三、损失量	**Loss**		
四、终端消费量	**Total Final Consumption**	**17.47**	**307.10**
1.农、林、牧、渔业	Farming, Forestry, Animal Husbandry, Fishery & Water Conservancy		110.00
2.工业	Industry	9.68	95.00
＃用作原料、材料	Non－Energy Use		
3.建筑业	Construction		23.00
4.交通运输、仓储及邮电通迅业	Transportation, Storage, Postal & Telecommunications Services	5.85	75.00
5.批发和零售贸易业、餐饮业	Wholesale, Retail Trade and Catering Service	1.70	4.10
6.生活消费	Residential Consumption		
城镇	Urban	0.24	
乡村	Rural		
7.其他	Other	0.24	
五、平衡差额	**Statistical Difference**		

Continued(Hubei－2002)

燃料油 Fuel Oil 万吨 10^4tn	液化石油气 PLG 万吨 10^4tn	炼厂干气 Refinery Gas 万吨 10^4tn	天然气 Natural Gas 亿立方米 10^8cu. m	其他石油制品 Other Petroleum Products 万吨 10^4tn	其他焦化产品 Other Coking Products 万吨 10^4tn	热力 Heat 万百万千焦 10^{10}kj	电力 Electricity 亿千瓦小时 10^8kwh	其他能源 Other Energy 万吨标煤 10^4tce
30.72	**－0.14**		**0.91**	**0.42**			**227.99**	
			0.91		0.65		287.58	
31.48							31.65	
							－91.24	
－0.76	－0.14			0.42	－0.65			
25.45	**39.62**	**19.87**		**74.96**	**16.17**	**4737.90**	**339.44**	
－0.34							339.44	
－0.49						4737.90		
					16.17			
26.28	39.92	19.87		74.96				
	－0.30							
56.17	**39.48**	**19.87**	**0.91**	**75.38**	**16.17**	**4737.90**	**567.43**	
							28.73	
30.17	3.10	19.87	0.91	75.38	16.17	4737.90	391.35	
							6.41	
20.50							11.89	
5.50	5.20						14.93	
							27.55	
	31.18						86.57	
	25.58						57.46	
	5.60						29.11	

6-18 湖南能源平衡表(实物量)-2000

		煤合计 Coal Total 万吨 10^4tn	原煤 Raw Coal 万吨 10^4tn
一、可供本地区消费的能源量	**Total Primary Energy Supply**	**3066.33**	**2899.00**
1.一次能源生产量	Indigenous Production	2106.28	2106.28
2.回收能	Recovery of Energy		
3.外省(区、市)调入量	Moving In from Other Provinces	1173.04	992.77
4.进 口 量	Import		
5.我轮、机在外国加油量	Chinese Airplanes & Ships in Refueling Abroad		
6.本省(区、市)调出量(-)	Sending Out to Other Provinces(-)	-229.43	-217.02
7.出 口 量(-)	Export(-)		
8.外轮、机在我国加油量(-)	Foreign Airplanes & Ships in Refueling in China		
9.库存增(-)、减(+)量	Stock Change	16.44	16.97
二、加工转换投入(-)产出(+)量	**Input(-) & Output(+) of Transformation**	**-1435.94**	**-1281.76**
1.火力发电	Thermal Power	-888.29	-888.29
2.供　　热	Heating Supply	-193.44	-193.44
3.洗 选 煤	Coal Washing	-45.69	-173.24
4.炼　　焦	Coking	-286.73	-5.00
5.炼　　油	Petroleum Refineries		
6.制　　气	Gas Works	-21.79	-21.79
#焦炭再投入量(-)	Coke Input(-)		
7.煤制品加工	Briquettes		
三、损 失 量	**Loss**	**27.16**	**27.16**
四、终端消费量	**Total Final Consumption**	**1872.26**	**1859.11**
1.农、林、牧、渔业	Farming, Forestry, Animal Husbandry, Fishery & Water Conservancy	209.73	208.50
2.工　　业	Industry	1286.05	1275.08
#用作原料、材料	Non-Energy Use		
3.建 筑 业	Construction	3.99	3.99
4.交通运输、仓储及邮电通迅业	Transportation, Storage, Postal & Telecommunications Services	18.78	18.78
5.批发和零售贸易业、餐饮业	Wholesale, Retail Trade and Catering Service	7.06	7.06
6.生活消费	Residential Consumption	340.13	340.13
城镇	Urban	58.02	58.02
乡村	Rural	282.11	282.11
7.其他	Other	6.52	5.57
五、平衡差额	**Statistical Difference**	**-269.03**	**-269.03**

ENERGY BALANCE OF HUNAN －2000（PHYSICAL QUANTITY）

洗精煤 Cleaned Coal 万吨 10^4tn	其他洗煤 Other Washed Coal 万吨 10^4tn	型煤 Briquettes 万吨 10^4tn	焦炭 Coke 万吨 10^4tn	焦炉煤气 Coke Oven Gas 亿立方米 10^8cu. m	其他煤气 Other Gas 亿立方米 10^8cu. m	油品合计 Petroleum Products Total 万吨 10^4tn	原油 Crude Oil 万吨 10^4tn	汽油 Gasoline 万吨 10^4tn
168.66	**－1.33**		**90.49**			**451.91**	**541.05**	**－4.79**
180.27			98.63			633.10	551.97	48.38
－10.93	－1.48		－2.47			－176.13		－56.23
－0.68	0.15		－5.67			－5.06	－10.92	3.06
－160.31	**6.13**		**200.76**	**6.00**	**4.53**	**－36.79**	**－530.00**	**120.19**
						－2.00		
						－10.07		
121.42	6.13							
－281.73			209.25	6.00				
						－24.72	－530.00	120.19
			－8.49		4.53			
						11.05	**11.05**	
8.35	**4.80**		**291.25**	**6.00**	**4.53**	**404.07**		**115.40**
	1.23					24.30		7.45
8.35	2.62		290.72	5.69	3.84	175.44		11.48
			0.01			5.09		2.05
			0.52			181.67		86.90
						4.26		3.47
				0.31	0.69	8.25		
				0.31	0.69	7.85		
						0.40		
	0.95					5.06		4.05

续表(湖南－2000)

		煤油 Kerosene 万吨 10^4tn	柴油 Diesel Oil 万吨 10^4tn
一、可供本地区消费的能源量	**Total Primary Energy Supply**	**－0.49**	**－75.35**
1.一次能源生产量	Indigenous Production		
2.回收能	Recovery of Energy		
3.外省(区、市)调入量	Moving In from Other Provinces	1.57	7.10
4.进 口 量	Import		
5.我轮、机在外国加油量	Chinese Airplanes & Ships in Refueling Abroad		
6.本省(区、市)调出量(－)	Sending Out to Other Provinces(－)	－3.13	－84.35
7.出 口 量(－)	Export(－)		
8.外轮、机在我国加油量(－)	Foreign Airplanes & Ships in Refueling in China		
9.库存增(－)、减(＋)量	Stock Change	1.07	1.90
二、加工转换投入(－)产出(＋)量	**Input(－) & Output(＋) of Transformation**	**8.57**	**214.91**
1.火力发电	Thermal Power		－0.61
2.供　　热	Heating Supply		－0.01
3.洗 选 煤	Coal Washing		
4.炼　　焦	Coking		
5.炼　　油	Petroleum Refineries	8.57	215.53
6.制　　气	Gas Works		
＃焦炭再投入量(－)	Coke Input(－)		
7.煤制品加工	Briquettes		
三、损 失 量	**Loss**		
四、终端消费量	**Total Final Consumption**	**8.08**	**139.56**
1.农、林、牧、渔业	Farming, Forestry, Animal Husbandry, Fishery & Water Conservancy		16.85
2.工　　业	Industry	0.69	30.88
＃用作原料、材料	Non－Energy Use		
3.建 筑 业	Construction	0.02	3.02
4.交通运输、仓储及邮电通迅业	Transportation, Storage, Postal & Telecommunications Services	6.97	87.77
5.批发和零售贸易业、餐饮业	Wholesale, Retail Trade and Catering Service		0.77
6.生活消费	Residential Consumption	0.40	
城镇	Urban		
乡村	Rural	0.40	
7.其他	Other		0.27
五、平衡差额	**Statistical Difference**		

Continued(Hunan－2000)

燃料油 Fuel Oil 万吨 10^4tn	液化石油气 PLG 万吨 10^4tn	炼厂干气 Refinery Gas 万吨 10^4tn	天然气 Natural Gas 亿立方米 10^8cu. m	其他石油制品 Other Petroleum Products 万吨 10^4tn	其他焦化产品 Other Coking Products 万吨 10^4tn	热力 Heat 万百万千焦 10^{10}kj	电力 Electricity 亿千瓦小时 10^8kwh	其他能源 Other Energy 万吨标煤 10^4tce
12.43	**－5.68**			**－15.26**			**240.52**	
							210.43	
18.20				5.88			31.90	
－5.66	－5.80			－20.96			－1.81	
－0.11	0.12			－0.18				
25.45	**41.10**	**15.11**		**67.88**	**10.40**	**3854.56**	**165.68**	
－0.80		－0.59					165.68	
－7.70		－2.36				3854.56		
					10.40			
33.95	41.10	18.06		67.88				
							36.56	
37.88	**35.42**	**15.11**		**52.62**	**10.40**	**3854.56**	**369.64**	
							29.74	
37.85	27.46	14.46		52.62	10.40	3745.19	258.67	
							4.04	
0.03							9.06	
	0.02						8.22	
	7.85					109.37	48.38	
	7.85					109.37	32.17	
							16.21	
	0.09	0.65					11.53	

6－18 湖南能源平衡表(实物量)－2001

		煤合计 Coal Total 万吨 10^4tn	原煤 Raw Coal 万吨 10^4tn
一、可供本地区消费的能源量	**Total Primary Energy Supply**	**4100.29**	**3914.31**
1.一次能源生产量	Indigenous Production	3673.35	3673.35
2.回收能	Recovery of Energy		
3.外省(区、市)调入量	Moving In from Other Provinces	1174.65	997.06
4.进 口 量	Import		
5.我轮、机在外国加油量	Chinese Airplanes & Ships in Refueling Abroad		
6.本省(区、市)调出量(－)	Sending Out to Other Provinces(－)	－810.78	－808.21
7.出 口 量(－)	Export(－)		
8.外轮、机在我国加油量(－)	Foreign Airplanes & Ships in Refueling in China		
9.库存增(－)、减(＋)量	Stock Change	63.07	52.11
二、加工转换投入(－)产出(＋)量	**Input(－) & Output(＋) of Transformation**	**－1634.89**	**－1459.12**
1.火力发电	Thermal Power	－1059.07	－1059.07
2.供 热	Heating Supply	－220.65	－220.65
3.洗 选 煤	Coal Washing	－38.61	－156.03
4.炼 焦	Coking	－294.55	－2.09
5.炼 油	Petroleum Refineries		
6.制 气	Gas Works	－22.01	－21.28
#焦炭再投入量(－)	Coke Input(－)		
7.煤制品加工	Briquettes		
三、损 失 量	**Loss**	**26.75**	**26.75**
四、终端消费量	**Total Final Consumption**	**2438.65**	**2428.44**
1.农、林、牧、渔业	Farming, Forestry, Animal Husbandry, Fishery & Water Conservancy	209.78	209.12
2.工 业	Industry	1853.44	1844.28
#用作原料、材料	Non－Energy Use		572.26
3.建 筑 业	Construction	4.59	4.59
4.交通运输、仓储及邮电通讯业	Transportation, Storage, Postal & Telecommunications Services	19.15	19.15
5.批发和零售贸易业、餐饮业	Wholesale, Retail Trade and Catering Service	7.56	7.56
6.生活消费	Residential Consumption	337.67	337.67
城镇	Urban	57.15	57.15
乡村	Rural	280.52	280.52
7.其他	Other	6.46	6.07
五、平衡差额	**Statistical Difference**		

ENERGY BALANCE OF HUNAN －2001（PHYSICAL QUANTITY）

洗精煤 Cleaned Coal 万吨 10^4tn	其他洗煤 Other Washed Coal 万吨 10^4tn	型煤 Briquettes 万吨 10^4tn	焦炭 Coke 万吨 10^4tn	焦炉煤气 Coke Oven Gas 亿立方米 10^8cu. m	其他煤气 Other Gas 亿立方米 10^8cu. m	油品合计 Petroleum Products Total 万吨 10^4tn	原油 Crude Oil 万吨 10^4tn	汽油 Gasoline 万吨 10^4tn
188.51	**－2.53**		**118.84**			**407.53**	**440.43**	**5.05**
177.59			115.91			548.47	435.55	59.06
	－2.57		－4.35			－160.06		－56.77
10.92	0.04		7.28			19.12	4.88	2.76
－180.83	**5.06**		**192.65**	**6.21**	**4.06**	**－30.72**	**－435.79**	**108.65**
						－4.35		
						－0.21		
112.36	5.06							
－292.46			201.32	6.21				
						－26.16	－435.79	108.65
－0.73			－8.67		4.06			
						4.64	**4.64**	
7.68	**2.53**		**311.49**	**6.21**	**4.06**	**372.17**		**113.70**
	0.66					15.10		7.56
7.68	1.48		310.93	5.94	3.87	158.39		10.32
			111.11			31.11		0.60
			0.01			4.97		1.95
			0.55			177.95		87.95
						3.66		3.07
				0.27	0.19	8.12		
				0.27	0.19	7.84		
						0.28		
	0.39					3.98		2.85

续表(湖南－2001)

		煤油 Kerosene 万吨 10^4tn	柴油 Diesel Oil 万吨 10^4tn
一、可供本地区消费的能源量	**Total Primary Energy Supply**	**0.90**	**－68.23**
1.一次能源生产量	Indigenous Production		
2.回收能	Recovery of Energy		
3.外省(区、市)调入量	Moving In from Other Provinces	1.07	5.06
4.进 口 量	Import		
5.我轮、机在外国加油量	Chinese Airplanes & Ships in Refueling Abroad		
6.本省(区、市)调出量(－)	Sending Out to Other Provinces(－)		－87.26
7.出 口 量(－)	Export(－)		
8.外轮、机在我国加油量(－)	Foreign Airplanes & Ships in Refueling in China		
9.库存增(－)、减(＋)量	Stock Change	－0.17	13.97
二、加工转换投入(－)产出(＋)量	**Input(－) & Output(＋) of Transformation**	**4.03**	**190.36**
1.火力发电	Thermal Power		－1.94
2.供 热	Heating Supply		－0.03
3.洗 选 煤	Coal Washing		
4.炼 焦	Coking		
5.炼 油	Petroleum Refineries	4.03	192.33
6.制 气	Gas Works		
＃焦炭再投入量(－)	Coke Input(－)		
7.煤制品加工	Briquettes		
三、损 失 量	**Loss**		
四、终端消费量	**Total Final Consumption**	**4.93**	**122.13**
1.农、林、牧、渔业	Farming, Forestry, Animal Husbandry, Fishery & Water Conservancy		7.54
2.工 业	Industry	0.54	24.95
＃用作原料、材料	Non－Energy Use	0.01	0.41
3.建 筑 业	Construction	0.02	3.00
4.交通运输、仓储及邮电通迅业	Transportation, Storage, Postal & Telecommunications Services	4.09	85.87
5.批发和零售贸易业、餐饮业	Wholesale, Retail Trade and Catering Service		0.57
6.生活消费	Residential Consumption	0.28	
城镇	Urban		
乡村	Rural	0.28	
7.其他	Other		0.20
五、平衡差额	**Statistical Difference**		

Continued(Hunan－2001)

燃料油 Fuel Oil 万吨 10^4tn	液化石油气 PLG 万吨 10^4tn	炼厂干气 Refinery Gas 万吨 10^4tn	天然气 Natural Gas 亿立方米 10^8cu. m	其他石油制品 Other Petroleum Products 万吨 10^4tn	其他焦化产品 Other Coking Products 万吨 10^4tn	热力 Heat 万百万千焦 10^{10}kj	电力 Electricity 亿千瓦小时 10^8kwh	其他能源 Other Energy 万吨标煤 10^4tce
16.02	**－8.05**			**21.41**			**245.86**	
							213.37	
20.24				27.49			33.36	
－2.24	－7.72			－6.07			－0.87	
－1.98	－0.33			－0.01				
28.69	**38.91**	**13.54**		**20.89**	**11.84**	**3680.22**	**193.82**	
－0.91		－1.50					193.82	
		－0.18				3680.22		
					11.84			
29.60	38.91	15.22		20.89				
							39.74	
44.71	**30.86**	**13.54**		**42.30**	**11.84**	**3680.22**	**399.94**	
							31.29	
44.67	22.92	12.69		42.30	11.84	3569.72	277.12	
0.69	20.76			8.64				
							5.06	
0.04							11.46	
	0.02						9.23	
	7.84					110.50	53.55	
	7.84					110.50	35.44	
							18.11	
	0.08	0.85					12.23	

6-18 湖南能源平衡表(实物量)-2002

		煤合计 Coal Total 万吨 10^4tn	原煤 Raw Coal 万吨 10^4tn
一、可供本地区消费的能源量	**Total Primary Energy Supply**	**4287.42**	**4087.84**
1.一次能源生产量	Indigenous Production	3500.00	3500.00
2.回收能	Recovery of Energy		
3.外省(区、市)调入量	Moving In from Other Provinces	1004.70	766.53
4.进 口 量	Import		
5.我轮、机在外国加油量	Chinese Airplanes & Ships in Refueling Abroad		
6.本省(区、市)调出量(-)	Sending Out to Other Provinces(-)	-181.37	-156.84
7.出 口 量(-)	Export(-)		
8.外轮、机在我国加油量(-)	Foreign Airplanes & Ships in Refueling in China		
9.库存增(-)、减(+)量	Stock Change	-35.91	-21.85
二、加工转换投入(-)产出(+)量	**Input(-) & Output(+) of Transformation**	**-1652.14**	**-1463.51**
1.火力发电	Thermal Power	-1113.78	-1113.78
2.供 热	Heating Supply	-217.70	-217.70
3.洗 选 煤	Coal Washing	-30.87	-120.45
4.炼 焦	Coking	-280.62	-3.12
5.炼 油	Petroleum Refineries		
6.制 气	Gas Works	-9.17	-8.46
#焦炭再投入量(-)	Coke Input(-)		
7.煤制品加工	Briquettes		
三、损 失 量	**Loss**	**31.96**	**31.96**
四、终端消费量	**Total Final Consumption**	**2603.32**	**2592.37**
1.农、林、牧、渔业	Farming, Forestry, Animal Husbandry, Fishery & Water Conservancy	203.58	202.88
2.工 业	Industry	2041.40	2031.43
#用作原料、材料	Non-Energy Use	343.22	342.72
3.建 筑 业	Construction	4.83	4.83
4.交通运输、仓储及邮电通讯业	Transportation, Storage, Postal & Telecommunications Services	20.31	20.31
5.批发和零售贸易业、餐饮业	Wholesale, Retail Trade and Catering Service	8.01	8.01
6.生活消费	Residential Consumption	318.78	318.78
城镇	Urban	56.22	56.22
乡村	Rural	262.56	262.56
7.其他	Other	6.41	6.13
五、平衡差额	**Statistical Difference**		

ENERGY BALANCE OF HUNAN －2002（PHYSICAL QUANTITY）

洗精煤 Cleaned Coal 万吨 10^4tn	其他洗煤 Other Washed Coal 万吨 10^4tn	型煤 Briquettes 万吨 10^4tn	焦炭 Coke 万吨 10^4tn	焦炉煤气 Coke Oven Gas 亿立方米 10^8cu. m	其他煤气 Other Gas 亿立方米 10^8cu. m	油品合计 Petroleum Products Total 万吨 10^4tn	原油 Crude Oil 万吨 10^4tn	汽油 Gasoline 万吨 10^4tn
201.96	**-2.38**		**144.67**			**624.39**	**607.27**	**23.30**
238.17			151.42			599.47	473.87	65.78
						137.30	136.35	
-22.10	-2.43		-6.74			-116.58		-47.52
-14.11	0.05		-0.01			4.20	-2.95	5.04
-193.86	**5.23**		**199.66**	**6.50**	**4.46**	**-33.92**	**-468.83**	**111.33**
						-4.84		
						-14.93		
84.35	5.23							
-277.50			206.46	6.50				
						-14.15	-468.83	111.33
-0.71			-6.80		4.46			
						1.06	**1.06**	
8.10	**2.85**		**344.33**	**6.50**	**4.46**	**452.70**	**1.03**	**134.63**
	0.70					20.57		7.95
8.10	1.87		343.70	6.23	4.46	163.10	1.03	11.14
0.44	0.06		135.70			9.45		
			0.02			6.10		2.79
			0.61			248.94		106.66
						3.73		3.12
				0.27		6.40		
				0.27		6.14		
						0.26		
	0.28					3.86		2.97

续表(湖南－2002)

		煤油 Kerosene 万吨 10^4tn	柴油 Diesel Oil 万吨 10^4tn
一、可供本地区消费的能源量	**Total Primary Energy Supply**	**0.49**	**－3.47**
1.一次能源生产量	Indigenous Production		
2.回收能	Recovery of Energy		
3.外省(区、市)调入量	Moving In from Other Provinces	0.20	11.32
4.进 口 量	Import		
5.我轮、机在外国加油量	Chinese Airplanes & Ships in Refueling Abroad		
6.本省(区、市)调出量(－)	Sending Out to Other Provinces(－)	－0.40	－19.72
7.出 口 量(－)	Export(－)		
8.外轮、机在我国加油量(－)	Foreign Airplanes & Ships in Refueling in China		
9.库存增(－)、减(＋)量	Stock Change	0.69	4.93
二、加工转换投入(－)产出(＋)量	**Input(－) & Output(＋) of Transformation**	**8.25**	**183.63**
1.火力发电	Thermal Power		－2.19
2.供　热	Heating Supply		－0.01
3.洗 选 煤	Coal Washing		
4.炼　焦	Coking		
5.炼　油	Petroleum Refineries	8.25	185.83
6.制　气	Gas Works		
＃焦炭再投入量(－)	Coke Input(－)		
7.煤制品加工	Briquettes		
三、损 失 量	**Loss**		
四、终端消费量	**Total Final Consumption**	**8.74**	**180.16**
1.农、林、牧、渔业	Farming, Forestry, Animal Husbandry, Fishery & Water Conservancy		12.62
2.工　业	Industry	0.65	28.41
＃用作原料、材料	Non－Energy Use		2.77
3.建 筑 业	Construction	0.03	3.28
4.交通运输、仓储及邮电通迅业	Transportation, Storage, Postal & Telecommunications Services	7.20	135.04
5.批发和零售贸易业、餐饮业	Wholesale, Retail Trade and Catering Service		0.59
6.生活消费	Residential Consumption	0.26	
城镇	Urban		
乡村	Rural	0.26	
7.其他	Other	0.60	0.22
五、平衡差额	**Statistical Difference**		

Continued(Hunan－2002)

燃料油 Fuel Oil 万吨 10^4tn	液化石油气 PLG 万吨 10^4tn	炼厂干气 Refinery Gas 万吨 10^4tn	天然气 Natural Gas 亿立方米 10^8cu. m	其他石油制品 Other Petroleum Products 万吨 10^4tn	其他焦化产品 Other Coking Products 万吨 10^4tn	热力 Heat 万百万千焦 10^{10}kj	电力 Electricity 亿千瓦小时 10^8kwh	其他能源 Other Energy 万吨标煤 10^4tce
25.51	**－9.24**			**－19.47**	**－0.01**		**275.81**	
							252.66	
28.45	0.49			19.36			26.35	
0.59				0.36				
－5.84	－10.40			－32.70			－3.20	
2.31	0.67			－6.49	－0.01			
11.59	**48.74**	**1.79**		**69.58**	**11.31**	**3847.23**	**200.19**	
－0.69		－1.96					200.19	
－5.76		－9.16				3847.23		
					11.31			
18.04	48.74	12.91		69.58				
							22.36	
37.10	**39.50**	**1.79**		**49.75**	**11.30**	**3847.23**	**453.64**	
							34.46	
37.06	33.27	1.79		49.75	11.30	3847.23	312.59	
3.12	0.06	0.01		3.49	0.01			
							7.34	
0.04							14.98	
	0.02						10.22	
	6.14						61.58	
	6.14						37.11	
							24.47	
	0.07						12.47	

6-19 广东能源平衡表(实物量)-2000

		煤合计 Coal Total 万吨 10^4tn	原煤 Raw Coal 万吨 10^4tn
一、可供本地区消费的能源量	**Total Primary Energy Supply**	**5914.16**	**5832.77**
1.一次能源生产量	Indigenous Production	415.00	415.00
2.回收能	Recovery of Energy		
3.外省(区、市)调入量	Moving In from Other Provinces	5508.17	5427.93
4.进 口 量	Import	7.66	7.66
5.我轮、机在外国加油量	Chinese Airplanes & Ships in Refueling Abroad		
6.本省(区、市)调出量(-)	Sending Out to Other Provinces(-)		-0.06
7.出 口 量(-)	Export(-)	-5.93	-5.93
8.外轮、机在我国加油量(-)	Foreign Airplanes & Ships in Refueling in China		
9.库存增(-)、减(+)量	Stock Change	-10.68	-11.83
二、加工转换投入(-)产出(+)量	**Input(-) & Output(+) of Transformation**	**-3704.86**	**-3653.05**
1.火力发电	Thermal Power	-3487.14	-3487.14
2.供 热	Heating Supply	-129.50	-129.50
3.洗 选 煤	Coal Washing		
4.炼 焦	Coking	-75.71	
5.炼 油	Petroleum Refineries		
6.制 气	Gas Works	-16.09	-16.09
#焦炭再投入量(-)	Coke Input(-)		
7.煤制品加工	Briquettes	3.58	-20.32
三、损 失 量	**Loss**	**4.70**	**4.70**
四、终端消费量	**Total Final Consumption**	**2204.60**	**2175.02**
1.农、林、牧、渔业	Farming, Forestry, Animal Husbandry, Fishery & Water Conservancy	66.41	66.41
2.工 业	Industry	2029.91	2024.25
#用作原料、材料	Non-Energy Use	96.00	96.00
3.建 筑 业	Construction	0.82	0.82
4.交通运输、仓储及邮电通迅业	Transportation, Storage, Postal & Telecommunications Services	10.24	10.24
5.批发和零售贸易业、餐饮业	Wholesale, Retail Trade and Catering Service	14.00	14.00
6.生活消费	Residential Consumption	83.22	59.30
城镇	Urban	31.10	18.20
乡村	Rural	52.12	41.10
7.其他	Other		
五、平衡差额	**Statistical Difference**		

ENERGY BALANCE OF GUANGDONG －2000（PHYSICAL QUANTITY）

洗精煤 Cleaned Coal 万吨 10^4tn	其他洗煤 Other Washed Coal 万吨 10^4tn	型煤 Briquettes 万吨 10^4tn	焦炭 Coke 万吨 10^4tn	焦炉煤气 Coke Oven Gas 亿立方米 10^8cu. m	其他煤气 Other Gas 亿立方米 10^8cu. m	油品合计 Petroleum Products Total 万吨 10^4tn	原油 Crude Oil 万吨 10^4tn	汽油 Gasoline 万吨 10^4tn
81.36	**0.01**	**0.02**	**92.61**		**15.33**	**2767.57**	**1956.41**	**－30.34**
						1393.17	1393.17	
					15.32			
80.23	0.01		113.78			918.29		158.51
			0.01			1843.01	1120.93	
						－1077.38	－515.85	－108.67
			－19.05			－197.42		－58.82
						－42.70		－18.70
1.13		0.02	－2.13		0.01	－69.40	－41.84	－2.66
－75.71		**23.90**	**52.39**	**1.62**	**2.75**	**－735.46**	**－1939.84**	**331.50**
					－2.30	－660.88	－25.37	
					－1.55	－53.21		
－75.71			53.96	1.62				
						－15.38	－1914.47	331.50
			－1.57		6.60	－5.99		
		23.90						
						11.54	**7.44**	**0.90**
5.65	**0.01**	**23.92**	**145.00**	**1.62**	**18.08**	**2020.57**	**9.13**	**300.26**
						121.51		15.08
5.65	0.01		145.00	1.62	11.48	878.72	9.13	26.63
			0.70			11.60		0.25
						17.08		4.90
						608.21		183.15
					1.54	59.47		16.90
		23.92			5.06	317.16		38.20
		12.90			5.06	244.11		25.80
		11.02				73.05		12.40
						18.42		15.40

续表(广东－2000)

		煤油 Kerosene 万吨 10^4tn	柴油 Diesel Oil 万吨 10^4tn
一、可供本地区消费的能源量	**Total Primary Energy Supply**	**－58.17**	**112.21**
1.一次能源生产量	Indigenous Production		
2.回收能	Recovery of Energy		
3.外省(区、市)调入量	Moving In from Other Provinces		266.14
4.进 口 量	Import	38.70	1.13
5.我轮、机在外国加油量	Chinese Airplanes & Ships in Refueling Abroad		
6.本省(区、市)调出量(－)	Sending Out to Other Provinces(－)	－58.77	－101.00
7.出 口 量(－)	Export(－)	－24.74	－13.69
8.外轮、机在我国加油量(－)	Foreign Airplanes & Ships in Refueling in China	－1.10	－22.90
9.库存增(－)、减(＋)量	Stock Change	－12.26	－17.47
二、加工转换投入(－)产出(＋)量	**Input(－) & Output(＋) of Transformation**	**147.68**	**572.49**
1.火力发电	Thermal Power		－80.56
2.供　　热	Heating Supply		－0.97
3.洗 选 煤	Coal Washing		
4.炼　　焦	Coking		
5.炼　　油	Petroleum Refineries	147.68	654.02
6.制　　气	Gas Works		
#焦炭再投入量(－)	Coke Input(－)		
7.煤制品加工	Briquettes		
三、损 失 量	**Loss**	**0.30**	**1.20**
四、终端消费量	**Total Final Consumption**	**89.21**	**683.50**
1.农、林、牧、渔业	Farming, Forestry, Animal Husbandry, Fishery & Water Conservancy		101.07
2.工　　业	Industry	3.32	257.48
#用作原料、材料	Non－Energy Use	0.12	0.73
3.建 筑 业	Construction		10.20
4.交通运输、仓储及邮电通迅业	Transportation, Storage, Postal & Telecommunications Services	83.79	285.63
5.批发和零售贸易业、餐饮业	Wholesale, Retail Trade and Catering Service		21.20
6.生活消费	Residential Consumption	2.10	4.90
城镇	Urban	0.01	0.80
乡村	Rural	2.09	4.10
7.其他	Other		3.02
五、平衡差额	**Statistical Difference**		

Continued(Guangdong－2000)

燃料油 Fuel Oil 万吨 10^4tn	液化石油气 PLG 万吨 10^4tn	炼厂干气 Refinery Gas 万吨 10^4tn	天然气 Natural Gas 亿立方米 10^8cu. m	其他石油制品 Other Petroleum Products 万吨 10^4tn	其他焦化产品 Other Coking Products 万吨 10^4tn	热力 Heat 万百万千焦 10^{10}kj	电力 Electricity 亿千瓦小时 10^8kwh	其他能源 Other Energy 万吨标煤 10^4tce
755.82	**255.69**		**1.43**	**－224.05**			**285.23**	**52.53**
			34.60				304.12	
								52.53
487.14				6.50			73.59	
261.96	326.71			93.58			11.74	
－0.64	－69.14		－5.26	－223.31			－0.59	
－0.02	－1.49		－28.36	－98.66			－103.63	
7.38	－0.39		0.45	－2.16				
－416.58	**62.60**	**59.77**	**－0.51**	**446.92**	**1.66**	**5278.16**	**1049.35**	**－52.53**
－552.53		－1.20	－0.51	－1.22			1049.35	－17.09
－44.31		－5.44		－2.49		5278.16		－33.06
					1.66			
186.13	62.60	66.53		450.63				
－5.87		－0.12						－2.38
1.70							**94.38**	
337.54	**318.29**	**59.77**	**0.92**	**222.87**	**1.66**	**5278.16**	**1240.20**	
				5.36			39.30	
275.78	29.33	59.77	0.92	217.28	1.66	5278.16	784.54	
4.90	1.20	3.10		1.30				
1.75				0.23			21.93	
55.64							18.81	
4.37	17.00						90.08	
	271.96						206.62	
	217.50						112.27	
	54.46						94.35	
							78.92	

6-19 广东能源平衡表(实物量)-2001

		煤合计 Coal Total 万吨 10^4tn	原煤 Raw Coal 万吨 10^4tn
一、可供本地区消费的能源量	**Total Primary Energy Supply**	**6087.92**	**6005.74**
1.一次能源生产量	Indigenous Production	190.00	190.00
2.回收能	Recovery of Energy		
3.外省(区、市)调入量	Moving In from Other Provinces	5905.36	5818.12
4.进 口 量	Import	9.99	9.99
5.我轮、机在外国加油量	Chinese Airplanes & Ships in Refueling Abroad		
6.本省(区、市)调出量(-)	Sending Out to Other Provinces(-)		-0.08
7.出 口 量(-)	Export(-)	-57.96	-57.96
8.外轮、机在我国加油量(-)	Foreign Airplanes & Ships in Refueling in China		
9.库存增(-)、减(+)量	Stock Change	40.61	45.67
二、加工转换投入(-)产出(+)量	**Input(-) & Output(+) of Transformation**	**-3873.31**	**-3822.62**
1.火力发电	Thermal Power	-3629.09	-3629.09
2.供 热	Heating Supply	-156.29	-156.29
3.洗 选 煤	Coal Washing		
4.炼 焦	Coking	-75.69	
5.炼 油	Petroleum Refineries		
6.制 气	Gas Works	-15.99	-15.99
#焦炭再投入量(-)	Coke Input(-)		
7.煤制品加工	Briquettes	3.75	-21.25
三、损 失 量	**Loss**	**10.80**	**10.80**
四、终端消费量	**Total Final Consumption**	**2203.81**	**2172.32**
1.农、林、牧、渔业	Farming, Forestry, Animal Husbandry, Fishery & Water Conservancy	81.15	81.15
2.工 业	Industry	2013.22	2006.58
#用作原料、材料	Non-Energy Use	61.73	61.73
3.建 筑 业	Construction	1.12	1.12
4.交通运输、仓储及邮电通迅业	Transportation, Storage, Postal & Telecommunications Services	7.27	7.27
5.批发和零售贸易业、餐饮业	Wholesale, Retail Trade and Catering Service	15.20	15.20
6.生活消费	Residential Consumption	85.85	61.00
城镇	Urban	30.50	18.00
乡村	Rural	55.35	43.00
7.其他	Other		
五、平衡差额	**Statistical Difference**		

ENERGY BALANCE OF GUANGDONG －2001（PHYSICAL QUANTITY）

洗精煤 Cleaned Coal 万吨 10^4tn	其他洗煤 Other Washed Coal 万吨 10^4tn	型煤 Briquettes 万吨 10^4tn	焦炭 Coke 万吨 10^4tn	焦炉煤气 Coke Oven Gas 亿立方米 10^8cu. m	其他煤气 Other Gas 亿立方米 10^8cu. m	油品合计 Petroleum Products Total 万吨 10^4tn	原油 Crude Oil 万吨 10^4tn	汽油 Gasoline 万吨 10^4tn
82.04	**0.13**	**0.01**	**121.27**		**17.25**	**3018.69**	**1943.03**	**1.01**
						1238.11	1238.11	
					17.25			
87.11	0.13		141.49			821.82		141.17
						2457.58	1176.92	
						18.51		8.70
						−1463.44	−504.55	−109.40
			−21.66			−90.69		−32.36
						−35.53		−13.50
−5.07		0.01	1.44			72.33	32.55	6.40
−75.69		**25.00**	**51.68**	**1.70**	**3.18**	**−787.91**	**−1926.55**	**323.80**
					−2.22	−708.16	−12.56	−0.01
					−1.71	−54.01		
−75.69			53.85	1.70				
						−17.23	−1913.99	323.81
			−2.17		7.11	−8.51		
		25.00						
						12.65	**8.30**	**0.80**
6.35	**0.13**	**25.01**	**172.95**	**1.70**	**20.43**	**2218.13**	**8.18**	**324.01**
						128.88		16.32
6.35	0.13	0.16	172.95	1.70	13.32	984.04	8.18	27.56
			0.39			145.59	1.20	0.19
						17.92		5.10
						661.00		201.13
					1.70	63.32		17.50
		24.85			5.41	343.27		40.20
		12.50			5.41	262.72		26.70
		12.35				80.55		13.50
						19.70		16.20

续表(广东－2001)

		煤油 Kerosene 万吨 10^4tn	柴油 Diesel Oil 万吨 10^4tn
一、可供本地区消费的能源量	**Total Primary Energy Supply**	**－59.85**	**131.00**
1.一次能源生产量	Indigenous Production		
2.回收能	Recovery of Energy		
3.外省(区、市)调入量	Moving In from Other Provinces	4.90	154.28
4.进 口 量	Import	18.39	1.15
5.我轮、机在外国加油量	Chinese Airplanes & Ships in Refueling Abroad	8.76	1.05
6.本省(区、市)调出量(－)	Sending Out to Other Provinces(－)	－80.80	
7.出 口 量(－)	Export(－)	－32.62	－7.87
8.外轮、机在我国加油量(－)	Foreign Airplanes & Ships in Refueling in China	－1.03	－21.00
9.库存增(－)、减(＋)量	Stock Change	22.55	3.39
二、加工转换投入(－)产出(＋)量	**Input(－) & Output(＋) of Transformation**	**155.80**	**592.32**
1.火力发电	Thermal Power	－0.03	－92.50
2.供　　热	Heating Supply		－0.50
3.洗 选 煤	Coal Washing		
4.炼　　焦	Coking		
5.炼　　油	Petroleum Refineries	155.83	685.33
6.制　　气	Gas Works		－0.01
＃焦炭再投入量(－)	Coke Input(－)		
7.煤制品加工	Briquettes		
三、损 失 量	**Loss**	**0.35**	**1.28**
四、终端消费量	**Total Final Consumption**	**95.60**	**722.04**
1.农、林、牧、渔业	Farming, Forestry, Animal Husbandry, Fishery & Water Conservancy		106.77
2.工　　业	Industry	3.08	265.60
＃用作原料、材料	Non－Energy Use	0.06	2.36
3.建 筑 业	Construction		11.00
4.交通运输、仓储及邮电通迅业	Transportation, Storage, Postal & Telecommunications Services	90.36	308.61
5.批发和零售贸易业、餐饮业	Wholesale, Retail Trade and Catering Service		21.50
6.生活消费	Residential Consumption	2.16	5.06
城镇	Urban	0.01	0.91
乡村	Rural	2.15	4.15
7.其他	Other		3.50
五、平衡差额	**Statistical Difference**		

Continued(Guangdong－2001)

燃料油 Fuel Oil 万吨 10^4tn	液化石油气 PLG 万吨 10^4tn	炼厂干气 Refinery Gas 万吨 10^4tn	天然气 Natural Gas 亿立方米 10^8cu. m	其他石油制品 Other Petroleum Products 万吨 10^4tn	其他焦化产品 Other Coking Products 万吨 10^4tn	热力 Heat 万百万千焦 10^{10}kj	电力 Electricity 亿千瓦小时 10^8kwh	其他能源 Other Energy 万吨标煤 10^4tce
868.38	**301.73**			**－166.61**			**359.52**	**33.70**
			32.87				334.18	
								33.70
481.83	31.64			8.00			114.97	
886.86	341.49			32.77			15.53	
－503.62	－60.20		－5.25	－204.87			－0.14	
－2.15	－2.06		－27.62	－13.63			－105.02	
5.46	－9.14			11.12				
－485.35	**56.95**	**66.21**		**428.91**	**1.84**	**5258.70**	**1098.91**	**－33.70**
－602.05				－1.01			1098.91	－17.20
－48.23		－4.44		－0.84		5258.70		－16.50
					1.84			
171.12	58.67	71.24		430.76				
－6.19	－1.72	－0.59						
1.92							**103.79**	
381.11	**358.68**	**66.21**		**262.30**	**1.84**	**5258.70**	**1354.64**	
				5.79			38.43	
313.27	43.63	66.21		256.51	1.84	5258.70	858.39	
7.54	0.16			134.08				
1.82							21.36	
60.90							23.01	
5.12	19.20						98.90	
	295.85						226.26	
	235.10						122.41	
	60.75						103.85	
							88.29	

6-19 广东能源平衡表(实物量)-2002

		煤合计 Coal Total 万吨 10^4tn	原煤 Raw Coal 万吨 10^4tn
一、可供本地区消费的能源量	**Total Primary Energy Supply**	**6649.00**	**6563.12**
1.一次能源生产量	Indigenous Production	218.71	218.71
2.回收能	Recovery of Energy		
3.外省(区、市)调入量	Moving In from Other Provinces	6625.32	6463.16
4.进 口 量	Import	49.93	25.26
5.我轮、机在外国加油量	Chinese Airplanes & Ships in Refueling Abroad		
6.本省(区、市)调出量(-)	Sending Out to Other Provinces(-)	-1.58	-1.58
7.出 口 量(-)	Export(-)	-107.72	
8.外轮、机在我国加油量(-)	Foreign Airplanes & Ships in Refueling in China		
9.库存增(-)、减(+)量	Stock Change	-135.66	-142.43
二、加工转换投入(-)产出(+)量	**Input(-) & Output(+) of Transformation**	**-4395.88**	**-4346.99**
1.火力发电	Thermal Power	-4121.06	-4121.06
2.供　　热	Heating Supply	-186.97	-186.97
3.洗 选 煤	Coal Washing		
4.炼　　焦	Coking	-74.89	
5.炼　　油	Petroleum Refineries		
6.制　　气	Gas Works	-16.86	-16.86
#焦炭再投入量(-)	Coke Input(-)		
7.煤制品加工	Briquettes	3.90	-22.10
三、损 失 量	**Loss**	**11.20**	**11.20**
四、终端消费量	**Total Final Consumption**	**2241.92**	**2204.93**
1.农、林、牧、渔业	Farming, Forestry, Animal Husbandry, Fishery & Water Conservancy	49.45	49.45
2.工　　业	Industry	2087.71	2076.62
#用作原料、材料	Non-Energy Use	166.28	166.28
3.建 筑 业	Construction	1.20	1.20
4.交通运输、仓储及邮电通迅业	Transportation, Storage, Postal & Telecommunications Services	1.36	1.36
5.批发和零售贸易业、餐饮业	Wholesale, Retail Trade and Catering Service	15.80	15.80
6.生活消费	Residential Consumption	86.40	60.50
城镇	Urban	30.60	18.20
乡村	Rural	55.80	42.30
7.其他	Other		
五、平衡差额	**Statistical Difference**		

ENERGY BALANCE OF GUANGDONG －2002（PHYSICAL QUANTITY）

洗精煤 Cleaned Coal 万吨 10^4tn	其他洗煤 Other Washed Coal 万吨 10^4tn	型煤 Briquettes 万吨 10^4tn	焦炭 Coke 万吨 10^4tn	焦炉煤气 Coke Oven Gas 亿立方米 10^8cu. m	其他煤气 Other Gas 亿立方米 10^8cu. m	油品合计 Petroleum Products Total 万吨 10^4tn	原油 Crude Oil 万吨 10^4tn	汽油 Gasoline 万吨 10^4tn
85.94	**0.03**	**－0.09**	**124.39**		**17.96**	**3281.81**	**1961.91**	**－12.06**
						1264.46	1264.46	
					17.96			
128.16	34.00		165.78			839.86		224.56
	24.66	0.01				2831.19	1259.44	
						17.30		
			－30.31			－1467.97	－545.61	－234.34
－48.98	－58.63	－0.11	－9.41			－206.23	－17.71	
			－11.34			－1.90		
6.76		0.01	9.67			5.10	1.33	－2.28
－74.89		**26.00**	**52.38**	**1.59**	**3.64**	**－919.08**	**－1943.25**	**356.63**
					－2.63	－789.71	－5.80	－0.01
					－1.03	－80.22		
－74.89			54.72	1.59				
						－41.55	－1937.45	356.64
			－2.34		7.30	－7.60		
		26.00						
						12.22	**7.50**	**0.90**
11.05	**0.03**	**25.91**	**176.77**	**1.59**	**21.60**	**2350.51**	**11.16**	**343.67**
						108.13		13.30
11.05	0.03	0.01	176.77	1.59	13.70	1073.81	11.16	22.94
						206.97	1.18	0.31
						18.70		6.30
						716.01		220.23
					2.10	58.70		18.40
		25.90			5.80	352.76		44.40
		12.40			5.80	270.91		29.80
		13.50				81.85		14.60
						22.40		18.10

续表(广东－2002)

		煤油 Kerosene 万吨 10^4tn	柴油 Diesel Oil 万吨 10^4tn
一、可供本地区消费的能源量	**Total Primary Energy Supply**	**－57.30**	**162.53**
1.一次能源生产量	Indigenous Production		
2.回收能	Recovery of Energy		
3.外省(区、市)调入量	Moving In from Other Provinces	0.87	314.12
4.进 口 量	Import	4.87	13.92
5.我轮、机在外国加油量	Chinese Airplanes & Ships in Refueling Abroad	17.30	
6.本省(区、市)调出量(－)	Sending Out to Other Provinces(－)	－64.25	－145.02
7.出 口 量(－)	Export(－)	－14.16	－12.37
8.外轮、机在我国加油量(－)	Foreign Airplanes & Ships in Refueling in China	－1.90	
9.库存增(－)、减(＋)量	Stock Change	－0.03	－8.12
二、加工转换投入(－)产出(＋)量	**Input(－) & Output(＋) of Transformation**	**160.45**	**612.39**
1.火力发电	Thermal Power		－73.07
2.供　热	Heating Supply		－0.12
3.洗 选 煤	Coal Washing		
4.炼　焦	Coking		
5.炼　油	Petroleum Refineries	160.45	685.59
6.制　气	Gas Works		－0.01
＃焦炭再投入量(－)	Coke Input(－)		
7.煤制品加工	Briquettes		
三、损 失 量	**Loss**	**0.40**	**1.32**
四、终端消费量	**Total Final Consumption**	**102.75**	**773.60**
1.农、林、牧、渔业	Farming, Forestry, Animal Husbandry, Fishery & Water Conservancy		90.22
2.工　业	Industry	2.74	299.95
＃用作原料、材料	Non－Energy Use	0.07	4.98
3.建 筑 业	Construction		12.40
4.交通运输、仓储及邮电通迅业	Transportation, Storage, Postal & Telecommunications Services	97.90	337.93
5.批发和零售贸易业、餐饮业	Wholesale, Retail Trade and Catering Service		22.80
6.生活消费	Residential Consumption	2.11	6.00
城镇	Urban	0.01	1.10
乡村	Rural	2.10	4.90
7.其他	Other		4.30
五、平衡差额	**Statistical Difference**		

Continued(Guangdong－2002)

燃料油 Fuel Oil 万吨 10^4tn	液化石油气 PLG 万吨 10^4tn	炼厂干气 Refinery Gas 万吨 10^4tn	天然气 Natural Gas 亿立方米 10^8cu. m	其他石油制品 Other Petroleum Products 万吨 10^4tn	其他焦化产品 Other Coking Products 万吨 10^4tn	热力 Heat 万百万千焦 10^{10}kj	电力 Electricity 亿千瓦小时 10^8kwh	其他能源 Other Energy 万吨标煤 10^4tce
972.54	**319.57**			**－65.38**	**－0.01**		**457.02**	**80.56**
			31.55				379.27	
								80.56
267.66	32.65						159.69	
825.07	397.96			329.93	0.07		21.75	
－130.90	－116.47		－5.31	－231.38			－0.09	
			－26.24	－161.99	－0.08		－103.60	
10.71	5.43			－1.94				
－575.32	**69.12**	**68.09**		**332.81**	**0.53**	**5580.30**	**1230.81**	**－80.56**
－701.41	－0.09	－1.42		－7.91			1230.81	－79.28
－52.07		－3.70		－24.33		5580.30		－1.28
					0.53			
181.65	72.34	74.18		365.05				
－3.49	－3.13	－0.97						
2.10							**122.52**	
395.12	**388.69**	**68.09**		**267.43**	**0.53**	**5580.30**	**1565.31**	
				4.61			46.82	
329.67	76.44	68.09		262.82	0.53	5580.30	1004.95	
13.10	0.18			187.15	0.36			
							24.46	
59.95							27.85	
5.50	12.00						129.30	
	300.25						233.61	
	240.00						125.59	
	60.25						108.02	
							98.32	
					－0.01			

6-20 广西能源平衡表(实物量)-2000

		煤合计 Coal Total 万吨 10^4tn	原煤 Raw Coal 万吨 10^4tn
一、可供本地区消费的能源量	**Total Primary Energy Supply**	**2228.43**	**2142.49**
1.一次能源生产量	Indigenous Production	707.67	707.67
2.回收能	Recovery of Energy		
3.外省(区、市)调入量	Moving In from Other Provinces	1471.52	1383.66
4.进 口 量	Import		
5.我轮、机在外国加油量	Chinese Airplanes & Ships in Refueling Abroad		
6.本省(区、市)调出量(-)	Sending Out to Other Provinces(-)	-2.99	-2.99
7.出 口 量(-)	Export(-)		
8.外轮、机在我国加油量(-)	Foreign Airplanes & Ships in Refueling in China		
9.库存增(-)、减(+)量	Stock Change	52.23	54.15
二、加工转换投入(-)产出(+)量	**Input(-) & Output(+) of Transformation**	**-786.64**	**-705.00**
1.火力发电	Thermal Power	-658.22	-658.22
2.供 热	Heating Supply	-37.67	-37.67
3.洗 选 煤	Coal Washing		
4.炼 焦	Coking	-81.64	
5.炼 油	Petroleum Refineries		
6.制 气	Gas Works	-9.11	-9.11
#焦炭再投入量(-)	Coke Input(-)		
7.煤制品加工	Briquettes		
三、损 失 量	**Loss**		
四、终端消费量	**Total Final Consumption**	**1441.79**	**1437.49**
1.农、林、牧、渔业	Farming, Forestry, Animal Husbandry, Fishery & Water Conservancy	11.49	11.49
2.工 业	Industry	1386.95	1382.65
#用作原料、材料	Non-Energy Use		
3.建 筑 业	Construction	1.78	1.78
4.交通运输、仓储及邮电通迅业	Transportation, Storage, Postal & Telecommunications Services	10.21	10.21
5.批发和零售贸易业、餐饮业	Wholesale, Retail Trade and Catering Service	12.59	12.59
6.生活消费	Residential Consumption	13.09	13.09
城镇	Urban	11.58	11.58
乡村	Rural	1.51	1.51
7.其他	Other	5.68	5.68
五、平衡差额	**Statistical Difference**		

ENERGY BALANCE OF GUANGXI －2000（PHYSICAL QUANTITY）

洗精煤 Cleaned Coal 万吨 10^4tn	其他洗煤 Other Washed Coal 万吨 10^4tn	型煤 Briquettes 万吨 10^4tn	焦炭 Coke 万吨 10^4tn	焦炉煤气 Coke Oven Gas 亿立方米 10^8cu. m	其他煤气 Other Gas 亿立方米 10^8cu. m	油品合计 Petroleum Products Total 万吨 10^4tn	原油 Crude Oil 万吨 10^4tn	汽油 Gasoline 万吨 10^4tn
84.49	**1.45**		**97.93**			**274.22**	**61.41**	**50.23**
						3.29	3.29	
86.25	1.61		91.99			297.22	58.77	59.25
						9.75		
			－0.39			－18.11		－5.60
						－0.05		
－1.76	－0.16		6.33			－17.88	－0.65	－3.42
－81.64			**60.68**	**2.33**	**3.50**	**－2.51**	**－61.13**	**15.64**
						－0.62		
－81.64			60.68	2.33				
						－1.89	－61.13	15.64
					3.50			
2.85	**1.45**		**158.61**	**2.33**	**3.50**	**271.71**	**0.28**	**65.87**
						5.50		2.80
2.85	1.45		158.61	1.96	3.50	46.09	0.28	4.96
						2.66		0.95
						143.33		25.59
						7.37		2.60
				0.37		55.69		20.73
				0.37		45.79		14.65
						9.90		6.08
						11.07		8.24

续表(广西－2000)

		煤油 Kerosene 万吨 10^4tn	柴油 Diesel Oil 万吨 10^4tn
一、可供本地区消费的能源量	**Total Primary Energy Supply**	**3.74**	**122.52**
1.一次能源生产量	Indigenous Production		
2.回收能	Recovery of Energy		
3.外省(区、市)调入量	Moving In from Other Provinces	3.84	147.34
4.进 口 量	Import		
5.我轮、机在外国加油量	Chinese Airplanes & Ships in Refueling Abroad		
6.本省(区、市)调出量(－)	Sending Out to Other Provinces(－)		－10.62
7.出 口 量(－)	Export(－)		
8.外轮、机在我国加油量(－)	Foreign Airplanes & Ships in Refueling in China		－0.05
9.库存增(－)、减(＋)量	Stock Change	－0.10	－14.15
二、加工转换投入(－)产出(＋)量	**Input(－) & Output(＋) of Transformation**	**0.05**	**24.30**
1.火力发电	Thermal Power		－0.62
2.供 热	Heating Supply		
3.洗 选 煤	Coal Washing		
4.炼 焦	Coking		
5.炼 油	Petroleum Refineries	0.05	24.92
6.制 气	Gas Works		
＃焦炭再投入量(－)	Coke Input(－)		
7.煤制品加工	Briquettes		
三、损 失 量	**Loss**		
四、终端消费量	**Total Final Consumption**	**3.79**	**146.82**
1.农、林、牧、渔业	Farming, Forestry, Animal Husbandry, Fishery & Water Conservancy	0.13	2.57
2.工 业	Industry	0.69	19.85
＃用作原料、材料	Non－Energy Use		
3.建 筑 业	Construction	0.01	1.70
4.交通运输、仓储及邮电通迅业	Transportation, Storage, Postal & Telecommunications Services	0.05	117.66
5.批发和零售贸易业、餐饮业	Wholesale, Retail Trade and Catering Service	0.10	2.61
6.生活消费	Residential Consumption	2.72	
城镇	Urban	1.40	
乡村	Rural	1.32	
7.其他	Other	0.09	2.43
五、平衡差额	**Statistical Difference**		

Continued(Guangxi－2000)

燃料油 Fuel Oil 万吨 10^4tn	液化石油气 PLG 万吨 10^4tn	炼厂干气 Refinery Gas 万吨 10^4tn	天然气 Natural Gas 亿立方米 10^8cu. m	其他石油制品 Other Petroleum Products 万吨 10^4tn	其他焦化产品 Other Coking Products 万吨 10^4tn	热力 Heat 万百万千焦 10^{10}kj	电力 Electricity 亿千瓦小时 10^8kwh	其他能源 Other Energy 万吨标煤 10^4tce
3.30	**29.92**			**3.10**			**201.81**	**146.16**
							168.87	
								146.16
2.73	22.08			3.21			35.16	
	9.75							
	－1.89						－2.22	
0.57	－0.02			－0.11				
4.37	**5.35**	**2.20**		**6.71**	**3.44**	**478.81**	**120.21**	
							120.21	
						478.81		
					3.44			
4.37	5.35	2.20		6.71				
							26.83	
7.67	**35.27**	**2.20**		**9.81**	**3.44**	**478.81**	**295.19**	**146.16**
							13.17	
7.64	0.66	2.20		9.81	3.44	478.81	211.41	146.16
							1.00	
0.03							4.39	
	2.06						5.97	
	32.24						49.58	
	29.74						30.47	
	2.50						19.11	
	0.31						9.67	

6-20 广西能源平衡表(实物量)-2001

		煤合计 Coal Total 万吨 10^4tn	原煤 Raw Coal 万吨 10^4tn
一、可供本地区消费的能源量	**Total Primary Energy Supply**	**2288.82**	**2192.56**
1.一次能源生产量	Indigenous Production	613.51	613.51
2.回收能	Recovery of Energy		
3.外省(区、市)调入量	Moving In from Other Provinces	1664.47	1567.14
4.进 口 量	Import		
5.我轮、机在外国加油量	Chinese Airplanes & Ships in Refueling Abroad		
6.本省(区、市)调出量(-)	Sending Out to Other Provinces(-)	-3.19	-3.19
7.出 口 量(-)	Export(-)		
8.外轮、机在我国加油量(-)	Foreign Airplanes & Ships in Refueling in China		
9.库存增(-)、减(+)量	Stock Change	14.03	15.10
二、加工转换投入(-)产出(+)量	**Input(-) & Output(+) of Transformation**	**-822.03**	**-731.15**
1.火力发电	Thermal Power	-690.29	-690.29
2.供　　热	Heating Supply	-31.65	-31.65
3.洗 选 煤	Coal Washing		
4.炼　　焦	Coking	-90.88	
5.炼　　油	Petroleum Refineries		
6.制　　气	Gas Works	-9.21	-9.21
#焦炭再投入量(-)	Coke Input(-)		
7.煤制品加工	Briquettes		
三、损 失 量	**Loss**		
四、终端消费量	**Total Final Consumption**	**1466.79**	**1461.41**
1.农、林、牧、渔业	Farming, Forestry, Animal Husbandry, Fishery & Water Conservancy	12.60	12.60
2.工　　业	Industry	1411.03	1405.65
#用作原料、材料	Non-Energy Use	187.40	187.40
3.建 筑 业	Construction		
4.交通运输、仓储及邮电通迅业	Transportation, Storage, Postal & Telecommunications Services	10.83	10.83
5.批发和零售贸易业、餐饮业	Wholesale, Retail Trade and Catering Service	19.37	19.37
6.生活消费	Residential Consumption	12.96	12.96
城镇	Urban	10.32	10.32
乡村	Rural	2.64	2.64
7.其他	Other		
五、平衡差额	**Statistical Difference**		

ENERGY BALANCE OF GUANGXI －2001（PHYSICAL QUANTITY）

洗精煤 Cleaned Coal 万吨 10^4tn	其他洗煤 Other Washed Coal 万吨 10^4tn	型煤 Briquettes 万吨 10^4tn	焦炭 Coke 万吨 10^4tn	焦炉煤气 Coke Oven Gas 亿立方米 10^8cu. m	其他煤气 Other Gas 亿立方米 10^8cu. m	油品合计 Petroleum Products Total 万吨 10^4tn	原油 Crude Oil 万吨 10^4tn	汽油 Gasoline 万吨 10^4tn
94.17	**2.09**		**96.90**			**330.41**	**66.50**	**61.16**
						3.25	3.25	
95.36	1.97		93.41			338.55	62.64	68.56
						11.81		
			－1.19			－23.59		－7.38
						－0.05		
－1.19	0.12		4.68			0.44	0.61	－0.02
－90.88			**67.35**	**2.71**	**3.58**	**－7.09**	**－63.38**	**15.20**
						－0.60		
						－0.01		
－90.88			67.35	2.71		3.44		
						－9.92	－63.38	15.20
					3.58			
						0.58		**0.58**
3.29	**2.09**		**164.25**	**2.71**	**3.58**	**324.50**	**3.12**	**75.60**
						8.15		3.35
3.29	2.09		164.25	2.46	3.58	54.89	3.12	7.54
			47.68					
						1.10		1.10
						173.31		26.93
						9.30		3.60
				0.25		65.07		23.88
				0.25		53.79		16.88
						11.28		7.00
						12.68		9.20
						－1.76		**0.18**

续表(广西－2001)

		煤油 Kerosene 万吨 10^4tn	柴油 Diesel Oil 万吨 10^4tn
一、可供本地区消费的能源量	**Total Primary Energy Supply**	**11.58**	**151.62**
1.一次能源生产量	Indigenous Production		
2.回收能	Recovery of Energy		
3.外省(区、市)调入量	Moving In from Other Provinces	11.12	165.51
4.进 口 量	Import		
5.我轮、机在外国加油量	Chinese Airplanes & Ships in Refueling Abroad		
6.本省(区、市)调出量(－)	Sending Out to Other Provinces(－)		－14.32
7.出 口 量(－)	Export(－)		
8.外轮、机在我国加油量(－)	Foreign Airplanes & Ships in Refueling in China		－0.05
9.库存增(－)、减(＋)量	Stock Change	0.46	0.48
二、加工转换投入(－)产出(＋)量	**Input(－) & Output(＋) of Transformation**	**0.05**	**25.93**
1.火力发电	Thermal Power		－0.50
2.供　　热	Heating Supply		－0.01
3.洗 选 煤	Coal Washing		
4.炼　　焦	Coking		
5.炼　　油	Petroleum Refineries	0.05	26.44
6.制　　气	Gas Works		
＃焦炭再投入量(－)	Coke Input(－)		
7.煤制品加工	Briquettes		
三、损 失 量	**Loss**		
四、终端消费量	**Total Final Consumption**	**11.63**	**177.60**
1.农、林、牧、渔业	Farming, Forestry, Animal Husbandry, Fishery & Water Conservancy	0.15	4.65
2.工　　业	Industry	0.70	29.32
＃用作原料、材料	Non－Energy Use		
3.建 筑 业	Construction		
4.交通运输、仓储及邮电通迅业	Transportation, Storage, Postal & Telecommunications Services	8.38	137.90
5.批发和零售贸易业、餐饮业	Wholesale, Retail Trade and Catering Service	0.08	2.52
6.生活消费	Residential Consumption	2.25	
城镇	Urban	1.00	
乡村	Rural	1.25	
7.其他	Other	0.07	3.21
五、平衡差额	**Statistical Difference**		**－0.05**

Continued(Guangxi－2001)

燃料油 Fuel Oil 万吨 10^4tn	液化石油气 PLG 万吨 10^4tn	炼厂干气 Refinery Gas 万吨 10^4tn	天然气 Natural Gas 亿立方米 10^8cu.m	其他石油制品 Other Petroleum Products 万吨 10^4tn	其他焦化产品 Other Coking Products 万吨 10^4tn	热力 Heat 万百万千焦 10^{10}kj	电力 Electricity 亿千瓦小时 10^8kwh	其他能源 Other Energy 万吨标煤 10^4tce
3.94	**35.61**			**1.77**			**210.81**	**153.49**
							176.09	
								153.40
5.13	25.59			1.13			36.41	
	11.81							
	－1.89						－1.69	
－1.19	0.10			0.64				0.09
4.10	**5.50**	**2.07**		**6.03**	**3.44**	**575.17**	**121.10**	
－0.10							121.10	
						575.17		
					3.44			
4.20	5.50	2.07		6.03				
							25.78	
8.04	**43.00**	**2.07**		**7.80**	**3.44**	**575.17**	**306.13**	**153.49**
							14.30	
7.94	0.76	2.07		7.80	3.44	575.17	214.16	153.49
							1.10	
0.10							5.27	
	3.10						7.17	
	38.94						52.52	
	35.91						31.24	
	3.03						21.28	
	0.20						11.61	
	－1.89							

6-20 广西能源平衡表(实物量)-2002

		煤合计 Coal Total 万吨 10^4tn	原煤 Raw Coal 万吨 10^4tn
一、可供本地区消费的能源量	**Total Primary Energy Supply**	**2133.09**	**2019.84**
1.一次能源生产量	Indigenous Production	436.75	436.75
2.回收能	Recovery of Energy		
3.外省(区、市)调入量	Moving In from Other Provinces	1703.76	1590.00
4.进口量	Import		
5.我轮、机在外国加油量	Chinese Airplanes & Ships in Refueling Abroad		
6.本省(区、市)调出量(-)	Sending Out to Other Provinces(-)	-3.00	-3.00
7.出口量(-)	Export(-)		
8.外轮、机在我国加油量(-)	Foreign Airplanes & Ships in Refueling in China		
9.库存增(-)、减(+)量	Stock Change	-4.42	-3.91
二、加工转换投入(-)产出(+)量	**Input(-) & Output(+) of Transformation**	**-865.59**	**-760.71**
1.火力发电	Thermal Power	-711.35	-711.35
2.供热	Heating Supply	-38.94	-38.94
3.洗选煤	Coal Washing	-0.10	-0.10
4.炼焦	Coking	-105.18	-0.30
5.炼油	Petroleum Refineries		
6.制气	Gas Works	-10.02	-10.02
#焦炭再投入量(-)	Coke Input(-)		
7.煤制品加工	Briquettes		
三、损失量	**Loss**		
四、终端消费量	**Total Final Consumption**	**1267.50**	**1259.13**
1.农、林、牧、渔业	Farming, Forestry, Animal Husbandry, Fishery & Water Conservancy	11.10	11.10
2.工业	Industry	1219.38	1211.01
#用作原料、材料	Non-Energy Use	233.39	233.39
3.建筑业	Construction		
4.交通运输、仓储及邮电通迅业	Transportation, Storage, Postal & Telecommunications Services	9.27	9.27
5.批发和零售贸易业、餐饮业	Wholesale, Retail Trade and Catering Service	16.58	16.58
6.生活消费	Residential Consumption	11.17	11.17
城镇	Urban	9.30	9.30
乡村	Rural	1.87	1.87
7.其他	Other		
五、平衡差额	**Statistical Difference**		

ENERGY BALANCE OF GUANGXI －2002（PHYSICAL QUANTITY）

洗精煤 Cleaned Coal 万吨 10^4tn	其他洗煤 Other Washed Coal 万吨 10^4tn	型煤 Briquettes 万吨 10^4tn	焦炭 Coke 万吨 10^4tn	焦炉煤气 Coke Oven Gas 亿立方米 10^8cu. m	其他煤气 Other Gas 亿立方米 10^8cu. m	油品合计 Petroleum Products Total 万吨 10^4tn	原油 Crude Oil 万吨 10^4tn	汽油 Gasoline 万吨 10^4tn
112.88	**0.37**		**99.16**			**389.69**	**70.24**	**68.50**
						3.50	3.50	
113.58	0.18		101.71			398.24	65.48	77.18
						3.11	1.00	
						－23.81		－8.95
			－1.70					
－0.70	0.19		－0.85			8.65	0.26	0.27
－104.88			**77.99**	**2.88**	**4.21**	**－7.34**	**－66.74**	**15.87**
						－0.87		
						－0.02		
－104.88			77.99	2.88				
						－6.45	－66.74	15.87
					4.21			
8.00	**0.37**		**177.15**	**2.88**	**4.21**	**382.35**	**3.50**	**84.37**
						9.68		3.93
8.00	0.37		177.15	2.61	4.21	70.66	3.50	8.40
						2.00		
						1.22		1.22
						204.97		29.98
						10.59		4.01
				0.27		70.87		26.59
				0.27		59.74		18.80
						11.13		7.79
						14.36		10.24

续表(广西-2002)

		煤油 Kerosene 万吨 10^4tn	柴油 Diesel Oil 万吨 10^4tn
一、可供本地区消费的能源量	**Total Primary Energy Supply**	**11.16**	**189.58**
1.一次能源生产量	Indigenous Production		
2.回收能	Recovery of Energy		
3.外省(区、市)调入量	Moving In from Other Provinces	11.12	195.64
4.进 口 量	Import		
5.我轮、机在外国加油量	Chinese Airplanes & Ships in Refueling Abroad		
6.本省(区、市)调出量(-)	Sending Out to Other Provinces(-)		-14.86
7.出 口 量(-)	Export(-)		
8.外轮、机在我国加油量(-)	Foreign Airplanes & Ships in Refueling in China		
9.库存增(-)、减(+)量	Stock Change	0.04	8.80
二、加工转换投入(-)产出(+)量	**Input(-) & Output(+) of Transformation**	**0.01**	**24.21**
1.火力发电	Thermal Power		-0.67
2.供　　热	Heating Supply		-0.02
3.洗 选 煤	Coal Washing		
4.炼　　焦	Coking		
5.炼　　油	Petroleum Refineries	0.01	24.90
6.制　　气	Gas Works		
#焦炭再投入量(-)	Coke Input(-)		
7.煤制品加工	Briquettes		
三、损 失 量	**Loss**		
四、终端消费量	**Total Final Consumption**	**11.17**	**213.79**
1.农、林、牧、渔业	Farming, Forestry, Animal Husbandry, Fishery & Water Conservancy	0.16	5.59
2.工　　业	Industry	0.65	35.31
#用作原料、材料	Non-Energy Use		2.00
3.建 筑 业	Construction		
4.交通运输、仓储及邮电通迅业	Transportation, Storage, Postal & Telecommunications Services	9.00	165.99
5.批发和零售贸易业、餐饮业	Wholesale, Retail Trade and Catering Service	0.09	3.10
6.生活消费	Residential Consumption	1.17	
城镇	Urban	1.17	
乡村	Rural		
7.其他	Other	0.10	3.80
五、平衡差额	**Statistical Difference**		

Continued(Guangxi－2002)

燃料油 Fuel Oil 万吨 10^4tn	液化石油气 PLG 万吨 10^4tn	炼厂干气 Refinery Gas 万吨 10^4tn	天然气 Natural Gas 亿立方米 10^8cu. m	其他石油制品 Other Petroleum Products 万吨 10^4tn	其他焦化产品 Other Coking Products 万吨 10^4tn	热力 Heat 万百万千焦 10^{10}kj	电力 Electricity 亿千瓦小时 10^8kwh	其他能源 Other Energy 万吨标煤 10^4tce
5.91	**42.50**			**1.80**			**226.26**	**188.10**
							186.34	
								188.00
5.42	43.40						42.67	
	1.00			1.11				
							-2.75	
0.49	-1.90			0.69				0.10
7.02	**4.76**	**1.89**		**5.64**	**4.16**	**519.61**	**130.69**	
-0.20							130.69	
						519.61		
					4.16			
7.22	4.76	1.89		5.64				
							27.01	
12.93	**47.26**	**1.89**		**7.44**	**4.16**	**519.61**	**329.94**	**188.10**
							16.25	
12.93	0.54	1.89		7.44	4.16	519.61	228.80	188.10
							1.93	
							5.65	
	3.39						7.47	
	43.11						55.31	
	39.77						32.49	
	3.34						22.82	
	0.22						14.53	

6-21 海南能源平衡表(实物量)-2000

		煤合计 Coal Total 万吨 10^4tn	原煤 Raw Coal 万吨 10^4tn
一、可供本地区消费的能源量	**Total Primary Energy Supply**	**191.37**	**191.37**
1.一次能源生产量	Indigenous Production		
2.回收能	Recovery of Energy		
3.外省(区、市)调入量	Moving In from Other Provinces	171.41	171.41
4.进口量	Import	19.62	19.62
5.我轮、机在外国加油量	Chinese Airplanes & Ships in Refueling Abroad		
6.本省(区、市)调出量(-)	Sending Out to Other Provinces(-)		
7.出口量(-)	Export(-)		
8.外轮、机在我国加油量(-)	Foreign Airplanes & Ships in Refueling in China		
9.库存增(-)、减(+)量	Stock Change	0.34	0.34
二、加工转换投入(-)产出(+)量	**Input(-) & Output(+) of Transformation**	**-116.66**	**-117.01**
1.火力发电	Thermal Power	-116.73	-116.73
2.供热	Heating Supply		
3.洗选煤	Coal Washing		
4.炼焦	Coking		
5.炼油	Petroleum Refineries		
6.制气	Gas Works		
#焦炭再投入量(-)	Coke Input(-)		
7.煤制品加工	Briquettes	0.07	-0.28
三、损失量	**Loss**	**4.64**	**4.64**
四、终端消费量	**Total Final Consumption**	**70.33**	**69.72**
1.农、林、牧、渔业	Farming, Forestry, Animal Husbandry, Fishery & Water Conservancy	3.38	3.38
2.工业	Industry	63.32	63.32
#用作原料、材料	Non-Energy Use		
3.建筑业	Construction	0.01	0.01
4.交通运输、仓储及邮电通迅业	Transportation, Storage, Postal & Telecommunications Services	1.40	1.40
5.批发和零售贸易业、餐饮业	Wholesale, Retail Trade and Catering Service	1.68	1.18
6.生活消费	Residential Consumption	0.54	0.43
城镇	Urban	0.54	0.43
乡村	Rural		
7.其他	Other		
五、平衡差额	**Statistical Difference**	**-0.26**	

ENERGY BALANCE OF HAINAN －2000（PHYSICAL QUANTITY）

洗精煤 Cleaned Coal 万吨 10^4tn	其他洗煤 Other Washed Coal 万吨 10^4tn	型煤 Briquettes 万吨 10^4tn	焦炭 Coke 亿立方米 10^8cu. m	焦炉煤气 Coke Oven Gas 亿立方米 10^8cu. m	其他煤气 Other Gas 万吨 10^4tn	油品合计 Petroleum Products Total 万吨 10^4tn	原油 Crude Oil 万吨 10^4tn	汽油 Gasoline
			3.47			**139.03**	**14.69**	**30.93**
			3.48			138.76	14.98	31.39
						2.31		
						0.64		
			－0.01			－2.68	－0.29	－0.46
		0.35			**0.13**	**－6.16**	**－14.65**	
						－0.54		
						－5.20	－14.65	
					0.13	－0.42		
		0.35						
						0.23		**0.11**
		0.61	**3.47**		**0.13**	**131.86**	**0.04**	**30.82**
						18.32		3.69
			3.47			14.17	0.04	4.99
						4.26		1.71
						59.40		7.28
		0.50			0.10	7.73		3.24
		0.11			0.03	11.63		1.76
		0.11			0.03	10.42		1.07
						1.21		0.69
						16.35		8.15
		－0.26				**0.78**		

续表(海南－2000)

		煤油 Kerosene 万吨 10^4tn	柴油 Diesel Oil 万吨 10^4tn
一、可供本地区消费的能源量	**Total Primary Energy Supply**	**28.11**	**46.20**
1.一次能源生产量	Indigenous Production		
2.回收能	Recovery of Energy		
3.外省(区、市)调入量	Moving In from Other Provinces	29.36	46.83
4.进 口 量	Import		
5.我轮、机在外国加油量	Chinese Airplanes & Ships in Refueling Abroad		0.21
6.本省(区、市)调出量(－)	Sending Out to Other Provinces(－)		
7.出 口 量(－)	Export(－)		
8.外轮、机在我国加油量(－)	Foreign Airplanes & Ships in Refueling in China		
9.库存增(－)、减(＋)量	Stock Change	－1.25	－0.84
二、加工转换投入(－)产出(＋)量	**Input(－) & Output(＋) of Transformation**		**－0.54**
1.火力发电	Thermal Power		－0.54
2.供 热	Heating Supply		
3.洗 选 煤	Coal Washing		
4.炼 焦	Coking		
5.炼 油	Petroleum Refineries		
6.制 气	Gas Works		
＃焦炭再投入量(－)	Coke Input(－)		
7.煤制品加工	Briquettes		
三、损 失 量	**Loss**		**0.10**
四、终端消费量	**Total Final Consumption**	**28.13**	**45.56**
1.农、林、牧、渔业	Farming, Forestry, Animal Husbandry, Fishery & Water Conservancy	0.04	14.59
2.工 业	Industry	0.02	5.56
＃用作原料、材料	Non－Energy Use		
3.建 筑 业	Construction		2.10
4.交通运输、仓储及邮电通迅业	Transportation, Storage, Postal & Telecommunications Services	27.54	15.11
5.批发和零售贸易业、餐饮业	Wholesale, Retail Trade and Catering Service	0.01	
6.生活消费	Residential Consumption	0.52	
城镇	Urban		
乡村	Rural	0.52	
7.其他	Other		8.20
五、平衡差额	**Statistical Difference**	**－0.02**	

Continued(Hainan－2000)

燃料油 Fuel Oil 万吨 10^4tn	液化石油气 PLG 万吨 10^4tn	炼厂干气 Refinery Gas 万吨 10^4tn	天然气 Natural Gas 亿立方米 10^8cu. m	其他石油制品 Other Petroleum Products 万吨 10^4tn	其他焦化产品 Other Coking Products 万吨 10^4tn	热力 Heat 万百万千焦 10^{10}kj	电力 Electricity 亿千瓦小时 10^8kwh	其他能源 Other Energy 万吨标煤 10^4tce
0.74	**14.39**			**3.97**			**14.65**	**16.73**
							14.65	
								16.80
	13.17			3.03				
	1.36			0.95				
0.43								
0.31	-0.14			-0.01				-0.07
9.45	**-0.42**		**-1.45**				**27.58**	
			-1.45				27.58	
9.45								
	-0.42							
	0.02						**5.25**	
9.39	**13.95**		**3.83**	**3.97**			**36.98**	**16.73**
							1.49	
3.41	0.12		3.83	0.03			16.31	16.73
			3.83					
0.45							0.39	
5.53				3.94			1.39	
	4.48						2.99	
	9.35						5.83	
	9.35						3.80	
							2.03	
							8.58	
0.80			**-5.28**					

6-21 海南能源平衡表(实物量)-2001

		煤合计 Coal Total 万吨 10^4tn	原煤 Raw Coal 万吨 10^4tn
一、可供本地区消费的能源量	**Total Primary Energy Supply**	**199.20**	**199.20**
1.一次能源生产量	Indigenous Production		
2.回收能	Recovery of Energy		
3.外省(区、市)调入量	Moving In from Other Provinces	171.52	171.52
4.进 口 量	Import	28.41	28.41
5.我轮、机在外国加油量	Chinese Airplanes & Ships in Refueling Abroad		
6.本省(区、市)调出量(-)	Sending Out to Other Provinces(-)		
7.出 口 量(-)	Export(-)		
8.外轮、机在我国加油量(-)	Foreign Airplanes & Ships in Refueling in China		
9.库存增(-)、减(+)量	Stock Change	-0.73	-0.73
二、加工转换投入(-)产出(+)量	**Input(-) & Output(+) of Transformation**	**-129.75**	**-129.75**
1.火力发电	Thermal Power	-129.75	-129.75
2.供 热	Heating Supply		
3.洗 选 煤	Coal Washing		
4.炼 焦	Coking		
5.炼 油	Petroleum Refineries		
6.制 气	Gas Works		
#焦炭再投入量(-)	Coke Input(-)		
7.煤制品加工	Briquettes		
三、损 失 量	**Loss**	**2.58**	**2.58**
四、终端消费量	**Total Final Consumption**	**67.47**	**66.87**
1.农、林、牧、渔业	Farming, Forestry, Animal Husbandry, Fishery & Water Conservancy	1.08	1.08
2.工 业	Industry	62.82	62.82
#用作原料、材料	Non-Energy Use		
3.建 筑 业	Construction	0.01	0.01
4.交通运输、仓储及邮电通迅业	Transportation, Storage, Postal & Telecommunications Services	1.40	1.40
5.批发和零售贸易业、餐饮业	Wholesale, Retail Trade and Catering Service	1.76	1.24
6.生活消费	Residential Consumption	0.40	0.32
城镇	Urban	0.40	0.32
乡村	Rural		
7.其他	Other		
五、平衡差额	**Statistical Difference**	**-0.60**	

ENERGY BALANCE OF HAINAN －2001（PHYSICAL QUANTITY）

洗精煤 Cleaned Coal 万吨 10^4tn	其他洗煤 Other Washed Coal 万吨 10^4tn	型煤 Briquettes 万吨 10^4tn	焦炭 Coke 万吨 10^4tn	焦炉煤气 Coke Oven Gas 亿立方米 10^8cu.m	其他煤气 Other Gas 亿立方米 10^8cu.m	油品合计 Petroleum Products Total 万吨 10^4tn	原油 Crude Oil 万吨 10^4tn	汽油 Gasoline 万吨 10^4tn
			0.66		**0.01**	**152.95**	**13.49**	**31.37**
						146.20	13.59	31.26
						12.76		
						0.49		
						－7.01		－0.42
						－0.57		
						－0.45		－0.24
			0.66		0.01	1.53	－0.10	0.77
					0.14	**－13.91**	**－13.39**	
						－0.50		
						－13.30	－13.39	
					0.14	－0.11		
						0.51		**0.26**
		0.60	**0.04**		**0.14**	**143.21**	**0.10**	**31.11**
						19.58		3.83
			0.04			19.35	0.10	4.33
						4.71		1.89
						62.55		7.31
		0.52			0.10	8.11		3.40
		0.08			0.04	12.56		2.20
		0.08			0.04	11.33		1.34
						1.23		0.86
						16.35		8.15
		－0.60	**0.62**		**0.01**	**－4.68**		

续表(海南－2001)

		煤油 Kerosene 万吨 10^4tn	柴油 Diesel Oil 万吨 10^4tn
一、可供本地区消费的能源量	**Total Primary Energy Supply**	**30.49**	**48.24**
1.一次能源生产量	Indigenous Production		
2.回收能	Recovery of Energy		
3.外省(区、市)调入量	Moving In from Other Provinces	32.65	49.75
4.进 口 量	Import	2.37	0.54
5.我轮、机在外国加油量	Chinese Airplanes & Ships in Refueling Abroad		
6.本省(区、市)调出量(－)	Sending Out to Other Provinces(－)	－5.02	－1.55
7.出 口 量(－)	Export(－)	－0.04	－0.53
8.外轮、机在我国加油量(－)	Foreign Airplanes & Ships in Refueling in China		－0.21
9.库存增(－)、减(＋)量	Stock Change	0.53	0.24
二、加工转换投入(－)产出(＋)量	**Input(－) & Output(＋) of Transformation**		**－0.50**
1.火力发电	Thermal Power		－0.50
2.供　　热	Heating Supply		
3.洗 选 煤	Coal Washing		
4.炼　　焦	Coking		
5.炼　　油	Petroleum Refineries		
6.制　　气	Gas Works		
#焦炭再投入量(－)	Coke Input(－)		
7.煤制品加工	Briquettes		
三、损 失 量	**Loss**	**0.02**	**0.21**
四、终端消费量	**Total Final Consumption**	**30.47**	**47.53**
1.农、林、牧、渔业	Farming, Forestry, Animal Husbandry, Fishery & Water Conservancy	0.04	15.71
2.工　　业	Industry	0.04	6.44
#用作原料、材料	Non－Energy Use		
3.建 筑 业	Construction		2.32
4.交通运输、仓储及邮电通迅业	Transportation, Storage, Postal & Telecommunications Services	30.01	14.86
5.批发和零售贸易业、餐饮业	Wholesale, Retail Trade and Catering Service	0.01	
6.生活消费	Residential Consumption	0.37	
城镇	Urban		
乡村	Rural	0.37	
7.其他	Other		8.20
五、平衡差额	**Statistical Difference**		

Continued(Hainan－2001)

燃料油 Fuel Oil 万吨 10^4tn	液化石油气 PLG 万吨 10^4tn	炼厂干气 Refinery Gas 万吨 10^4tn	天然气 Natural Gas 亿立方米 10^8cu. m	其他石油制品 Other Petroleum Products 万吨 10^4tn	其他焦化产品 Other Coking Products 万吨 10^4tn	热力 Heat 万百万千焦 10^{10}kj	电力 Electricity 亿千瓦小时 10^8kwh	其他能源 Other Energy 万吨标煤 10^4tce
5.22	**18.97**			**5.17**			**16.18**	**3.26**
							16.18	
								2.98
4.98	8.80			5.17				
	9.85							
0.49								
				－0.02				
－0.25	0.32			0.02				0.28
0.09	**－0.11**		**－1.27**				**28.68**	
			－1.27				28.68	
0.09								
	－0.11							
	0.02						**5.37**	
9.99	**18.84**		**5.29**	**5.17**			**39.49**	**3.26**
							2.12	
4.29	4.15		5.29				16.63	3.26
			5.29					
0.50							0.54	
5.20				5.17			1.55	
	4.70						3.21	
	9.99						6.92	
	9.99						4.69	
							2.23	
							8.52	
－4.68			**－6.56**					

6－22　重庆能源平衡表(实物量)－2000

		煤合计 Coal Total 万吨 10^4tn	原煤 Raw Coal 万吨 10^4tn
一、可供本地区消费的能源量	**Total Primary Energy Supply**	**2941.95**	**2695.80**
1.一次能源生产量	Indigenous Production	3023.82	2777.79
2.回收能	Recovery of Energy		
3.外省(区、市)调入量	Moving In from Other Provinces		
4.进 口 量	Import		
5.我轮、机在外国加油量	Chinese Airplanes & Ships in Refueling Abroad		
6.本省(区、市)调出量(－)	Sending Out to Other Provinces(－)	－149.38	－149.38
7.出 口 量(－)	Export(－)		
8.外轮、机在我国加油量(－)	Foreign Airplanes & Ships in Refueling in China		
9.库存增(－)、减(＋)量	Stock Change	67.51	67.39
二、加工转换投入(－)产出(＋)量	**Input(－) & Output(＋) of Transformation**	**－588.71**	**－721.70**
1.火力发电	Thermal Power	－449.46	－398.57
2.供　　热	Heating Supply	－27.23	－7.37
3.洗 选 煤	Coal Washing	－71.87	－298.50
4.炼　　焦	Coking	－40.15	－17.26
5.炼　　油	Petroleum Refineries		
6.制　　气	Gas Works		
#焦炭再投入量(－)	Coke Input(－)		
7.煤制品加工	Briquettes		
三、损 失 量	**Loss**		
四、终端消费量	**Total Final Consumption**	**2353.34**	**1974.20**
1.农、林、牧、渔业	Farming, Forestry, Animal Husbandry, Fishery & Water Conservancy	200.18	200.18
2.工　　业	Industry	1965.76	1586.62
#用作原料、材料	Non－Energy Use		
3.建 筑 业	Construction	14.28	14.28
4.交通运输、仓储及邮电通迅业	Transportation, Storage, Postal & Telecommunications Services	21.24	21.24
5.批发和零售贸易业、餐饮业	Wholesale, Retail Trade and Catering Service		
6.生活消费	Residential Consumption	150.88	150.88
城镇	Urban	2.28	2.28
乡村	Rural	148.60	148.60
7.其他	Other	1.00	1.00
五、平衡差额	**Statistical Difference**	**－0.10**	**－0.10**

ENERGY BALANCE OF CHONGQING －2000（PHYSICAL QUANTITY）

洗精煤 Cleaned Coal 万吨 10^4tn	其他洗煤 Other Washed Coal 万吨 10^4tn	型煤 Briquettes 万吨 10^4tn	焦炭 Coke 万吨 10^4tn	焦炉煤气 Coke Oven Gas 亿立方米 10^8cu. m	其他煤气 Other Gas 亿立方米 10^8cu. m	油品合计 Petroleum Products Total 万吨 10^4tn	原油 Crude Oil 万吨 10^4tn	汽油 Gasoline 万吨 10^4tn
169.66	**76.49**		**147.68**		**31.77**	**139.47**		**65.66**
170.49	75.54		146.70		31.77			
						153.02		72.05
－0.83	0.95		0.98			－13.55		－6.39
95.41	**37.58**		**32.94**	**0.42**		**－0.51**		
	－50.89							
	－19.86							
118.30	108.33							
－22.89			32.94	0.42				
265.07	**114.07**		**180.74**	**5.39**	**31.77**	**138.96**		**65.66**
						11.16		3.56
265.07	114.07		180.62	5.39	31.77	31.42		19.40
			0.09			6.99		3.31
			0.03			66.67		24.67
						11.06		8.06
						0.50		0.96
						0.96		0.50
						6.10		0.46
								5.70
			－0.12	**－4.97**				

续表(重庆－2000)

		煤油 Kerosene 万吨 10^4tn	柴油 Diesel Oil 万吨 10^4tn
一、可供本地区消费的能源量	**Total Primary Energy Supply**	**8.34**	**61.44**
1.一次能源生产量	Indigenous Production		
2.回收能	Recovery of Energy		
3.外省(区、市)调入量	Moving In from Other Provinces	8.36	68.57
4.进 口 量	Import		
5.我轮、机在外国加油量	Chinese Airplanes & Ships in Refueling Abroad		
6.本省(区、市)调出量(－)	Sending Out to Other Provinces(－)		
7.出 口 量(－)	Export(－)		
8.外轮、机在我国加油量(－)	Foreign Airplanes & Ships in Refueling in China		
9.库存增(－)、减(＋)量	Stock Change	－0.02	－7.13
二、加工转换投入(－)产出(＋)量	**Input(－) & Output(＋) of Transformation**		**－0.51**
1.火力发电	Thermal Power		－0.51
2.供 热	Heating Supply		
3.洗 选 煤	Coal Washing		
4.炼 焦	Coking		
5.炼 油	Petroleum Refineries		
6.制 气	Gas Works		
＃焦炭再投入量(－)	Coke Input(－)		
7.煤制品加工	Briquettes		
三、损 失 量	**Loss**		
四、终端消费量	**Total Final Consumption**	**8.34**	**60.93**
1.农、林、牧、渔业	Farming, Forestry, Animal Husbandry, Fishery & Water Conservancy		7.60
2.工 业	Industry	0.51	8.58
＃用作原料、材料	Non－Energy Use		
3.建 筑 业	Construction	0.03	3.65
4.交通运输、仓储及邮电通迅业	Transportation, Storage, Postal & Telecommunications Services	5.90	35.00
5.批发和零售贸易业、餐饮业	Wholesale, Retail Trade and Catering Service		3.10
6.生活消费	Residential Consumption	1.90	2.60
城镇	Urban		
乡村	Rural	1.90	2.60
7.其他	Other		0.40
五、平衡差额	**Statistical Difference**		

Continued(Chongqing - 2000)

燃料油 Fuel Oil 万吨 10^4tn	液化石油气 PLG 万吨 10^4tn	炼厂干气 Refinery Gas 万吨 10^4tn	天然气 Natural Gas 亿立方米 10^8cu. m	其他石油制品 Other Petroleum Products 万吨 10^4tn	其他焦化产品 Other Coking Products 万吨 10^4tn	热力 Heat 万百万千焦 10^{10}kj	电力 Electricity 亿千瓦小时 10^8kwh	其他能源 Other Energy 万吨标煤 10^4tce
2.68	**0.06**		**33.26**	**1.29**			**235.30**	
			50.25				200.17	
2.68	0.06		13.40	1.30			41.37	
			-30.39					
							-6.24	
				-0.01				
			-0.01		**0.74**	**1010.49**	**72.31**	**-2.34**
							72.31	-2.34
			-0.01			1010.49		
					0.74			
							12.34	
2.68	**0.06**		**33.25**	**1.29**	**0.74**	**1010.49**	**295.27**	**5.35**
							16.87	
1.58	0.06		26.44	1.29	0.74	1010.49	200.73	5.35
			0.04				12.08	
1.10			0.06				6.44	
			0.16				6.62	
			6.50				47.91	
			6.50				32.50	
							15.41	
			0.05				4.62	
								-7.69

6－22 重庆能源平衡表(实物量)－2001

		煤合计 Coal Total 万吨 10^4tn	原煤 Raw Coal 万吨 10^4tn
一、可供本地区消费的能源量	**Total Primary Energy Supply**	**2735.54**	**2501.00**
1.一次能源生产量	Indigenous Production	2781.10	2555.79
2.回收能	Recovery of Energy		
3.外省(区、市)调入量	Moving In from Other Provinces	136.67	136.67
4.进 口 量	Import		
5.我轮、机在外国加油量	Chinese Airplanes & Ships in Refueling Abroad		
6.本省(区、市)调出量(－)	Sending Out to Other Provinces(－)	－259.25	－259.25
7.出 口 量(－)	Export(－)		
8.外轮、机在我国加油量(－)	Foreign Airplanes & Ships in Refueling in China		
9.库存增(－)、减(＋)量	Stock Change	77.02	67.79
二、加工转换投入(－)产出(＋)量	**Input(－) & Output(＋) of Transformation**	**－940.10**	**－944.76**
1.火力发电	Thermal Power	－669.17	－619.59
2.供　　热	Heating Supply	－5.71	－5.14
3.洗 选 煤	Coal Washing	－133.46	－297.39
4.炼　　焦	Coking	－131.76	－22.64
5.炼　　油	Petroleum Refineries		
6.制　　气	Gas Works		
＃焦炭再投入量(－)	Coke Input(－)		
7.煤制品加工	Briquettes		
三、损 失 量	**Loss**		
四、终端消费量	**Total Final Consumption**	**1795.44**	**1556.24**
1.农、林、牧、渔业	Farming, Forestry, Animal Husbandry, Fishery & Water Conservancy	201.78	201.78
2.工　　业	Industry	1373.70	1134.50
＃用作原料、材料	Non－Energy Use		
3.建 筑 业	Construction	14.77	14.77
4.交通运输、仓储及邮电通迅业	Transportation, Storage, Postal & Telecommunications Services	21.25	21.25
5.批发和零售贸易业、餐饮业	Wholesale, Retail Trade and Catering Service	0.80	0.80
6.生活消费	Residential Consumption	182.14	182.14
城镇	Urban	1.76	1.76
乡村	Rural	180.38	180.38
7.其他	Other	1.00	1.00
五、平衡差额	**Statistical Difference**		

ENERGY BALANCE OF CHONGQING －2001（PHYSICAL QUANTITY）

洗精煤 Cleaned Coal 万吨 10^4tn	其他洗煤 Other Washed Coal 万吨 10^4tn	型煤 Briquettes 万吨 10^4tn	焦炭 Coke 万吨 10^4tn	焦炉煤气 Coke Oven Gas 亿立方米 10^8cu. m	其他煤气 Other Gas 亿立方米 10^8cu. m	油品合计 Petroleum Products Total 万吨 10^4tn	原油 Crude Oil 万吨 10^4tn	汽油 Gasoline 万吨 10^4tn
180.08	**54.46**		**129.31**		**45.56**	**141.19**	**0.19**	**64.14**
180.00	45.31		130.25		45.56			
						162.77	0.19	71.49
0.08	9.15		－0.94			－21.58		－7.35
－54.57	**59.23**		**61.74**	**4.28**	**－13.73**	**－0.41**		
	－49.58					－0.41		
	－0.57			－0.97	－13.73			
54.55	109.38							
－109.12			61.74	5.25				
125.51	**113.69**		**191.05**	**4.28**	**31.83**	**140.78**	**0.19**	**64.14**
						11.25		3.59
125.51	113.69		191.05	4.28	31.83	30.39	0.19	16.76
						7.25		3.42
						68.94		25.51
						11.20		8.10
						5.64		1.05
						0.56		0.55
						5.08		0.50
						6.11		5.71

续表(重庆-2001)

		煤油 Kerosene 万吨 10^4tn	柴油 Diesel Oil 万吨 10^4tn
一、可供本地区消费的能源量	**Total Primary Energy Supply**	**8.33**	**64.31**
1.一次能源生产量	Indigenous Production		
2.回收能	Recovery of Energy		
3.外省(区、市)调入量	Moving In from Other Provinces	8.32	78.50
4.进 口 量	Import		
5.我轮、机在外国加油量	Chinese Airplanes & Ships in Refueling Abroad		
6.本省(区、市)调出量(-)	Sending Out to Other Provinces(-)		
7.出 口 量(-)	Export(-)		
8.外轮、机在我国加油量(-)	Foreign Airplanes & Ships in Refueling in China		
9.库存增(-)、减(+)量	Stock Change	0.01	-14.19
二、加工转换投入(-)产出(+)量	**Input(-) & Output(+) of Transformation**		**-0.41**
1.火力发电	Thermal Power		-0.41
2.供　　热	Heating Supply		
3.洗 选 煤	Coal Washing		
4.炼　　焦	Coking		
5.炼　　油	Petroleum Refineries		
6.制　　气	Gas Works		
#焦炭再投入量(-)	Coke Input(-)		
7.煤制品加工	Briquettes		
三、损 失 量	**Loss**		
四、终端消费量	**Total Final Consumption**	**8.33**	**63.90**
1.农、林、牧、渔业	Farming, Forestry, Animal Husbandry, Fishery & Water Conservancy		7.66
2.工　　业	Industry	0.46	9.86
#用作原料、材料	Non-Energy Use		
3.建 筑 业	Construction	0.03	3.80
4.交通运输、仓储及邮电通迅业	Transportation, Storage, Postal & Telecommunications Services	5.91	36.42
5.批发和零售贸易业、餐饮业	Wholesale, Retail Trade and Catering Service		3.10
6.生活消费	Residential Consumption	1.93	2.66
城镇	Urban		0.01
乡村	Rural	1.93	2.65
7.其他	Other		0.40
五、平衡差额	**Statistical Difference**		

Continued(Chongqing - 2001)

燃料油 Fuel Oil 万吨 10^4tn	液化石油气 PLG 万吨 10^4tn	炼厂干气 Refinery Gas 万吨 10^4tn	天然气 Natural Gas 亿立方米 10^8cu. m	其他石油制品 Other Petroleum Products 万吨 10^4tn	其他焦化产品 Other Coking Products 万吨 10^4tn	热力 Heat 万百万千焦 10^{10}kj	电力 Electricity 亿千瓦小时 10^8kwh	其他能源 Other Energy 万吨标煤 10^4tce
4.10			**26.56**	**0.12**	**0.80**		**94.56**	**12.64**
			55.73		0.80		43.55	12.64
4.10			4.65	0.17			60.00	
			-33.82				-8.99	
				-0.05				
						827.42	**185.78**	
						-34.97	185.78	
						862.39		
							13.76	
4.10			**26.56**	**0.12**	**0.80**	**827.42**	**266.58**	**12.64**
							16.88	
3.00			19.75	0.12	0.80	827.42	167.20	12.64
			0.04				12.89	
1.10			0.06				6.79	
			0.16				6.95	
			6.50				51.02	
			6.50				34.23	
							16.79	
			0.05				4.85	

6－22 重庆能源平衡表(实物量)－2002

		煤合计 Coal Total 万吨 10^4tn	原煤 Raw Coal 万吨 10^4tn
一、可供本地区消费的能源量	**Total Primary Energy Supply**	**3052.92**	**2553.36**
1.一次能源生产量	Indigenous Production	3078.92	2600.00
2.回收能	Recovery of Energy		
3.外省(区、市)调入量	Moving In from Other Provinces	136.67	136.67
4.进 口 量	Import		
5.我轮、机在外国加油量	Chinese Airplanes & Ships in Refueling Abroad		
6.本省(区、市)调出量(－)	Sending Out to Other Provinces(－)	－212.00	－212.00
7.出 口 量(－)	Export(－)		
8.外轮、机在我国加油量(－)	Foreign Airplanes & Ships in Refueling in China		
9.库存增(－)、减(＋)量	Stock Change	49.33	28.69
二、加工转换投入(－)产出(＋)量	**Input(－) & Output(＋) of Transformation**	**－896.28**	**－715.96**
1.火力发电	Thermal Power	－648.56	－398.57
2.供　热	Heating Supply	－25.43	－6.89
3.洗 选 煤	Coal Washing	－38.88	－290.35
4.炼　焦	Coking	－183.41	－20.15
5.炼　油	Petroleum Refineries		
6.制　气	Gas Works		
#焦炭再投入量(－)	Coke Input(－)		
7.煤制品加工	Briquettes		
三、损 失 量	**Loss**		
四、终端消费量	**Total Final Consumption**	**2156.64**	**1837.40**
1.农、林、牧、渔业	Farming, Forestry, Animal Husbandry, Fishery & Water Conservancy	214.87	214.87
2.工　业	Industry	1731.88	1412.64
#用作原料、材料	Non－Energy Use		
3.建 筑 业	Construction	15.50	15.50
4.交通运输、仓储及邮电通迅业	Transportation, Storage, Postal & Telecommunications Services	21.25	21.25
5.批发和零售贸易业、餐饮业	Wholesale, Retail Trade and Catering Service	0.81	0.81
6.生活消费	Residential Consumption	171.31	171.31
城镇	Urban	1.76	1.76
乡村	Rural	169.55	169.55
7.其他	Other	1.02	1.02
五、平衡差额	**Statistical Difference**		

ENERGY BALANCE OF CHONGQING －2002 (PHYSICAL QUANTITY)

洗精煤 Cleaned Coal 万吨 10^4tn	其他洗煤 Other Washed Coal 万吨 10^4tn	型煤 Briquettes 万吨 10^4tn	焦炭 Coke 万吨 10^4tn	焦炉煤气 Coke Oven Gas 亿立方米 10^8cu. m	其他煤气 Other Gas 亿立方米 10^8cu. m	油品合计 Petroleum Products Total 万吨 10^4tn	原油 Crude Oil 万吨 10^4tn	汽油 Gasoline 万吨 10^4tn
255.64	**243.92**		**60.00**		**32.40**	**146.84**	**0.25**	**65.41**
246.14	232.78		61.32		32.40	0.04		
						171.48	0.25	72.00
9.50	11.14		-1.32			-24.68		-6.59
-46.15	**-134.17**		**129.70**	**0.30**		**-0.51**		
	-249.99					-0.51		
	-18.54		-0.02					
117.11	134.36							
-163.26			129.72	0.30				
209.49	**109.75**		**189.70**	**0.30**	**32.40**	**146.33**	**0.25**	**65.41**
						12.72		3.91
209.49	109.75		189.70	0.30	32.40	30.58	0.25	16.93
						7.97		3.76
						71.58		25.58
						11.26		8.15
						5.81		1.09
						0.58		0.57
						5.23		0.52
						6.41		5.99

续表(重庆－2002)

		煤油 Kerosene 万吨 10^4tn	柴油 Diesel Oil 万吨 10^4tn
一、可供本地区消费的能源量	**Total Primary Energy Supply**	**8.53**	**68.91**
1.一次能源生产量	Indigenous Production	0.04	
2.回收能	Recovery of Energy		
3.外省(区、市)调入量	Moving In from Other Provinces	8.49	87.00
4.进 口 量	Import		
5.我轮、机在外国加油量	Chinese Airplanes & Ships in Refueling Abroad		
6.本省(区、市)调出量(－)	Sending Out to Other Provinces(－)		
7.出 口 量(－)	Export(－)		
8.外轮、机在我国加油量(－)	Foreign Airplanes & Ships in Refueling in China		
9.库存增(－)、减(＋)量	Stock Change		－18.09
二、加工转换投入(－)产出(＋)量	**Input(－) & Output(＋) of Transformation**		**－0.51**
1.火力发电	Thermal Power		－0.51
2.供 热	Heating Supply		
3.洗 选 煤	Coal Washing		
4.炼 焦	Coking		
5.炼 油	Petroleum Refineries		
6.制 气	Gas Works		
＃焦炭再投入量(－)	Coke Input(－)		
7.煤制品加工	Briquettes		
三、损 失 量	**Loss**		
四、终端消费量	**Total Final Consumption**	**8.53**	**68.40**
1.农、林、牧、渔业	Farming, Forestry, Animal Husbandry, Fishery & Water Conservancy		8.81
2.工 业	Industry	0.64	10.12
＃用作原料、材料	Non－Energy Use		
3.建 筑 业	Construction	0.03	4.18
4.交通运输、仓储及邮电通迅业	Transportation, Storage, Postal & Telecommunications Services	5.93	38.97
5.批发和零售贸易业、餐饮业	Wholesale, Retail Trade and Catering Service		3.11
6.生活消费	Residential Consumption	1.93	2.79
城镇	Urban		0.01
乡村	Rural	1.93	2.78
7.其他	Other		0.42
五、平衡差额	**Statistical Difference**		

Continued(Chongqing－2002)

燃料油 Fuel Oil 万吨 10^4tn	液化石油气 PLG 万吨 10^4tn	炼厂干气 Refinery Gas 万吨 10^4tn	天然气 Natural Gas 亿立方米 10^8cu.m	其他石油制品 Other Petroleum Products 万吨 10^4tn	其他焦化产品 Other Coking Products 万吨 10^4tn	热力 Heat 万百万千焦 10^{10}kj	电力 Electricity 亿千瓦小时 10^8kwh	其他能源 Other Energy 万吨标煤 10^4tce
3.24	**0.04**		**27.33**	**0.46**	**0.74**	**64.62**	**111.00**	**26.79**
			58.51		0.74	64.62	55.00	26.79
3.24	0.04		5.45	0.46			72.00	
			－36.63				－16.00	
			－0.04				**171.51**	
						－41.88	171.51	
			－0.04			41.88		
							15.80	
3.24	**0.04**		**27.29**	**0.46**	**0.74**	**64.62**	**267.71**	**26.79**
							16.88	
2.14	0.04		20.47	0.46	0.74	64.62	166.22	26.79
			0.04				12.89	
1.10			0.06				6.79	
			0.17				6.96	
			6.50				53.12	
			6.50				35.05	
							18.07	
			0.05				4.85	
							－1.00	

6－23 四川能源平衡表(实物量)－2000

		煤合计 Coal Total 万吨 10^4tn	原煤 Raw Coal 万吨 10^4tn
一、可供本地区消费的能源量	**Total Primary Energy Supply**	**4643.99**	**4553.97**
1.一次能源生产量	Indigenous Production	4384.90	4384.90
2.回收能	Recovery of Energy		
3.外省(区、市)调入量	Moving In from Other Provinces	408.02	310.00
4.进 口 量	Import		
5.我轮、机在外国加油量	Chinese Airplanes & Ships in Refueling Abroad		
6.本省(区、市)调出量(－)	Sending Out to Other Provinces(－)	－138.60	－138.60
7.出 口 量(－)	Export(－)		
8.外轮、机在我国加油量(－)	Foreign Airplanes & Ships in Refueling in China		
9.库存增(－)、减(＋)量	Stock Change	－10.33	－2.33
二、加工转换投入(－)产出(＋)量	**Input(－) & Output(＋) of Transformation**	**－2252.25**	**－2310.84**
1.火力发电	Thermal Power	－1403.58	－1403.58
2.供　　热	Heating Supply	－154.72	－154.72
3.洗 选 煤	Coal Washing	－193.00	－738.54
4.炼　　焦	Coking	－500.00	－10.00
5.炼　　油	Petroleum Refineries		
6.制　　气	Gas Works		
＃焦炭再投入量(－)	Coke Input(－)		
7.煤制品加工	Briquettes	－0.95	－4.00
三、损 失 量	**Loss**	**35.90**	**35.08**
四、终端消费量	**Total Final Consumption**	**2355.81**	**2208.02**
1.农、林、牧、渔业	Farming, Forestry, Animal Husbandry, Fishery & Water Conservancy	2.02	2.02
2.工　　业	Industry	1676.62	1532.59
＃用作原料、材料	Non－Energy Use	22.06	22.06
3.建 筑 业	Construction	12.24	12.24
4.交通运输、仓储及邮电通迅业	Transportation, Storage, Postal & Telecommunications Services	11.17	11.12
5.批发和零售贸易业、餐饮业	Wholesale, Retail Trade and Catering Service	33.45	33.02
6.生活消费	Residential Consumption	611.05	608.00
城镇	Urban	148.47	147.57
乡村	Rural	462.58	460.43
7.其他	Other	9.26	9.03
五、平衡差额	**Statistical Difference**		

ENERGY BALANCE OF SICHUAN －2000 (PHYSICAL QUANTITY)

洗精煤 Cleaned Coal 万吨 10^4tn	其他洗煤 Other Washed Coal 万吨 10^4tn	型煤 Briquettes 万吨 10^4tn	焦炭 Coke 万吨 10^4tn	焦炉煤气 Coke Oven Gas 亿立方米 10^8cu. m	其他煤气 Other Gas 亿立方米 10^8cu. m	油品合计 Petroleum Products Total 万吨 10^4tn	原油 Crude Oil 万吨 10^4tn	汽油 Gasoline 万吨 10^4tn
90.59	**－0.57**		**64.76**			**390.65**	**49.92**	**133.85**
						17.32	17.32	
98.02			66.03			407.07	33.02	150.38
						0.64		
						－0.14		
－7.43	－0.57		－1.27			－34.24	－0.42	－16.53
－70.91	**126.45**	**3.05**	**380.91**	**7.02**		**－16.41**	**－49.25**	**8.41**
						－3.66	－1.36	
419.09	126.45							
－490.00			380.91	7.02				
						－12.75	－47.89	8.41
		3.05						
0.82			**0.77**			**0.27**		**0.05**
18.86	**125.88**	**3.05**	**444.90**	**7.02**		**373.80**	**0.67**	**142.18**
						46.34		2.05
18.15	125.88		440.00	7.02		47.88	0.67	14.23
			1.13			28.97		11.50
0.05			0.03			186.01		80.85
0.43			3.00			30.79		7.12
		3.05	0.12			3.21		1.35
		0.90	0.03			1.96		0.87
		2.15	0.09			1.25		0.48
0.23			0.62			30.60		25.08

续表(四川－2000)

		煤油 Kerosene 万吨 10^4tn	柴油 Diesel Oil 万吨 10^4tn
一、可供本地区消费的能源量	**Total Primary Energy Supply**	**34.82**	**163.84**
1.一次能源生产量	Indigenous Production		
2.回收能	Recovery of Energy		
3.外省(区、市)调入量	Moving In from Other Provinces	34.02	181.33
4.进口量	Import		
5.我轮、机在外国加油量	Chinese Airplanes & Ships in Refueling Abroad	0.64	
6.本省(区、市)调出量(－)	Sending Out to Other Provinces(－)		
7.出口量(－)	Export(－)		
8.外轮、机在我国加油量(－)	Foreign Airplanes & Ships in Refueling in China	－0.14	
9.库存增(－)、减(＋)量	Stock Change	0.30	－17.49
二、加工转换投入(－)产出(＋)量	**Input(－) & Output(＋) of Transformation**	**4.23**	**9.32**
1.火力发电	Thermal Power		－1.80
2.供热	Heating Supply		
3.洗选煤	Coal Washing		
4.炼焦	Coking		
5.炼油	Petroleum Refineries	4.23	11.12
6.制气	Gas Works		
#焦炭再投入量(－)	Coke Input(－)		
7.煤制品加工	Briquettes		
三、损失量	**Loss**	**0.03**	**0.18**
四、终端消费量	**Total Final Consumption**	**38.88**	**172.98**
1.农、林、牧、渔业	Farming, Forestry, Animal Husbandry, Fishery & Water Conservancy	0.04	44.00
2.工业	Industry	1.70	19.19
#用作原料、材料	Non－Energy Use		
3.建筑业	Construction	0.05	12.79
4.交通运输、仓储及邮电通迅业	Transportation, Storage, Postal & Telecommunications Services	35.38	69.78
5.批发和零售贸易业、餐饮业	Wholesale, Retail Trade and Catering Service	1.38	20.17
6.生活消费	Residential Consumption	0.29	1.57
城镇	Urban	0.08	1.01
乡村	Rural	0.21	0.56
7.其他	Other	0.04	5.48
五、平衡差额	**Statistical Difference**		

Continued(Sichuan－2000)

燃料油 Fuel Oil 万吨 10^4tn	液化石油气 PLG 万吨 10^4tn	炼厂干气 Refinery Gas 万吨 10^4tn	天然气 Natural Gas 亿立方米 10^8cu.m	其他石油制品 Other Petroleum Products 万吨 10^4tn	其他焦化产品 Other Coking Products 万吨 10^4tn	热力 Heat 万百万千焦 10^{10}kj	电力 Electricity 亿千瓦小时 10^8kwh	其他能源 Other Energy 万吨标煤 10^4tce
8.22			**57.65**				**332.65**	
			88.69				367.79	
8.32							6.24	
			－31.04				－41.38	
－0.10								
3.61	**0.54**		**－2.72**	**6.73**		**2795.14**	**187.17**	
－0.50			－2.72				187.17	
						2795.14		
4.11	0.54			6.73				
0.01			**1.36**			**10.00**	**42.75**	
11.82	**0.54**		**53.66**	**6.73**		**2785.14**	**477.07**	
0.25							13.84	
4.82	0.54		40.06	6.73		2785.14	313.84	
			31.00					
4.63			0.10				5.72	
			0.53				14.23	
2.12			1.90				16.27	
			11.02				93.05	
			11.02				51.18	
							41.87	
			0.05				20.12	

6－23 四川能源平衡表(实物量)－2001

		煤合计 Coal Total 万吨 10^4tn	原煤 Raw Coal 万吨 10^4tn
一、可供本地区消费的能源量	**Total Primary Energy Supply**	**4649.99**	**4547.46**
1.一次能源生产量	Indigenous Production	4371.75	4371.75
2.回收能	Recovery of Energy		
3.外省(区、市)调入量	Moving In from Other Provinces	415.10	317.50
4.进 口 量	Import		
5.我轮、机在外国加油量	Chinese Airplanes & Ships in Refueling Abroad		
6.本省(区、市)调出量(－)	Sending Out to Other Provinces(－)	－122.38	－122.38
7.出 口 量(－)	Export(－)	－20.37	－20.37
8.外轮、机在我国加油量(－)	Foreign Airplanes & Ships in Refueling in China		
9.库存增(－)、减(＋)量	Stock Change	5.89	0.96
二、加工转换投入(－)产出(＋)量	**Input(－) & Output(＋) of Transformation**	**－2412.35**	**－2460.51**
1.火力发电	Thermal Power	－1523.69	－1523.69
2.供 热	Heating Supply	－157.84	－157.84
3.洗 选 煤	Coal Washing	－197.64	－766.91
4.炼 焦	Coking	－533.00	－9.00
5.炼 油	Petroleum Refineries		
6.制 气	Gas Works		
＃焦炭再投入量(－)	Coke Input(－)		
7.煤制品加工	Briquettes	－0.18	－3.07
三、损 失 量	**Loss**	**40.72**	**40.02**
四、终端消费量	**Total Final Consumption**	**2196.82**	**2046.83**
1.农、林、牧、渔业	Farming, Forestry, Animal Husbandry, Fishery & Water Conservancy	2.17	2.17
2.工 业	Industry	1532.20	1385.78
＃用作原料、材料	Non－Energy Use	21.56	21.56
3.建 筑 业	Construction	8.98	8.98
4.交通运输、仓储及邮电通迅业	Transportation, Storage, Postal & Telecommunications Services	10.23	10.18
5.批发和零售贸易业、餐饮业	Wholesale, Retail Trade and Catering Service	31.14	30.72
6.生活消费	Residential Consumption	602.61	599.72
城镇	Urban	147.65	146.76
乡村	Rural	454.96	452.96
7.其他	Other	9.49	9.28
五、平衡差额	**Statistical Difference**		

ENERGY BALANCE OF SICHUAN －2001（PHYSICAL QUANTITY）

洗精煤 Cleaned Coal 万吨 10^4tn	其他洗煤 Other Washed Coal 万吨 10^4tn	型煤 Briquettes 万吨 10^4tn	焦炭 Coke 万吨 10^4tn	焦炉煤气 Coke Oven Gas 亿立方米 10^8cu. m	其他煤气 Other Gas 亿立方米 10^8cu. m	油品合计 Petroleum Products Total 万吨 10^4tn	原油 Crude Oil 万吨 10^4tn	汽油 Gasoline 万吨 10^4tn
101.59	**0.94**		**73.04**			**429.92**	**55.80**	**147.35**
						14.68	14.68	
97.60			72.02			396.67	41.72	140.75
						2.40		
						－0.17		
3.99	0.94		1.02			16.34	－0.60	6.60
－88.30	**133.57**	**2.89**	**414.77**	**7.59**		**－15.81**	**－55.38**	**10.61**
						－3.38	－0.98	
435.70	133.57							
－524.00			414.77	7.59				
						－12.43	－54.40	10.61
		2.89						
0.70			**0.75**			**0.26**		**0.05**
12.59	**134.51**	**2.89**	**487.06**	**7.59**		**413.85**	**0.42**	**157.91**
						49.13		2.12
11.91	134.51		479.57	7.59		48.40	0.42	13.22
			2.77			30.14		12.68
0.05			0.04			213.86		92.99
0.42			4.10			35.54		8.75
		2.89	0.15			3.16		1.37
		0.89	0.04			1.93		0.78
		2.00	0.11			1.23		0.59
0.21			0.43			33.62		26.78

续表(四川－2001)

		煤油 Kerosene 万吨 10^4tn	柴油 Diesel Oil 万吨 10^4tn
一、可供本地区消费的能源量	**Total Primary Energy Supply**	**38.12**	**180.84**
1.一次能源生产量	Indigenous Production		
2.回收能	Recovery of Energy		
3.外省(区、市)调入量	Moving In from Other Provinces	36.07	170.34
4.进 口 量	Import		
5.我轮、机在外国加油量	Chinese Airplanes & Ships in Refueling Abroad	2.40	
6.本省(区、市)调出量(－)	Sending Out to Other Provinces(－)		
7.出 口 量(－)	Export(－)		
8.外轮、机在我国加油量(－)	Foreign Airplanes & Ships in Refueling in China	－0.17	
9.库存增(－)、减(＋)量	Stock Change	－0.18	10.50
二、加工转换投入(－)产出(＋)量	**Input(－) & Output(＋) of Transformation**	**5.50**	**12.02**
1.火力发电	Thermal Power		－2.00
2.供　　热	Heating Supply		
3.洗 选 煤	Coal Washing		
4.炼　　焦	Coking		
5.炼　　油	Petroleum Refineries	5.50	14.02
6.制　　气	Gas Works		
＃焦炭再投入量(－)	Coke Input(－)		
7.煤制品加工	Briquettes		
三、损 失 量	**Loss**	**0.02**	**0.18**
四、终端消费量	**Total Final Consumption**	**43.60**	**192.68**
1.农、林、牧、渔业	Farming, Forestry, Animal Husbandry, Fishery & Water Conservancy	0.03	46.74
2.工　　业	Industry	2.22	20.33
＃用作原料、材料	Non－Energy Use		
3.建 筑 业	Construction	0.07	13.10
4.交通运输、仓储及邮电通迅业	Transportation, Storage, Postal & Telecommunications Services	39.43	81.44
5.批发和零售贸易业、餐饮业	Wholesale, Retail Trade and Catering Service	1.51	22.78
6.生活消费	Residential Consumption	0.28	1.51
城镇	Urban	0.07	1.08
乡村	Rural	0.21	0.43
7.其他	Other	0.06	6.78
五、平衡差额	**Statistical Difference**		

Continued(Sichuan - 2001)

燃料油 Fuel Oil 万吨 10^4tn	液化石油气 PLG 万吨 10^4tn	炼厂干气 Refinery Gas 万吨 10^4tn	天然气 Natural Gas 亿立方米 10^8cu. m	其他石油制品 Other Petroleum Products 万吨 10^4tn	其他焦化产品 Other Coking Products 万吨 10^4tn	热力 Heat 万百万千焦 10^{10}kj	电力 Electricity 亿千瓦小时 10^8kwh	其他能源 Other Energy 万吨标煤 10^4tce
7.81			**62.89**				**375.46**	
			94.49					
7.79							9.01	
			-31.60				-55.91	
0.02							422.36	
3.53	**0.55**		**-2.79**	**7.36**		**2744.00**	**211.02**	
-0.40			-2.79				211.02	
						2744.00		
3.93	0.55			7.36				
0.01			**1.45**			**11.00**	**64.88**	
11.33	**0.55**		**58.83**	**7.36**		**2733.00**	**521.60**	
0.24							14.90	
4.30	0.55		43.91	7.36		2733.00	341.44	
			34.00					
4.29			0.20				6.44	
			0.52				17.73	
2.50			1.83				16.22	
			12.30				103.09	
			12.30				60.44	
							42.65	
			0.07				21.78	

6-23 四川能源平衡表(实物量)-2002

		煤合计 Coal Total 万吨 10^4tn	原煤 Raw Coal 万吨 10^4tn
一、可供本地区消费的能源量	**Total Primary Energy Supply**	**5461.89**	**5316.07**
1.一次能源生产量	Indigenous Production	5358.00	5358.00
2.回收能	Recovery of Energy		
3.外省(区、市)调入量	Moving In from Other Provinces	439.62	291.12
4.进 口 量	Import		
5.我轮、机在外国加油量	Chinese Airplanes & Ships in Refueling Abroad		
6.本省(区、市)调出量(-)	Sending Out to Other Provinces(-)	-267.27	-267.27
7.出 口 量(-)	Export(-)	-21.03	-21.03
8.外轮、机在我国加油量(-)	Foreign Airplanes & Ships in Refueling in China		
9.库存增(-)、减(+)量	Stock Change	-47.43	-44.75
二、加工转换投入(-)产出(+)量	**Input(-) & Output(+) of Transformation**	**-2961.48**	**-2970.21**
1.火力发电	Thermal Power	-1964.32	-1964.32
2.供 热	Heating Supply	-160.12	-160.12
3.洗 选 煤	Coal Washing	-212.60	-813.60
4.炼 焦	Coking*	-624.44	-32.17
5.炼 油	Petroleum Refineries		
6.制 气	Gas Works		
#焦炭再投入量(-)	Coke Input(-)		
7.煤制品加工	Briquettes		
三、损 失 量	**Loss**	**51.63**	**51.02**
四、终端消费量	**Total Final Consumption**	**2448.78**	**2294.84**
1.农、林、牧、渔业	Farming, Forestry, Animal Husbandry, Fishery & Water Conservancy	2.15	2.15
2.工 业	Industry	1803.49	1650.05
#用作原料、材料	Non-Energy Use	27.57	27.57
3.建 筑 业	Construction	10.18	10.18
4.交通运输、仓储及邮电通迅业	Transportation, Storage, Postal & Telecommunications Services	9.24	9.22
5.批发和零售贸易业、餐饮业	Wholesale, Retail Trade and Catering Service	34.92	34.59
6.生活消费	Residential Consumption	580.14	580.14
城镇	Urban	134.04	134.04
乡村	Rural	446.10	446.10
7.其他	Other	8.66	8.51
五、平衡差额	**Statistical Difference**		

ENERGY BALANCE OF SICHUAN －2002（PHYSICAL QUANTITY）

洗精煤 Cleaned Coal 万吨 10^4tn	其他洗煤 Other Washed Coal 万吨 10^4tn	型煤 Briquettes 万吨 10^4tn	焦炭 Coke 万吨 10^4tn	焦炉煤气 Coke Oven Gas 亿立方米 10^8cu. m	其他煤气 Other Gas 亿立方米 10^8cu. m	油品合计 Petroleum Products Total 万吨 10^4tn	原油 Crude Oil 万吨 10^4tn	汽油 Gasoline 万吨 10^4tn
146.40	**－0.58**		**55.07**			**459.12**	**57.78**	**159.95**
						14.05	14.05	
148.50			56.13			465.82	43.34	165.15
						1.24		
						－8.11		
						－0.24		
－2.10	－0.58		－1.06			－13.64	0.39	－5.20
－136.08	**144.81**		**486.13**	**5.18**		**－20.01**	**－57.11**	**11.52**
						－2.83	－0.81	
456.19	144.81							
－592.27			486.13	5.18				
						－17.18	－56.30	11.52
0.50	**0.11**		**0.81**			**0.32**	**0.02**	**0.06**
9.82	**144.12**		**540.39**	**5.18**		**438.85**	**0.65**	**171.41**
						49.21		2.20
9.32	144.12		532.91	5.18		46.20	0.65	15.32
			3.15			32.65		14.35
0.02			0.05			233.81		98.51
0.33			3.75			37.79		9.96
			0.12			3.66		2.10
			0.02			2.23		1.39
			0.10			1.43		0.71
0.15			0.41			35.53		28.97

续表(四川－2002)

		煤油 Kerosene 万吨 10^4tn	柴油 Diesel Oil 万吨 10^4tn
一、可供本地区消费的能源量	**Total Primary Energy Supply**	**53.31**	**180.02**
1.一次能源生产量	Indigenous Production		
2.回收能	Recovery of Energy		
3.外省(区、市)调入量	Moving In from Other Provinces	60.18	189.12
4.进 口 量	Import		
5.我轮、机在外国加油量	Chinese Airplanes & Ships in Refueling Abroad	1.24	
6.本省(区、市)调出量(－)	Sending Out to Other Provinces(－)	－8.11	
7.出 口 量(－)	Export(－)		
8.外轮、机在我国加油量(－)	Foreign Airplanes & Ships in Refueling in China	－0.24	
9.库存增(－)、减(＋)量	Stock Change	0.24	－9.10
二、加工转换投入(－)产出(＋)量	**Input(－) & Output(＋) of Transformation**	**2.76**	**15.90**
1.火力发电	Thermal Power		－0.51
2.供 热	Heating Supply		
3.洗 选 煤	Coal Washing		
4.炼 焦	Coking		
5.炼 油	Petroleum Refineries	2.76	16.41
6.制 气	Gas Works		
#焦炭再投入量(－)	Coke Input(－)		
7.煤制品加工	Briquettes		
三、损 失 量	**Loss**	**0.03**	**0.20**
四、终端消费量	**Total Final Consumption**	**56.10**	**195.72**
1.农、林、牧、渔业	Farming, Forestry, Animal Husbandry, Fishery & Water Conservancy	0.03	46.78
2.工 业	Industry	2.27	19.82
#用作原料、材料	Non－Energy Use		
3.建 筑 业	Construction	0.08	14.20
4.交通运输、仓储及邮电通迅业	Transportation, Storage, Postal & Telecommunications Services	51.98	83.32
5.批发和零售贸易业、餐饮业	Wholesale, Retail Trade and Catering Service	1.44	23.78
6.生活消费	Residential Consumption	0.25	1.31
城镇	Urban	0.05	0.79
乡村	Rural	0.20	0.52
7.其他	Other	0.05	6.51
五、平衡差额	**Statistical Difference**		

Continued(Sichuan－2002)

燃料油 Fuel Oil 万吨 10^4tn	液化石油气 PLG 万吨 10^4tn	炼厂干气 Refinery Gas 万吨 10^4tn	天然气 Natural Gas 亿立方米 10^8cu. m	其他石油制品 Other Petroleum Products 万吨 10^4tn	其他焦化产品 Other Coking Products 万吨 10^4tn	热力 Heat 万百万千焦 10^{10}kj	电力 Electricity 亿千瓦小时 10^8kwh	其他能源 Other Energy 万吨标煤 10^4tce
8.06			**69.96**				**393.03**	
			102.17				456.31	
8.03							9.92	
			－32.21				－73.20	
0.03								
2.85	**0.63**		**－1.99**	**3.44**		**2769.06**	**278.79**	
－1.51			－1.75				278.79	
			－0.24			2769.06		
4.36	0.63			3.44				
0.01			**1.51**			**10.78**	**66.23**	
10.90	**0.63**		**66.46**	**3.44**		**2758.28**	**604.53**	
0.20							16.54	
4.07	0.63		48.92	3.44		2758.28	392.17	
			37.72					
4.02			0.21				6.87	
			0.81				17.44	
2.61			1.69				21.14	
			14.75				116.48	
			14.75				69.44	
							47.04	
			0.08				33.89	

6－24　贵州能源平衡表(实物量)－2000

		煤合计 Coal Total 万吨 10^4tn	原煤 Raw Coal 万吨 10^4tn
一、可供本地区消费的能源量	**Total Primary Energy Supply**	**2998.05**	**3376.57**
1.一次能源生产量	Indigenous Production	4276.75	4276.75
2.回收能	Recovery of Energy		
3.外省(区、市)调入量	Moving In from Other Provinces		
4.进 口 量	Import		
5.我轮、机在外国加油量	Chinese Airplanes & Ships in Refueling Abroad		
6.本省(区、市)调出量(－)	Sending Out to Other Provinces(－)	－1263.62	－878.50
7.出 口 量(－)	Export(－)	－56.45	－56.45
8.外轮、机在我国加油量(－)	Foreign Airplanes & Ships in Refueling in China		
9.库存增(－)、减(＋)量	Stock Change	41.37	34.77
二、加工转换投入(－)产出(＋)量	**Input(－) & Output(＋) of Transformation**	**－2368.80**	**－2714.00**
1.火力发电	Thermal Power	－1405.30	－1368.00
2.供　热	Heating Supply	－26.58	
3.洗 选 煤	Coal Washing	－261.70	－781.00
4.炼　焦	Coking	－690.31	－527.00
5.炼　油	Petroleum Refineries		
6.制　气	Gas Works		
#焦炭再投入量(－)	Coke Input(－)		
7.煤制品加工	Briquettes	15.09	－38.00
三、损 失 量	**Loss**	**45.00**	**45.00**
四、终端消费量	**Total Final Consumption**	**2732.50**	**2593.00**
1.农、林、牧、渔业	Farming, Forestry, Animal Husbandry, Fishery & Water Conservancy	222.00	222.00
2.工　业	Industry	1124.41	1038.00
#用作原料、材料	Non－Energy Use	175.91	175.91
3.建 筑 业	Construction	4.00	4.00
4.交通运输、仓储及邮电通迅业	Transportation, Storage, Postal & Telecommunications Services	8.03	8.03
5.批发和零售贸易业、餐饮业	Wholesale, Retail Trade and Catering Service	135.10	132.00
6.生活消费	Residential Consumption	1063.87	1015.00
城镇	Urban	109.00	83.00
乡村	Rural	954.87	932.00
7.其他	Other	175.09	173.97
五、平衡差额	**Statistical Difference**	**－2148.25**	**－1975.43**

ENERGY BALANCE OF GUIZHOU －2000（PHYSICAL QUANTITY）

洗精煤 Cleaned Coal 万吨 10^4tn	其他洗煤 Other Washed Coal 万吨 10^4tn	型煤 Briquettes 万吨 10^4tn	焦炭 Coke 万吨 10^4tn	焦炉煤气 Coke Oven Gas 亿立方米 10^8cu. m	其他煤气 Other Gas 亿立方米 10^8cu. m	油品合计 Petroleum Products Total 万吨 10^4tn	原油 Crude Oil 万吨 10^4tn	汽油 Gasoline 万吨 10^4tn
－212.84	**－165.68**		**－102.36**			**131.97**		**46.46**
						135.74		47.53
－211.68	－173.44		－102.60					
－1.16	7.76		0.24			－3.77		－1.07
160.74	**131.37**	**53.09**	**341.22**	**5.29**				
	－37.30							
	－26.58							
324.05	195.25							
－163.31			341.22	5.29				
		53.09						
52.10	**34.31**	**53.09**	**238.86**	**5.29**		**131.76**		**46.46**
			28.00			5.23		1.58
52.10	34.31		197.57	4.53		18.01		4.62
			1.40					
			0.50			3.79		1.28
			0.19			81.01		36.32
		3.10	4.10	0.16		13.05		1.30
		48.87	2.00	0.51		6.55		
		26.00		0.51		6.31		
		22.87	2.00			0.24		
		1.12	6.50	0.09		4.12		1.36
－104.20	**－68.62**					**0.21**		

续表(贵州－2000)

		煤油 Kerosene 万吨 10^4tn	柴油 Diesel Oil 万吨 10^4tn
一、可供本地区消费的能源量	**Total Primary Energy Supply**	**9.58**	**57.81**
1.一次能源生产量	Indigenous Production		
2.回收能	Recovery of Energy		
3.外省(区、市)调入量	Moving In from Other Provinces	9.77	60.19
4.进 口 量	Import		
5.我轮、机在外国加油量	Chinese Airplanes & Ships in Refueling Abroad		
6.本省(区、市)调出量(－)	Sending Out to Other Provinces(－)		
7.出 口 量(－)	Export(－)		
8.外轮、机在我国加油量(－)	Foreign Airplanes & Ships in Refueling in China		
9.库存增(－)、减(＋)量	Stock Change	－0.19	－2.38
二、加工转换投入(－)产出(＋)量	**Input(－) & Output(＋) of Transformation**		
1.火力发电	Thermal Power		
2.供　　热	Heating Supply		
3.洗 选 煤	Coal Washing		
4.炼　　焦	Coking		
5.炼　　油	Petroleum Refineries		
6.制　　气	Gas Works		
＃焦炭再投入量(－)	Coke Input(－)		
7.煤制品加工	Briquettes		
三、损 失 量	**Loss**		
四、终端消费量	**Total Final Consumption**	**9.37**	**57.81**
1.农、林、牧、渔业	Farming, Forestry, Animal Husbandry, Fishery & Water Conservancy	0.56	3.09
2.工　　业	Industry	1.42	4.46
＃用作原料、材料	Non－Energy Use		
3.建 筑 业	Construction		2.51
4.交通运输、仓储及邮电通迅业	Transportation, Storage, Postal & Telecommunications Services	2.41	42.28
5.批发和零售贸易业、餐饮业	Wholesale, Retail Trade and Catering Service	4.64	3.46
6.生活消费	Residential Consumption	0.24	
城镇	Urban		
乡村	Rural	0.24	
7.其他	Other	0.10	2.01
五、平衡差额	**Statistical Difference**	**0.21**	

Continued(Guizhou－2000)

燃料油 Fuel Oil 万吨 10^4tn	液化石油气 PLG 万吨 10^4tn	炼厂干气 Refinery Gas 万吨 10^4tn	天然气 Natural Gas 亿立方米 10^8cu. m	其他石油制品 Other Petroleum Products 万吨 10^4tn	其他焦化产品 Other Coking Products 万吨 10^4tn	热力 Heat 万百万千焦 10^{10}kj	电力 Electricity 亿千瓦小时 10^8kwh	其他能源 Other Energy 万吨标煤 10^4tce
7.51	**10.61**		**5.72**				**109.73**	
			0.70				133.52	
7.44	10.81		5.02					
							－23.79	
0.07	－0.20							
						54.11	**225.03**	
							225.03	
						54.11		
						2.38	**16.81**	
7.51	**10.61**		**5.72**			**51.73**	**317.95**	
							12.13	
7.51			5.65			51.45	235.47	
							7.95	
							12.19	
	3.65						11.65	
	6.31		0.07			0.28	27.00	
	6.31		0.07			0.28	12.96	
							14.04	
	0.65						11.56	

6-24 贵州能源平衡表(实物量)-2001

		煤合计 Coal Total 万吨 10^4tn	原煤 Raw Coal 万吨 10^4tn
一、可供本地区消费的能源量	**Total Primary Energy Supply**	**2672.29**	**2982.79**
1.一次能源生产量	Indigenous Production	3731.39	3731.39
2.回收能	Recovery of Energy		
3.外省(区、市)调入量	Moving In from Other Provinces		
4.进 口 量	Import		
5.我轮、机在外国加油量	Chinese Airplanes & Ships in Refueling Abroad		
6.本省(区、市)调出量(-)	Sending Out to Other Provinces(-)	-1101.46	-796.42
7.出 口 量(-)	Export(-)	-43.94	-43.94
8.外轮、机在我国加油量(-)	Foreign Airplanes & Ships in Refueling in China		
9.库存增(-)、减(+)量	Stock Change	86.30	91.76
二、加工转换投入(-)产出(+)量	**Input(-) & Output(+) of Transformation**	**-2178.45**	**-2559.12**
1.火力发电	Thermal Power	-1445.91	-1413.42
2.供 热	Heating Supply	-26.85	
3.洗 选 煤	Coal Washing	-115.19	-669.80
4.炼 焦	Coking	-606.00	-438.90
5.炼 油	Petroleum Refineries		
6.制 气	Gas Works		
#焦炭再投入量(-)	Coke Input(-)		
7.煤制品加工	Briquettes	15.50	-37.00
三、损 失 量	**Loss**	**40.00**	**40.00**
四、终端消费量	**Total Final Consumption**	**2727.60**	**2558.35**
1.农、林、牧、渔业	Farming, Forestry, Animal Husbandry, Fishery & Water Conservancy	219.00	219.00
2.工 业	Industry	1146.59	1029.84
#用作原料、材料	Non-Energy Use	168.20	168.20
3.建 筑 业	Construction	3.80	3.80
4.交通运输、仓储及邮电通迅业	Transportation, Storage, Postal & Telecommunications Services	7.82	7.82
5.批发和零售贸易业、餐饮业	Wholesale, Retail Trade and Catering Service	132.58	129.48
6.生活消费	Residential Consumption	1045.71	997.41
城镇	Urban	107.16	81.56
乡村	Rural	938.55	915.85
7.其他	Other	172.10	171.00
五、平衡差额	**Statistical Difference**	**-2273.76**	**-2174.68**

ENERGY BALANCE OF GUIZHOU －2001（PHYSICAL QUANTITY）

洗精煤 Cleaned Coal 万吨 10^4tn	其他洗煤 Other Washed Coal 万吨 10^4tn	型煤 Briquettes 万吨 10^4tn	焦炭 Coke 万吨 10^4tn	焦炉煤气 Coke Oven Gas 亿立方米 10^8cu. m	其他煤气 Other Gas 亿立方米 10^8cu. m	油品合计 Petroleum Products Total 万吨 10^4tn	原油 Crude Oil 万吨 10^4tn	汽油 Gasoline 万吨 10^4tn
-243.55	**-66.95**		**-71.66**			**152.89**		**47.83**
						153.55		48.00
-235.83	-69.21		-61.17					
-7.72	2.26		-10.49			-0.66		-0.17
194.01	**134.16**	**52.50**	**297.00**	**5.58**				
	-32.49							
	-26.85							
361.11	193.50							
-167.10			297.00	5.58				
		52.50						
49.54	**67.21**	**52.50**	**225.34**	**5.58**		**152.55**		**47.83**
			27.00			4.36		1.95
49.54	67.21		185.15	4.75		19.20		5.82
			40.79					
			0.49			2.23		0.48
			0.18			83.83		31.31
		3.10	4.12	0.20		7.63		1.10
		48.30	2.00	0.51		7.68		
		25.60		0.51		7.10		
		22.70	2.00			0.58		
		1.10	6.40	0.12		27.62		7.17
-99.08						**0.34**		

续表(贵州－2001)

		煤油 Kerosene 万吨 10^4tn	柴油 Diesel Oil 万吨 10^4tn
一、可供本地区消费的能源量	**Total Primary Energy Supply**	**2.36**	**83.19**
1.一次能源生产量	Indigenous Production		
2.回收能	Recovery of Energy		
3.外省(区、市)调入量	Moving In from Other Provinces	2.85	83.02
4.进 口 量	Import		
5.我轮、机在外国加油量	Chinese Airplanes & Ships in Refueling Abroad		
6.本省(区、市)调出量(－)	Sending Out to Other Provinces(－)		
7.出 口 量(－)	Export(－)		
8.外轮、机在我国加油量(－)	Foreign Airplanes & Ships in Refueling in China		
9.库存增(－)、减(＋)量	Stock Change	－0.49	0.17
二、加工转换投入(－)产出(＋)量	**Input(－) & Output(＋) of Transformation**		
1.火力发电	Thermal Power		
2.供　热	Heating Supply		
3.洗 选 煤	Coal Washing		
4.炼　焦	Coking		
5.炼　油	Petroleum Refineries		
6.制　气	Gas Works		
＃焦炭再投入量(－)	Coke Input(－)		
7.煤制品加工	Briquettes		
三、损 失 量	**Loss**		
四、终端消费量	**Total Final Consumption**	**2.36**	**82.85**
1.农、林、牧、渔业	Farming, Forestry, Animal Husbandry, Fishery & Water Conservancy	0.03	2.38
2.工　业	Industry	0.60	5.32
＃用作原料、材料	Non－Energy Use		
3.建 筑 业	Construction		1.75
4.交通运输、仓储及邮电通迅业	Transportation, Storage, Postal & Telecommunications Services	0.25	52.27
5.批发和零售贸易业、餐饮业	Wholesale, Retail Trade and Catering Service	0.38	1.95
6.生活消费	Residential Consumption	0.58	
城镇	Urban		
乡村	Rural	0.58	
7.其他	Other	0.52	19.18
五、平衡差额	**Statistical Difference**		**0.34**

Continued Guizhou－2001)

燃料油 Fuel Oil 万吨 10^4tn	液化石油气 PLG 万吨 10^4tn	炼厂干气 Refinery Gas 万吨 10^4tn	天然气 Natural Gas 亿立方米 10^8cu.m	其他石油制品 Other Petroleum Products 万吨 10^4tn	其他焦化产品 Other Coking Products 万吨 10^4tn	热力 Heat 万百万千焦 10^{10}kj	电力 Electricity 亿千瓦小时 10^8kwh	其他能源 Other Energy 万吨标煤 10^4tce
7.46	**12.05**		**6.00**				**180.50**	
			0.68				211.70	
7.53	12.15		5.32					
							－31.20	
－0.07	－0.10							
						45.84	**268.55**	
							268.55	
						45.84		
						2.10	**18.67**	
7.46	**12.05**		**6.00**			**43.74**	**430.38**	
							13.84	
7.46			5.94			41.99	340.56	
							8.20	
							12.49	
	4.20						12.16	
	7.10		0.06			1.75	32.07	
	7.10		0.06			1.75	21.55	
							10.52	
	0.75						11.06	

6－24 贵州能源平衡表(实物量)－2002

		煤合计 Coal Total 万吨 10^4tn	原煤 Raw Coal 万吨 10^4tn
一、可供本地区消费的能源量	**Total Primary Energy Supply**	**3437.24**	**3746.36**
1.一次能源生产量	Indigenous Production	5001.13	5001.13
2.回收能	Recovery of Energy		
3.外省(区、市)调入量	Moving In from Other Provinces		
4.进 口 量	Import		
5.我轮、机在外国加油量	Chinese Airplanes & Ships in Refueling Abroad		
6.本省(区、市)调出量(－)	Sending Out to Other Provinces(－)	－1494.08	－1168.68
7.出 口 量(－)	Export(－)	－42.08	－42.08
8.外轮、机在我国加油量(－)	Foreign Airplanes & Ships in Refueling in China		
9.库存增(－)、减(＋)量	Stock Change	－27.73	－44.01
二、加工转换投入(－)产出(＋)量	**Input(－) & Output(＋) of Transformation**	**－2238.06**	**－2613.56**
1.火力发电	Thermal Power	－1465.94	－1430.68
2.供 热	Heating Supply	－25.67	
3.洗 选 煤	Coal Washing	－140.80	－690.63
4.炼 焦	Coking	－622.38	－456.25
5.炼 油	Petroleum Refineries		
6.制 气	Gas Works		
＃焦炭再投入量(－)	Coke Input(－)		
7.煤制品加工	Briquettes	16.73	－36.00
三、损 失 量	**Loss**	**46.00**	**46.00**
四、终端消费量	**Total Final Consumption**	**2914.53**	**2745.99**
1.农、林、牧、渔业	Farming, Forestry, Animal Husbandry, Fishery & Water Conservancy	232.00	232.00
2.工 业	Industry	1267.49	1151.68
＃用作原料、材料	Non－Energy Use	195.18	195.18
3.建 筑 业	Construction	4.90	4.90
4.交通运输、仓储及邮电通迅业	Transportation, Storage, Postal & Telecommunications Services	8.80	8.80
5.批发和零售贸易业、餐饮业	Wholesale, Retail Trade and Catering Service	142.40	139.20
6.生活消费	Residential Consumption	1065.70	1017.30
城镇	Urban	107.60	82.30
乡村	Rural	958.10	935.00
7.其他	Other	193.24	192.11
五、平衡差额	**Statistical Difference**	**－1761.35**	**－1659.19**

ENERGY BALANCE OF GUIZHOU －2002（PHYSICAL QUANTITY）

洗精煤 Cleaned Coal 万吨 10^4tn	其他洗煤 Other Washed Coal 万吨 10^4tn	型煤 Briquettes 万吨 10^4tn	焦炭 Coke 万吨 10^4tn	焦炉煤气 Coke Oven Gas 亿立方米 10^8cu. m	其他煤气 Other Gas 亿立方米 10^8cu. m	油品合计 Petroleum Products Total 万吨 10^4tn	原油 Crude Oil 万吨 10^4tn	汽油 Gasoline 万吨 10^4tn
－257.29	**－51.83**		**－62.30**			**161.45**		**50.48**
						160.84		50.69
－259.68	－65.72		－63.82					
2.39	13.89		1.52			0.61		－0.21
206.21	**116.56**	**52.73**	**296.70**	**5.90**				
	－35.26							
	－25.67							
372.34	177.49							
－166.13			296.70	5.90				
		52.73						
51.08	**64.73**	**52.73**	**234.40**	**5.90**		**161.48**		**50.48**
			28.00			4.59		1.81
51.08	64.73		193.10	5.00		19.74		5.91
			36.48					
			0.50			4.06		0.53
			0.19			86.46		32.20
		3.20	4.13	0.22		9.65		1.80
		48.40	2.00	0.55		7.28		
		25.30		0.55		6.70		
		23.10	2.00			0.58		
		1.13	6.48	0.13		29.70		8.23
－102.16						**－0.03**		

续表(贵州－2002)

		煤油 Kerosene 万吨 10^4tn	柴油 Diesel Oil 万吨 10^4tn
一、可供本地区消费的能源量	**Total Primary Energy Supply**	**2.29**	**89.20**
1.一次能源生产量	Indigenous Production		
2.回收能	Recovery of Energy		
3.外省(区、市)调入量	Moving In from Other Provinces	2.05	88.60
4.进 口 量	Import		
5.我轮、机在外国加油量	Chinese Airplanes & Ships in Refueling Abroad		
6.本省(区、市)调出量(－)	Sending Out to Other Provinces(－)		
7.出 口 量(－)	Export(－)		
8.外轮、机在我国加油量(－)	Foreign Airplanes & Ships in Refueling in China		
9.库存增(－)、减(＋)量	Stock Change	0.24	0.60
二、加工转换投入(－)产出(＋)量	**Input(－) & Output(＋) of Transformation**		
1.火力发电	Thermal Power		
2.供 热	Heating Supply		
3.洗 选 煤	Coal Washing		
4.炼 焦	Coking		
5.炼 油	Petroleum Refineries		
6.制 气	Gas Works		
＃焦炭再投入量(－)	Coke Input(－)		
7.煤制品加工	Briquettes		
三、损 失 量	**Loss**		
四、终端消费量	**Total Final Consumption**	**2.29**	**89.23**
1.农、林、牧、渔业	Farming, Forestry, Animal Husbandry, Fishery & Water Conservancy	0.04	2.74
2.工 业	Industry	0.56	5.60
＃用作原料、材料	Non－Energy Use		
3.建 筑 业	Construction		3.53
4.交通运输、仓储及邮电通迅业	Transportation, Storage, Postal & Telecommunications Services	0.24	54.02
5.批发和零售贸易业、餐饮业	Wholesale, Retail Trade and Catering Service	0.36	3.14
6.生活消费	Residential Consumption	0.58	
城镇	Urban		
乡村	Rural	0.58	
7.其他	Other	0.51	20.20
五、平衡差额	**Statistical Difference**		**－0.03**

Continued Guizhou－2002)

燃料油 Fuel Oil 万吨 10^4tn	液化石油气 PLG 万吨 10^4tn	炼厂干气 Refinery Gas 万吨 10^4tn	天然气 Natural Gas 亿立方米 10^8cu. m	其他石油制品 Other Petroleum Products 万吨 10^4tn	其他焦化产品 Other Coking Products 万吨 10^4tn	热力 Heat 万百万千焦 10^{10}kj	电力 Electricity 亿千瓦小时 10^8kwh	其他能源 Other Energy 万吨标煤 10^4tce
7.67	**11.81**		**5.48**				**166.08**	
			0.48				221.53	
7.63	11.87		5.00					
							−55.45	
0.04	−0.06							
						46.19	**325.59**	
							325.59	
						46.19		
						2.10	**21.20**	
7.67	**11.81**		**5.48**			**44.09**	**470.47**	
							14.42	
7.67			5.43			39.22	362.04	
							8.90	
							13.48	
	4.35						12.96	
	6.70		0.05			4.87	46.92	
	6.70		0.05			4.87	30.81	
							16.11	
	0.76						11.75	

6-25 云南能源平衡表(实物量)-2000

		煤合计 Coal Total 万吨 10^4tn	原煤 Raw Coal 万吨 10^4tn
一、可供本地区消费的能源量	**Total Primary Energy Supply**	**2830.87**	**2779.38**
1.一次能源生产量	Indigenous Production	2215.61	2215.61
2.回收能	Recovery of Energy		
3.外省(区、市)调入量	Moving In from Other Provinces	658.46	511.45
4.进 口 量	Import		
5.我轮、机在外国加油量	Chinese Airplanes & Ships in Refueling Abroad		
6.本省(区、市)调出量(-)	Sending Out to Other Provinces(-)	-153.51	-50.66
7.出 口 量(-)	Export(-)		
8.外轮、机在我国加油量(-)	Foreign Airplanes & Ships in Refueling in China		
9.库存增(-)、减(+)量	Stock Change	110.31	102.98
二、加工转换投入(-)产出(+)量	**Input(-) & Output(+) of Transformation**	**-1481.18**	**-1539.52**
1.火力发电	Thermal Power	-743.72	-697.79
2.供 热	Heating Supply	-32.73	-32.73
3.洗 选 煤	Coal Washing	-127.43	-456.88
4.炼 焦	Coking	-578.24	-346.55
5.炼 油	Petroleum Refineries		
6.制 气	Gas Works		
#焦炭再投入量(-)	Coke Input(-)		
7.煤制品加工	Briquettes	0.94	-5.57
三、损 失 量	**Loss**	**66.15**	**66.15**
四、终端消费量	**Total Final Consumption**	**1280.89**	**1172.52**
1.农、林、牧、渔业	Farming, Forestry, Animal Husbandry, Fishery & Water Conservancy	82.64	82.64
2.工 业	Industry	678.46	630.05
#用作原料、材料	Non-Energy Use	27.68	27.68
3.建 筑 业	Construction	10.48	10.20
4.交通运输、仓储及邮电通迅业	Transportation, Storage, Postal & Telecommunications Services	17.31	17.12
5.批发和零售贸易业、餐饮业	Wholesale, Retail Trade and Catering Service	6.29	6.29
6.生活消费	Residential Consumption	461.89	402.40
城镇	Urban	128.49	69.00
乡村	Rural	333.40	333.40
7.其他	Other	23.82	23.82
五、平衡差额	**Statistical Difference**	**2.65**	**1.19**

ENERGY BALANCE OF YUNNAN －2000（PHYSICAL QUANTITY）

洗精煤 Cleaned Coal 万吨 10^4tn	其他洗煤 Other Washed Coal 万吨 10^4tn	型煤 Briquettes 万吨 10^4tn	焦炭 Coke 万吨 10^4tn	焦炉煤气 Coke Oven Gas 亿立方米 10^8cu. m	其他煤气 Other Gas 亿立方米 10^8cu. m	油品合计 Petroleum Products Total 万吨 10^4tn	原油 Crude Oil 万吨 10^4tn	汽油 Gasoline 万吨 10^4tn
43.80	**7.69**		**0.35**		**22.82**	**177.42**		**90.96**
					22.82			
147.01			29.10			177.53		91.06
－102.85			－57.95					
－0.36	7.69		29.20			－0.11		－0.10
－23.98	**75.81**	**6.51**	**359.87**	**5.59**				
	－45.93							
207.71	121.74							
－231.69			359.87	5.59				
		6.51						
18.92	**82.94**	**6.51**	**360.00**	**5.59**	**22.82**	**176.66**		**90.79**
			0.29			20.80		11.74
18.92	29.49		358.84	4.03	22.74	42.11		20.03
			75.35					
	0.28		0.60			8.27		2.60
	0.19		0.27			92.81		47.63
						4.03		3.03
	52.98	6.51		1.56	0.08	2.13		
	52.98	6.51		1.56	0.08			
						2.13		
						6.51		5.76
0.90	**0.56**		**0.22**			**0.76**		**0.17**

续表(云南－2000)

		煤油 Kerosene 万吨 10^4tn	柴油 Diesel Oil 万吨 10^4tn
一、可供本地区消费的能源量	**Total Primary Energy Supply**	**19.69**	**55.60**
1.一次能源生产量	Indigenous Production		
2.回收能	Recovery of Energy		
3.外省(区、市)调入量	Moving In from Other Provinces	19.69	55.59
4.进 口 量	Import		
5.我轮、机在外国加油量	Chinese Airplanes & Ships in Refueling Abroad		
6.本省(区、市)调出量(－)	Sending Out to Other Provinces(－)		
7.出 口 量(－)	Export(－)		
8.外轮、机在我国加油量(－)	Foreign Airplanes & Ships in Refueling in China		
9.库存增(－)、减(＋)量	Stock Change		0.01
二、加工转换投入(－)产出(＋)量	**Input(－) & Output(＋) of Transformation**		
1.火力发电	Thermal Power		
2.供 热	Heating Supply		
3.洗 选 煤	Coal Washing		
4.炼 焦	Coking		
5.炼 油	Petroleum Refineries		
6.制 气	Gas Works		
＃焦炭再投入量(－)	Coke Input(－)		
7.煤制品加工	Briquettes		
三、损 失 量	**Loss**		
四、终端消费量	**Total Final Consumption**	**19.24**	**55.46**
1.农、林、牧、渔业	Farming, Forestry, Animal Husbandry, Fishery & Water Conservancy	0.06	9.00
2.工 业	Industry	0.20	10.71
＃用作原料、材料	Non－Energy Use		
3.建 筑 业	Construction	0.08	5.59
4.交通运输、仓储及邮电通迅业	Transportation, Storage, Postal & Telecommunications Services	16.75	28.43
5.批发和零售贸易业、餐饮业	Wholesale, Retail Trade and Catering Service		1.00
6.生活消费	Residential Consumption	2.13	
城镇	Urban		
乡村	Rural	2.13	
7.其他	Other	0.02	0.73
五、平衡差额	**Statistical Difference**	**0.45**	**0.14**

Continued(Yunnan－2000)

燃料油 Fuel Oil 万吨 10^4tn	液化石油气 PLG 万吨 10^4tn	炼厂干气 Refinery Gas 万吨 10^4tn	天然气 Natural Gas 亿立方米 10^8cu. m	其他石油制品 Other Petroleum Products 万吨 10^4tn	其他焦化产品 Other Coking Products 万吨 10^4tn	热力 Heat 万百万千焦 10^{10}kj	电力 Electricity 亿千瓦小时 10^8kwh	其他能源 Other Energy 万吨标煤 10^4tce
11.17			**5.17**				**216.96**	
			0.08				216.08	
11.19			5.17				3.73	
			-0.08				-2.85	
-0.02								
					8.04	**616.11**	**101.38**	
							101.38	
						616.11		
					8.04			
							25.66	
11.17			**5.17**		**8.04**	**616.11**	**291.59**	
							12.22	
11.17			5.17		8.04	616.11	219.51	
			5.17					
							4.94	
							6.25	
							4.15	
							32.93	
							22.77	
							10.16	
							11.59	
							1.09	

6-25 云南能源平衡表(实物量)-2001

		煤合计 Coal Total 万吨 10^4tn	原煤 Raw Coal 万吨 10^4tn
一、可供本地区消费的能源量	**Total Primary Energy Supply**	**3103.87**	**3029.33**
1.一次能源生产量	Indigenous Production	2394.10	2394.10
2.回收能	Recovery of Energy		
3.外省(区、市)调入量	Moving In from Other Provinces	798.28	652.21
4.进 口 量	Import		
5.我轮、机在外国加油量	Chinese Airplanes & Ships in Refueling Abroad		
6.本省(区、市)调出量(-)	Sending Out to Other Provinces(-)	-118.11	-40.16
7.出 口 量(-)	Export(-)		
8.外轮、机在我国加油量(-)	Foreign Airplanes & Ships in Refueling in China		
9.库存增(-)、减(+)量	Stock Change	29.60	23.18
二、加工转换投入(-)产出(+)量	**Input(-) & Output(+) of Transformation**	**-1830.03**	**-1868.03**
1.火力发电	Thermal Power	-1028.18	-1012.50
2.供 热	Heating Supply	-42.70	-42.52
3.洗 选 煤	Coal Washing	-131.26	-444.39
4.炼 焦	Coking	-623.35	-357.47
5.炼 油	Petroleum Refineries		
6.制 气	Gas Works	-5.28	-5.28
#焦炭再投入量(-)	Coke Input(-)		
7.煤制品加工	Briquettes	0.74	-5.87
三、损 失 量	**Loss**	**58.27**	**58.27**
四、终端消费量	**Total Final Consumption**	**1213.10**	**1101.82**
1.农、林、牧、渔业	Farming, Forestry, Animal Husbandry, Fishery & Water Conservancy	64.16	64.16
2.工 业	Industry	641.71	592.86
#用作原料、材料	Non-Energy Use	29.73	29.73
3.建 筑 业	Construction	12.88	12.51
4.交通运输、仓储及邮电通迅业	Transportation, Storage, Postal & Telecommunications Services	22.04	21.82
5.批发和零售贸易业、餐饮业	Wholesale, Retail Trade and Catering Service	9.37	9.37
6.生活消费	Residential Consumption	437.18	375.34
城镇	Urban	115.66	53.82
乡村	Rural	321.52	321.52
7.其他	Other	25.76	25.76
五、平衡差额	**Statistical Difference**	**2.47**	**1.21**

ENERGY BALANCE OF YUNNAN －2001（PHYSICAL QUANTITY）

洗精煤 Cleaned Coal 万吨 10^4tn	其他洗煤 Other Washed Coal 万吨 10^4tn	型煤 Briquettes 万吨 10^4tn	焦炭 Coke 万吨 10^4tn	焦炉煤气 Coke Oven Gas 亿立方米 10^8cu. m	其他煤气 Other Gas 亿立方米 10^8cu. m	油品合计 Petroleum Products Total 万吨 10^4tn	原油 Crude Oil 万吨 10^4tn	汽油 Gasoline 万吨 10^4tn
73.86	**0.68**		**－63.45**		**37.40**	**271.38**		**111.35**
					37.40			
146.07			24.73			290.30		118.37
						0.22		
－77.95			－82.69					
						－0.20		
5.74	0.68		－5.49			－18.94		－7.02
－53.16	**84.55**	**6.61**	**437.24**	**5.76**	**1.20**	**－1.61**		
	－15.68					－1.61		
	－0.18							
212.72	100.41							
－265.88			444.00	5.76				
					1.20			
			－6.76					
		6.61						
19.93	**84.74**	**6.61**	**373.60**	**5.76**	**38.60**	**270.27**		**111.47**
			0.27			20.55		9.23
19.93	28.91	0.01	372.13	3.92	38.33	47.62		21.28
			79.81					
	0.37		0.71			9.72		2.29
	0.22		0.29			162.99		69.48
						5.22		3.27
	55.24	6.60	0.20	1.84	0.27	16.99		
	55.24	6.60	0.20	1.84	0.27	11.51		
						5.48		
						7.18		5.92
0.77	**0.49**		**0.19**			**－0.50**		**－0.12**

续表(云南-2001)

		煤油 Kerosene 万吨 10^4tn	柴油 Diesel Oil 万吨 10^4tn
一、可供本地区消费的能源量	**Total Primary Energy Supply**	**20.40**	**114.24**
1.一次能源生产量	Indigenous Production		
2.回收能	Recovery of Energy		
3.外省(区、市)调入量	Moving In from Other Provinces	20.86	125.02
4.进 口 量	Import		
5.我轮、机在外国加油量	Chinese Airplanes & Ships in Refueling Abroad		0.22
6.本省(区、市)调出量(-)	Sending Out to Other Provinces(-)		
7.出 口 量(-)	Export(-)		
8.外轮、机在我国加油量(-)	Foreign Airplanes & Ships in Refueling in China		-0.20
9.库存增(-)、减(+)量	Stock Change	-0.46	-10.80
二、加工转换投入(-)产出(+)量	**Input(-) & Output(+) of Transformation**		**-1.61**
1.火力发电	Thermal Power		-1.61
2.供 热	Heating Supply		
3.洗 选 煤	Coal Washing		
4.炼 焦	Coking		
5.炼 油	Petroleum Refineries		
6.制 气	Gas Works		
#焦炭再投入量(-)	Coke Input(-)		
7.煤制品加工	Briquettes		
三、损 失 量	**Loss**		
四、终端消费量	**Total Final Consumption**	**20.55**	**112.84**
1.农、林、牧、渔业	Farming, Forestry, Animal Husbandry, Fishery & Water Conservancy	0.20	11.12
2.工 业	Industry	0.25	14.24
#用作原料、材料	Non-Energy Use		
3.建 筑 业	Construction	0.11	7.32
4.交通运输、仓储及邮电通迅业	Transportation, Storage, Postal & Telecommunications Services	17.51	73.95
5.批发和零售贸易业、餐饮业	Wholesale, Retail Trade and Catering Service	0.08	1.87
6.生活消费	Residential Consumption	2.27	3.21
城镇	Urban		
乡村	Rural	2.27	3.21
7.其他	Other	0.13	1.13
五、平衡差额	**Statistical Difference**	**-0.15**	**-0.21**

Continued(Yunnan－2001)

燃料油 Fuel Oil 万吨 10^4tn	液化石油气 PLG 万吨 10^4tn	炼厂干气 Refinery Gas 万吨 10^4tn	天然气 Natural Gas 亿立方米 10^8cu. m	其他石油制品 Other Petroleum Products 万吨 10^4tn	其他焦化产品 Other Coking Products 万吨 10^4tn	热力 Heat 万百万千焦 10^{10}kj	电力 Electricity 亿千瓦小时 10^8kwh	其他能源 Other Energy 万吨标煤 10^4tce
8.68	**11.49**		**5.29**	**5.22**			**203.41**	
			0.08				216.48	
8.65	12.06		5.21	5.34			0.82	
							-13.89	
0.03	-0.57			-0.12				
					9.37	**695.74**	**143.05**	
							143.05	
						695.74		
					9.37			
							25.11	
8.68	**11.51**		**5.29**	**5.22**	**9.37**	**695.64**	**321.96**	
							12.17	
8.68			5.26	3.17	9.37	695.64	246.68	
			5.26					
							3.05	
				2.05			6.98	
							4.09	
	11.51		0.03				39.94	
	11.51		0.03				28.99	
							10.95	
							9.05	
	-0.02					**0.10**	**-0.61**	

6－25　云南能源平衡表(实物量)－2002

		煤合计 Coal Total 万吨 10^4tn	原煤 Raw Coal 万吨 10^4tn
一、可供本地区消费的能源量	**Total Primary Energy Supply**	**3353.56**	**3266.63**
1.一次能源生产量	Indigenous Production	3066.25	3066.25
2.回收能	Recovery of Energy		
3.外省(区、市)调入量	Moving In from Other Provinces	535.56	349.78
4.进 口 量	Import		
5.我轮、机在外国加油量	Chinese Airplanes & Ships in Refueling Abroad		
6.本省(区、市)调出量(－)	Sending Out to Other Provinces(－)	－199.40	－99.68
7.出 口 量(－)	Export(－)		
8.外轮、机在我国加油量(－)	Foreign Airplanes & Ships in Refueling in China		
9.库存增(－)、减(＋)量	Stock Change	－48.85	－49.72
二、加工转换投入(－)产出(＋)量	**Input(－) & Output(＋) of Transformation**	**－2012.49**	**－2077.48**
1.火力发电	Thermal Power	－1157.97	－1144.39
2.供　热	Heating Supply		
3.洗 选 煤	Coal Washing	－98.16	－477.50
4.炼　焦	Coking	－750.75	－444.08
5.炼　油	Petroleum Refineries		
6.制　气	Gas Works	－5.30	－5.30
＃焦炭再投入量(－)	Coke Input(－)		
7.煤制品加工	Briquettes	－0.31	－6.21
三、损 失 量	**Loss**	**56.31**	**56.31**
四、终端消费量	**Total Final Consumption**	**1283.42**	**1132.70**
1.农、林、牧、渔业	Farming, Forestry, Animal Husbandry, Fishery & Water Conservancy	61.17	61.17
2.工　业	Industry	735.35	647.60
＃用作原料、材料	Non－Energy Use	27.21	27.21
3.建 筑 业	Construction	14.49	13.98
4.交通运输、仓储及邮电通迅业	Transportation, Storage, Postal & Telecommunications Services	11.31	11.12
5.批发和零售贸易业、餐饮业	Wholesale, Retail Trade and Catering Service	10.21	10.21
6.生活消费	Residential Consumption	430.99	368.72
城镇	Urban	113.18	53.08
乡村	Rural	317.81	315.64
7.其他	Other	19.90	19.90
五、平衡差额	**Statistical Difference**	**1.34**	**0.14**

ENERGY BALANCE OF YUNNAN －2002 (PHYSICAL QUANTITY)

洗精煤 Cleaned Coal 万吨 10^4tn	其他洗煤 Other Washed Coal 万吨 10^4tn	型煤 Briquettes 万吨 10^4tn	焦炭 Coke 万吨 10^4tn	焦炉煤气 Coke Oven Gas 亿立方米 10^8cu. m	其他煤气 Other Gas 亿立方米 10^8cu. m	油品合计 Petroleum Products Total 万吨 10^4tn	原油 Crude Oil 万吨 10^4tn	汽油 Gasoline 万吨 10^4tn
89.51	**－2.58**		**57.91**		**39.14**	**313.61**		**97.40**
					39.14			
164.40	21.38		86.35			314.90		97.40
						0.36		
－69.80	－29.92		－24.02			－1.29		
						－0.32		
－5.09	5.96		－4.42			－0.04		
－60.82	**119.91**	**5.90**	**518.66**	**6.74**	**1.21**	**－0.50**		
	－13.58		－6.44			－0.50		
245.85	133.49							
－306.67			532.33	6.74				
					1.21			
			－7.23					
		5.90						
27.88	**116.94**	**5.90**	**576.47**	**6.74**	**40.35**	**314.21**		**97.60**
			0.28			15.27		5.84
27.88	59.85	0.02	574.81	5.07	40.13	52.75		18.13
			67.45			0.13		0.13
	0.51		0.97			10.82		2.39
	0.19		0.21			224.47		69.10
						1.01		0.80
	56.39	5.88	0.20	1.67	0.22	7.42		
	56.39	3.71	0.20	1.67	0.22	4.17		
		2.17				3.25		
						2.47		1.34
0.81	**0.39**		**0.10**			**－1.10**		**－0.20**

续表(云南－2002)

		煤油 Kerosene 万吨 10^4tn	柴油 Diesel Oil 万吨 10^4tn
一、可供本地区消费的能源量	**Total Primary Energy Supply**	**18.86**	**178.54**
1.一次能源生产量	Indigenous Production		
2.回收能	Recovery of Energy		
3.外省(区、市)调入量	Moving In from Other Provinces	19.63	178.99
4.进 口 量	Import		
5.我轮、机在外国加油量	Chinese Airplanes & Ships in Refueling Abroad	0.36	
6.本省(区、市)调出量(－)	Sending Out to Other Provinces(－)		－1.29
7.出 口 量(－)	Export(－)		
8.外轮、机在我国加油量(－)	Foreign Airplanes & Ships in Refueling in China	－0.32	
9.库存增(－)、减(＋)量	Stock Change	－0.81	0.84
二、加工转换投入(－)产出(＋)量	**Input(－) & Output(＋) of Transformation**		**－0.50**
1.火力发电	Thermal Power		－0.50
2.供　　热	Heating Supply		
3.洗 选 煤	Coal Washing		
4.炼　　焦	Coking		
5.炼　　油	Petroleum Refineries		
6.制　　气	Gas Works		
＃焦炭再投入量(－)	Coke Input(－)		
7.煤制品加工	Briquettes		
三、损 失 量	**Loss**		
四、终端消费量	**Total Final Consumption**	**18.95**	**178.85**
1.农、林、牧、渔业	Farming, Forestry, Animal Husbandry, Fishery & Water Conservancy	0.20	9.23
2.工　　业	Industry	0.73	21.53
＃用作原料、材料	Non－Energy Use		
3.建 筑 业	Construction	0.15	8.28
4.交通运输、仓储及邮电通迅业	Transportation, Storage, Postal & Telecommunications Services	17.87	135.32
5.批发和零售贸易业、餐饮业	Wholesale, Retail Trade and Catering Service		0.21
6.生活消费	Residential Consumption		3.15
城镇	Urban		
乡村	Rural		3.15
7.其他	Other		1.13
五、平衡差额	**Statistical Difference**	**－0.09**	**－0.81**

Continued(Yunnan－2002)

燃料油 Fuel Oil 万吨 10^4tn	液化石油气 PLG 万吨 10^4tn	炼厂干气 Refinery Gas 万吨 10^4tn	天然气 Natural Gas 亿立方米 10^8cu. m	其他石油制品 Other Petroleum Products 万吨 10^4tn	其他焦化产品 Other Coking Products 万吨 10^4tn	热力 Heat 万百万千焦 10^{10}kj	电力 Electricity 亿千瓦小时 10^8kwh	其他能源 Other Energy 万吨标煤 10^4tce
8.53	**4.35**		**5.11**	**5.93**	**0.04**		**229.19**	
			0.19				263.03	
9.01	3.92		4.92	5.95			0.45	
							－34.29	
－0.48	0.43			－0.02	0.04			
					11.49		**163.96**	
							163.96	
					11.49			
							32.56	
8.53	**4.35**		**5.14**	**5.93**	**11.53**		**360.90**	
							12.68	
8.53	0.08		5.11	3.75	11.53		274.02	
			5.11					
							3.92	
				2.18			9.01	
							3.94	
	4.27		0.03				46.89	
	4.17		0.03				34.41	
	0.10						12.48	
							10.44	
			－0.03				**－0.31**	

6－26 陕西能源平衡表(实物量)－2000

		煤合计 Coal Total 万吨 10^4tn	原煤 Raw Coal 万吨 10^4tn
一、可供本地区消费的能源量	**Total Primary Energy Supply**	**2765.72**	**2760.80**
1.一次能源生产量	Indigenous Production	3774.82	3774.82
2.回收能	Recovery of Energy		
3.外省(区、市)调入量	Moving In from Other Provinces	401.34	250.00
4.进 口 量	Import		
5.我轮、机在外国加油量	Chinese Airplanes & Ships in Refueling Abroad		
6.本省(区、市)调出量(－)	Sending Out to Other Provinces(－)	－1411.01	－1321.56
7.出 口 量(－)	Export(－)	－48.60	
8.外轮、机在我国加油量(－)	Foreign Airplanes & Ships in Refueling in China		
9.库存增(－)、减(＋)量	Stock Change	49.17	57.54
二、加工转换投入(－)产出(＋)量	**Input(－) & Output(＋) of Transformation**	**－1772.51**	**－1858.17**
1.火力发电	Thermal Power	－1342.57	－1342.57
2.供　　热	Heating Supply	－124.45	－124.45
3.洗 选 煤	Coal Washing	－108.56	－295.45
4.炼　　焦	Coking	－236.71	－88.02
5.炼　　油	Petroleum Refineries		
6.制　　气	Gas Works	－7.68	－7.68
＃焦炭再投入量(－)	Coke Input(－)		
7.煤制品加工	Briquettes	47.46	
三、损 失 量	**Loss**		
四、终端消费量	**Total Final Consumption**	**993.21**	**902.63**
1.农、林、牧、渔业	Farming, Forestry, Animal Husbandry, Fishery & Water Conservancy	9.00	9.00
2.工　　业	Industry	647.83	603.58
＃用作原料、材料	Non-Energy Use	103.70	103.70
3.建 筑 业	Construction	26.11	26.11
4.交通运输、仓储及邮电通迅业	Transportation, Storage, Postal & Telecommunications Services	17.93	17.93
5.批发和零售贸易业、餐饮业	Wholesale, Retail Trade and Catering Service	13.43	13.43
6.生活消费	Residential Consumption	251.57	205.24
城镇	Urban	131.73	113.02
乡村	Rural	119.84	92.22
7.其他	Other	27.34	27.34
五、平衡差额	**Statistical Difference**		

ENERGY BALANCE OF SHAANXI －2000（PHYSICAL QUANTITY）

洗精煤 Cleaned Coal 万吨 10^4tn	其他洗煤 Other Washed Coal 万吨 10^4tn	型煤 Briquettes 万吨 10^4tn	焦炭 Coke 万吨 10^4tn	焦炉煤气 Coke Oven Gas 亿立方米 10^8cu. m	其他煤气 Other Gas 亿立方米 10^8cu. m	油品合计 Petroleum Products Total 万吨 10^4tn	原油 Crude Oil 万吨 10^4tn	汽油 Gasoline 万吨 10^4tn
12.33	**－7.41**		**－115.92**			**430.45**	**521.61**	**－61.93**
						565.80	565.80	
151.34			43.76			207.62	15.50	49.30
－81.14	－8.31		－155.00			－351.51	－61.30	－115.60
－48.60			－18.00					
－9.27	0.90		13.32			8.54	1.61	4.37
16.22	**21.98**	**47.46**	**250.19**	**2.45**	**2.64**	**－75.74**	**－507.84**	**165.44**
						－2.31		
						－0.05		
164.91	21.98							
－148.69			250.19	2.45				
						－73.38	－507.84	165.44
					2.64			
		47.46						
28.55	**14.57**	**47.46**	**134.27**	**2.45**	**2.64**	**354.71**	**13.77**	**103.51**
						13.94		3.60
28.55	14.57	1.13	133.32	0.87	0.02	190.55	13.77	41.80
			78.96			22.76	13.77	
			0.95			27.11		7.91
						70.06		36.25
						8.82		6.49
		46.33		1.58	2.62	35.45		
		18.71		1.58	2.62	34.99		
		27.62				0.46		
						8.78		7.46

续表(陕西-2000)

		煤油 Kerosene 万吨 10^4tn	柴油 Diesel Oil 万吨 10^4tn
一、可供本地区消费的能源量	**Total Primary Energy Supply**	**18.34**	**-86.87**
1.一次能源生产量	Indigenous Production		
2.回收能	Recovery of Energy		
3.外省(区、市)调入量	Moving In from Other Provinces	18.43	53.70
4.进口量	Import		
5.我轮、机在外国加油量	Chinese Airplanes & Ships in Refueling Abroad		
6.本省(区、市)调出量(-)	Sending Out to Other Provinces(-)	-0.15	-141.52
7.出口量(-)	Export(-)		
8.外轮、机在我国加油量(-)	Foreign Airplanes & Ships in Refueling in China		
9.库存增(-)、减(+)量	Stock Change	0.06	0.95
二、加工转换投入(-)产出(+)量	**Input(-) & Output(+) of Transformation**	**1.15**	**179.27**
1.火力发电	Thermal Power		-2.31
2.供热	Heating Supply		-0.05
3.洗选煤	Coal Washing		
4.炼焦	Coking		
5.炼油	Petroleum Refineries	1.15	181.63
6.制气	Gas Works		
#焦炭再投入量(-)	Coke Input(-)		
7.煤制品加工	Briquettes		
三、损失量	**Loss**		
四、终端消费量	**Total Final Consumption**	**19.49**	**92.40**
1.农、林、牧、渔业	Farming, Forestry, Animal Husbandry, Fishery & Water Conservancy		10.31
2.工业	Industry	2.27	58.41
#用作原料、材料	Non-Energy Use		
3.建筑业	Construction		6.40
4.交通运输、仓储及邮电通迅业	Transportation, Storage, Postal & Telecommunications Services	17.02	15.45
5.批发和零售贸易业、餐饮业	Wholesale, Retail Trade and Catering Service		1.83
6.生活消费	Residential Consumption	0.01	
城镇	Urban		
乡村	Rural	0.01	
7.其他	Other	0.19	
五、平衡差额	**Statistical Difference**		

Continued(Shaanxi－2000)

燃料油 Fuel Oil 万吨 10^4tn	液化石油气 PLG 万吨 10^4tn	炼厂干气 Refinery Gas 万吨 10^4tn	天然气 Natural Gas 亿立方米 10^8cu. m	其他石油制品 Other Petroleum Products 万吨 10^4tn	其他焦化产品 Other Coking Products 万吨 10^4tn	热力 Heat 万百万千焦 10^{10}kj	电力 Electricity 亿千瓦小时 10^8kwh	其他能源 Other Energy 万吨标煤 10^4tce
41.03	**－1.73**		**6.67**				**48.02**	
			21.10				36.00	
67.99	2.70						15.24	
－28.44	－4.50		－14.43				－3.22	
1.48	0.07							
39.02	**42.18**	**3.22**		**1.82**	**3.45**	**1370.14**	**266.37**	
							266.37	
						1370.14		
					3.45			
39.02	42.18	3.22		1.82				
							21.63	
80.05	**40.45**	**3.22**	**6.67**	**1.82**	**3.45**	**1370.14**	**292.76**	
0.03							22.90	
65.00	4.26	3.22	3.64	1.82	3.45	1104.55	196.16	
7.17				1.82	2.30			
12.80							2.28	
1.34							14.01	
	0.50						8.44	
	35.44		3.03			133.23	33.31	
	34.99		3.03			133.23	21.31	
	0.45						12.00	
0.88	0.25					132.36	15.66	

6-26 陕西能源平衡表(实物量)-2001

		煤合计 Coal Total 万吨 10^4tn	原煤 Raw Coal 万吨 10^4tn
一、可供本地区消费的能源量	**Total Primary Energy Supply**	**3132.96**	**3042.64**
1.一次能源生产量	Indigenous Production	4891.73	4891.73
2.回收能	Recovery of Energy		
3.外省(区、市)调入量	Moving In from Other Provinces	700.00	400.00
4.进 口 量	Import		
5.我轮、机在外国加油量	Chinese Airplanes & Ships in Refueling Abroad		
6.本省(区、市)调出量(-)	Sending Out to Other Provinces(-)	-2429.85	-2324.85
7.出 口 量(-)	Export(-)	-96.87	
8.外轮、机在我国加油量(-)	Foreign Airplanes & Ships in Refueling in China		
9.库存增(-)、减(+)量	Stock Change	67.95	75.76
二、加工转换投入(-)产出(+)量	**Input(-) & Output(+) of Transformation**	**-1818.29**	**-1863.90**
1.火力发电	Thermal Power	-1408.22	-1408.22
2.供　　热	Heating Supply	-112.55	-112.55
3.洗 选 煤	Coal Washing	-65.32	-249.31
4.炼　　焦	Coking	-268.92	-90.99
5.炼　　油	Petroleum Refineries	-0.77	-0.77
6.制　　气	Gas Works	-2.06	-2.06
#焦炭再投入量(-)	Coke Input(-)		
7.煤制品加工	Briquettes	39.55	
三、损 失 量	**Loss**		
四、终端消费量	**Total Final Consumption**	**1314.67**	**1178.74**
1.农、林、牧、渔业	Farming, Forestry, Animal Husbandry, Fishery & Water Conservancy	7.00	7.00
2.工　　业	Industry	999.56	902.65
#用作原料、材料	Non-Energy Use	574.01	574.01
3.建 筑 业	Construction	39.17	39.17
4.交通运输、仓储及邮电通迅业	Transportation, Storage, Postal & Telecommunications Services	12.38	12.38
5.批发和零售贸易业、餐饮业	Wholesale, Retail Trade and Catering Service	10.20	10.20
6.生活消费	Residential Consumption	226.06	187.04
城镇	Urban	147.84	126.85
乡村	Rural	78.22	60.19
7.其他	Other	20.30	20.30
五、平衡差额	**Statistical Difference**		

ENERGY BALANCE OF SHAANXI －2001（PHYSICAL QUANTITY）

洗精煤 Cleaned Coal 万吨 10^4tn	其他洗煤 Other Washed Coal 万吨 10^4tn	型煤 Briquettes 万吨 10^4tn	焦炭 Coke 万吨 10^4tn	焦炉煤气 Coke Oven Gas 亿立方米 10^8cu. m	其他煤气 Other Gas 亿立方米 10^8cu. m	油品合计 Petroleum Products Total 万吨 10^4tn	原油 Crude Oil 万吨 10^4tn	汽油 Gasoline 万吨 10^4tn
89.19	**1.13**		**-142.48**			**516.82**	**618.26**	**-70.27**
						688.65	688.65	
300.00			58.00			169.46	10.50	32.43
-105.00			-168.00			-291.20	-51.23	-96.61
-96.87			-14.77					
-8.94	1.13		-17.71			-50.09	-29.66	-6.09
-13.09	**19.15**	**39.55**	**270.52**	**0.78**	**0.58**	**-143.32**	**-604.14**	**148.43**
						-1.67		
						-0.02		
164.39	19.60							
-177.48	-0.45		270.52					
						-146.16	-604.14	148.43
				0.78	0.58	4.53		
		39.55						
76.10	**20.28**	**39.55**	**128.04**	**0.78**	**0.58**	**373.50**	**14.12**	**78.16**
						13.28		2.00
76.10	20.28	0.53	127.04	0.56	0.07	190.64	14.12	23.23
			19.48			16.20	14.12	
			1.00			32.69		4.00
						84.78		35.33
						13.06		10.60
		39.02		0.22	0.51	34.85		
		20.99		0.22	0.51	34.36		
		18.03				0.49		
						4.20		3.00

续表(陕西-2001)

		煤油 Kerosene 万吨 10^4tn	柴油 Diesel Oil 万吨 10^4tn
一、可供本地区消费的能源量	**Total Primary Energy Supply**	**17.38**	**-73.20**
1.一次能源生产量	Indigenous Production		
2.回收能	Recovery of Energy		
3.外省(区、市)调入量	Moving In from Other Provinces	17.49	52.18
4.进口量	Import		
5.我轮、机在外国加油量	Chinese Airplanes & Ships in Refueling Abroad		
6.本省(区、市)调出量(-)	Sending Out to Other Provinces(-)	-0.12	-118.27
7.出口量(-)	Export(-)		
8.外轮、机在我国加油量(-)	Foreign Airplanes & Ships in Refueling in China		
9.库存增(-)、减(+)量	Stock Change	0.01	-7.11
二、加工转换投入(-)产出(+)量	**Input(-) & Output(+) of Transformation**	**1.10**	**192.28**
1.火力发电	Thermal Power		-1.67
2.供热	Heating Supply		-0.02
3.洗选煤	Coal Washing		
4.炼焦	Coking		
5.炼油	Petroleum Refineries	1.10	193.97
6.制气	Gas Works		
#焦炭再投入量(-)	Coke Input(-)		
7.煤制品加工	Briquettes		
三、损失量	**Loss**		
四、终端消费量	**Total Final Consumption**	**18.48**	**119.08**
1.农、林、牧、渔业	Farming, Forestry, Animal Husbandry, Fishery & Water Conservancy		11.00
2.工业	Industry	1.55	61.08
#用作原料、材料	Non-Energy Use		
3.建筑业	Construction		15.00
4.交通运输、仓储及邮电通迅业	Transportation, Storage, Postal & Telecommunications Services	16.93	30.00
5.批发和零售贸易业、餐饮业	Wholesale, Retail Trade and Catering Service		2.00
6.生活消费	Residential Consumption		
城镇	Urban		
乡村	Rural		
7.其他	Other		
五、平衡差额	**Statistical Difference**		

Continued(Shaanxi－2001)

燃料油 Fuel Oil 万吨 10^4tn	液化石油气 PLG 万吨 10^4tn	炼厂干气 Refinery Gas 万吨 10^4tn	天然气 Natural Gas 亿立方米 10^8cu. m	其他石油制品 Other Petroleum Products 万吨 10^4tn	其他焦化产品 Other Coking Products 万吨 10^4tn	热力 Heat 万百万千焦 10^{10}kj	电力 Electricity 亿千瓦小时 10^8kwh	其他能源 Other Energy 万吨标煤 10^4tce
16.71	**7.94**		**10.84**				**41.22**	
			34.40				28.43	
47.65	9.21						17.64	
－23.77	－1.20		－23.56				－4.85	
－7.17	－0.07							
74.68	**37.72**	**4.53**		**2.08**	**2.69**	**1169.17**	**271.19**	
							271.19	
						1169.17		
					2.69			
74.68	37.72			2.08				
		4.53						
							23.15	
91.39	**45.66**	**4.53**	**10.84**	**2.08**	**2.69**	**1169.17**	**321.54**	
0.28							25.11	
73.90	10.15	4.53	5.80	2.08	2.69	840.48	211.85	
				2.08	1.79			
13.69							3.01	
2.52							17.48	
	0.46						9.95	
	34.85		5.04			166.35	35.77	
	34.36		5.04			166.35	23.20	
	0.49						12.57	
1.00	0.20					162.34	18.37	
							－32.28	

6－26 陕西能源平衡表(实物量)－2002

		煤合计 Coal Total 万吨 10^4tn	原煤 Raw Coal 万吨 10^4tn
一、可供本地区消费的能源量	**Total Primary Energy Supply**	**3451.49**	**3304.31**
1.一次能源生产量	Indigenous Production	5859.31	5859.31
2.回收能	Recovery of Energy		
3.外省(区、市)调入量	Moving In from Other Provinces	942.57	582.57
4.进口量	Import		
5.我轮、机在外国加油量	Chinese Airplanes & Ships in Refueling Abroad		
6.本省(区、市)调出量(－)	Sending Out to Other Provinces(－)	－3259.22	－3139.22
7.出口量(－)	Export(－)	－99.83	
8.外轮、机在我国加油量(－)	Foreign Airplanes & Ships in Refueling in China		
9.库存增(－)、减(＋)量	Stock Change	8.66	1.65
二、加工转换投入(－)产出(＋)量	**Input(－) & Output(＋) of Transformation**	**－2097.45**	**－2202.43**
1.火力发电	Thermal Power	－1607.50	－1607.50
2.供热	Heating Supply	－119.71	－119.43
3.洗选煤	Coal Washing	－87.01	－286.06
4.炼焦	Coking	－317.89	－161.81
5.炼油	Petroleum Refineries		
6.制气	Gas Works	－27.63	－27.63
＃焦炭再投入量(－)	Coke Input(－)		
7.煤制品加工	Briquettes	62.29	
三、损失量	**Loss**		
四、终端消费量	**Total Final Consumption**	**1354.04**	**1101.88**
1.农、林、牧、渔业	Farming, Forestry, Animal Husbandry, Fishery & Water Conservancy	6.50	6.50
2.工业	Industry	1066.79	851.29
＃用作原料、材料	Non-Energy Use	232.91	232.91
3.建筑业	Construction	36.62	36.62
4.交通运输、仓储及邮电通迅业	Transportation, Storage, Postal & Telecommunications Services	13.99	13.99
5.批发和零售贸易业、餐饮业	Wholesale, Retail Trade and Catering Service	9.53	9.53
6.生活消费	Residential Consumption	209.12	172.46
城镇	Urban	130.44	111.92
乡村	Rural	78.68	60.54
7.其他	Other	11.49	11.49
五、平衡差额	**Statistical Difference**		

ENERGY BALANCE OF SHAANXI －2002（PHYSICAL QUANTITY）

洗精煤 Cleaned Coal 万吨 10^4tn	其他洗煤 Other Washed Coal 万吨 10^4tn	型煤 Briquettes 万吨 10^4tn	焦炭 Coke 万吨 10^4tn	焦炉煤气 Coke Oven Gas 亿立方米 10^8cu. m	其他煤气 Other Gas 亿立方米 10^8cu. m	油品合计 Petroleum Products Total 万吨 10^4tn	原油 Crude Oil 万吨 10^4tn	汽油 Gasoline 万吨 10^4tn
146.92	**0.26**		**-120.50**			**600.80**	**704.25**	**-55.76**
						799.44	799.44	
360.00			87.00			215.76	12.26	43.10
-120.00			-223.00			-412.90	-99.36	-103.69
-99.83			-11.24					
6.75	0.26		26.74			-1.50	-8.09	4.83
5.15	**37.54**	**62.29**	**296.44**	**0.77**	**2.22**	**-146.14**	**-688.20**	**150.76**
						-1.96		
	-0.28					-0.03		
160.97	38.08							
-155.82	-0.26		296.44					
						-151.59	-688.20	150.76
				0.77	2.22	7.44		
		62.29						
152.07	**37.80**	**62.29**	**175.94**	**0.77**	**2.22**	**454.66**	**16.05**	**95.00**
						15.30		3.00
152.07	37.80	25.63	174.70	0.55	0.26	245.57	16.05	30.87
			41.17			51.23	16.05	0.12
			1.24			37.66		5.00
						96.79		38.04
						17.49		14.09
		36.66		0.22	1.96	37.85		
		18.52		0.22	1.96	37.33		
		18.14				0.52		
						4.00		4.00

续表(陕西－2002)

		煤油 Kerosene 万吨 10^4tn	柴油 Diesel Oil 万吨 10^4tn
一、可供本地区消费的能源量	**Total Primary Energy Supply**	**19.41**	**－84.48**
1.一次能源生产量	Indigenous Production		
2.回收能	Recovery of Energy		
3.外省(区、市)调入量	Moving In from Other Provinces	20.09	70.91
4.进 口 量	Import		
5.我轮、机在外国加油量	Chinese Airplanes & Ships in Refueling Abroad		
6.本省(区、市)调出量(－)	Sending Out to Other Provinces(－)	－0.06	－159.14
7.出 口 量(－)	Export(－)		
8.外轮、机在我国加油量(－)	Foreign Airplanes & Ships in Refueling in China		
9.库存增(－)、减(＋)量	Stock Change	－0.62	3.75
二、加工转换投入(－)产出(＋)量	**Input(－) & Output(＋) of Transformation**	**8.62**	**229.87**
1.火力发电	Thermal Power		－1.96
2.供 热	Heating Supply		－0.03
3.洗 选 煤	Coal Washing		
4.炼 焦	Coking		
5.炼 油	Petroleum Refineries	8.62	231.86
6.制 气	Gas Works		
＃焦炭再投入量(－)	Coke Input(－)		
7.煤制品加工	Briquettes		
三、损 失 量	**Loss**		
四、终端消费量	**Total Final Consumption**	**28.03**	**145.39**
1.农、林、牧、渔业	Farming, Forestry, Animal Husbandry, Fishery & Water Conservancy		12.00
2.工 业	Industry	1.68	80.28
＃用作原料、材料	Non-Energy Use		0.15
3.建 筑 业	Construction		18.00
4.交通运输、仓储及邮电通迅业	Transportation, Storage, Postal & Telecommunications Services	26.35	32.11
5.批发和零售贸易业、餐饮业	Wholesale, Retail Trade and Catering Service		3.00
6.生活消费	Residential Consumption		
城镇	Urban		
乡村	Rural		
7.其他	Other		
五、平衡差额	**Statistical Difference**		

Continued(Shaanxi－2002)

燃料油 Fuel Oil 万吨 10^4tn	液化石油气 PLG 万吨 10^4tn	炼厂干气 Refinery Gas 万吨 10^4tn	天然气 Natural Gas 亿立方米 10^8cu. m	其他石油制品 Other Petroleum Products 万吨 10^4tn	其他焦化产品 Other Coking Products 万吨 10^4tn	热力 Heat 万百万千焦 10^{10}kj	电力 Electricity 亿千瓦小时 10^8kwh	其他能源 Other Energy 万吨标煤 10^4tce
14.14	**3.24**		**14.01**				**38.17**	
			40.04				28.41	
65.10	4.30						17.44	
－49.75	－0.90		－26.03				－7.68	
－1.21	－0.16							
106.05	**35.42**	**7.44**		**3.90**	**2.64**	**1216.04**	**294.20**	
							294.20	
						1216.04		
					2.64			
106.05	35.42			3.90				
		7.44						
							24.24	
120.19	**38.66**	**7.44**	**14.01**	**3.90**	**2.64**	**1216.04**	**349.62**	
0.30							20.11	
105.10	0.25	7.44	7.17	3.90	2.64	874.17	234.60	
31.00	0.01			3.90				
14.66							2.91	
0.09	0.20						20.27	
0.04	0.36						11.81	
	37.85		6.84			173.02	39.88	
	37.33		6.84			173.02	26.04	
	0.52						13.84	
						168.85	20.04	
							－41.49	

6－27 甘肃能源平衡表(实物量)－2000

		煤合计 Coal Total 万吨 10^4tn	原煤 Raw Coal 万吨 10^4tn
一、可供本地区消费的能源量	**Total Primary Energy Supply**	**2480.38**	**2302.60**
1.一次能源生产量	Indigenous Production	1632.71	1632.71
2.回收能	Recovery of Energy		
3.外省(区、市)调入量	Moving In from Other Provinces	939.67	766.50
4.进 口 量	Import		
5.我轮、机在外国加油量	Chinese Airplanes & Ships in Refueling Abroad		
6.本省(区、市)调出量(－)	Sending Out to Other Provinces(－)		
7.出 口 量(－)	Export(－)	－7.32	－7.32
8.外轮、机在我国加油量(－)	Foreign Airplanes & Ships in Refueling in China		
9.库存增(－)、减(＋)量	Stock Change	－84.68	－89.29
二、加工转换投入(－)产出(＋)量	**Input(－) & Output(＋) of Transformation**	**－1253.45**	**－1123.90**
1.火力发电	Thermal Power	－771.60	－771.60
2.供　　热	Heating Supply	－282.71	－282.71
3.洗 选 煤	Coal Washing	－6.37	－32.03
4.炼　　焦	Coking	－170.25	－15.04
5.炼　　油	Petroleum Refineries		
6.制　　气	Gas Works	－22.52	－22.52
＃焦炭再投入量(－)	Coke Input(－)		
7.煤制品加工	Briquettes		
三、损 失 量	**Loss**	**2.10**	
四、终端消费量	**Total Final Consumption**	**1224.83**	**1178.70**
1.农、林、牧、渔业	Farming, Forestry, Animal Husbandry, Fishery & Water Conservancy	31.44	31.44
2.工　　业	Industry	675.46	629.33
＃用作原料、材料	Non-Energy Use	38.20	38.20
3.建 筑 业	Construction	22.27	22.27
4.交通运输、仓储及邮电通迅业	Transportation, Storage, Postal & Telecommunications Services	48.30	48.30
5.批发和零售贸易业、餐饮业	Wholesale, Retail Trade and Catering Service	36.50	36.50
6.生活消费	Residential Consumption	395.26	395.26
城镇	Urban	88.56	88.56
乡村	Rural	306.70	306.70
7.其他	Other	15.60	15.60
五、平衡差额	**Statistical Difference**		

ENERGY BALANCE OF GANSU －2000 (PHYSICAL QUANTITY)

洗精煤 Cleaned Coal 万吨 10^4tn	其他洗煤 Other Washed Coal 万吨 10^4tn	型煤 Briquettes 万吨 10^4tn	焦炭 Coke 万吨 10^4tn	焦炉煤气 Coke Oven Gas 亿立方米 10^8cu. m	其他煤气 Other Gas 亿立方米 10^8cu. m	油品合计 Petroleum Products Total 万吨 10^4tn	原油 Crude Oil 万吨 10^4tn	汽油 Gasoline 万吨 10^4tn
176.63	**0.81**	**0.34**	**53.26**			**482.16**	**880.88**	**－38.60**
						46.27	46.27	
172.87	0.10	0.20	51.81			896.02	828.27	45.48
						－464.60		－83.85
3.76	0.71	0.14	1.45			4.47	6.34	－0.23
－129.55			**125.02**	**4.39**	**3.18**	**－122.74**	**－876.69**	**137.01**
				－0.26		－1.94	－0.05	
				－0.11		－3.40		
25.66								
－155.21			126.02	4.76	1.14			
						－117.35	－876.64	137.01
			－1.00		2.04	－0.05		
2.10			**0.60**	**0.14**		**0.88**	**0.22**	**0.33**
44.98	**0.81**	**0.34**	**177.68**	**4.25**	**3.18**	**358.54**	**3.97**	**98.08**
						20.97		3.10
44.98	0.81	0.34	177.17	4.12	2.76	176.86	3.97	10.01
			15.95			134.47		
			0.48			16.16		8.50
			0.03			130.77		69.42
						4.12		3.50
				0.13	0.42	5.38		
				0.13	0.42	5.35		
						0.03		
						4.28		3.55
			－1.00					

续表(甘肃-2000)

		煤油 Kerosene 万吨 10^4tn	柴油 Diesel Oil 万吨 10^4tn
一、可供本地区消费的能源量	**Total Primary Energy Supply**	**-52.15**	**-169.12**
1.一次能源生产量	Indigenous Production		
2.回收能	Recovery of Energy		
3.外省(区、市)调入量	Moving In from Other Provinces		22.27
4.进 口 量	Import		
5.我轮、机在外国加油量	Chinese Airplanes & Ships in Refueling Abroad		
6.本省(区、市)调出量(-)	Sending Out to Other Provinces(-)	-51.84	-191.42
7.出 口 量(-)	Export(-)		
8.外轮、机在我国加油量(-)	Foreign Airplanes & Ships in Refueling in China		
9.库存增(-)、减(+)量	Stock Change	-0.31	0.03
二、加工转换投入(-)产出(+)量	**Input(-) & Output(+) of Transformation**	**55.88**	**260.94**
1.火力发电	Thermal Power		
2.供 热	Heating Supply		
3.洗 选 煤	Coal Washing		
4.炼 焦	Coking		
5.炼 油	Petroleum Refineries	55.88	260.94
6.制 气	Gas Works		
#焦炭再投入量(-)	Coke Input(-)		
7.煤制品加工	Briquettes		
三、损 失 量	**Loss**	**0.02**	**0.22**
四、终端消费量	**Total Final Consumption**	**3.71**	**91.60**
1.农、林、牧、渔业	Farming, Forestry, Animal Husbandry, Fishery & Water Conservancy	0.01	16.88
2.工 业	Industry	0.35	8.49
#用作原料、材料	Non-Energy Use		
3.建 筑 业	Construction	0.03	7.46
4.交通运输、仓储及邮电通迅业	Transportation, Storage, Postal & Telecommunications Services	3.22	57.56
5.批发和零售贸易业、餐饮业	Wholesale, Retail Trade and Catering Service	0.04	0.56
6.生活消费	Residential Consumption	0.03	
城镇	Urban		
乡村	Rural	0.03	
7.其他	Other	0.03	0.65
五、平衡差额	**Statistical Difference**		

Continued(Gansu－2000)

燃料油 Fuel Oil 万吨 10^4tn	液化石油气 PLG 万吨 10^4tn	炼厂干气 Refinery Gas 万吨 10^4tn	天然气 Natural Gas 亿立方米 10^8cu. m	其他石油制品 Other Petroleum Products 万吨 10^4tn	其他焦化产品 Other Coking Products 万吨 10^4tn	热力 Heat 万百万千焦 10^{10}kj	电力 Electricity 亿千瓦小时 10^8kwh	其他能源 Other Energy 万吨标煤 10^4tce
－45.39	**－2.20**		**0.85**	**－91.26**	**－8.82**		**129.44**	**22.28**
			0.18				114.36	
			0.67				46.86	22.33
－44.31	－2.21			－90.97	－8.38		－31.78	
－1.08	0.01			－0.29	－0.44			－0.05
98.05	**15.32**	**22.89**	**－0.67**	**163.86**	**17.50**	**5255.26**	**165.00**	**－7.93**
－1.89			－0.67				165.90	－0.35
－3.40						5255.26	－0.90	－7.58
					17.50			
103.39	15.32	22.89		163.86				
－0.05								
0.09						**95.98**	**10.04**	
52.57	**13.12**	**22.89**	**0.18**	**72.60**	**8.68**	**5137.97**	**284.40**	**14.35**
0.98							41.45	1.10
51.11	7.77	22.89	0.18	72.27	8.68	3768.11	198.58	13.25
41.43		22.89	0.18	70.15	8.68			
				0.17		8.35	2.66	
0.48				0.09		21.31	9.21	
				0.02		20.90	3.22	
	5.35					1298.80	21.48	
	5.35					1298.80	15.50	
							5.98	
				0.05		20.50	7.80	
						21.31		

6－27 甘肃能源平衡表(实物量)－2001

		煤合计 Coal Total 万吨 10^4tn	原煤 Raw Coal 万吨 10^4tn
一、可供本地区消费的能源量	**Total Primary Energy Supply**	**2551.29**	**2402.87**
1.一次能源生产量	Indigenous Production	1819.05	1819.05
2.回收能	Recovery of Energy		
3.外省(区、市)调入量	Moving In from Other Provinces	656.66	513.41
4.进 口 量	Import		
5.我轮、机在外国加油量	Chinese Airplanes & Ships in Refueling Abroad		
6.本省(区、市)调出量(－)	Sending Out to Other Provinces(－)		
7.出 口 量(－)	Export(－)	－7.05	－7.05
8.外轮、机在我国加油量(－)	Foreign Airplanes & Ships in Refueling in China		
9.库存增(－)、减(＋)量	Stock Change	82.63	77.46
二、加工转换投入(－)产出(＋)量	**Input(－) & Output(＋) of Transformation**	**－1329.52**	**－1189.47**
1.火力发电	Thermal Power	－846.37	－846.37
2.供 热	Heating Supply	－281.53	－281.53
3.洗 选 煤	Coal Washing	－8.26	－40.56
4.炼 焦	Coking	－178.39	－6.04
5.炼 油	Petroleum Refineries		
6.制 气	Gas Works	－14.97	－14.97
#焦炭再投入量(－)	Coke Input(－)		
7.煤制品加工	Briquettes		
三、损 失 量	**Loss**	**2.00**	
四、终端消费量	**Total Final Consumption**	**1219.77**	**1213.40**
1.农、林、牧、渔业	Farming, Forestry, Animal Husbandry, Fishery & Water Conservancy	29.66	29.66
2.工 业	Industry	658.32	651.95
#用作原料、材料	Non-Energy Use	42.11	41.74
3.建 筑 业	Construction	23.20	23.20
4.交通运输、仓储及邮电通迅业	Transportation, Storage, Postal & Telecommunications Services	64.89	64.89
5.批发和零售贸易业、餐饮业	Wholesale, Retail Trade and Catering Service	36.80	36.80
6.生活消费	Residential Consumption	390.90	390.90
城镇	Urban	82.40	82.40
乡村	Rural	308.50	308.50
7.其他	Other	16.00	16.00
五、平衡差额	**Statistical Difference**		

ENERGY BALANCE OF GANSU －2001（PHYSICAL QUANTITY）

洗精煤 Cleaned Coal 万吨 10^4tn	其他洗煤 Other Washed Coal 万吨 10^4tn	型煤 Briquettes 万吨 10^4tn	焦炭 Coke 万吨 10^4tn	焦炉煤气 Coke Oven Gas 亿立方米 10^8cu. m	其他煤气 Other Gas 亿立方米 10^8cu. m	油品合计 Petroleum Products Total 万吨 10^4tn	原油 Crude Oil 万吨 10^4tn	汽油 Gasoline 万吨 10^4tn
145.53	**1.21**	**1.68**	**48.59**			**395.65**	**887.10**	**－62.46**
						53.66	53.66	
140.62	0.99	1.64	48.14			835.75	835.75	
						－490.94		－61.72
4.91	0.22	0.04	0.45			－2.82	－2.31	－0.74
－139.85	**－0.20**		**125.82**	**4.51**	**3.81**	**－36.84**	**－883.90**	**166.42**
				－0.14		－2.14	－0.06	
			－0.14	－0.05		－1.19		
32.30								
－172.15	－0.20		128.08	4.70	0.80			
						－33.51	－883.84	166.42
			－2.12		3.01			
2.00			**0.50**	**0.01**		**2.49**	**0.35**	**0.40**
3.68	**1.01**	**1.68**	**173.91**	**4.50**	**3.81**	**353.05**	**2.85**	**103.56**
						21.93		3.15
3.68	1.01	1.68	173.20	4.36	3.44	156.75	2.85	10.69
0.37			13.82			106.95	1.80	0.02
			0.50			16.68		8.70
			0.21			144.99		73.92
						4.01		3.30
				0.14	0.37	4.12		
				0.14	0.37	4.10		
						0.02		
						4.57		3.80
						3.27		

续表(甘肃－2001)

		煤油 Kerosene 万吨 10^4tn	柴油 Diesel Oil 万吨 10^4tn
一、可供本地区消费的能源量	**Total Primary Energy Supply**	**－43.89**	**－202.98**
1.一次能源生产量	Indigenous Production		
2.回收能	Recovery of Energy		
3.外省(区、市)调入量	Moving In from Other Provinces		
4.进 口 量	Import		
5.我轮、机在外国加油量	Chinese Airplanes & Ships in Refueling Abroad		
6.本省(区、市)调出量(－)	Sending Out to Other Provinces(－)	－43.97	－202.51
7.出 口 量(－)	Export(－)		
8.外轮、机在我国加油量(－)	Foreign Airplanes & Ships in Refueling in China		
9.库存增(－)、减(＋)量	Stock Change	0.08	－0.47
二、加工转换投入(－)产出(＋)量	**Input(－) & Output(＋) of Transformation**	**49.17**	**303.78**
1.火力发电	Thermal Power		
2.供　　热	Heating Supply		
3.洗 选 煤	Coal Washing		
4.炼　　焦	Coking		
5.炼　　油	Petroleum Refineries	49.17	303.78
6.制　　气	Gas Works		
＃焦炭再投入量(－)	Coke Input(－)		
7.煤制品加工	Briquettes		
三、损 失 量	**Loss**	**0.01**	**0.25**
四、终端消费量	**Total Final Consumption**	**5.27**	**100.55**
1.农、林、牧、渔业	Farming, Forestry, Animal Husbandry, Fishery & Water Conservancy	0.01	17.67
2.工　　业	Industry	0.37	8.03
＃用作原料、材料	Non-Energy Use	0.01	
3.建 筑 业	Construction	0.03	7.75
4.交通运输、仓储及邮电通迅业	Transportation, Storage, Postal & Telecommunications Services	4.78	65.74
5.批发和零售贸易业、餐饮业	Wholesale, Retail Trade and Catering Service	0.03	0.66
6.生活消费	Residential Consumption	0.02	
城镇	Urban		
乡村	Rural	0.02	
7.其他	Other	0.03	0.70
五、平衡差额	**Statistical Difference**		

Continued(Gansu－2001)

燃料油 Fuel Oil 万吨 10^4tn	液化石油气 PLG 万吨 10^4tn	炼厂干气 Refinery Gas 万吨 10^4tn	天然气 Natural Gas 亿立方米 10^8cu.m	其他石油制品 Other Petroleum Products 万吨 10^4tn	其他焦化产品 Other Coking Products 万吨 10^4tn	热力 Heat 万百万千焦 10^{10}kj	电力 Electricity 亿千瓦小时 10^8kwh	其他能源 Other Energy 万吨标煤 10^4tce
－17.55	**－2.39**		**1.19**	**－162.18**	**－3.12**		**121.62**	**15.80**
			0.37				117.97	
			0.82				36.03	15.77
－18.20	－2.47			－162.07	－2.53		－32.38	
0.65	0.08			－0.11	－0.59			0.03
67.67	**17.18**	**25.90**	**－0.77**	**216.94**	**14.61**	**5833.89**	**184.47**	**－4.68**
－2.08			－0.62				184.47	－0.43
－1.19			－0.15			5833.89		－4.25
					14.61			
70.94	17.18	25.90		216.94				
0.06		**1.42**				**94.97**	**17.19**	
46.79	**14.79**	**24.48**	**0.42**	**54.76**	**11.49**	**5738.92**	**288.90**	**11.12**
1.10							44.93	
45.24	10.69	24.48	0.36	54.40	11.49	4237.92	195.39	11.12
38.45	2.10	24.48	0.32	40.09	11.46			
				0.20		8.40	2.94	
0.45				0.10		21.50	10.50	
				0.02		30.70	4.55	
	4.10		0.06			1411.90	22.66	
	4.10		0.06			1411.90	16.40	
							6.26	
				0.04		28.50	7.93	
3.27								

6-27 甘肃能源平衡表(实物量)-2002

		煤合计 Coal Total 万吨 10^4tn	原煤 Raw Coal 万吨 10^4tn
一、可供本地区消费的能源量	**Total Primary Energy Supply**	**2797.56**	**2648.57**
1.一次能源生产量	Indigenous Production	2365.51	2365.51
2.回收能	Recovery of Energy		
3.外省(区、市)调入量	Moving In from Other Provinces	1164.82	1015.30
4.进口量	Import		
5.我轮、机在外国加油量	Chinese Airplanes & Ships in Refueling Abroad		
6.本省(区、市)调出量(-)	Sending Out to Other Provinces(-)	-755.32	-755.32
7.出口量(-)	Export(-)	-1.24	-1.24
8.外轮、机在我国加油量(-)	Foreign Airplanes & Ships in Refueling in China		
9.库存增(-)、减(+)量	Stock Change	23.79	24.32
二、加工转换投入(-)产出(+)量	**Input(-) & Output(+) of Transformation**	**-1564.48**	**-1437.29**
1.火力发电	Thermal Power	-1156.93	-1156.02
2.供热	Heating Supply	-183.89	-183.89
3.洗选煤	Coal Washing	-13.29	-46.52
4.炼焦	Coking	-191.81	-32.30
5.炼油	Petroleum Refineries		
6.制气	Gas Works	-18.56	-18.56
#焦炭再投入量(-)	Coke Input(-)		
7.煤制品加工	Briquettes		
三、损失量	**Loss**	**2.00**	
四、终端消费量	**Total Final Consumption**	**1231.08**	**1211.28**
1.农、林、牧、渔业	Farming, Forestry, Animal Husbandry, Fishery & Water Conservancy	27.76	27.76
2.工业	Industry	681.16	661.36
#用作原料、材料	Non-Energy Use	76.81	75.91
3.建筑业	Construction	23.32	23.32
4.交通运输、仓储及邮电通迅业	Transportation, Storage, Postal & Telecommunications Services	58.14	58.14
5.批发和零售贸易业、餐饮业	Wholesale, Retail Trade and Catering Service	35.20	35.20
6.生活消费	Residential Consumption	389.50	389.50
城镇	Urban	79.50	79.50
乡村	Rural	310.00	310.00
7.其他	Other	16.00	16.00
五、平衡差额	**Statistical Difference**		

ENERGY BALANCE OF GANSU －2002（PHYSICAL QUANTITY）

洗精煤 Cleaned Coal 万吨 10^4tn	其他洗煤 Other Washed Coal 万吨 10^4tn	型煤 Briquettes 万吨 10^4tn	焦炭 Coke 万吨 10^4tn	焦炉煤气 Coke Oven Gas 亿立方米 10^8cu. m	其他煤气 Other Gas 亿立方米 10^8cu. m	油品合计 Petroleum Products Total 万吨 10^4tn	原油 Crude Oil 万吨 10^4tn	汽油 Gasoline 万吨 10^4tn
146.95	**1.21**	**0.83**	**60.01**			**314.28**	**935.32**	**－79.47**
						253.57	253.57	
147.52	1.17	0.83	60.32			680.82	659.45	21.37
						－646.58		－101.53
－0.57	0.04		－0.31			26.47	22.30	0.69
－127.19			**113.53**	**4.35**	**5.56**	**－39.13**	**－932.59**	**176.84**
－0.91				－0.04	－0.08	－1.70		
			－0.13	－0.02	－0.04	－16.04		
33.23								
－159.51			117.39	4.41	0.90			
						－21.39	－932.59	176.84
			－3.73		4.78			
2.00			**0.45**	**0.07**		**1.38**	**0.40**	**0.43**
17.76	**1.21**	**0.83**	**173.09**	**4.28**	**5.56**	**266.69**	**2.33**	**96.94**
						22.49		3.10
17.76	1.21	0.83	172.46	4.13	5.56	105.88	2.33	9.52
0.90			18.77			47.68	1.95	0.03
			0.48			16.93		8.82
			0.15			109.01		68.45
						3.99		3.35
				0.15		3.91		
				0.15		3.90		
						0.01		
						4.48		3.70
						7.08		

续表(甘肃－2002)

		煤油 Kerosene 万吨 10^4tn	柴油 Diesel Oil 万吨 10^4tn
一、可供本地区消费的能源量	**Total Primary Energy Supply**	**－37.14**	**－282.74**
1.一次能源生产量	Indigenous Production		
2.回收能	Recovery of Energy		
3.外省(区、市)调入量	Moving In from Other Provinces		
4.进 口 量	Import		
5.我轮、机在外国加油量	Chinese Airplanes & Ships in Refueling Abroad		
6.本省(区、市)调出量(－)	Sending Out to Other Provinces(－)	－38.52	－283.10
7.出 口 量(－)	Export(－)		
8.外轮、机在我国加油量(－)	Foreign Airplanes & Ships in Refueling in China		
9.库存增(－)、减(＋)量	Stock Change	1.38	0.36
二、加工转换投入(－)产出(＋)量	**Input(－) & Output(＋) of Transformation**	**42.44**	**353.91**
1.火力发电	Thermal Power		
2.供　　热	Heating Supply		
3.洗 选 煤	Coal Washing		
4.炼　　焦	Coking		
5.炼　　油	Petroleum Refineries	42.44	353.91
6.制　　气	Gas Works		
＃焦炭再投入量(－)	Coke Input(－)		
7.煤制品加工	Briquettes		
三、损 失 量	**Loss**	**0.01**	**0.30**
四、终端消费量	**Total Final Consumption**	**5.29**	**70.87**
1.农、林、牧、渔业	Farming, Forestry, Animal Husbandry, Fishery & Water Conservancy	0.01	18.33
2.工　　业	Industry	0.34	7.84
＃用作原料、材料	Non-Energy Use	0.02	0.09
3.建 筑 业	Construction	0.03	7.86
4.交通运输、仓储及邮电通迅业	Transportation, Storage, Postal & Telecommunications Services	4.85	35.52
5.批发和零售贸易业、餐饮业	Wholesale, Retail Trade and Catering Service	0.02	0.60
6.生活消费	Residential Consumption	0.01	
城镇	Urban		
乡村	Rural	0.01	
7.其他	Other	0.03	0.72
五、平衡差额	**Statistical Difference**		

Continued(Gansu－2002)

燃料油 Fuel Oil 万吨 10^4tn	液化石油气 PLG 万吨 10^4tn	炼厂干气 Refinery Gas 万吨 10^4tn	天然气 Natural Gas 亿立方米 10^8cu.m	其他石油制品 Other Petroleum Products 万吨 10^4tn	其他焦化产品 Other Coking Products 万吨 10^4tn	热力 Heat 万百万千焦 10^{10}kj	电力 Electricity 亿千瓦小时 10^8kwh	其他能源 Other Energy 万吨标煤 10^4tce
－31.78	**－5.76**		**2.76**	**－184.15**	**4.17**		**108.07**	**55.86**
			0.87				106.07	
								49.82
			2.76		4.24		2.00	6.01
－34.01	－5.28		－0.87	－184.14				
2.23	－0.48			－0.01	－0.07			0.03
62.17	**17.16**	**15.90**	**－0.53**	**225.04**	**12.06**	**4083.49**	**234.26**	**－7.53**
－1.70			－0.53				234.26	－5.07
－4.03	－1.35	－10.66				4083.49		－2.46
					12.06			
67.90	18.51	26.56		225.04				
0.05		**0.19**					**21.26**	
24.61	**10.05**	**15.71**	**2.23**	**40.89**	**16.23**	**4083.49**	**321.07**	**48.33**
1.05							45.47	
23.55	6.15	15.71	1.84	40.44	16.23	3184.12	221.21	48.33
5.39			1.48	40.20	16.23			
				0.22			2.91	
0.01				0.18			11.82	
			0.15	0.02			5.35	
	3.90		0.19			873.77	23.20	
	3.90		0.19			873.77	15.67	
							7.53	
			0.05	0.03		25.60	11.11	
5.73	**1.35**							

6-28 青海能源平衡表(实物量)-2000

		煤合计 Coal Total 万吨 10^4tn	原煤 Raw Coal 万吨 10^4tn
一、可供本地区消费的能源量	**Total Primary Energy Supply**	**521.67**	**521.67**
1.一次能源生产量	Indigenous Production	220.44	220.44
2.回收能	Recovery of Energy		
3.外省(区、市)调入量	Moving In from Other Provinces	300.00	300.00
4.进 口 量	Import		
5.我轮、机在外国加油量	Chinese Airplanes & Ships in Refueling Abroad		
6.本省(区、市)调出量(-)	Sending Out to Other Provinces(-)		
7.出 口 量(-)	Export(-)		
8.外轮、机在我国加油量(-)	Foreign Airplanes & Ships in Refueling in China		
9.库存增(-)、减(+)量	Stock Change	1.23	1.23
二、加工转换投入(-)产出(+)量	**Input(-) & Output(+) of Transformation**	**-189.81**	**-189.81**
1.火力发电	Thermal Power	-151.77	-151.77
2.供 热	Heating Supply	-22.69	-22.69
3.洗 选 煤	Coal Washing		
4.炼 焦	Coking		
5.炼 油	Petroleum Refineries		
6.制 气	Gas Works	-15.35	-15.35
#焦炭再投入量(-)	Coke Input(-)		
7.煤制品加工	Briquettes		
三、损 失 量	**Loss**	**2.01**	**2.01**
四、终端消费量	**Total Final Consumption**	**330.38**	**330.38**
1.农、林、牧、渔业	Farming, Forestry, Animal Husbandry, Fishery & Water Conservancy	4.10	4.10
2.工 业	Industry	187.54	187.54
#用作原料、材料	Non-Energy Use		
3.建 筑 业	Construction	2.26	2.26
4.交通运输、仓储及邮电通迅业	Transportation, Storage, Postal & Telecommunications Services	12.73	12.73
5.批发和零售贸易业、餐饮业	Wholesale, Retail Trade and Catering Service	4.00	4.00
6.生活消费	Residential Consumption	98.40	98.40
城镇	Urban	33.90	33.90
乡村	Rural	64.50	64.50
7.其他	Other	21.35	21.35
五、平衡差额	**Statistical Difference**	**-0.53**	**-0.53**

ENERGY BALANCE OF QINGHAI －2000（PHYSICAL QUANTITY）

洗精煤 Cleaned Coal 万吨 10^4tn	其他洗煤 Other Washed Coal 万吨 10^4tn	型煤 Briquettes 万吨 10^4tn	焦炭 Coke 万吨 10^4tn	焦炉煤气 Coke Oven Gas 亿立方米 10^8cu. m	其他煤气 Other Gas 亿立方米 10^8cu. m	油品合计 Petroleum Products Total 万吨 10^4tn	原油 Crude Oil 万吨 10^4tn	汽油 Gasoline 万吨 10^4tn
			15.89			**62.01**	**62.02**	**－2.75**
						200.01	200.01	
			15.00			21.05		7.50
						－157.01	－135.00	－10.51
			0.89			－2.04	－2.99	0.26
					6.57	**－4.26**	**－60.02**	**19.42**
						－4.26	－60.02	19.42
					6.57			
						2.39	**2.15**	**0.16**
			15.59		**6.57**	**55.70**		**16.15**
						2.89		1.50
			15.59		6.57	17.22		2.71
						5.66		2.54
						10.57		4.30
						1.96		1.90
						12.00		
						12.00		
						5.40		3.20
			0.30			**－0.34**	**－0.15**	**0.36**

续表(青海－2000)

		煤油 Kerosene 万吨 10^4tn	柴油 Diesel Oil 万吨 10^4tn
一、可供本地区消费的能源量	**Total Primary Energy Supply**	**0.05**	**－3.05**
1.一次能源生产量	Indigenous Production		
2.回收能	Recovery of Energy		
3.外省(区、市)调入量	Moving In from Other Provinces	0.05	8.00
4.进 口 量	Import		
5.我轮、机在外国加油量	Chinese Airplanes & Ships in Refueling Abroad		
6.本省(区、市)调出量(－)	Sending Out to Other Provinces(－)		－11.50
7.出 口 量(－)	Export(－)		
8.外轮、机在我国加油量(－)	Foreign Airplanes & Ships in Refueling in China		
9.库存增(－)、减(＋)量	Stock Change		0.45
二、加工转换投入(－)产出(＋)量	**Input(－) & Output(＋) of Transformation**		**22.36**
1.火力发电	Thermal Power		
2.供　　热	Heating Supply		
3.洗 选 煤	Coal Washing		
4.炼　　焦	Coking		
5.炼　　油	Petroleum Refineries		22.36
6.制　　气	Gas Works		
＃焦炭再投入量(－)	Coke Input(－)		
7.煤制品加工	Briquettes		
三、损 失 量	**Loss**		**0.08**
四、终端消费量	**Total Final Consumption**	**0.06**	**19.21**
1.农、林、牧、渔业	Farming, Forestry, Animal Husbandry, Fishery & Water Conservancy		1.39
2.工　　业	Industry	0.01	7.32
＃用作原料、材料	Non-Energy Use		
3.建 筑 业	Construction	0.04	1.98
4.交通运输、仓储及邮电通迅业	Transportation, Storage, Postal & Telecommunications Services	0.01	6.26
5.批发和零售贸易业、餐饮业	Wholesale, Retail Trade and Catering Service		0.06
6.生活消费	Residential Consumption		
城镇	Urban		
乡村	Rural		
7.其他	Other		2.20
五、平衡差额	**Statistical Difference**	**－0.01**	**0.02**

Continued(Qinghai－2000)

燃料油 Fuel Oil 万吨 10^4tn	液化石油气 PLG 万吨 10^4tn	炼厂干气 Refinery Gas 万吨 10^4tn	天然气 Natural Gas 亿立方米 10^8cu. m	其他石油制品 Other Petroleum Products 万吨 10^4tn	其他焦化产品 Other Coking Products 万吨 10^4tn	热力 Heat 万百万千焦 10^{10}kj	电力 Electricity 亿千瓦小时 10^8kwh	其他能源 Other Energy 万吨标煤 10^4tce
0.24	**5.50**		**3.91**				**89.41**	
			3.91				107.68	
	5.50						2.30	
							－20.57	
0.24								
6.39	**6.36**	**1.23**				**86.19**	**26.10**	
							26.10	
						86.19		
6.39	6.36	1.23						
							6.06	
6.93	**12.12**	**1.23**	**3.91**			**86.19**	**109.90**	
							1.39	
5.83	0.12	1.23	3.91				98.12	
1.10							0.73	
							1.43	
							0.91	
	12.00					86.19	4.47	
	12.00					86.19	3.38	
							1.09	
							2.85	
－0.30	**－0.26**						**－0.45**	

6-28 青海能源平衡表(实物量)-2001

		煤合计 Coal Total 万吨 10^4tn	原煤 Raw Coal 万吨 10^4tn
一、可供本地区消费的能源量	**Total Primary Energy Supply**	**641.32**	**641.32**
1.一次能源生产量	Indigenous Production	168.97	168.97
2.回收能	Recovery of Energy		
3.外省(区、市)调入量	Moving In from Other Provinces	451.00	451.00
4.进口量	Import		
5.我轮、机在外国加油量	Chinese Airplanes & Ships in Refueling Abroad		
6.本省(区、市)调出量(-)	Sending Out to Other Provinces(-)		
7.出口量(-)	Export(-)		
8.外轮、机在我国加油量(-)	Foreign Airplanes & Ships in Refueling in China		
9.库存增(-)、减(+)量	Stock Change	21.35	21.35
二、加工转换投入(-)产出(+)量	**Input(-) & Output(+) of Transformation**	**-320.82**	**-320.82**
1.火力发电	Thermal Power	-285.58	-285.58
2.供热	Heating Supply	-21.28	-21.28
3.洗选煤	Coal Washing		
4.炼焦	Coking		
5.炼油	Petroleum Refineries		
6.制气	Gas Works	-13.96	-13.96
#焦炭再投入量(-)	Coke Input(-)		
7.煤制品加工	Briquettes		
三、损失量	**Loss**	**3.00**	**3.00**
四、终端消费量	**Total Final Consumption**	**318.04**	**318.04**
1.农、林、牧、渔业	Farming, Forestry, Animal Husbandry, Fishery & Water Conservancy	4.00	4.00
2.工业	Industry	192.28	192.28
#用作原料、材料	Non-Energy Use		
3.建筑业	Construction	2.25	2.25
4.交通运输、仓储及邮电通迅业	Transportation, Storage, Postal & Telecommunications Services	12.55	12.55
5.批发和零售贸易业、餐饮业	Wholesale, Retail Trade and Catering Service	3.20	3.20
6.生活消费	Residential Consumption	92.53	92.53
城镇	Urban	30.21	30.21
乡村	Rural	62.32	62.32
7.其他	Other	11.23	11.23
五、平衡差额	**Statistical Difference**	**-0.54**	**-0.54**

ENERGY BALANCE OF QINGHAI －2001（PHYSICAL QUANTITY）

洗精煤 Cleaned Coal 万吨 10^4tn	其他洗煤 Other Washed Coal 万吨 10^4tn	型煤 Briquettes 万吨 10^4tn	焦炭 Coke 万吨 10^4tn	焦炉煤气 Coke Oven Gas 亿立方米 10^8cu. m	其他煤气 Other Gas 亿立方米 10^8cu. m	油品合计 Petroleum Products Total 万吨 10^4tn	原油 Crude Oil 万吨 10^4tn	汽油 Gasoline 万吨 10^4tn
			17.14			**63.06**	**65.59**	**－3.90**
						206.00	206.00	
			17.00			19.00		5.90
						－169.44	－147.20	－10.04
			0.14			7.50	6.79	0.24
					6.62	**－5.14**	**－63.30**	**21.76**
						－5.14	－63.30	21.76
					6.62			
						4.75	**2.10**	**1.56**
			17.44		**6.62**	**51.95**		**16.05**
						2.70		1.30
			17.44			14.12		2.39
						4.53		2.54
						10.82		4.42
						1.97		1.90
					6.62	12.30		
					6.62	12.30		
						5.51		3.50
			－0.30			**1.22**	**0.19**	**0.25**

续表(青海－2001)

		煤油 Kerosene 万吨 10^4tn	柴油 Diesel Oil 万吨 10^4tn
一、可供本地区消费的能源量	**Total Primary Energy Supply**		**－6.02**
1.一次能源生产量	Indigenous Production		
2.回收能	Recovery of Energy		
3.外省(区、市)调入量	Moving In from Other Provinces		6.60
4.进 口 量	Import		
5.我轮、机在外国加油量	Chinese Airplanes & Ships in Refueling Abroad		
6.本省(区、市)调出量(－)	Sending Out to Other Provinces(－)		－12.20
7.出 口 量(－)	Export(－)		
8.外轮、机在我国加油量(－)	Foreign Airplanes & Ships in Refueling in China		
9.库存增(－)、减(＋)量	Stock Change		－0.42
二、加工转换投入(－)产出(＋)量	**Input(－) & Output(＋) of Transformation**		**24.96**
1.火力发电	Thermal Power		
2.供 热	Heating Supply		
3.洗 选 煤	Coal Washing		
4.炼 焦	Coking		
5.炼 油	Petroleum Refineries		24.96
6.制 气	Gas Works		
＃焦炭再投入量(－)	Coke Input(－)		
7.煤制品加工	Briquettes		
三、损 失 量	**Loss**		**1.04**
四、终端消费量	**Total Final Consumption**		**17.55**
1.农、林、牧、渔业	Farming, Forestry, Animal Husbandry, Fishery & Water Conservancy		1.40
2.工 业	Industry		5.68
＃用作原料、材料	Non-Energy Use		
3.建 筑 业	Construction		1.99
4.交通运输、仓储及邮电通迅业	Transportation, Storage, Postal & Telecommunications Services		6.40
5.批发和零售贸易业、餐饮业	Wholesale, Retail Trade and Catering Service		0.07
6.生活消费	Residential Consumption		
城镇	Urban		
乡村	Rural		
7.其他	Other		2.01
五、平衡差额	**Statistical Difference**		**0.35**

Continued(Qinghai－2001)

燃料油 Fuel Oil 万吨 10^4tn	液化石油气 PLG 万吨 10^4tn	炼厂干气 Refinery Gas 万吨 10^4tn	天然气 Natural Gas 亿立方米 10^8cu.m	其他石油制品 Other Petroleum Products 万吨 10^4tn	其他焦化产品 Other Coking Products 万吨 10^4tn	热力 Heat 万百万千焦 10^{10}kj	电力 Electricity 亿千瓦小时 10^8kwh	其他能源 Other Energy 万吨标煤 10^4tce
0.89	**6.50**		**5.87**				**67.23**	
			5.87				92.78	
	6.50						2.28	
							-27.83	
0.89								
4.26	**6.10**	**1.08**				**105.34**	**44.98**	
							44.98	
						105.34		
4.26	6.10	1.08						
	0.05		**0.03**			**0.32**	**6.73**	
4.86	**12.41**	**1.08**	**5.82**			**105.02**	**105.08**	
							1.73	
4.86	0.11	1.08	2.59				92.43	
							0.96	
							0.65	
							1.03	
	12.30		3.23			105.02	5.47	
	12.30		3.23			105.02	4.39	
							1.08	
							2.81	
0.29	**0.14**		**0.02**				**0.40**	

6-28 青海能源平衡表(实物量)-2002

		煤合计 Coal Total 万吨 10^4tn	原煤 Raw Coal 万吨 10^4tn
一、可供本地区消费的能源量	**Total Primary Energy Supply**	**620.55**	**619.88**
1.一次能源生产量	Indigenous Production	249.77	249.77
2.回收能	Recovery of Energy		
3.外省(区、市)调入量	Moving In from Other Provinces	370.67	370.00
4.进 口 量	Import		
5.我轮、机在外国加油量	Chinese Airplanes & Ships in Refueling Abroad		
6.本省(区、市)调出量(-)	Sending Out to Other Provinces(-)		
7.出 口 量(-)	Export(-)		
8.外轮、机在我国加油量(-)	Foreign Airplanes & Ships in Refueling in China		
9.库存增(-)、减(+)量	Stock Change	0.11	0.11
二、加工转换投入(-)产出(+)量	**Input(-) & Output(+) of Transformation**	**-314.12**	**-314.12**
1.火力发电	Thermal Power	-278.66	-278.66
2.供　热	Heating Supply	-22.60	-22.60
3.洗 选 煤	Coal Washing		
4.炼　焦	Coking		
5.炼　油	Petroleum Refineries		
6.制　气	Gas Works	-12.86	-12.86
#焦炭再投入量(-)	Coke Input(-)		
7.煤制品加工	Briquettes		
三、损 失 量	**Loss**	**2.50**	**2.50**
四、终端消费量	**Total Final Consumption**	**303.74**	**303.07**
1.农、林、牧、渔业	Farming, Forestry, Animal Husbandry, Fishery & Water Conservancy	3.95	3.95
2.工　业	Industry	181.76	181.09
#用作原料、材料	Non-Energy Use		
3.建 筑 业	Construction	2.33	2.33
4.交通运输、仓储及邮电通迅业	Transportation, Storage, Postal & Telecommunications Services	11.70	11.70
5.批发和零售贸易业、餐饮业	Wholesale, Retail Trade and Catering Service	3.00	3.00
6.生活消费	Residential Consumption	89.00	89.00
城镇	Urban	29.00	29.00
乡村	Rural	60.00	60.00
7.其他	Other	12.00	12.00
五、平衡差额	**Statistical Difference**	**0.19**	**0.19**

ENERGY BALANCE OF QINGHAI －2002 (PHYSICAL QUANTITY)

洗精煤 Cleaned Coal 万吨 10^4tn	其他洗煤 Other Washed Coal 万吨 10^4tn	型煤 Briquettes 万吨 10^4tn	焦炭 Coke 万吨 10^4tn	焦炉煤气 Coke Oven Gas 亿立方米 10^8cu. m	其他煤气 Other Gas 亿立方米 10^8cu. m	油品合计 Petroleum Products Total 万吨 10^4tn	原油 Crude Oil 万吨 10^4tn	汽油 Gasoline 万吨 10^4tn
0.42		**0.25**	**17.60**			**57.76**	**62.64**	**－4.54**
						214.02	214.02	
0.42		0.25	19.50			15.65		6.00
						－175.38	－151.38	－12.00
			－1.90			3.47		1.46
					6.74	**－3.51**	**－60.43**	**20.94**
						－3.51	－60.43	20.94
					6.74			
					0.02	**4.48**	**2.00**	**1.40**
0.42		**0.25**	**17.88**		**6.72**	**49.00**		**14.70**
						2.60		1.00
0.42		0.25	17.88			12.26		1.20
						5.79		2.65
						9.95		4.35
						2.80		2.00
					6.72	10.00		
					6.72	10.00		
						5.60		3.50
			－0.28			**0.77**	**0.21**	**0.30**

续表(青海－2002)

		煤油 Kerosene 万吨 10^4tn	柴油 Diesel Oil 万吨 10^4tn
一、可供本地区消费的能源量	**Total Primary Energy Supply**		**－6.64**
1.一次能源生产量	Indigenous Production		
2.回收能	Recovery of Energy		
3.外省(区、市)调入量	Moving In from Other Provinces		5.15
4.进 口 量	Import		
5.我轮、机在外国加油量	Chinese Airplanes & Ships in Refueling Abroad		
6.本省(区、市)调出量(－)	Sending Out to Other Provinces(－)		－12.00
7.出 口 量(－)	Export(－)		
8.外轮、机在我国加油量(－)	Foreign Airplanes & Ships in Refueling in China		
9.库存增(－)、减(＋)量	Stock Change		0.21
二、加工转换投入(－)产出(＋)量	**Input(－) & Output(＋) of Transformation**		**25.52**
1.火力发电	Thermal Power		
2.供 热	Heating Supply		
3.洗 选 煤	Coal Washing		
4.炼 焦	Coking		
5.炼 油	Petroleum Refineries		25.52
6.制 气	Gas Works		
＃焦炭再投入量(－)	Coke Input(－)		
7.煤制品加工	Briquettes		
三、损 失 量	**Loss**		**1.04**
四、终端消费量	**Total Final Consumption**		**17.60**
1.农、林、牧、渔业	Farming, Forestry, Animal Husbandry, Fishery & Water Conservancy		1.60
2.工 业	Industry		5.30
＃用作原料、材料	Non-Energy Use		
3.建 筑 业	Construction		2.20
4.交通运输、仓储及邮电通迅业	Transportation, Storage, Postal & Telecommunications Services		5.60
5.批发和零售贸易业、餐饮业	Wholesale, Retail Trade and Catering Service		0.80
6.生活消费	Residential Consumption		
城镇	Urban		
乡村	Rural		
7.其他	Other		2.10
五、平衡差额	**Statistical Difference**		**0.24**

Continued(Qinghai－2002)

燃料油 Fuel Oil 万吨 10^4tn	液化石油气 PLG 万吨 10^4tn	炼厂干气 Refinery Gas 万吨 10^4tn	天然气 Natural Gas 亿立方米 10^8cu.m	其他石油制品 Other Petroleum Products 万吨 10^4tn	其他焦化产品 Other Coking Products 万吨 10^4tn	热力 Heat 万百万千焦 10^{10}kj	电力 Electricity 亿千瓦小时 10^8kwh	其他能源 Other Energy 万吨标煤 10^4tce
1.80	**4.50**		**11.51**				**82.37**	
			11.51				88.97	
	4.50						5.90	
							－12.50	
1.80								
2.53	**5.51**	**2.42**				**108.70**	**50.52**	
							50.52	
						108.70		
2.53	5.51	2.42						
	0.04		**0.15**			**0.35**	**7.17**	
4.20	**10.08**	**2.42**	**11.12**			**108.35**	**125.50**	
							1.60	
3.26	0.08	2.42	3.05				110.58	
0.94							1.31	
							0.81	
			0.85				1.14	
	10.00		4.64			108.35	6.83	
	10.00		4.64			108.35	5.65	
							1.18	
			2.58				3.23	
0.13	**－0.11**		**0.24**				**0.22**	

6-29 新疆能源平衡表(实物量)-2000

		煤合计 Coal Total 万吨 10^4tn	原煤 Raw Coal 万吨 10^4tn
一、可供本地区消费的能源量	**Total Primary Energy Supply**	**2702.81**	**2685.81**
1.一次能源生产量	Indigenous Production	2798.90	2798.90
2.回收能	Recovery of Energy		
3.外省(区、市)调入量	Moving In from Other Provinces	10.70	
4.进口量	Import		
5.我轮、机在外国加油量	Chinese Airplanes & Ships in Refueling Abroad		
6.本省(区、市)调出量(-)	Sending Out to Other Provinces(-)	-203.12	-203.12
7.出口量(-)	Export(-)	-0.22	-0.22
8.外轮、机在我国加油量(-)	Foreign Airplanes & Ships in Refueling in China		
9.库存增(-)、减(+)量	Stock Change	96.55	90.25
二、加工转换投入(-)产出(+)量	**Input(-) & Output(+) of Transformation**	**-1199.77**	**-1182.77**
1.火力发电	Thermal Power	-849.20	-849.20
2.供热	Heating Supply	-204.46	-204.46
3.洗选煤	Coal Washing	-8.34	-37.41
4.炼焦	Coking	-137.77	-91.70
5.炼油	Petroleum Refineries		
6.制气	Gas Works		
#焦炭再投入量(-)	Coke Input(-)		
7.煤制品加工	Briquettes		
三、损失量	**Loss**		
四、终端消费量	**Total Final Consumption**	**1502.63**	**1502.63**
1.农、林、牧、渔业	Farming, Forestry, Animal Husbandry, Fishery & Water Conservancy	100.00	100.00
2.工业	Industry	601.63	601.63
#用作原料、材料	Non-Energy Use		
3.建筑业	Construction	26.00	26.00
4.交通运输、仓储及邮电通迅业	Transportation, Storage, Postal & Telecommunications Services	55.00	55.00
5.批发和零售贸易业、餐饮业	Wholesale, Retail Trade and Catering Service	40.00	40.00
6.生活消费	Residential Consumption	590.00	590.00
城镇	Urban	275.00	275.00
乡村	Rural	315.00	315.00
7.其他	Other	90.00	90.00
五、平衡差额	**Statistical Difference**	**0.41**	**0.41**

ENERGY BALANCE OF XINJIANG －2000（PHYSICAL QUANTITY）

洗精煤 Cleaned Coal 万吨 10^4tn	其他洗煤 Other Washed Coal 万吨 10^4tn	型煤 Briquettes 万吨 10^4tn	焦炭 Coke 万吨 10^4tn	焦炉煤气 Coke Oven Gas 亿立方米 10^8cu. m	其他煤气 Other Gas 亿立方米 10^8cu. m	油品合计 Petroleum Products Total 万吨 10^4tn	原油 Crude Oil 万吨 10^4tn	汽油 Gasoline 万吨 10^4tn
17.00			**－16.29**			**616.14**	**1071.88**	**－113.04**
						1848.43	1848.43	
10.70						10.85		
						75.16	74.60	
			－7.17			－1285.38	－838.69	－107.10
			－17.23			－10.96		－3.75
						－0.21		
6.30			8.11			－21.75	－12.46	－2.19
－17.00			**90.65**	**2.17**		**－55.72**	**－1001.37**	**214.97**
						－2.10	－0.05	
						－1.24		
29.07								
－46.07			90.65	2.17				
						－52.38	－1001.32	214.97
						14.00	**14.00**	
			74.06	**2.17**		**457.99**	**55.92**	**101.93**
			0.50			63.65		7.00
			73.25	2.17		204.23	55.92	14.43
						32.10		12.00
			0.31			86.89		30.00
						18.78		9.50
						19.64		8.00
						19.14		8.00
						0.50		
						32.70		21.00
			0.30			**88.43**	**0.59**	

续表(新疆－2000)

		煤油 Kerosene 万吨 10^4tn	柴油 Diesel Oil 万吨 10^4tn
一、可供本地区消费的能源量	**Total Primary Energy Supply**	**－10.19**	**－209.89**
1.一次能源生产量	Indigenous Production		
2.回收能	Recovery of Energy		
3.外省(区、市)调入量	Moving In from Other Provinces	10.85	
4.进 口 量	Import	0.56	
5.我轮、机在外国加油量	Chinese Airplanes & Ships in Refueling Abroad		
6.本省(区、市)调出量(－)	Sending Out to Other Provinces(－)	－19.02	－211.10
7.出 口 量(－)	Export(－)		
8.外轮、机在我国加油量(－)	Foreign Airplanes & Ships in Refueling in China	－0.21	
9.库存增(－)、减(＋)量	Stock Change	－2.37	1.21
二、加工转换投入(－)产出(＋)量	**Input(－) & Output(＋) of Transformation**	**31.75**	**364.39**
1.火力发电	Thermal Power		－0.87
2.供 热	Heating Supply		
3.洗 选 煤	Coal Washing		
4.炼 焦	Coking		
5.炼 油	Petroleum Refineries	31.75	365.26
6.制 气	Gas Works		
＃焦炭再投入量(－)	Coke Input(－)		
7.煤制品加工	Briquettes		
三、损 失 量	**Loss**		
四、终端消费量	**Total Final Consumption**	**21.31**	**154.41**
1.农、林、牧、渔业	Farming, Forestry, Animal Husbandry, Fishery & Water Conservancy	0.05	56.50
2.工 业	Industry	0.22	32.91
＃用作原料、材料	Non-Energy Use		
3.建 筑 业	Construction		10.00
4.交通运输、仓储及邮电通讯业	Transportation, Storage, Postal & Telecommunications Services	18.79	38.00
5.批发和零售贸易业、餐饮业	Wholesale, Retail Trade and Catering Service		7.00
6.生活消费	Residential Consumption	0.75	
城镇	Urban	0.25	
乡村	Rural	0.50	
7.其他	Other	1.50	10.00
五、平衡差额	**Statistical Difference**	**0.25**	**0.09**

Continued(Xinjiang - 2000)

燃料油 Fuel Oil 万吨 10^4tn	液化石油气 PLG 万吨 10^4tn	炼厂干气 Refinery Gas 万吨 10^4tn	天然气 Natural Gas 亿立方米 10^8cu. m	其他石油制品 Other Petroleum Products 万吨 10^4tn	其他焦化产品 Other Coking Products 万吨 10^4tn	热力 Heat 万百万千焦 10^{10}kj	电力 Electricity 亿千瓦小时 10^8kwh	其他能源 Other Energy 万吨标煤 10^4tce
-10.71	**-4.37**		**23.49**	**-107.54**			**32.27**	**3.03**
			35.39				32.27	3.03
-10.13	-4.34		-11.90	-95.00				
				-7.21				
-0.58	-0.03			-5.33				
65.91	**26.97**	**27.90**	**-10.09**	**213.76**		**5737.61**	**150.71**	**-3.03**
-0.89		-0.29	-1.98				150.71	-3.03
-0.92		-0.32	-8.11			5737.61		
67.72	26.97	28.51		213.76				
							12.12	
54.78	**22.60**	**27.00**	**13.35**	**20.04**		**5737.61**	**170.86**	
	0.10						22.30	
54.78	8.93	27.00	13.10	10.04		4081.80	106.73	
	0.10			10.00		1.00	3.50	
	0.10					10.00	4.00	
	2.28		0.12			23.00	6.90	
	10.89		0.13			1611.81	17.60	
	10.89		0.13			1611.81	13.20	
							4.40	
	0.20					10.00	9.83	
0.42		**0.90**	**0.05**	**86.18**				

6－29　新疆能源平衡表(实物量)－2001

		煤合计 Coal Total 万吨 10^4tn	原煤 Raw Coal 万吨 10^4tn
一、可供本地区消费的能源量	**Total Primary Energy Supply**	**2737.86**	**2738.80**
1.一次能源生产量	Indigenous Production	2819.61	2819.61
2.回收能	Recovery of Energy		
3.外省(区、市)调入量	Moving In from Other Provinces	18.20	18.20
4.进 口 量	Import		
5.我轮、机在外国加油量	Chinese Airplanes & Ships in Refueling Abroad		
6.本省(区、市)调出量(－)	Sending Out to Other Provinces(－)	－195.70	－195.70
7.出 口 量(－)	Export(－)	－0.40	－0.40
8.外轮、机在我国加油量(－)	Foreign Airplanes & Ships in Refueling in China		
9.库存增(－)、减(＋)量	Stock Change	96.15	97.09
二、加工转换投入(－)产出(＋)量	**Input(－) & Output(＋) of Transformation**	**－1344.09**	**－1345.47**
1.火力发电	Thermal Power	－917.67	－917.67
2.供　　热	Heating Supply	－226.27	－226.27
3.洗 选 煤	Coal Washing	－10.64	－55.77
4.炼　　焦	Coking	－189.51	－145.76
5.炼　　油	Petroleum Refineries		
6.制　　气	Gas Works		
#焦炭再投入量(－)	Coke Input(－)		
7.煤制品加工	Briquettes		
三、损 失 量	**Loss**		
四、终端消费量	**Total Final Consumption**	**1389.83**	**1389.83**
1.农、林、牧、渔业	Farming, Forestry, Animal Husbandry, Fishery & Water Conservancy	110.00	110.00
2.工　　业	Industry	468.83	468.83
#用作原料、材料	Non-Energy Use		
3.建 筑 业	Construction	26.00	26.00
4.交通运输、仓储及邮电通迅业	Transportation, Storage, Postal & Telecommunications Services	55.00	55.00
5.批发和零售贸易业、餐饮业	Wholesale, Retail Trade and Catering Service	40.00	40.00
6.生活消费	Residential Consumption	600.00	600.00
城镇	Urban	280.00	280.00
乡村	Rural	320.00	320.00
7.其他	Other	90.00	90.00
五、平衡差额	**Statistical Difference**	**3.94**	**3.50**

ENERGY BALANCE OF XINJIANG －2001（PHYSICAL QUANTITY）

洗精煤 Cleaned Coal 万吨 10^4tn	其他洗煤 Other Washed Coal 万吨 10^4tn	型煤 Briquettes 万吨 10^4tn	焦炭 Coke 万吨 10^4tn	焦炉煤气 Coke Oven Gas 亿立方米 10^8cu. m	其他煤气 Other Gas 亿立方米 10^8cu. m	油品合计 Petroleum Products Total 万吨 10^4tn	原油 Crude Oil 万吨 10^4tn	汽油 Gasoline 万吨 10^4tn
－0.94			**－36.95**			**610.44**	**1080.36**	**－115.92**
						1946.95	1946.95	
						15.72		
			0.10			66.40	66.40	
						0.54		
			－14.36			－1380.73	－913.00	－107.29
			－18.82			－4.34		－4.34
						－0.14		
－0.94			－3.87			－33.96	－19.99	－4.29
1.38			**110.09**	**2.34**		**－31.23**	**－1018.19**	**202.41**
						－3.94		
						－1.33		
45.13								
－43.75			110.09	2.34				
						－25.96	－1018.19	202.41
			73.02	**2.34**		**487.56**	**58.15**	**86.35**
						52.08		7.00
			73.02	2.34		217.31	58.15	6.66
						25.10		10.00
						128.59		31.69
						19.30		9.00
						20.98		8.00
						20.48		8.00
						0.50		
						24.20		14.00
0.44			**0.12**			**91.65**	**4.02**	**0.14**

续表(新疆-2001)

		煤油 Kerosene 万吨 10^4tn	柴油 Diesel Oil 万吨 10^4tn
一、可供本地区消费的能源量	**Total Primary Energy Supply**	**2.93**	**-241.20**
1.一次能源生产量	Indigenous Production		
2.回收能	Recovery of Energy		
3.外省(区、市)调入量	Moving In from Other Provinces	15.72	
4.进 口 量	Import		
5.我轮、机在外国加油量	Chinese Airplanes & Ships in Refueling Abroad	0.54	
6.本省(区、市)调出量(-)	Sending Out to Other Provinces(-)	-14.15	-227.44
7.出 口 量(-)	Export(-)		
8.外轮、机在我国加油量(-)	Foreign Airplanes & Ships in Refueling in China	-0.14	
9.库存增(-)、减(+)量	Stock Change	0.96	-13.76
二、加工转换投入(-)产出(+)量	**Input(-) & Output(+) of Transformation**	**20.80**	**407.12**
1.火力发电	Thermal Power		-0.69
2.供 热	Heating Supply		-0.02
3.洗 选 煤	Coal Washing		
4.炼 焦	Coking		
5.炼 油	Petroleum Refineries	20.80	407.83
6.制 气	Gas Works		
#焦炭再投入量(-)	Coke Input(-)		
7.煤制品加工	Briquettes		
三、损 失 量	**Loss**		
四、终端消费量	**Total Final Consumption**	**23.73**	**165.92**
1.农、林、牧、渔业	Farming, Forestry, Animal Husbandry, Fishery & Water Conservancy		44.98
2.工 业	Industry	0.17	24.03
#用作原料、材料	Non-Energy Use		
3.建 筑 业	Construction		10.00
4.交通运输、仓储及邮电通迅业	Transportation, Storage, Postal & Telecommunications Services	22.89	68.91
5.批发和零售贸易业、餐饮业	Wholesale, Retail Trade and Catering Service		8.00
6.生活消费	Residential Consumption	0.67	
城镇	Urban	0.17	
乡村	Rural	0.50	
7.其他	Other		10.00
五、平衡差额	**Statistical Difference**		

Continued(Xinjiang－2001)

燃料油 Fuel Oil 万吨 10^4tn	液化石油气 PLG 万吨 10^4tn	炼厂干气 Refinery Gas 万吨 10^4tn	天然气 Natural Gas 亿立方米 10^8cu. m	其他石油制品 Other Petroleum Products 万吨 10^4tn	其他焦化产品 Other Coking Products 万吨 10^4tn	热力 Heat 万百万千焦 10^{10}kj	电力 Electricity 亿千瓦小时 10^8kwh	其他能源 Other Energy 万吨标煤 10^4tce
－11.77	**－9.25**		**34.64**	**－94.71**			**35.70**	**1.77**
			41.74				35.70	1.77
－9.77	－8.88		－7.10	－100.20				
－2.00	－0.37			5.49				
61.39	**30.99**	**35.49**	**－14.16**	**228.76**		**7272.99**	**161.92**	**－1.77**
－1.76		－1.49	－2.66				161.92	－1.77
－0.66		－0.65	－11.50			7272.99		
63.81	30.99	37.63		228.76				
							13.00	
49.62	**21.74**	**35.49**	**20.48**	**46.56**		**7272.99**	**184.62**	
	0.10						23.30	
49.62	6.63	35.49	19.90	36.56		5011.33	114.99	
	0.10			5.00		2.00	4.00	
	0.10			5.00		10.00	5.00	
	2.30		0.12			25.00	8.00	
	12.31		0.46			2209.66	19.50	
	12.31		0.46			2209.66	14.00	
							5.50	
	0.20					15.00	9.83	
				87.49				

6－29　新疆能源平衡表(实物量)－2002

		煤合计 Coal Total 万吨 10^4tn	原煤 Raw Coal 万吨 10^4tn
一、可供本地区消费的能源量	**Total Primary Energy Supply**	**2898.10**	**2884.86**
1.一次能源生产量	Indigenous Production	3098.67	3098.67
2.回收能	Recovery of Energy		
3.外省(区、市)调入量	Moving In from Other Provinces	30.60	15.30
4.进 口 量	Import	0.53	0.53
5.我轮、机在外国加油量	Chinese Airplanes & Ships in Refueling Abroad		
6.本省(区、市)调出量(－)	Sending Out to Other Provinces(－)	－235.24	－232.20
7.出 口 量(－)	Export(－)	－0.03	－0.03
8.外轮、机在我国加油量(－)	Foreign Airplanes & Ships in Refueling in China		
9.库存增(－)、减(＋)量	Stock Change	3.57	2.59
二、加工转换投入(－)产出(＋)量	**Input(－) & Output(＋) of Transformation**	**－1470.44**	**－1457.20**
1.火力发电	Thermal Power	－981.75	－981.75
2.供　　热	Heating Supply	－299.47	－299.47
3.洗 选 煤	Coal Washing	－16.80	－75.30
4.炼　　焦	Coking	－172.42	－100.68
5.炼　　油	Petroleum Refineries		
6.制　　气	Gas Works		
＃焦炭再投入量(－)	Coke Input(－)		
7.煤制品加工	Briquettes		
三、损 失 量	**Loss**		
四、终端消费量	**Total Final Consumption**	**1427.66**	**1427.66**
1.农、林、牧、渔业	Farming, Forestry, Animal Husbandry, Fishery & Water Conservancy	114.00	114.00
2.工　　业	Industry	488.66	488.66
＃用作原料、材料	Non-Energy Use	151.23	151.23
3.建 筑 业	Construction	27.00	27.00
4.交通运输、仓储及邮电通迅业	Transportation, Storage, Postal & Telecommunications Services	56.00	56.00
5.批发和零售贸易业、餐饮业	Wholesale, Retail Trade and Catering Service	41.00	41.00
6.生活消费	Residential Consumption	610.00	610.00
城镇	Urban	284.67	284.67
乡村	Rural	325.33	325.33
7.其他	Other	91.00	91.00
五、平衡差额	**Statistical Difference**		

ENERGY BALANCE OF XINJIANG －2002（PHYSICAL QUANTITY）

洗精煤 Cleaned Coal 万吨 10^4tn	其他洗煤 Other Washed Coal 万吨 10^4tn	型煤 Briquettes 万吨 10^4tn	焦炭 Coke 万吨 10^4tn	焦炉煤气 Coke Oven Gas 亿立方米 10^8cu. m	其他煤气 Other Gas 亿立方米 10^8cu. m	油品合计 Petroleum Products Total 万吨 10^4tn	原油 Crude Oil 万吨 10^4tn	汽油 Gasoline 万吨 10^4tn
13.24			**－22.94**			**567.90**	**1129.34**	**－111.59**
						2036.19	2036.19	
15.30								
						78.50	78.50	
						0.42		
－3.04			－7.87			－1553.80	－986.16	－113.00
			－17.15			－2.93		－2.88
						－0.51		
0.98			2.08			10.03	0.81	4.29
－13.24			**106.34**	**2.37**		**－32.03**	**－1071.39**	**198.31**
						－2.39		
						－0.70		
58.50								
－71.74			106.34	2.37				
						－28.94	－1071.39	198.31
						7.13	**7.13**	
			83.06	**2.37**		**464.73**	**49.49**	**86.70**
						55.45		7.00
			83.06	2.37		182.52	49.49	6.70
			1.12			70.70	32.87	0.34
						34.00		10.00
						123.87		32.00
						20.35		9.00
						22.32		8.00
						22.22		8.00
						0.10		
						26.22		14.00
			0.34			**64.01**	**1.33**	**0.02**

续表(新疆-2002)

		煤油 Kerosene 万吨 10^4tn	柴油 Diesel Oil 万吨 10^4tn
一、可供本地区消费的能源量	**Total Primary Energy Supply**	**-2.92**	**-262.27**
1.一次能源生产量	Indigenous Production		
2.回收能	Recovery of Energy		
3.外省(区、市)调入量	Moving In from Other Provinces		
4.进口量	Import		
5.我轮、机在外国加油量	Chinese Airplanes & Ships in Refueling Abroad	0.42	
6.本省(区、市)调出量(-)	Sending Out to Other Provinces(-)	-4.74	-261.00
7.出口量(-)	Export(-)		-0.05
8.外轮、机在我国加油量(-)	Foreign Airplanes & Ships in Refueling in China	-0.51	
9.库存增(-)、减(+)量	Stock Change	1.91	-1.22
二、加工转换投入(-)产出(+)量	**Input(-) & Output(+) of Transformation**	**19.53**	**430.69**
1.火力发电	Thermal Power		-1.12
2.供热	Heating Supply		-0.02
3.洗选煤	Coal Washing		
4.炼焦	Coking		
5.炼油	Petroleum Refineries	19.53	431.83
6.制气	Gas Works		
#焦炭再投入量(-)	Coke Input(-)		
7.煤制品加工	Briquettes		
三、损失量	**Loss**		
四、终端消费量	**Total Final Consumption**	**16.61**	**168.41**
1.农、林、牧、渔业	Farming, Forestry, Animal Husbandry, Fishery & Water Conservancy		47.35
2.工业	Industry	0.10	20.80
#用作原料、材料	Non-Energy Use		
3.建筑业	Construction		12.00
4.交通运输、仓储及邮电通迅业	Transportation, Storage, Postal & Telecommunications Services	16.41	69.26
5.批发和零售贸易业、餐饮业	Wholesale, Retail Trade and Catering Service		9.00
6.生活消费	Residential Consumption	0.10	
城镇	Urban		
乡村	Rural	0.10	
7.其他	Other		10.00
五、平衡差额	**Statistical Difference**		**0.01**

Continued(Xinjiang－2002)

燃料油 Fuel Oil 万吨 10^4tn	液化石油气 PLG 万吨 10^4tn	炼厂干气 Refinery Gas 万吨 10^4tn	天然气 Natural Gas 亿立方米 10^8cu. m	其他石油制品 Other Petroleum Products 万吨 10^4tn	其他焦化产品 Other Coking Products 万吨 10^4tn	热力 Heat 万百万千焦 10^{10}kj	电力 Electricity 亿千瓦小时 10^8kwh	其他能源 Other Energy 万吨标煤 10^4tce
－4.57	**－8.44**		**34.57**	**－171.65**	**－2.53**		**36.51**	**1.74**
			48.52				36.51	1.74
－5.41	－8.98		－10.60	－174.51	－2.53			
0.84	0.54		－3.35	2.86				
36.83	**35.61**	**38.00**	**－14.01**	**280.39**	**2.53**	**8430.60**	**175.73**	**－1.74**
－1.27			－2.33				175.73	－1.74
－0.68			－11.68			8430.60		
					2.53			
38.78	35.61	38.00		280.39				
							1.83	
32.26	**27.17**	**38.00**	**20.56**	**46.09**		**8430.60**	**210.41**	
	1.10						20.60	
32.26	7.08	38.00	19.84	28.09		5256.02	146.51	
24.44	4.56	1.36	8.49	7.13				
				12.00		3.00	4.71	
	0.20			6.00		13.00	2.75	
	2.35		0.12			30.00	8.45	
	14.22		0.32			3112.58	19.20	
	14.22		0.32			3112.58	15.17	
							4.03	
	2.22		0.28			16.00	8.19	
				62.65				

七、香港、澳门特别行政区能源数据

Chapter 7 Energy Data for Hong Kong and Macao Special Administrative Region

7－1 香港主要能源及相关指标

MAJOR ENERGY AND RELATED INDICATORS OF HONG KONG

项 目 Item	1990	1995	1998	1999	2000	2001
一次能源需求总量（百万吨标准油） Total Primary Energy Supply (Mtoe)	10.66	13.77	16.59	17.72	15.45	16.28
净进口量（百万吨标准油） Net Imports (Mtoe)	11.93	15.71	19.22	21.07	18.91	19.98
油净进口量（百万吨标准油） Net Oil Imports (Mtoe)	6.58	9.55	12.07	14.14	12.4	12.26
油可供量（百万吨标准油） Oil Supply (Mtoe)	5.27	7.59	9.39	10.73	8.89	8.51
电消费量（十亿千瓦小时） Electricity Consumption (Twh)	23.83	29.86	34.85	34.80	36.3	37.26
一次能源消费总量（百万吨标准油） Total Primary Energy Consumption (Mtoe)	7.12	9.9	12.24	13.59	11.92	11.6
年中人口数（万 人） Mid-year Population (10^4 persons)	570.0	615.6	664.6	661	667	673
国内生产总值（10 亿美元，1995 年价） GDP (10^9 US $, 1995 price)	101.1	131.2	137.9	140.4	155.1	155.3
人均国内生产总值（美元，1995 年价） Per Capita GDP (US $, 1995 price)	17860	21459	20749	21053	23253	23076
人均能源消费量（吨标准油/人） Per Capita Energy Consumption (toe/capita)	1.25	1.61	1.84	2.06	1.79	1.72
人均电力消费量（千瓦小时/人） Per Capita Electricity Consumption (kwh/capita)	4178	4850	5244	5179	5442	5536

资料来源：IEA《非 OECD 国家能源统计和平衡》，《香港能源统计》。

Source: IEA《Energy Statistics and Balances of NON-OECD Countries》,《Hong Kong Energy Statistics》.

7－2 香港电力和煤气消费量

CONSUMPTION OF ELECTRICITY AND GAS OF HONG KONG

年份 Year	电力(太焦耳) Electricity(terajoule)				煤气(太焦耳) Gas(terajoule)			
	住 宅 Residential	商 业 Commercial	工 业 Industrial	总 计 Total	住 宅 Residential	商 业 Commercial	工 业 Industrial	总 计 Total
1990	19037	41830	24934	85801	7596	6877	583	15056
1995	27063	60191	20222	107477	11408	9586	978	21972
1999	31400	76329	17547	125287	13064	10709	914	24687
2000	32234	80672	17769	130675	13866	11209	982	26057
2001	32799	84580	16759	134139	14493	11060	1011	26564
2002	33394	87606	16112	137112	14794	10860	987	26641

资料来源：《香港能源统计》2002 年。

Source:《Hong Kong Energy Statistics》2002 .

7－3　香港油产品进口留用量

HONG KONG RETAINED IMPORTS OF OIL PRODUCTS

年份 Year	航空汽油与煤油 (千公升) Aviation Gasoline and Kerosene (kilolitre)	车用汽油 (千公升) Motor Gasoline (kilolitre)		轻质柴油、重质柴油与石脑油(千公升) Gas Oil, Diesel Oil and Naphtha (kilolitre)	燃料油 (千公升) Fuel Oil (kilolitre)	液化石油气和天然气(公吨) LPG、natural gas (tonne)
1990	2303262	390577		2690712	1347198	169224
		含铅 Leaded Petrol	不含铅 Unleaded Petrol			
1995	3318386	171456	323351	4691324	1561524	147544
1999	3657977	5291	479222	10836718	1585946	2556143
2000	4011029		486087	7802247	2140655	2363434
2001	4198740		524588	6920460	2394450	2459050
2002	4315798		473441	6810838	2973785	2420756

7－4　香港煤产品进口留用量

HONG KONG RETAINED IMPORTS OF COAL PRODUCTS

公吨　　　　　　　　　　　　　　　　　　　　　　　　　　　　(tonne)

年份 Year	蒸馏煤与其他煤产品 Steam Coal and Other Coal	木炭 Wood Charcoal	无烟煤 Anthracite	焦煤与半焦煤 Coke and Semi-coke
1990	8928614	16252	2053	1404
1995	9108994	13920		1063
1999	6393018	9447		0
2000	6057802	6050	1310	0
2001	8033097	－4764	540	0
2002	8717699	8142	201	0

7－5　香港电力生产、消费及进出口

HONG KONG ELECTRICITY PRODUCTION, CONSUMPTION, IMPORTS AND EXPORTS

单位：太焦耳　　　　　　　　　　　　　　　　　　　　　　　　(Terajoule)

年份 Year	本地发电厂产电 Electricity Generated at Local Plant	由大陆进口 Imports to Mainland of China	系统损耗 System Loss	出口往大路 Exports of Mainland of China	由电表量度的本地电力耗用 Local Electricity Consumption as Measured at Meter Point
1990	104256	11985	6470		85801
1995	100496	27164	14843	5340	107477
1999	106185	34925	13555	2279	125276
2000	112783	36732	14587	4253	130675
2001	116745	37278	14192	5692	134139
2002	123522	36655	15235	7830	137112

资料来源：《香港能源统计》2002 年。

Source:《Hong Kong Energy Statistics》2002.

7-6 澳门主要能源及相关指标

MAJOR ENERGY RELATED INDICATORS OF MACAO

项 目 Item	1990	1995	1999	2000	2001	2002
净进口量（太焦耳） Net Imports (10^{12} joules)	13955	17487	21561	22742	24757	25322
可供电量（百万千瓦小时） Electricity Supply (Gwh)		1335.1	1616.0	1657.4	1690.5	1795.6
电力消费量（百万千瓦小时） Electricity Consumption (Gwh)		1265.4	1526.1	1570.1	1599	1688
能源消费量（太焦耳） Energy Consumption (10^{12} joules)	8953	12120	12253	12823	12911	13435
年中人口数（万 人） Mid-year Population (10^4 persons)	33.50	40.93	43.4	43.1	43.4	43.9
国内生产总值（万澳门元，现价） GDP (10^4 MOP, Current Market Prices)	2617500	5533300	4902100	4974200	4980200	5407000
人均国内生产总值（澳门元，现价） Per Capita GDP (MOP, Current Market Prices)	78144	135190	113044	115411	114751	123166
人均能源消费量（百万焦耳） Per Capita Energy Consumption (10^8 joules)	26725	29612	28233	29752	29749	30604
人均电力消费量（千瓦小时/人） Per Capita Electricity Consumption (kwh/capita)		3092	3516	3643	3684	3845

7-7 澳门能源平衡表

MACAO ENERGY BALANCE TABLE

单位：太焦耳 (terajoules)

项 目	Item	1990	1995	1999	2000	2001	2002
进口	Import						
总计	Total Energy	13975	17499	21563	22742	24757	25322
#轻柴油	# Gas Oil and Diesel	3564	3257	3115	3467	4705	4643
#重油	# Fuel Oil	8274	10325	12100	11949	12661	12962
#电力	# Electricity	327	650	701	701	696	697
#汽油	# Gasoline	752	1128	1365	1340	1338	1381
出口	Export						
总计	Total Energy	20	12	2			
#电力	# Electricity	9	11	1			
#液化石油气	# LPG		1				
库存变化	Change in Stocks	252	-43	113	-487	940	-348
内部总消费	Gross Internal Consumption	13704	17670	18905	19795	20229	21601
能源转化	Energy Transformation	-4461	-5124	-6084	-6458	-6749	-7533
电厂自耗和输电损失	Distribution and Transmission Loss	149	240	314	304	318	388
总消费量	Final Consumption	8953	12120	12253	12823	12911	13435

资料来源：《澳门统计年鉴》。

Source:《Macao Statistical Yearbook》.

附录一　台湾省能源数据

Appendix Ⅰ Energy Data for Taiwan Province

附录 1－1　台湾省主要能源及相关指标

MAJOR ENERGY RELATED INDICATORS OF TAIWAN

项　目　　Item	1990	1995	1998	1999	2000	2001
能源生产量（百万吨标准油） Energy Production (Mtoe)	10.81	10.94	11.25	11.58	11.49	10.77
净进口量（百万吨标准油） Net Imports (Mtoe)	41.78	59.27	70.14	75.37	80.83	82.25
一次能源需求总量（百万吨标准油） Total Primary Energy Supply (Mtoe)	48.26	65.29	76.86	79.92	83.01	88.95
油净进口量（百万吨标准油） Net Oil Imports (Mtoe)	28.92	37.49	41.32	43.76	45.85	44.71
油可供量（百万吨标准油） Oil Supply (Mtoe)	26.00	34.47	37.05	38.50	37.32	41.46
电消费量（十亿千瓦小时） Electricity Consumption (Twh)	85.12	128.20	155.72	164.88	184.74	188.95
一次能源消费总量（百万吨标准油） Total Primary Energy Consumption (Mtoe)	48.35	65.18	76.87	85.10	90.64	94.83
年中人口数（百万人） Mid-year Population (10^6 persons)	20.40	21.30	21.90	22.0	22.10	22.3
国内生产总值（10 亿美元，1995 年价） GDP (10^9 US $, 1995 price)	188.60	260.10	307.50	324.1	343.60	337.0
人均国内生产总值（美元，1995 年价） Per Capita GDP (US $, 1995 price)	9245.1	12211.3	14041.1	14731.8	15547.5	15112.1
人均能源消费量（吨标准油/人） Per Capita Energy Consumption (toe/capita)	2.37	3.06	3.51	3.84	4.10	4.25
人均电力消费量（千瓦小时/人） Per Capita Electricity Consumption (kwh/capita)	4173	6018	7111	7511	8350	8482

资料来源：IEA《非 OECD 国家能源统计和平衡》。

Source: IEA《Energy Statistics and Balances of NON－OECD Countries》.

附录 1－2　台湾省分行业电力消费量

TAIWAN ELECTRICITY CONSUMPTION BY SECTOR

单位：百万千瓦小时　　10^6kwh

项　目　　Item	1990	1995	1999	2000	2001	2002
总计　Total	**51841**	**68931**	**86844**	**94768**	**94807**	**100435**
农、林、牧、渔业　Farming, Forestry, Animal Husbandry, Fishery	1611	2042	2144	2262	2229	2326
采掘业　Mining and Quarrying	171	209	334	319	293	367
制造业　Manufacturing	40698	50792	61982	67378	66127	69696
建筑业　Construction	265	564	483	490	543	530
水电煤气卫生服务业　Electricity, Gas and Water Services	804	1037	1469	1832	2065	2253
商业　Commerce	1987	3650	5326	5809	6045	6407
运输仓储及通信业　Transportation, Storage, Post.&Tele. Services	1081	1571	2543	2893	3014	3240
服务业　Services	4252	6763	9708	10578	11165	12013
其他不能归类行业　Others	973	2299	2857	3208	3324	3601

资料来源：中国台湾省编辑的《统计年鉴》。

Source:《Statistical Yearbook》, Taiwan Province of China.

附录 1－3　台湾省能源供给总量及构成

TAIWAN ENERGY SUPPLY AND COMPOSITION

年份 Year	供给量总计（千公升油当量）Total Supply (10^3 kl oil equivalent)	占供给总量的比重(%) As Percentage of Total Supply (%)				
		煤炭 Coal	石油 Petroleum	天然气 Natural Gas	水力发电 Hydropower	核能发电 Nuclear Power
1990	58198	23.45	55.17	3.86	3.49	14.03
1995	79620	26.20	54.30	5.80	2.80	11.00
1999	98876	29.92	51.50	6.68	2.25	9.65
2000	105043	31.30	50.90	6.80	2.10	9.10
2001	108521	32.30	50.40	7.10	2.10	8.10
2002	113227	33.10	49.30	7.00	1.40	8.70

附录 1－4　台湾省能源消费总量及分部门消费构成

TAIWAN ENERGY CONSUMPTION AND COMPOSITION BY SECTOR

年份 Year	消费总计（千公升油当量）Total Energy Consumption (10^3 kl oil equivalent)	占消费总量比重(%) As Percentage of Total Energy Consumption(%)						
		工业 Industry	运输 Transportation	农业 Agriculture	住宅 Residence	商业 Commerce	其他 Other	非能源消费 Non-energy Use
1990	52007	58.6	15.5	2.8	11.4	3.8	6.4	1.5
1995	68964	55.1	17.8	3.2	12.0	5.0	6.0	1.8
1999	85104	54.6	17.1	1.5	12.2	5.8	6.2	2.7
2000	90636	55.2	16.3	1.6	12.4	5.8	6.1	2.6
2001	94828	57.1	15.4	1.6	12.1	5.8	6.2	1.8
2002	99959	57.8	15.3	1.5	11.8	5.7	6.0	2.0

附录 1－5　台湾省电力生产量和消费量

TAIWAN ElECTRICITY PRODUCTION AND CONSUMPTION

单位：百万千瓦小时　　(10^6kwh)

年份 Year	发电量 Electricity Generation				耗电量 Electricity Consumption			
	总计 Total	水力发电 Hydropower	火力发电 Thermal Power	核能发电 Nuclear Power	总计 Total	电力用电 Own Consumption	住户及商业用电 Residence and Commerce	损失 Loss
1990	82350	8166	42629	31554	74345	51841	22504	5355
1995	117859	8858	75071	33931	105368	68931	36437	6848
1999	145761	8917	99937	36907	131726	86844	44882	8622
2000	156511	8843	110672	36996	142413	94768	47644	8735
2001	158058	9138	114822	34094	143624	94807	48816	8610
2002	165901	6358	121526	38009	151193	100435	50758	9417

资料来源：中国台湾省编辑的《统计年鉴》。

Source:《Statistical Yearbook》, Taiwan Province of China.

附录二　国外能源数据

Appendix Ⅱ Energy Data for Other Countries

附录2－1 年中人口数

MID-YEAR POPULATION

单位:万人 (10^4persons)

国 别	Country or Territory	1990	1995	1998	1999	2000	2001
世界总计	**World**	**525207**	**565616**	**589713**	**597773**	**605412**	**613010**
中 国*	China	114333	121121	124810	125786	126743	127627
印 度	India	84952	92936	97967	99902	101592	103236
印度尼西亚	Indonesia	17823	19398	20368	20357	20627	20898
日 本	Japan	12354	12544	12641	12665	12687	12703
泰 国	Thailand	5560	5940	6120	6025	6073	6118
法 国	France	5674	5814	5885	5862	5889	5919
德 国	Germany	7943	8164	8205	8209	8221	8233
意大利	Italy	5672	5720	5759	5765	5769	5795
俄罗斯	Russian Fed.	14829	14814	14691	14631	14556	14475
波 兰	Poland	3812	3859	3867	3866	3865	3864
罗马尼亚	Romania	2321	2268	2250	2246	2244	2241
英 国	United Kingdom	5756	5861	5906	5863	5872	5880
伊 朗	Iran	5440	5895	6195	6276	6366	6453
伊拉克	Iraq	1808	2078	2233	2280	2326	2375
沙特阿拉伯	Saudi Arabia	1580	1898	2074	2020	2072	2141
阿联酋	United Arab Emirates	184	234	272	282	291	298
乌兹别克斯坦	Uzbekstan	2052	2279	2405	2441	2475	2507
加拿大	Canada	2779	2935	3030	3050	3077	3108
墨西哥	Mexico	8323	9115	9585	9656	9797	9924
美 国	United States	24944	26276	27030	27867	28222	28532
巴 西	Brazil	14794	15935	16587	16803	17010	17239
委内瑞拉	Venezuela	1950	2184	2324	2371	2417	2463
荷 兰	Netherlands	1495	1546	1570	1581	1592	1604
挪 威	Norway	424	436	443	446	449	451
西班牙	Spain	3884	3921	3937	4020	4050	4112
瑞 士	Switzerland	671	704	711	714	718	723
乌克兰	Ukraine	5189	5153	5030	4991	4950	4909
澳大利亚	Australia	1707	1806	1875	1897	1919	1939

注:* 为年末人口数(Year-end figure)。

附录 2－2　国内生产总值

GROSS DOMESTIC PRODUCTS

单位：百万美元　　　　(10^6US $)

国别	Country or Territory	1990	1995	1998	1999	2000	2001
世界总计	**World**	**21418190**	**28668101**	**29648500**	**30700900**	**31499200**	**31121400**
印　度	India	316900	363981	413800	445300	457000	477300
印度尼西亚	Indonesia	114426	202132	94156	140000	152200	145300
日　本	Japan	2970043	5137382	3782964	4493500	4765300	4141400
泰　国	Thailand	85345	168129	111327	122200	120700	114700
法　国	France	1195438	1535093	1426967	1443700	1305400	1309800
德　国	Germany	1688600	2402289	2134205	2103400	1866100	1846100
意大利	Italy	1093947	1087982	1171865	1181000	1073100	1088800
波　兰	Poland	61197	126318	158574	155000	157600	176300
罗马尼亚	Romania	38299	32841	38158	35900	38200	38700
英　国	United Kingdom	975512	1107040	1357197	1458200	1429700	1424100
伊　朗	Iran	120404	71485	113140	99600	101600	114100
沙特阿拉伯	Saudi Arabia	104670	127824	146000	161200	188700	186500
阿联酋	United Arab Emirates	34132	42807	47234			
乌兹别克斯坦	Uzbekstan	22615	22258	20384	17100	13800	11300
加拿大	Canada	572673	573437	606900	649800	706600	694500
墨西哥	Mexico	262710	363280	393508	480500	580100	617800
美　国	United States	5554100	7038400	8720200	9206900	9810200	10065300
巴　西	Brazil	464989	703912	787700	531100	593800	502500
委内瑞拉	Venezuela	48593	77261	95023	103300	121300	124900
荷　兰	Netherlands	283672	398368	381819	398100	369500	380100
挪　威	Norway	115453	146602	145892	153500	161800	166100
俄罗斯	Russian Fed.	579068	337903	276611	193600	259600	310000
西班牙	Spain	491938	559633	553230	602500	560900	581800
瑞　士	Switzerland	228415	307399	263630	258700	239400	247100
乌克兰	Ukraine	91327	49061	43615	31600	31300	37600
澳大利亚	Australia	297204	364981	361722	406000	388500	368700

附录 2－3　能源生产总量

TOTAL ENERGY PRODUCTION

单位：百万吨标准油　　　　　　　　　　　　　　　　　　　　　　　　　　　　　　(10^6toe)

国　别	Country or Territory	1990	1995	1998	1999	2000	2001
世　界	**World**	**8810.92**	**9306.82**	**9741.06**	**9802.52**	**10049.60**	**10209.14**
中　国	China	894.04	1072.93	1020.27	1090.98	1107.68	1138.67
美　国	United States	1648.76	1663.56	1695.43	1686.45	1675.07	1711.81
日　本	Japan	75.59	99.06	109.96	104.39	105.52	104.09
德　国	Germany	185.69	142.49	131.46	137	135.16	133.74
法　国	France	110.75	126.93	125.53	127.32	131.46	133.19
英　国	United Kingdom	208.94	258.3	274.23	281.73	271.32	262.19
意大利	Italy	24.76	28.5	29.05	29.23	27.05	26.26
加拿大	Canada	273.68	348.99	365.67	366.97	374.8	379.21
澳大利亚	Australia	157.16	186.69	212.01	212.34	232.27	250.44
俄罗斯	Russian Fed.		949.66	928.99	950.59	966.51	996.16
波　兰	Poland	99.6	99.51	87.45	84.24	80.07	80.73
罗马尼亚	Romania	39.72	31.62	28.24	27.84	28.27	28.22
乌克兰	Ukraine		82.99	80.42	80.34	81.79	83.43
保加利亚	Bulgaria	9.8	10.05	10.12	9.09	10.01	10.33
南斯拉夫	Yugoslavia, FR	25.27	21.81	21.20	21.11	22.11	22.5
印　度	India	335.34	387.79	413.06	417.51	427.53	438.1
西班牙	Spain	34.06	33.96	32.2	30.66	31.35	33.02
土耳其	Turkey	25.68	26.14	28.65	27.51	26.71	26.15
南　非	South Africa	114.53	133.66	144.41	143.99	144.47	145.29
巴　西	Brazil	96.56	104.16	126.06	134.47	142.08	145.93
墨西哥	Mexico	194.61	201.92	205.16	223	226.18	230.24
委内瑞拉	Venezuela	146.96	196.11	230.56	211.17	221.00	216.02
伊　朗	Iran	180.62	222.82	232.48	230.31	244.79	246.64
哈萨克斯坦	Kazakhstan		63.05	64.09	64.9	77.72	83.75

资料来源：国际能源机构统计年鉴。

Source:《IEA STATISTICS》.

附录2－4 硬煤生产量

HARD COAL PRODUCTION

单位：百万吨 (10[6]tn)

国别	Country or Territory	1990	1995	1998	1999	2000	2001
世界总计	**World**	**3531.1**	**3665.4**	**3704.1**	**3634.3**	**3633.2**	**3801.0**
加拿大	Canada	37.7	38.6	38.3	36.5	33.8	34.2
英国	United Kingdom	94.4	54.6	41.4	37.1	32.0	32.1
美国	United States	853.6	858.6	934.8	919.2	895.2	944.9
中国	China	1079.9	1360.7	1213.3	1238.3	1231.2	1293.8
俄罗斯	Russian Fed.	260.2	176.9	153.1	152.4	169.2	167.9
澳大利亚	Australia	158.8	191.1	219.0	223.7	239.4	257.3
德国	Germany	76.6	58.9	45.3	43.8	37.4	30.7
印度	India	211.7	270.1	297.9	291.0	31.0	31.3
捷克斯洛伐克	Czechoslovakia	22.4	17.7	16.1	14.3	14.9	15.1
波兰	Poland	147.7	137.2	115.7	110.2	103.4	104.2

附录2－5 原油生产量

CRUDE OIL PRODUCTION

单位：千吨 (10[3]tn)

国别	Country or Territory	1990	1995	1998	1999	2000	2001
世界总计	**World**	**3134418**	**3278058**	**3529317**	**3452356**	**3572817**	**3578278**
加拿大	Canada	68490	78064	83946	119858	124806	126579
俄罗斯	Russian Fed.		305107	301406	303239	321692	345841
英国	United Kingdom	87990	121794	124220	137228	126375	116805
美国	United States	362796	323550	311846	354023	353510	350122
中国	China	138306	150044	161000	160169	163169	164128
印度尼西亚	Indonesia	73387	75517	67201	74128	70319	66482
沙特阿拉伯	Saudi Arabia	337950	430844	457208	409880	436917	423170
委内瑞拉	Venezuela	113372	154664	179793	165793	173838	171776
科威特	Kuwait	44462	102406	104694	95571	101894	99398
伊朗	Iran	155900	183018	182755	176151	185988	186149
阿联酋	United Arab Emirates	90736	107213	113214	103361	109713	106661
墨西哥	Mexico	138656	141319	160634	166882	169261	175498
尼日利亚	Nigeria	88322	97541	106471	104563	111206	116665

资料来源：国际能源机构统计年鉴。

Source:《IEA STATISTICS》.

附录 2－6　天然气生产量

NATURAL GAS PRODUCTION

单位：百万立方米　(10⁶cu.m)

国别	Country or Territory	1990	1995	1998	1999	2000	2001
世界总计	**World**	**2132504**	**2213334**	**2364254**	**2447652**	**2547405**	**2595753**
加拿大	Canada	110069	159532	173258	176205	181673	186003
英国	United Kingdom	51096	75539	95503	105115	115126	111281
美国	United States	523540	529779	532638	536052	545728	560353
中国	China	15298	17947	25866	27998	30222	33699
俄罗斯	Russian Fed.		589510	590684	590783	582734	580306
德国	Germany	16895	21069	21867	23315	22049	22232
沙特阿拉伯	Saudi Arabia	31669	40340	49651	48993	53793	57355
委内瑞拉	Venezuela	23648	26184	31028	27202	25555	24016
伊朗	Iran	23610	40495	50590	57844	63224	65086
墨西哥	Mexico	31579	27094	35852	36442	37221	36867
荷兰	Netherland	68186	84406	80436	75002	72467	77785

附录 2－7　发电量

ELECTRICITY GENERATION

单位：百万千瓦小时　(10^6kwh)

国别	Country or Territory	1990	1995	1998	1999	2000	2001
世界总计	**World**	**11800585**	**13233346**	**14403646**	**14723785**	**15350747**	**15476182**
加拿大	Canada	482054	559981	561805	578633	605186	587864
英国	United Kingdom	319023	334045	358246	365250	374615	383471
美国	United States	3193757	3582114	3832582	3889792	4025705	3863815
中国	China	650138	1035642	1197617	1268798	1386931	1504089
日本	Japan	857283	989880	1046294	1056970	1056912	1033183
德国	Germany	549987	537045	556400	550342	567122	579816
法国	France	420783	493900	510892	519309	535777	546007
印度	India	289439	417836	493968	533307	555723	576535
俄罗斯	Russia	1082150	860027	827138	845347	876468	889333
巴西	Brazil	223002	275601	321588	334716	349153	327874

附录 2－8　核发电量

NUCLEAR POWER GENERATION

单位：百万千瓦小时　(10^6kwh)

国别	Country or Territory	1990	1995	1998	1999	2000	2001
世界总计	**World**	**2012883**	**2331597**	**2443632**	**2531166**	**2590649**	**2653055**
加拿大	Canada	72967	97844	71511	73491	72799	76695
英国	United Kingdom	65747	88964	100140	95133	85063	90093
美国	United States	611589	713806	714124	771811	797718	808134
中国	China		12833	14100	14949	16737	17472
法国	France	314081	377231	387990	394244	415162	421072
德国	Germany	152468	153091	161644	170004	169606	171305
日本	Japan	202272	291254	332343	316616	322049	319858
瑞典	Sweden	68185	69935	73583	73188	57316	72109
巴基斯坦	Pakistan	293	511	375	399	1997	2291
俄罗斯	Russian Fed.	118305	99532	103719	121874	130715	136935
乌克兰	Ukraine	76179	70523	75239	72065	77341	76169

资料来源：国际能源机构统计年鉴。

Source:《IEA STATISTICS》.

附录2-9 能源消费总量

TOTAL FINAL CONSUMPTION OF ENERGY

单位：百万吨标准油 (10^6toe)

国 别	Country or Territory	1990	1995	1998	1999	2000	2001
世 界	**World**	**5302.54**	**5581.72**	**5703.22**	**5809.75**	**5969.18**	**6001.16**
中 国	China	488.94	598.79	536.58	567.77	571.03	582.43
美 国	United States	1306.27	1390.48	1429.66	1490.62	1571.22	1540.62
日 本	Japan	294.48	330.06	336.54	342.05	347.48	342.13
德 国	Germany	246.56	239.03	243.19	243.08	242.34	246.02
法 国	France	146.3	157.08	166.86	168.41	168.56	173.79
英 国	United Kingdom	145.3	152.38	158.97	161.51	160.71	161.42
意大利	Italy	117.61	123.21	128.89	131.84	131.23	134.12
加拿大	Canada	161.32	176.1	182.54	187.14	191.41	194.98
澳大利亚	Australia	58.07	64.17	69.14	70.08	72.00	72.99
俄罗斯	Russian Fed.		462.69	395.22	404.71	419.50	424.63
波 兰	Poland	62.43	65.24	63.5	61.32	58.60	58.98
罗马尼亚	Romania	42.61	25.56	23.84	20.72	21.19	22.08
乌克兰	Ukraine		104.18	88.98	88.33	85.65	86.72
保加利亚	Bulgaria	17.51	12.06	10.05	9.31	9.16	9.25
南斯拉夫	Yugoslavia, FR	26.46	26.46	25.00	20.61	21.90	23.31
印 度	India	114.02	156.11	165	168.51	177.42	175.87
西班牙	Spain	61.36	71.13	80.51	83.63	89.19	93.29
土耳其	Turkey	40.19	47.74	53.74	52.56	57.13	51.79
南 非	South Africa	42.58	44.48	49.64	46.64	46.09	47.14
巴 西	Brazil	77.35	94.92	112.79	115.54	119.28	118.48
墨西哥	Mexico	88.62	95.92	97.47	91.97	95.16	93.20
委内瑞拉	Venezuela	27.26	33.52	36.17	34.51	34.72	36.48
伊 朗	Iran	52.25	66.1	79.15	88.09	95.21	98.58
哈萨克斯坦	Kazakhstan		30.46	22.14	19.00	20.73	21.41

资料来源：国际能源机构统计年鉴。

Source:《IEA STATISTICS》.

附录 2－10 硬煤消费量

CONSUMPTION OF HARD COAL

单位:千吨 (10³tn)

国 别	Country or Territory	1990	1995	1998	1999	2000	2001
世界总计	**World**	**3505360**	**3658178**	**3683326**	**3639125**	**3743142**	**3772393**
美 国	United States	732522	773108	882978	884033	891586	906603
英 国	United Kingdom	108403	78343	93407	89040	86032	64359
德 国	Germany	86965	74224	71510	66268	62343	65035
法 国	France	28791	22611	24612	22146	22366	18282
西 班 牙	Spain	26317	27643	27298	31466	32810	39868
比 利 时	Beigium	16153	12394	11401	10021	11048	10141
中 国	China	1055230	1334617	1283552	1229109	1144789	1191945
日 本	Japan	113084	129245	132819	137462	148135	158569
印 度	India	211270	298220	314086	306477	353496	348599
俄 罗 斯	Russian Fed.	262750	177773	140776	144248	160058	142495
波 兰	Poland	119926	107823	93407	89040	86032	84144

附录 2－11 石油消费量

PETROLEUM CONSUMPTION

单位:千吨 (10³tn)

国 别	Country or Territory	1990	1995	1998	1999	2000	2001
世界总计	**World**	**3111500**	**3237500**	**3389000**	**3480800**	**3519000**	**3510600**
加 拿 大	Canada	78375	80288	88329	88592	91947	88000
墨 西 哥	Mexico	78843	80559	87776	87325	89636	82700
美 国	United States	745467	772286	831061	651329	860768	895600
英 国	United Kingdom	81025	81774	80044	852329	860768	76100
法 国	France	85082	89762	94391	95605	94267	95800
德 国	Germany	128479	136491	138943	134924	131869	131600
意 大 利	Italy	93543	97083	96166	91749	90393	92800
西 班 牙	Spain	45122	54274	59590	68400	63368	72700
日 本	Japan	245848	265112	254861	258576	255330	247200
巴 西	Brazil	58400	69200	83200	85700	85400	85100
伊 朗	Iran	47100	59400	58000	57300	56100	54940
沙特阿拉伯	Saudi Arabia	51200	51400	58800	60900	62400	62700
中 国	China	110300	160700	190300	207200	230100	231700
韩 国	Korea	48582	91968	88340	95386	97797	103100

资料来源:国际能源机构《2002 年煤信息》、《2002 年油信息》。

Source: IEA《Oil Information》2002,《Coal Information》2002.

附录 2 - 12　天然气消费量

NATURAL GAS CONSUMPTION

单位：百万立方米　　　　　　　　　　　　　　　　　　　　　　(10^6cu. m)

国　别	Country or Territory	1990	1995	1998	1999	2000	2001
世界总计	**World**	**2097851**	**2187981**	**2366125**	**2441141**	**2542686**	**2569291**
美　国	United States	530150	609314	629895	634393	661261	628470
加拿大	Canada	67050	80197	81738	85224	89928	85183
墨西哥	Mexico	26100	29524	36350	35741	39592	39433
英　国	United Kingdom	58320	75180	92330	98048	102860	101258
法　国	France	28330	33491	37177	39152	42613	44626
日　本	Japan	52410	62498	71776	74917	78856	76705
德　国	Germany	74840	83378	88628	89225	87728	91729
意大利	Italy	47410	54385	62425	67849	70745	70939
荷　兰	Netherland	43470	48165	49607	48280	48858	50085
中　国	China	15256	17793	22479	24004	27395	30640
印度尼西亚	Indonesia	24590	27355	29186	31893	33097	34347
沙特阿拉伯	Saudi Arabia	30463	40339	49651	48993	53793	57355
伊　朗	Iran	17813	42517	52453	59954	66511	69238
俄罗斯	Russian Fed.		385727	384949	392437	394892	405817
乌兹别克	Uzbekistan		40202	50267	51048	50752	51668
乌克兰	Ukraine		81647	70927	76941	74238	74258

附录 2 - 13　电力消费量

ELECTRICITY CONSUMPTION

单位：百万千瓦小时　　　　　　　　　　　　　　　　　　　　　　(10^6kwh)

国　别	Country or Territory	1990	1995	1998	1999	2000	2001
世界总计	**World**	**10893689**	**12187329**	**13158000**	**13510046**	**14094725**	**14196981**
澳大利亚	Australia	144294	161854	182239	187919	192576	201227
加拿大	Canada	447595	484303	495365	506925	522658	520497
法　国	France	348151	393963	422219	431010	441253	450827
英　国	United Kingdom	306623	322280	343581	352534	360242	364013
美　国	United States	2922569	3370975	3602634	3702170	3857277	3686966
德　国	Germany	527415	516892	531639	531870	549182	560422
意大利	Italy	235185	261363	282010	289107	301785	308030
日　本	Japan	824075	952686	1012941	1030757	1028066	1005864
瑞　典	Sweden	135532	136597	137116	137106	139169	142453
西班牙	Spain	137465	155611	180170	194692	209647	220719
巴　西	Brazil	217839	264805	306989	315753	329819	309184
中　国	China	603413	957744	1114799	1179132	1289769	1397263
波　兰	Poland	124710	118135	123958	122621	124577	124691
印　度	India	238238	344723	407302	395279	406183	421357
乌克兰	Ukraine		172235	142137	138449	136386	135854
俄罗斯	Russian Fed.		756947	715908	735901	762070	769933

资料来源：国际能源机构《2002 年能源统计》、《2002 年气信息》。

Source：IEA《Gas Information》2002,《Energy Statistics of OECD and No-OECD Countries》2002.

附录 2－14　硬煤进口量

IMPORT OF HARD COAL

单位：千吨　　　　(10³tn)

国　别	Country or Territory	1990	1995	1998	1999	2000	2001
世界总计	**World**	**391288**	**184718**	**533224**	**511145**	**560294**	**584714**
美　国	United States	2449	6533	7914	8204	11271	17871
英　国	United Kingdom	14783	15895	21231	20293	23445	35543
德　国	Germany	13580	15052	22189	22678	22924	28243
法　国	France	19389	13190	17724	17841	18980	15960
西班牙	Spain	10455	13408	14554	20098	21649	18916
比利时	Belgium	14761	14099	12634	10836	11347	12681
中　国	China	2003	1635	1586	1680	2118	2660
日　本	Japan	103579	122658	128970	133241	145050	136855
印　度	India	5100	12510	15640	19700	16565	18393
俄罗斯	Russian Fed.	53210	22734	21800	16044	22604	27820
波　兰	Poland	560	1497	4198	2361	1452	1879

附录 2－15　原油、液化天然气进口量

IMPORT OF CRUDE OIL AND NGL

单位：千吨　　　　(10³tn)

国　别	Country or Territory	1990	1995	1998	1999	2000	2001
世界总计	**World**	**1404920**	**1737726**	**1941290**	**1925722**	**1989402**	**1684000**
加拿大	Canada	26547	30041	39375	41915	46735	47000
美　国	United States	320373	409782	490416	493524	511146	455400
英　国	United Kingdom	41734	50025	47957	44891	48868	48992
德　国	Germany	88060	100876	109379	103933	103685	105171
荷　兰	Netherlands	49012	59824	62053	59251	60550	60810
法　国	France	69566	78685	90443	82145	85160	85463
意大利	Italy	74725	82314	91594	88152	90670	91250
比利时	Belgium	25091	28949	37131	35276	37362	35495
西班牙	Spain	50630	55666	60679	58911	58782	60810
巴　西	Brazil	28427	25237	27973	24233	20023	20987
日　本	Japan	194623	228435	217561	213872	214202	212000
中　国	China	2923	17090	27320	36614	70265	60260
印　度	India	20793	26901	38686	45425	74097	78706
新加坡	Singapore	42680	51503	51908	44435	41832	
韩　国	Korea	42242	87374	113736	120529	122634	

资料来源：国际能源机构年鉴《油信息》、《煤信息》2002 年。

Source: IEA《Oil Information》,《Coal Information》2002.

附录 2－16 天然气进口量

IMPORT OF NATURAL GAS

单位：百万立方米 （10^6cu. m）

国 别	Country or Territory	1990	1995	1998	1999	2000	2001
世界总计	**World**	**307671**	**489150**	**539336**	**589492**	**644160**	**666489**
美 国	United States	43910	80450	89256	101530	107082	112614
法 国	France	30799	32439	35192	40625	42850	42412
比利时	Belgium	10259	12212	14572	15799	15564	15395
德 国	Germany	53296	70208	74247	76761	75767	78728
意大利	Italy	31620	34314	42646	49484	57447	54775
日 本	Japan	52035	59861	68996	72151	76300	74146
韩 国	Korea	3633	9221	13842	16941	18999	21041
罗马尼亚	Romania	7231	5958	4660	3370	2879	3551
波 兰	Poland	8372	7143	7951	7654	8097	8782
西班牙	Spain	4607	8235	13202	15222	16934	17328
土耳其	Turkey	3348	6881	9894	12036	14380	15754
哈萨克斯坦	Kazakstan		9126	3052	3434	3931	
俄罗斯	Russian Fed.		2735	3003	4117	4037	4137
白俄罗斯	Belarus		13531	16297	16565	17115	17266
乌克兰	Ukraine		63486	53549	59938	59220	56937

附录 2－17 电力进口量

IMPORT OF ELECTRICITY

单位：百万千瓦小时 （10^6kwh）

国 别	Country or Territory	1990	1995	1998	1999	2000	2001
世界总计	**World**	**311033**	**320861**	**416123**	**446397**	**497561**	**495050**
加拿大	Canada	17781	7422	17299	14828	15342	16116
美 国	United States	22506	45323	39513	42923	43215	43759
比利时	Belgium	4785	9398	7828	9059	11645	15818
英 国	United Kingdom	11990	16336	12630	14507	14308	10663
德 国	Germany	31831	39735	38315	40500	45134	45779
意大利	Italy	35577	38662	41633	42539	44831	48933
奥地利	Austria	6838	7287	10304	11608	13824	14467
瑞 士	Switzerland	20754	19419	23607	21723	24330	24096
荷 兰	Netherlands	9679	11979	12234	22407	22946	21492
瑞 典	Sweden	12909	7720	6102	8456	18308	11135
巴 西	Brazil	26545	35352	39412	42000	44200	37854
俄罗斯	Russian Fed.	35038	18377	8261	8500	8795	9798
白俄罗斯	Belarus	14166	10066	10009	9900	9975	10989
乌兹别克	Uzbelkistan	16472	14500	6000	4500	4722	4861
乌克兰	Ukraine	15553	9726	10056	3000	2679	2137

资料来源：国际能源机构《2002 年能源统计》、《2002 年气信息》。

Source：IEA《Gas Information》2002，《Energy Statistics of OECD and No-OECD Countries》2002.

附录 2－18　硬煤出口量

EXPORT OF HARD COAL

单位：千吨　　(10³tn)

国别	Country or Territory	1990	1995	1998	1999	2000	2001
世界总计	**World**	**400616**	**493374**	**547825**	**523477**	**570049**	**624966**
加拿大	Canada	31000	33993	34143	33573	32082	30144
美国	United States	95912	80329	70802	53001	53006	44066
英国	United Kingdom	2307	859	942	761	660	661
德国	Germany	5512	1850	213	201	179	105
法国	France	585	392	65	78	89	86
比利时	Belgium	724	818	1294	1156	1485	1848
波兰	Poland	28065	31868	28055	24102	23245	23029
俄罗斯	Russian Fed.	56051	26263	24042	23742	31508	35838
澳大利亚	Australia	104014	136402	162298	171631	186752	192749
中国	China	17280	28617	32297	37437	55048	90897
印度	India	100	90	40	40	850	1903
越南	Vietnam	745	2821	2900	3260	3400	4290
印度尼西亚	Indonesia	4860	31319	46933	54517	54480	66446
朝鲜	Korea D. P. Rep.	500	400	352	356	360	300
哥伦比亚	Colombia	13505	31319	46933	29932	34149	37383

附录 2－19　原油、液化天然气出口量

EXPORT OF CRUDE OIL AND NGL

单位：千吨　　(10³tn)

国别	Country or Territory	1990	1995	1998	1999	2000	2001
世界总计	**World**	**1418809**	**1692983**	**1922519**	**1874336**	**1952709**	**1946443**
加拿大	Canada	36626	58666	74051	69418	75885	74495
墨西哥	Mexico	67056	70781	90888	81806	90456	92740
英国	United Kingdom	55219	84577	94613	91797	92991	86746
挪威	Norway	68066	125736	137093	136323	144221	151426
委内瑞拉	Venezuela	55227	99538	122920	106651	113084	109472
阿尔及利亚	Algeria	31456	30827	34635	34421	37332	36272
利比亚	Libya	55130	53138	54386	52082	48418	
尼日利亚	Nigeria	75556	85521	98156	88807	106326	
伊朗	Iran	110000	121021	102410	107268	107659	
阿曼	Oman	30506	40244	42292	44725	47014	
沙特阿拉伯	Saudi Arabia	248703	336766	352833	319138	319957	
阿联酋	United Arab Emirates	101775	91147	96085	86164	84242	
中国	China	23990	18227	15600	7167	10306	7550
印度尼西亚	Indonesia	39171	40455	33593	34090	30367	

资料来源：国际能源机构《油信息》、《煤信息》2002年。

Source: IEA《Oil Information》、《Coal Information》2002.

附录 2－20 天然气出口量

EXPORT OF NATURAL GAS

单位：百万立方米　　　　　　　　　　　　　　　　　　　　　　　　　　　　(10^6cu. m)

国　别	Country or Territory	1990	1995	1998	1999	2000	2001
世界总计	**World**	**305341**	**494219**	**591561**	**647765**	**663277**	**695457**
加拿大	Canada	41257	79114	89163	95121	101246	108176
荷　兰	Netherlands	32251	40672	38887	38106	41418	49556
挪　威	Norway	27682	27598	42645	45499	48631	50328
美　国	United States	2467	4364	4503	4627	6901	10570
澳大利亚	Australia	2933	9164	9898	10118	10252	9744
阿联酋	United Arab Emirates	3264	6893	7030	6991	6932	8168
阿尔及利亚	Algeria	37015	39665	55781	63763	65255	59887
文　莱	Brunei	7701	7926	7533	7777	8253	8497
印度尼西亚	Indonesia	30155	33444	36277	39032	36383	32193
马来西亚	Malaysia	10857	13074	19053	18359	19008	18987
土库曼斯坦	Turkmenistan		22054	2853	9723	33700	37386
哈萨克斯坦	Kazakstan		2566	2306	4245	5221	5538
俄罗斯	Russia		190664	203408	205354	193850	180871
乌兹别克	Uzbelkistan		5624	4523	4533	5649	5746
玻利维亚	Bolivia	2560	2387	1595	1042	2121	3525

附录 2－21 电力出口量

EXPORT OF ELECTRICITY

单位：百万千瓦小时　　　　　　　　　　　　　　　　　　　　　　　　　　　　(10^6kwh)

国　别	Country or Territory	1990	1995	1998	1999	2000	2001
世界总计	**World**	**308854**	**324030**	**422032**	**442603**	**497571**	**487362**
加拿大	Canada	18236	43444	44665	43379	50983	39244
美　国	United States	20526	9146	12730	14221	13233	18175
奥地利	Austria	7298	9757	10467	13507	15192	14252
法　国	France	52112	72701	62152	68700	73174	72861
德　国	Germany	31115	34911	38953	39500	42077	42122
挪　威	Norway	16241	8966	4412	8775	20529	7162
瑞　典	Sweden	14677	9401	16799	15938	13630	18453
瑞　士	Switzerland	22862	26690	29561	31952	31400	34540
巴拉圭	Paraguay	25018	37828	45357		47385	
中　国	China	90	6025	7174	9150	9878	10191
波　兰	Poland	11478	7157	8082	8426	9663	11035
塔吉克斯坦	Kyrgyzstan	7200	8355	7125		3153	
俄罗斯	Russian Fed.	39551	37982	26275	24580	22850	25659
乌兹别克	Uzbelkistan	18629	14199	5100	5000	4722	4861
乌克兰	Ukraine	43881	12678	10728	7000	6528	5196

资料来源：国际能源机构《2002 年能源统计》、《2002 年气信息》。

Source：IEA《Gas Information》2000,《Energy Statistics of OECD and No-OECD Countries》2002.

附录2－22 主要高耗能产品单位能耗中外比较

ENERGY CONSUMPTION FOR MAIN ENERGY INTENSIVE PRODUCTS BY COMPARING CHINA WITH SELECTED COUNTRIES

1．原煤耗电　Electricity Consumption for Coal

单位：千瓦小时/吨　(Kwh/tn)

国家	Country	1980	1991	1994
中国①	China	24.27	29.82	31.19
英国②	United Kingdom	61.43	61.13	30.07
美国②	United States	20.26	17.45	16.99

资料来源(Source)：1．UN. Annual Bulletin of Electric Energy Statistics 1994.

2.〔USA〕Coal Data 1996，The National Mining Association, June, 1996

①国有重点煤矿(key state-owned coal mines).

②商品煤，占原煤比例美国86%，英国72%(commercial coal, as % of raw coal：USA 86%，UK 72%).

2．发电厂自用电率　Rate of Electricity Used by Power Plant

单位：%　(%)

国家	Country	1990	1995	1997	1998
中国(6MW及以上机组)	China(over 6MW)	6.90	6.78	6.80	6.66
欧盟平均	Average European	5.29	5.26	5.11	5.07

资料来源(Source)：1．European Commission，1999 Annual Energy Review，Jan. 2000.

3．乙烯综合能耗　Fully Energy Consumption for Ethylene

单位．千克标准煤/吨　(kgce/tn)

国家	Country	1980	1990	1995	2000
中国	China	2013	1580	1277	1212
日本	Japan	1100	857	870	714

资料来源(Source)：〔日〕节能总览，通产资料调查会

(Japan) Energy Conservation

4．火电厂供电标准煤耗　Coal Consumption for Power Supply (Thermalpower Plant)

单位：克/千瓦小时　(gce/Kwh)

国家	Country	1980	1985	1990	1995	1998	1999	2000	2001
中国(6MW及以上机组)	China(over 6MW)	448	431	427	412	404	399	392	385
美国	United States	378	376	373	376				
日本③	Japan	339	338	332	331		322	316	314

资料来源(Source)：

1．日本电气事业手册(Japan Electricity Handbook，2002)。

③ 九大电力公司平均(average level of 9 large electricity company)。

续表 continued

5. 吨钢可比能耗 Energy Consumption for Steel Production

单位：千克标煤/吨 (kgce/tn)

国家	Country	1980	1985	1990	1995	2000
中国（重点企业）	China(key enterprises)	1201	1062	997	976	781
日本	Japan	705	640	629	656	646
美国	United States	880	761	757		
英国	United Kingdom	794	721	677	721（1994）	
法国	France	826	764	707	735（1994）	

资料来源(Source)：1. 日本能源学会志，2001，No.7.
2.〔日〕铁钢界
3. World Energy Council , Energy Efficiency Improvement Utilising High Technology.

6. 合成氨综合能耗(大型装置) Fully Energy Consumption for Sythetic Ammonia

单位：千克标准煤/吨 (kgce/tn)

国家	Country	1980	1990	1995	1998	2000
中国	China	1431	1343	1284	1352	1200
美国	United States	1320	1000	970	970	970

资料来源（Source)：1.〔USA〕Hydrocarbon Processing.
2.〔USA〕Chemical Engineering , Progress.

7. 水泥综合能耗 Fully Energy Consumption for Cement

单位：千克标准煤/吨 (kgce/tn)

国家	Country	1980	1985	1990	1995	2000
中国（大中型企业）	China(large, medium)	218.8	208	201	199.2	181
日本	Japan	135.7	123.4	122.6	124.4	125.7

资料来源(Source)：1. 日本能源学会志，2001，No.7.

8. 铁路货运综合能耗 Fully Energy Consumption for Railway Freight Traffic

单位：千克标准煤/万吨公里 (kgce/10^4tn-km)

国家	Country	1980	1985	1990	1995	2000
中国	China	147.4	118.7	84.2	74.0	72.5
日本	Japan	122.9	125.7	85.7	87.1	90.0

资料来源(Source)：日本能源经济统计手册。
Handbook of energy and economic statistics in Japan.

9. 载货汽车运输耗油 Oil Consumption for Trucks

单位：l/百吨公里 (l/10^2tn-km)O

国家	Country	1980	1985	1990	1995	2000
中国	China					
汽油车	Gasoline Trucks	8.70	7.70	7.10	7.06	
柴油车	Diesel Oil Trucks	6.20	5.80	4.80	4.82	
美国	United States	3.43	3.36	3.50	3.54	

资料来源(Source)：〔USA〕DOE/EIA, Annual Energy Outlook 1997, Nov.1996.

附录三　主要指标解释

Appendix Ⅲ Explanatory Notes of Main Statistical Indicators

主要统计指标解释

国内生产总值 是按市场价格计算的国内生产总值的简称。国内生产总值及其产业构成的资料,是由国家统计局国民经济核算司根据不同产业部门的特点和资料来源情况而采用不同的方法计算的,有的部门以生产法计算增加值为准,有的部门以收入法计算的增加值为准,最后将各产业部门增加值求和得到国内生产总值的标准数据。按支出法计算的国内生产总值等于总消费、总投资、货物和服务净出口之和,它与按上述方法计算的国内生产总值不相等,两者的差率一般在±3%以内。

三次产业 根据社会生产活动历史发展的顺序对产业结构的划分,产品直接取自自然界的部门称为第一产业。对初级产品进行再加工的部门称为第二产业。为生产和消费提供各种服务的部门称为第三产业。它是世界上通用的产业结构分类,但各国的划分不尽一致。我国的三次产业划分是:

第一产业: 农业 (包括种植业、林业、牧业、副业和渔业)

第二产业: 工业 (包括采掘业、制造业、自来水、电力、蒸汽、热水、煤气)和建筑业。

第三产业: 除第一、第二产业以外的其他行业。

能源生产总量 指一定时期内全国(地区)一次能源生产量的总和,是观察全国(地区)能源生产水平、规模、过程构成和发展速度的总量指标。一次能源生产量包括原煤、原油、天然气、水电及其他动力能(如风能、地热能等)发电量。不包括低热值燃料生产量、生物质能、太阳能等的利用和由一次能源加工转换而成的二次能源产量。

能源消费总量 指一定时期内全国(地区)各行业和居民生活消费的各种能源的总观察能源消费水平、构成和增长速度的总量指标。能源消费总量包括原煤、原油及其制品、天然气、电力。不包括低热值燃料、生物质能和太阳能等的利用。能源消费总量分为三部分,即终端能源消费量、能源加工转换损失量和损失量。

(1) 终端能源消费量 指一定时期内全国(地区)各行业和居民生活消费的各种能源在扣除了用于加工转换二次能源消费量和损失量以后的数量。

(2) 能源加工转换损失量 指一定时期内全国(地区)投入加工转换的各种能源数量之和与产出各种能源产品之和的差额。它是观察能源在加工转换过程中损失量变化的指标。

(3) 能源损失量 指一定时期内能源在输送、分配、储存过程中发生的损失和由客观原因造成的各种损失量。不包括各种气体能源放空、放散量。

能源生产弹性系数 是研究能源生产量的增长与国民经济增长之间关系的指标。计算公式:

$$能源生产弹性系数 = \frac{能源生产总量年平均增长速度}{国民经济年平均增长速度}$$

本资料采用国内生产总值指标计算国民经济年平均增长速度。

电力生产弹性系数 是研究电力生产量的增长与国民经济增长之间关系的指标。计算公式:

$$电力生产弹性系数 = \frac{电力生产量年平均增长速度}{国民经济年平均增长速度}$$

能源消费弹性系数 是反映能源消费增长速度与国民经济增长速度之间比例关系的指标。计算公式:

$$能源消费弹性系数 = \frac{能源消费总量年平均增长速度}{国民经济年平均增长速度}$$

电力消费弹性系数　是反映电力消费增长速度与国民经济增长速度之间比例关系的指标。计算公式：

$$\text{电力消费弹性系数} = \frac{\text{电力消费量年平均增长速度}}{\text{国民经济年平均增长速度}}$$

能源加工转换效率　指一定时期内能源经过加工转换后，产出的各种能源产品的数量与投入加工转换的各种能源数量的比率。它是观察能源加工转换装置和生产工艺先进与落后、管理水平高低等的重要指标。计算公式：

$$\text{能源加工转换效率} = \frac{\text{加工转换产出量}}{\text{加工转换投入量}} \times 100\ \%$$

Explannatory Notes on Main Statistical Indicators

Gross Domestic Products(GDP) refers to gross domestic products calculated at market price. The data on GDP and its industrial composition in the are calculated by the Department of National Economic Accounting, State Statistical Bureau (SSB) with various approaches in the light of the features of various sectors and the data sources. The value added in some sectors is calculated with the production approach. The value added in other sectors is calculated with the income approach. Finally, the GDP is the result of the sum of the value added of various sectors. This is the standard data of GDP. The GDP calculated with the expenditure approach equals to the sum of total consumption, total investment and the net export of goods and services. However, it is not equal to the GDP calculated with the method mentioned above. The difference between the two figures is generally within ±3%.

Three Industries Industry structure has been classified according to the sequence of historical development of social production activities. Primary industry refers to extraction of natural resources; secondary industry involves processing of primary products; and tertiary industry provides services of various kinds for production and consumption. The above classification is universal although it to some extent from country to country. Industry classification in China comprises:

Primary Industry: agriculture (including farming, forestry, animal husbandry, sideline production and fishery).

Secondary Industry: industry (including mining and quarrying, manufacturing, water supply, electricity generation and supply, steam, hot water, gas) and construction.

Tertiary Industry: all other industries not included in primary and secondary industry.

Total Energy Production refers to the total production of primary energy by all energy producing enterprises in the country (region) in a given period of time. It is a comprehensive indicator to show the capacity, scale, composition and development of energy production of the country (region). The production of primary energy includes that of coal, crude oil, natural gas, hydro power and electricity generated by other means such as wind power and geothermal power. However, it excludes the production of fuels of low calorific value, bioenergy, solar energy and the secondary energy converted from the primary energy.

Total Energy Consumption refer to the total consumption of energy of various kinds by industry and residential in the country (region) in a given period of time. The total energy consumption includes that of coal, crude oil and their products, natural gas and electricity. However, it excludes the consumption of fuel of low calorific value, bioenergy and other non-commercial energy. Total energy consumption can be divided into three parts:

(1) **Final Energy Consumption**: refers to the total energy consumption by industry and residential in the country (region) in a given period of time, but excludes the consumption in conversion of the primary energy into the secondary energy and the loss in the process of energy transformation.

(2) **Loss During Energy Transformation**: refers to the total input of various kinds of energy for transformation, minus the total output of various kinds of energy in the country in a given period of time. It is an indicator to show the loss that occurs during the process of energy transformation.

(3) **Loss**: refers to the total of the loss of energy during the course of energy transport, distribution and storage and the loss caused by any objective reason in a given period of time. The loss of various kinds of gas due to gas discharges and stocktaking is excluded.

Elasticity of Energy Production is an indicator to show the relationship between the growth rate of energy production and the growth rate of the national economy. The formula is:

$$\text{Elasticity of Energy Production} = \frac{\text{average annual growth rate of energy production}}{\text{average annual growth rate of national economy}}$$

The gross domestic products (GDP) is used to calculate the growth rate of national economy in this book.

Elasticity of Electricity Production is an indicator to show the relationship between the growth rate of electricity production and the growth rate of the national economy. The formula is:

$$\text{Elasticity of Electricity Production} = \frac{\text{average annual growth rate of electricity production}}{\text{average annual growth rate of national economy}}$$

Elasticity of Energy Consumption is an indicator to show the relationship between the growth rate of energy consumption and the growth rate of the national economy. The formula is:

$$\text{Elasticity of Energy Consumption} = \frac{\text{average annual growth rate of energy consumption}}{\text{average annual growth rate of national economy}}$$

Elasticity of Electricity Consumption is an indicator to show the relationship between the growth rate of electricity consumption and the growth rate of the national economy. The formula is:

$$\text{Elasticity of Electricity Consumption} = \frac{\text{average annual growth rate of electricity consumption}}{\text{average annual growth rate of national economy}}$$

Efficiency of Energy Transformation refers to the ratio of the total output of energy products after transformation and the total input of energy for transformation in the same reference period. It is an indicator to show the current conditions of energy processing and conversion equipment, production technique and management. The formula is:

$$\text{Efficiency of Energy Transformation} = \frac{\text{output of energy from transformation}}{\text{input of energy for transformation}} \times 100\%$$

附录四　各种能源折标准煤参考系数

Appendix Ⅳ Conversion Factors From Physical Units to Coal Equivalent

各种能源折标准煤参考系数

能源名称	平均低位发热量	折标准煤系数
原煤	20 908 千焦 / (5 000 千卡) / 千克	0.7143 千克标准煤 / 千克
洗精煤	26 344 千焦 / (6 300 千卡) / 千克	0.9000 千克标准煤 / 千克
其它洗煤		
洗中煤	8 363 千焦 / (2 000 千卡) / 千克	0.2857 千克标准煤 / 千克
煤泥	8 363～12 545 千焦 / (2 000～3 000 千卡)/ 千克	0.2857～0.4286 克标准煤 / 千克
焦炭	28 435 千焦 / (6 800 千卡) / 千克	0.9714 千克标准煤 / 千克
原油	41 816 千焦 / (10 000 千卡) / 千克	1.4286 千克标准煤 / 千克
燃料油	41 816 千焦 / (10 000 千卡) / 千克	1.4286 千克标准煤 / 千克
汽油	43 070 千焦 / (10 300 千卡) / 千克	1.4714 千克标准煤 / 千克
煤油	43 070 千焦 / (10 300 千卡) / 千克	1.4714 千克标准煤 / 千克
柴油	42 652 千焦 / (10 200 千卡) / 千克	1.4571 千克标准煤 / 千克
液化石油气	50 179 千焦 / (12 000 千卡) / 千克	1.7143 千克标准煤 / 千克
炼厂干气	46055 千焦 / (11 000 千卡) / 千克	1.5714 千克标准煤 / 千克
天然气	38 931 千焦 / (9 310 千卡) / 立方米	1.3300 千克标准煤 / 立方米
焦炉煤气	16 726～17 981 千焦/ (4 000～4 300 千卡)/ 立方米	0.5714～0.6143 千克标准煤 / 立方米
其它煤气		
发生炉煤气	5 227 千焦 / (1 250 千卡) / 立方米	0.1786 千克标准煤 / 立方米
重油催化裂解煤气	19 235 千焦 / (4 600 千卡) / 立方米	0.6571 千克标准煤 / 立方米
重油热裂解煤气	35 544 千焦 / (8 500 千卡) / 立方米	1.2143 千克标准煤 / 立方米
焦炭制气	16 308 千焦 / (3 900 千卡) / 立方米	0.5571 千克标准煤 / 立方米
压力气化煤气	15 054 千焦 / (3 600 千卡) / 立方米	0.5143 千克标准煤 / 立方米
水煤气	10 454 千焦 / (2 500 千卡) / 立方米	0.3571 千克标准煤 / 立方米
煤焦油	33 453 千焦 / (8 000 千卡) / 千克	1.1429 千克标准煤 / 千克
粗苯	41 816 千焦 / (10 000 千卡) / 千克	1.4286 千克标准煤 / 千克
热力(当量)		0.03412 千克标准煤 / 百万焦耳 (0.14286 千克标准煤 / 1000 千卡)
电力(当量)	3 596 千焦 / (860 千卡) / 千瓦小时	0.1229 千克标准煤 / 千瓦小时
(等价)	按当年火电发电标准煤耗计算	
生物质能		
人粪	18 817 千焦 / (4 500 千卡) / 千克	0.643 千克标准煤 / 千克
牛粪	13 799 千焦 / (3 300 千卡) / 千克	0.471 千克标准煤 / 千克
猪粪	12 545 千焦 / (3 000 千卡) / 千克	0.429 千克标准煤 / 千克
羊、驴、马、骡粪	15 472 千焦 / (3 700 千卡) / 千克	0.529 千克标准煤 / 千克
鸡粪	18 817 千焦 / (4 500 千卡) / 千克	0.643 千克标准煤 / 千克
大豆秆、棉花秆	15 890 千焦 / (3 800 千卡) / 千克	0.543 千克标准煤 / 千克
稻秆	12 545 千焦 / (3 000 千卡) / 千克	0.429 千克标准煤 / 千克
麦秆	14 635 千焦 / (3 500 千卡) / 千克	0.500 千克标准煤 / 千克
玉米秆	15 472 千焦 / (3 700 千卡) / 千克	0.529 千克标准煤 / 千克
杂草	13 799 千焦 / (3 300 千卡) / 千克	0.471 千克标准煤 / 千克
树叶	14 635 千焦 / (3 500 千卡) / 千克	0.500 千克标准煤 / 千克
薪柴	16 726 千焦 / (4 000 千卡) / 千克	0.571 千克标准煤 / 千克
沼气	20 908 千焦 / (5 000 千卡) / 立方米	0.714 千克标准煤 / 立方米

Conversion Factors from Physical Unit to Coal Equivalent

Energy	Average Low Calorific Value	Conversion Factor
Raw Coal	20 908 Kjoule / (5 000 Kcal) / Kg	0.7143 Kgce / Kg
Cleaned Coal	26 344 Kjoule / (6 300 Kcal) / Kg	0.9000 Kgce / Kg
Other Washed Coal		
Middlings	8 363 Kjoule / (2 000 Kcal) / Kg	0.2857 Kgce / Kg
Slimes	8 363～12 545 Kjoule / (2 000～3 000Kcal)/ Kg	0.2857～0.4286 克 ce / Kg
Coke	28 435 Kjoule / (6 800 Kcal) / Kg	0.9714 Kgce / Kg
Crude Oil	41 816 Kjoule / (10 000 Kcal) / Kg	1.4286 Kgce / Kg
Fuel Oil	41 816 Kjoule / (10 000 Kcal) / Kg	1.4286 Kgce / Kg
Gasoline	43 070 Kjoule / (10 300 Kcal) / Kg	1.4714 Kgce / Kg
Kerosene	43 070 Kjoule / (10 300 Kcal) / Kg	1.4714 Kgce / Kg
Diesel	42 652 Kjoule / (10 200 Kcal) / Kg	1.4571 Kgce / Kg
Liquefied Petroleum Gas	50 179 Kjoule / (12 000 Kcal) / Kg	1.7143 Kgce / Kg
Refinery Gas	46055 Kjoule / (11 000 Kcal) / Kg	1.5714 Kgce / Kg
Natural Gas	38 931Kjoule / (9 310 Kcal) / cu.m	1.3300 Kgce / cu.m
Coke Oven Gas	16 726～17 981Kjoule/ (4 000～4 300Kcal)/ cu.m	0.5714～0.6143 Kgce / cu.m
Other Coal Gas		
By Gas Furnace	5 227 Kjoule / (1 250 Kcal) / cu.m	0.1786 Kgce / cu.m
By Heavy Oil Catalytic Cracking	19 235 Kjoule / (4 600 Kcal) / cu.m	0.6571 Kgce / cu.m
By Heavy Oil Thermal Cracking	35 544 Kjoule / (8 500 Kcal) / cu.m	1.2143 Kgce / cu.m
Coke Gas	16 308 Kjoule / (3 900 Kcal) / cu.m	0.5571 Kgce / cu.m
By Pressure Gasification	15 054 Kjoule / (3 600 Kcal) / cu.m	0.5143 Kgce / cu.m
Water Coal Gas	10 454 Kjoule / (2 500 Kcal) / cu.m	0.3571 Kgce / cu.m
Coal Tar	33 453 Kjoule / (8 000 Kcal) / Kg	1.1429 Kgce / Kg
Benzene	41 816 Kjoule / (10 000 Kcal) / Kg	1.4286 Kgce / Kg
Heat (in calorific value)		0.03412 Kgce / Mjoule (0.14286 Kgce / 1000 Kcal)
Electricity (in calorific value)	3 596 Kjoule / (860 Kcal) / Kwh	0.1229 Kgce / Kwh
(in coal equivalent)	calculated by average coal input for thermal power generation in the year	
Biomass Energy		
Night Soil	18 817 Kjoule / (4 500 Kcal) / Kg	0.643 Kgce / Kg
Cow Dung	13 799 Kjoule / (3 300 Kcal) / Kg	0.471 Kgce / Kg
Pig Dung	12 545 Kjoule / (3 000 Kcal) / Kg	0.429 Kgce / Kg
Sheep/Donkey/Horse/Mule Dung	15 472 Kjoule / (3 700 Kcal) / Kg	0.529 Kgce / Kg
Poultry Manure	18 817 Kjoule / (4 500 Kcal) / Kg	0.643 Kgce / Kg
Soybean Stalk, Cotton Stalk	15 890 Kjoule / (3 800 Kcal) / Kg	0.543 Kgce / Kg
Paddy Stalk	12 545 Kjoule / (3 000 Kcal) / Kg	0.429 Kgce / Kg
Wheat stalk	14 635 Kjoule / (3 500 Kcal) / Kg	0.500 Kgce / Kg
Maize Stalk	15 472 Kjoule / (3 700 Kcal) / Kg	0.529 Kgce / Kg
Fireweed	13 799 Kjoule / (3 300 Kcal) / Kg	0.471 Kgce / Kg
Leaves	14 635 Kjoule / (3 500 Kcal) / Kg	0.500 Kgce / Kg
Firewood	16 726 Kjoule / (4 000 Kcal) / Kg	0.571 Kgce / Kg
Biogas	20 908 Kjoule / (5 000 Kcal) / cu.m	0.714 Kgce / cu.m